中華社會科學基金資助項目

기나긴 향촌길
20세기 중국의 향촌사회

왕셴밍(王先明) 지음
정순희 양홍정 김일산 옮김

중화사회과학기금(中華社會科學基金, Chinese Fund for the Humanities and Social Sciences)의 지원을 받아 이루어졌음

세계문화
총서

7

왕셴밍 지음
정순희 양홍정 김일산 옮김

기나긴 향촌길
20세기 중국의 향촌사회

鄕路漫漫：20世紀之中國鄕村(1901~1949)

A Long Way to Go Rural Changes in China, 1901~1949

푸른사상
PRUNSASANG

농업대국 중국에서 향촌사회의 중요성

역사 변혁의 진행에 있어 중국 향촌의 구조 변혁은 20세기 초기에 시작되었다. 100여 년 역사 발전의 흐름 속에서 향촌사회의 변천은 줄곧 중국 역사 변천의 주요 내용이었다. 중국의 개혁개방이 세계적인 주목을 받고 있는 지금, 중국 향촌사회의 발전은 우리에게 역사적 깊이와 장기적 미래 지향에 입각하여 사고하도록 요구하며 재출발을 위한 사회적 공감대를 형성하고 있다. 새로운 사회적 불평등이 이미 사회 각층에서 뚜렷하게 드러나고 있지만 도농 분리에 의해 형성된 시민과 농민의 차별은 진통을 겪으면서 더욱 강렬한 사회문제의 하나로 떠오르고 있다는 사실을 부인하기 어렵다. "중국 인구의 80%는 농촌에서 살고 있다. 중국의 안정은 이 80% 인구의 안정과 불가분의 관계를 맺는다. 도시가 아무리 아름답더라도 농촌이라는 안정된 기반이 없으면 안 된다."[1] 2000년 들어 '삼농(농업 · 농촌 · 농민)' 문제는 이미 사회 전체의 관심사로 부상했다.

'삼농' 문제는 비록 현실적인 문제이지만 근본적으로 보면 역사적 문

---

1   鄧小平, 「我們的宏偉目標和根本政策」, 『建設有中國特色的社會主義』, 人民出版社, 1984, pp.37~38.

제이다. 그것은 근대 이후 스스로 형성, 발전, 변천되는 기본적인 단서를 가지고 있으며 또한 근대 역사의 발전 과정에서 사람들이 해결하려고 노력했던 문제들 중 하나였다. 산업화와 도시화의 진전에 입각하여 중국 향촌사회의 변천을 탐구하는 것은 1930년대 사상계와 학계에서 지극히 관심을 기울인 논제 중의 하나였다. '삼농' 문제의 해답을 각각의 각도에서 모색하는 것도 근현대 이래 중국 역사 발전 과정의 중요한 내용 중 하나이다. 역사를 돌아보고 '삼농' 문제를 근대 역사의 흐름에 맞춰 살펴봐야만 그 형성, 발전의 심층적 원인과 변천의 흐름을 알 수 있고 동적 흐름 속에서 시대 특징을 파악할 수 있다.

20세기에 들어 번잡한 향촌사회 발전 이론 논쟁의 흐름 속에서 두 시기, 네 단계의 역사 발전 궤적을 이루었다. 1901년부터, '어떻게 국력을 기를 것인가?'는 20세기 초기 사회 사조에 이변이 발생하는 징후였다. 이 논제의 전개와 지속적인 논의는 1949년 중화인민공화국 성립까지 이어졌다. 아편전쟁 이후 전대미문의 대변혁 속에서 중국의 전통적 '중농억상(重農抑商)' 정책은 결국 '중상(重商)' 정책으로 대체되었다. '농본'이 '상본(商本)'에 의해 대체되는 역사적 추세는 양무운동과 실업구국 및 변법자강운동에 이르는 역사적 지평에서 반복적으로 강화되어 조야 모두가 공감하는 사회 사조로 자리 잡았다. 그렇지만 1901년 이후 '중농' 사조의 부흥으로 '농업입국'과 '상공업입국' 논제가 재차 조야 각계 논쟁의 초점으로 부상했다. '농업입국'과 '상공업입국'의 이론 논쟁에서 '농업입국론' 측이 더 많은 사회적 지지를 받았다. 오랜 기간 지속된 이 사상 논쟁에서 농업 문제를 중심으로 한 향촌 발전 이론 탐구는 매우 중요한 논제로 자리 잡았고 이는 20세기 전반 중국 향촌사회 이론 문제 연구의 기원으로 부상했다.

20세기 초기의 '입국 논쟁'은 이론적인 해답을 충분히 얻지 못했다. 사상 논쟁의 고조와 한 시기 상대적인 침묵을 거친 후, 1940년대 초에 논쟁이 다시 일어났는바 바로 논쟁의 두 번째 단계이다. '옛 문제의 재제기'로 여겨졌지만 분명 시대의 요구에 부응했다. 중국은 농업대국으로 농업을 발전시키는 전통과 우위를 가지고 있으며 농본사상이 뿌리 깊다. 그리고 농업국인 중국이 공업국인 일본에 저항하는 것은 필연적으로 다방면의 사고와 논쟁을 일으켰다. 또한 전쟁의 발발로 중국 동부의 공업지대가 작전 구역으로 변했으므로 정치 경제의 중심은 공업이 상대적으로 낙후한 서남과 서북 지역으로 이전했는바 이는 '농업입국론'에 대한 현실적 근거를 마련해주었다. 20세기 초기 논쟁의 연장선상에 있다고 볼 수 있는 이 논쟁은 전후 국가 재건 경로에 대한 학자들의 또 다른 반성과 선택이다.

1949년 중화인민공화국의 성립은 획기적인 징표이다. 이 역사적 시기의 향촌사회 발전에 관한 논쟁은 1980년대를 경계로 두 단계로 나누어지며 각각 특색이 뚜렷한 시대 요구를 제기했다. 신정권 수립부터 신중국 건설의 열기와 격정은 당연히 '혁명의 목표는 사회주의'라는 기존 모형에 포함되었다. 역사의 선택과 실행에는 기존의 논리적인 과정이 있다. 그동안 중국 향촌사회 연구에 관한 이론은 구시대적인 것으로 여겨져 버려지지 않을 수 없다고 했지만 중국 향촌 발전에 관한 이론적 사고는 멈춘 적이 없다. 1950년대 초기의 토지개혁 이후 중국 농촌은 급속도로 집단화되면서 중국 농촌과 농민 문제에 대한 인식의 중심은 농업의 집단화를 둘러싸고 벌어졌으며 그로 인해 이데올로기의 중대한 분기점과 논쟁으로 치달았다. 1960년대 초기 농촌의 변천 문제에 관한 토론은 농업 현대화를 주제로 진행되었는데 토론 참가

자들은 주로 경제계 출신으로, 학술 토론 분위기는 농후하여 각종 문제를 자유롭게 변론할 수 있었다. 1960년대 후반, 계급투쟁 이론이 사회 주도적 지위를 차지했고 특히 문화대혁명이 일어나면서 자유로운 학술 토론이 점차 사그라지고 토론 주제도 바뀌었다. 1970년대 학계는 문화대혁명의 충격으로 농촌인민공사 문제, 농업은 다자이(大寨)를 배우기, 국영농장 등을 둘러싼 소수의 연구 외에 정치적 선전과 주입에 국한되어 학술성과 사상성은 거의 찾아보기 어려웠다.

1978년에 들어서면서 중국 농촌에는 큰 변화가 발생하기 시작했다. 변화의 시대적 가치와 역사적 의미는 중국 사회가 더욱 발전함에 따라 점차 드러나고 있다. 토지 임대, 농촌 고공 등에 대한 논의나 최근 몇 년간의 '삼농' 문제, 토지 소유권과 토지 유전에 대한 논쟁은 현실 문제에 대한 사고와 해법 모색이 배어 있으며 새로운 시기 중국 학계와 사상계가 함께 나아가는 사상적 성과로 자리매김했다.

5·4운동 이후 치열한 '주의'의 논쟁과 함께 중국 학술사상계에 세 차례 대규모 학술사상 논쟁인 중국의 사회 성격 문제 논쟁, 중국사회사 논쟁, 중국의 농촌사회 성격 논쟁이 이어졌다. 논쟁의 주제는 추상적인 이론 논쟁에서 구체적인 사회과학 연구로 이어지는 과정을 거쳐 중국 농촌사회의 성격과 농촌경제 연구로 이어졌다. 중국 향촌사회에 대한 세 차례 논쟁의 의의는 마르크스주의 이론을 받아들인 일부 학자들이 자발적으로 마르크스주의 이론을 활용해 중국의 향촌사회 문제를 분석하고 해석하기 시작했다는 데 있다. 현실 지향성과 이론적 추정이 강하지만 새로운 중국 향촌사회 해석 시스템을 구축하여 중국 사회의 역사 흐름에 큰 영향을 미쳤다.

'사회운동' 방식으로 농촌사회의 부흥을 도모하는 것은 당시 많은 연구자와 지배자의 공통된 인식이었다. 농촌 부흥 경로와 모형의 불일치로 중국 향촌사회에 대한 사회 각계의 인식과 농촌사회 문제의 해석이 서로 일치하지 않아 향촌사회의 건설과 개조 및 개선 경로 선택시, 방식이 각각이었다. 하지만 옌양추(晏陽初)가 말했듯이 "뜻있는 사람은 그 중요함을 인식하여 이론 검토에서 실제의 진행으로 옮겨간다. … 그 관점과 방법에 차이가 있지만 구국과 부흥의 뜻을 이루기 위해 노력하는 바는 다르지 않다."[2] 치열한 사상 대결과 이론 주장의 대치는 근대 향촌 이론 논쟁의 흐름을 이루고 있지만 논쟁에서 나타난 명철한 견해는 사조가 지나간 후에 사회적 합의와 함께 시대의 선택으로 자리 잡았다.

　20세기 전기(1949년 이전)의 향촌 발전 관련 논쟁의 각종 언사에 의하면 논자의 주장과 근거가 어떠하든지 간에, 수차례의 사상 충돌은 대부분 중국 향촌의 특수성을 인정했다. 따라서 '서양 일변도'의 선택이나 간단히 전통으로 회귀하려는 입장은 모두 논쟁에서 버려지면서 기본적인 공감대를 형성했다. 바로 "남의 경험을 답습하거나 남의 주장을 그대로 도용하지 말아야 한다. 또한 제자리걸음을 피하고 옛 제도에 얽매이지도 말아야 한다."는 것이다. 이는 고금중외를 살펴 꿰뚫는 미래 지향적 식견을 보여주었다. 1940년대 '농업입국'과 '공업입국' 논쟁에서 수많은 구체적 문제를 놓고 팽팽히 맞섰지만 규모 있는 대논쟁은 이루어지지 않았다. 이는 '농업 산업화'에 대한 양측의 합의와 공감대가 어느 정도 형성되었기 때문이다. 농업입국파나 신농본주의자

2　晏陽初, 「中華平民敎育促進會定縣實驗工作報告」, 宋恩榮主編, 『晏陽初全集』第1卷, 湖南敎育出版社, 1989, p.307.

는 본질적으로 산업화 주장의 성향과 일치했다.

1950년대 초기 중국의 향촌 발전에 대한 이론적 인식은 농업자본주의의 맹아와 농민운동, 토지 혁명과 농민 부담 등 몇 가지 주요 문제에 집중되었다. 하지만 토지개혁이 승리하자 중국 정부는 농업사회주의 개조를 신속히 추진했고 농업 협동화를 통해 자영업 경제를 사회주의 집단경제로 개조하여 광범위한 농촌에 사회주의제도를 정착시키려고 했다. 이 같은 천지개벽의 변화는 자연스레 정치권과 학계의 이목을 집중시켰다. 향촌 발전 문제에 대한 학술계의 주장과 영향력은 분명히 한정되어 있으며 그들의 주장은 농업 협동화의 필요성과 중요성을 알리는 데에 치중되었다. 반면 중국공산당은 농업 협동화가 언제 실시될지, 농업 협동화가 어떻게 진행될지에 대해 의견이 엇갈리고 있어 당내 사상 논란이 뜨거웠다. 정치 변동의 복잡한 반복과 역사 흐름의 굴곡에도 불구하고 사상 논쟁의 공감대를 이룬 성과는 이미 끈질기게 역사의 흐름 속에서 자신의 힘을 드러내었다. 1950년대 말기부터 1960년대 초기에 이르기까지, 농업 현대화의 발전 전략은 이미 사람들의 공감대를 형성했다. 농업 현대화는 반드시 기술 진보의 길을 걸어야 한다는 것은 농업 발전에서의 현실적 어려움을 해결해야 한다는 국가적인 필요성을 반영하면서도 당시 세계 과학기술 발전의 조류에 부응해야 한다는 요구를 반영한 것이다. 농업 현대화의 발전 전략은 자연스레 많은 지식인들의 공감과 지지를 얻었으며 학계의 폭넓은 흥미와 관심을 끌었다. 학계의 논쟁은 농업 현대화와 공업 현대화의 관계, 농업의 국민 경제에서의 지위, 농업 기술 개혁의 중심·중점과 농업 기계화의 역할과 경로 등 네 가지에 더 집중되었다.

'삼농 문제'는 새로운 시기의 사회적 공감대로 자리 잡았다. '농민이 정말 고생하고 농촌이 정말 가난하며 농업이 정말 위험하다'는 비록 과학적인 정의는 아니지만 새로운 시기 '삼농 문제'에 대한 전형적인 묘사이다. 서로 다른 사상의 논쟁이나 서로 다른 이론의 논박은 실제로 동일한 문제를 마주한 것이다.

중국과 같은 개발도상국에게는 농업 · 농촌 · 농민 문제가 특히 중요하여 중국 현대화 건설의 근본적인 문제라는 공감대가 형성되어 있다. 국민경제 발전의 두드러진 모순은 농민의 소득 증가세 둔화이다. 샤오캉(小康, 국민 생활수준이 중류 정도가 되는 사회를 이르는 말)에서 농민이, 현대화 건설에서 농촌이 제외되면 중국의 전면적 샤오캉 사회 건설과 현대화 실현이라는 역사 사명을 이룩할 수 없다.

100년 동안의 중국 농촌 발전 관련 이론 논쟁은 발전 과정 속에서 자신의 역사 흔적을 남겼다. 각각의 사회, 정치, 학문적 배경을 바탕으로 한 학자들이 향촌사회를 관찰하고 중국 사회의 진로를 설계하는 문제에 있어서 서로 다른 학문 기반과 이론 인식을 형성했다. 그렇지만 그 목적은 동일한 것으로 중국 향촌사회에 대한 인식을 깊게 하고 그 토대 위에서 향촌사회의 현대화를 이룩하여 향촌사회의 부흥을 도모하는 것이다. 바로 이견이 분분한 이론과 성향이 각각인 견해들이 서로의 사상 충돌 속에서 사회적 공감대로 뭉쳐지거나 축적되어 오늘날 향촌 발전 이론의 흐름을 다시 살펴보는 사상 전제가 된다.

역사의 침적된 사상적 성과에는 인류가 성공과 희망으로 나아가고 있다는 참된 인식이 담겨 있다. 100년 역사의 발전 과정에서 수많은 논제는 시간이 흘러감에 따라 시대적 색채가 벗겨졌다. 그렇지만 시대를 초월한 한계 속에서 새로운 의미를 지니는 논제의 사상적 매력도 여전하며 시대를 초월한 한계 속에서 새로운 의미를 갖게 될 것이다. 역사를 살피다가 "역사는 놀랄 만큼 비슷하다."고 감탄한다. 1920~1930년대의 '농업 파탄', '농촌 쇠퇴', '농민 빈곤' 등 전사회적인 화제에서 현재 주목을 받고 있는 '농민이 정말 고생하고 농촌이 정말 가난하며 농업이 정말 위험하다'는 '삼농' 화두에 이르렀다. 1926년 왕쥔성(王駿聲)이 제기한 '신농촌 건설' 문제에서 현재 지속적으로 추진하는 '사회주의 신농촌 건설'에 이르기까지 시대 여건에 따라 시대 주제의 내용은 달라질 수 있지만, 이처럼 일치하는 화제나 명제의 뒤에는 공통성이나 동질성의 심층 원인이 깔려 있다. 이는 농업·농촌·농민 문제는 100년 동안 중국 사회의 발전이나 농촌의 변천에서 항상 존재해온 중요한 과제임을 알려준다. 산업화와 도시화, 현대화에 따른 전통적인 도농일체화 발전 모델이 해체된 뒤 농촌사회는 주변화, 빈곤화, 황폐화 되어 무질서로 치닫는 역사적 과정이다. '삼농' 곤경은 산업화, 도시화, 현대화 과정에서 비롯되었으며 근대 이후 도농 괴리화의 발전 추세에서 생겨난 '발전 문제'이다. '삼농'은 고립적인 문제가 아니며 산업화, 도시화, 현대화의 진전 없이는 시대 문제로 부각되지 않는다. 물론 전통시대에 사회문제가 없다는 뜻은 아니지만 문제의 표출이나 표현은 '삼농' 쪽에만 집중되지 않는다. 여러 세기에 걸친 역사 발전의 객관적인 사실은 산업화, 도시화, 현대화와 '삼농' 문제의 연관성을 확실히 보여준다. 문제는 어떻게 관련되느냐며, 양자가 상호 영향을 주고 제약을 가하는 내재적 관계를 어떻게 드러내 보이며 최적의 또는 가장 효과적인 방법을 모색할 수 있느냐이다.

'삼농' 문제의 역사 요인과 시대 특징이 현실에만 국한되어서는 문제의 실체를 포착할 수 없고 어쩌면 진정한 해법을 찾기도 어렵다. 사실상 100년 동안 중국의 농촌 발전 관련 논쟁에 관한 다양한 주장과 방안, 그에 따른 다양한 지역 실험과 사회적 실천으로 이미 표본 의미와 이론적 가치가 충분하다. 100년 동안의 중국 역사 과정 중에 '삼농' 문제의 역사 변천을 살펴보면 더욱 깊은 깨달음을 얻을지도 모른다. 역사의 선택과 실행은 기존의 논리적인 발전 과정을 가지고 있기 때문에 중국 향촌길의 선택에 관한 이론적 사고와 다양한 이견들이 여전히 역사적 성찰과 장기적 고찰에 이성적 분석의 기초를 제공한다.

저자 왕셴밍(王先明)

차례

기나긴 향촌길 : 20세기 중국의 향촌사회

제 2 장 향촌제도의 교체와 향촌사회 변천

제5장   향촌 권력구조의 역사적 변천

기나긴 향촌길 : 20세기 중국의 향촌사회

제6장　1930년대 향촌 위기 및 그 구급책

신해혁명 전후의 향촌사회 변동

20세기에 접어들어 혁명의 격랑은 날로 거세졌는바 결국 민주공화정으로 왕권독재를 교체하여 중국 역사의 새로운 한 페이지를 장식했다. 이 기간 향촌사회 역사 변동은 정치혁명이나 상층 권력의 교체 과정과 완전히 일치한 것이 아니며 다른 역사 발전의 모습을 보였다. 제1장에서는 향촌의 '민란'과 향촌 공공재산 체제의 변동을 통해 혁명과 향촌의 내적 관계 및 발전 추세를 보여주려고 한다. 또한 혁명이 시대의 격랑에서 전통 관습으로 향하면서 향촌사회 변동에 큰 영향을 미친 문제에 대해서도 언급하려고 한다.

향신과 청나라 말기 민란
: 향신과 향민 충돌의 역사 추세 및 시대 원인

근대 중국은 역사의 굴욕(신축조약 체결)을 끌어안은 채 20세기에 들어섰다. 도피 중이던 청나라 조정은 베이징으로 돌아오기도 전에 시안 (西安)에서 '변법'을 선포했다. 신정을 추진하여 정치를 혁신함으로써 민심을 얻고 위기에서 벗어나려고 한 것이다. 하지만 여기저기에서 일어나는 사회 소란은 신세기 특유의 사회 위기를 보여주었을 뿐만 아니라 '신정' 자체가 '민란'의 원인이 되었음을 풍자적으로 보여주기도 했다.

'민란'의 격랑은 혁명당인과 입헌당인들의 정치 요구와 의기상통하여 20세기 초기 중국 역사 발전의 기본틀에 영향을 미쳤을 뿐만 아니라 날로 심각해지는 향신과 향민 간의 충돌을 보여주면서 중국 사회 구조의 심층적인 변동을 선명하게 드러냈다. 이전, 민란에 대한 학계의 연구는 민란의 유형, 참여 주체의 계급 및 혁명 조건의 구비 등 문제에 주목했을 뿐 민란 배후의 심층적인 사회구조 변동 문제에는 거의 관심을 보이지 않았었다. 대혁명[1] 시기 향촌[2]의 사회충돌은 '토호열신 (土豪劣紳)[3] 타도'를 목표로 전개되었는바 국민당이나 공산당의 정치 동원 결과로만 보기 어렵다. 향촌사회 충돌이 장기적으로 누적되지 않고 전통적 관청–향신–향민 이익 관계의 구조적 균형이 깨지지 않았다면 대혁명 시기의 "땅이 있는 자는 호족이 아닐 수 없고, 악질적이지 않은 향신은 있을 수 없다!"는 정치구호를 설명할 수 없다. 청나라 말기의 '학당을 훼손하고 향신을 살해하는' 사건에서 형성된 향신과 향민 이익 충돌에서부터 대혁명 시기의 '향신과 권세가 타도'라는 정치적 요구에 이르기까지 모두 사회제도 변천을 토대로 형성된 이익관계 분화와 구조적 사회변동을 내포하고 있다. 중요한 역사적 사건의 발생을 정확히 이해하고 판단하려면 그 사건이 내포하고 있는 과정을 분석해야만 한다.

1) 민란이라는 격랑 속 향신과 향민의 충돌

1900년은 신세기의 변곡점만이 아니라 사회문화를 포함한 역사적

---

1   '대혁명'은 국민혁명 혹은 제1차 국내혁명전쟁으로도 불리는데 1924~1927
     년, 국민당과 공산당이 합작하여 북양군벌 통치를 반대한 전쟁과 정치 운
     동을 가리킨다. – 역주

2   이 책에서의 '향촌'은 도시 외의 지역을 가리키는 것으로 구체적 범위는 현
     성(縣城, 한국의 군에 해당) 외의 진(鎭, 한국의 읍에 해당), 향(鄕, 한국의
     면에 해당), 촌(村, 한국의 리에 해당) 및 근대 이전에 이미 형성된 전통 도
     시의 교외 지역이다.

3   중국 국민혁명 때, 관료나 군벌과 짜고 농민을 착취하던 대지주나 자본가
     를 이르던 말.

전환점이기도 했다. 메리 라이트(Mary Wright)는 1900년을 20세기 중국에서 발생한 모든 혁명의 시작점이라고 여겼다. 1919~1927년 혁명의 근원뿐만 아니라 1949년 이후의 혁명의 근원도 여기에서 찾아야 한다고 했다.[4] 사회 최하층에서 세차게 꿈틀대던 '민란'은 1901년부터 여기저기에서 끊임없이 이어졌다. '민란'은 청나라 조정의 이른바 '신정'과 함께 청나라 상층 권력과 하층 민중이 사회에 공동으로 영향을 미치는 형국을 이루었다. 기존 연구[5]에 따라 추산하면 광서(光緖) 28년, 즉 1902년 정월부터 선통(宣統) 3년, 즉 1911년 8월 신해혁명 전야까지 중국에서는 1,028건의 민란이 발생했다. 마쯔이(馬自毅)는 민란이 1,300여 건에 달한다고 했다.[6] 청나라 말기 민란의 발생률은 청나라 중기에 비해 수십, 수백, 수천 배가 많은바 청일전쟁 전후에 비해서도 대폭 상승했다.[7] 연대를 살펴보면 민란은 1906년(133건), 1907년(139건), 1909년(116건), 1910년(217건), 1911년(108건)에 집중되어 있다. 하층사회에 누적된 충돌과 분노는 1906~1907년, 1909~1911년 두 기간에 집중되어 있으며 1910년에 최고봉을 맞이했다.

전통 시대의 '관민' 충돌(관리들의 핍박으로 백성들이 반란을 일으킴) 형

---

4 Mary Wright, "Introduction : The Rising Tide of Change", in Mary Wright ed., *China in Revolution: The First Phase, 1900~1913*. New Haven : Yale University Press, 1968, pp.1~19. ·

5 張振鶴 · 丁原英 編, 「清末民變年表」, 『近代史資料』, 1982年 第3, 4期. 中國第一歷史檔案館 · 北京師範大學歷史系 編, 『辛亥革命前十年民變檔案史料』, 中華書局, 1985. 杜濤, 「清末十年民變研究述評」, 『福建論壇』, 2004年 第6期.

6 馬自毅, 「前所末有的民變高峰 : 辛亥前十年民變狀況分析」, 『上海交通大學學報』, 2003年 第5期, p.66.

7 馬自毅, 위의 논문, 같은 곳.

태와 달리 20세기의 '민란' 격랑은 애초부터 구조 면에서 사회 충돌의 특유한 복잡성과 복합성을 보여주었다.

첫째, '민란' 참여의 주요 세력은 폭넓게 분포되었는바 사회계층의 격렬한 분화의 추세를 보여주었다. 기존 연구들을 살펴보면 청나라 말기 10년간의 '민란' 주요 세력 및 우두머리 신분은 청나라 중기에 비해 확연히 다르다. 청나라 중기 이들은 거의 모두 빈곤 지역 출신으로 토지에서 유리된 과잉인구이며 필요한 생산수단을 소유하지 못했다.[8] 여기서 하층사회는 '민란'의 주요 세력이며 이 중 "유민 무산자나 사회의 경계인들이 매우 큰 비중을 차지한다."[9]고 단정할 수 있다. '중류 사회' 및 그 위의 사회계층에 속하는 사람들은 거의 민란에 말려들지 않았으며 민란에 가담하더라도 일반적으로 도적들의 장물아비나 보호자 혹은 조력자 노릇을 했다.[10] 하지만 청나라 말기 민란에서 향신, 부호들이 큰 비중을 차지했는데 특히 민란 수괴에서 큰 비중을 차지했다.[11] 지방 사회질서에 거센 충격을 주는 주도 세력에는 무과의 거인이나 수재, 벼슬아치들도 들어 있었다.[12] 청나라 말기 과거시험 폐지로 거인, 공생, 감생들은 절망하여 시경과 서경을 버리고 회당(會黨, 민간비밀결사단체)에 가입했다.[13] 심지어 지방학당의 멀쩡한 자들도 유혹을 많이

---

8 관련 연구 성과들로는 다음과 같다. 安樂博, 「盜匪的社會經濟根源: 十九世紀早期廣東之硏究」, 葉顯恩 編, 『淸代區域社會經濟硏究』(上). 秦寶琦, 「從檔案史料看天地會的起源」, 『歷史檔案』, 1982年 第2期. 劉平, 「民間文化, 江湖義氣與會黨的關係」, 『淸史硏究』, 2002年 第1期.

9 劉平, 위의 논문.

10 安樂博, 위의 논문.

11 馬自毅, 위의 논문, p.69.

12 『申報』, 1876年 6月 15日(馬自毅, 위의 논문, 70쪽에서 재인용).

13 「给事中李灼华奏学堂难恃拟请兼行科举折」, 古宫博物院明清檔案部 編,

받았다.[14] 사농공상을 포함한 모든 백성이 참여하고 있는 것[15]이 시대적 특징이기도 하다.

둘째, '민란' 충돌의 사회집단과 이익 계층은 한데 뒤엉켜 분잡한 다양성을 지니고 있다. 민란의 참여 주체 확대는 사회이익 분화의 격렬성과 보편성을 보여줌으로써 '민란'의 세력 조합과 투쟁이 가리키는 방향이 더욱 복잡다단해졌다. '향신과 향민-관청' 모형에는 1910년 2월 저장(浙江) 타이저우(臺州)의 셴쥐(仙居)민란, 4월 허난(河南)의 미현(密縣) 민란[16], 1911년 쓰촨(四川) 밍산현(名山縣)의 향신과 향민들의 지현(知縣) 추방 사건[17] 등이 있으며 '관청과 향신-향민' 모형에는 라이양(萊陽) 민란이 있다. 그리고 학당을 훼손하는 소동 과정에서 향촌의 향민들이 향신을 구타하는 행위를 관청이 종용하거나 관망하는 태도[18]를 보이는 '관청과 향민-향신' 모형도 있다. 이러한 여러 충돌이 격돌

『清末籌备立宪檔案史料』(下), 中華書局, 1979, p.995.

14 赵尔丰, 「奏张治祥等结党联盟倡言改革片」, 『辛亥革命前十年民變檔案史料』(下), p.774.

15 馬自毅, 위의 논문, p.66.

16 타이저우 민란의 결과는 "무고한 백성이 억울하게 억압당했을 뿐만 아니라 향신 사족도 관아에 의해 핍박받았다." 「詳記台州民變原委」, 『東方雜誌』第7年 第3期, 1910年 3月, p.69 참조. "미현 지현의 신정에 큰 불만을 품은 향신과 향민 1,000여 명이 몰려들어 관아를 마구 부수어댔다." 「宣統二年三月大事記」, 『東方雜誌』第7年 第4期, 1910年 4月, p.55 참조.

17 「名山新縣志」, 隗瀛濤 編, 『四川辛亥革命史料』(下), 四川人民出版社, 1982, pp.158~160.

18 "갑진년 이전의 학당을 쳐부수는 사건은 학생들이 주도했지만 갑진년 이후의 학당을 쳐부수는 사건은 우민들이 주도한다. …… 우민들이 학당을 훼손하는 사건의 책임은 관리들이 져야 마땅하다."(「毀學果竟成爲風氣耶」, 『東方雜誌』第11期, 1904年 11月, p.78 참조). 츠시(慈溪) 사건에서 향신들은 지현이 "도적떼를 종용하여 학당을 쳐부순다."고 주장했다(『辛亥革命』(3), pp.454~455 참조).

하면서 장엄한 역사의 한 페이지를 장식했다. 사족과 향신계층의 이익 분화도 날로 심각해졌다. '향신을 다섯 부류로 나누'거나 '권력과 이익 쟁탈에서 누구도 양보하지 않는'[19] 모습이 자주 연출되었다. 전통 시대의 '관리-향신-향민' 사회 권력구조 모형은 와해되거나 재편되는 역사의 발전 과정에 들어섰다.

특히 주목해야 할 추세는 민란의 격랑에서 '향신-향민 충돌'이 더욱 빈번하고도 치열한 모습을 띠는 것이다. 『청말민란연표(淸末民變年表)』에 의하면 향신과 향민의 충돌을 보여주는 사건이 300여 건에 달하며 점차 증가세를 보이는 것으로 드러났다(표 1-1).

표 1-1 신해혁명 발생 10년 전 향신-향민 충돌 사건 통계표

연도	1902	1903	1904	1905	1906	1907	1908	1909	1910	1911
충돌 사건	5	2	9	8	31	44	14	38	97	59

1906년 민란의 격랑이 거세지면서 향신과 향민의 충돌 사건 횟수도 뚜렷한 증가세를 보였다. 1910년 민란 발생 횟수가 이 역사 단계의 최고점에 달할 때 향신과 향민 충돌 사건 횟수 역시 최고점에 이르렀다. 하지만 양자의 발전 추세는 등량 증가 관계가 아니다. 향신과 향민의 충돌 사건은 민란보다 더 높은 증가세를 보인다. 1906년에는 민란 133건에 향신과 향민 충돌 사건 31건, 1907년에는 민란 139건에 향신

---

19 存萃學社 編, 『辛亥革命資料匯編』第1冊, 香港大東圖書公司, 1980, p.169.

과 향민 충돌 사건 44건이 발생했다. 1910년에는 민란 217건에 향신과 향민 충돌 사건 97건이 발생하여 향신과 향민 충돌 사건이 민란의 절반에 육박했다. 이러한 사실은 향신과 향민 갈등이 날로 치열해지는 기본 추세를 보여준다.

각 성(省)의 통계에 의하면 10년간 민란 발생 횟수가 가장 많은 지역은 장쑤(江蘇, 275건)였으며 그다음으로 저장(178건), 장시(江西, 69건), 안후이(安徽, 64건) 순이었다. 지역 분포를 보면 황하 이남의 경제가 발전한 지역에 집중되어 있으며 경제가 가장 발전한 장쑤와 저장 지역의 민란 발생 횟수가 가장 많았다. 원인을 판명할 수 있는 민란 786건은 크게 세금 부담(262건), 곡식 문제(199건), 임금 문제(80건), 지방세력 간의 갈등(70건) 등 네 가지 유형으로 나눌 수 있다. 여기서 세금 부담이 약 1/3, 곡식 문제가 약 1/4를 차지한다.[20] 세금 부담과 곡식 문제는 민란의 가장 중요한 원인이며 향신의 역할과도 불가분의 관계를 맺고 있다. "근년에 들어 민란에는 두 가지 원인이 있는데 하나는 세금징수 반대이고 다른 하나는 선교 반대이다. 세금징수와 선교는 모두 나라에서 허락하는 일들이다." 민란 원인의 시대적 특징도 아주 뚜렷하다. "오늘날의 세금과 선교는 우리나라 역사에서 없던 일들이다. 옛사람들의 모든 정서(政書)에는 이에 대한 한마디의 언급도 없다. 하지만 요즘 들어 10~20년간 이로써 지주(知州)와 지현의 실적을 엄격하게 평가하니 모든 구정(舊政)은 재물을 징수하고 부역 등을 징집하는 것 외에 그 공과 죄는 세금징수와 선교와 비교할 수가 없다. …… 따라서 이러한 일을 하려고 하는 자들은 관청, 총독(總督)과 순무(巡撫), 지주와 지현들

---

20 杜濤, 위의 논문.

이고 세금과 선교의 피해를 받는 자들은 백성들이다."[21] 세금징수 반대와 선교 반대는 '내우외환'의 시대적 위기의 구상화로 사회이익의 분화 정도 및 사회모순의 역사적 방향을 보여주고 있다.

민란은 사회 각 계층의 이익과 세력의 갈등 및 충돌을 한데 모아놓은 것이다. 「섬서의 민란을 논함(論陝西民變)」에서 다음과 같이 적고 있다. "철도 토지세 징수 때문에 민란이 발생했는데 10여 개의 주와 현까지 번졌으며 4개월이나 지속되었다. …… 이는 지방관이 독판을 치는 데에서 비롯되었다." 도로 부설을 빌미로 소금세, 토지세를 마구 거두었으며 여기에 관청과 향신의 갈등이 더해졌다. 향신에게 속하던 도로권을 관청에서 가져간 것이다. 기회를 보아 사익을 도모했으며 모든 것을 독차지하고 부하들을 마구 임명하여 관리부서가 즐비했다. 신정이란 미명으로 민생에 해악을 끼쳤는바 "오랜 기간 과중한 부세에 시달렸는데 그 끝이 보이지 않았으며 잠깐이라도 늦출 수도 없었다."[22] 각 지역에서 연속 발생한 학당을 훼손하고 향신들을 구타한 사건들은 표면적으로 보면 '신구 관념', '혁신'과 '보수'의 가치 성향과 관련이 있어 보이지만 향민들로 놓고 보면 절실한 이해관계 때문이다. "그 원인을 살펴보면 모두 세금징수 때문에 발생했다. …… 관리에게 세금을 내도 백성들에게는 무익하고 학당에 세금을 내도 백성들에게는 여전히 무익하다."[23]

역사의 발전은 설계자의 기대와 더욱 멀어지는 경우가 있다. '신정'의 시행은 사회모순과 통치 위기를 제거하지 못했다. 오히려 민란의

---

21 「論近日民變之多」, 『東方雜誌』 第11期, pp.270~271.
22 蛤笑, 「論陝西民變」, 『東方雜誌』 第4年 第3期, 1907年 3月, pp.38~42.
23 「毁學果竟成爲風氣耶」, 같은 곳.

지속적인 발생을 촉발했다. 이때 사족향신의 역할과 기능에 변화가 생겼는바 이는 민란에 큰 영향을 주었다. "오늘날 유지들은 관리를 얕본다. 우리들은 힘을 합쳐 유지들이 얕보지 못하도록 맞서야 한다. 얕보기 때문에 학당을 훼손하는 일들이 생긴다. 우민들이 학당을 훼손하는 것은 일부러 학당을 적대시하는 것이 아니라 관청의 매질이 너무 심해 학당을 훼손하면서 분풀이를 하는 것이다."[24] 이는 전통사회에서 "관리는 백성과 사이가 소원하고 선비는 백성과 사이가 가깝다. 백성들은 관리를 따르는 것이 선비를 따르는 것만 못하다고 한다. …… 그 지역에 훌륭한 선비가 있으면 관리를 보좌하여 선화할 수 있다."[25]는 사족향신의 지위와 기능에 훨씬 미치지 못한다. 그리고 "유지가 관청을 따르고 백성이 유지를 따르는데 이렇게 상하가 통하면 정령(政令)이 시행될 수 있다."[26]고 하는 관청-향신-향민 권력구조 균형 관계가 붕괴되는 추세를 보이는 것이다.

2) 민란 속의 사족과 향신 : 라이양 민란에서 창사 민란까지

누차 발생한 '민란'의 원인은 다양하고 참여세력의 역할과 기능도 제각각이었다. 하지만 규모를 갖춘 '민란' 개별 사건에 대한 분석을 통해 지방의 사족향신과 '민란'의 잉태, 촉발, 발전 및 결과의 전반 관계

24 위의 글, 같은 곳.

25 李燕光, 「淸代的政治制度」, 『明淸史國際學術討論會論文集』, 天津人民出版社, 1982, p.257.

26 姚瑩, 「複方本府求言劄子」. 賀長齡 輯, 「皇朝經世文編」. 沈雲龍 編, 『近代中國史料叢刊』 第731册, 文海出版社, 1966, p.856.

를 살펴볼 수 있다.

1910년 5월, 산둥(山東) 라이양에서 취스원(曲士文)이 세금징수 반대운동을 주도했다. 이 '민란'의 직접 원인은 흉년으로 생긴 기근 때문이었다. "곡식 가격이 천정부지로 치솟았는데 수십 년 만에 처음이었다."[27] 세금을 낼 수 없게 된 농민들은 환곡을 저장한 사창의 곡식 배급을 요구하다가 사창을 관리하는 향신과 마찰을 빚었다. 민중과 사창을 관리하는 향신의 갈등은 오래전부터 있었다. 1876년 라이양에 보기 드문 가뭄이 들어 굶어죽은 시체가 들을 덮었다. 1880년 라이양에 대풍년이 들자 백성들은 기근을 대비하여 곡식을 사창에 저장했다. 하지만 사창을 관리하는 향신은 관부와 결탁하여 사창의 곡식을 현성으로 보내 높은 가격에 팔아먹은 후 장부를 변조했다. 이렇게 곡식을 판 돈을 개인들이 착복했다. 사회의 '공권' 운행을 통해 '공공이익'을 '사익화'하는 것은 전통사회 기층사회구조 권력의 고질로 관청-향신-향민 이익 충돌을 유발하는 근본 원인이다. 라이양 현령 주화이즈(朱槐之)는 1908년 복직한 후 왕치(王圻)·위짠양(于贊揚)·웨이룽장(尉龍章) 등 악덕 향신들이 설립한 개인 전장에서 라이양의 지세를 거두게 했다. '제도 개혁'을 빌미로 사회의 공권을 공공연히 '사익화'함으로써 향신과 관청은 부당한 이익을 분배하는 시스템을 구축했다. "주화이즈는 거두는 은 1만 냥당 1,500냥을 받아먹었다. 왕치 등은 강제 수단으로 농민들의 지세를 제전(制錢)과 동원(銅圓)[28]으로 반씩 징수했다. 이

---

27 『申報』, 1910年 5月 15日(劉同鈞·董禮剛 編, 『萊海招抗捐運動與辛亥革命』, 北京理工大學出版社, 1994, p.15에서 재인용).

28 제전은 명청 시대 정부에서 주조해서 전국에 유통시킨 엽전이고, 동원은 청말부터 항일전쟁 이전까지 통용된 동으로 만든 보조 화폐이다. - 역주

로써 농민들의 세금 부담은 25%나 가중되었다."[29] 라이양의 잡세로는 토지세 · 계약서세 · 염색공방세 · 인두세 등 10여 가지나 있었다. 민중들은 악덕 향신인 왕치 · 왕징웨(王景岳) · 위짠양 · 장샹모(張相謨) · 거구이싱(葛桂星) 등을 '좀벌레'라고 불렀다.

정치제도 개혁을 목표로 한 '신정'은 기층사회 권력구조 및 그 주체를 개혁한 것이 아니라 현대적 특징을 지닌 '신정'을 전통 권력에게 넘겨버렸다. 청나라 조정의 근대화 신정은 이러한 모순을 티끌만큼도 해결하지 못했을 뿐만 아니라 그 상황을 더욱 악화시켜버렸다. 악덕 향신들이 학당 설립과 경찰 설치에 관여했다. 비용 부담은 모두 백성들의 몫이 되었으며 나라에서는 한푼도 부담하지 않았다. 라이양현에서는 계약서세 · 인두세 · 문묘세 · 기름공방세 · 염색공방세 · 비단면포세 · 담배세 · 가축세 · 편자세 · 소경세 등 각종 세금을 징수했으며 농민들의 부담은 수십 배 가중되었다. 당시의 여론은 다음과 같이 말하고 있다. "지방자치를 하려면 지방 향신들이 비용을 빌미로 함부로 가혹하게 징수한다. 밭을 측량하여 중세를 부과했으며 부세가 너무 과중했는바 가옥세와 인두세는 물론 소나 말에도 세금을 부과했다. 각지의 모든 인력이 다 동원되어 백성들은 도탄에 빠졌으며 향신과 백성들이 서로 척을 지고 원한이 쌓여 분풀이를 하려고 했으므로 난이 일어난다. 관리가 백성을 긍휼히 여기지 않아 악덕 향신들을 비호하며 가렴주구하고 함부로 형벌을 가해 난이 일어난다."[30]

사람들을 더욱 분노하게 한 것은 이러한 세금 대부분을 관리와 향

---

29 劉同鈞 · 董禮剛 編, 앞의 책, 같은 곳.

30 張輿, 「論萊陽民變事」, 張枏 · 王忍之 編, 『辛亥革命前十年間時論選集』第 3卷, 三聯書店, 1977, p.654.

신들이 횡령했다는 사실이다. 중학당의 1년 비용 지출은 대전(大錢) 1,883관에 불과했으나 악덕 향신인 왕치 형제는 해마다 14,000관을 세금으로 징수했다. 경찰국의 1년 비용도 대전 4,695관에 불과했지만 악덕 향신 왕징웨는 7,800관을 세금으로 징수했다. '신정'은 이러한 악덕 향신들이 제멋대로 마구 포악한 짓을 하도록 편의를 제공한 셈이었다. 라이양의 지방권력을 장악한 왕치, 위짠양 등 가족들은 현성에 전장과 가게를 개설했으며 때때로 '신정'의 제도개혁 공권을 빌려 사익을 추구했다. 위짠양의 전장과 왕치의 전장에는 거액의 공금이 쌓여 있었다.[31] 향촌사회를 장악하고 있는 향신들이 "일단 마을 사람들을 마구 짓밟는 상투적인 수단으로 자치를 하거나 …… 혹은 공권력을 빌려 사람을 핍박하거나 교묘한 명목으로 돈을 뜯어내려고 한다. 심지어 관청의 아전들과 야합하고 지방 관리들과 결탁하여 사리를 챙기면서 패를 지어 나쁜 짓을 한다."[32]

라이양 향민들이 사창의 곡식으로 각종 세금을 충당하라고 요구한 것은 흉작에 대한 임시 조치라기보다도 악덕 향신에게 쌓인 불만과 원한의 폭발이었다. 라이양 악덕 향신들이 사창의 곡식을 팔아버린 돈이 4,000관밖에 없다는 사실[33]은 '민란'이 발생하기 전에 이미 민간에서 공공연히 떠돌았다. 따라서 라이양의 세금징수 반대를 골자로 한 '민란'은 처음부터 악덕 향신을 겨냥한 것이었다. 1910년 4월 21일, 취스원 태평사(太平社) 사장과 위주싼(于祝三) 영창사(永莊社) 사장은 각

제1장 신해혁명 전후의 향촌사회 변동

---

31 「山東旅京同鄕會萊陽事變實地調査書」, 中國史學會濟南分會 編, 『山東近代史資料』第二分冊, 山東人民出版社, 1958, pp.9~11.

32 『淸末籌備立憲檔案史料』(下), p.757.

33 「山東旅京同鄕會萊陽事變實地調査報告書」, 劉同鈞·董禮剛 編, 앞의 책, p.15.

향의 농민들을 소집하여 연장회(聯莊會)를 설립했으며 30여 개 마을의 농민을 동원하여 '곡식 받아내기' 투쟁을 전개했다. 5월 21일, 700여 명은 현성 서쪽의 관제묘에 집결하여 악덕 향신들에게 따지려 했다. "악덕 향신들이 도망친 것을 알게 된 취스원은 농민들을 거느리고 현 관아로 몰려갔다."[34] 핍박에 못 이긴 지현은 악덕 향신을 소환할 것과 열흘 내에 부족한 부분을 배상할 것을 약속했다. 이렇게 '사창 곡식으로 세금을 충당'하려는 민중의 요구는 대규모적인 '민란' 격랑으로 번졌다.

'민란' 사례에서 창사(長沙)의 '곡식 탈취 사건'은 발생 시 '관리'를 분명하게 지목하여 '관청-향민 충돌'의 또 다른 모형을 보여주었다. 하지만 연구 시각을 '곡식 탈취 사건' 폭발의 직접적 원인이나 이 사건이 극단으로 향할 때의 관청과 향민들의 대립에 한정하지 않으면 '곡식 탈취 사건'에서 향신들이 맡은 주도적 역할을 찾아볼 수 있다.

"함풍제와 동치제 이래, 후난성의 지방관청은 향신들의 도움으로 업무를 전개했습니다. 처음에는 관리와 향신들이 힘을 합쳐 일을 해냈으나 점차 관리들이 향신들을 종용하다 보니 폐단이 쌓이기 시작했습니다. 향신들은 본분을 망각하고 쩍하면 협박을 해댑니다. 관청과 향신 사이를 눈여겨보던 백성들은 권한이 침범받자 이를 구실로 무리를 모아 망령된 요구를 합니다."[35] 후난성 지방 권력구조 형성의 역사적 원인은 지방 향신권력의 확대와 정부권력에 대한 향신권력의 저항에 독자적인 조건을 제공했다. "따라서 난동을 피우면서 관청을 에워

---

34   위의 글, p.16.
35   「湖廣總督瑞澂奏特參在籍紳士挾私釀亂請分別懲儆折」, 饒懷民 · 藤谷浩悦 編, 『長沙搶米風潮資料彙編』, 嶽麓書社, 2001, p.95.

싼다는 소문이 때때로 들리는데 예법은 눈을 씻고도 찾아볼 수 없습니다."[36]

사후 호광총독 루이청(瑞澂)은 '후난의 난'의 원인을 악덕 향신들의 소행으로 규정했다. 비록 관리들의 '제 식구 감싸기'라고도 볼 수 있지만 근거가 없는 말은 아니다. "소신은 '후난의 난' 시작은 비록 지방 관청의 불찰로 생긴 것이지만 그 근원은 악덕 향신들 때문이라고 생각하옵니다."[37] 이에 대해 「창사 소란의 원인(長沙鬧事之前因)」에서는 다음과 같이 분석했다. "근년에 들어 후난 백성들이 연명하기 어렵다. 동전을 마구 찍어 물가가 폭등했으며 수공업이 불경기에 처해 백성들이 농업에 의존할 수밖에 없다. 각 성에서 모병제를 시행하면서 후난군 병사들이 고향에 돌아왔지만 모두 실업자로 전락했으며 사회교육이 발전하지 못해 권력이 악덕 향신들에게 집중되었다. 따라서 이번 쌀 소동은 민란이 발생한 가장 직접적인 원인이다."[38] 향신은 창사에서 발생한 민란에 직접적 원인을 제공했던 것이다. "관청과 향신의 세력 다툼으로 쌀값이 폭등했으므로 견디지 못한 빈민들이 준동하고 있다. …… 간상배와 악덕 향신들은 사람들이 죽어나감에도 약탈을 일삼았다. 민중들이 관청에 비축미를 방출할 것을 요구했지만 거절당했다. 그러므로 모든 원한을 순무 천춘미(岑春蓂)에게로 돌리면서 민란이 일어났다."[39]

관청-향신-향민 삼자 관계가 수시로 붕괴될 위험에 처해 있을 때

---

36   위의 책, 같은 곳.
37   위의 책, p.97.
38   「湖南近訊」, 饒懷民 · 藤谷浩悅 編, 앞의 책, p.225.
39   「一九一零年長沙饑民抗暴见闻」, 饒懷民 · 藤谷浩悅 編, 앞의 책, p.284.

'관청'이 '향민' 쪽으로 편향된 이익 조정을 하지만 향신들이 이를 따르지 않는 모습을 보여주곤 했다. 절실한 도움이 필요한 이재민들은 도움을 받지 못했다. "처음에는 관청에서 돈을 조달하고 향신들이 이를 취급하게 했으나 관청의 돈이 부족하여 향신들에게서 거둔 세금으로 구휼미를 마련하려고 했습니다. 하지만 향신 왕셴쳰(王先謙)이 먼저 반대 의견을 내놓아 구휼미 마련이 지연되었다고 들었습니다."[40] 향신 부호들의 세금으로 구휼미를 마련하려던 계획이 차질을 빚자 천춘미는 대노하여 강경한 어투의 고시를 두 차례나 공포했다. "향신 부호의 점포나 농가의 곡식창고를 공정하게 확인하여 식구들이 먹을 만큼의 곡식 외에 남긴 곡식이 몇 섬이라도 있다면 불순한 의도로 구휼미를 막는 것으로 간주한다. 일단 발견되거나 적발되면 현 관청에 보고하여 책임을 추궁하며 은폐 행위에 대해서는 벌을 줄 것이다." 또한 '공곡(公穀)'을 구휼미로 방출할 것을 요구하면서 사창 관리자가 공곡을 방출하지 않으면 그 사창의 모든 곡식을 몰수하여 구휼미로 방출한다고 했다.[41] 따라서 관청-향신-향민의 삼자 이익 관계에서 주관적 의도나 애초의 조치는 '향민'의 이익에 편향되었다고 볼 수 있다. 이렇게 천춘미의 조치가 향신들의 이익에 직접적인 손해를 끼쳤으므로 관청과 향신 간의 갈등은 갈수록 심각해졌다.[42] 향신들은 민중의 생계나 사회질서의 안정을 고려하지 않은 채 관청-향신권력의 재편을 획책했다.[43]

향신과 청나라 말기 민란

---

40 「湖廣總督瑞澂奏特參在籍紳士挾私釀亂請分別懲儆折」, 앞의 책, p.96.

41 「湖廣巡撫部院岑春蓂告示」, 楊鵬程, 「長沙搶米風潮中的官, 紳, 民」, 『近代史研究』, 2002年 第3期, p.116 재인용.

42 楊鵬程, 앞의 글, p.112.

43 후난의 향신들은 곡식 탈취 사건을 빌미로 순무를 교체하려고 했다.

사실상 향신과 향민의 이익 충돌은 일찍부터 조짐을 보였다. 1909년 6월, 창더(常德)의 이재민 수천 명이 향신 리헝(李亨)의 집을 에워싸고 구휼금을 받아냈다.[44] 1910년 봄, 샹탄(湘潭)의 빈민들이 무리를 지어 먹을 것을 빼앗았다. 창사의 징강(靖港)·헝저우(衡州)·리링(醴陵)·닝샹(寧鄉) 등 현에서 빈민들이 모두 무리를 지어 부잣집의 식량을 약탈하고 방앗간을 훼손했다.[45] 향신과 향민의 이익 충돌은 보편적인 사회문제로 대두되었으며 갈등의 원인은 지방경제에 대한 향신계층의 통제에 있다. 곡식 가격이 폭등할 때 예더후이(葉德輝)는 "창고에 곡식 만 섬을 쌓아두고도 싸게 팔려 하지 않아 마을 사람 모두에게 밉보였다. 과연 재물을 위해 모질게 구는 후안무치한 소인배가 틀림없었다."[46] 양궁(楊鞏)은 사익을 도모하면서 수많은 땅을 사두었다.[47] 후난·후베이 곡식세무국 조사원인 엽덕휘는 라이양의 악덕 향신과 똑같은 방법을 사용했다. 바로 곡식세를 모두 본인 소유의 전장에 넣었으며 10~20만 관의 돈을 방출하지 않고 이로써 폭리를 취했다.[48] 세파를 겪어본 창사 향신은 더욱 능란한 정치적 능력을 보였는데 민란이 발생하자 '곡식 탈취 사건'에서의 향신과 향민 갈등을 관청과 향민의 직접적 대립으로 교묘하게 엮었다.

관청-향신-향민의 삼자 이익과 세력의 발전을 보면 '라이양 민란'과 '창사 민란'의 발전 방향은 뚜렷하게 다르다. '라이양 민란'은 향민

---

44 湖南省地方志編纂委員會 編, 『湖南省志』, 湖南人民出版社, 1999, p.179.
45 「湖廣巡撫部院岑春蓂示諭」, 楊鵬程, 위의 글, p.116 재인용.
46 楊鵬程, 위의 글, p.111.
47 위의 글, 같은 곳에서 재인용.
48 「长沙搶米風潮竹枝詞」, 楊世驥, 『辛亥革命前後湖南史事』, 湖南人民出版社, 1982, p.177 재인용.

과 향신의 직접적 충돌 형식으로 전개되었다.

향민들은 지방관을 향신과 향민 이익 조정자로 여겨 시시비비를 따질 때면 관청을 찾곤 했다. 지현 주화이즈는 향민들에게 가렴잡세는 모두 악덕 향신 왕치, 왕징웨 등의 소행이라는 핑계를 댔다. 또한 '조목에 따라 세금을 징수하고 잡세를 징수하지 않으며 사창의 곡식으로 상환'할 것을 승인했다. 그리고 왕치와 왕징웨의 직무를 거둔다고 고시했다.[49] 하지만 관청과 향신의 이익이 일치하기 때문에 주화이즈는 신의를 지키지 않았으므로 결국 '민란'이 발생했다. 6월 11일 향민들은 왕징웨의 집을 불살라버렸다. 향신과 향민의 극단적인 충돌은 관리와 향신 이익관계의 파국을 불러왔다. 향신들은 향민들의 원한을 본인들에게로 돌린 지현의 행태에 분노했다. 왕징웨는 아들 왕팅란(王廷蘭)을 왕치에게 딸려 지난(濟南)에 보냈다. 이들은 산둥 순무 쑨바오치(孫寶琦)에게 뇌물을 주고 주화이즈 파직을 청원했다.[50] 6월 24일, 주화이즈는 라이양을 잘 관리하지 못했다는 이유로 파직되었다. 신임 지현 쿠이바오(奎保)는 라이양 악덕 향신에게서 뇌물 3,500냥을 받고 주화이즈가 승인한 모든 협의를 폐기했다. 그리고 라이양 민중들이 신정에 항거하고 무리를 지어 반란을 도모한다는 구실로 진압했다. 이렇게 사건은 더욱 커졌다. 7월 초, 10만에 달하는 향민들이 모여 '탐관오리와 악덕 향신들을 처단하자!'는 구호를 외쳤다. 비슷한 시기, 라이양과 이웃한 하이양현(海陽縣) 향민들도 6월 6일에 거사하여 현성을 공격했다. 이들은 구휼미 방출, 계약세 폐지, 세금 액외 징수 폐지, 순경 처벌 등 아홉 가지 요구사항을 내놓았다. 현령은 향민들에게 액외로 징수한

향신과 청나라 말기 민란

49　劉同釣 · 董禮剛 編, 앞의 책, p.17.
50　위의 책, 같은 곳.

세금은 모두 향사(鄕社, 향촌사회 조직)와 향신들이 착복했다고 변명했다. 6월 8일, 하이양 시향(西鄕)의 민중들은 향사와 향신들에 대한 투쟁을 선포했다. 이들은 향신을 구타하고 돈과 식량을 강탈했으며 부잣집을 습격했다.[51] 거의 보름이나 지속된 이 사건은 100리 밖에까지 영향을 주었으며 참가자가 수만에 달했는바, 투쟁의 상대는 향신이었다.

'창사 민란'의 원인은 후난 향신들에게 있음이 확실하다.[52] 하지만 '민란'의 흐름은 줄곧 향신들이 장악하고 있었다. 향신들이 파견한 자들이 '기민'으로 분장하고 도처에서 '애대를 받는' 쫭경량(莊賡良)이 순무로 부임해야 한다는 여론을 조성했다. 왕선겸은 일곱 향신의 명의로 호광총독에게 전보를 보내 후난 순무 교체를 요구했다.[53] 이렇게 지방관과 향신들의 권력구조 재편으로 향신 이익의 최대화를 노렸다. 후난 향신들은 '오래된 관청과 향신의 권력다툼'으로 일어난 '민란'을 순무 때문에 일어난 관청과 향민의 충돌로 만들어버렸다.[54]

4월 14일, 사태가 갈수록 심각해지자 관청은 향신회의를 소집하여 대책을 논의했다. 향신들은 이러한 형세를 이익의 최대화를 도모하는 꽃놀이패로 생각했으며 심지어 '신정'을 제물로 삼기까지 했다. 공쉔자오(孔憲敎), 양궁을 비롯한 향신들은 관청과 협력하여 난제를 타개할 일곱 가지 조건을 내놓았다. 여기에는 철도 부설 폐지, 학당 운영 폐지, 경찰 해체, 보갑제도 회복, 구휼미 방출, 국가 곡식창고 개방, 상비군 해체 등이 포함되었다.[55] 내부에서는 향신과 관청이 옴니암니 거

---

51 위의 책, p.17, pp.20~21.
52 饒懷民 · 藤谷浩悅 編, 앞의 책, p.73.
53 위의 책, p.29.
54 위의 책, 같은 곳.
55 위의 책, p.268.

래하고 외부에서는 민중들이 에워싸고 있으므로 관청-향신-향민 세력의 다툼에서 표면적으로나마 향신과 향민이 연합하여 관청에 대항하는 모습을 보였다. 향신들이 한사코 지키려는 이익 입장과 관청에 제기한 일곱 가지 조건을 보면 모두 향신의 이익(이를테면, 향신에게서 세금을 징수하여 구휼미를 마련하는 조치에 대한 반대)과 권리(이를테면, '신정' 이권의 탈취) 요구에 부합했을 뿐 '기민'의 기본 요구를 추호도 언급하지 않았다. 이러한 이익 지향은 청나라 말기의 각지에서 발생한 '민란' 사건에서 학당을 훼손하고 세금징수를 반대하는 향신과 향민의 충돌과 거의 일치한다. '곡식 탈취 사건'에서 관청과 향민의 갈등이 갈수록 심각해지다가 결국 극단적인 방식으로 폭발한 것은 관청과 향신 간의 장기간 다툼이 날로 치열해진 역사적 갈등과 무관하지 않다. 관청과 향신 다툼의 역사적 내용은 결국 '민란' 격랑을 빌려 발산된 것이다.

하지만 일단 '민란'이 발생하여 향신 부호의 이익을 건드리면 '민란'을 은밀하게 조종하던 향신들은 직접적인 탄압에 나섰다. "3월 6일, …… 난민들이 모두 약탈에 나섰다. …… 도시의 부호들을 약탈한다는 소문을 들은 향신들은 기겁하여 시(席) 씨네 사당에 모여 난을 타개할 방법을 모색했으며 엄격하게 다스릴 것을 주장했다."[56] 그러므로 '민란'의 결과는 여전히 향신과 향민 충돌의 기점으로 되돌아왔다. "향신 부호를 강탈한다는 소문이 들리고 화가 떨어지니 엄중히 다스릴 것을 청하는 바입니다."[57] 창사의 곡식 탈취 사건에서 향신들은 민란을 은밀히 조종하여 순무의 강세를 누르면서 이득을 보려고 했다. 이러한

---

56 위의 책, p.93.
57 위의 책, p.96.

복잡한 정세는 창사의 곡식 탈취 사건에서 향신-향민 이익 대립과 관청-향신권력구조 분화의 재편 실태를 보여준다.

비록 라이양 민란과 창사 곡식 탈취 사건에서 관청-향신-향민 삼자 간의 이익관계가 제각각의 특징을 보이지만 향신과 향민 이익의 근본적 갈등은 거의 일치한다. 바로 향신과 향민 이익 및 그 관계의 충돌과 악화는 청나라 말기 이래 지방사회 '민란' 격랑이 꿈틀대는 기본 원인의 하나이다.

3) 청나라 말기 신정과 향신권력의 체제화

청나라 말기 이래, 지방사회 질서는 불안정하고 통제되지 못하는 모습을 자주 보였다. 특히 '민란'은 대부분 향신과 향민 충돌의 형식으로 전개되었다. 지방권력 주체인 향신계층은 그 잘못을 회피하기 어렵다. 이후 '악덕 향신'이란 어휘가 유행했는데 이는 향촌사회 변란이 발생한 중요한 이유를 어느 정도 설명해준다. 이를테면 "라이양 민란은 현의 지방관의 학정 때문에 일어났지만 악덕 향신들이 지방관을 도와 잔학한 짓을 많이 한 것과도 무관하지 않다."[58] 쿠이바오가 부임한 후 악덕 향신과 모든 업무를 의논하여 시행한 결과 난을 초래했다.[59] '향신' 앞에 '악덕'이 종종 붙는 것은 향신과 향민 이익의 대립이 날로 심각해진 것과 향촌사회 공공이익 및 권력 제도의 변천과 밀접한 연관이 있는 것으로 도덕적으로 '착한 향신'과 '악덕 향신'을 구분한 것은 결

---

58 「盛京時報」, 1910年 7月 26日(劉同鈞 · 董禮剛 編, 앞의 책, p.26 재인용).
59 위의 글.

코 아니다. 바로 이러한 제도 변천 과정에서 전통사회에서 상대적으로 안정적이던 관청—향신—향민의 균형 관계가 와해되었을 뿐만 아니라 향신계층을 권력 재편의 중심으로 끌어올렸다. '신정' 체제의 교체에서 각 지방의 각종 권력을 지닌 향신들이 세도가로 부상했다.

'신정'에 비해 '구정(舊政)'의 체제에서 향신과 향민의 이익관계에는 등급 차별이 있었지만 심각한 이익 충돌이 빈번하게 발생하지는 않았다. 민국『리링현지(醴陵縣志)』는 다음과 같이 기록하고 있다. "리링의 옛 이름은 옌이(峎邑)이다. 그곳 사람들이 고생을 견디며 일하지만 부자가 적고 송곳 꽂을 땅도 없는 가난한 사람들이 대부분이다. 과거에 급제하면 광영이 따라 입고 먹을 걱정을 하지 않아도 된다. 가난한 선비들은 글을 써서 먹고 살며 이익과 관록을 좇지 않는다. …… 농민들은 부지런히 밭일을 하며 선비들과 같은 대접을 받았다. …… 어르신들은 늘 농사와 면학을 병칭하라고 가르침을 주는데 이는 오늘날의 평민주의에 부합된다."[60] 적어도 향촌사회나 종족공동체 이익에 기반한 향신과 향민의 이익관계는 치열했던 관청과 향신의 이익관계와 달리 상대적으로 평온했다.

동치 연간 장강 중류 지역에서는 세곡징수에 대비해 향촌사회의 향신과 향민들이 종족 조직을 결성하여 관청에 대항했다. 일부 지역의 향촌 종족은 "툭하면 떼를 지어 관청에 대항하고 위세를 부리면서 약자를 괴롭히고 사당을 무리를 모으거나 체포할 때 도망가는 비호물로 정한다. 살인이나 강도질을 저지른 후 횡포한 마을로 도망쳐 체포에 불복하곤 한다."[61] 향신들은 고향의 복지 증진과 이익 보호를 본연의

---

60   民國『(醴陵縣志)』卷4『禮俗志』, 1948年 印本, pp.8~9.

61   陶澍, 「縷陳巡閱江西各境山水形勢及私梟會匪各情形附片」(章開沅 編,

의무로 생각하기 때문에 정부나 관리들보다는 향신들이 현지의 이익을 대표했다. 일반적인 상황에서 정부와 향신의 주요 이익은 일치하며 사회의 정상적 운행과 현 상태를 유지하기 위해 상호 협력한다. 하지만 정부와 향신의 이익이 위배될 때 향신들은 비판은 물론 심지어 관청의 행정을 반대하거나 저지한다.[62]

전통사회에서는 관청-향신-향민의 기본이익-권력구조에서 향민이나 관청과는 관계없이 지방질서의 안정과 이익 조정은 모두 향신계층을 통해 이루어졌다. "청나라 시기 한때는 향촌제도를 고치지 않았다. …… 보갑제도의 보장을 향보(鄕保)라고 불렀다. …… 주 관아의 법령을 각 향촌으로 전달할 뿐 실질적인 향촌 행정이 무엇인지 모른다. …… 향촌 행정이 없는 시기라고 해도 무방하다."[63] 향촌사회 질서의 유지와 생활 기능의 운영은 물론 소방대 · 노인회 · 제방공사국 등 향촌사회의 공공조직 역시 향신들의 개인 위엄과 명망으로 운영되곤 했다.[64] 문화 권위와 사회 권위를 지닌 향신계층은 이 통제 체계의 기반이다. 하지만 지방 사무에 큰 영향을 미치면서 지배 역할을 하는 향신들은 제도의 지원을 받지는 못했다. 아울러 개인 위엄과 명망으로 운영하는 공공사무도 현대 행정이 요구하는 상설화나 제도화에 미치지 못했다.[65]

『中國近代史上的官紳商學』, 湖北人民出版社, 2000, p.388 재인용).

62 張仲禮 · 李榮昌 譯, 『中國紳士: 關于其在19世紀中國社會中作用的研究』, 上海社會科學院出版社, 1991, pp.50~67.

63 魏光奇, 『官治與自治: 20世紀上半期的中國縣制』, 商務印書館, 2004, pp.50~51.

64 위의 책, p.53.

65 위의 책, p.72.

태평천국운동 시기, 청나라의 지방관들은 향신과의 관계 조정으로 사회모순을 완화시켜야만 향신의 세를 이용하여 태평천국군에 대적할 수 있음을 알았다. 후난 순무 장량지(張亮基)는 함풍 2년에 "향신들에게 상황을 전해 가르침을 받게 하는 것이 촉박하다."[66]고 강력히 주장했다. 지방관들은 관청-향신-향민 삼자 세력구조에서 향신과 향민 간에 더욱 많은 공동된 이익이 있으며 관청과의 힘겨루기에서 향신과 향민이 합세할 수 있음을 알게 되었다. 따라서 위급한 시기에 향신을 동원해야만 태평천국의 파죽지세를 막을 수 있었다. 후난순무 뤄빙장(駱秉章)은 '관청과 향민은 직접 연결되지 못하므로 향신을 통해야' 하고 '관청과 향신이 향민과 합세해야 서리나 아전들이 간계를 부리지 못함'[67]을 알았다. 따라서 관청과 향신 이익 공모는 지방자위단으로 실현되었다.[68] 향신을 주 성원으로 한 지방자위단은 징발과 파견에서 비록 관부의 동의를 얻어야 했지만 실제 운영에서는 향신들이 제멋대로 했다.[69] 또한 지방에서 영향력을 행사하는 수많은 상층 향신들이 지방자위단의 사무에 관여했다.[70] 권세를 잡은 향신들의 무리가 나타나는 것은 지방 권세가 향신계층에서 세도가 집단으로 변화됨을 보여준다.[71]

향신과 지방자위단의 결합 및 그 권력의 조직화 과정은 향신계층

---

66   李瀚章 修, 曾國荃 纂, 『湖南通志』 卷108, 江蘇廣陵古籍刻印社, 1986年 影印本, p.16.

67   「駱中丞幷村結寨諭」, 『長沙縣志』 卷15, 同治十三年刻本.

68   章開沅 編, 앞의 책, p.395 참조.

69   위의 책, p.405.

70   賀躍夫, 『晚晴士紳與近代社會變遷: 兼與日本士族比較』, 廣東人民出版社, 1994, p.55.

71   章開沅 編, 앞의 책, p.414.

이 '사(士)'를 기본 특징으로 하는 문화권위와 사회권위의 '향신의 권력체제화' 및 '향신의 세도가화'의 역사적 발전의 시작이다. 19세기 중엽 이후, 청나라 전통 향촌조직의 성질에 변화가 생겼다. 이 변화 추세는 향신이 향촌조직의 우두머리로 부상한 것뿐만 아니라 향촌조직 기능이 관청으로부터 할당된 일을 그럭저럭 때우던 데에서 민사 분쟁 조정, 부세 징수, 지방자위단의 확대에 이르기까지 이어졌다. 더욱이 '전통적인 향촌조직과 달리 근대 지방자치 성격을 지닌 각종 조직'[72]의 흥기가 그 뚜렷한 징조이다. 일부 향촌조직 자체는 뚜렷한 변화를 보이지 못했지만 향신이 주도하면서 지방 공공 기능을 담당하기 시작했다.[73] 이러한 역사적 발전 과정은 '신정'이나 '지방자치' 제도의 교체까지 이어졌다. 그리고 더 큰 권력과 합법적 기반을 확보했다. 조지프 에셔릭(Joseph Esherik)은 "지방자치회와 지방 향신권력 설치 간에는 의미심장한 연속성이 존재한다."[74]라고 적고 있다.

"요즘 지방정무가 날로 암담합니다. 한 개 주현을 놓고 볼 때 학무, 경찰, 농공상무 등 온갖 사무를 창설해야 하는데 주현의 지방관이 어찌 온갖 일에 능할 수 있겠습니까? 동서 열국을 살펴보면 현지인들이 현지의 사무를 관장하여 모두 성공했습니다. 하지만 지방자치에서 정부가 설치한 관리는 감독만 할 따름입니다."[75] '구정'과 달리 '신정' 및 '신정'으로 추진하는 지방자치제도는 날로 확대되는 향신권력에 합법

---

72 魏光奇, 앞의 책, p.79.
73 위의 책, pp.79~80.
74 周錫瑞 楊慎之 译, 『改良与革命: 辛亥革命在两湖』, 中华书局, 1982, p.111.
75 「盛京將軍趙爾巽奏奉天試辦地方自治局情形折」, 『清末籌備立憲檔案史料』(下), p.717.

적이고 제도적인 바탕을 제공했다.[76] 또한 전통 시대의 관습이나 지방 상황의 비제도성에 기반한 향신권력도 합법화, 제도화했다. "각 지방의 관청 사무소를 검사해보니 향신 운영자와 관부의 권한을 처음에는 정해놓지 않았습니다. 따라서 관청과 향신 세력의 강약에 따라 권한 범위가 커지거나 작아집니다. 다투다가 이기지 못하면 상호 질시하여 마치 물불과 같았습니다. 지금은 백성들이 관리에 참여하고 관청에서 통솔합니다. 백성들이 상호 의지해야 일이 성공할 수 있다는 것을 알게 되면 소란이 생기지 않을 것입니다."[77] 현대 제도 구축 과정에서 지방경제와 재정 역시 향신의 통제를 받았다. "지방자치는 나라의 세금을 축내서는 안 된다. 예전부터 있던 공금과 공공재산 외에 별도로 자금을 마련하지 않고는 안 된다. …… 지방자치는 향촌의 사람들이 본 향촌의 사무를 관장해야 한다. 혈연과 지연 때문에 효과가 빠르지만 폐단도 쉽게 생긴다. 선거를 함부로 하면 공적인 이름을 빌려 사욕을 채우거나 독점을 하여 이로움보다도 해로움이 먼저 나타날 것이다."[78] 또한 더욱 많은 새로운 분야 및 사회조직도 향신의 권력 획득에 기회를 제공했다. "근 수년간 교육회, 상회 등 운영은 질서가 잡혀 날로 문명해지고 있습니다. 하지만 일부는 이득을 위해 떼를 짓는다 하여 책망도 받는데 이는 피할 수 없는 일입니다." 따라서 "현자는 진흙과 숯이 묻은 옷을 입기를 꺼리지만 그것이 옳다고 여기지는 않습니다. 현명하지 못한 자들은 악한 관리들을 선동하여 도시나 향촌의 풍

76 「城鎮鄉地方自治章程繕具淸單」, 위의 책, pp.728~729.
77 「憲政編查館奏核議城鎮鄉地方自治章程並另擬選舉章程折」, 위의 책, p.726.
78 위의 책, pp.726~727.

속을 어지럽혀 행인들이 눈을 비비고 봅니다."[79]라는 위안수쉰(袁樹勳)의 이 말은 적지 않은 비난을 받았지만 전통 향신이 새로운 권력 분야를 장악한 상황을 보여주기도 한다.

전통 체제에서 근대 체제로의 이행은 체제 구조 조직 방면, 즉 형식의 전환만이 아니라 권력 주체의 전환이라는 실질적 내용을 지니고 있다. "청나라 변법 이전에는 품계에도 못 드는 미관말직도 조정에서 임명한다. …… 광서 연간부터 구관들을 줄였으므로 오늘날의 교육, 경찰 등 기관은 …… 대부분 본 지방의 향신들이다."[80] 청나라 말기 일부 주현의 재무·실업·경찰·교육국 등 권력기관은 거의 향신들이 관장했다. 따라서 지방 공공사무의 운영은 위망이 있는 향신이 관장한 것이 아니라 공공조직 권력기관의 세도가들에게 의존했다. 그러므로 '신정'이 가동한 제도는 "사실상 관리가 아닌 향신이 지방 공공사무를 처리하는 전통 방법의 제도화와 기구화이다."[81]

전통 시대와 달리 향신들이 향촌 공공사무를 관장할 때 대부분은 성문화된 법률에 근거했다.[82] 20세기 전반에 향촌사회의 권력 중심에서 활동한 향신들은 "대부분 도시와 향촌 지방자위단 등 준권력기관의 임원이거나 의원, 혹은 현정부기관의 과장이나 국장, 구청장 신분이다. …… 아울러 민간사회의 족장의 권력을 장악한 자들로 이들은 도시와 향촌사회의 정치권과 경제권을 장악했다. 토지권, 정권, 향신의 권력, 족장의 권력을 모두 움켜잡은 이들은 농촌사회의 특수계급이

79 「山東巡撫袁樹勳奏山東籌辦地方自治設立自治研究所情形折」, 위의 책, pp.741~742.
80 民國, 『東明縣新志』 卷9 「佐治表」.
81 魏光奇, 앞의 책, p.118.
82 위의 책, p.136.

었다."[83]

4) 향신과 향민 관계 : 신분 차이에서 이익 충돌에 이르기까지

  20세기 초의 '민란'은 산발적인 모습을 보였다. 비록 도처에서 민란이 발생했지만 대규모 봉기로 이어지지는 못했다. 『동방잡지(東方雜誌)』의 민란 관련 기록에서 민란을 촉발하는 직접적 원인은 지극히 분산적이고 제각각이지만 '향신과 향민의 충돌'을 유발하는 원인은 상대적으로 집중된다는 것을 알 수 있다. 이를테면 '호구조사' 소동이 바로 그러하다.

  1909년, 「장시호구조사소동기록(記江西調查戶口之風潮)」에서는 "각지에서 충돌이 끊이지 않는다. …… 헛소문을 듣고 벌떼처럼 일어나는데 도리가 통하지도 않는다. …… 난창현(南昌縣)의 탄사(潭沙)와 샹시(香溪) 등지의 향민들이 무리를 지어 모반했는데 심지어 모 향촌에서는 중재에 나선 향신을 시비 불문하고 구타했으며 모 향신의 저택을 허물어버린다는 소문도 들린다."라고 했다. '호구조사' 때문에 발생한 민란은 향신을 직접 겨냥했다. 향신을 구타하고 약탈하는 일이 비일비재했으며 간혹 살해하는 사건도 발생했다.[84] 5월 27일, 28일 충런현(崇仁縣)에서 "무리를 지어 통계처에 모여 …… 연합하여 향신을 찾아내

---

83 朱英 編, 『辛亥革命與近代中國社會變遷』, 華中師範大學出版社, 2001, p.686.

84 「記江西調查戶口之風潮」, 『東方雜誌』 第6年 第8期, 1909年 7月, pp.222~223.

어 죽인다는 말이 돌았다." 6월, 두창현(都昌縣) 향신 쩡투난(曾圖南)은 지현의 부탁으로 호구조사를 하다가 구타당했고 저택이 훼손되었다. 안이현(安義縣)에서 향신 위청제(余承杰)와 궁제스(龔杰士)에게 호구조사를 맡겼는데 결국 위청제는 살해되고 궁제스는 구타당해 병신이 되었다. 장수진(樟樹鎮), 신창현(新昌縣), 닝두저우(寧都州)의 향민들은 향신들을 구타, 살해하고 향신들의 저택을 훼손했다.[85] 신간현(新淦縣) 향민들의 반항이 날로 심해져 향신을 구타하고 저택을 훼손하며 도처에서 강탈을 일삼으므로 피해를 입은 향신들은 도시로 도망가 감히 집으로 돌아가지 못했다. 향민들은 향신을 살해하려 했으며 닝두저우에서도 향신 여러 명이 구타당하고 약탈당했다.[86]

'학당 훼손 사건'도 '향신-향민 충돌'의 주요 원인의 하나이다. 「장시 위안저우 향민폭동 여문(江西袁州鄉民暴動余聞)」에서는 다음과 같이 기록하고 있다. "이춘(宜春) 학무와 신정 세금징수는 루위안비(盧元弼)가 책임졌는데 권력을 휘둘러 가렴잡세를 마음대로 징수하고 이를 관청에 보고하지도 않았다." 향민들은 "무릇 신정은 모두 향신들이 트집 잡는 것으로 여겼으므로 마침내 분노하여 학당을 훼손하고 향신을 죽이려고 들었다."[87] 1909년 7월 27일, 즈리(直隸)의 이저우(易州)에서는 학당과 경찰 설립, 자치 등 '신정'을 구실로 세금을 더 거두었다. 자치국을 설립한 후 국장 장아무개는 관곡을 내다 파는 동시에 세금을 징수하면서 자치비용이라고 둘러대고는 본인이 착복했다. 이는 결국

85 위의 글, 위의 책, pp.223~224.
86 「續記江西調查戶口之風潮」, 『東方雜誌』 第6年 第9期, 1909年 8月, p.275.
87 「江西袁州鄉民暴動余聞」, 『東方雜誌』 第6年 第11期, 1909年 10月, p.365, p.367.

민란을 유발했다.[88] 1909년 이후, 저장성에서 향민들이 향신을 적대시하는 사건이 연속 발생했다. 쯔시현·상위현(上虞縣)·쑤이안현(遂安縣)·징닝현(景寧縣) 등지의 향민들은 학당을 불살랐다. 이는 일부 악덕 향신들이 학당 운영을 구실로 거둔 세금을 착복했기 때문에 민중들이 학당을 적대시한 결과이다.[89] 상위현 학당·교육회·권학소·통계처·자치연구소가 훼손되었다. 지방관은 이들 기관을 폐지할 수도 회복하거나 유지할 수도 없어 그대로 내버려두었다.[90] 장쑤의 각 주현에서도 무리를 지어 학당을 훼손하고 사람을 다치게 하는 일이 비일비재했다. 장닝현(江寧縣)·우현(吳縣)·창수현(常熟縣) 등 수십 곳에서는 향신 세도가들을 공격 목표로 삼았다.[91]

지방 향신들은 지방 신정에 적극 관장, 참여했다. 특히 지방 향신들은 지방 학당과 지방 경찰을 운영했는데 도시와 향촌의 사당이나 사원을 학당으로 개조했으며 촌락사회로부터 학교 세금과 경찰 세금을 많이 징수했다. 이는 향촌 농민들의 원한을 가장 많이 사는 것으로 향촌 농민들은 지방 신정 반대 예봉을 도시와 농촌의 학당을 관장하는 향신들에게 돌리기가 일쑤였다. 민란에서 향신을 반대하되 관청을 반대하지 않는 상황은 신정에서의 관청과 향신 갈등 때문에 관청이 이간질을 한 것과도 관련된다.[92] 1910년, 이춘의 민란을 보면 날로 치열해지는 향신과 향민의 충돌에서 관리들이 부추기고 선동하고 사주하는 역할

향신과 청나라 말기 민란

---

88 張振鶴·丁原英 編,「淸末民變年表」(下),『近代史資料』, 1982年 第4期. pp.102~103.
89 「浙江鄕民毁學余聞」,『東方雜誌』第7年 第5期, 1910年 5月, p.27.
90 「浙江鄕民毁學案續聞」,『東方雜誌』第7年 第6期, 1910年 6月, p.49.
91 위의 글, 위의 책, pp.48~51.
92 朱英 編, 앞의 책, p.650.

을 수행했다. 따라서 관청과 향민들이 합세하여 향신을 반대하는 모습을 보였다. 관리들은 관청을 에워싼 향민들에게 "관청에서 돈을 거두는 것이 아니라 향신들이 돈을 거두는 것이다."라고 말했기 때문에 향민들은 "무릇 신정은 모두 향신들이 트집 잡는 것으로 여겼으므로 마침내 분노하여 학당을 훼손하고 향신을 죽이려고 들었다."[93] 왕수화이(王樹槐)의 통계에 의하면 선통 2년(1910) 정월부터 선통 3년(1911) 2월까지 1년 사이에 장쑤의 향진에서 학당 50여 개소와 자치소 18개소가 훼손되었다.[94] 저장성의 쯔시 · 상위 · 쑤이안 등 현에서는 1911년 여러 차례의 학당 훼손 사건이 연속 발생하였으며 향신들이 주관하는 교육회 · 권학소 · 연구소 · 통계처가 파괴되었으며 향신들의 저택도 파괴되고 약탈당했다.[95]

호구조사 충돌과 학당 훼손 사건은 모두 신정을 겨냥한 것으로 이로 촉발된 민란은 신정에 대한 배척으로 나타났다. "후난의 난에는 여러 원인이 있지만 곡식값과 물가에 있다고 해도 과언이 아니다." 그 근원을 따지면 "자금을 조달하여 신정을 시행하지만 모든 것이 사실이면 충분히 난이 일어날 수 있다."[96] 라이양 민란에서 향신과 향민의 갈등이 하루 이틀이 아니며 근래에 들어 신정을 하면서 향신들이 대중의 여론을 듣는 체도 안했기 때문에 원한이 많이 쌓였던 것이다. 신향신과 구향신의 이익과 권력 분쟁인 '신구 다툼'과 달리[97] 향민들은 이른

---

93 「江西袁州鄉民暴動余聞」, 앞의 책, p.365, p.367.

94 王樹槐, 『中國現代化的區域研究: 江蘇省, 1860~1916』, 中研院近代史研究所, 1984, pp.205~206.

95 『辛亥革命』(3), pp.454~455.

96 梁啓超, 「湘亂感言」, 饒懷民 · 藤谷浩悅 編, 앞의 책, p.247, p.251.

97 후난성의 "양씨, 궁씨 등 악덕 향신들은 신정을 반대했다. 이 기회를 빌

바 '행정의 신구'에 거의 신경을 쓰지 않으며 기본 생존조건을 위협하는 '행정'을 모두 '폐정'으로 간주한 것이다. 따라서 겉으로는 '신정'의 '향신과 향민 충돌'이지만 사실상 향신 이익의 과도한 확장이 향민들의 가장 기본적인 생존조건을 위협하면서 유발된 것이다.

첫째, 중국의 전통 '향신통치 시대'의 향촌 재무는 제도적으로 설명하기 어렵다. 향신들이 처리하는 공공사무의 재정방식은 상설기구가 없을 뿐만 아니라 공공권력과 관련 제도를 근거로 한 강제성 세금도 아니었다. 지방 공익사무는 청나라 정부에서 자치를 시행하기 전에 수입과 지출을 자체 관리하고 사후 현에 보고하여 기록해두었다.[98] 청나라 말기 지방제도의 변천에서 향신들의 지방 공공사무와 지방재정에 대한 통제는 제도화, 관습화되었다. 원래 관부에서 직접 관장하던 공공사무를 향신들이 관장했다. 이를테면, 청나라 말기 허난(河南)과 산둥의 요역을 서리들이 관장했지만 나중에 향신들이 관장하게 되었다. 이장이 돌아가면서 공급하던 물품을 곡식과 함께 징수하거나 밭뙈기 면적에 따라 할당했다. 1879년, 허난 우즈(武陟)에 공의국을 세워 수레와 말을 공급했다.[99] 향신들이 관장한 후 농민들의 부담은 경감된 것이 아니라 오히려 증가되었다. "할당의 폐단을 보면 향신들이 설립한 공의국의 수레 유지 지출을 민간인들에게 전가했다. 공의국 지출 비용을 낭비하고 허위보고하여 낱낱이 조사할 수 없다."[100] "공무국이 서

려 미장이와 목수를 시켜 교회당, 학당, 부두를 파괴하고 중학당을 불살랐다."(「湘民報告湘亂之情形」, 饒懷民 · 藤谷浩悅 編, 위의 책, p.237).

98 『山東曆城等34縣調査自治淸册』, 北洋政府內務部檔案, 第二曆史檔案館藏, 檔案號: 1001/969.

99 民國, 『續武陟縣志』 卷6「食貨志」.

100 「河南省財政說明書」(鄭啓東, 「近代華北的攤派(1840~1937)」, 『近代史硏

리의 관장에서 향신의 관장이 되니 …… 부정을 저지르고 약탈을 일삼는 외에 해마다 공문서 초안, 세금과 조곡, 잡물 등 각 부서의 비용 66,000관, 인장 17,000관, 집행 보조금 18,000관, 수행원 비용 48,000관으로 규정했다."[101] '일반인들이 수십 년을 모아야 하는 재물을 하루에 모을 수 있는' 신정을 시급히 시행하는 정책 변동은 관청과 향신의 이익 공모를 공개하는 것이나 다름없었다. "재물이 부족하면 오로지 백성들에게서 빼앗으려고 한다. 세금을 끊임없이 늘렸으나 아무런 효과도 거두지 못했으며 그 결과 이익을 추구하는 관리들이 사욕을 채울 따름이다."[102] 향촌 정권의 사익 추구는 더욱 적나라했으며 더는 감추려 들려고도 하지 않았다. 중국 농촌의 암담함은 최고조에 달한 셈이다.[103]

둘째, 전통 향신과 향민은 신분의 차별은 있었지만 직접적인 이익 충돌이 발생하지는 않았다. 이는 향신들이 공공권력과 공공자원을 직접적으로 점유하지 않은 것과 관련된다. 지현 왕후이주(汪輝祖)는 관청-향신-향민의 삼자 이익 관계를 다음과 같이 말했다. "관리는 백성과 사이가 소원하고 선비는 백성과 사이가 가깝다. 조정의 법률을 향민들이 다 이해하지 못하면 선비들이 쉽게 설명한다. 위의 타이름을 선비에게 전하면 선비가 그 타이름을 백성에게 전하여 도가 쉽게 명확해지고 쉽게 행해질 수 있다."[104] 하지만 청나라 말기 이래, 지방 정치

究』, 1994年 第2期, p.84 재인용).

101 熊祖诒,「上當事書」(위의 책, p.85 재인용).

102 「湘亂感言」, 앞의 책, p.245.

103 李大钊,「青年與農村」, 童富勇 編,『中國近代敎育史資料彙編』, 上海敎育出版社, 1997, pp.949~953.

104 李燕光, 앞의 책, 같은 곳.

체제의 변화로 향신과 향민 간의 이익 차이가 더욱 커져, 향촌의 공공권력과 공공이익을 점유하고 있는 향신과 향민의 생존이익이 직접적으로 충돌했다. 이를테면 즈리 이저우에서는 "근년에 들어서 학당, 경찰, 자치 등 사무 때문에 세금을 부가 징수하여 민중의 분노를 산 지 오래됐다." "모든 신정은 몇몇 악덕 향신들이 관장했으며 이들은 사욕을 채웠다." 저장 우캉현(武康縣) 향민들은 "경찰 운영 때문에 세금을 징수하여 …… 민중들이 분노한 지 오래되었다. 이날, 세세한 일 때문에 공분을 샀으므로 사람들이 모여 현 관아로 몰려갔다." 이렇게 학당이 훼손되고 관리가 구타당했으며 경찰국이 파괴되고 향신 가오(高)씨가 구타당했다.[105] '학교를 훼손하고 향신을 죽이자!'는 향민을 동원하는 구호가 되었다.

셋째, '신정'과 '구정' 체제의 향신과 향민의 관계는 엄연히 다르다. "과거 사회 엘리트들은 밀접한 지역적 관계를 맺고 있으며 농촌사회와 일부 접촉을 유지한다. 그들은 전통적으로 농민계급의 이익에 다소라도 관심을 기울이고 있다."[106] 하지만 계기한 '악덕 향신'들은 여전히 종일 버선을 벗지 않고 두루마기를 입은 채 길에서 어슬렁거리면서 무지한 농민들의 추중(推重)을 받으려고 한다. 이들이 농촌에서 하는 일이란 이간질하여 소송을 도맡으며, 부자나 지주의 대변자가 되어 무지한 농민들을 괴롭히고 도처에서 공갈 사기나 치는 것이다.[107] 바로 '신정' 제도는 전통 향신들의 역할을 변화시켰는바 "향신들이 관청에 드나들며 향민들을 마음대로 유린하거나 향신들이 관청에 드나

105 「宣統二年三月中國大事記」, 『東方雜誌』 第7年 第4期, 1910年 4月, p.51.
106 謝和耐, 『中國社會史』, 黃建華・黃訊余 譯, 江蘇人民出版社, 1995, p.542.
107 「農村社會之觀察」, 『周谷城史學論文選集』, 人民出版社, 1983, p.403.

들며 사익을 채워 민중들의 질시를 받는"[108] 새로운 이익 국면을 조성했다. 지방사회의 공공권력을 장악한 향신들은 향신권력의 발전과 본인 이익의 확대에만 관심을 보였으며 "향신의 세가 현의 지방관을 훈계할 만큼 커졌다."[109] 향신과 향민은 신분 차이가 나던 데에서 이익이 대치하는 두 계층으로 전환되었다. 또한 제도가 극변함에 따라 이러한 향신과 향민의 대립되는 이익 분화는 더욱 심해졌다. 따라서 향촌사회 질서의 안정과 이익 조정은 더욱 어렵게 되었다.

이로써 전통 시대의 문화와 사회 신분 등 차이로 형성된 향신계층에 대한 향민의 경외심은 권력의 압박을 받으면서 악덕 향신 집단에 대한 사회적 원한으로 변화되었으며 기층의 사회모순의 격화는 일반적으로 향신과 향민의 충돌을 내용으로 전개되었다. '신정'은 향신들이 합법적으로 향촌사회의 공공권력과 공공자원을 점유하게 하여 향민의 이익과 직접 대립되게 만들었다. 따라서 전통 시대의 관청과 향민이 대립하던 기본 국면을 어느 정도 변화시켰다. "예를 들면 향신들은 관리의 직책이 없고 평민과도 다르다. 하지만 권세와 위풍은 관리와 다를 바 없으며 평민들을 유린하는 것은 관리보다 더 심하다. 일단 입헌제를 도입하면 지방 송사를 간섭하던 악덕 향신들이 지방자치회의 의원이 될 것이다. …… 입헌제의 동기는 국민으로부터 기인한 것이 아니라 나라와 백성을 해치는 무리들로부터 기인한 것으로 어찌 평민들의 이해관계와 상관없겠는가? 이해가 상반될 것이다."[110]

---

108 「中國大事記」, 『東方雜誌』 第7年 第11期, 1910年 11月, p.164.

109 「紳衿說」, 徐載平 · 徐瑞芳 編, 『清末四十年申報史料』, 新華出版社, 1988, p.242.

110 精衛(汪兆銘), 「論革命之趨勢」, 張枬 · 王忍之 編, 앞의 책, p.526.

따라서 1908년『허난(河南)』잡지가 고취한「평민의 공적인 향신(紳士爲平民之公敵)」[111]으로부터 대혁명 시기의 "땅이 있는 자는 호족이 아닐 수 없고, 악질적이지 않은 향신은 있을 수 없다!"는 정치 동원에 이르기까지 여론 방면에서 유포된 당시 사회 풍조일 뿐만 아니라 사회구조와 권력구조 변동의 복잡 다양한 제도 변천의 시대적 내용을 담고 있다. 향민의 이익을 놓고 보면 관리들에게 세금을 내도 백성들에게는 무익하고 학당에 세금을 내도 역시 백성들에게는 무익하다. 하지만 향민들의 이익 요구와 필적하려는 난이도를 놓고 보면 근본적으로 다르다. "오늘날 유지는 관리를 얕본다. 우리들은 힘을 합쳐 유지들이 얕보지 못하도록 맞서야 한다. 얕보기 때문에 학당을 훼손하는 일들이 생긴다."[112] 따라서 전통 체제의 '관리의 핍박으로 백성들이 반란' 하여 대규모 봉기를 일으키던 데로부터 '향신의 핍박으로 향민들이 죽는'[113] 보편적 사회 충돌로 변화했다.

'신정'은 전통 향신들의 권력이 확대되도록 제도적, 합법적 기반을 부여했다. 세도가들은 자원 취합 과정에서 민중 이익과 직접적인 충돌을 일으켰으며 새로운 권력의 상호 제어 관계가 부재했다.[114] 향신과

향신과 청나라 말기 민란

---

111 「평민의 공적인 향신」에서 다음과 같이 말하고 있다. "이른바 입헌이나 지방자치이니 하는 것은 진심이 아니라 그들 향신들이 신정을 구실로 불을 붙이려는 도화선에 불과하다. …… 대저 정부가 들짐승의 종적을 발견한 사냥꾼이면 향신은 매나 사냥개와 다름없다."(위의 책, pp.302~305 참조)

112 「毁學果竟成爲風氣耶」, 앞의 책, p.78.

113 "'관리의 핍박으로 백성들이 반란한다. 향신의 핍박으로 향민들이 죽는다' 는 글을 적은 죽편을 든 민중 수백 명이 향촌조사원들을 성정부 소재지로 압송하여 관리들이 백성을 유린한 죄행을 고발했다."(張振鶴・丁原英 編, 「清末民變年表」(下), 앞의 책, p.103 참조).

114 기존 연구에서는 향신들의 지방 활동 관리 범위를 정부 통치 범위와 뚜렷하게 분리시키지 않았다. 따라서 정부의 쇠퇴는 필연적으로 향신의 월권

향민의 갈등과 이익 충돌은 적시에 적절한 조정을 받지 못해 더욱 격화되면서 끊임없이 '민란'의 방식으로 분출되었다. 청나라 말기 '신정'은 향신권력 '체제화' 확대의 제도적 기반을 이루었으며 세도가들의 '체제화'는 '민란'이나 '향신과 향민 충돌'의 제도적 근원으로 변했다.

을 초래하여 끝없는 다툼을 유발했다. '지방 인사의 지방 사무 관리' 범위를 분명히 구분했다면 지방 유지의 적극적 참여와 정부의 압제가 지나치지 않을 수도 있었을 것이다.(R. Keith Schoppa, *Chinese Elites and Political Change: Zhejiang Province in the Early Twentieth Century*, Cambridge, MA: Harvard University Press, 1982, pp.31~33 참조). 산둥성과 장쑤성 자치기구 관련 상세 상황은 장위파(張玉法)와 왕수화이(王樹槐)의 논문『中央研究院近代史研究所集刊』을 참조.

신해혁명과 향촌 공공재산
: 후난(湖南)·후베이(湖北)를 중심으로

공공재산은 향촌의 특별한 경제자원이다. 공공재산의 마련과 운영은 거의 향신층이 담당하므로 공공재산의 운영은 향촌 권력구조의 제한을 받는다. 태평천국운동에서 신해혁명에 이르기까지 국가 정체(政體)가 여러 번 바뀌었고 향촌 권력구조도 점차 균형을 잃었다. 이러한 변화에 따라 공공재산 운영 특징과 사회기능은 시대적인 변천을 가져왔는데 신해혁명에서 시작된 그 질적 변화는 새로운 혁명을 탄생시켰다. 이러한 변천 과정을 역사적인 시각으로 살피고[1] 이러한 전환의 현

---

1 다음과 같은 관련 연구들이 있다. 林濟, 『長江中遊宗族社會及其變遷－黃州個案硏究(明淸~1949年)』, 中國社會科學出版社, 1999, pp.210~225. 柳鏞泰, 「國民革命時期公産, 公堂問題－兩湖與廣東農民運動之比較」, 南京大學中華民國史硏究中心 編, 『民國硏究』, 1999年總 第5輯. 章開沅 等 主編, 『中國近代史上的官紳商學』, 湖北人民出版社, 2000, pp.387~415. 朱英 主編, 『辛亥革命與近代中國社會變遷』, 華中師範大學出版社,

실 효과와 체제의 연기(緣起)를 분석하는 것은 국가 정치체제 개혁과 향촌 권력구조 방향 간의 복잡한 연결을 밝히는 데에 도움이 된다.

1) 공공재산 운영의 역사적 발자취

전통사회에서 향신은 향촌의 지도자로 명망이나 권위 나아가 경제적 이익을 얻기 위해서 지방 공공사무를 적극적으로 관장했다. 지방지에는 향신들이 재산을 기부하거나 선행을 베푼 기록들이 많다. 후난·후베이의 하급 향신들은 지방사무와 종족(宗族) 공익에 아주 열성적이었는바 사당을 세우고 종족 재산을 마련하며 족보를 수정하는 데 힘썼다. 일반적으로 공공재산에는 창고 저장, 토지 및 태평천국운동 이후에 나타난 '향촌에서 얻은 돈은 향촌을 위해 쓰는' 각종 공공비용이 포함된다.[2]

2001, p.634. 王先明, 『變動時代的鄕紳 – 鄕紳與鄕村社會結構變遷(1901~1945)』, 人民出版社, 2009, pp.109~145. 기존 연구들은 모두 공공재산 운영을 향신권력 확장의 구현으로 간주하면서 악덕 향신들의 공공재산 점유 현상을 분석하고 그 영향을 언급했을 뿐 공공재산 운영 특징과 사회기능의 시대적 변천은 거의 연구하지 않았다. 이러한 변천의 현실 효과와 체제의 연기에 대해서는 언급하지 않았으며 특히 공공재산 변동이 보여주는 국가 정치체제 개혁과 향촌 권력구조 방향 간의 복잡한 연결을 밝히지 못했다.

2 필립 쿤(Philip A. Kuhn)은 중국 전통사회 질서의 변동은 태평천국 반란이 진압된 해부터 시작된다고 보았다(孔飛力, 『中華帝國晚期的叛亂及其敵人』, 謝亮生 等 譯, 中國社會科學出版社, 1990, p.8). 향촌 공공재산 운영의 뚜렷한 변화 역시 이 시기부터 생겼다. 통치 위기를 해결하기 위해 제정한 상품의 지방 통과세는 청나라 중앙집권 재정체제를 근본부터 뒤흔들었다. 이로써 '호부의 권력이 갈수록 작아지고 지방 고급관료의 권력이 갈수

향촌 공공재산의 종류가 무수히 많고 관리 방식이 제각각이지만 모두 '향신이 관리하고 관청에서 감독하는' 운영 체제이다. 관리들이 의창 감독 권한을 지니며 향신들이 부패를 저지르면 배상하게 한 후 공금횡령죄를 묻고 관리에게는 독직죄를 물으며 의창 곡식을 빼간 관리에게는 강요죄를 물어 배상하게 했다.[3] 공금 관리에는 "향촌의 권세가로 무릇 지방자위단의 이익을 침탈하는 자는 도적으로 간주하여 죄를 다스린다. 공공재물을 낭비하는 자는 배상해야 한다. 밭을 숨기거나 적게 신고하는 자는 처벌한다."[4]는 규정이 있었다. 하지만 종족 공공재산은 관청의 보호를 받았다. 종족 내의 호사가들이 공공재산 때문에 말썽을 일으키는 것을 방지하기 위해,[5] 종족 족장들은 공공재산 보

록 커지는' 상황이 나타났다. 이러한 배경에서 각 지역에서는 지방자위단 설립에 있어 지방에서 자금을 제공하는 새로운 형식을 채택했다(위의 책, 90쪽.) 지방에서 세수의 형식으로 자금을 얻었다. 1859년 후난 향촌의 지방자위단 비용은 세금으로 9할을 충당했다(同治『湘鄉縣志』(一) 卷五『兵防』, 『中國地方志集成』, 江蘇古籍出版社·上海書店·巴蜀書社, 2002年 影印本, p.366). 이러한 과세권으로 거둔 지방자위단 비용(공금)은 그 지역 백성의 안전을 위해 사용되었다. 이는 나중의 각종 공금 세수의 효시가 되었다. 서리 등에 대한 불신임(李懷印, 『華北村治-晚清和民國時期的國家與鄉村』, 歲有生·王士皓 譯, 中華書局, 2008, p.304. 필립 쿤, 黃宗智, 瞿同祖 역시 비슷한 관점을 내놓았음) 때문에 지방자위단을 관장하는 향신들에게 과세권을 위탁했다. 향신들은 지방자위단을 빙자하여 세수를 거두었는데 예를 들면 양산현에서는 '지방자위단이 보갑과 함께 세금을 거두었다'(光绪, 『京山县志』 卷八『秩官志』, 杨国安, 『明清丙湖地区基层组织与乡村社会研究』, p.313 재인용). 이처럼 향신과 지방자위단이 합법적으로 일부 과세권을 얻은 것이 근대 향촌 권력구조 변천 요인의 하나이다.

3   李瀚章 等 編纂, 『湖南通志』 卷55『食貨志一·積儲』, 『續修四庫全書·六六二·史部·地理』, 上海古籍出版社, 2002, p.636.

4   同治『湘鄉縣志』(一) 卷5『兵防』, pp.358~359.

5   「公産須立法維持考」, 林伯桐『品官家儀考』 卷4『品官祭儀考證』(王德毅

호 조항이 적혀 있는 가법과 가규로 관청의 지지를 받았다.[6] 관청권력과 향신권력의 상호 제약으로 공공재산의 운영은 그나마 효과적이었다. 창고 저장 제도가 안정적으로 운영되면 흉년에도 잘 대처할 수 있어 백성들이 의지할 곳이 생긴다.[7] 이렇듯 민중 생활의 중요한 보장이 되기 때문에 종족에서 제공하는 구제가 큰 영향을 준다.[8] 지방 자선단체의 전담 공공재산도 안정적으로 증가했다. 지방자위단이 공금 징수를 책임졌으며 함부로 징수하는 현상이 아직 나타나지 않았다.[9]

하지만 신정 시기, 지방자치의 시행으로 지방사무관리권 및 징세권을 향신들에게 넘겼으므로 관청과 향신권력 상호 제약이 깨졌다. 1908년, 청정부는 헌정편사관(憲政編查館)에 위탁하여 「성·진·향 지방자치 장정(城鎭鄉地方自治章程)」을 제정, 반포했다. 자치공소(自治公所)가 지역의 공공재산 가옥이나 사당을 사용할 수 있고 지역 공금이나 공공재산, 부가금이나 특별세금, 벌금으로 자치비용을 충당할 수 있다고 규정했다. 비용은 의사회(議事會)에서 의결하는 관리 방식으로 진행되며 도시 이사회나 향촌 이사회에서 관리했다.[10] 사실상 자치비용의 징수와 관리는 향신들이 관장했는데 이는 명망 있는 지방 향신들이 도시나 향촌에 설치한 각급 의사회나 이사회에 진출했기 때문이다.[11] 비록 「장정」은 지방자치의 시행에 각종 감독 시스템을 만들어 '신중하게 비

編,『叢書集成三編』第25册, 新文豐出版公司, 1997, p.439 재인용).
6   楊國安,『明清兩湖地區基層組織與鄉村社會研究』, p.286.
7   周榮,『清社會保障制度與兩湖基層社會』, p.440.
8   張研,『清代族田與基層社會結構』, 中國人民大學出版社, 1991, p.226.
9   民國,『醴陵縣志』(一),『政治志』,『中國地方志集成』, p.550.
10   故宮博物館明清檔案部 編,『清末籌備立憲檔案史料』下, p.738.
11   王先明,『近代紳士－個封建階層的歷史命運』, 天津人民出版社, 1997, p.301.

용'을 사용하게 했지만 점차 미약해지는 중앙 권위 때문에 제대로 시행될 수 없었다.

제도의 속박에서 벗어난 향신들은 자치를 이익 추구의 도구로 간주했다. 이로써 공공재산 운영 특징은 향신의 손을 거치면서 '공적인 것으로 공적 이익을 추구하는' 것에서 '공적인 것으로 사욕을 채우는' 것으로 변질했다. 자치기구는 명목이 새로우나 실제에 부합되지 않으며 구실을 대어 착취하고 가혹하게 수탈했다.[12] 공공재산 운영은 지방자원에 대한 일방적 추출로 명의상 '공유'이지만 사실상 '공용'은 사라져 버렸다. "이른바 운영에서 성과를 거둔 자들은 가로등을 설치하고 거리를 청소하거나 신문을 읽어주는 열보소(閱報所)와 사회교육을 위한 선강소(宣講所) 한두 곳을 설치할 뿐이다. 고아원, 양로원, 의숙, 사창, 향약, 약을 베푸는 시약(施藥), 차를 베푸는 시다(施茶) 등에 사용할 공금을 모두 탕진해버려야 시름을 놓았다."[13]

'공적인 것으로 공적 이익을 추구하는' 것에서 '공적인 것으로 사욕을 채우는' 것으로 변질하면서 공공재산의 사회적 기능이 크게 떨어졌지만 '관청에서 감독하고 향신이 운영하는' 모형은 여전했다. 하지만 신해혁명으로 이러한 모형이 깨지면서 공공재산 운영의 특징에 질적 변화가 생겼다. 즉 '공적인 것으로 사욕을 채우는' 것에서 '공적인 것을 개인의 것'으로 만들었다. 신해혁명 이후 향신권력이 더는 예전 체제의 제약을 받지 않게 되었다. 따라서 '향신권력이 확장되어 관리

신해혁명과 향촌 공공재산

12   茗蓀,「地方自治博議」(載張枬 · 王忍之 編,『辛亥革命前十年間時論選集』
     第3卷, p.407 재인용).
13   故宮博物館明淸檔案部 編,『淸末籌備立憲檔案史料』下, p.757.

가 쉽지 않게' 되었다.[14] 또한 "확장된 지방자치단체의 권력(토지세 및 모든 비장세의 징수권 포함)은 각 현 향신의 수중으로 넘어갔다."[15]

1912년 이후 후베이성에서 공관국(公款局)을 설립했다. 주요 직책은 현의 지방 수입과 지출 및 특별 세금 관리였다. 주요 임직원의 대다수는 지역 향신들이 담당했는바 관청에서 감독하고 민간에서 운영하는 형식으로 국장 1인은 지역 향신들에 의해 선출되며 지사가 위임했다.[16] 이 밖에 권업소(勸業所), 실업국(實業局), 금연국(禁煙局) 등도 대부분 지방 향신들이 운영했으며 국장은 현지사의 명에 따라 지방 실업 행정을 처리했다.[17] 1924년 후난성 재정청(財政廳)은 「후난 각 현 지방 재무단 장정(湖南各縣地方財務單章程)」을 반포하여 향신이 지방재산보관처(地方財産保管處)를 관리하는 한편 징세와 상납을 책임진다고 명시했다. "각 현청에 지방재산보관처를 설립하며 현지사가 지역의 정직한 향신을 선발하여 관리를 위임한다. 그리고 재정청 및 지역 도윤(道尹, 행정책임자)에게 보고 등록해야 한다. …… 각 현의 세수와 기타 수입 집행 수속은 편의상 지사가 도시와 향촌의 정직한 향신에게 위임하여 징수한 후 현청에 상납하게 한다."[18] 중화민국 건국 이후 향신들의 공공재산 운영권 독점으로 공공재산은 '사유화'되었다. 각 촌락의 사당 소유나 관청 소유 재산, 학전(學田), 의창 및 기타 공공산업을 개인

14 周秋光 編, 『熊希齡集』 上册, 湖南出版社, 1996, p.351.
15 「海關貿易報告」(周錫瑞, 『改良與革命 — 辛亥革命在兩湖』, p.298 재인용).
16 湖北省地方志編纂委員會 編, 『湖北省志·政權』, 湖北人民出版社, 1996, p.136.
17 위의 책, 같은 곳.
18 「湖南各縣地方財務單章」, 『湖南財政月刊』 第72號, 1924年 4月, p.4.

이 독차지하여 사욕을 채웠다.[19] "향신들이 대행하는 세수 기관, 이를 테면 상품의 지방통과세, 정부 전매, 수입인지, 도박세를 징수하는 기관 …… 그 밖에 지세와 인두세를 관리하는 향신들이 지방의 군벌을 부추겨 먼저 지세와 인두세를 빌리게 했다. 각 현은 심지어 백성에게 십수 년을 빌려주기도 했으므로 향신에게 실로 큰 책임이 있다. 왜냐하면 그들은 이윤을 남기려고 하기 때문이다."[20]

이렇게 보면 공공재산 운영은 시종 관청-향신 관계의 제약을 받는다. 태평천국운동과 신정을 걸쳐 민국에 이르기까지 공공재산 운영은 '공적인 것으로 공적 이익을 추구하는' 것에서 '공적인 것으로 사욕을 채우는' 것으로, 나중에는 '공적인 것을 개인의 것으로 만드는' 데로 변질했다. 그 근원을 따져보면 정치 체제의 변동에 따른 농촌 권력의 불균형에 있다.

2) 공공재산 운영의 체제 요인

관청에서 감독하고 향신이 운영하는 전통적 모형 아래, 공공재산 운영은 관청과 향신권력 균형의 제약을 받는다. 양자가 균형적이면 운영이 효과적이지만 균형이 깨지면 이변이 생긴다. 기층사회에서 '관료는 향신과 공동으로 지역을 관리하는 사람'이다.[21] 하지만 태평천국운

---

19 「湘西鳳麻等十三縣農村建設方案」,『湘西農民建設月刊』第1卷 第1期, 1934年 10月, p.55.

20 步鸾, 「應該打倒紳士階級」,『中國青年』第5卷 第124期, 1926年 6月, p.666.

21 吳晗 · 費孝通 等,『皇權與紳權』, 觀察社, 1948, p.50.

신해혁명과 향촌 공공재산

동이 흥기하면서 이 상태가 깨진다. 후난 · 후베이에서 지방자위단이 크게 발전했는데 특히 후난에서 더욱 그러했다.[22] 지방자위단에서 향신의 역할은 날로 중요해졌다. 후난에서 지방자위단에 가입한 향신은 전체 향신의 9~13%였으며 후베이에서는 10~14%로 전국에서 가장 많았다.[23]

후난 · 후베이의 향신들은 지방자위단을 장악했을 뿐만 아니라 일부 징세권도 얻어 수적이나 세력 면에서 모두 큰 발전을 가져왔다.[24] 향신권력이 확장되면서 후난의 거인과 공생(貢生)들이 지방관들과 논쟁을 하면서 괴롭혔다.[25] 이로써 관청과 충돌도 유발했지만 이러한 충돌은 권력구조와 기존 사회정치 질서에 변화를 주지는 못했다.[26] 당시 향신들은 지방 권익을 추구하는 동시에 기존 통치 질서를 수호하려 했으므로 공공재산의 관리와 운영에 힘썼다. 따라서 공공재산의 '공적인 것으로 공적 이익을 추구하는' 역할이 비교적 돋보였다.

신정 시기에 이르러 정부는 정체 개조와 지방 세력 흡수 및 자치사상에 영합하기 위해[27] 지방에서 자치를 시행하기로 결정했다. 정부의 입장에서 보면 지방자치를 하려면 먼저 관치와 자치의 범위를 확정해야 했는데 이는 사실상 권력의 재분배였다. 이는 정규적인 관료계

---

22 同治,『湘鄕縣志』(一) 卷五『兵防』, p.366.

23 賀躍夫,『晚清士紳與近代社會變遷－兼與日本士族比較』, pp.54~55.

24 陽信生,『湖南近代紳士階層研究』, 嶽麓書社, 2010, p.73.

25 胡思敬編,『退廬疏稿』卷二,『叢書集成續編』第47冊, 上海書店出版社, 1994年, p.39.

26 瞿同祖,『清代地方政府』, 法律出版社, 2003, pp.329~330.

27 穆湘瑤, 上海地方自治研究會講演錄,『憲政雜志』第2期(馬小泉,『國家與社會: 清末地方自治與憲政改革』, 河南大學出版社, 2000, p.42 재인용).

와 지방 이익집단 사이 힘의 비중을 명확히 하려는 의도였다.[28] 향신들이 중임을 맡으면서 향신권력이 재차 확장될 기회를 얻었다. 통계에 의하면 후난의 72개 자치공소에서 49명 향신이 소장을 맡아 전체의 68%를 차지했고, 32개 자치연구소에서 22명 향신이 소장을 맡아 전체의 68.8%를 차지했다. 또한 각지의 조달사무소의 유지나 자치연구소의 강사도 자치연구소 출신 향신이 맡는 것이 관례였다.[29] 후베이에서는 1908년 자치국을 설립하여 지방자치를 시행했다. 현 산하에 시 자치공소와 향 자치공소를 설치했는데 지방사무는 지역 향신들이 좌지우지했다.[30] 자치의 시행은 징세권 및 신·구식 지방사무관리권을 체제의 형식으로 향신들에게 부여했으므로 향신권력의 확장은 합법성을 지니게 되었다. 향신들은 지방자치 지배를 통해 점차 공공분야를 사회 정치활동의 주요한 기지로 삼았다. 따라서 일부 국가권력도 지방 향신의 수중으로 넘어갔다.[31]

비록 신정은 향신들에게 많은 권력을 넘겼지만 여전히 균형과 제약이라는 발상을 따랐다. 제도 설계의 목적은 분권에 있었다. "자치는 국권에서 비롯되며 국권이 허락하는 바에 연유하여 자치의 기초가 세워진다. 그러나 자치규약은 국가의 법률에 저촉될 수 없고, 그에 따라 자치에 관한 일은 관청의 감독에 위배될 수 없기 때문에 자치를 관치와 병행해도 어긋나지 않는 일이므로 결코 관치를 떠나서 단독으로 행할

28   孔飛力,『中華帝國晚期的叛亂及其敵人』, pp.222~223.
29   陽信生,『湖南近代紳士階層研究』, p.236.
30   湖北省地方志編纂委員會 編,『湖北省志.政權』, p.6.
31   王笛,「晚清長江上遊地區公共領域的發展」,『歷史研究』1996年 第1期, p.14.

수 없다."[32] 청나라는 향신들에게 권력을 위임하면서 우려하지 않았던 것이 아니었다. "자치의 뜻은 …… 그 법을 지키지 않으면 백성을 마음대로 짓밟고, 향곡이 무절제로 끊어지며, 악습이 되살아나기도 하므로 심사숙고해야 한다."[33] 따라서 권력 균형을 위해 많은 감독 시스템을 설계했다. 이를테면 비용 징수에서 특별히 「장정」 내에 세수제도를 명확히 결정하고 …… 준칙을 상세히 정하며 수시로 지방관청에 보고하여 심사를 받도록 했다."[34] 이로써 과도한 손실을 방지하려고 했다. 하지만 경자국변 이후 청나라의 권위는 땅에 떨어져 국면을 통제할 수도 없었고 감독 통제라는 것도 조항에 그치고 말았다. 일부 관리들이 감독권을 내팽개치고 악덕 향신들과 야합하여 사익을 도모했다.[35] 감독체제 부재로 분권은 했으나 효과적인 권력 제한이 없어 향촌 권력구조의 불균형을 초래했다.

후난성은 "함풍, 동치 연간 이래 지방관이 각종 사무 처리 시 향신 권력을 빌렸다. 처음에는 관청과 향신이 서로 마음을 합쳐 상부상조했으나 시간이 흐르면서 관청에서 관용을 베풀다 보니 점차 고질이 폐단으로 변했고 향신들도 본분을 망각한 채 툭하면 협박이나 해댔다."[36] 지방 향신들도 향토의 도의적 권위에서 체제적 권력을 장악한 '세도가'로 부상하여[37] '공적인 것으로 사욕을 채우는' 현상이 비일비재했

---

32 故宮博物館明清檔案部 編,『清末籌備立憲檔案史料』下, p.725.

33 위의 책, p.718.

34 위의 책, p.726.

35 揚州師範學院歷史系編,『辛亥革命江蘇地區史料』, 江蘇人民出版社, 1961, p.12.

36 「湖廣總督瑞澂奏特參在籍紳士挾私釀亂請分別懲徹折」, 饒懷民 · 滕谷浩悅編,『長沙搶米風潮資料彙編』, p.95.

37 王先明,『變動時代的鄕紳 - 鄕紳與鄕村社會結構變遷(1901~1945)』,

다. "관청의 세에 의지하여 사익을 채웠으며 자치를 명목으로 내세웠지만 실은 자중자란이다. 돈을 횡령할 줄만 알았지 세금을 낼 줄 몰랐으며, 가난한 자를 업신여길 줄만 알았지 가난한 자를 구제할 줄 몰랐다."[38]

태평천국운동에서 신정에 이르기까지 권력의 확장과 기득권이 확고해짐에 따라 권력 중간층인 총독과 순무 및 하층 향신들은 심리적으로 청나라를 배반하고 있었다.[39] 만연된 '지방주의' 경향은 중앙과 지방의 균열을 초래했고 국가정권 구축은 자원과 이익의 재구축과 분배에 기반한 중앙과 지방의 갈등을 야기했다. 반면 공공재산 운영의 제약 요인은 전통적인 관청-향신 관계에서 국가정권 구축 추진과 지방 세력의 힘의 대비로 바뀌었다. 신해혁명이 황권 통치를 무너뜨린 후 설립한 새로운 민족-국가 정권 구축은 민국 시대의 역사적 주제가 되었다. 국가정권 구축은 국가 행정체제의 저변 확대와 지방자원 장악을 의미한다. 더 중요한 것은 국가통제 사회를 거부하는 각종 사회 세력에 맞서며, 그 성과는 지방사회의 침투에 대한 국가정권의 저항 능력에 의해 제약을 받는다.[40]

청나라 말기, 신정이 유발한 정치체제의 변천으로 지방 공공재산과 공권은 세도가의 수중으로 넘어갔다. 후베이의 "농촌 공공재산 이를테면 비축미, 사당 소유 재산, 현청 소유 전답 및 지방 공공재산 등 ……

---

p.117.

38 周錫瑞,『改良與革命 - 辛亥革命在兩湖』, p.133.

39 劉偉,『晚淸督撫政治 - 中央與地方關系硏究』, 湖北敎育出版社, 2003, p.394.

40 張信,『二十世紀初期中國社會之演變 - 國家與河南地方精英, 1900~1937』, 嶽謙厚 · 張玮 譯, 中華書局, 2004, p.235.

관리권은 농민을 착취하는 토호열신의 손에 조종되었다."[41] 민국 건국 이후 신정권이 공공재산 등 향촌 자원을 지배하고 향촌사회를 통합하려 할 때 지방 향신들의 반대를 받았다. 예를 들면 리링현의 향신들은 교묘한 계책을 꾸며 정부의 재정권에서 벗어나려고 했다. "1920년 4월, 권학소가 설치되자 소작료 1만 석을 교육재산자금처에 떼어주어 관리하게 했다. 1929년 재정국을 설치하여 지방재정을 처리하고 보관처를 인수했다. 읍의 향신들은 재정권을 정부에 돌려주는 것을 두려워하여 보관소의 소작료 5천 석을 교육국에 귀속시켰으므로 재정국에는 소작료가 천여 석밖에 남지 않았다."[42] 정부가 지방 공공재산을 뽑아가는 것을 막은 향신들을 지방지에 이를 기록하여 국가정권의 지방사업 개입에 대한 향신들의 저항을 표창했다.[43]

국가정권에 대한 저항은 '향신들이 과도하게 세를 부리는'[44] 후난에서 특히 유난했다. 또한 후난성과 후베이성 정부 교체가 빈번한 데다가 군벌 혼전이 그치지 않아 정부는 군비와 세수에만 집중하느라 정권 구축에는 여유도 없고 힘도 부쳤다. 결국 청나라 시기의 지방자치제도를 이어가며[45] 향신에 의존하여 지방 자원을 활용하는 수밖에 없었다. 그러므로 대부분 지역에서 현 산하의 지방조직 상황은 청나라 말기와 크게 다르지 않았다.[46]

---

41 人民出版社 編, 『第一次國內革命戰爭時期的農民運動資料』, p.492.

42 民國, 『醴陵縣志』(一) 『政治志』, p.528.

43 民國, 『醴陵縣志』(三) 『人物志』, pp.38~39.

44 『湖南歷史資料』編輯室, 『湖南歷史資料』第2輯, 湖南人民出版社, 1981, p.169.

45 「諭湖北各府州縣政務及自治公所電」, 中國史學會 主編, 『辛亥革命』五, 上海人民出版社, 2000, p.139.

46 湖北省地方志編纂委員會 編, 『湖北省志 · 政權』, p.12.

한편, 황권의 소멸로 향신의 전통적 신분 등급 특권이 소멸되었으므로 향신이 권세를 유지하려면 '국가정권 공식기구와의 새로운 연결'이 필요했다.[47] 지방자치의 연장은 향신에게 자신의 영향력을 유지, 확장할 수 있는 기회를 주었다. 민국 초기, 지방의사회 등 기구들은 여전히 지방 향신에 의해 장악, 조종되었다.[48] 신해혁명 이후, 후난·후베이에서 비적들의 난이 빈번하게 발생했으므로 지방자위단이 강화되었다. 일부 지역의 지방자위단과 지방자치기구는 융합되기도 했다. 예를 들면 이두현에서는 한때 각 향에 60여 곳에 달하는 지방자위단 지국을 세웠다. 각 진향(鎭鄉) 자치회는 지역 지방자위단 총국, 현(縣) 의회는 현(縣) 지방자위단 총국을 겸했다.[49] 잉산현(英山縣)에서는 1913년 6월에 지방자위단 총국을 설립했다. 광지현(廣濟縣)은 청나라 말기의 일곱 향(鄉)과 세 진(鎭)을 10개 구로 변경했다. 구가 바로 지방자위단 단위이면서 행정구역이기도 하다. 그리고 구 산하의 리, 갑을 그냥 보류해두었다.[50] 향신들은 구 지방자위단을 중심으로 현 산하의 향촌에 종족 사회에 대한 전면 통제를 구축했다.[51]

신해혁명 이후, 우리가 보게 된 것은 국가정체의 교체 및 지방권력의 지속과 확장이었다. 태평천국운동 때 시작되어 차근차근 확장해나가던 향신권력은 비록 농촌 권력구조에 불균형을 일으키기는 했지만

신해혁명과 향촌 공공재산

47   孔飛力, 『中華帝國晚期的叛亂及其敵人』, p.228.
48   湖北省地方志編纂委員會 編, 『湖北省志·政權』, p.134.
49   「宜都縣自治議事會咨複」, 中國人民政治協商會議湖北省暨武漢市委員會 等 編, 『武昌起義檔案資料選編』, 湖北人民出版社, 1982, p.121.
50   湖北省武穴市地方志編纂委員會 編, 『廣濟縣志』 卷3 『建置』, 漢語大詞典 出版社, 1994, p.39.
51   朱英 主編, 『辛亥革命與近代中國社會變遷』, p.681.

그 구조를 완전히 타파해버리지는 못했다. 신해혁명이 왕권을 무너뜨린 후, 지방 향신권력은 왕권에서 나오던 체제기구의 권력 합법화를 더 이상 필요로 하지 않았다.

태평천국운동 이래 쌓아온 무력과 재력 자본 및 지방자치기구 장악으로 향신의 속성에는 질적 변화가 생겼다. 법조문상 회피제도의 부재는 향신에 대한 정부의 규제를 약화시켰으며 관리와 향신의 유착을 유발했다. 당시 이런 민요가 있었다. "청나라가 민국으로 바뀌었으나 약탕만 바꾸고 약은 바꾸지 않은 셈이네. 백성들은 지옥에서 개고생하고 관리와 향신들은 천국에서 즐긴다네."[52]

이렇게 당시까지 유지되던 정치권위와 사회권위 균형이 붕괴되었다.[53] 그 결과 공공재산이란 중요한 향토 자원이 대부분 악덕 향신 수중으로 넘어가 지방자위단이나 군벌들이 향촌정치를 장악하는 하부구조로 전락했다. "마을의 향신이 바로 그 마을의 군벌이다. 이러한 토호향신들은 농촌에서 모든 지방 공무를 도맡아 한다. 사당과 묘우(廟宇), 자선단체와 공익단체의 토지를 강점하고 향민을 억압하며 소작농을 착취한다."[54]

정치 근대화의 역사가 신정으로 나아간 후, 향촌권력의 배치 구도가 분화하고 재편되면서 점차 균형을 잃었다. 공공재산의 실제 기능과 상징성에 변화가 생겨 농촌 내부의 갈등이 끊임없이 격화되었으며 이

---

52 政協全國委員會文史資料研究委員會 編, 『辛亥革命回憶錄』 第五集, 中華書局, 1963, p.180.

53 市古宙三, 「鄕紳與辛亥革命」, 『國外中國近代史研究』 第18輯, 中國社會科學出版社, 1991, p.176.

54 中國社會科學院經濟研究所中國現代經濟史組, 『第一, 二次國內革命戰爭時期土地鬪爭史料選編』, 人民出版社, 1981, pp.102~103.

로써 청나라 말기의 '민란'과 '대혁명'이 촉발되었다.

3) 공공재산 기능 변화의 현실적 효과

공공재산의 '공(公)'에는 이중적 의미가 있다. 바로 상징적 의미의 '공유'와 실제 기능의 '공용'이다. 공공재산의 운영은 자원의 쌍방향 이동으로, 전통사회에서는 관청과 향신의 이익이 거의 일치하며 사회의 작동과 현상 유지를 위해 그들은 서로 협력한다.[55] 지방 향신은 향촌 사무를 이끌면서 지방에서의 권위와 경제적 이익을 얻고[56] 다시 세금 제정 형식으로 공공재산을 분배하면서 자원 환류를 실현한다. 이러한 자원의 쌍방향 이동은 빈부 격차 등 요인으로 인한 사회적 갈등을 어느 정도 봉합하며 사회의 질서와 안정을 유지한다.

하지만 근대 이후 농촌 권력구조의 점차적인 불균형, 특히 신해혁명 이후 향신권력의 질적 변화로 농촌의 공공재산이 악덕 향신들의 수중으로 넘어갔으며 공공재산 운영은 지방자원 독점과 일방적 추출로 변질되었다. 공공재산에서 "대부분의 토지 관리 수입은 …… 물론 토호열신, 심지어 무뢰배들이 장악하고 절대적인 지배권을 가지고 있지만 명목상으로는 어떠어떠한 종족이나 지역의 공유라는 직함을 걸었다."[57] 공공재산의 실제 '공용'은 더 이상 없었다. 청나라 말기에서 민국 초기에 접어들면서 악덕 향신과 관리들은 창고의 물품을 모두 매각

신해혁명과 향촌 공공재산

---

55 張仲禮, 『中國紳士』, p.73.
56 吳晗·費孝通 等, 『皇權與紳權』, p.123.
57 鄧文儀, 「土地問題之硏究」, 『中國農民』 第2卷 第1期, 1927年 6月, p.24.

해버렸다.[58] 공공재산과 공금이 가장 많은 한서우현(漢壽縣)은 신해혁명 이후 여러 기관에서 나누어 관리했다. 그 결과 '독립 이후, 사유로 간주하여 제멋대로 처분하고 작당하여 독차지하며 공금을 착복, 횡령하는'[59] 재정 상황을 보여주었다.

공공재산은 이익 재분배 성격에 '공(公)'이란 윤리도 담고 있어 공평하고 공정하며 도의적이다. 누구라 할 것 없이 공공재산으로부터 이득을 얻을 수 있다. 농민들에게는 생활 보장과 생활 보장을 받을 권리를 의미한다. "종족 소유의 밭은 공공재산이므로 족인은 누구나 그 몫을 차지할 수 있다."[60] 한층 더 나아가 농민은 부자들이 동족이나 동향을 도와줄 의무가 있다고 생각했다.[61] 하지만 청나라 역사의 흐름은 향신권력의 확장과 불가피 열화로 '공(公)' 윤리를 무형화시켰다. 도덕심이 사라지면 농민의 삶이 보장받지 못하며 그로 인해 느끼는 고통은 생활수준이 낮아지는 것보다 훨씬 더 직접적이다. 향촌의 '보호자' 역할을 맡았던 향신들은 민중의 무력 보호까지 받을 수 있었다.[62] 하지만 지금은 토호열신으로 변해 향촌의 공공재산을 독점하다 보니 농민은 공공재산이 보장해주는 생활을 하지 못하고 오히려 착취당하고 있다.

원래 이익이 비슷하던 향신과 향민 계층이 점차 대립으로 치닫고

---

58 陳醉雲,「救災政策與公倉制度」,『文化建設月刊』第2卷 第6期, 1936年 3月, p.62.

59 曾繼梧 等,『湖南各縣調查筆記』下, 長沙和鍵印刷公司鉛印本, 1931, p.38.

60 張研,『清代族田與基層社會結構』, p.293

61 周曉虹,『傳統與變遷－江浙農民的社會心理及其近代以來的嬗變』, 生活 · 讀書 · 新知三聯書店, 1998, p.70.

62 徐載平 · 徐瑞芳 編,『清末四十年申報史料』, 新華出版社, 1988, p.175.

있어 충돌은 불가피했으며 민란도 사방에서 일어났다. "지방 향신은 경비를 구실로 제멋대로 가혹하게 세금을 징수한다. 세금이 수없이 많아 백성이 도탄에 허덕이고 향신과 향민은 서로 원한을 품으며 쌓인 원한이 터지면 소란이 일어난다. 관리는 백성을 긍휼히 여기지 않고 오히려 악덕 향신을 두둔하여 가렴주구하고 부당한 형벌을 함부로 가하니 소란이 일어난다."[63]

공공재산 실제 용도의 전환에서도 공공재산은 악덕 향신들이 향촌 정치를 좌지우지하는 하부구조로 전락했음을 볼 수 있다. "공공재산 책임자는 공공재산으로 민간자위단을 조직하여 치안 유지와 향촌 통치에 필요한 무력을 장악함으로써 족인과 향민을 지배할 수 있다. 따라서 공공재산권을 지배하는 소수 권력자는 향촌의 경제와 정치기구를 조종할 수 있다."[64] 후난·후베이에서 향신권력의 확장은 민간자위단을 기반으로 한다. 하지만 민간자위단에는 어중이떠중이들도 들어 있었다. "이른바 민간자위단 단장이라는 작자들은 외잡(猥雜)하기까지 하다. 향촌의 자중자애하는 이들은 맡으려고 하지 않아 토호나 행실이 나쁜 자들이 맡는다."[65] 민간자위단 향신의 이질화와 권력, 특히 과세권의 확장으로 민간자위단은 향촌에서 가렴주구하고 재산을 수탈하는 사적 도구로 변했다. 바링(巴陵)에서는 "향촌마다 민간자위단을 만들고, 재물을 긁어모으면서 사람을 더욱 괴롭혔다."[66] 신정의 수많은 조치 역시 "민간자위단의 도움으로 시행했다. …… 민간자위단은 또 한

---

63 「論萊陽民變事」, 『國風報』 第1年 第18期, 1910年 10月, p.2.
64 南京大學中華民國史硏究中心 編, 『民國硏究』, 1999年總 第5輯, pp.6~7.
65 『光緒善化縣志』 卷32 『續藝文』, p.661.
66 『光緒巴陵縣志』(二) 卷31 『人物志四列傳』, p.133.

번 농민의 피를 빨아먹는 조직으로 변했다."[67] 민간자위단은 태평천
국운동부터 민국에 이르기까지 사실상 한 번도 중단된 적이 없었다.[68]
민간자위단 향신의 저질화와 권력 확장의 끊임없는 누적은 결국 민간
자위단이 왕권 소멸을 계기로 할거하기에 이르게 만들었다.

　신해혁명 이후 왕권의 구속은 더 이상 없었고 공화정체 또한 동경
의 대상이 아니었다. 향신들은 "더 이상 관청의 힘에 의존해 자신의 생
명과 재산을 지킬 수 없게 되었다. 이들은 자신들이 장악한 농민을 자
위군, 즉 지방자위단으로 조직해 자신의 생명과 재산의 안전을 보장받
아야 했다. 이렇게 향신들은 관청의 정치적 권위에 복종할 필요가 없
게 되었다."[69] 민간자위단을 구실로 공공재산과 공권을 독점하고 다시
세금을 징수하여 졸개를 기르면서 민간자위단은 세도가들이 향촌정치
를 좌지우지하는 폭력 기구로 완전히 전락했다.

　신화현(新化縣) 민간자위단 경비 지출에서 가장 큰 부분은 각 지국
의 비용이었는데 민간자위단 총국이나 재정국에서 지급하지 않아 마
음대로 거두었으며 그 어떤 규정에도 의거하지 않아 백성의 부담은 막
중했다.[70] 황메이현(黃梅縣)에서는 토지세 외에도 종이세, 장작세 등
이 붙었다. 모든 물품에 세금이 붙는다 하여 '백화(百貨)세'로 총칭했
다. 농민들이 풀 한 짐을 지고 도시에 들어가도 50~60푼에서 100푼에
달하는 세금을 내야 했다.[71] 이러한 세금은 모두 지방자위단의 소유가

67　周錫瑞, 『改良與革命-辛亥革命在兩湖』, p.71.
68　傅角今·劉岚孫 編, 『湖南之團防』, 湖南省政府, 1934年, p.13.
69　市古宙三, 「鄕紳與辛亥革命」, 『國外中國近代史硏究』第18輯, p.176.
70　曾繼梧 等, 『湖南各縣調査筆記』 下, p.14.
71　「鄂東巡視員曹大駿的報告」, 『湘鄂贛革命根據地文獻資料』第1輯, 人民出
　　版社, 1985, p.120.

되었다. 규정도 없이 제멋대로 세금을 징수하고 조금이라도 반항하면 지방자위단으로 끌고 갔다. 농민들은 무뢰배들이 장악한 향촌 자치기관을 탐관오리가 둥지를 틀고 있는 현청이나 기타 세수기관보다 더욱 두려워하고 증오했다.[72]

향촌의 각종 자원, 특히 무력에 대한 장악으로 민간자위단 우두머리는 지역에서 할거하며 토후(土侯), 군벌로 변했다. 청나라 말기와 달리 이때의 민간자위단 우두머리는 일체의 정치권력에 의존하지 않고 자신의 힘으로 지방에 도사려 '민국 초기 성급(省級)에서는 군벌이 할거하고 현급(縣級)에서는 민간자위단 우두머리가 할거' 하는 구도를 이루었다.[73] 민국 건국 이후 안현(安縣)에 민간자위단 총국이 설립되었고 각 구에 민간자위단 지국이 설립되었다. 국장은 지역 향신들의 투표에 의해 선출되어 지방자위단 무력을 주관했다. 민간자위단 지국은 민사, 형사 소송을 도맡았으며 독단전행했는데 심지어 민간자위단 총국의 호령도 받지 않은 채 향촌에서 제멋대로 행동했다. "민간에서 8개 지국 국장을 팔제후라고 불렀으므로 그 위세를 가히 짐작할 수 있다."[74] 기타 현이나 구의 민간자위단은 "정도의 차이는 있겠지만 …… 흠집이 없는 자위단은 거의 없었으므로 사람들은 민간자위단을 향촌의 군벌정부라고 불렀다."[75]

신해혁명과 향촌 공공재산

72 「湖南農民運動真實情形」, 人民出版社 編, 『第一次國內革命戰爭時期的農民運動資料』, p.383.
73 王奇生, 『革命與反革命:社會文化視野下的民國政治』, 社會科學文獻出版社, 2010, p.336.
74 曾繼梧 等, 『湖南各縣調查筆記』下, p.23.
75 「國民黨湖南省黨部第二次代表大會對農民問題決議案」, 中國革命博物館 · 湖南省博物館 編, 『湖南農民運動資料選編』, 人民出版社, 1988, p.199.

향신들의 상호 야합으로 1920년 이후, 기층 권력체제를 구축하려던 국민당 정권은 강력한 저항을 받았으며 심지어 유혈사태에까지 이르렀다. 대부분 현성에 설치된 자위단 관계자들은 모두 일부 사람들이 추천한 것으로 정부와 직접 관계가 없어 정령 시행에서 한층 곤란을 느꼈다.[76] 그 당시의 사람들은 "토호열신은 평소에 공명을 빙자하거나 그 재력을 믿고 관부와 결탁하여 도적을 두둔하고 민간자위단에 둥지를 틀고 앉아서 향정(鄕政)을 좌지우지하고 공금을 횡령하며 백성을 짓밟는다. 모든 소행은 엄연히 재물을 수탈하기 위함이다."[77]라고 말했다.

청나라 말기 공공재산과 공권을 둘러싼 문제가 보여주는 것은 향신과 향민 충돌에서 자신의 이익에 대한 농민들의 요구이다. 학당 훼손이나 호구조사에 대한 저항을 막론하고 그 원인은 모두 향민들의 기본 생존과 관련되는 환경이 향신의 침해를 받았다고 생각하기 때문이다.[78] 하지만 신해혁명 이후 공공재산의 실제 용도의 변화는 향신과 향민 간의 이익 충돌을 격화시켰을 뿐만 아니라 국가와 향신 간의 충돌을 유발했다. "예전에는 각급 자치기관 조직이 있었다. …… 근래에는 완전히 지주계급이 군벌과 야합하여 향민을 통치하는 도구가 되었다."[79] 향촌에 통일된 민족-국가 권력을 구축하려면 지방 명사와 장로

76 湖南省政府秘書處統計室, 『湖南年鑒』, 洞庭印書館, 1936, p.113.
77 「省農會重要宣言」, 廣州農民運動講習所舊址紀念館 編, 『廣東農民運動資料選編』, 人民出版社, 1986, p.421.
78 王先明, 「歷史記憶與社會重構－以淸末民初 "紳權" 變異爲中心的考察」, 『歷史硏究』, 2010年 第3期, p.11.
79 「湖南省第一次農民代表大會決議案」, 人民出版社 編, 『第一次國內革命戰爭時期的農民運動資料』, p.406.

의 명예를 취소하고, 토호열신이 향정을 독점하지 못하도록 향신회의를 엄금해야 했다.[80] 이렇게 하려면 반드시 봉건세력을 대표하는 토호열신과 악덕지주와 투쟁해야 했으므로 혁명은 시대의 선택이 되었다. "모든 농촌에는 반드시 커다란 변혁이 일어나야 한다. 토호열신과 악덕지주 및 모든 반혁명파의 활동이 농민의 위력 아래 완전히 소멸되어야 한다. 토호열신과 악덕지주 및 모든 반혁명파의 수중에서 농촌 정권을 빼앗아 농민에게 넘겨주어야 한다."[81] 정치세력과 민중의 이익이 결합되면서 혁명의 폭풍우가 서서히 닥치고 있었다.

대혁명 시기의 '공공재산'은 정치적 이상과 결합되어 '혁명'이라는 맥락에 새로운 뜻을 부여했다. 사회질서의 수호에 사용되던 '공공재산'은 새로운 시기에 혁명 동원 수단으로 변했으며 민족–국가권력의 재편에 사용되었다. 향신들이 무력과 재력을 믿고 향촌에서 전횡했으므로 "농촌의 공공재산, 이를테면 비축미, 사당 소유 재산, 지방 공공부지 등은 원래 모두 향촌의 농민 공익을 도모하는 기금이지만 …… 사실상 과거에는 …… 모두 토호열신의 주머닛돈이 되어버렸다."[82] 따라서 이러한 '특수계급'을 타도하고 민주정치를 실현하려면 각종 공공재산을 회수하여 악덕 향신들이 할거하는 경제기반을 무너뜨려야 했다. "농촌의 자위단, 보위단, 향사무소에서 …… 빼앗아간 공금 규모가

80 「縣政問題議決案」, 人民出版社 編, 『第一次國內革命戰爭時期的農民運動資料』, p.486.
81 「中國國民黨第二屆中央執行委員會第三次全體會議對農民宣言」, 中國國民黨浙江省黨部, 『中國國民黨曆年重要宣言集』, 浙江省黨務指導委員會宣傳部總務科, 1932, p.298.
82 「農村公産問題決議案」, 人民出版社 編, 『第一次國內革命戰爭時期的農民運動資料』, p.492.

어느 정도인지 모르지만 이런 공금은 향신과 지주계급에 의해 우리 농민들을 압박하기 위해 사용되고 있으므로 우리는 모두 자신의 협회 관리와 지배로 돌려놓아야 한다."[83]

지주와 투쟁할 때 농민들은 주저하다가도 공공재산을 착복했다는 이유로 향신을 타도하곤 했다. "도덕의 명의로 그 어떠한 주저함이 없이 참여했다."[84] 후베이의 농민들은 "먼저 장부 정리(각종 공금 정산 등)라는 이름으로 토호열신 타도에 명분을 세웠다. 그리고 모자에 노끈으로 '토호열신'이라고 쓴 표어를 매어놓고 마을을 순행했다."[85] 1927년에 반포된 「후난성 토호열신 처벌 임시 시행 조례(湖南省懲治土豪劣紳暫行條例)」에서는 지방 공익을 저해하는 자와 공금을 횡령하는 자를 토호열신으로 규정하고[86] 혁명 타도나 재산 몰수로 그들의 권력을 철저히 몰락시켰다. 투쟁에서 타도된 토호열신 대다수는 공공재산을 착복했다는 죄명을 썼다.[87] 공공재산 청산을 빌미로 향신을 타도한 것은 '반혁명' 죄명만큼 위압적이지는 않았지만 합법성과 동원력을 겸비한 것이다. "요즘 농민투쟁이 벌떼처럼 일어난다. 농협을 파괴하거나 공금을 횡령한 자는 모두 농민들의 공격을 받았다. …… 하지만 상당수

83 「廣東省第一次農民代表大會的重要決議案」, 人民出版社 編, 『第一次國內革命戰爭時期的農民運動資料』, p.270.

84 柳鏞泰, 「國民革命時期公産, 公堂問題 – 兩湖與廣東農民運動之比較」, 南京大學中華民國史研究中心 編, 『民國研究』, 1999年總 第5輯, p.15.

85 田中忠夫, 『國民革命與農村問題』 下, 李育文 譯, 村治月刊社, 1932, p.155.

86 「湖南省懲治土豪劣紳暫行條例」, 『大公報』(長沙), 1927年 1月 29日.

87 湖南省社會科學院現代史研究室輯, 「第一次國內革命戰爭時期湖南農民運動史料選輯」 五, 『湖南歷史資料』編輯室 編, 『湖南歷史資料』, 1981年 第2輯, pp.44~87.

가 확실히 빈농의 혁명적인 행동으로, 토호열신에 대한 처벌은 과하지 않다."[88]

대혁명 과정에서 후난의 농민운동은 다른 지역에 비해 급진적이었다. 마치 폭풍우와도 같았는바 순종하는 자는 살아남았지만 거역하는 자는 소멸되었다. 수천 년 동안 지속된 봉건지주의 특권을 모두 소멸해버렸다.[89] 농촌의 권력구조는 어느 정도 재편되었다. 그 주요 원인은 오랜 권력구조의 변천에 따른 향신권력의 확장과 무질서한 운행이 향신-향민 갈등과 관청-향신의 충돌을 격화시키고 있기 때문이다. 이 충돌은 뚜렷한 단계성을 지니고 있다. 청나라 말기 신정이 초래한 '공적인 것으로 사욕을 채운' 것으로 향신-향민 갈등은 경제이익 성격의 대결로만 귀결되었으며 형식은 산발적인 민란 격량으로 나타났다. 하지만 신해혁명이 초래한 정체의 변천은 악덕 향신들이 공공재산을 점유하고 지역에서 할거할 수 있는 기회를 주었다. 이로써 이익 충돌은 혁명 및 민족국가권력 재편의 단계로 확대되었다. 그러므로 우리는 '삼민주의'를 표방한 신해혁명이 왜 농촌 권력구조의 불균형을 초래했는지를 공공재산의 관점에 입각하여 정체 변혁이 향촌 권력구조에 미치는 영향으로부터 이해해야 한다.

88 李維漢, 「關于湘區一月份農民運動情況」, 『李維漢選集』編輯組 編, 『李維漢選集』, 人民出版社, 1987, p.26.
89 中國國民黨浙江省黨部農人部 編, 『十六年以前的國內農人運動狀況』, 中國國民黨浙江省黨部農人部, 1912, p.45.

4) 권력 재편과 공공재산 관리

전통적인 공공재산 운영의 '관청에서 감독하고 향신이 운영하는' 모형을 정치체제에 입각하여 이해해야 한다. 청나라는 봉건 중앙집권 발전의 정점으로 '대권이 남의 손에 넘어가는' 것을 방지하기 위해 분권으로 황제가 권력을 홀로 틀어쥐는 것을 견제했다.[90] 이를테면 중앙 행정기구인 육부와 지방 관할제도를 '다원화'하는 것으로 서로 견제하여 대권이 독점되지 못하도록 했다. 분권으로 제약하는 정치적 이념은 관료제도의 운영에만 나타난 것이 아니라 지방의 각종 제도에서도 나타났는데 분권의 대상이 관료에서 향신으로 변했을 따름이다.

향토사회에 입각해서 보면 향신은 지방의 권위이고, 관청에서 보면 향신은 통치 분야를 확장하는 기반과 다름없었다. 많은 관리들은 향신을 통해 백성에게 명령을 하달하는 방식이 정부를 통하는 방식보다 더 쉽게 시행됨을 발견했다. 또한 향신이 지방사무를 관장하면 서리에만 의존하던 폐단을 극복하는 데 도움이 되었다.[91] 따라서 지방 향신들에게 정식 행정권을 위임하는 것을 개혁 조치로 간주했다.[92] 하지만 이런 분권주의는 단순히 향신에게 권력을 이양한 것이 아니라 사실상 감시체계를 구축하려는 의도였다. 이를테면 지방통과세의 징수에서 향신이 징수하고 관리는 감독하는 역할을 했다. "향신의 폐단을 관리가 책벌하고 관리의 폐단을 향신이 밀고한다. 상호 견제하여 폐단이 아주 적다. …… 관리와 향신이 상호 사찰하도록 보장한다."[93] 뤄빙장은

90 白鋼 主編, 『中國政治制度史』下, 天津人民出版社, 2002, p.817.
91 瞿同祖, 『淸代地方政府』, pp.306~309.
92 孔飛力, 『中華帝國晚期的叛亂及其敵人』, p.220.
93 「光緖十五年七月十四日硃批禦史徐樹鈞片」, 羅玉東, 『中國厘金史』上, 商

후난에서 '관리-향신 겸용' 방법을 채택했다. 부유한 집안이나 명문가 출신의 향신을 채용했는데 이들은 이익을 탐하거나 서리들과 당파를 만들지 않아 감독 관리에서 성과를 거두었다. 각 성의 세금징수에서 후난성의 폐단이 가장 적었다. 당시 그 원인을 '관리-향신 겸용' 방법이라고 평가했다.[94] 바로 분권 제약에 기반한 정치이념과 제도 설계는 공공재산 운행을 '관리가 감독하고 향신이 운영하는' 체제에 편입시켰다. 이로써 관청의 통치권을 유지하고 중앙 권위의 통제력을 강화함으로써 향신들이 공공연히 거역할 수 없게 만들었다.[95] 그리고 향신들을 지방사무에 참가시킴으로써 관청과 향신의 권력 균형을 통해 향촌 권력구조의 안정을 도모하고 나아가 공공재산의 안정된 사회질서 기능 발휘를 보장했다.

태평천국운동으로 인한 통치 위기에 대처하기 위해, 청나라와 지방 고관들은 하급 향신들의 지방자위단 운영을 격려했는데 문과와 무과 거인에게 진사 자격을, 공생과 감생(監生)에게 거인 자격을 상으로 내렸다.[96] 이로써 후난·후베이에는 대량의 군공을 세운 향신 집단이 있게 되었다. 그들은 일반 지방 공익사무의 범위를 넘어서서 무장권과 일부 징세권을 장악했으며 지방자위단 운영을 빌미로 공무를 좌지우지하고 전횡하며 토지세 등 사무에 분수도 맞지 않게 관여했다.[97] 결국 향신권력이 확장되었다. 이후 후난·후베이의 혼란으로 지방자위단은 갈수록 중요한 역할을 했다. 수많은 지역에서 보갑제도를 대체했

신해혁명과 향촌 공공재산

務印書館, 1936, pp.49~50.
94 羅玉東, 『中國厘金史』上, p.87.
95 羅玉東, 『中國厘金史』上, p.35.
96 尹福庭 主編, 『淸史編年』第9卷, 中國人民大學出版社, 1998, p.130.
97 同治, 『湘鄕縣志』(一) 卷五『兵防』, p.366.

거나 지방자위단과 보갑제도를 합친 형식이 향촌의 새로운 사회 통제 체제로 굳어갔다. 예를 들면 황강(黃岡) 자위단은 무장 상설화로 지방 관청과 향촌사회 사이의 준권력기관이 되었고[98] 지방자위단 운영 향신은 향촌의 '기층사회 통제의 주체'가 되었다.[99]

20세기 초기, 정부가 사회와 공동으로 지방자치 추진을 선택할 때 [100] 전통적인 사고방식이나 현실적인 가능성을 고려하여 향신들에게 자치를 위임할 수밖에 없었다. 신정의 시행에는 많은 비용이 필요했지만 국고는 텅텅 비었으므로 세금징수나 세곡 조달을 위해 함풍 연간에 세운 임시 관청사무소에 의존할 수밖에 없었다. 예를 들면 지방통과세, 군수품 등 자금 조달에서 애초에는 임시 관청사무소에 한동안만 의존하려 했지만 시간이 흐르면서 전통처럼 되어버렸다.[101] 임시 관청사무소는 비공식기관으로 향신들이 임직원을 맡아 장악하는데 일단 이러한 서양식 임시 관청사무소 등 기관을 장악하면 향촌의 권력을 장악할 수 있었다.[102] 하지만 이로써 이러한 신형 공공 권력기관을 장악하거나 조종해야만 향신권력이 합법성과 합리성을 지니게 되었다.

태평천국운동에서 신정에 이르기까지 향신권력의 확장은 청나라가 권력을 주동적으로 포기한 결과로 기존 체제의 틀 안에서만 행해졌다. 당시 사람들은 "대저 정부는 사냥꾼과 같고 향신은 사냥꾼의 매와

---

98   林濟, 『長江中遊宗族社會及其變遷 – 黃州個案硏究(明淸~1949年)』, p.182.

99   王先明, 『中國近代社會文化史論』, 人民出版社, 2000, p.47.

100 馬小泉, 『國家與社會: 淸末地方自治與憲政改革』, p.135.

101 「度支部奏各省財政統歸藩司綜核摺」, 『政治官報』第565號, 1909年 4月 8日.

102 艾愷, 『最後的儒家: 梁漱溟與中國現代化的兩難』, 王宗昱 · 冀建中 譯, 江蘇人民出版社, 1996, p.229.

개다. 정부는 칼을 잡은 백정과 같고 향신은 예리한 칼날이다."[103]라고 했다. 이로써 공공재산 운영이 점차 향신의 손에 넘어가면서 '관청이 감독하고 향신이 운영하는' 체제가 와해되었지만, 향신의 공공재산과 공권에 대한 남용도 신정의 이름으로만 정당성을 얻을 수 있어 '공적인 것으로 사욕을 채우는' 현상이 비일비재했다.[104] 공공재산 운영이 '공적인 것으로 공적 이익을 추구하는' 것에서 '공적인 것으로 사욕을 채우는' 것으로 변질한 것은 향신권력의 확장에는 정도의 차이만 있을 뿐임을 보여준다. 하지만 '공적인 것으로 사욕을 채우는' 것에서 '공적인 것을 개인의 것으로 만드는' 것으로 변질한 것은 질적인 변화이다. 이는 신해혁명이 유발한 정체 변혁이 향촌 기층 권력구조에 큰 변화를 가져왔음을 보여준다.

왕권 통치는 비록 신해혁명으로 붕괴되었으나 향신권력은 계속되었다. 신해혁명 이후 후난·후베이의 신정권은 모두 향신의 수중에 장악되었다. 쓰촨·후베이·장쑤·저장·광둥의 5개 성 각급 신정권에서 혁명당인 세력이 주축이 된 정권은 47.8%밖에 되지 않았다. 오히려 지방 향신이 주축이 된 정권은 23.9%, 청나라 관리나 장교가 주축이 된 정권은 13%, 청나라 관리·향신·혁명당의 연합정권은 15.2%였다.[105] 리칸(李侃)의 통계의 의하면 장쑤·후베이의 38개 주와 현 신정권에서 행정·군사 요직을 맡은 57인 중 입헌파를 포함하여 향신 23명, 신군(新軍) 군관을 포함하여 청나라 관리 21명으로 총수의 77%를

신해혁명과 향촌 공공재산

---

103 「紳士爲平民之公敵」, 張枬·王忍之 編, 『辛亥革命前十年間時論選集』第3卷, p.305.
104 「敬告我鄕人」, 『浙江潮』第2期, 1903年 2月, p.10.
105 賀躍夫, 『晚淸士紳與近代社會變遷 — 兼與日本士族比較』, p.246.

넘었으며 혁명당인은 10명에 불과했다.[106] 후난 창사도독부가 성립된 후, 역사에서 퇴출되는 듯하던 향신 집단이 다시 등장했다[107] 신화현의 지사는 재능이 별로 없는 자로 "모 향신이 권력을 장악했다. …… 현에 제2의 지사가 있다 하여 꾸중을 들었다."[108] 향신들이 점차 옛날의 당당한 태도를 회복하여 향촌정치를 다시 장악했다.[109] 그야말로 '수많은 금전과 피로 가짜 공화를 바꾼 셈'이었다. 풍운이 격동하는 정체의 변혁 속에서 향신들은 주도권을 확실히 장악하여 새로운 현정(縣政)에서 지배적 지위에 있었다.[110]

하지만 신정과 그에 따른 입헌운동의 목표에는 중앙권력의 지방사회 통제 지향이 내포되어 있었다.[111] 민국 초기, 난장판처럼 보였던 사회 상황의 이면에 담긴 시대적 주제 역시 국가정권 건설이었다. "거의 모든 민국 시기의 정부는 지방사회에 대한 고도의 감시와 관여 및 통제를 행사할 수 있는 강력한 정권을 창출하려고 했다."[112] 그 차이점은 신정은 분권으로 집권하고 민국은 권력 회수로 집권한 것이다. 하지만

---

106 李侃, 「從江蘇, 湖北兩省若幹州縣的光複看辛亥革命的勝利和失敗－兼論資産階級革命黨人與農民的關系」, 中華書局編輯部 編, 『紀念辛亥革命七十周年學術討論會論文集』, 中華書局, 1983, p.470.

107 政協全國委員會文史資料研究委員會 編, 『辛亥革命回憶錄』第二集, 文史資料出版社. 1981, p.207.

108 「新化要聞」, 『大公報』(長沙)1917年 2月 8號.

109 政協全國委員會文史資料研究委員會 編, 『辛亥革命回憶錄』第二集, p.365.

110 朱英 主編, 『辛亥革命與近代中國社會變遷』, p.660.

111 王先明, 『變動時代的鄕紳－鄕紳與鄕村社會結構變遷(1901~1945)』, p.126.

112 張信, 『二十世紀初期中國社會之演變－國家與河南地方精英, 1900~1937』, p.299.

공고한 지방권력과 마주하면서 권력 회수는 결국 국가와 지방권력의 균열을 가져올 수밖에 없었다. "민국이 들어선 이래 베이징 정부는 중앙집권 회복을 위해 노력한 반면 지방의 군인-향신 정권은 날로 공고해지고 있었다."[113]

이러한 분열은 향촌 권력구조에 질적 변화를 가져왔으며 아울러 공공재산 운영과 기능에도 영향을 미쳤다.

첫째, 향신이 지방에 할거하는 현상이 비일비재했다. 왕권의 붕괴로 전통 신분 등급 권위가 사라졌다. 신분 지위를 유지하기 위해 향신들은 권력의 기반이 지방자위단 통제에 있다는 분명한 공감대를 이루었다. 따라서 그들은 주로 현의 지방자위단 지휘권 탈취에 열중했다. 그들은 일단 성공하면 공동체의 진정한 지도자라고 공개적으로 발표했다.[114] 민국 초기 후베이성 샹양현(襄陽縣) 둥진진(東津鎭)의 세 '신향신' 신분 배경과 강권 무력이 이미 공명 신분을 대체하여 지방권위의 원천이 됨을 말해준다.[115] 후난·후베이에 지방자위단이 성행한 것은 그 기간이 결코 짧지 않다. 청말민초, 장강 중류 지역에 이미 공고한 지방자위단 조직이 형성되었으며 지방자위단 무장 및 지방자위단 무장을 기반으로 한 향신권력은 공고하게 발전했다.[116] 신해혁명 이후 4개 향의 지방자위단이 모두 독립하여 각자 자기 멋대로 일을 처리했다.[117] 지방자위단의 향신은 무력으로 향촌의 모든 권리를 장악하여

113 陳志讓, 『軍紳政權 – 近代中國的軍閥時期』, p.59.
114 張信, 『二十世紀初期中國社會之演變 – 國家與河南地方精英, 1900
～1937』, p.92.
115 王奇生, 『革命與反革命: 社會文化視野下的民國政治』, p.331.
116 章開沅 等 主編, 『中國近代史上的官紳商學』, p.407.
117 曾繼梧 等, 『湖南各縣調查筆記』下, p.39.

현이나 향에서 할거했으며 공공재산은 지방자위단을 유지하는 중요한 재원으로 자연스레 그들의 수중으로 들어갔다.

둘째, 전체 향신계층의 분화로 악질 두목과 같은 향촌의 비주류 세력이 기층 권력을 장악하게 되었다. 1905년 과거제의 폐지 및 1911년 왕조 정치체제의 붕괴로 향신층이 생존하고 발전하던 기반이 무너지면서 그 역사적 운명은 변곡점을 맞이했다. 향신은 본래 사농공상의 으뜸이었으나 현재는 그 지위를 잃어버려 생계를 꾸릴 방법이 없었다.[118] 그들은 정책 방향에 순응하여 각종의 신식 교육기관에 들어갈 수밖에 없었다. "과거제 폐지에 대해 논의하니 옛날 거인, 생원 중 30세 이하인 사람들은 학당에 입학하여 수료할 수 있다."[119]고 했다. 후베이를 보면 청나라 말기 20년간 재교육을 받은 향신은 적어도 2만 명에 달해 전체 향신의 43%를 차지했다. 그중 교육문화, 법정, 군사행정, 실업가로 전환한 비례가 각각 40%, 15%, 8%, 5%였다.[120] 신교육을 받은 수많은 향신들은 교원, 군관, 공무원 등 각종 사회직으로 전환하여 전례가 없는 대규모의 사회적 흐름을 형성했다. 이는 전체 향신층 세대 교체의 중단을 초래했다.

또한 대도시에만 신식 직업이 있었으므로 향촌의 엘리트들이 고향을 떠나 도시로 들어갔다. 향촌에 남은 향신들도 열악한 정치나 경제 환경 때문에 보직을 원하지 않았다. 청향군은 세금을 가혹하게 징수하고 벌도 엄하게 내렸다. 무고한 사람을 연루시키는 경우가 많았으

---

118 劉大鵬, 『退想齋日記』, 山西人民出版社, 1990, p.149.
119 「管學大臣等奏請試辦遞減科擧注重學堂摺」, 『東方雜志』第1卷 第1期, 1904年 1月, p.124.
120 蘇雲峰, 『中國現代化的區域研究 湖北省: 1860~1916』, 台灣 "中央研究院" 近代史研究所, 1981, p.467.

며 지방 향신들이 조금이라도 질의하면 바로 비적 비호나 악질 토호라는 죄명을 씌웠다.[121] 폭정이 두려워 길에서 만나도 말도 못 하고 눈짓으로 뜻을 표시할 뿐이었다. "현재 각 현의 풍속은 …… 가장 걱정스러운 것은 향신들이 향촌에 있으려고 하지 않는 것과 향촌에 있는 향신들이 나서지 않는 것이다."[122] 이로써 향촌 향신들의 변화로 왈짜나 악질 두목, 부랑자 같은 비주류 세력이 하층 권력의 중심을 찾아하기 시작했다.[123] 국가정권의 붕괴로 선량한 향신들이 퇴출되고 악질 향신들이 등장했다. 1911~1920년, 북양군벌인 탕샹밍(湯芗銘)·푸량줘(傅良佐)·장징야오(張敬堯)가 선후하여 후난성을 통치했으며 혼전이 끊이지 않았다. "겨울 이래, 남과 북이 다섯 번 함락되고 다섯 번 수복되었다. 전쟁의 불길이 닿아 참혹하게 죽어나갔으며 군마가 지나는 곳마다 폐허가 되었다. 상업이 쇠잔해지고 백성이 유리걸식하며 전원이 황폐해지고 학교에는 덩굴풀만 가득 자랐다."[124]

지방재산보관처가 나타난 것은 향신들이 주도적으로 자신과 지방의 권익을 보호하기 위한 것이다. "각 현의 향신들이 지현이나 보관원이 비리를 저지르고 도망친 사건을 자주 고소한다. 이러한 사건이 일어나는 것은 보관처가 규정대로 설치되지 않았거나 규정에 따라 설치됐으나 규정대로 운영하지 않고 부적합한 자를 임용한 탓이다. 각종

---

121 沅蘭, 「清鄉隊之黑幕」, 『湖南』第1卷 第3號, 1919年 9月, p.2.

122 湖北省政府民政廳, 『湖北縣政槪況·導言』第一冊, 出版社不詳, 1934年, p.10.

123 許紀霖, 「近代中國變遷中的社會群體」, 『社會科學硏究』, 1992年 第3期, p.87.

124 中共湖南省黨史委編, 『湖南人民革命史 新民主主義革命時期』, 湖南出版社, 1991, p.12.

폐단은 향신과 향민이 고소하는 구실이 되고 지방 재산이 막대한 손실을 입으니 공금 문제를 신중하게 처리해야 한다. …… 열흘 내에 문서를 제출하여 규정대로 설립하지 않은 곳이 있다면 기한을 정해 품행이 단정한 향신을 선발하여 조직 설립 문서를 제출해야 한다."[125] 하지만 훗날 보관처의 직원들이 핍박을 받을까 염려되어 즉시 사직하고 떠나버렸다.[126] 닝샹현에서는 "성 정부의 명령에 따라 현에 청향 지국을 세웠으며 왕다녠(王大年) 지사가 스스로 국장을 맡았다. …… 왕다녠은 포악하고도 탐욕스러워 토지세를 징수하고도 가렴주구가 끝이 없었다. 보관처장인 왕쩌홍(王澤洪)과 보관원인 쑤즈칭(蕭志淸)이 사직을 청했고 백성들은 성 정부로 달려가 고소했다."[127] 이러한 각종 현상은 정권의 끊임없는 징수와 징발 때문에 보호중개업이 생존 공간의 부족으로 줄줄이 퇴출됨을 설명한다.

하지만 기업중개업은 포세법(包稅法)의 시행으로 매우 번성했다. 예를 들면 장징야오는 후난 도독 시절, 자금 조달을 위해 모든 공석 관직을 입찰로 정했다. 따라서 불량배와 도적들이 사기를 치거나 빼앗은 물건으로 관직을 샀고 임명되면 백성들을 수탈했는데 그 이익이 10~100배에 달하니 백성들이 도탄에 빠질 수밖에 없었다.[128] 샹탄현의 군수품이 부족해지자 샹탄현청은 세금징수 책임자를 지명하여 정했다. "세금징수를 모 향신에게 일임했다. 그 향신은 심각한 자연재해 후의 민생을 고려하지 않은 채 가혹하게 세금을 징수했다. 조금이라도

125 「各縣設置財産保管處」,『大公報』(長沙), 1917年 2月 16號.

126 「財産保管處職員總辭職」,『大公報』(長沙), 1927年 2月 28號.

127 『甯鄉縣新志』卷1『縣年記』,『民國甯鄉縣志』(二), 江蘇古籍出版社 · 上海書店 · 巴蜀書社, 2002年 影印本, p.589.

128 「湘督摧殘縉紳記」,『湖南』第1卷 第3號, pp.3~4.

세금을 늦게 내면 문 앞에 앉아서 세금을 받아냈다. 향민들이 받는 고통은 이루다 말할 수 없었다."[129] 화베이 지역과 마찬가지로 국가의 압력이 날로 증가함에 따라 기층 권력은 모두 기업중개업자의 손에 떨어졌다. 토호들은 기회를 틈타 각종 공직을 훔쳐 향촌 정권의 주류로 부상했다.[130] 그리고 공공재산은 사욕을 채우는 수단이 되었다.

중국의 정치체제가 전통에서 근대화로 나아가는 발전 과정에서 공공재산은 사회질서를 유지하는 '공적인 것으로 공적 이익을 추구하는' 역할이 사라지고 세력가들이 '공적인 것으로 사욕을 채우는' 수단으로 대체되었다. 이는 향신과 향민 충돌 및 민란을 부채질하여 신해혁명을 유발했다. 삼민주의와 오권헌법(五權憲法)[131]의 실현을 '성공의 표징'[132]으로 한 신해혁명이 가져온 새로운 국가정권은 민주공화의 무늬만 있을 뿐 '자유, 평등, 박애' 사상은 보이지 않았다. 신해혁명은 확실히 '새로운 구조로 낡은 구조를 대체했고 새로운 질서로 낡은 질서를 대체'했다.[133] 하지만 중앙 권위의 쇠퇴로 국가와 지방 권력의 분열은 마치 도시와 향촌 간의 문화·경제 분야처럼 날이 갈수록 두드러졌다. 이 같은 '새로운 질서'는 백성을 해방시키기는커녕 '사회의 통일과 안

---

129 「湘潭鄕民之呼籲」,『大公報』(長沙) 1926年 1月 28號.

130 杜贊奇, 王福明譯,『文化, 權力與國家-1900~1942年的華北農村』, 江蘇人民出版社, 1996, p.238.

131 쑨원(孫文)이 주장한 행정권, 입법권, 사법권, 고시권, 감찰권의 5권 분립을 중심으로 한 헌법 제도. - 역주

132 貝華,「中國革命史」, 沈雲龍 主編,『近代中國史料叢刊續編』第86輯, 文海出版社, 1981年 影印本, p.211.

133 梁漱溟,「中國文化要義」,『梁漱溟全集』第3卷, 山東人民出版社, 2005, p.224.

정을 수호'한 기존 제도를 폐지하는 결과를 낳았다.[134] 이는 향촌 기층
정권의 변화를 유발했으며 공공재산이 격심한 정체의 변혁 속에서 향
신 할거의 경제기반으로 전락하도록 했다. 그 결과 10여 년 후 민주정
치의 '기반'은 향촌에서는 혁명적인 수단으로 지방자위단 및 보갑 제
도를 무너뜨려 토호·악덕 향신·대지주 등이 향촌에서 향정을 계속
독점할 수 없게 했다.[135] 결국 민중의 이익과 당파의 취지가 맞아떨어
졌으므로 재차 '혁명'의 형식으로 향촌 기층 권력의 재구축과 민족국
가 권력의 재편을 이루었다. 국가 정치체제 변혁과 향촌 권력구조 흐
름 사이의 복잡하고도 깊은 연결은 공공재산의 운영 특징과 사회적 기
능의 시대적 변천에서 생생하게 드러난다.

---

134 周錫瑞,『改良與革命－辛亥革命在兩湖』, p.309.

135 戰士周報社 編,『湖南農民運動問題論文集』, 戰士周報社, 1927, p.45.

제2장

향촌제도의 교체와

향촌사회 변천

20세기 초기의 중국 향촌사회 변천의 내용은 광범위하고도 번잡하다. 특히 연쇄적인 제도의 변천은 향촌사회의 구조적 변동을 불러왔다. 신구제도의 교체와 전환적인 역사 발전 과정에서 향촌사회는 수동적으로 대응했거나 주동적으로 저항한 것이 아니다. 복잡하고도 다양한 상황에서 융통성 있는 선택은 우리의 역사적 인식을 더욱 풍부하게 하고 있다.

1

향촌제도의 재구성

: 자치에서 보갑에 이르기까지

　이 부분에서는 향촌제도 변혁에서의 현대 자치와 전통 보갑제가 교체에서 융통에 이르는 역사적 변이 과정에 기반하여 향촌사회 변천의 실태를 보여주고 제도적으로 전통에 회귀한 역사적 원인[1]을 설명하려

1　원쥔톈(聞鈞天)의『중국보갑제(中國保甲制度)』(上海商務印書館, 1935), 황창(黃强)의『중국보갑실험신편(中國保甲實驗新編)』(正中書局, 1936)에서는 1930년대 보갑 문제를 논의했다. 하지만 조례 규정에 대한 서술이나 제도 자체의 역사적 변화에 대해서만 다루었을 뿐 현대 정치제도 아래에서의 보갑제의 시행 상황 및 양자 간의 관련성에 대해서는 거의 논의하지 않았다. 근년에 이르러 총한샹(從翰香)의『근대 허베이, 산둥, 허난 향촌(近代冀魯豫鄕村)』(中國社會科學出版社, 1995), 자오슈링(趙秀玲)의『중국향리제도(中國鄕裏制度)』(社會科學文獻出版社, 1998)에서는 근대 향촌의 경제, 사회의 연구나 정치제도의 변화에 치중했으므로 보갑제의 현대 운영에 대한 논의가 많지 않다. 장지순(張濟順)은 1940년대의 상하이 보갑제를 연구했다(張濟順,「淪陷時期上海的保甲制度」,『歷史硏究』1996年 第1期). 하지만 이 연구는 피점령 지역의 '전시비상조치'와 보갑제에서의 도시 자원

고 한다. 그리고 '보갑-자치-보갑'의 황당무계한 논리의 표면 흐름 속에 얽힌 심층적인 역사 주제를 제시하려고 한다.

후난·후베이 향촌사회의 전통적인 세력과 메커니즘의 발전은 비교적 충분하여 향신들의 활약상은 전국에서도 손꼽혔다. 또한 보갑과 지방자위단 조직 발전 역시 매우 성숙하여 향촌 권력의 구조와 발전에 상당한 영향을 미쳤다. 청대 말엽 이래의 현대화 과정에서도 후난·후베이의 현대적 세력의 발전과 신정 조치 역시 다른 성(省)보다 훨씬 앞서 있었다. 이 지역 사회의 전통과 현대적 세력은 모두 뛰어났으므로 사회 변혁과 향촌사회의 제도 개편에서의 충돌과 융합 역시 상당히 특색이 있어 분석할 가치가 있다. 또한 후난·후베이에는 분석 가능한 향촌 보갑 시행 상황에 대한 구체적인 자료가 있기 때문에 본 연구의 범위는 이 지역사회로 한정한다.

1) 제도 변혁과 보갑의 폐지

1922년의 보갑법 개정부터 20세기 초 중국의 농촌 권력 제도가 변혁될 때까지만 해도 보갑제는 향촌사회에서 유일하게 국가권력을 직

역할에 주목했다. 하지만 상하이 보갑제의 속성은 1930년대의 향촌 보갑제 속성과 다르다. 주더신(朱德新)의『20세기 30~40년대 허난, 허베이 동부지역 보갑제도 연구(二十世紀三四十年代河南冀東保甲制度研究)』(中國社會科學出版社, 1996)에서는 국가정권이 보갑제를 빌려 권력을 하향 이동한 문제를 주로 논의하면서도 향촌제도 변혁의 현대적 지향과 전통적 보갑제의 상관관계에 대해서는 깊이 있는 논의를 하지 않았다. 현대 자치와 전통 보갑 제도가 학술 영역과 실행 영역에서 융합될 필연성, 그리고 정치제도 발전 추세에 내포된 역사 주제들은 여전히 더 논의될 가치가 있다.

접적으로 받아들인 기본 제도였다. 하지만 청대 말엽, 후난·후베이 향촌사회 권력구조에서 직접 관방제도에 의존하던 보갑은 쇠퇴해지기 시작했으며 후난·후베이의 보갑제 역시 약화되었다.[2] 그러나 기능이 약화된 것이 제도의 몰락을 상징하지는 않는다. 공식 제도 조직인 보갑은 여전히 향촌사회 존재 상태를 상징하는 특정한 역사 시기이기도 했다.

1901년, 청나라는 '신정'을 시행했다. 향촌제도 변혁은 '근대정치 형식'을 지닌 지방자치와 그 궤를 함께했다. '재난을 예방하기에는 부족하고 소란을 피우기에는 넉넉한' 보갑제는 비판을 받아 경찰제도에 의해 대체될 터였다. 이후 청나라는 「성·진·향 지방자치 장정」을 반포, 시행했다. 지방권력(이사회)을 근간으로 전통적인 보갑 구획을 폐지하고 경찰 구획을 추진하여 "도시와 향촌 구역을 각 청(廳)·주(州)·현(縣)의 현재 순경 구획에 따라 나눈다. 순경 구획에 따라 나누기 어려우면 각 주와 현에서 재량으로 나눈 후 보고하여 심사받아야 한다."[3]고 했다. 향촌 생활양식의 다양성과 역사문화의 지역성 때문에 향촌제도 변혁의 불균형과 발전 과정의 복잡성을 완전히 명확하게 열거하기가 어렵다. 하지만 그 변혁의 역사 방향을 분명하게 구분할 수 있는바 지방 정치제도 개혁의 흐름 속에서 지방자치 관련 관점은 20

2   張朋園,『湖南現代化的早期進展(1860~1916)』,湖南出版社, 1994, p.205. 蘇雲峰,『中國現代化的區域研究(1860~1916)－湖北省』, 台灣 "中央研究院" 近代史所, 1981.

3   甘厚慈輯,『北洋公牘類纂續編』卷2, 自治, 文海出版社有限公司, 1997, p.15.

세기 초에 '날마다 들려왔으며'[4] '귀에 잦은 말'[5]로 자리 잡았다. 전통적인 보갑제 대신 현대적인 경찰제도를 도입한 것도 지방자치의 주요 내용 중 하나이다.

청대 말엽에서 중화민국에 이르는 향촌 정치제도 변화의 역사 단계를 '19세기의 이보제(裏保制), 1900~1928년의 구(區)경찰서장제, 1929년 이후의 구장제(區長制)'[6]로 개괄할 수 있다. 구성 형식은 서로 다르지만 전체적인 역사 흐름은 새로운 제도(경찰제)로 낡은 제도(보갑제)를 대체한 것으로 시종 '지방자치'의 현대화의 기치 아래 농촌 정치제도를 계획했다. 청나라 말기의 '신정'부터 시작하여 보갑제를 중심으로 한 향급(鄕級) 조직이 점차 폐지되어 경찰구와 학구(學區), 자치구가 대신 들어섰다. 비록 '자치'는 거의 말로만 그치면서 유명무실했지만 새로운 경찰제가 기본적으로 확립되어 경찰서장은 치안 유지뿐만 아니라 행정적 직권을 겸하여 세금을 징수하고 정령을 하달했다. 새로운 경찰제는 치안과 재정권을 모두 지니던 보갑제에서 완전히 분리되지 못했다.[7]

따라서 경찰제가 보갑제를 대체하는 것은 20세기 초기 향촌제도 변혁의 주요 내용 중 하나이며, 청말민초의 '현대화' 운동이 향촌사회에 깊이 파고드는 중요한 일환이 되기도 했다. 그러므로 "선통 연간 신식 경찰제도가 흥하여 각 성의 보갑국은 점차적으로 폐지되었다. 보갑의 주관 기관이 폐지되자 보갑제는 결국 정령에서 사라졌다."[8]

4   攻法子, 「敬告我鄕人」, 『浙江潮』第2期, 1903年 2月, p.23.
5   「政聞社宣言」, 『辛亥革命』四, p.113.
6   從翰香, 『代冀魯豫鄕村』, 中國社會科學出版社, 1995, pp.57~58.
7   위의 책, p.57.
8   聞鈞天, 『中國保甲制度』, p.224.

전통적 보갑제의 쇠퇴와 현대 자치 및 그 경찰구역제의 흥기는 20세기 초기 향촌제도 변혁의 역사적 내용을 구성했다. 청말민초, 후난의 지방 정치제도 발전은 신구 제도 변혁의 급변을 거쳤다. 예를 들면 변법자강운동 시기 보위국과 보갑국의 교체가 바로 그러하다. 하지만 역사의 대세에 따라 1903년경에는 현대적인 경찰제가 각 주와 현에 보급되기 시작했다. 비록 지방 정치제도 변동에서 큰 주와 현은 비교적 큰 성과를 거두었다. 중화민국 이후 후난성 경찰제도는 별로 큰 발전이 없었다.[9]

하지만 '지방자치' 제도 및 경찰제가 보갑제를 대체하는 추세에는 거의 변화가 없었다. 이 제도는 전통적 시대에 '관청의 보갑 설치'와 '향신의 지방자위단 운영'이라는 이원적 사회 통제 모형을 근본적으로 바꾸었다. "후베이의 각 현에는 옛날의 향촌 정치체제 조직 체계가 있었는데 일반적으로 세 개 등급으로 나눈다. 황메이현은 구(區)·진(鎮)·창(廠), 황강현은 범(泛)·단(團)·구, 주산·한촨·샤커우·샹양 등 현은 구·단·보(堡)이다. 갑(甲)이나 패(牌)도 있었지만 별 정치세력을 이루지는 못했다. 각급 조직은 그 지역을 통치하는 정부와 다름없었다."[10] 후베이 궁안현(公安縣)의 향촌제도 교체에서 "세상이 크게 바뀌어 정령을 개혁했으므로 향진이나 마을을 부르는 칭호가 옛날과 크게 차이가 난다."[11]고 감탄했다.

그러나 20세기 초기, 향촌제도 개혁의 추세에는 1930년대에 역전이 일어났다. 중화민국 정부는 사회질서 문제에 대처하기 위해 지방정

---

9   張朋園,『湖南現代化的早期進展(1860~1916)』, p.209.
10   人民出版社 編,『第一次國內革命戰爭時期的農民運動資料』, p.487.
11   民國,『公安縣志』, "弁言".

치제도 재건에 역점을 두고 현대 지방자치에서 전통적인 보갑제도로
회귀하기 시작했다.

2) 보갑제의 부흥

1930년대 중기에 이르러 국민정부는 20세기 초기부터 시행되어오
던 현대 향촌 정치제도를 '보갑제'로 바꾸었다. 바로 '보갑제를 자치제
도에 담는다'는 것으로 원래의 '자치' 제도를 유지하면서 향진을 범위
로 하여 일률적으로 조를 편성하여 보갑으로 만들었다.[12] 따라서 향촌
의 기층사회 통제 조직 수준에서 보갑제는 '자치' 조직의 여린제(閭鄰
制)를 대체했다.

후베이는 최초로 보갑제를 시행한 지역이다. 원쥔톈의 『중국보갑
제』는 후베이의 보갑제 시행 상황에 대해 "성문법이 없어 조사하여 근
거를 제공했으며 모든 일은 관습대로 했다."[13]라고 간략하여 기술했
다. 많은 현과 구에서 1년 내에 방안을 작성했다. 1934년 각 현의 보갑
편성 통계는 아래 표와 같다.

---

12 胡次威, 「國民黨反動統治時期的"新縣制"」, 『文史資料選輯』 第29輯, 中國
    文史出版社, 1995, p.200.
13 聞鈞天, 『中國保甲制度』, p.401.

표 2-1 후베이 각현 보갑 편성 통계표

행정독찰구	보(保) 수	갑(甲) 수	호수(천)	호당 인구수
제1구(11현)	6065	59564	705	5
제2구(11현)	7976	78982	832	6
제3구(10현)	9177	88880	948	5
제4구(9현)	7416	72409	777	5
제5구(7현)	4367	41958	449	5
제6구(8현)	3318	33191	360	5
제7구(8현)	2187	21631	226	6
제8구(6현)	2838	27468	285	6
한구시			155	6

* 출처 : 中國統計學社湖北分社, 湖北省統計提要, 1937年.

그리고 보갑 비용을 지방재정 경상지출에 넣었으며 이는 상당한 비중을 차지했다. 이는 전통적인 이 제도가 지방 정치제도의 가장 기본적인 기층 제도임을 보여준다. 하지만 중화민국 시기 보갑제의 재건은 전통적인 보갑의 인사자원에 직접 의존하지 않았는데 특히 지보(地保, 청나라와 중화민국 초기에 실시된 지방자치제도로 마을의 치안 담당인)의 선택에서 그러했다. 한커우에서는 "민국 15년 이전에 맡은 직무는 매우 중요하다. 샤커우 현청은 지보의 협조로 백성 관련 행정 사무를 본다. 모든 포고와 효시 관련 사무는 대부분 지보들이 담당한다." 하지만 "혁명군이 무한에 도착한 후 …… 이를 봉건 잔재로 간주하여 하찮게 여겼다. 샤커우 현청 소재지를 폐지하니 지보라는 직무의 기능이 점차 사라졌다. 현재 지보의 직무가 별로 중요하지 않으므로 다른 일을 알아보는 자도 있다. 관청 측에서는 그 역할이 이미 사라졌으므로 별로 주목하지도 않았다."[14]

후난의 상황은 더욱 복잡했다. 후난은 지방자치에 대해 계획을 세웠고 기간을 나누어 완성하기로 했으며 창사 등 14개 현을 자치현으로 만들려고 했다. 하지만 자치제도가 아직 구축되지도 못한, 민국 23년 겨울에 행정원령을 받들어 먼저 보갑을 시행하여 자치의 기초를 세웠다.[15] 따라서 이번 향촌 정치제도 방향의 변동은 현이나 구(區) 정권에서 놓고 볼 때 준비가 미비하여 그 실제 운행에는 적지 않은 지장이 따랐다. 1941년경에 이르러서야 후난의 보갑조직이 완전히 재건될 수 있었다. 그 기본 상황은 아래 표와 같다.

표 2-2 1937~1942.6 후난 각 향진(鄉鎭) 보갑 통계표

연도별	향진 수					보 수					갑 수
	합계	1등	2등	3등	미분등	합계	1등	2등	3등	미분등	
1937	2842				2842	41652				41652	457711
1938	1644				1644	39183				39183	1046452
1939	1608	453	661	308	183	22159				22159	270812
1940	1607	449	674	315	169	19783				19783	251322

---

14 위의 책, p.403.
15 湖南省政府秘書處統計室, 『湖南年鑑』 第六編 政治, 湖南省政府秘書處, 1936, p.111.

1941	1607	550	788	271		20136	7649	9341	2506	640	289376
1942.6	1612	559	782	271		20428	8053	9547	2828		287538

* 출처 :『湘政六年統計』, p.10.

후난·후베이의 향촌 정치제도 구조 상황에서 볼 수 있듯이 보갑제의 재건은 중화민국 기층사회가 '한때는 대부분 조직 없이 지내서 …… 민정이 자주 막혀 상부에서 알 수 없던' 정치제도의 난맥이 적어도 형식상으로나마 통일되었다. "이번 보갑의 편성은 먼저 현과 시 산하의 조직을 통일한다. 현과 시 산하에는 자치법규에 따라 구(區)를 세우고 구에 구사무소를 세운다. 구 산하에 향과 진이 있고 시(市)에는 방(坊)이 있다. …… 향과 방에 모두 사무소를 세운다. 향과 진, 방의 산하에 보(保)가 있으며 10갑으로 구성되는데 보에는 보장 사무소를 세운다. 보의 산하에는 갑이며 10호로 구성되는데 갑에는 갑장 사무소를 세운다."[16] 이렇듯 국가권력이 향촌으로 깊이 파고드는 데에 제도적으로 버팀목이 되었다.

조직 구조 형식에서 보면 국민정부에서 시행한 보갑제와 전통적 보갑제는 큰 차이점이 없다. 국민정부의「수정 보갑 조례(修正保甲條例)」와 순치 연간의 보갑제를 비교해보자.[17]

---

16 위의 책, p.113.
17 範楊,『戰事軍事警察行政』, 國民政府軍事委員會政治部 編印, p.80.『清朝文獻通考』卷19 戶口1, 考5024.

표 2-3 청나라 순치 연간과 국민정부 보갑 제도 비교표

시대	조직	내용
국민정부 보갑	현행 보갑은 호를 단위로 호에 호장을 둠. 10호를 1갑으로, 10갑을 1보로 함. 1갑이나 1보가 되지 못할 경우 6호나 6갑 이상이면 새로 1보나 1갑을 설립하고 5호나 5갑 이하이면 이웃 보나 갑에 편입시킴.	보장은 그 보의 호구를 조사하여 통계를 내어 보고하며 장정을 감독하고 군대와 경찰을 보조해야 함. 갑장은 보장의 지휘를 받아 호구를 조사하고 장정을 선발하며 악당을 단속하고 호구 변동 등 상황을 보고함.
순치연간 보갑	보갑법은 주와 현, 향에 10호에 패두(牌頭)를 두고, 10패에 갑두(甲頭)를 두며, 10갑에 보장을 둠.	매 호에 이름과 사람 숫자를 적은 패를 나누어줌. 나갈 때면 어디로 가는지 적고, 돌아오면 어디에서 오는지를 적음.

위의 표를 보면, 국민정부의 보갑 조례는 패의 등급을 약화시킨다는 차이점이 있다. 그러나 기본적인 규칙과 제도에는 큰 변동 없이 '갑'을 기본조직으로 하고 있으며 그 조직은 여전히 '갑'을 핵심으로 하고 있다. '갑'은 아래로는 '호' 등 사회조직과 연락하고 위로는 향·진·구·현 등 행정기관과 연락한다. 하지만 '10호를 갑으로 하여 갑에 갑장을 두고, 10갑을 보로 하여 보장을 두는'[18] 제도는 문서상의 편성일 뿐 실제의 상황과 완전히 일치한 것이 아니다. 이를테면 헝산현의 보갑 편성을 보면 당시 일부 지역의 '호'는 한 가구가 아니었다. 웨촌(岳村)의 80여 가구를 20여 호로 나누었으며 두 개의 '갑'으로만 나누어 한 개 '갑'에 160여 명이 들어 있었다.[19] 여기서는 '갑'이야말로 사회조직의 실체가 있는 단위임을 알 수 있다. '갑'의 편성을 통해 분산되어 있는 사람들과 '호'를 '일체'적인 사회적 단위로 통합할 수 있

---

18 于建嶸, 『嶽村政治』, 商務印書館, 2001, p.175.

19 위의 책, p.176.

으며 촌·향·진·구·현 등 각급 조직이 확실한 권력 범위를 가지게 되었다. 하지만 청나라의 국가권력이 현 아래까지 직접 뻗어 있지 않았던 것과 달리 국민정부는 보갑을 그 행정권력 제도에 완전히 포함시켜 '현청-구사무소-향(진)사무소-보사무소-갑사무소-호'에 이르는 권력 시스템을 구축했다. 그리고 군정부와 내정부에서 보갑 24조 규칙을 공동으로 공포했으며[20] 가장 기층조직의 갑장, 보장 선발권을 현청에 주어 한 단계 낮은 조직은 추천권만 가질 뿐이었다.[21] 국민정부에 있어서 보갑 조직은 전체 향촌권력 제도를 활성화하는 기초적 요소로 여겨졌다.

3) 자치를 본체로, 보갑을 응용으로

20세기 초, 중국 향촌제도의 변혁 물결이 거세게 일었지만 향촌사회의 전통에 뿌리를 둔 제도와 내용은 새로운 격랑에 의해 완전히 무너지지 않았다. 향촌사회를 깊이 파고들어가 보면 권력구조의 현 상태가 얼마나 번잡한지 알 수 있다.

첫째, 제도 면에서 경찰로 보갑을 대체하는 제도의 개편은 기본적으로 성도(省都)나 주요 도시 또는 개항장에만 한정되었으며 농촌에는 거의 설치되지 않았다. 도시와 향촌의 경찰 분포의 불균형은 청나라

20 「國民兵團組織系統表」, 中央訓練團, 『縣各級組織綱要及地方自治參考材料』附表一, 1940.

21 湖南省政府秘書處統計室, 『湖南年鑑』第六編政治, p.113.

말기 지방경찰 발전에서 가장 두드러진 문제였다.[22] 신해혁명이 향촌 제도에 미친 영향도 상부구조에는 개조가 없지 않지만 사회 기층조직에는 혁신이 드물며 이갑(里甲) 책임자를 비롯한 구세력은 도처에 남아 있었다. 이는 향촌사회 권력 시스템의 재편에 매우 큰 사회적 공간을 남겨놓았다.

둘째, 경찰제와 자치제도 모두 시행 과정에서 전통적인 제도의 요소를 상당히 수용했다. 경찰 조직이 향촌사회에 진입할 때 상황에 따라 전통적 권력 조직에 대한 배제와 이용 사이에서 조심스레 균형점을 찾아야 했다. 형산현은 1932년 이전에는 '기층 기구가 청나라 제도를 답습'했다.[23] 일부 지역에서 새로운 제도가 운영된 지 얼마 안 되어 아예 경찰단을 보갑으로, 보위단 사무원을 보갑위원으로, 경찰단장을 총갑장으로 바꾸거나 경찰과 보갑제를 통합 편성했다. 후난성의 장사 등 14개 현을 제외한 기타 현에는 대부분 조직이 산만하거나 없었다.[24] 전체적으로 보면 많은 곳에서 '명목상 경찰이지만 사실상 보갑과 같은 뿌리'[25]인 조직 구조를 지녔다. 형식상의 변통을 제외하고는 실질적인 개선은 드물었다. 후베이성 일부 지역의 구식 보갑제는 1926년 북벌군이 도착하기 전까지 여전히 역할을 했다.[26]

셋째, 향촌 전통 생활 모형에 질적인 변동이 없었으므로 이는 낡은 제도가 존재할 수 있는 기본 전제가 되었다. 향촌사회 조직과 구조도

22 韓延龍·蘇亦工 等,『中國近代警察史』上, 社會科學文獻出版社, 2000, p.143.
23 『衡山縣志』, 嶽麓書社, 1994, p.199.
24 湖南省政府秘書處統計室,『湖南年鑒』第六編 政治, p.113.
25 「陝西巡夏奏酌改陝西警務辦法折」,『東方雜志』第2卷 第8期, 1905年 8月.
26 聞鈞天,『中國保甲制度』, p.403.

복잡다단한 편이지만 사회 저변의 변화는 사회 표층만큼 격동적이지 못한 경우가 많아 대부분 명목상으로 변했을 뿐 실제는 변하지 않았다.[27] 사회구조로 놓고 보면 중국 향촌은 "대부분 봉건 관계를 기반으로 구축했다. …… 여전히 경제기구와 제도를 행사하는 특질로 유지되고 있다."[28] 향촌 사회구조의 안정성은 그것으로 하여금 전통적인 생활양식의 특성을 여전히 유지하게 하는데, 이는 보갑제 실시를 구성하는 현실 조건이다. 그중 하나는 고도로 집거시키는 방식이다. 이는 국가권력이 '해이하고 체계가 없는 민중을 일정한 숫자와 방식으로 정밀히 조직하여 체계적인 정체가 되게 할'[29] 가능성을 높여주었다. 다른 하나는 향촌사회는 유동이 부족하고 주민들이 낯익은 사람들로 이루어진 '친숙한 사회'에 속하기 때문에 외부인을 태생적으로 거부한다. 이렇게 보갑제는 '연좌' 형식으로 '감시'를 실시할 수 있는 기반이 되었다. 서로 잘 아는 사회관계 체계 안에서만 이러한 강한 통제 수단을 통해 '한 사람으로 한 가족을 제어하고 한 가족으로 한 개 마을이나 한 개 읍을 제어하는'[30] 목적을 달성할 수 있다. 따라서 사회 위기 발생 시 현대 제도의 무력함을 느낀 국민정부는 점차 전통적인 방법을 빌렸다. '타동적인 자치를 자동적인 자치로 바꾸고, 백성을 부리고 막는 정치를 백성을 보호하고 교화하는 방법으로 바꾸기 위해'[31] 전통적인 보갑제를 시행했다.

---

27 從翰香, 『近代冀魯豫鄉村』, 第101頁.
28 「中國共産黨第五次全國代表大會土地問題議決案」, 中共河南省委黨史工作委員會 編, 『一戰時期河南農民運動』, 人民出版社, 1985, p.69.
29 聞鈞天, 『中國保甲制度』, p.4.
30 위의 책, p.14.
31 黃强, 『中國保甲實驗新編』, 正中書局, 1935, p.5.

하지만 보갑제의 요소는 일정한 범위와 정도에서만 역할을 한다는 사실은 중화민국 정부가 전통적인 조직 자원을 찾는 데 도움을 주었을 뿐, 국민정부가 보갑으로 나아가야 할 필연성을 설명하기에는 충분하지 않다. 공식 제도로서의 재편은 궁극적으로 국가권력의 정치적 수요에 달려 있었지만 이 수요의 전개와 방향 선택의 필연성은 현존하는 향촌제도와 국가권력의 관계에 의존한다. 이 관계의 전환과 격화는 후난 · 후베이에서 매우 두드러지게 나타났다.

청나라 말엽 이후, 후난 · 후베이의 향촌제도 변혁은 '지방자치'의 현대적 방향에서 '전통적 향신'이 '권신(權紳)'으로 변하여 '향신 전권'에 들어섬으로써 각자 호령만 할 뿐 서로 통괄하지 못하는 위험한 처지를 보여주었다. '지방자치'의 제도에서 발전해온 향촌 권력은 국가권력의 합리적 제약에서 벗어났을 뿐만 아니라 지역 권력에 강력한 견제를 가했다. 예를 들면 쌍즈현(桑植縣)은 "8개 향으로 나누어졌는데 각 향장은 장총을 수십 자루에서 수백 자루까지 소유하고 있다. 각자가 제멋대로 일을 처리하면서 서로 명령을 받들지 않아 현청의 명령이 무용지물이 되었다. 지난 수년 동안 이 현의 사람들은 향장 8인을 팔제후라고 비꼬았다. 그 교만하고 횡포한 모습을 짐작하여 알 수 있다."[32] 대부분의 현의 향촌 정치제도는 지방자치에서 '민치 사상이 이미 없어진'[33] 지경에 이르렀다. 후베이성의 상황도 후난성과 비슷하다. "후베이성의 각 현에는 예전부터 향촌 정권 조직 시스템이 있었으며 일반적으로 3개 급으로 나뉜다. …… 매 급의 조직은 바로 그 지역의 통치 정부이다. …… 지주와 지주의 대표인 토호열신이 완전히 지

32　曾繼梧 等,『湖南各縣調査筆記』上, p.44.

33　위의 책, p.36.

배한다."[34]

본래 국가(정권)권력의 축소와 사회(지방) 공공권력의 성장과 발전은 청대 말엽 이후 정치제도의 발전 추세였다. 하지만 청나라의 멸망 때문에 발생한 국가 권위의 대폭적인 쇠퇴는 중화민국의 건국으로 그 추세가 억제되거나 실질적인 재구축이 이루어진 것은 아니다. 세도가들은 오히려 '지방자치'라는 정치제도의 구조를 빌려 향촌사회 공공자원과 공권력을 수중에 넣었다. "농촌 공공재산, 예를 들면 비축미, 사당 소유 재산, 현청 소유 전답, 지방공공부지 등 …… 향촌의 모든 공공재산이 모두 토호열신의 주머닛돈이 되어버렸다."[35]

20세기 전기, 후난과 후베이에서의 농촌 권력구조 발전 추세는 거의 놀라울 정도로 유사하여 국민혁명 시기, 촌민들이 향정을 묘사하는 데 쓰는 단어까지 완전히 동일할 정도였다. 후베이의 농민들은 이러한 기관을 매우 증오하여 '토아문(土衙門)', '쇠 문턱'이라고 불렀으며 이 기관의 나리들을 '호랑이', '금강', '태보', '황제'라고 불렀다.[36] 후난의 농민들은 이러한 기관을 '골치 아픈 아문', '쇠 문지방'이라고 불렀다.[37] 따라서 국민정부가 국가의 권위를 구축하고 기층사회를 장악하려 할 때, 향촌사회 권력의 예기치 못한 저항을 받았다. 각 현의 지방자위단이나 보위단[38]은 현에 내려오는 모든 정령을 시행할 수 없게 만

향촌제도의 재구성

---

34 人民出版社 編, 『第一次國內革命戰爭時期的農民運動資料』, p.487.
35 위의 책, p.492.
36 위의 책, p.487.
37 「鄕村自治問題決議案」, 『湖南歷史資料』編輯室 編, 『湖南歷史資料』 第2期, p.13.
38 人民出版社 編, 『第一次國內革命戰爭時期的農民運動資料』, p.408.

들었다.[39]

향촌사회는 내부 모순이 격돌하여 지방질서에 위기가 겹겹이 쌓였다. 후난·후베이 향촌 정권은 향정을 좌지우지하며 예전과 마찬가지로 향민들을 괴롭혔다.[40] 후베이의 향민들은 "향신들이 …… 때로 사람을 잡아먹을 가능성이 있다. 향신들은 마음대로 향민을 때리고 재산역시 마음대로 분배한다. 향신 집의 과부가 재혼하면 예물을 보내야하고 향신들이 부동산을 처분해도 대신 세금을 내야 한다. 사법 불평등, 하급 관리들의 갈취, 아문의 능욕은 향신들에게 농민을 유린할 기회를 준다."고 느꼈다.[41] 따라서 향촌사회의 갈등이 갈수록 첨예해졌고 결국 충돌의 초점은 '정치에서의 향촌 정권 독점'과 '탐관오리가 도사리고 있는 현청 및 모든 징수기관보다 더 무섭고, 더 가증스러운'[42] 향신권력에 집중되었다. 20여 년 동안의 '지방자치' 체제에서 향촌 정권 운영 실태를 보면 '목전 현정 문제를 해결해야'한다는 시대적 요구는 "지방 명사와 장로의 명예를 취소하고, 토호열신이 향정을 독점하지 못하도록 향신회의를 엄금해야 한다."[43]는 것이다.

국가권력의 기층사회로의 확대와 향촌사회 내재적 모순 제거의 필요성 및 잠재된 보갑 조직 자원의 현실성 등 다양한 요소의 결합으로 국민정부 기층 제도는 전통적인 보갑제로 돌아갔다. 민국 보갑제는 현대화 배경에서 '부흥'했는데 이는 권력당국이 전통적인 보갑체제에서

39 張富康,「中國地方政府」, p.95. 田子渝·黃華文 編,『湖北通史』民國卷, 華中師大出版社, 1999, p.278 재인용.
40 人民出版社 編,『第一次國內革命戰爭時期的農民運動資料』, p.406.
41 嚴仲達,「湖北西北的農村」,『東方雜志』第24卷 第16期, 1927年 8月, p.44.
42 人民出版社 編,『第一次國內革命戰爭時期的農民運動資料』, p.383.
43 위의 책, p.486.

현행 지방자치체제보다 더욱 효과적인 통제 기능을 발견했기 때문이다. 하지만 이것을 30년 이상 운영해온 자치제도와 어떻게 연결시킬 것인가, 전통 체제와 현대 체제를 어떻게 융합할 것인가는 보갑제를 추진하는 공리적인 선택이자 현대 체제의 권위를 지키기 위해 반드시 고려하고 해결해야 할 문제였다. 국민당 중앙위원회는 후베이성·허난성·안후이성의 자치를 취소하고 보갑제를 시행했으며 1932년 12월에 소집된 제2차 전국내정회의에서 「현·구·진 조직의 법규 재제정, 구·향·진 이하에서의 보갑제 시행안(重新制定县区镇组织法规, 区或乡镇以下施行保甲制度案)」을 상정했다. 회의 이후 산시성·푸젠성·저장성은 모두 보갑제를 시행했다.

보갑제는 자치제도의 대립물로서 역사 무대에 재등장했다. 당시의 관념에서 보면 양자 간에 근본적인 구별이 있다. 천보신(陳柏心)은 "보갑의 기능은 사회질서를 안정시키는 것이고 자치는 지방 백성을 정치에 참여시키는 도구로 모든 지방 정부 체제상의 변혁이다. 보갑은 관치행정을 보좌하는 제도로 보갑 관련자는 호장과 갑장이 추천하지만, 최종 선출권은 정부가 장악하고 있다. 자치는 헌정 체제의 기층 조직으로 모든 자치 관련자는 백성들이 공동으로 추천하여 선출한다."고 하면서 "보갑은 소극적이고 일시적인 구급책이다. 자치는 긍정적이며 백년대계이다. 양자를 동일시할 수 없다."[44]고 개괄했다. 청대 말엽 이래, 지방자치로 보갑을 대체하는 추세는 이미 현대 국가제도와 지방제도 설계의 주요한 선택이 되었다. 하지만 역사적 선택은 오히려 역사에 의해 선택되는데 이는 선택의 결과가 현실의 혹독한 도전에 직면

전통제도의 재구성

---

44 陳柏心, 「地方自治推行問題」, 『地方自治』 第1卷 第1期, 1936年 3月, p.8.

하기 때문이다. 1929년 「민국정부 내정부 제1기 민정회의 기요(民國政府內政部第一期民政會議紀要)」에서는 다음과 같이 말하고 있다. "청대 말엽에 예비 입헌의 이름으로 도시와 농촌의 지방자치 규약을 반포했다. …… 하지만 공소(公所)나 위원회의 책임 향신은 모두 지방의 세력가들이다. …… 봉건 세력이 제거되지 않고 민권이 확장될 가망은 없으며 다만 자치의 이름으로 사실상 관리의 권력을 휘두른다. 중화민국이 건국되고, 이 제도를 시행한 곳은 산시성이 최초이다. …… 각 성과 시의 반포 시행 조례를 살펴보니 톈진특별시에서 4권[45]의 훈련에 대하여 규정한 것을 제외하고 선거권과 파면권을 폐지했다. …… 지방자치가 형성되었지만 여전히 세력가들이 지배하고 있다."[46]

모든 사회문제의 과학적 분석은 결국 사회의 공리적 가치를 나타내며 이에 대한 전통과 현대의 절대적인 대립과 대체 관계는 존재하지 않는다. 1935년 11월에 이르러서야 국민당은 보갑과 자치조직의 관계에서 인식의 일치를 가져왔다.[47] 얼마 후 공식적으로 "보갑을 자치에 수용하고 향진의 편제를 보갑으로 한다."[48]라고 결정했다. 입법 해석을 거쳐 대립하던 역사적 대체관계가 현실적인 융합관계로 전환되었다.

첫째, 국민정부는 지방자치제도 운영의 결함과 폐단을 보갑제 '부

---

45 4권은 국민이 가지는 선거권 · 파면권(罷免權) · 창제권(創制權) · 복결권(複決權) 등 네 가지 권리를 가리킨다. ― 역주

46 內政部第一期民政會議秘書處編, 「內政部第一期民政會議紀要」, pp.71~729(沈雲龍 主編, 『近代中國史料叢刊二編』 第53輯, 文海出版社, 1989 재인용).

47 中央地方自治委員會, 「我國地方自治制度之演進」, 『地方自治』 第2卷 第1~2期 合刊, 1936年 6月, pp.131~136.

48 胡次威, 『民國縣制史』, 大東書局, 1948, p.116.

흥'의 현실적 수요로 삼았다. 지방자치제 시행은 본래 청말민초 사회 변혁의 조류인 동시에 민주 공화혁명의 성과이기도 했다. '보갑제 폐지와 현 경찰소 설립'을 혁신한 이후 '지방 정무가 마치 욱일승천하는 것 마냥 생기가 넘치며, 퇴폐의 풍습을 일소한 것'[49]을 시대의 새로운 모습이라고 여겼다. 하지만 새로운 모습이 가져온 일시적인 기쁨은 계속되는 농촌 위기를 해결하지 못했으며 향촌 자치권력 자체의 문제도 매우 두드러졌다. 수십 년간 운행된 향촌 자치제도는 향촌사회에 생기를 불어넣지 못했다. 갈수록 악화되는 향촌의 현실은 향촌 자치제도에 대한 불만을 불러일으키기에 충분했다. 1930년대 초기 "지방자치는 …… 이미 20여 년의 역사를 자랑한다. …… 하지만 지금까지도 종적이 보이지 않는다."[50] 그러므로 "자치는 대부분 경우 토호열신의 지배를 받았다."[51] 하지만 향촌권력이 '토호열신의 지배를 받는' 것을 '지방자치' 자체의 탓으로 돌려서는 안 된다. 그러나 이 같은 현실은 국민정부가 향촌 정치제도를 재정비하는 이유가 되기에 충분했다.

둘째, '자치를 본체로, 보갑을 응용하는'[52] 실용적 방안을 채택하여 기층 권력을 재편했다. 전통적인 보갑제의 강력한 통제작용을 효과적으로 활용하면서 동시에 현행 향촌자치의 권위적인 가치를 유지하기 위해 중화민국 정부는 한편으로 향촌자치구의 획정을 유지하고 자치구역을 통일하여 향촌 가두·향진·구의 자치조직을 확립했다. 다른 한편, 보갑을 내용으로 '자치'를 구체적으로 추진했으며 "보갑은 자치

113

향촌제도의 재구성

---

49 民國,『定縣志』卷八「政典志.新政篇」.
50 梁漱溟,「中國之地方自治問題」,『梁漱溟全集』第5卷, p.309.
51 龍發甲,『鄕村敎育槪論』, 上海商務印書館, 1937, p.100.
52 위의 책, 같은 곳.

범위에 속한다. …… 보갑 조직은 농촌 자치를 실행하는 기초이다."[53]
라는 관점은 '보갑 조직을 이용한 자치 추진 도모'와 '자치 사무의 보
갑 운용'[54]을 강조했다. 구체적 조치로는 기존 자치 단위인 구·향·
진과 보갑제를 직접 연결해 형식적으로나마 자치 계획을 유지한다는
전제 아래 두 가지 특성을 지닌 조직을 통일하고 '행정화'해 국가권력
을 향민에게 직통시킨다는 것이다.

셋째, 전통적인 보갑제의 단일한 방위 기능과 달리 중화민국의 보
갑제 기능은 크게 확장되었다. "각 현의 토지세는 여전히 대부분 보갑
이 대신 거두는 법이다." 이는 물론 임시방편이 아니라 "전체 독립이
용이하지 않은 것을 알고 행정이나 보갑의 힘을 빌려야 한다."[55]는 것
이다. 따라서 후난에서는 보갑 조직을 '여러 해 밀린 빚'을 독촉하는
기구로 간주했다. "각 현과 국(局)에서 문서로 각 구(區)에 고지하던 형
식에서 각 향의 보장과 갑장에게 고지하는 형식으로 바뀌었으며 집집
마다 찾아다니면서 독촉했다."[56] '보갑의 현대적 의미는 여전히 국가
권력의 지위를 유지하고 있는' 것이며 지역공동체나 촌민의 이익에
기반한 것이 아니다. "백성이 국가에 세금을 내는 것은 당연한 의무이
므로 지방자치 조직인 향과 진의 보갑은 당연히 백성들이 세금이 밀리
지 않도록 독촉하거나 타이르는 책임을 져야 한다. 특히 도축세는 자
치기관이나 보갑 측의 사람들이 확실히 책임을 지는 것이 아니므로 여

---

53 위의 책, p.101.
54 陳果夫,「江蘇省政述要」, p.32(沈雲龍 主編,『近代中國史料叢刊續輯』第
    97輯, 文海出版社, 1983 재인용).
55 江世傑,『裏甲制度考略』, 重慶商務出版社, 1944, p.69.
56 湖南省政府秘書處統計室,『湖南年鑑』第二十一編市縣概況·安鄕縣,
    p.996.

유롭게 세금징수를 하기에는 부족하다."[57] 후난 향촌사회 공동체의 '금산회(禁山會)' 산림 보호 기능도 보갑 기능에 포함되었다.[58] 이로써 '자치가 바로 보갑, 보갑이 바로 자치'라는 향촌 권력구조 모형이 형성되어 전통적 체제와 현대적 체제의 연결을 가능하게 했으며 이론적인 측면의 공감대도 형성하고 시행에서의 일치도 이루었다.

4) 전통과 현대의 이중 곤경

"보갑은 지극히 민주적인 제도로 모든 지방자위단과는 다르다. …… 민중을 단결시켜 봉건 잔재의 부활을 방지하는 것은 전적으로 보갑에 의존해야 한다."[59] 줄곧 국민혁명의 대상이었던 낡은 제도는, 국민정부의 향촌 정치제도의 재편 속에서 오히려 현대적 사명을 가진 기본 제도로 해석되었다. 반면 한때 추앙받던 '지방자치'는 오히려 '봉건 잔재'의 도구로 불리게 되었다. 이는 황당무계한 논리로 가득 찬 역사의 변천이다.

문건에서만 보면 보갑의 조직, 편제는 국민정부의 규정에 따라 적기에 완성될 수 있음에도 불구하고 보갑 편성은 시행 과정에서 적지 않은 장애를 겪었다. 후난의 보갑은 "원래 정한 기한의 진도 계획에 따르면 각 현과 시의 호구를 낱낱이 조사하여 보갑을 편성하며 금년

---

57 江世傑, 『裏甲制度考略』, p.74.
58 湖南省政府秘書處統計室, 『湖南年鑑』第二十一編 市縣·況·安化縣, pp.810~811.
59 黃强, 『中國保甲實驗新編』, p.278.

(1935) 5월 말에 완성해야 한다."고 했다. 그리고 "단지 편성 조사를 시작할 때 제일 먼저 경비가 필요한데 본 성(省)에 해마다 재해가 들어 민간의 원기가 크게 상했으므로 경비를 조달하기가 지극히 어렵다. 각지의 비적 정세가 아직 다 평정되지 못했으므로 현 산하의 자치구는 그 사정으로 말미암아 변경되고 보장과 갑장이 미숙하다. 이런 모든 것이 일을 방해하기 때문에 각 현의 기한을 연장해달라는 요구가 쇄도하여 진행이 순조롭지 못하다." 따라서 반년을 연기했지만 여전히 "각 현과 시의 보갑 업무가 아직 전부 완성되지 않았으며 특히 호적을 점검하는 일이 매우 어려워 통계 작성에 실패한 경우가 적지 않았다."[60]

각지의 자료에 의하면 후난 보갑의 편성 추진의 어려움은 현행 분구(자치 분구와 전통 답습 분구 포함)와 보갑 구획의 충돌로 나타난다. 예를 들어 민국 시기 후난『리링향토지(澧陵鄕土志)』의 기록에 의하면 중화민국 초기 그 지역의 지방자위단은 실은 보갑과 완전히 유사했다. "각 곳의 옛 애호단(挨戶團, 농촌 무장조직)의 법이다. …… 그 법은 이웃한 10가구로 하나의 패(牌)를 만들고 패에 패장(牌長)을 두고, 여러 패를 합하여 하나의 갑(甲)으로 만들고 갑에 갑장을 두며, 여러 갑을 합하여 하나의 단(團)을 만들고 단총(團總)이 거느리게 했다. …… 밤에 갑에서 순찰을 돌고 급하면 소집하여 토벌을 한다. 집집마다의 문전에 문패가 연결되었으며 여기에 성별, 나이, 이름, 직업을 적어놓았다. 어느 주민이 평소 행실이 바르지 못하면 연락하려는 사람이 없다. 연락할 사람이 없으면 문패가 없으므로 관청에 회부하여 추방하거나 감금한다. 이는 지방을 지키는 최선의 방법이다."[61]

---

60   湖南省政府秘書處統計室,『湖南年鑑』第六編 政治, p.111.
61   民國湖南,『澧陵鄕土志』第三章 政治, 六, 團防, p.40.

일부 현과 향에서는 자치구를 운영했다. 이를테면 장사, 안런(安仁)에서는 "원래 구(區)·촌(村)·여(閭)·인(鄰)으로 나누었으나 보갑을 시행한 후 구와 향을 보갑으로 바꾸었다."[62] 하지만 기존 지방자위단이나 자치조직의 기능이 이미 보갑과 유사한 데다 운영 중에 지방사회에 융합되었기 때문에 정부가 추진하는 보갑은 기존 조직과 구획의 재조정과 조화가 쉽지 않았다. 이를테면 리링현에서는 "원래 15개 구, 165개 구역으로 나눈 것을 5개 구로 합병했으며 각 향과 진을 49개 향과 6개 진으로 회복했다. 향과 진 산하의 조직을 완전히 개편하여 11,200개 갑, 1,125개 보, 55개의 향과 진, 5개 자치구를 설치하여 현산하에 구, 향과 진, 보, 갑, 호 다섯 등급을 만들었다."[63] 헝양현에서는 "명령에 따라 보갑 편성을 행했는데 상황에 따라 …… 기존의 여린제를 보갑으로 개편하고 호적을 철저히 조사하였으나 아직 진행되지 않았다. 기한을 정하여 완성을 요구하는 한편 각 구장과 향장, 진장에게 명령하여 호적을 조사하고 보갑을 개편하도록 했다."[64] 국가권력이 기층사회를 통제하는 기본 제도가 되도록 보갑을 추진하는 것은 종래의 권력구조를 근본적으로 바꾸려고 애쓰는 강제적인 행정이다. 따라서 국가권력의 향촌사회에 대해 정책을 추진하는 것은 필연적으로 향토사회의 기존 권력 체계의 저항에 직면하게 된다. "닝위안(寧遠) 자치구역은 …… 각 기관, 법인, 구의 관리들을 소집한 회의를 열어 인구, 세금, 지세(地勢)의 세 가지 원칙에 따라 5개 구를 향에 속하도록 개편했다. …… 그 후 갑자기 2개 구의 6, 7명 향신이 의견이 일치하지 않

62 湖南省政府秘書處統計室,『湖南年鑒』第二十編 市縣槪要, p.704.
63 위의 책, p.665.
64 위의 책, p.692.

아 집요하게 합병을 승낙하지 않았으므로 보갑의 중요한 정사가 오랫동안 제자리에 머물러 있었다."[65]

다음으로는 보갑 경비에 대한 지역 사회와 정부 사이 갈등이다. 후난은 "함풍―동치 연간 이래 혼란을 다스림에 있어 정세에 알맞게 다스린다. 도적이 들끓어서 향을 단(團)으로 나누었고 자치라고는 하지만 단(團)을 구(區)로 나눈 것이다."[66] 향촌 정치제도는 예전의 제도를 계승하거나 관습에 따라 향·도(都)·갑이나 향·단·촌 혹은 향·우(隅)·갑 등으로 나누었다.[67] 향촌 통제는 지방 사회의 수중으로 넘어갔고 그 조직 운영 경비도 지방 향신과 공공단체가 자체 조달했다. 보갑 시행 후, 이 경비는 지방 권력 통제에 들어갔을 뿐만 아니라, 보갑에서 지방 세금징수를 독촉했다. "해마다 백성은 세금을 미루므로 매번 징수를 나갈 때마다 세금을 독촉한다. 각 현과 국(局)이 각 호적부에 등록된 호구를 게시하고 기한을 정하여 완납하게 하며 기한을 넘기면 즉시 이름을 열거한다. 각 현과 국에서 문서로 각 구(區)에 통지하던 데에서 각 향의 보장과 갑장에게 통지하는 데로 바뀌었으며 집집마다 찾아다니면서 독촉한다."[68]

경제적 권리의 이동에 따라 향촌 지방세력은 보갑의 추진에 상당한 지장을 주었다. 후난성 샹인현(湘陰縣)에서는 "단지 보갑 경상비용 문제로 각 방면의 의견이 분분하며 각 향장과 보장 등의 경비가 해결되지 않아 소극적이다."[69] 천현(郴縣), 구이양현(桂陽縣)에서는 '은 1냥에

---

65   위의 책, p.764.
66   民國, 『嘉禾縣圖志』 卷一, pp.1~2.
67   『藍田縣圖志』 卷九, (四)鄕隅都甲表.
68   湖南省政府秘書處統計室, 『湖南年鑑』 第六編 政治, p.996.
69   湖南省政府秘書處統計室, 『湖南年鑑』 第二十一編 市縣概要, p.648.

77푼을 부가하여' 보갑 비용을 해결하려 했다. 하지만 기존의 단(團)의 경비를 폐지할 수 없으므로 절충하여 행했다. "기존의 은 1냥에 80푼을 부가하여 받는 단의 경비에서 45푼을 보갑 경비로 처리했다."[70] 따라서 "후난성 구, 향, 진의 보갑 경상비용 예산을 책정한 곳은 샹샹현(湘鄕縣) 등 42개 현이다. 예산을 책정하지 않은 곳은 금액이 너무 많아 별도로 작성했거나 편성이 완성되지 못해 보고하지 못했거나 경비가 해결되지 않아 편성할 수 없는 경우이다."[71] 보갑 추진에 대한 저항은 지방 사회에서 발생하는바 각 향장과 진장들만의 책임이 중하고 하는 일이 번잡하여 대부분 원하지 않았다.[72]

국민정부가 보갑제를 설치하려는 의도의 하나는 전통적 지방 사회세력의 타파로 '향과 진을 병합하여 기존 단총(團總)제를 폐지하고 구와 향에 공소(公所)를 설치하여'[73] 국가권력을 직접 향과 진으로 확대하는 것이다. 그러나 향토 공동체에 뿌리를 둔 사회세력은 정부권력의 진취성에 의해 스스로 소멸된 적이 없다. 특히 혈연과 지연으로 엉킨 향토사회는 정부로부터 나오는 권력을 차단하여 그 행정 기능을 약화시킨다. 린우현(臨武縣)에서는 각 채벌장 부근 마을의 보장을 보호원에 위임하여 매주 교대로 순찰시켰다. 하지만 린우현 농촌에서는 모두 금산회(禁山會)나 동회(洞會)라는 이름으로 식수 조림과 도벌 방지, 가축에 의한 파괴를 관리했다. 원래는 각 마을의 농민들이 자체 조직한 것으로 규정이 엄격하고 서로 감시해주며 비상시에는 상호 협조·대

---

70   위의 책, p.729, p.735
71   湖南省政府秘書處統計室, 『湖南年鑑』第六編 政治, p.114.
72   湖南省政府秘書處統計室, 『湖南年鑑』第二十一編 市縣槪要, p.831.
73   위의 책, p.790.

처하여 수년간 행했지만 서로 저촉됨이 없어 당시까지 존재하며 위력을 지녔다.[74] 안화이현(安化縣)에는 140개의 금산회가 있었다. 신화현의 각 구에는 금산회가 많았는데 모두 그 향촌의 산주로 자체 조직되었으며 관련 규정을 제정하고 준수하여 삼림 보호에서 큰 성과를 거두었다.[75]

정부가 보갑에 부여한 이 기능은 지방 사회조직의 저항을 받았다. 그러므로 전체 후난성의 보갑은 "자금 조달에서 어려움을 겪었다. 각지의 비적 정세가 아직 평정되지 못했으므로 현 산하의 자치구는 그 사정으로 말미암아 변경되고 보장과 갑장이 미숙하다. 무릇 이런 모든 것이 일을 방해하기 때문에 …… 진행이 순조롭지 못하다. …… 특히 호적을 자세히 조사하는 일이 매우 어려워 통계숫자를 작성하지 못한 경우가 적지 않다."[76]

후베이성의 각 현에서 보갑을 운행하는 상황은 천차만별이지만, 전반적으로 '목록이 일찍 완성되었는바 조사 이전의 보갑 편성에 의하면 전 현은 향진의 여린제 문서에 의해 약간 수정했을'[77] 따름이었다. 각 현에서 보고한 보갑 시행 상황 자료에 근거하여 다음과 같이 나눌 수 있다.

---

74 위의 책, p.794.
75 위의 책, p.818.
76 湖南省政府秘書處統計室, 『湖南年鑑』 第六編 政治, p.111.
77 湖北省政府民政廳, 『湖北縣政槪況』 第4冊, 1934, p.1076.

표 2-4 후베이성 각 현 보갑 시행 상황표

보갑 시행 상황	범위
1. 보갑 편성이 완성되었지만 문패가 온전치 못한 경우	짜오양(棗陽)·구청(谷城)·어청(鄂城)·젠리(監利)·언스(恩施)·워이펑(威豐)·이두(宜都)·우펑(五峰)·황베이(黃陂)·안루(安陸)·샤오간(孝感)·잉산(應山)·윈멍(雲夢)·잉청(應城)·몐양(沔陽)·징산(京山)·첸산(潛山)
2. 구문서를 약간 수정만 한 경우	빠둥(巴東)·샹양(襄陽)
3. 각 규범이 다 준비되었지만 호구 변동표 등이 아직 미비한 경우	즈장(枝江)·궁안(公安)·짜오양·구청·어청·징먼(荊門縣)·젠리·퉁청(通城)·우창(武昌)·언스·허펑(鶴峰)·리촨(利川)·워이펑·둥펑(東鳳)·이두·우펑·창양(長陽)·난장(南漳)·이창(宜昌)·위안안(遠安縣)·치춘(蘄春)·시수이(浠水)·황메이(黃梅)·광지(廣濟)·황베이(黃陂)·리산(禮山)·안루·윈멍·잉청·징산
4. 보갑 규정을 대부분 제정하지 못한 경우	충양(崇陽)·한양(漢陽)·언스·허펑·우펑현·난장·위안안·리산·수이현(隨縣)·안루·경산
5. 보장, 갑장이 문맹이므로 주요 정무가 시행되기 어려운 경우	즈장·구청·샹양·어청·퉁청·우창·허펑·리촨·워이펑·둥펑·이두·싱산(興山)·쯔구이(秭歸)·창양·난장·이창·위안안·황메이·광지·마청(麻城)·리산·안루·중샹(鍾祥)·첸산
6. 보갑 경비 때문에 시행되지 못한 경우	젠리·셴닝(咸寧)·우창·빠둥·위안안

* 출처 : 『湖北縣政槪況』

국민정부가 위기를 구제하는 '주요 정무'로 여긴 보갑제는 단지 편제상의 완성을 이루었을 뿐 실제 용도를 보면 다만 '일을 끝내고 ……

현에 문서로 보고해도 역시 실용에 적합하지 않을'[78] 따름이었다. 향촌사회에 대한 국민정부의 직접 통제는 효과적이지 못했다.

현대 '지방자치' 체제에 신심을 잃은 국민정부는 전통적인 보갑제를 이용하여 부진한 권력 기능을 부활시키려고 시도했다. 보갑제는 전통적인 구제도에서 '신흥 단체조직'으로 변화했다. 하지만 여전히 대부분 공사를 대충 처리하여 조직 운영이 어려웠다. 그렇다면 역사 속의 보갑제는 왜 국민정부에 그토록 냉담했는지를 보자.

사실 권력이 의존하는 제도는 전통적인 문건이든 현대적인 문건이든 단 하나의 기본적인 형식만을 제공하며 그 실질적인 내용과 효능은 권력의 주체 그리고 그와 관련된 이익의 주체가 얼마나 공감하는지에 달려 있다. 흩어진 향촌의 보장과 갑장은 촌민의 인정을 얻기 어렵다. "전적으로 정부의 힘에 의해 추진되는 것으로 …… 세인은 보갑에 있어 항상 조례 문제에 치중하고 있는데 조례가 서로 맞아떨어지기만 하면 될 뿐 운영이라고 말할 수도 없다."[79]

후난성 형산현에서는 가장 말단인 갑장을 누구도 맡으려 하지 않았다. "많은 사람들이 이 직책을 맡고 싶어 하지 않는다. 웨촌의 많은 노인들의 회고에 따르면 웨촌 당시의 갑장을 윤번으로 정했는데 어떤 집들은 차례가 되었으나 이 일을 하지 않기 위해 곡식을 주고 다른 사람에게 대신 맡아달라고 부탁했으며, 처음에는 1년에 한 번씩 바뀌다가 아예 3개월에 한 번씩 바뀌었다고 한다."[80] 준행정체제에 편입된 보장

---

78 湖北省政府民政廳,『湖北縣政槪況』第3冊, 1934, p.752, p.777.

79 黃强,『中國保甲實驗新編』, p.212.

80 于建嶸,『嶽村政治－轉型期中國鄕村政治結構的變遷』, pp.177~178.

과 갑장들은 세금을 할당하고 독촉하는 외에 별 할 일이 없었다.[81] 따라서 민중의 집단적인 무관심과 저항에 정부가 조종하는 각지의 보갑조직은 이미 점차 보편화되고 있는데 다만 농민들은 그에 대한 관심이 많지 않고 심지어 여전히 군벌 시대의 지방자위단처럼 여기고 있었다. 가장 큰 원인은 이 조직과 농민들은 명령과 복종의 관계만 있을 뿐 농민의 생활 전반과는 연결되지 않기 때문이다.[82]

더욱 중요한 것은 전통적인 보갑제의 운영과 그 기능은 향신 지방 사회 세력의 공감과 효과적인 지원에 크게 의존하므로 향촌 공동체에서 형성된 관청, 향신, 향민 이익의 적정한 균형과 상호 작용이 있어야 한다.[83] '자치' 체제와 보갑체제의 직접적인 연결에 따라 구와 향의 권력(형식상 민선)을 장악하던 사신이 '권신'으로 변했다. 즉 각지의 공정하고 사심 없는 향신을 선임하여 각 구의 구장과 직속 진장으로 파견한 것이다.[84] 이는 '향신권력이 변질하여 민중의 자발적 복종에서 폭력과 강권에 기초한 지방의 악세력으로'[85] 만들었다. 지방 향신의 일부는 공식 경로를 거쳐 국가 권력체제에 들어갔는데 이는 현 이하의 기층 권력에서 본 지역 사람들이 득세하도록 만들었다. 이를테면 후난·후베이 각 현 현장 중 본 성(省) 출신이 70% 이상을 차지했다.[86] 구장

향촌제도의 재구성

---

81 「各縣鄕鎭保長控案」, 湖北省檔案館藏, 檔案號: LS3/2879.

82 龍發甲, 『鄕村敎育槪論』, p.101.

83 王先明, 「晩淸士紳基層社會地位的歷史變動」, 『歷史硏究』1996年 第1期.

84 湖南省政府秘書處統計室, 『湖南年鑑』第二十一編市縣槪況·古丈縣, p.871.

85 于建嶸, 『嶽村政治-轉型期中國鄕村政治結構的變遷』, pp.140~141.

86 內政部年鑑編輯委員會, 『內政年鑑』, 1934, p.833. 湖南省民政廳, 『二十九年度湖南省民政廳統計』, 1941, p.30. 「湖北省專員縣長一覽表」(1939年 9月), 湖北省檔案館藏, 檔案號: LS2/1/11.

인선에서 외지 호적 사람이 선출되기 어렵고 선출되더라도 직무를 수행하기 어려우며 이때의 구장들은 모두 본 현의 사람들이었다.[87]

대부분 향신들은 "의지할 곳을 잃은 향신 계급은 무능해서 물러나는 것이다. 공정한 이는 갖은 방법으로 간청하면 고향을 떠나 현의 일에 임할 것이다."[88] 향신층은 대규모로 향촌을 떠났다. "최근 몇 년 동안 향촌의 뛰어난 이들이 도시에 많이 집중된다. 비교적 공정한 향신들이 서로 앞다투어 회피하면서 담당하려 하지 않기 때문에 일반 보장과 갑장의 수준이 낮고 인품도 별로이다."[89] 후베이성 12개 현의 통계에 의하면 1940년대에 이르러서도 보장 중 20~30%는 무식쟁이였다.[90]

이와 같이 한편으로 향촌사회에서 전통적인 관청·향신·향민 권력의 균형세가 타파되어 향촌사회의 중심이 사라졌으며 다른 한편으로 '갑장 중 9할이 무식쟁이' 현상은 직접적으로 보갑제의 시행이 어려워지는 결과를 초래했다.[91]

보갑에서 자치로, 다시 자치에서 보갑으로 이어지는 향촌제도의 변천은 20세기 전반기의 중국 향촌 정치제도 운행의 궤적을 집중적으로 보여주고 있으며 서학이나 서양화가 중국 제도의 구축 과정에 주는 영향도 보여주고 있다. 어떤 의미에서는 최근 반세기 동안 중국 향촌의 개조와 변화의 역사는 바로 각종 새로운 경제, 정치 조직과 기타 민중

87 「1940年湖北均縣情況」, 湖北省檔案館藏民國湖北省民政廳檔案, 檔案號: LS3/1/642.

88 湖北省政府民政廳, 『湖北縣政槪況』, 枝江縣, p.1039.

89 內政部, 『保甲統計』, 內政部統計處印, 1938, p.38.

90 「湖北省政府三十二年度第一期抽査民政工作成績考核表」, 湖北省檔案館藏民國湖北省民政廳檔案, 檔案號: LS3/1/655.

91 湖北省政府民政廳, 『湖北縣政槪況』, 襄陽縣, p.1104.

단체의 형식을 도입하여 발전시킨 역사라고 말할 수 있다. 그러나 서
양사회에서 유래한 각종 경제, 정치조직의 형식이 이들이 만들어 운영
할 수 있는 문화적 모태에서 벗어나 강력한 행정력에 의해 향촌사회로
옮겨질 때 정치구조와 운영제도는 큰 변화를 가져온다. 차차 도입되는
각종 조직의 형태가 제대로 기능하려면 그에 걸맞은 관념과 행위가 필
요하다. "그러나 새 정권이 서둘러 이들 조직의 형식을 도입하려는 것
은 애초에 분산된 농가를 조직하여 자신들의 정치적, 경제적 목적을
충족시키기 위한 것이었다. 새 조직의 정상 운영에 필요한 규칙을 배
우지 못했거나 적응하지 못하는 향민들은 프래신지트 두아라(Prasenjit
Duara)가 말하는 '문화 네트워크'와 리페이린(李培林)이 말하는 '사회의
무형 그물망' 뒤에 숨어 있는 통념과 행동 방식을 새로운 조직 안으로
가지고 들어갈 수밖에 없다."[92]

  '지방자치'는 지방사회의 자체적 치료가 아니라 국가권력과 지방사
회 권력의 적절한 경계라는 규범 아래 이루어지는 현대권력 운영체제
로 양자의 관련성과 상호 작용성은 사회의 정상 운영과 발전을 이루는
기본 조건이다. 청대 말엽의 지방자치 시행부터 국가권력과 지방사회
권력의 경계 문제가 관심을 받았는바 자오얼쉰(趙爾巽)의 상소가 바로
그러하다. "동서열국은 모두 지방의 사람에게 지방의 일을 맡겨 성공
하지 않은 곳이 없습니다. 지방을 다스림에 있어 정부가 임명한 관리
는 감독만 할 뿐입니다."[93] 하지만 청나라 말기 '지방자치가 관치가 미

---

92   馬戎 · 劉世定 · 邱澤奇,『中國鄕鎭組織變遷硏究』, 華夏出版社, 2002,
     p.334.
93   「盛京將軍趙爾巽奏奉天試辦地方自治局情形折」, 故宮博物院明淸檔案部
     編,『淸末籌備立憲檔案史料』下, p.717.

치지 못하는 바를 보충하며 관치에 속하는 일은 당연히 자치의 범위에 있지 않는' 권력 경계 규범이 아직 형성되지 않아 이로 인한 분쟁도 적지 않았다. "각 성의 지방 관청사무소를 향신에게 맡겨 관리했지만 관청의 권한 이양에 대해 애초에 정하지 않았다. 그러므로 관청과 향신 세력의 크기를 보고, 그 범위를 정했다. 다투다가 이기지 못하면 성난 눈으로 노려보아 마치 물과 불과도 같다. …… 이점이 나타나기 전에 폐단이 먼저 나타났다."[94]

사실상, 청대 말엽 이래 "근대적 '국가정권 건설'은 중국에서 완성되지 않았다. 그것은 강력한 구속력으로 기층 권위를 규범화하지 못했으므로 향민들이 여전히 권위적인 자치의 통제에 많이 머물러 있었기 때문이다. 따라서 시민 권리의 발전이 늦어진 원인은 '자치'의 부족에 있는 것이 아니라 국가정권 건설의 부족에 있으며, 후자가 전자의 기초적 존재 조건인 시민권의 실현을 효과적으로 보호하지 못했기 때문이다."[95] 그러므로 근대의 지방자치는 강성한 국가권력의 정상적 역할에서 비롯된 제도적인 변혁이 아니다. 이는 양자 간의 합리적인 권력 경계를 형성하지 못했으며 아울러 국가와 사회권력의 합리적인 감독과 효과적인 상호 제어를 상실했다. 따라서 결국 각자의 정치를 위하는 '향촌의 열등한' 통치로 전락해버렸다.

보갑제의 '부흥'과 추진은 국민정부가 향촌사회의 권력 독점의 벽을 깨려는 시도이다. "1930년대 이후 지방정부의 행정체계가 직접 보

---

94 「憲政編査館奏核議城鎮地方自治章程並另擬選擧章程折」, 위의 책, p.727.

95 張靜, 「村莊自治與國家政權建設－華北西村案例分析」, 黃宗智 主編, 『中國鄕村史硏究』第1輯, 商務印書館, 2003, p.216.

갑제로 이어져 촌락이 최하층 행정단위로 변했다. 그전의 향진 자치는 사실상 지방 향신의 자치였다."[96] 국민정부는 일찍이 많은 향진, 촌락 관리 조례와 규약을 반포했지만[97] 대부분의 규정과 제도는 당시 중앙 정부의 권력이 각 지역과 기층에서 시행될 때의 한계 때문에 형식에만 치우쳐 전면적으로 시행되지 못하는 경우가 많았다.[98] 사실 새로운 유형의 공중 권력과 공공 권력의 관계는 반드시 현대 시민의 신분과 공공기관 역할의 창설에 기초해야 하므로 이것이 없다면 제도의 현대적 발전과 합리적 작동을 논할 수 없다. 따라서 "국가정권 건설은 표면적으로는 자신의 권력을 확장하는 동력이 되지만 그 성공은 새로운 통치 관계, 통치원칙과 규칙을 수립하고 새로운 정치단위(국가)가 공감하는 발전을 공고히 하는 데 의존하지 않을 수 없다. 향촌의 권위적 자치의 한계성 때문에 시민과 권위의 관계로 전환할 동력을 갖지 못하도록 하므로 국가정권 건설의 참여와 관계 창출이 필요하다고 본다."[99] 강대하게 확장된 국가권력은 후난 · 후베이에서 장기간에 걸쳐 형성된 향촌사회 권력을 깨뜨릴 만큼 충분히 발전했지만 약화된 지방 사회의 힘은 국가권력과의 협력과 균형 속에서 비능률적이 될 수밖에 없었다. 따라서 국민정부의 향촌권력 구축비용이 커졌지만 그 효과는 미미했다.

---

96 折曉葉,『村莊的再造』, 中國社會科學出版社, 1997, p.9.

97 吳城湖,『地方自治村制法規』, 中央村制硏究社出版部, 1929. 林文敷,『地方自治法令彙編』, 順天印書局, 1934. 董修甲,『中國地方自治問題』, 商務印書館, 1937. 郝兆鞏,『中國縣制史』, 宏業書局, 1970,

98 郭寶平,『民國政制通論』, 山西人民出版社, 1995,「導言」, p.9.

99 張靜,「村莊自治與國家政權建設－華北西村案例分析」, 黃宗智 主編,『中國鄕村史硏究』, p.215.

단순한 제도적 의존이 복잡한 사회문제를 풀기에는 충분치 않다. 20세기 전기의 향촌제도 변천에 의해 형성된 두 가지 결과는 판이해 보이나, 그 심층 원인은 사실상 같다. '자치'의 역사에서 형성된 지방 토호의 권력 독점과 민국 보갑제 강제 추진 행보가 어려웠던 것은 모두 현대화 과정에서 권력체제 구축 규범의 상실에 의한 것이다. 1939년, 페이샤오퉁(費孝通)은『강촌 경제(江村經濟)』에서 민국 시기의 지방 행정제도를 비판하면서 '계획적 사회 변천(planned social change)'을 핑계로 그 제도를 설립했지만 본질적으로 지역사회의 통제 연장이라고 지적했다.[100]

현대식 지방행정제도의 설치는 사회적 변천의 주요 내용임에도 불구하고 결코 사회적으로, 자율적으로 전개되는 사회적 진화가 아니라 국가권력의 현대성(modernity of state power)을 확립하려는 노력과 밀접한 관련이 있다.[101] 그 적극적 동력은 국가권력이나 준국가권력(중앙의 명령을 따르지 않는 지방 군벌이나 성정부)의 운영이나 재편에서 비롯되었으며 소극적 동력은 향촌사회의 확장과 외력의 침식에 대응했다. 그러나 국가권력과 지방사회 권력의 명확한 경계와 규범이 없고 제도의 변천에 따른 방향이 양측 세력의 크기에 달려 있어 시행착오와 통제 불능을 면치 못했다.

'국가정권 건설'은 국가의 통제권(할거 자치권 타격) 확장만을 뜻하는 것이 아니라 강제적으로 추진하는 새로운 규정을 통해 각급 정권 자체의 역할 변경 및 통치 규정의 변경을 규범화하여 진정한 의미의 공공기관으로 만들었다. 자치(지방)와 관치(보갑)는 대립적 이념에서 벗어나

제2장 향촌제도의 교체와 향촌사회 변천

---

100 馬戎・劉世定・邱澤奇,『中國鄕鎭組織變遷硏究』, p.55.
101 위의 책, 같은 곳.

규범적인 권력 경계와 협동 관계를 형성해야 제도 혁신 속에서 미래로 나아갈 수 있다.

자치가 보갑을 대체하고 보갑 부흥을 통해 자치를 추진하는 역사 과정은 전통 황족국가와 사회구조가 붕괴된 이후, 근대 민족국가와 사회구조 재건의 복잡성과 탐색적 특징이 강하게 새겨진 것이다. 근대 향촌체제의 다변성과 반복성은 중국 전통체제인 문화자원과 서양 현대체제인 문화자원의 이중 작용에 의해 서로 다른 권력 주체들이 끊임없이 자신에게 가장 적합한 역사적 실천을 모색한 결과이다. 아울러 권력체제 구축의 본질은 권력주체의 이익에 대한 적정한 규범의 경계에 있는 것이지 단순한 제도적 의존이 아니라는 것을 보여주었다. 그것이 현대체제이든 전통체제이든 막론하고 말이다.

2

진쑤이 변구의 토지 관계와 사회구조 변동
: 1930~40년대 향촌사회 변동의 개별 사례 분석

근대 중국 농촌경제가 피폐해지면서 사회 위기가 갈수록 심각해졌다. 공산당이 주도하는 토지개혁 운동은 농촌을 개조하고 나아가 중국 사회를 개조하는 혁명 내용의 하나이다. 중국 향촌사회의 지역적 특성이 매우 뚜렷하고 그 역사적 조건과 사회 환경 및 사회구조의 차이가 매우 크기 때문에 각 지역 토지개혁의 과정과 특징도 서로 다르다.

진쑤이(晉綏) 변구[1]는 화베이 각 항일 근거지의 중심지와 전후방 교통의 중요한 길목으로 화베이 5대 전략 요충지의 하나이다.[2] 또한 공산당이 전시 환경을 이용하여 농민, 지식인, 지방향신을 동원한 시험

---

1 진쑤이 변구는 공산당이 항일전쟁 때 개척한 주요 근거지 중 하나로, 해방 전쟁 당시 진쑤이 해방구라고 불렀다. 산시 서북부와 서남부 및 쑤이위안 (綏遠) 다칭산(大青山) 지역을 포함한다.

2 晉綏邊區財政經濟史編寫組・山西省檔案館 編, 『晉綏邊區財政經濟史資料選編』(總論篇), 山西人民出版社, 1986, p.16.

장이기도 하다.[3] 이 글에서는 진쑤이 변구 토지 관계의 변혁을 착안점으로, 향촌사회의 개별적 사례를 분석하여 1930~40년대의 향촌 토지 관계와 사회구조 변동의 역사적 실태 및 향촌사회 개혁과 발전에 대한 공산당의 노력을 보여주고 중국 향촌사회 변혁의 역사적 추세와 시대적 특징을 밝히려고 한다.

1) 향촌 사회구조 상황

진쑤이 변구의 사회역사적 조건과 사회구조적 상황은 공산당 항일민주정권이 농촌사회를 개혁하고 토지 관계를 조정하며, 공산당 자체의 전략 방침과 정책을 구체적으로 시행하는 주요한 근거이다. 조사통계(1941년 진쑤이 변구 18개 현에 대한 통계)에 의하면 이 지역 전체 인구에서 지주는 2.85%, 부농은 5.5%, 중농은 31.6%, 빈농은 51%이며 이들은 각각 전체 토지의 14.6%, 12.5%, 45%, 25.5%를 소유했다.[4] 화난(華南)과 화중(華中) 각 성에서 전체 인구의 10% 가량을 차지하는 지주와 부농이 70% 이상의 토지를 소유한 상황과 비교해보면 지역 간의 차이는 아주 뚜렷하다.

진쑤이 변구는 외부 사회 변동의 영향을 많이 받지 않았다고 볼 수 있다. 청말민초에도 여전히 자급자족의 봉건경제 형태를 유지했으며

---

3   馮崇義 · 古德曼 編, 『華北抗日根據地與社會生態』, 當代中國出版社, 1998, p.193.

4   晉綏邊區財政經濟史編寫組 · 山西省檔案館 編, 『晉綏邊區財政經濟史資料選編』(農業篇), p.63. 山西省史志研究院, 『山西通志 · 土地志』, 中華書局, 1998, p.218.

지역민과 외부의 교류가 극히 드물었다.[5] 따라서 봉건 지주 경제의 원형을 유지하고 있다고 볼 수 있다.[6] 전통사회 경제의 구조와 특징은 다음과 같다.

첫째, 향촌사회 경제는 봉건성이 강해 비록 대지주는 없지만 토지 집중 추세가 아주 뚜렷하다. 싱현(興縣)·허취현(河曲縣)·바오더현(保德縣)·닝우현(寧武縣) 등 4개현 17개 촌을 조사한 결과 지주는 본인 소유 토지의 8할, 부농은 3분의 1을 임대했고 전체 토지의 3분의 1이 소작 관계에 있었다. 토지를 매개로 한 향촌의 주요한 사회관계 구조는 지주와 소작농의 소작 관계, 부농과 고용농의 고용 관계 및 자경농과 자작농 등 협동 관계이다. 현지의 지세율에서 논이나 평지는 최대 60~70%, 산에 있는 농업용지는 평균 30~40%였다. 농민들은 수확의 대부분을 지주에게 소작료로 내므로 본인은 기아 상태에서 허덕일 수밖에 없었다.[7] 농민들의 생활이 극도로 빈곤하여 사채를 썼으므로 농민들의 부채비율이 높았다. 딩샹현(定襄縣) 둥리촌(東力村) 등 5개 촌을 조사한 결과 부채를 진 농가는 전체 농가의 70%를 차지했다. 따라서 '농민들은 더욱 가혹한 조건에 굴복함으로써'[8] 생활은 점점 가난해졌다.

5   馮和法 編,『中國農村經濟資料』(山西省), 黎明書局, 1933, p.884.

6   馮崇義·古德曼 編,『華北抗日根據地與社會生態』, p.42.

7   晉綏邊區財政經濟史編寫組·山西省檔案館 編,『晉綏邊區財政經濟史資料選編』(農業篇), pp.84~85.

8   畢任庸,「山西農業經濟及其崩潰過程」,『中國農村』第1卷 第7期, 1935, p.63.

표 2-5 산시성 딩샹현 둥리촌 등 5개 촌 농가 부채 통계표[9]

촌명	전체 농호 수	부채를 진 농호	비율(%)
둥리촌	132	89	66.66
즈촌(智村)	213	187	87.79
난왕촌(南王村)	187	123	65.77
스자강(史家崗)	67	51	76.12
선산촌(神山村)	143	97	67.83

둘째, 개인 경작지는 규모가 크지 않고 경영 수준과 생산 기술은 극히 낮았다. 싱현 산하 26개 촌의 7,142호 농가를 조사한 결과 일반 농민들의 경작지 상황은 다음과 같았다.

표 2-6 농민 개인 경영 규모[10]

계층	가구당 소유지	가구당 소작지	가구당 임대지	가구당 면적
부농	213	6.3	48	171.3
중농	76.5	28.5	8.1	96.9
빈농	38.4	15.9	0.54	53.76
고농	7.8	3.9	0.45	11.24

(단위 : 가구)

---

9 위의 책, p.62.

10 晉綏邊區財政經濟史編寫組 · 山西省檔案館 編, 『晉綏邊區財政經濟史資料選編』(農業篇), p.65.

단순히 토지 수만 보면 가구당 경작지 면적이 많은 것 같지만 사실상 가구당 보유 토지는 아주 적다. 이는 가구당 소유지에 황무지의 일부가 포함되어 있고 싱현의 산에 있는 농업용지 토질이 척박하여 10무의 수입이 평지의 1무에도 못 미치기 때문이다. 그리고 축력(畜力)을 보면 지주는 가구당 가축이 1.5마리, 부농은 1.25마리, 중농은 0.86마리, 빈농은 0.25마리이다. 개인 경작지의 생산력은 매우 낮았다. 경영 방식도 낙후하여 오늘날에도 주로 손쟁기를 사용하며 쟁기의 끝이 매우 작아서 겨우 5~6인치 깊이밖에 팔 수 없었다.[11] 대부분 자경농을 보면 "축력의 도움을 받지 못하는 농가가 대부분이며 네다섯 명이 달려들어 쟁기 하나로 밭을 가는 모습이 자주 눈에 띈다."[12]

셋째, 토지가격 변동이 심하고 토지 소유권 관계가 계속 변동했다. 항일전쟁 이전 진쑤이 변구의 토지는 집중화 현상을 보였는바 토지는 빈곤 농민에게서 지주와 부농에게로 넘어갔다. 하지만 항일전쟁 발발 이후 부자들은 도망치느라고 모아둔 토지를 돌볼 겨를이 없어 토지가격이 급락했다. 이렇게 토지는 농민층으로 이전되었다. 1941년, 싱현·린현(臨縣)·신현(忻縣)·바오더현 농촌의 표본추출 조사 결과 토지를 매출한 가구에서 지주와 부농은 77.9%, 중농은 14.3%, 빈농은 7.5%이고 토지를 매입한 가구에서 지주와 부농은 10%밖에 안 되지만 중농과 빈농은 86.3%나 차지했다.[13] 비록 이러한 이전 과정이 비교적 느리긴 했지만 농촌 토지 관계는 분산되기 시작했다. 이 상황은 장원

---

11 위의 책, p.66.
12 「晉西北邊境三縣農民生活槪觀」, 『新農村』 第24期, 1935年 5月, p.35.
13 晉綏邊區財政經濟史編寫組·山西省檔案館 編, 『晉綏邊區財政經濟史資料選編』(農業篇), pp.68~69.

텐(張聞天)이 옌안(延安)에서 조사한 '진산 농촌조사(晉陝農村調査)' 상황과 거의 일치하고 있다. 당시 싱현 지역에서는 계급으로 존재하는 지주와 그들이 대표하는 소작 관계 외에도 사회경제 전체의 변동에 따라 토지 소유권이 세분되어 자경농 단체와 질이 모두 증대하는 방향으로 발전했다.[14] 따라서 이 지역 향촌사회의 총체적 상황은 농업이 쇠퇴하고 농촌 수공업이 파산하여 전반 농촌경제가 쇠퇴로 향하고 있었다.[15]

향촌 토지 소유권 관계와 계급구조 조정 및 개혁에 대한 진쑤이 변구 민주정권의 중요한 실험은 구체적인 사회역사적 환경에서 벌어진 것이다. 여기서는 두 가지 주요 임무를 해결해야 했는데 바로 군중 동원과 농촌 통일전선의 공고와 확대, 그리고 농촌 생산 관계 조정과 계층별 생산 적극성 향상 및 군중 생활 개선이다. 이는 모두 토지 문제를 해결하고 조정하는 기본 정책과 밀접히 관련되어 있다. 역사 발전 과정에 따라 이 기본 정책의 시행은 크게 두 가지 시기로 나뉘는데 바로 항일전쟁 시기의 감조감식(減租減息, 소작료와 이자 감액)과 해방전쟁 시기의 토지개혁이다.

항일전쟁 발발 이후 중공중앙은 「항일구국 10대 강령(抗日救國十大綱領)」을 반포했다. 지주 토지의 몰수를 감조감식으로 바꾸어 항일전쟁 시기 농민 문제 해결의 기본 정책으로 정했으며 이로써 항일민족통일전선을 더욱 공고히 하고 확대했다. 1938년 가을과 1939년 봄 공산

진쑤이 변구의 토지 관계와 사회구조 변동

---

14 張聞天, 『張聞天晉陝調査文集』, 中共黨史出版社, 1994, p.95.

15 晉綏邊區財政經濟史編寫組·山西省檔案館 編, 『晉綏邊區財政經濟史資料選編』(農業篇), p.83.

당은 '희맹회(犧盟會)'[16]와 '농구회(農救會)'[17]를 통해 진쑤이 변구의 스러우현(石樓縣)·링시현(靈西縣)·팡산현(方山縣)에서 감조감식 운동을 시행했다. 1939년 12월, '진서사변(晉西事變)' 발생 이후, 각 현에는 잇따라 민주정권이 수립되었으며 공산당이 영도하는 항일민주정부는 1942년부터 변구의 감조감식 운동을 시행했다. 1945년 항일전쟁 승리까지 산시 각 항일 근거지에서 감조감식을 실시한 마을은 72%에 달했다. 이 중 감조감식이 비교적 철저했던 마을은 51.12%이고 주변 지역에서 감조감식을 시행한 마을은 73%에 달했다.[18]

진쑤이 변구의 각 항일 근거지는 중공중앙의 감조감식 관련 결정을 적극 관철하는 한편, 농민들이 인하된 소작료와 이자를 납부하도록 도와주고 봉건 착취를 약화시켰으며 군중 생활을 개선하여 농민들의 항일과 생산의 적극성을 향상했다. 또한 감조감식 이후 소작료와 이자를 납부하도록 하여 토지와 재산에 대한 지주의 소유권을 보장하면서도 소작권의 상대적 안정을 보장했다.

1940년 4월 20일, 진시베이행정공서(晉西北行署)는 「산시성 제2유격구 감조감식 조례(山西省第二遊擊區減租減息單行條列)」를 반포하여 "지주의 토지 소득은 소작답이나 공동답이나 관계없이 원래의 소작료에서 25%를 감액하며 일체의 부가 조건을 취소한다. 새 빚이나 옛날 빚을 막론하고 연리 10%를 넘지 못한다. 소작료와 이자 공제를 엄금한다. 일숫돈이나 월숫돈, 고리대를 엄금한다."고 규정했다. 하지만 제

---

16 산시희생구국동맹회(山西犧牲救國同盟會)의 약칭으로 항일을 위해 산시성의 국민당 정권과 공산당 정권이 공동으로 결성한 조직임. – 역주

17 농민항일구국회(農民抗日救國會)의 약칭으로 항일전쟁 시기 해방구 농촌의 군중 조직임. – 역주

18 山西省史志研究院, 『山西通志·土地志』, p.218.

2지역위원회는 일부 조항이 실제에 부합되지 않는다고 보고했다. 항일전쟁 시기 진시베이의 산에 있는 농업용지의 실제 생산량은 30% 정도 감소했으므로 많은 농민들은 수확 상황에 따라 1석에 소작료 7말을 냈다. 하지만 이 조례를 따르면 1석에 7.5말을 내게 되므로 불만이 많았다.[19] 그러므로 1941년 4월 1일, 진시베이행정공서는 수정을 거친「산시성 제2유격구 감조감식 임시시행 조례」를 반포하여 "소작료 인하액을 25%로 하며 소작료는 경작지 생산물 총액의 37.5%를 초과하지 못한다. 화폐 이자와 곡식 이자의 연리와 월리는 모두 15%를 초과하지 못한다. 복변리 등 고리대를 엄금하고 노름빚을 면제한다."[20]고 규정했다.

감조감식 총결을 기반으로 1942년 9월 20일, 진시베이 행정공서는「진시베이 감조 · 소작료 지불 조례」를 반포하여 "산에 있는 농업용지의 항일전쟁 이전 소작료 7.5할에서 다시 25%를 감액한다. 공동답 임대인의 투자액을 감액하지 않으며 총생산량에서 투자액을 제외한 후 임대인이 분배받은 소득에서 25%를 감액한다. 홀아비 · 과부 · 고아 · 무자식 노인이 노동력의 부족으로 소량의 토지를 임대하여 생활을 유지하는 경우와 가족이 항일전쟁에서 희생되어 생활이 어렵게 된 지주의 소작료는 적게 인하하거나 인하하지 않는다."[21]고 규정했다. 이 조례는 지주와 농민의 토지 소유권을 보장하여 소작 관계를 안정시켰으며 농민들의 생산 적극성을 높였다.

1942년 11월 6일, 진시베이 임시회의는「진시베이 감조 · 소작료 지

진쑤이 변구의 토지 관계와 사회구조 변동

---

19   위의 책, p.214.

20   賈維楨 等,『興縣志』, 中國大百科全書出版社, 1993, p.567.

21   山西省史志研究院,『山西通志 · 土地志』, p.217.

불 조례」 수정안과 「진시베이 감식 조례」를 통과시켰다. 이로써 감조 감식 운동이 시행되었다. 진시베이의 1941년 통계에 의하면 17개 현의 20,987가구 소작농이 소작료 17,716석을 적게 내어 가구당 8말에 달했으며 12개 현에서 이자 인하를 한 금액이 8,842원에 달했다.[22] 형세의 발전에 따라 감조감식 운동은 혁명 근거지에서만 시행되었을 뿐만 아니라 새로 개척한 지역과 유격구에서도 점차 전개되었다.

감조감식 위주의 농촌 토지 관계 조정 정책은 농민의 소작권을 보장하고 농민의 생활을 개선한다는 전제하에 시행된 것으로 봉건 지주의 토지 소유제는 건드리지 않았지만 사회경제적 변혁을 가져오기 시작했다.

첫째, 가난한 농민들의 경제생활이 개선되어 기본 생활이 보장되었다. 허취현 산하의 20개 촌의 통계에 의하면 감조를 한 가구는 총 602 가구로 그중 지주가 33%, 부농이 30%, 기타 농민층이 37%이었다. 감조 혜택을 받은 소작농은 1,535가구로 부농 2.5%를 제외하면 나머지 97.5%가 모두 농민이며 그중 80%는 빈농이었다.[23] 진쑤이 변구의 감조감식은 지주와 농민 간의 소작 관계에 치중했으며 원칙은 '봉건 착취 약화와 농민 생활 개선'이었다. 농민 생활 개선 상황은 다음 표에서 조금이나마 알 수 있다.

---

22 위의 책, p.218
23 晉綏邊區財政經濟史編寫組 · 山西省檔案館 編,『晉綏邊區財政經濟史資料選編』(農業篇), p.45.

표 2-7 감조감식 농민 수혜 상황

구역항목		면제한 소작미 (석)	면제한 농민폐[24] (만 원)	감소한 소작료와 이자(%)	상환받은 토지 (무)	회수한 토굴집 (공)	재획득 토지 (무)	기타
싱현		4,841.9	27,728	50	2,890	52	125,366	면제한 기타 실물 환산 가격 1,220만 원, 소각한 계약서와 장부책 11,990부 · 292책, 이 중 곡식 122,760석, 은화 85,313원, 엽전 888,489조(吊), 은 1,738.5냥
린현		8,434	46.7	50	18,680	436	127,930	면제한 은화 3,500원, 기타 실물 환산 가격 2,836.8만 원, 소각한 계약서와 장부책 3,389부 · 386책
현	6구 52촌	100			1,909			조정한 토지 1,118무, 대여곡 30석
	4구 샤오 샹촌	362.25		50~68			400	신계약 165부를 체결하여 111가구의 소작권을 보장했으며 고농 12가구의 임금이 25~30% 증가하고 차입금 비율이 60~70% 감소했음.
자오둥현		313	1313		1,040.5	67		1921년 전의 구채와 1941년 전의 소작료 면제, 1,173가구와 소작료와 2,928가구의 채무 면제, 지주 329가구와 채권자 721가구의 화폐 1,7613원, 가축 156마리, 의복 38벌 몰수.

진쑤이 변구의 토지 관계와 사회구조 변동

24   농민폐(農民幣)는 항일전쟁 시기 진쑤이 항일 근거지 서북농민은행에서 발행한 화폐임. – 역주

						신계약 120부를 체결하여 토지 3,000무 이상의 소작권을
원수이현 (15개 촌)	279.3			3,585	17	3~5년 보장, 소작민 49가구의 임금이 증가했으며 임금 대신 지급하는 식량이 97.4석 증가.

1. 기타 각 현은 자료의 부족으로 통계와 정리가 불가능하다. 하지만 열거한 사례들은 전 구(區)의 기본상황을 보여준다.

2. 출처 : 『呂梁地區志』, p.112. 『臨縣志』, p.129. 『交城縣志』, p.163. 『興縣志』, p.106. 『汾陽縣志』, pp.139~140.

둘째, 토지 소유권 관계가 조정되어 토지 관계는 물론 계급구조에도 일정한 변동이 있었다. 1944년 6월 싱현 2개 촌과 린현 3개 촌에 대한 진쑤이 변구의 조사에 의하면 각 계급 토지 변동 상황은 다음 표와 같다.[25]

표 2-8 1944년 진쑤이 변구 각 계급의 토지 소유 변화(단위 : 무)

각 계층 토지 변동	지주	부농	중농	빈농	고농	기타
매출	5,606	2,310	1,284	642	49	66
저당 잡힘	2,583	554	164	90		
상환	415	157	118	98		
소계	8,604	3,012	1,566	830	49	66
매입	30	739	1,963	6,535	280	162

25 山西省史志研究院, 『山西通志・土地志』, p.219.

			357	2,239	396	32
저당 받음			357	2,239	396	32
회수		62	60	578	191	
소계	30	801	2,380	9,352	867	194

〈표 2-8〉의 5개 촌의 감조감식 전후 각 계급이 소유한 토지 비중은 다음과 같다. 감조감식 이전 지주는 30.3%, 부농은 24.8%, 중농은 27.5%, 빈농은 16.3%, 고농은 0.85%이었으나 감조감식 이후 지주는 9.0%, 부농은 17.5%, 중농은 49%, 빈농은 23.5%, 고농은 0.4%이었다.[26] 여기서 감조감식 이전은 1940년을, 감조감식 이후는 1944년 이전을 가리킨다.

린현·린난현(臨南縣)·리스현(離石縣)의 13개 촌을 조사한 결과 감조감식을 시작한 1942년과 감조감식이 크게 전개된 1945년을 비교하면 각 계층의 토지 소유 비중은 지주는 23.4%에서 6.5%로, 부농은 19.9%에서 13.5%로 감소했으며 중농은 35.5%에서 51.15%로, 빈농은 20.9%에서 26.5%로 증가했다. 그리고 가구당 토지 소유는 14.7무에서 31.3무로 증가했다.[27]

감조감식이 비교적 철저한 곳에서 봉건 토지제도는 이미 통치 지위를 잃었으며 토지는 집중에서 분산으로 변했다. 중농과 빈농, 고농은 비교적 큰 이익을 얻었다. 물론 많은 곳에서 토지 소유 상황이 개선되었지만 봉건 토지제도를 근본적으로 바꾸지는 못했다. 하지만 토지 소

---

26 위의 책, p.320.
27 呂梁地區地方志編纂委員會,『呂梁地區志』, 山西人民出版社, 1989, p.219.

유권 관계의 변동으로 농촌 계급구조도 뚜렷하게 변화했는바 주로 농촌 계급격차의 축소와 중농층의 증가로 나타났다. 진쑤이 변구의 싱현·린현의 5개 촌의 감조감식 전후 각 계층이 농촌 전체 인구에서 차지하는 비중의 변화를 보면 지주는 3.8%에서 2.4%로, 부농은 10.8%에서 4.2%로, 고농은 5.2%에서 2%로 감소했다.[28] 린현·린난현·리스현의 13개 촌의 감조감식을 시작한 1942년과 감조감식이 깊이 전개된 1945년을 비교할 때 각 계층이 농촌 전체 인구에서 차지하는 비중의 변화를 보면 지주는 3.9%에서 2%로, 빈농은 61%에서 40.3%로 감소했고 부농은 6.7%에서 7.1%로, 중농은 17.6%에서 51.2%로 증가했다.[29] 진쑤이 근거지의 재산관계에 큰 변화가 발생했는데 중농(자경농)이 차지하는 비중이 급증하고 지주와 부농, 고농이 줄어드는 추세를 보였다.[30] 중농층은 원래보다 73% 증가하여 농촌에서 가장 많은 계층이 되었다.[31]

셋째, 감조감식 정책은 항일민족통일전선 발전을 전제로 농촌 각 계층의 이익을 적절히 배려하여 농촌 각 계층의 생산 적극성을 불러일으켰다. "농민들은 감조감식 투쟁이 승리한 후 기뻐하는 내색을 내지 않은 채 모여서 내년 생산에 대해 논의하면서 생산 증대를 다짐했다."[32] 물론 '승리의 열매'를 맛본 가난한 농민층만이 '생산 증대'의 열

28 山西省史志硏究院, 『山西通志·土地志』, p.221.
29 呂梁地區地方志編纂委員會, 『呂梁地區志』, p.112.
30 李偉森, 「農民在解放中－解放區農村階級關系的變化」, 『群衆』 第10卷 第19期.
31 晉綏邊區財政經濟史編寫組·山西省檔案館 編, 『晉綏邊區財政經濟史資料選編』(農業篇), p.107.
32 「興縣減租運動開展」, 1943年 12月 21日.

정을 가졌을 뿐만 아니라 농촌의 부유층도 자신감을 회복했다.[33] 특히 1940년 12월 이후 변구 정권은 적시에 '좌'적 오류를 시정하고 공산당의 항일민족통일전선정책을 견지하여 사회질서를 회복했으며 각 계층이 안심하고 생산에 종사하게 했다. 그리고 지주와 부자의 균열을 기본적으로 보완하여 지주와 부자의 생산 적극성을 더욱 향상시켰다. 싱현의 향신 9가구의 통계에 의하면 경작지 면적이 1940년의 342경(垧)에서 1941년의 779경으로 증가했다. 도망쳤던 대부분 지주와 부자들이 근거지로 돌아가 생산에 종사한 것이다.[34] 일부 지역에서 경작지를 임대해주던 지주가, 점차 사람을 고용하여 농사를 짓는 부농으로 변했다. 따라서 항일전쟁 초기 대량의 고농이 해고되던 상황에 비해 신정권이 점차 경제 건설을 하면서 고농의 수는 약간 증가했다. 예를 들면 1941년 린베이(臨北) 3개 구의 머슴은 1940년에 비해 4.8% 증가했다.[35]

1942년에 이르러 진쑤이 변구는 항일전쟁 전의 쇠퇴하던 농업경제를 점차 회복시켜 근거지의 생산 운동의 발전을 촉진했을 뿐만 아니라 공업 생산도 크게 발전시켰다. 척박한 땅으로 불리던 진쑤이 변구는 백성들이 넉넉한 살림을 하는 땅으로 바뀌었다.[36] 이는 항일민주정권 건설과 군사투쟁에 경제적 · 사회적 기반을 마련해놓았다.

33 林楓, 「堅持敵後抗戰的晉西北根據地」, 『解放日報』, 1943年 7月 8日.

34 晉綏邊區財政經濟史編寫組 · 山西省檔案館 編, 『晉綏邊區財政經濟史資料選編』(農業篇), p.694.

35 韋文, 「晉西北的土地問題」, 『解放日報』, 1942年 4月 20日.

36 晉綏邊區財政經濟史編寫組 · 山西省檔案館 編, 『晉綏邊區財政經濟史資料選編』(總論篇), pp.25~26.

2) 토지개혁의 세 가지 유형

'감조감식'은 공산당이 항일전쟁이라는 특정 역사적 조건에서 농촌의 토지 관계를 조정한 정책으로 중국에서 수천 년 존재하던 봉건, 반봉건 착취제도를 철저히 없앴다. 농촌 토지혁명의 기본 목표는 토지를 경작자에게 분배하여 수천만 중국 농민들을 해방시키는 것이다.

항일전쟁 승리 이후, 해방전쟁과 '감조감식' 운동의 전개에 따라 각 해방구의 농민들은 반간청산(反奸淸算) 운동과 감조감식 투쟁에서 지주 수중의 토지를 직접 빼앗아 '경작자가 토지를 소유하도록' 하여[37] 토지에 대한 요구는 더욱 강력해졌다. 농민들의 '군중운동' 필요에 부응하고 또한 이 운동의 방향을 지도하기 위해 1946년 5월 4일 중공중앙은 「청산과 감조감식 및 토지 문제 관련 지시(關于淸算減租及土地問題的指示)」(5·4지시)를 반포하여 지주계급의 토지를 몰수하여 토지가 없거나 적은 농민에게 분배하는 정책으로 감조감식 정책을 대체했다. 1946년 5월 12일 진쒜이 분국(晉綏分局)은 현과 구의 기관에 '5·4지시'를 하달했다. 6월 19일 한 달간에 걸쳐 현과 구의 기관 및 군대 관계자들이 참석하는 회의를 소집했다. 회의에서는 신해방구에서 반간청산 운동을 추진함과 아울러 구해방구에서는 감조감식을 토지개혁 운동으로 바꾸려고 했다. 회의 이후 진쒜이 분국은 조사반을 파견하여 농촌 계급 관계와 토지 소유 상황을 조사하여 「농촌 계급성분을 어떻게 나눌 것인가(怎樣劃分農村階級成分)」라는 문서를 작성했으며 일부 간부들을 양성했다.

---

37 晉綏邊區財政經濟史編寫組·山西省檔案館 編, 『晉綏邊區財政經濟史資料選編』(農業篇), p.320.

그 후, 진쒀이 분국은 다수의 기관·부대 간부를 차출하여 토지개혁 작업단을 조직했으며 이들을 농촌으로 내려보내 토지개혁 시범사업을 전개했다. 진쒀이 분국 제3지구위원회의 시범장소는 린현 하오자포(郝家坡)의 산롄촌(三聯村)이고 각 현의 시범장소는 싱현의 차이자야촌(蔡家崖村), 린현의 간촨촌(甘泉村)·구이먀오촌(龜峁村)·안예촌(安業村)·장자완촌(張家灣村)·바이원촌(白文村)·난장촌(南莊村)·청자촌(成家村), 리스현의 둥샹왕촌(東相王村)·시샹왕촌(西相王村), 팡산현(方山縣)의 미자타촌(糜家塔村)·가오자장촌(高家莊村), 중양현(中陽縣)의 진뤄촌(金羅村)·상챠오촌(上橋村), 란현(嵐縣)의 세포촌(斜坡村)이었다.[38] 이후 진쒀이 분국은 '대중을 동원한 토지 문제 해결에 관한 총화제강(關于發動群衆解決土地問題的總結提綱)'과 '보충 지시(補充指示)'를 하달하여 토지개혁에서 농민들이 무엇을 얻어야 하는지에 대한 구체적인 답변을 내놓았다.

토지개혁 초기부터 1947년 봄까지, 주로 봉건 착취 청산과 지주 토지재산 몰수 및 부농의 여분 토지재산 교부를 요구했다. 사상적 인식과 업무 방식에서 대담하게 대중을 선동하지 못했으므로 토지개혁 작업반과 간부가 도맡아 하는 경우가 있었다. 그리고 토지재산의 분배에서 일부 토지가 없는 농민 문제 해결 시 우려가 많았고 대중의 평의를 거치지 않은 채 간부를 파견했으므로 분배의 불균형이 생기는 등의 현상이 나타났다. 훗날 류샤오치(劉少奇) 중국공산당 중앙실무위원회 서기의 거듭된 지도에 따라 진쒀이 분국은 '우경' 오류를 개정했으나 캉성(康生)·천보다(陳伯達)가 맡으면서 '좌경' 오류가 오히려 더욱 확대

진쒀이 변구의 토지 관계와 사회구조 변동

---

38   呂梁地區地方志編纂委員會,『呂梁地區志』, p.113.

되었다. 그들은 잘못된 계급 구분 기준을 제정하여 지주 성분의 비율을 확대했고 농회의 권력을 무한히 확대하여 기층 정권에 대한 공산당의 영도를 대체했다. 1947년 9월 24일『고농민서(告農民書)』가 반포된 후 '농회로 정권을 대체할 수 있다'고 했다. 이로써 진쑤이 해방구의 토지개혁은 공산당의 영도를 크게 벗어나 중농과 상공업자의 이익을 침해하는 경우를 보였고 심지어 고문이나 살인을 자행하는 극단적인 사례까지 나타났다.

1947년 12월~1948년 2월, 중공중앙과 마오쩌둥(毛澤東) · 예젠잉(葉劍英)의 지시와 도움으로 진쑤이 분국은 1948년 연속 여섯 차례 지시를 발표하여 '좌경' 오류를 신속하게 바로잡았다. 1948년 말까지 진쑤이 분국은 해방구와 준해방구의 토지개혁을 거의 완성하고 토지개혁 증명서를 나누어주었다.

당시 진쑤이 변구에는 해방구 토지개혁을 철저하게 한 싱현 · 린현 · 란현 · 팡산현 · 리스현 · 중양현 · 스러우현 등 7개 현과 일부 촌락에서만 토지개혁을 한 펀양현 · 원수이현 · 자오청현 · 샤오이현(孝義縣) 등 4개 현이 있었다. 「1949년 2월 16일 제1기 진중2분구 해방구 · 준해방구 토지개혁 종료와 당 정돈 업무보고(1949年 2月 16日 晉中二分區第一期老區, 半老區結束土地改革整黨工作報告)」에서는 펀양현 · 자오청현 · 샤오이현의 856개 촌락에서 1947년 겨울 철저한 토지개혁을 거친 촌락이 566개, 토지를 철저히 조정한 촌락이 236개, 미조정한 촌락이 50개라고 기록하고 있다.[39]

해방구와 준해방구의 토지개혁 유형은 토지개혁이 비교적 철저한

39 彭明,『中国现代史资料选辑』第六册补编, 中国人民大出版社, 1993, p.439.

지역, 토지개혁이 철저하지 못한 지역, 토지개혁이 매우 철저하지 못한 지역 등 세 가지로 나눈다. 지역 특성에 따라 각각의 토지개혁 방안을 채택했는바 앞 두 유형의 지역에 대해서는 지주·부농·일부 중농과 토지재산이 많은 간부 가정의 토지를 빼내어 조정하는 방법으로 빈농·고농의 토지와 재산을 늘렸다. 세 번째 유형의 지역에서는 '토지를 평등하게 분배하여 봉건 토지제도를 철저히 소멸하는' 방법을 채택했다.

진쑤이 해방구의 1946년 통계에 의하면 100만여 명의 농민들이 토지 370만여 무를 분배받아, 토지를 분배받은 인구는 전체 인구의 3분의 1을 차지했으며 1인당 분배받은 토지는 3.9무였다. 이 중 1946년 7월 이후 106만 무의 토지를 농민들에게 분배했는데 1인당 2무에 달했다.[40] 해방구와 준해방구의 토지개혁 실행은 많은 성숙된 경험과 깊은 교훈을 얻었다. 이는 신해방구 토지개혁의 원활한 완성을 위한 기반을 마련했다.

신해방구의 토지개혁은 1948년 12월부터 1950년 3월까지 전개되었다. 펀양현·원수이현·자오청현·샤오이현이 참가했으며 기본적으로 화베이국(華北局)이 통과한 「진중지역 토지개혁에 관한 결정(關于晉中地區土地改革的決定)」에 따라 진행했다. 토지 관계가 '병농합일(兵農合一)'로 엉망이 된 지역은 인구에 따른 평균 분배만 시행하고 '병농합일'이 시행되지 않은 지역에서는 「중국토지법대강(中國土地法大綱)」(이하 「대강」)에 따랐다. 신해방구 토지개혁은 해방구 토지개혁의 성숙된 경험을 지침으로 했으므로 '좌경'이나 '우경' 오류가 나타나지 않아

---

40 山西省史志研究院, 『中国共产党山西历史』, 中央文献出版社, 1999, p.684.

전개가 빠르면서도 순조로웠다. 1952년 말까지 토지 측량과 함께 토지 소유 증명서를 나누어주어 신해방구의 토지개혁을 완성했다. 이로써 이 지역의 토지개혁 운동은 모두 끝났다.

토지개혁의 제도적 대상은 향촌사회에서 오래된 지주토지소유제이다. 그 개혁 내용이 심각하고 이익 조정 주체가 광범위하며 사회집단 간의 이익 충돌이 격심하고 구체적인 상황이 복잡했다. 각 촌과 현의 경제, 사회 조건과 역사적 관습의 차이로 인해 토지개혁 절차와 구체적인 운영 상황이 일치하기 어렵기 때문에 여기서는 리스현 제5구의 톈자이후이촌(田家會村)과 리스현 제4구의 토지개혁을 비교 분석하여 향촌 토지 관계와 사회구조 변동의 구체적 과정 및 실천 상황을 각 측면에서 인식, 파악하려고 한다.

톈자이후이촌은 진쑤이 변구 리스현 제5구의 규모가 비교적 큰 촌락으로 3개 마을에 374가구 1,330명이 살고 있다. 톈자이후이촌은 토지개혁 이전 두 차례의 청산 투쟁과 감조감식을 한 적이 있다. 비록 토지 관계에 조금 변동이 있지만 토지 전이가 미약하여 봉건 토지제도가 여전히 존재하고 각 계층 토지 소유 격차가 기본적으로 변하지 않았다.[41]

표 2-9 톈자이후이촌 토지개혁 이전 각 계층 토지 소유 상황표[42]

계층	토지(무)	1인당(무)	생산량(석)	1인당 생산량(석)
지주	428.8	12.61	144,649	4,254

---

41 「离石县五区田家会分配土地确定地权工作报告」, 柳林县档案馆藏, 档案号: 1/15/12.

42 위의 문서.

부농	891.7	9.29	258.742	2.695
중농	3,724.4	6.03	865.881	1.403
빈고농	7,46.65	1.71	138.573	0.318
상인빈민	118.1	0.8	58.515	0.4

전체 가구의 9.8%에 달하는 지주와 부농이 전체 마을 토지의 22.4%를 차지했다. 지주와 부농 소유 토지는 질이 좋으므로 생산량이 높아 마을 전체의 27.5%를 차지했다. 따라서 비옥한 토지를 빼앗으려는 농민들의 요구가 매우 높았다. 톈자이후이촌의 토지개혁은 1948년 2월 11일에 시작되었다. 이 토지개혁은 중공중앙에서 '좌경' 오류를 시정한 후 시작되었으므로 토지개혁이 순조롭고도 온당하게 전개될 수 있었다.

그 기본 절차와 과정은 다음과 같았다. 첫째, 선전 동원하고 평의분배위원회를 선거하며 평의분배위원회를 확정하는 업무를 촌대표위원회에 귀속시켰다. 구체적인 토지분배 방법은 원칙적으로 대표회의 검토를 거쳐 농민대회에서 통과된다. 둘째, 토지를 측량하고 생산량을 평가한다. 셋째, 토지를 분배한다. 넷째, 수정과 보완 및 조정이다. 톈자이후이촌의 토지개혁은 3월 5일에 정식으로 끝나 봄갈이부터 시행되었다. 이 '폭풍우'식 혁명은 거의 한 달이 걸렸다.

토지는 향촌 주민의 삶과 생존을 위한 기본 자원일 뿐만 아니라 향촌사회의 사회적 지위의 주요한 표징이자 향촌 공동체 구성원 자격을 얻기 위한 첫 번째 요건이다. 토지개혁은 향촌사회 각 계층의 절실한 이익과 관련되므로 이익집단 간의 충돌이 불가피하다. 그러나 '혁명의 대상'으로 지정된 지주·부농은 강력한 혁명정권의 위력 과시와 기세가 드높은 군중운동의 역사적 조류 앞에서 '역사'의 필요에 수동적으로 복종했다. 톈자이후이촌의 토지개혁 과정에서 주요 충돌과 갈등은 지주·부농과 빈농·고농의 계급 간 대립이 아니라 부락공동체 사이에 집중되었다.

첫째, 촌민과 외지인 및 상인의 이익 충돌과 조정이다. 빈곤한 상인에게 토지를 분배할 때 이견이 분분했다. 대부분 외지에서 이주해온 상인들은 이미 오랫동안 촌락에서 살았지만 부락공동체에 동화되지 않아 진정한 의미의 촌민으로 정착하지 못했다. 톈자이후이촌은 크고 번화한 마을로 외래 상인이 40~50가구에 달했으므로 토지개혁 과정에서 외지인 추방이 매우 심각했다.[43] 비록 작업단이 대량의 권유 작업을 했음에도 불구하고 부락공동체의 빈고농들은 여전히 외래 상인 추방을 요구했다. 농민위원회는 11가구의 외래 상인에게 무단으로 소개장을 써주고 쫓아냈다. 토지평의분배위원으로 선출된 상인도 쫓겨나는 신세가 되었다. 따라서 촌민과 토개사업단은 거의 '대립'을 이루었다.[44]

둘째, 각 마을 사이의 이익 충돌과 조정이다. 톈자이후이촌은 톈자이후이·상러우차오(上樓橋)·왕자타(王家塔) 세 마을로 이루어졌다. 산천과 계곡에 의해 토지가 산지, 평지, 관개지로 나누어졌으며 또한 매우 분산되어 있으므로 토지 측량과 생산량 평가가 어려웠다. 가능한 빠르고도 정확하게 토지를 측량하기 위해 '대부분은 평의 방법을 채택'했는바 즉, '입종시 보리씨 3되를 1무로 하는 것을 기준으로 하여' 평가 산정했다. 그 결과 각 마을은 토지 측량에 불만이 많

---

43 위의 문서.
44 위의 문서.

았다. 톈자이후이 마을에서 토지를 측량할 때 토지를 줄였기 때문에 문제가 있다는 것이었다. 그러므로 톈자이후이 마을은 이틀이나 헛수고를 했다.[45] 토지를 둘러싼 마을 간의 갈등을 조정하기 위해 토지개혁 작업단에서 전체 촌대표대회를 열고 톈자이후이 토지와 관련된 인근 마을 대표를 초청했다. 어려운 조율 작업을 거친 끝에야 갈등을 해소할 수 있었다.

한 달 동안의 '토지혁명'으로 톈자이후이촌의 토지 소유 상황은 근본적인 변화를 가져왔다.

표 2-10 톈자이후이촌 토지개혁 이후 각 계층 토지 소유 상황[46](단위: 무, 석)

계층	지주	파산 지주	부농	중농	빈고농	상인빈민
1인당 토지	3.43	4.52	4.72	5.48	4.88	0.72
1인당 생산량	0.968	1.577	1.142	1.286	1.38	0.33

지주와 부농이 소유한 토지는 토지개혁 전의 1인당 12.61무와 9.29무에서 3.43무와 4.72무로 감소했다. 각 계층에서 중농이 소유한 토지가 가장 많고 빈고농이 소유한 토지는 비록 중농보다는 적지만 토지의 질이 뛰어나 생산량이 중농에 비해 높았다. 그러므로 토지개혁 후의 토지 소유 상황은 토지개혁 전에 비해 '역피라미드 구조'를 보였다. 치열한 토지혁명이 있은 후 톈자이후이촌의 사회구조는 '뒤바뀐' 새로운 사회를 형성했다.

---

45 위의 문서.
46 위의 문서.

리스현 제4구의 토지개혁은 선전 동원부터 토지 소유권 확정까지 반년(1948년 1월 초부터 7월 중순까지)이라는 시간이 걸렸다. 제4구는 14개 촌, 118개 마을로 인구는 7,159가구에 28,967명이다. 경작지 면적은 총 205,861무로 논 12,814무, 밭 12,213무, 산에 있는 농업용지 180,834무이다.[47] 제4구 각 촌의 사회역사 상황이 각각인바 10개 촌은 준해방구에, 4개 촌은 해방구에 속했으므로 각 향촌 토지 소유관계와 계급구조에도 차이점이 있었다. 준해방구의 토지 관계는 민주정권의 조정을 거의 거치지 않았으므로 토지 소유 상황에서 계급적 차별이 아주 컸는바 지주는 빈고농보다 토지의 8배를, 부농은 4배를 더 소유했으며 극빈층도 적지 않았다.[48] 해방구의 각 촌은 1940년부터 민주정권을 수립하고 감조감식과 청산 투쟁을 거쳐 토지 관계를 조정했으며 지주와 부농의 토지 및 재산을 대량으로 빼갔다.[49] 하지만 지주와 부농 소유의 토지는 여전히 빈고농의 배에 달했으며 중농과 빈농이 소유한 토지도 거의 비슷했다. 제4구의 전반적 상황은 다음과 같다.

첫째, 해방구의 봉건세력이 약화되어 지주와 부농의 토지가 농민에게 이전된 시간이 길며 토지 소유권도 이미 확정되었다. 준해방구의 지주와 부농의 토지가 농민에게 많이 이전되지 않았고 그 기간도 비교적 짧으며 대부분 조정 성격이어서 농민에게는 토지 소유권이 없다.

둘째, 해방구의 농민들은 땅을 일찍 얻어 적지 않은 빈농들의 처지가 개변되어 '신중농'으로 부상했다. 준해방구에서 처지가 개변된 농민이 매우 적으며 '신중농' 계층이 나타나지 않았다.

---

47 「离石县四区关于土改问题工作的总结」, 柳林县档案馆藏, 档案号: 1/9/8.
48 위의 문서.
49 위의 문서.

셋째, 해방구에는 토지가 없는 농민이 없지만 준해방구에는 토지가 없거나 극히 적은 토지만 소유한 농가가 10분의 1에나 달했다.

따라서 제4구는 상급 당조직의 토지개혁 취지에 따라 해방구와 준해방구의 각 유형 향촌에 대해 '토지 조정'과 '토지 평균 분배' 정책을 폈다.

반 년 동안의 힘든 작업과 재조사, 오류와 반복을 거쳐 제4구의 토지개혁 운동은 7월 중순에 모두 끝났다. 사회역사적 조건에 따라 각 촌에서 시행한 토지개혁의 구체적 방안은 제각각이지만 최종 결과는 거의 비슷했다. 땅을 평균적으로 소유한다는 전제하에 지주와 부농의 이익을 박탈하고 중농의 이익을 동원하며 빈농의 이익을 우선 보장하여 가난한 사람들의 처지를 개변하려는 목적을 이루었다. 제4구에서 땅을 내놓은 가구 수가 35.4%, 땅을 얻은 가구 수가 56.8%, 내놓지도 얻지도 않은 가구 수가 6.3%로 운동이 영향을 준 사회계층은 상당히 광범위하다. 토지개혁 이후 제4구의 각 계층이 토지를 소유한 상황은 다음과 같다.

표 2-11 토지개혁 이후 각 계층의 토지 소유 상황[50]

계층	토지개혁 이전 상황		토지개혁 이전 상황		비고
	토지(무)	1인당(무)	토지(무)	1인당(무)	
지주부농	10,757	10.5	10,703	6.63	
중농	88,357	8.5	78,337	7.5	
빈고농	36,737	5.2	58,073	8.2	

---

50 위의 문서.

기타	1,068	2.6	718.3	1.7	기타 부업 있음.
합계	142,919	7.34	14,7831.3	7.6	
지주부농	5,632	8.5	4,523	6.4	
중농	29,045	5.7	29,157	6.4	
빈고농	12,391	4.7	16,951	6	
기타	47,068	6.3	50,661	6.3	

* 비고 : 토지개혁 이전 토지에는 핑터우촌(坪頭村)의 수치가 빠졌음. 준해방 구의 토지개혁 전후 토지 면적이 일치하지 않는 것은 측량되지 않은 불법 토지가 있기 때문임. 준해방구에는 2개 마을 자료가 빠졌음.

이 표에서 볼 수 있듯이 토지개혁은 토지를 점유하는 계급 차이를 없애고 각 계층의 토지 소유를 거의 비슷하게 만들었다. 제4구에는 땅 이 없는 농민이 한 가구도 없으며 농민에게는 완전히 해방될 수 있는 기반이 생겼다.[51]

텐자이후이촌과 리스현 제4구의 토지개혁과 사회구조의 변동은 단 지 개별적 사례의 의미만 있는 것이 아니라 진쑤이 변구 전체 사회구 조 변동에서의 다른 측면의 전형이다. 촌락과 현, 구의 사회 변동은 구 체적인 운용 차원에는 각각 특징이 있겠지만 그 달성한 목표와 발전 추세는 전체 진쑤이 변구의 사회 변동 전반 특징과 일치하다.

토지개혁은 봉건 지주의 토지 소유제를 폐지하고 지주계급을 소멸 하며 경작자가 땅을 소유하는 것을 목표로 하는 공산당의 혁명운동이 며, 이로써 초래된 향촌사회의 변혁은 격렬하면서도 심각하다.

---

51 위의 문서.

첫째, 진쑤이 변구의 향촌 전통의 토지제도가 완전히 파괴되어 토지 관계가 근본적으로 변혁되었다. 토지개혁을 거쳐 지주의 토지를 공평하게 나누었고 부농 여분의 토지를 징수했으며 토지가 없거나 적은 농민들은 충분한 양의 토지를 얻어 생활을 보장받았다. 통계에 의하면 제3분구 북쪽 준해방구의 전체 인구 210만 명에서 70~105만 명이 토지가 없거나 부족한 농민이었다. 인구의 33.4~50%를 차지하는 농민이 270만여 무의 토지를 얻어 토지 수요를 충족시켰다. 토지개혁에서 이전된 토지는 총면적의 9.5%에 달했다.[52] 완전한 자료가 부족하기 때문에 아래에서는 표본추출조사로 해방구·준해방구·신해방구의 토지개혁 이후 각 계층이 소유한 토지를 상황을 통계했다.[53]

표 2-12 토지개혁 이후 해방구·준해방구·신해방구의 각 계층 토지 소유 상황

	해방구 토지개혁 이후 각 계층 토지 소유 상황				준해방구 토지개혁 이후 각 계층 토지 소유 상황			
	지주	부농	중농	빈고농	지주	부농	중농	빈고농
토지(무)	4,436.8	11,837.6	106,755.7	75,174.6	2,013	4,501.4	39,942.9	31,435.7
1인당(무)	7.5	12.7	11.5	11.4	2.6	5.2	5.4	4.34
비중(%)	2.21	5.91	53.4	37.5	2.5	5.2	5	40
생산량(석)	620.1	1416.7	15066.6	10763	712.6	1012.8	9772.8	9021.5
1인당(석)	1.05	1.52	1.62	1.63	0.92	1.16	1.32	1.24

---

52 晉綏邊區財政經濟史編寫組·山西省檔案館 編, 『晉綏邊區財政經濟史資料選編』(農業篇), pp.495~496.

53 위의 책, pp.429~430.

| 비중(%) | 2.2 | 5 | 53 | 38 | 3.45 | 4.87 | 47.2 | 43.7 |

1. 해방구는 7개 현의 10개 촌과 3개 마을의 통계임. 부농은 신부농, 중농은 신중농을 포함함.

2. 준해방구는 8개 촌과 3개 마을의 통계임. 개별 촌락의 통계 수치는 약간 다름.

해방구와 준해방구에서는 토지 관계 변동에 대한 민주정권의 작용으로 빈고농과 중농에서 신중농과 신부농으로 향상한 사람들이 많았다. 따라서 토지개혁 과정에서 중농과 부농의 이익이 보장받았다. 1인당 토지 소유 상황을 보아도 중농과 부농이 뚜렷한 우위를 점하고 있다.

표 2-13 신해방구 편성현 6개 촌의 토지개혁 전후 각 계층 1인당 토지 소유 상황[54]

	토지개혁 이전					토지개혁 이후				
	지주	부농	중농	빈고농	전 촌	지주	부농	중농	빈고농	전 촌
토지(무)	10.6	10.7	6.87	2.8	6.75	6.6	7.4	6.6	6.35	6.56
생산량 (석)	3.55	2.37	1.26	0.44	1.23	1.05	1.18	1.23	1.21	1.19
전부(%)	15.8	7.2	45.6	18.8	100	6.5	4.87	45.6	42.5	100
	18.5	8.7	4.6	15.7	100	5.5	4.4	45.3	44.6	100

1. 데이터는 1차 자료에 근거한 것으로 정확하지 않은 부분도 있음.
2. 토지개혁 이전 토지와 생산량에는 공동체 데이터도 포함됨.

---

54 위의 책, p.431. 晉綏邊區財政經濟史編寫組 · 山西省檔案館 編, 『晉綏邊區財政經濟史資料選編』(總論篇), p.652.

〈표 2-13〉에서 신해방구의 상황을 보면 지주와 부농이 소유한 토지가 중농과 빈고농이 소유한 토지보다 많으며 부농(1인당 7.4무), 지주(1인당 6.6무), 중농(1인당 6.6무), 빈고농(1인당 6.35무) 순이다. 그러나 토지의 질이 중농과 빈고농의 토지보다 낮아 생산량은 중농(1.23석), 빈고농(1.21석), 부농(1.18석), 지주(1.05석) 순이다. 따라서 지주·부농의 재산과 토지가 박탈되고 빈고농의 사회적 지위가 크게 향상되었으며 중농의 지위가 일정 부분 보장되는 등 향촌사회 전체의 토지 관계와 사회구조가 완전히 바뀌었다.

1948년이 되자 진쑤이 변구의 광대한 농촌의 면모는 일신되었다. 인구 210만 명을 포함한 지역 내에서 지주계급의 토지 재산 소유권을 철저히 폐지하고 봉건, 반봉건 토지제도를 소멸하여 토지 문제를 해결했다.[55]

둘째, 빈농층이 향촌사회에서 지배적인 지위를 얻었고 향촌사회계급구조는 급격히 변동했다. "토지개혁의 결과 고농과 빈농이 가장 큰 이득을 보았다. 토지가 없거나 적은 농민들에게 토지를 나누어 주어 토지 문제를 해결했으며 토지 요구를 최대한 충족시켰다. …… 농민을 지주의 봉건적 착취로부터 해방시켰다."[56] 토지개혁의 결과, 농촌사회의 각 계층이 토지 소유에서 구조적 변동을 일으켜 구시대와는 다른 '역피라미드형' 구조를 이루었다. 린현의 경우, 각 촌이 공평하게 나눈 결과 토지의 질과 거리에서 빈고농을 배려하여 수적으로 역피라미드형을 이루었다. 즉, 빈고농의 1인당 토지 소유량이 가장 많고, 중농이 두 번째이며 부농이 비교적 적었다. 빈고농과 중농, 중농과 부농의 수

---

55 위의 책, 같은 곳.
56 「堅持平均的公平合理的分配土地」, 『晉綏日報』, 1947年 4月 5日.

확량은 차이가 나더라도 3말 정도밖에 되지 않았다. 지주와 파산 지주는 수확량이 너무 적어 생활을 유지할 수 없는 지경에 이르렀다.[57] 이는 나중에 '좌경' 오류로 밝혀졌지만 당시 농촌 토지개혁에서 사회계급 관계가 변동한 실태였다.

진쑤이 해방구와 준해방구의 5개 촌의 토지를 빼앗아 보충한 상황 통계에 의하면 각 계층에서 빼앗은 토지가 원래 토지에서 차지하는 비율과 토지를 보충받은 가구가 본 계층에서 차지하는 비율은 다음과 같다.

표 2-14 각 계층의 빼앗은 토지와 소유한 토지의 비율[58]

계층	지주	부농	중농	빈고농	기타
빼앗은 토지가 원래 토지에서 차지하는 비율	44%	42.5%	8.63%	2.06%	12.3%
토지를 보충받은 가구가 본 계층에서 차지하는 비율	10.6%	6.15%	19.2%	80%	41%

분배 후 1인당 토지는 1.13무였다. 각 계층의 1인당 토지는 지주가 0.82무, 부농이 1.09무, 중농이 1.29무, 빈고농이 1.17무, 기타 계층이 0.5무였다.[59]

빈고농은 토지개혁 운동에서 가장 큰 이익을 얻은 계층이었다. 농민들은 기쁨에 겨워 설날에 붉은 옷을 입고 거리에 나와 앙가(秧歌)를

57 「關于最近分配土地中的幾個問題」,『晉綏日報』, 1948年 1月 24日.
58 山西省史志研究院,『中國共産黨山西歷史』, 中央文獻出版社, 1999, pp.698~699.
59 위의 책, 같은 곳.

추었으며 모든 사람들의 얼굴에는 웃음꽃이 피었다.[60] 싱현 제2구 농민대표대회에서 리징취안(李井泉)이 말했다. "빈고농은 예전에 구박을 받았는데, 이번에 지주를 투쟁하고 빈농단을 세우면서 말을 할 수도, 의견을 내놓을 수도 있었습니다. 빈고농은 구사회에서 가난뱅이로 불렸지만 새 정권이 들어서면서 …… 경제적으로 물건을 나누어 가지고 정치적으로 감히 말할 수 있으며 몇몇은 간부나 대표가 되어 농회를 이끕니다. 참 좋은 세상입니다."[61]

경제적으로 해방된 빈농들은 정치적으로 향촌사회의 핵심 지위에 올랐다. 향촌빈농단이나 빈농반은 운동에서 큰 역할을 하는데 많은 곳에서 혁명의 선봉이 되었다.[62] 향촌사회의 권력구조에도 근본적 변혁이 발생했다. 빈농단은 인원수가 대다수를 차지하지 않더라도 자연스레 중요 지도자가 되며 향촌에서의 모든 일은, 특히 토지개혁에 관련된 모든 문제는 반드시 먼저 빈농단의 동의를 거쳐야 하며 그렇지 않을 경우 시행될 수 없었다.[63] '빈농 계층을 핵심'으로 하는 향촌사회계급과 권력 관계의 구조적 변동은 중국 향촌사회의 발전 방향에 심원한 영향을 미치게 되었다.

159

---

60 「東胡土地改革的幾點經驗」, 『晉綏日報』, 1947年 2月 20日.

61 晉綏邊區財政經濟史編寫組·山西省檔案館 編, 『晉綏邊區財政經濟史資料選編』(農業篇), p.469.

62 위의 책, p.497.

63 위의 책, p.382.

3) 계급 구분과 '좌경' 영향

향촌사회에서 토지 관계는 시종 사회구조 관계에서 가장 기본적인 관계이다. 농촌의 각 계층은 모두 토지 관계에서 벗어나지 못하며 농업생산은 각 계층 생활의 주요 결정 요소이다.[64] 토지 관계의 조정과 개혁은 농촌사회를 개조하고 농촌 계급 관계를 재구성하는 사회혁명 운동으로 직면한 문제는 매우 광범위하고도 심각하다. 진쑤이 변구의 토지개혁 역사에서 전반적인 문제와 함께 향후 중국 향촌사회의 발전 방향에 영향을 미치는 문제는 최소한 농촌 계급의 구분과 중농층의 이익을 어떻게 보장할 것인가 하는 두 가지 문제에 주목한다.

첫째, 토지개혁에서의 농촌 계급성분 구분 문제이다. 1946년 진쑤이 변구는 '5·4지시'를 받은 후 9월에 「농촌 계급성분을 어떻게 나눌 것인가」라는 문건을 작성하여 농촌 계급성분을 나누는 세 가지 기준을 정했다. 첫 번째는 착취 관계와 착취 성질이고, 두 번째는 재부·가재도구·생활 형편 및 착취 혹은 피착취 정도이며, 세 번째는 경력이다. 이 문건은 농촌사회 계급구조의 복잡성, 다양성 및 불균형 특성에 착안하여 세 가지 기준은 동등하지 않으며 가장 중요한 것은 첫 번째 기준이라고 강조했다. 농촌 계급의 성분 구분에서 흔히 범하는 오류를 고려하여 특히 '농촌 계급성분'을 나누는 실례를 들면서 사회계급 또는 사회계층 구조 측면에서 농촌에는 양대 계급(지주 계급과 농민 계급)과 18개의 계층(지주, 경영지주, 몰락지주, 부농, 중농, 빈농, 고농, 노동자, 산업노동자, 수공업노동자, 도제, 수공업자, 수공업 작업장 주인, 상인, 자유직

---

64 晉綏邊區財政經濟史編寫組·山西省檔案館 編, 『晉綏邊區財政經濟史資料選編』(總論篇), p.172.

업자, 빈민, 룸펜 프롤레타리아트, 기타)이 있다고 했다.[65] 나중에 이 구분은 농촌사회 계급구조의 실제에 적합하다는 것이 밝혀졌다. 하지만 이 문건의 기본 방침이 제대로 지켜지지 않아 진쑤이 변구의 토지개혁 운동은 반년 만에 극단적인 '좌경' 오류를 범하기 시작했다.

1947년 5월 7일, 진쑤이 분국은 린현 하오자포에서 공산당 지구위원회 서기와 각 토지개혁 작업단 책임자가 참석한 토지개혁 경험 교류회를 열었다. 이 회의에서 전 단계의 토지개혁이 '우경' 경향을 보여, 대담하게 군중을 동원하지 못하며 '부농 노선'이 존재한다고 했다. 이에 따라 회의에서는 계급성분을 다시 나눌 때 역사와 연결하여 '3대를 조사'하고 '가판대 크기'를 보며 '정치적 태도와 사상을 보는' 등 기준을 내놓았다. 성분을 정할 때 지주를 잘 살피며 "군중의 의견에 따라 정해야 하며 군중들이 우리의 의견에 복종하는 것이 아니라 우리가 군중들의 의견에 복종해야 한다."고 했다. 그리고 회의가 끝나자 앞서 배포한 「농촌 계급성분을 어떻게 나눌 것인가」 소책자를 회수하여 소각했다.[66]

이번 회의의 '극좌' 방침에 따라 각 분구별 농촌 계급성분의 획정은 통제 불능 상태가 되어 당시는 물론 나중의 업무에도 큰 피해를 입혔다. 런비스(任弼時)의 『토지개혁 중의 몇 가지 문제(土地改革中的幾個問題)』에서 인용한 차이자야촌 자료를 보자. "차얼상(岔兒上) 마을을 제외한 차이자야촌 552가구에서 124가구가 지주와 부농으로 구분되어 22.46%를 차지했다. 나중에 분국에서 재평가하여 차얼상 마을을 포함한 차이자야촌 579가구의 지주와 부농 가구 수를 71가구로 감소시켜

---

65 晉綏邊區財政經濟史編寫組 · 山西省檔案館 編, 『晉綏邊區財政經濟史資料選編』(農業篇), pp.329~339.

66 賈維楨, 『興縣志』, 中國大百科全書出版社, 1993, p.571.

12.26%를 차지하게 했다(설명 : 차이자야촌은 지주와 부농이 많은 촌임).[67]
리스현 제1구의 통계에 의하면 전체 제1구의 2,356가구에서 지주 73가구, 파산지주 55가구, 부농 151가구로 구분되었다. 재구분한 후 지주 32가구, 파산지주 10가구, 부농 91가구로 줄었다.[68] 싱현 제1구의 지주와 부농이 전체 가구 수의 21%, 제2구는 27.6%, 제5구는 24.5%에 달했다. 린현의 58,400가구에서 지주와 부농이 9,557가구에 달해 전체 가구 수의 16.3%를 차지했으나 그중 4,844가구가 잘못 나누어진 것으로 알려졌다. 이는 전체 가구 수의 8.3%를 차지했다.[69] 계급성분의 잘못된 구분은 아군 진영에 속해 있던 사람의 상당수를 강제로 쫓아내어 계급 전선의 혼란과 사상적 혼란을 초래했다.

진쑤이 변구 토지개혁에서의 극좌 경향을 발견한 중공중앙은 1948년 1월 12일 「계급성분 구분 문제에 관한 지시(關于劃分階級成分的問題的指示)」를 하달했다. 여기서 계급성분 구분은 사람과 생산수단의 관계에 따라 정해야 하는바 생산수단 점유 여부와 얼마나 점유했느냐, 무엇을 점유했느냐, 어떻게 사용하느냐에 따라 생기는 여러 가지 착취와 피착취의 관계가 계급을 나누는 유일한 기준이라고 강조했다.[70] 진쑤이 분국은 이 지시에 따라 잘못 나눈 계급성분을 신속하게 바로잡고 몰수한 재산을 돌려주어 토지개혁의 순조로운 진행을 보장했다.

둘째, 중농의 이익 보호에 관한 정책 문제이다. 「대강」에서는 "향촌에 있는 모든 지주의 토지와 공유지는 향촌 농회에서 접수하여 향촌에

67　彭明,『中國現代史資料選輯』第六冊 補編, p.437.

68　「中共離石縣委一區關于成分問題, 整黨工作材料總結」, 柳林縣檔案館藏, 檔案號: 1/9/12.

69　山西省史志研究院,『山西通志 · 土地志』, p.234.

70　彭明,『中國現代史資料選輯』第六冊 補編, pp.432~434.

있는 기타 모든 토지와 함께 향촌 전체 인구에 따라 남녀노소 구분 없이 균등하게 분배한다."라고 규정했다. 진쑤이 변구는 이 정책을 시행하는 과정에서 '빼앗은 토지를 모두 분배해주고, 부유한 자의 것을 빼앗아 가난한 자에게 분배해주며, 지주와 부농의 것을 빈고농에게 분배해주고 중농의 것을 다치지 않는 원칙'을 제대로 관철하지 못해 기계적, 절대적으로 균분하려다가 오히려 중농의 이익을 침해했다.

해방구의 린현 등 3개 현의 통계에 의하면 빼앗은 토지 359,478무에서 49%는 지주와 부농에게서 빼앗은 것이고 20.8%는 공유지이며 29.6%는 중농에게서 빼앗은 것이었다. 린현에서는 중농으로부터 빼앗은 토지가 전체 빼앗은 토지의 37.5%를 차지했다. 기계적으로 균분하려는 경향을 많이 보인 싱현 등 3개 현에서는 중농으로부터 빼앗은 토지가 전체 빼앗은 토지의 45% 이상을 차지했다. 준해방구의 방산현 등 8개 현의 통계에 의하면 빼앗은 토지 957,913무에서 54%는 지주와 부농에게서, 36.1%는 중농에게서 빼앗은 것이었다.[71] 리스현 제4구의 일부 촌에서는 계급등차 분배 방법을 채택하여 지주, 부농, 중농, 빈농, 고농의 한 등급 차이를 한두 되로 정했다. 따라서 지주와 부농이 얻은 토지가 너무 적을 뿐만 아니라 척박하여 생활을 유지할 수 없었으며 중농의 이익도 큰 침해를 받았다.[72]

또한 기계적인 균분 정책을 집행해 각종 토지를 너무 적게 나누었으므로 토지 경영과 관리 원가가 과도하게 높아져 군중들의 불만이 많았다.[73] 준해방구의 시샹왕 등 8개 마을의 빼앗은 토지 5,481무 중

71 山西省史志研究院, 『山西通志・土地志』, p.233.
72 「關于土改問題工作的總結」, 柳林縣檔案館藏, 檔案號: 1/9/14, p.11.
73 위의 문서, p.17.

33.2%는 지주와 부농에게서, 61.5%는 중농에게서 빼앗은 것이었고 해방구의 충리(崇里) 등 8개 마을의 빼앗은 토지 1,445무 중 22.4%는 지주와 부농에게서, 70%는 중농에게서 빼앗은 것이었다.[74]

중농 즉 자경농은 지역사회의 주요 세력이다. 특히 감조감식 운동을 거친 후, 많은 빈농과 일부 부농들은 토지 관계의 조정에 의해 중농층이 되었으며 이로써 중농층은 향촌사회의 주체로 부상했다. 리스현 제4구의 토지개혁 자료에 의하면 "중농은 토지 분배에서 특수한 계층으로 농촌에서의 수가 아주 방대하며 리스현 제4구에서 중농은 전체 인구의 54.2%를 차지한다."[75]고 했다. 중농층은 사회구조적 요소에서 절대적인 우위를 점할 뿐 아니라 농업 생산, 정부 부담 등 여러 면에서 극히 중요한 위치에 있다. 리스현 제4구의 5개 촌 생산량 통계는 중농층 역할을 설명해준다.

표 2-15 5개 촌에서의 중농 생산량 상황표[76]

촌	총 가구 수	총인구	총생산량	중농		중농 생산량	
				가구 수	인구	생산량(석)	%
다우	6,57	2,447	2,630	212	998	1,440	54.8
덴핑	504	2,071	2,368	288	1,298	1,565	66.2
바이자산	567	2,255	2,662	309	1,259	1,840	69

74   위의 문서, p.34.
75   「離石縣四區關于土改問題工作的總結」, 柳林縣檔案館藏, 檔案號: 1/9/12, p.21.
76   위의 문서, 같은 곳.

충리	499	2,108	2,400	169	769	7,100	45.8
샹당	138	501	642	75	327	441	68.7
합계	2,359	9,382	1,072	1,053	4,681	6,389	59.6

1. 생산량은 잡곡 통계임.

2. 샹당은 마을임.

5개 촌의 통계를 보면 중농층 생산량은 향촌의 각 계층 생산량의 60%를 차지한다. 이는 중농층이 근거지 정권의 공량을 부담하는 주체 세력으로 부상하는 근거가 된다. 1948년의 공량 부담 통계표에서 볼 수 있듯이 중농은 공량의 56.4%를 부담했다.

표 2-16 중농 공량 부담표[77]

촌	총 공량(석)	중농 부담 공량(석)	중농 부담 공량 비중(%)
다우	209	101.4	48.5
덴핑	194	120.5	62.1
바이자산	178	113	63.5
충리	119	61	51.3
샹당	50	27	54
합계	750	422.9	56.4

이 밖에 병역과 군대 근무에서도 중농의 부담은 전체 부담의 60.5%

---

77 위의 문서, 같은 곳.

와 50%를 차지했다.

전체 진쑤이 변구에서 중농층은 농촌 인구의 90% 이상과 가구 수의 92% 이상을 차지했다.[78] 따라서 진쑤이 변구 해방구 토지개혁에서 중농의 이익을 침해함으로써 빈농의 요구를 충족시키는 현상은 중농층의 공황과 불만을 불러일으켜 토지혁명의 심화와 원활한 발전에 큰 장애를 초래했다. 이는 분명히 봉건성과 반봉건 착취를 폐지할 목적으로 농민 계급의 이익을 보장하는 방향과는 어긋나는 것이며 또한 빈농과 중농 간의 갈등을 조장하여 혁명 세력을 약화시키고 향촌사회 질서의 안정을 위협했다.

4) 향촌 토지개혁의 역사적 교훈

사실상 계급성분의 구분이나 중농의 이익 침해는 모두 '좌경' 오류가 초래한 잘못이다. 또한 진쑤이 변구 해방구의 토지개혁에서 나타난 '좌경' 오류는 전반 토지개혁 과정에 나타난 것으로 변구의 토지개혁에 큰 해를 끼쳤다. 진쑤이 변구의 경우, 상급 지침의 오류 외에 '좌경' 오류의 형성과 그 만연에는 구체적인 원인이 있다.

첫째, 토지개혁을 이끄는 간부의 자질이 토지개혁 작업과 맞지 않다. 토지개혁의 전개는 토지개혁에 상당히 익숙한 간부가 이 변혁을 이끌고 구체적인 방향과 각 정책의 척도를 파악해야 한다. 일선에 파견된 토지개혁 작업대에는 이전의 토지개혁에 참가했던 간부들이 적

---

78 晉綏邊區財政經濟史編寫組·山西省檔案館 編, 『晉綏邊區財政經濟史資料選編』(農業篇), p.503.

었으며 또한 당시의 목적을 달성하기에 급급한 경향과 '우경'보다 '좌경'을 선택하려는 사상의 영향을 받아 토지개혁에 적지 않은 극좌적인 행위가 나타났다.

1947년 2월, 중공중앙에서는 캉성과 천보다를 진쑤이해방구에 파견하여 토지개혁을 지도했다. 캉성은 린현 제5구 하오자포촌을 토지개혁 시범장소로 삼았다. 여기서 지주 경력이 있던 상공업자를 모두 '지주'로 나누었으며 '경력 추적'과 '감추어둔 재물 수색' 등 주장을 내놓아 마구 수색하여 빼앗고 사람을 구타하는 상황까지 나타났다. 하오자포 경험교류회에서 중공중앙 사회부장인 캉성은 '감추어둔 재물 수색' 경험을 떠벌리면서 진쑤이 분국 주요 책임자가 직접 이끄는 싱현 무란강 토지개혁 작업반에 착오적인 계급 구분 기준을 강요했다. 이번 회의로 토지개혁은 '좌경' 오류를 범하기 시작했다. 이어서 캉성과 천보다는 차이자야 회의에서 '물에 빠진 개를 두들겨 패는' 방법으로 지주를 철저히 소멸해야 한다고 주장했다. 이 회의는 이미 발생하기 시작한 '좌경' 행위를 긍정적으로 평가하여 '좌경' 오류가 합법적으로 확대되게 만들었다.

둘째, 「대강」으로 대표되는 정책상의 누락이다. 「대강」은 '5·4지시'에 비해 봉건, 반봉건 착취적 토지제도 폐지에는 철저했다. 하지만 「대강」은 대규모 토지개혁 운동 지침 기본문서로는 부족했다. 첫번째, 「대강」에는 계급의 성분을 구분하는 명확한 기준이 없다. 비록 1933년 공산당은 『어떻게 농촌 계급을 분석할 것인가(怎樣分析農村階級)』는 문서를 반포하여 토지개혁 경험을 일정하게나마 축적했다. 하지만 1947년 토지개혁은 감조감식 토지정책을 집행했으며 '5·4지시'도 1년쯤 집행한 다음 시행한 것으로 직면한 역사적 조건과 향촌사회의 구체적인 상황은 조금 달랐다. 더욱이 어떻게 농촌 계급을 구분하느냐는 문제도 해결해야 했다. 하지만 「대강」은 이에 대해 아무런 규정이나 설명을 하지 않았다. 진쑤이 변구는 캉성 등의 지도 아래 '좌경' 이해에 따라 계급과 성분을 나누었으며 역사와 연결하여 '3대를 조사'하는 등 기준을 시행했으므로 계급성분 구분에서 혼란을 초래했다. 통계에 의하면 싱현은 '무란강 경험'의 영향 아래 계급성분을 나누었는데 지주와 부농의 비중이 제1구에서 21%, 제2구에서 27.6%, 제5구에서 24.5%에 달했다. 린현의 58,400가구에서 지주와 부농이 9,557가구에 달해 16.3%를 차지했으나 4,844가구는 잘못 나눈 것으로 8.3%에 달했다.[79]

두 번째, 「대강」은 중농 이익 보호에 대한 명확한 규정이 없었는바 이는 정책적으로 '좌경' 오류가 발생한 중요한 원인의 하나가 된다. '중농 이익 보호'는 공산당의 일관된 정책이지만 「대강」에서는 이를 누락했다. 「대강」의 제6조는 '향촌 전체 인구에 따라 토지를 평균 분배'하는 정책을 제정했는데 이는 중농의 이익을 건드렸다. 린현 등 3개 현에서 빼앗아 분배한 전체 토지에서 중농의 토지가 30%를 차지했다.[80]

세 번째, 『고농민서』에서는 수많은 '극좌' 구호를 내걸어 토지개혁을 '군중운동'의 극단으로 내몰았다. 진쑤이 변구 농회임시위원회에서 반포한 『고농민서』에서는 '토지를 철저히 평균 분배'하자는 절대적 평균주의를 내걸고 '민주를 철저히 발양하여 모든 조직과 간부를 심사할 권리를 지니고 군중의 요구대로 하며 농회가 각급 공산당위원회·정부·군부를 감독하고 개조한다'는 주장을 내놓아 공산당의 계급노선

79　山西省史志研究院,『山西通志·土地志』, p.113.
80　위의 책, 같은 곳.

을 일방적인 빈고농 노선으로 대체하는 잘못된 인식을 부추겼다. 이러한 선동성이 강한 주장은 전파가 빨랐으며 농민군중 속에서 제멋대로 비판·투쟁하는 행위가 만연했다.[81] 토지개혁은 공산당의 지침을 크게 벗어나 중농과 상공업자의 이익을 침해하는 상황이 발생했고 개별 지방에서는 마구 때리고 죽이는 사태가 벌어지기도 했다. 싱현의 1948년 6월 22일 통계에 의하면 토지개혁 과정에서 지주 384명, 부농 382명, 중농 345명, 빈고농 40명 등 도합 1,151명을 때려 죽였다.[82]

진쑤이 변구의 토지개혁은 농촌사회구조의 심층적인 변혁을 불러왔으며 혁명가와 피혁명자 모두에게 끼친 심각하고 거대한 영향은 경제 이익의 조정과 제도의 변혁이 망라할 수 있는 것이 아니다. 폭풍우식의 토지개혁 운동, 특히 극좌적인 과격한 운동은 경제 발전과 사회구조에서 점차 자리를 잡던 농민층에게 지워버리기 어려운 심리적 공포를 가져다주었다. 어떤 사람은 부농이 될까 봐 조심했으며[83] 심지어 어떤 사람들은 '가난이 부유보다 좋다'고 생각했다. '작은 집에서 살고 작은 땅뙈기를 뚜지며 늙은 소나 남겨 늘쩡대는 것'이 농민들의 가장 대표적인 모습이었다. 토지개혁 후의 농촌경제 발전에서 '눈에 띄는 것'을 허용하는가? 이른바 '눈에 띄는 것'은 신형 부농경제를 가리키며 신민주주의 단계에서 이러한 경제를 승인한다. 이처럼 함께 추진한다는 견해는 실질적으로 농업[84] 사회주의 사상의 반영이다. 하지만 농민의 걱정을 어떻게 해소할 것인가는 분명 하나의 사상 인식 문제만이

81 賈維楨, 『興縣志』, p.573.

82 山西省史志硏究院, 『山西通志·土地志』, p.235.

83 晉綏邊區財政經濟史編寫組·山西省檔案館 編, 『晉綏邊區財政經濟史資料選編』(總論篇), p.723.

84 위의 책, 같은 곳.

아니다.

토지개혁에서의 '좌경'은 반복하여 나타나는 경향으로 비록 토지개혁이 완성되더라도 향촌 사회계층의 심리에 큰 영향을 미친다. 토지개혁에서의 '좌경' 영향은 많거나 적거나, 공공연하거나 공공연하지 않은 차이일 뿐 언제나 존재한다. 이러한 문제를 해결하지 않으면 농민들의 생산 적극성을 향상하기 어려울 뿐만 아니라 농업에서의 노동력, 토지, 자본의 결합이 방해를 받아 어려움이 생길 수 있다.[85]

1949년 3월까지 공산당의 경제정책이 관철되기 어려웠던 이유 중하나가 바로 '좌'편향이 농민층에게 가해진 해악을 제거하지 못한 것이다. 농민들은 공산당의 생산으로 집안을 일으키고 노동으로 치부하는 정책에 의심을 품고 있었다. "토지를 이후에 분배하는가? 노동으로 치부하는 것을 더 이상 단속하지 않는가? 토지를 임대하거나 사람을 고용하여 농사를 지으면 지주나 부농으로 취급당하지 않는가? 돈을 빌리면 고리대금이 되지 않는가?"[86] 하는 의심이 바로 그러했으며 심지어 '가난하면 영광스럽고 부유하면 위험하다'[87]는 사회심리까지 나타났다.

사실상 이러한 문제는 간단하면서도 심각하다. 간단하다고 하는 것은 이는 농민의 생존과 발전에 직결되는 일상생활의 문제로 모든 농민(빈농과 지주, 부농 포함)이 반드시 직면해야 하는 문제이기 때문이다. 심각하다고 하는 것은 중국 농촌과 농민의 진로에 관한 중요한 이론 문제와 현실적인 문제로, 토지의 평균 분배로써 향촌사회의 착취 제도

---

85   위의 책, p.826.

86   위의 책, p.815.

87   山西省史志研究院 編, 『山西通史 · 解放戰爭卷』, p.392.

를 없애 농민들에게 출발선이 상대적으로 평등한 생활 여건을 만들어 주기 때문이다. 하지만 출발선이 같다 하더라도 발전 과정의 복잡성과 개개인의 능력 차이로 인해 결과가 불균형해질 수 있다. 변구에서 '신부농'층이 출현한 것은 향촌 사회구조의 양극화 발전의 필연적인 추세를 충분히 예고하고 있다.

이 역사 발전의 결말은 뜻밖의 것이 아니었기 때문에 1949년 4월 17일, 중공중앙에서는 「신구 부농 구분 문제에 관한 지시(關于新舊富農的劃分問題的指示)」를 반포했다. 그리고 진쑤이 변구는 그 특수한 역사적 조건 때문에 산간닝(陝甘寧) 변구[88]의 신부농층 구분 기준과 달라야 한다면서 "민주정권이 수립된 후에 고농·빈농·중농들이 민주정권의 정책수행으로 이익을 얻어 부농이 된 것을 신부농으로 정한다."[89]고 했다.

'신부농'은 토지개혁 이후 '토지를 평균 분배'하는 조건에서 성장한 향촌사회의 신계층으로 개인이나 집단의 각 사회계층 간 이동의 결과이다. 따라서 '공산당이 집권하는 사회에서 농촌경제의 발전 과정에 나타나는 빈부격차를 인정하는가?'라는 심층적 문제를 가져왔다. 고농을 지주 착취의 한 기준으로 간주하는 이상 확대된 토지 경영 규모는 고농이 없이 어떻게 실현될 것인가? 변구의 공산당 조직은 토지개혁 총화에서 이미 이 문제를 언급했다. "조직의 어떤 형태든 비교적 큰 규모의 경영을 장려하고 법령정책의 원칙에 어긋나지 않는 한 원활한

---

88 1937~1949년, 산시(陝西) 북부와 간쑤(甘肅) 동부 및 닝샤(寧夏) 일부 지역을 포함한 공산당의 근거지임. - 역주

89 晉綏邊區財政經濟史編寫組·山西省檔案館 編, 『晉綏邊區財政經濟史資料選編』(農業篇), p.404.

발전을 허용해야 한다. 돈만 있으면 머슴을 몇 명 더 고용하는 것은 나쁜 것이 아니라 좋은 것이며 낙후가 아니라 진보이다. 부농의 상품이라도 특별히 좋으면 전람회에서 똑같이 장려해야 한다. 특히 빈농에서 중농으로, 중농에서 부농으로 올라간 것을 더욱 장려해야 한다."[90] 이후의 역사의 발전 과정은 향촌 사회구조라는 발전 방향의 필연성을 큰 대가를 치르고 입증했다.

진쑤이 변구는 화베이의 전형적인 향촌사회로 토지 집중이 상대적으로 더디고 향촌사회의 양극화와 계급적 충돌 및 계급 의식이 화난이나 화중의 농촌처럼 첨예하지 않았다. 공산당 정권이 진쑤이 변구에 들어가기 전까지 향촌사회 문화는 외부의 영향을 덜 받아 상대적으로 폐쇄적인 사회생활 환경에 처해 있었다. 문화적 기반이 특별히 결여된, 특히 사회 현대화의 동력이 부족한 향촌사회에서 수천 년의 전통을 변화시키는 토지제도 혁명은 그리 쉬운 일이 아니다. 진쑤이 변구의 공산당 정권은 어떻게 농민을 동원하여 봉건적 토지 착취 제도를 완전히 없애는가 하는 사회적 동력 문제와 농민을 동원한 후 이를 어떻게 올바른 궤도에 올려놓아 토지혁명의 정확한 방향을 유지할 것인가 하는 문제에 직면했다. 더욱 중요한 문제는 '평균화'한 토지개혁 이후 어떻게 향촌 사회계층이 '불균등화'되는 필연적인 발전 추세를 해결하며, 어떻게 제도 혁신의 구조에서 생산력을 최대한 해방하고 발전시켜 농민층이 부유하게 하느냐 하는 것이다.

진쑤이 변구의 토지개혁에서 동요와 일부 심각한 결과가 나타난 것은 이 방향에 대한 진쑤이 변구 공산당조직의 인식과 상황 파악과 무

---

90 晉綏邊區財政經濟史編寫組 · 山西省檔案館 編, 『晉綏邊區財政經濟史資料選編』(總論篇), p.723.

관하지 않다. 사회혁명의 올바른 방향에 대한 인식과 파악은 선험적으로 얻을 수도 없고 정해진 모형으로 복제할 수도 없으며 사회혁명의 실천이라는 역사적 우여곡절 속에서 얻어질 수밖에 없다.

진쑤이 변구의 토지개혁은 공산당이 특정 역사적 시기에 중국의 특수상황에 따라 농민을 이끌어 진행한 농촌 토지혁명으로 많은 곡절을 겪었다. 하지만 토지개혁은 농촌 토지 관계를 봉건지주소유제에서 '경작자가 토지를 소유하는' 농민소유제로 변화시켰다. 토지개혁의 완성으로 향촌사회혁명의 목표의 하나인 '경작자의 토지 소유'를 완성했다. 그리고 농민의 생산 적극성을 높이고 식량에 대한 농민의 기본적인 요구를 보장했으며 농민의 생산과 정치 참여 의욕을 불러일으켜 항일전쟁과 해방전쟁의 순조로운 발전을 촉진했다. 또한 농촌의 사회주의 개조와 대규모 계획경제 건설을 위해 기본적인 여건을 마련하고 유익한 경험을 쌓았으며 사회적 의의를 지닌 깊은 역사적 교훈도 얻었다.

제3장

현대화 발전 과정에서의
향촌사회 변천

20세기에 들어 중국의 현대화 추진은 기존의 단일한 발전을 넘어 정치·경제·문화·사회 전반에 확장되기 시작했다. 그러나 산업화와 도시화는 여전히 현대화 발전의 주도적 방향을 결정하고 있으며 이로 인해 향촌사회가 전통 시대와는 다른 방향으로 변화하게 되었다. 향촌의 지역 특성과 그 지역성 차이는 매우 크며 그 변천의 폭과 깊이 및 정도 또한 꽤 차이가 있다. 이 장에서는 향촌사회의 변천에 영향을 미치는 특정된 현대화 요소를 선별하여 이로써 전모를 살피려고 한다.

근대 중국의 도시화와 현대화 발전 과정

근대 산업혁명의 산물이자 개념인 도시화(Urbanization)는 사회인구가 도시로 집중하는 과정을 말한다. 이 역사적 과정은 각 역사적 단계에서 서로 다른 역사적 특징을 갖는다. 중국은 유구한 성읍문명을 가진 대국이지만 중국의 고대 도시들은 주로 행정 중심이나 군사적 방어를 위해 세워졌으므로 상공업을 주도적으로 한 도시의 성장이 부족했다. 19세기 중엽, 5개 도시를 개항한 이후에야 도시화의 진행이 새로운 단계로 접어들었고 연해의 여러 상업도시들이 잇따라 개척되어 현대화 산업이 점차 흥기했다.[1] 이로써 중국 도시화의 새로운 한 페이지가 장식되기 시작했다.

중국 근대화와 도시화의 역사 발전에서 양무운동은 매우 중요한 역

---

1   趙岡,「從宏觀角度看中國的城市史」,『歷史研究』, 1993年 第1期, p.16.

할을 한다. 양무운동은 1860년대부터 시작되었다. 청 정부의 양무파가 서방의 군용·민용 생산기술을 도입해 군사공업과 민간기업을 설립함으로써 중국에서 자본주의 생산력이 탄생되었다. 이러한 새로운 생산력은 도시에 집중되었으므로 중국의 일부 도시는 근대화로 나아가기 시작했다.[2]

1) 근대 중국의 도시화와 근대화의 발생

근대 중국 사회의 구조적 변화 중 하나는 도시화의 가동인데 그 특징은 공업과 상업, 도로와 항구로 흥한 도시들의 탄생과 발전이다. 이 도시들은 점차 산업문명으로 농업문명을 대체하여 반식민지, 반봉건적이면서도 어느 정도 근대화된 도시로 변했다. 양무운동은 도시화와 도시 근대화를 추진했다. 공업과 광산업, 상업과 무역, 철도 부설, 학당 신설 등은 모두 직간접적으로 도시화를 촉진했으며 일부 옛 도시와 마을들이 확장되었다. 이로써 일부 촌락이 도시로 변하고, 일부 농민들이 일을 찾아 도시에 몰려들면서 도시의 인구가 급속히 증가했다.

양무운동이 시작되면서 근대 중국의 도시는 새로운 발전 시기에 접어들었다. 근대 도시화 발전은 두 개의 경로를 따라 전개되었는데 하나는 도시의 근대화 운동이고 다른 하나는 향촌의 도시화 운동이다. 1860년대부터 1894년 청일전쟁 전까지 21개의 군수업체와 40개의 민

---

2   王守中·郭大松, 『近代山東城市變遷史』, 山東教育出版社, 2001, p.684.

간업체가 설립되었다. 양무파는 청일전쟁 후에도 일부 공장을 세웠다. 우한(武漢)에는 정부 경영이나 정부 감독 상인 경영 기업이 20개나 되었는데 대부분은 청일전쟁 이후에 세운 기업이었다. 근대 도시의 발전 특징과 구도를 보면 도시의 근대화나 근대 도시화의 과정은 종종 산업화의 과정을 동반하는데 도시 산업의 탄생과 발전이 도시 근대화의 주요 표징이 된다.

1840~1894년, 서방 국가가 중국에 설립한 산업기업은 103개이며, 주로 상하이 · 톈진 · 한커우 · 광저우(廣州) · 샤먼(夏門) 등 개항도시에 분포되었다.[3] 1860년대부터 양무운동이 시작되면서 중국인이 설립한 기업들, 정부에서 경영하는 양무기업이나 후기의 민간기업이나를 막론하고 모두 상하이 · 광저우 · 우한 · 항저우(杭州) · 우시(無錫) · 톈진 등 개항도시에 집중되었다.[4]

양무파는 이 밖에 탕산(唐山)-쉬거좡(胥各莊) 철도, 베이징-한커우 철도, 톈진-탕구(塘沽) 철도, 지룽(基隆)-타이베이(台北) 철도 및 다예(大冶)에서 창장(長江) 강변까지 이르는 철도를 부설했고 연해항로와 연강항로를 개척했다. 그리고 톈진에 전보총국을, 여러 성(省)에 전보국을 세웠으며 1894년 전에 이미 전국적인 전신망을 구축하여 근대 중국 도시 네트워크의 형성에 큰 영향을 주었다. 중국의 207개의 근대 도시 중 양무운동의 직접적 혜택을 받은 도시는 1/4 이상이고, 거의 모든 도시가 양무운동의 간접적인 영향을 받았다. 근대 신흥 도시는 대체로 다음과 같이 분류할 수 있다.

근대 중국의 도시화와 현대화 발전 과정

---

3   孫毓棠,『中國近代工業史資料』第一輯 上, 科學出版社, 1957, pp.234~241.

4   汪敬虞,『中國近代工業史資料』第二輯 下, 科學出版社, 1957, p.654.

첫째, 개항도시이다. 광저우·샤먼·푸저우(福州)·닝보(寧波)·상하이 등 5개 도시의 개항에서 시작하여 청일전쟁 전까지 전국의 개항도시는 34개에 달했다. 대부분은 강요에 의해 개항했지만 우창과 같이 주동적으로 개항한 도시도 있다. 상하이·톈진·광저우·한커우·칭다오(青島) 등 개항도시는 대외무역으로 발전했는데 이는 중국 근대 도시 발전의 새로운 길이라고 할 수 있다. 상하이의 대외무역은 1864년부터 1910년까지 대체로 전국 대외무역의 절반 정도를 차지했으며 가장 많을 때에는 65.64%를 차지했다. 개항도시의 발전은 대외무역의 성장 및 기계화 교통과 밀접한 연관이 있다. 1893년까지의 대외무역이 도달한 수준은 제국 말기에는 유례가 없을 정도였으며 기계화 교통은 당연히 새로운 요소였다.[5] 그 결과, 반세기 동안 근대화 도시들이 발전하기 시작했다. 홍콩이나 산터우(汕頭) 같은 새로운 항구도시들이 발전했는데 가장 주목을 받은 것은 상하이와 톈진이었다. 창장 하류 지역의 도시 체계가 재건되었으며 기타 연해 지역에서도 중요한 변화가 발생했다.[6]

둘째, 공업도시이다. 중국 공장에는 외자 공장, 정부 경영 혹은 정부와 상인 합작경영 공장, 민족자본주의 공장 등 세 유형이 있다. 양무파가 경영하는 공장은 수적으로 적지만 규모가 크고 수입 설비와 투자금이 많아 소재한 도시의 인프라 구축과 경제발전을 상당히 추진했다. 이들 도시는 봉건 고을의 농업문명에서 근대 공업문명으로의 전환을 거쳤으며 넓은 공장 생산구역과 가건물 및 교통통신 시설을 갖추었다.

---

5   施堅雅 主編, 葉光庭 等 譯, 『中華帝國晚期的城市』, 中華書局, 2000, p.262.
6   위의 책, 같은 곳.

양무파가 경영하는 공장은 주로 상하이·톈진·우한·난징(南京)·푸저우·시안·광저우·지난(濟南)·창사·청두(成都)·지린(吉林)·베이징·항저우·쿤밍(昆明)·타이위안(太原)·타이베이 등지에 있었으며 도시의 발전 추진에 일정 역할을 했다. 특히 양무운동의 중심도시인 상하이·톈진·우한은 모두 중국의 중요한 공업기지로 부상했다. 근대 톈진의 도시 산업화 역시 양무운동의 군사공업에서 시작했다.

1866년 청나라는 톈진에 전문 기업을 설립하기 시작했다. 4년 후에 톈진기기국(天津機器局)이 설립되었으며 점차 규모를 갖춘 대형 근대화 군수기업으로 성장했다. 근대화 과정의 연쇄효과가 매우 빠르게 나타났는바 근대 기업과 그 수요에 의해 근대 통신 예를 들면 전보와 전화, 철도 시설이 톈진에 세워졌다. 광서 18년에 이르러 톈진은 극동 최대의 정보 중심지로 부상했다.

이홍장(李鴻章)은 "중국은 10년 넘게 전선을 가설했는데 요즘 들어 점차 널리 보급되고 있다. 동북쪽은 지린, 헤이룽장(黑龍江)과 러시아 국경에, 서북쪽은 간쑤와 신장(新疆)에, 동남쪽은 푸젠과 광둥(廣東) 그리고 타이완(臺灣)에, 서남쪽은 광시(廣西)와 윈난(雲南)에 이른다. 22개의 성에 걸치며 조선에도 이른다. 사방이 만 리이지만 연락하기가 쉬우니 참으로 편리하다."[7]라고 말했다. 산업화는 도시화 과정과 밀접히 연관되어 있으며, 전통적인 도시 발전과 근대적 도시화의 시대적 특징을 각각 보여주고 있다. 근대 대공업이 톈진의 도시 발전에 끼친 영향을 간과할 수 없다. 톈진기기국의 설립으로 인해 톈진이라는 전통도시 외에 또 하나의 신도시가 탄생한 셈이다.[8] 19세기 말의 산업화

---

7   中國史學會 主編,『洋務運動』第六冊, 上海人民出版社, 1961, p.446.

8   羅澍偉,『近代天津城市史』, 中國社會科學出版社, 1993, p.223.

물결을 타고 톈진은 전통에서 벗어나 군사공업과 경공업을 구비한 북부지역의 주요 공업도시로 거듭났다.

셋째, 채광과 야금 도시이다. 양무파는 철광·탄광·동광·금광을 채굴했다. 불완전한 통계에 의하면 정부가 경영하는 탄광이 6곳, 정부가 감독하고 상인이 경영하는 탄광이 9곳, 정부 경영 광산이 3곳, 정부 감독 상인 경영 광산이 18곳이다. 채광과 야금은 도시를 탄생시켰다. 황량하던 교외는 번화가로 변하고 광야는 부락으로 탈바꿈했다. 탕산·안위안(安源)·자오쭤(焦作)는 석탄 채굴로, 후난의 렁수이탄(冷水灘)은 주석광 채굴로, 간쑤의 위먼(玉門)은 석유 채굴로 번성한 도시가 되었다. 안위안은 장시성 서쪽의 인가가 없는 황량한 땅이었지만 석탄 채굴로 수만 명의 광부와 상인들이 몰려들면서 번화가를 이루어 '리틀 난징'으로 불렸다. 이홍장이 1881년에 개발한 탕산 탄광은 중국 최초의 기계로 채굴하는 현대화 탄광이었다. 탕산은 이로 인해 시골에서 공업도시로 발전했다.

넷째, 항구·부두 도시이다. 연강·연해 항구와 부두 및 철도 연선의 도시들이 여기에 포함된다. 1949년 이전 중국의 207개 도시를 분석한 결과 176개 도시가 수륙교통로에 위치해 있었다. 특히 철도 연선이나 연강·연해에 많았다. 항구나 부두, 철도가 없이 상하이·베이징·톈진·우한은 발전할 수 없다. 스자좡(石家庄)·헝양(衡陽)·푸커우(浦口)·벙부(蚌埠) 등 도시는 모두 철도 연선에 위치했다. 벙부는 또한 화이허(淮河)를 끼고 있어 상업과 무역이 크게 발전했으며 인구는 1914년에 10만 명, 1926년에는 26만 명에 달했다.

근대 신흥도시의 부상과 그 지역 분포 및 기능의 변화는 전통사회의 도농구조 관계를 근본적으로 변화시켰다. 명나라 이래, 한때 크게 번창하던 운하 연안의 수많은 도시들은 청나라 중엽부터 발전을 멈추고 점차 쇠락했는데 일부 도시들은 자그마한 현성으로 변했다. 직접적 이유로는 '사회 동란과 경제지리 여건의 변화'[9]를 꼽을 수 있지만 개항 과 양무운동에서 시작된 산업화 발전이 시대적 원인이다.

양무운동 및 기타 요인들에 의한 역사적 합력으로 근대 중국의 도시화 발전은 전통적 도시의 정체·폐쇄적인 모형에서 벗어나 현대화 도시로의 발전을 시작했다. 비록 난항을 겪었지만 청대 말엽에 근대 도시 체계의 구도가 대체적으로 갖추어졌으며 상하이·베이징 중심의 도시 네트워크와 톈진 중심의 화베이 도시 시스템, 우한 중심의 화중 도시 시스템, 광저우 중심의 화난 도시 시스템, 충칭(重慶) 중심의 시난(西南) 도시 시스템, 선양(沈陽) 중심의 둥베이(東北) 도시 시스템, 란저우(蘭州) 중심의 시베이 도시 시스템을 구축했다. 이는 근대 중국의 사회구조의 변동에 대해 큰 영향을 주었다.

2) 산업화와 도시화의 급속한 발전

일반적으로 산업화란 근대 산업화를 말하며, 국민경제에서 주요한 위치를 차지하도록 근대 산업을 크게 발전시킨다는 의미이다.[10] 중국의 근대화 산업은 청대 말엽인 동치 연간에 증국번(曾國藩), 이홍장 등이 설립한 군사공업에서 시작된다.[11] 1862년 증국번은 안칭(安慶)에

9   王守中·郭大松, 『近代山東城市變遷史』, p.99.
10   李伯重, 『江南的早期工業化(1550~1850)』, 社會科學文獻出版社, 2000, p.2.
11   劉大鈞, 『上海工業化研究』, 商務印書館, 1940, p.13.

군계소(軍械所)를 설립하여 기선을 만들었는데 중국 최초의 근대 군수기업이다. 같은 해, 이홍장은 상하이에 총포국(槍炮局)을 설립했다. 이후 양무운동의 발전에 따라 강남제조총국(江南制造總局, 1865년), 푸저우선정국(船政局, 1866년), 톈진기기국(1867년) 등 군수기업이 설립되었다. 같은 시기 민간기업도 발전했다. 유명 기업들로는 간쑤 나일론총국(1878년), 상하이 기기직포국(1890년), 후베이 방사직관포국(紡紗織官布局, 1893년) 등이다. 그 후 중국 근대 산업기업의 수는 날로 증가했고 규모도 더 커졌다.

방직업과 제분업 분야의 민족자본기업을 보자. 근대 방직공장은 1895~1899년에 10개가 증설되었으며 방추 19만 추, 자본금 500만 원을 보유하여 기업당 방추 1.9만 추에, 자본금 50만 원을 보유했다. 1905~1910년에 9개가 증설되었으며 기업당 방추 1.4만 추, 자본금 55.6만 원을 보유했다. 1914~1922년에 44개가 증설되었으며 기업당 방추 2.6만 추를 보유했다. 근대 제분공장은 1911년 전에 38개였으나 1912~1913년에 20개, 1913~1921년에 105개 증설되었으며 생산량은 203,585포대에 달했다. 이 중 자본금을 알 수 있는 기업이 2,318개이며 기업당 자본금은 28.9만 원이다.[12]

위의 1895~1922년 중국 근대 공업에 대한 분석은 가장 중요한 업종인 방직업과 제분업 분야의 민족자본기업만을 대상으로 했다. 이 통계는 20여 년 사이 중국의 근대 민족자본기업이 크게 발전했음을 보여준다.[13] 하지만 1922년 이후, 빈번하게 발생한 국내 전쟁과 외국 자본의 역습으로 중국 근대 민족자본기업은 1927년까지 어려움에 직면

---

12   汪敬虞, 『中國近代經濟史1895~1927』, 人民出版社, 2000, pp.1609~1663.

13   위의 책, pp.1596~1619.

했다.

1927년 이후, 난징 국민정부 수립과 전국 통일로 인해 국민당은 전국적 통치 지위를 확립하는 한편 공업 발전을 위해 일련의 정책을 제정했다. 이는 이후의 산업화 발전에 긍정적인 영향을 주었다. 1928년 2월, 중국국민당 제2기 중앙집행위원회 제4차 전체회의는 농업과 공업을 발전시키고 국가의 부강한 기반을 다지기 위해 노력할 것을 선언했다. 1929년 7월, 중국국민당 제3기 중앙위원회 제2차 전체회의는 '상공업 보호와 장려' 및 '국영공업 발전'을 강조하면서 기존 국영기업 정리와 기본공업 제조공장 설립을 요구했다.

1930년 3월, 중국국민당 제3기 중앙위원회 제3차 전체회의는 '최근 건설 방침'을 작성했는데 구체적 내용은 다음과 같다. "미개발 탄광·철광·유전·구리광산은 모두 국가가 경영하며 일정 범위 내에서 외국인 투자나 합자사업을 허가한다. 기타 광산은 총리가 정한 대로 개인과 계약을 체결해야 한다. 정부는 농업을 장려하고 원자재를 늘리고 원자재 가격을 낮추며 보호세칙을 시행하는 범위 내에서 일반 공업의 자주적 발전을 허가한다. 특수공업 관련 공장 설립 시 정부가 계획하고 외자 도입과 인원 채용을 허가한다. 정부는 2년 내에 대형 제철소와 제강소, 조선소와 전기기계공장을 설립하며 외자의 도입을 허가한다. 국민당 당원들은 농공업의 발전을 위해 최선을 다하며 정부에 협조하여 농공업 발전을 파괴하는 모든 행위를 금지시켜야 한다."

1931년 5월, 중국국민당 제3기 중앙위원회 제1차 전체회의는 수리·전기·철강·석탄·석유·자동차 등 기본공업은 국민정부가 적극 경영하고 민간투자자가 경영하는 기타 공업은 정부가 장려해야 한다고 결의했다. 1932년 12월, 중국국민당 제4기 중앙위원회 제3차 전체회의는 공업 건설에 관한 결의안을 채택하여 생산과 운수 및 판매,

전국공업생산회의 소집, 공업단체조직법 제정 등 여러 가지 방법을 제시했다.

1934년 1월, 중국국민당 제4기 중앙위원회 제4차 전체회의는 덤핑세 시행으로 신흥 공업을 보호하는 결의안을 통과했다. 1934년 12월, 중국국민당 제4기 중앙위원회 제5차 전체회의는 방직공장 공황 구제와 무명천 판로 보급 방법 등 정부의 결의안을 통과했다. 1935년 11월, 중국국민당 제4기 중앙위원회 제6차 전체회의는 생산 건설을 통한 자구안을 통과했는데 이 중 산업발전과 관련된 방안으로는 중공업 육성, 산업의 합리화 등이 있었다. 그해 11월에 소집된 중국국민당 제5차 전국대표대회에서 통과한 결의안은 국가 경제와 국민 생활에 관련된 주요 사업은 국영을 원칙으로 하고 일반 공업은 민영으로 귀속시키는 동시에 정부가 적극적으로 지원해야 한다고 규정했다.

1937년 12월, 중국국민당 제5기 중앙위원회 제3차 전체회의에서 통과한 결의안은 중공업, 화학공업, 광산업 및 첨단기술이 필요한 공업은 중앙정부가 책임지고 지방의 공공공업은 지방정부가 책임지며 경공업과 농산품 가공업 등은 민간에서 투자하여 경영한다고 규정했다.[14]

위에 서술한 정책에 관해 국민당과 국민정부는 선택적으로 시행했다. '공비 토벌'과 항일전쟁의 수요에 따라 기초 공업과 군사 관련 공업을 국가 공업 발전의 1순위에 놓았고 도로 구축, 교통운수, 수리 및 전략적 공업은 정부의 지원을 받았다. 사기업 육성을 장려하는 동시에 정부는 다양한 기업을 경영했다. 이는 표면적으로 쑨원이 제창한 국영

14   朱子爽, 『中國國民黨工業政策』, 國民圖書出版社, 1943, pp.45~70.

과 민영의 혼합경제 모형을 따랐으나 실질적으로는 공기업과 사기업 사이의 경계를 분명히 하지 않은 것이다. 국가가 투자한 기초 공업은 개별 기업만 생산에 들어간 반면 항일전쟁으로 거의 중단되었다. 군수 산업에 도움이 되는 사기업에 대해 장려, 지원 등 특혜를 주었고 국가 경제 발전과 국민생활 향상에 필요한 일부 사기업의 생산을 일정 정도 감독, 통제했으며 날로 쇠퇴하는 면방직업에 대해서는 소극적으로 대처했다.[15] 이러한 실행은 국민당 및 국민정부의 예상과 상당한 차이를 보이고 있음에도 불구하고 이 시기의 산업 발전과 산업화 진행에 긍정적인 영향을 미치고 있다.

이 시기에 근대 공업은 급속히 발전했다. 근대 공업이 근대 농공업 총생산액에서 차지하는 비율은 1920년의 4.9%에서 1936년 10.8%로 증가했다.[16] 이 중 기계 · 전자 · 전력 · 화학 · 방직 등 업종의 발전이 비교적 빨랐다.

기계공업의 경우, 이 시기 기계공업의 종류가 다양해졌다. 조선업 위주에서 각종 동력기 · 철도차량 · 선반 · 방직기 · 농기계 · 식품기계의 생산으로 발전했다. 국가에서 자본을 집중하여 대형 기계공장인 중앙기계공장을 설립하여 무봉강관 · 주강 · 주철관을 생산했다. 민영기계공장의 발전 역시 눈부셨다. 1927~1936년 전국의 기계공장은 377개로 증가되어 증가폭이 배에 달했다. 1936년 전국의 44개 도시에 국영 기계공장과 사영 기계공장 753개(철도차량 공장을 포함하지 않음)가

15 陳紅民 主編, 『中華民國史新論 · 經濟社會思想文化卷』, 生活 · 讀書 · 新知三聯書店, 2003, pp.3~15.

16 吳承明, 『中國資本主義與國內市場』, 中國社會科學出版社, 1985, p.135.

있었으며 자본금 783.6만 원, 연간 생산액이 2,239만여 원에 달했다.[17]

전자공업의 경우, 1929년 국민당은 육해공군총사령부 산하의 난징 군사교통기계 수리공장에 전신시설 공장을 증설하여 5와트와 15와트 무전기와 전화기를 설치, 수리했다. 1935년 자원위원회(資源委員會)는 난징의 전기연구실 산하에 전화, 전보, 전자관 연구팀을 설립하여 미국 부품으로 제품을 조립했다. 1935년 전기연구실은 중국 최초의 '30'형 전자관을 연구 제작하여 중국 전자공업의 이정표를 알렸다.[18]

전력공업의 경우, 1932년 만주를 제외한 각 성(省)의 452개소 발전소의 설비용량 47.9만 kW, 연간 발전량 120만 kWh, 투자 총액은 2.82억 원에 달했다. 1936년 461개소 발전소의 설비용량 63.1만 kW, 연간 발전량 17.2만 kWh, 투자 총액은 3.08억 원에 달했다. 5년 사이 설비용량 32%, 연간 발전량 44%, 투자 총액 10% 증가했다.[19] 1936년과 1928년을 비교하면 설비용량 76%, 연간 발전량 74% 증가했다.[20]

화학공업의 경우, 최초의 산(酸)제품 공장은 대부분 더저우(德州), 한양, 상하이 지역의 병기창 부설기업으로 운영되었다. 1936년에 설립된 융리(永利) 황산암모니아 공장은 합성암모니아, 황산, 황산암모니아, 질산 생산 설비를 보유했으며 연간 생산량은 '훙싼자오(紅三角)'표 황산암모니아(화학비료) 1.87만 톤, 황산 1.15만 톤, 질산 1,520톤에 달했다. 1937년 전국의 주요한 8개소 산(酸)제품 공장의 연간 생산량은 황산 4.1만 톤, 니코틴산 6,000톤, 질산 3,265톤에 달했다. 같은 해,

---

17 陸仰淵・方慶秋, 『民國社會經濟史』, 中國經濟出版社, 1991, pp.368~369.

18 위의 책, 같은 곳.

19 沈雲龍 主編, 『近代中國史料叢刊』續編第9輯(83~85), 文海出版社, 1974年 影印本, pp.388~390.

20 陸仰淵・方慶秋, 『民國社會經濟史』, p.371.

전국의 7개소 소다 제조공장의 연간 생산량은 소다 6.31만 톤, 가성소다 7,350만 톤, 규산소다와 황화소다 13,220톤에 달했다. 1936년 상하이 · 광저우 · 후난 · 지난 · 칭다오 · 톈진 · 탕산 · 산시(陝西)의 10개소 알코올 공장 연간 생산량은 200만여 갤런에 달했다.[21]

방직공업의 경우, 1927년 전국의 방직공장은 도합 119개소로 방추 3,531,588추, 방직기 29,788대를 소유했다. 이 중 중국인 소유 방직공장은 73개소로 방추 2,033,588추, 방직기 13,459대를 소유했다. 1937년 전국의 방직공장은 도합 148개소로 방추 5,102,796추, 방직기 58,439대를 소유했다. 이 중 중국인 소유 방직공장은 96개소로 방추 2,746,392추, 방직기 25,503대를 소유했다.[22] 1937년과 1927년을 비교하면 전국의 방직공장은 29개소 증가하여 증가폭이 24%에 달했으며 방추가 1,571,208추 증가하여 44% 증가, 방직기 28,651대 증가하여 96% 증가했다. 중국인 소유 방직공장은 23개소 증가하여 증가폭이 32%에 달했으며 방추가 712,804추 증가하여 35% 증가, 방직기 12,044대 증가하여 89% 증가했다.

각종 공업의 발전에 따라 상하이 · 톈진 · 우한 · 칭다오 · 우시 등 도시들은 공업 중심지로 부상했다. 전국 최대의 공업 중심지인 상하이에는 1929년에 이미 크고 작은 공장 1,781개소가 있었으며 1930년에는 2,000여개 소로 증가했다. 이 중 676개소가 「공장법」의 규정에 부합되었으며, 1932년 4,000여 개소의 공장에서 1,229개소가 「공장

근대 중국의 도시화와 현대화 발전 과정

21   中國文化建設協會,『抗戰十年前之中國』, pp.171~174. 陸仰淵 · 方慶秋,『民國社會經濟史』, pp.372~374.
22   龔駿,『中國新工業發展史大綱』, 商務印書館, 1933, pp.123~133. 沈雲龍 主編,『近代中國史料叢刊』, p.78.

법」의 규정에 부합되었다.[23] 항일전쟁 발발 직전, 면방직 · 모방직 · 제분 · 담배 · 제지 · 성냥 · 기계 · 선박정비 · 전력 업계의 생산총액은 37,534.1만 원에 달했는데 기타 업계의 43,205.5만 원을 합하면 생산 총액은 80,737.6만 원에 달했다. 1936년 상하이 전체 근대 공업 생산액은 118,225.5만 원에 달했다.[24]

텐진의 공업 발전은 1927~1937년에서 두 가지 특징을 보여준다. 하나는 민족기업이 1930년대 초에 크게 하락, 쇠퇴하다가 1935년 이후로 완만하게 성장하는 것이고 다른 하나는 외자기업이 급속히 발전한 것이다. 특히 일본 기업은 1920년대 말까지만 해도 유럽이나 미국보다 수준이 낮았지만 1936년에 여러 나라들을 초월하여 공업 투자 규모가 전체 외자의 56% 이상을 차지했다.

1938년 일본인들의 조사에 의하면 당시 텐진의 공업기업 850개소의 자본금은 1억 3,825만 원이었으며 이 중 중국인 기업은 724개소, 자본금은 1,737만 원으로 자본금 총액의 12.57%에 불과했다. 일본 기업은 86개소였지만 자본금은 7,607만 원으로 자본금 총액의 55.02%를 차지했고 기타 외국 기업 36개소의 자본금은 3,808만 원으로 자본금 총액의 27.54%를 차지했으며 중국과 외국 합작 기업 4개소의 자본금은 673만 원으로 자본금 총액의 4.87%를 차지했다.[25] 우한에는 1927년 이전에 규모가 비교적 큰 수공업 작업장을 포함한 민족기업이 600여개 소로 방직 · 정미 · 인쇄 · 기계 등 20여 개 업종에 종사했다. 훗

---

23 劉大鈞, 『中國工業調査報告』上, 第三編工業分地略說, 1933, p.10.
24 徐新吾 · 黃漢民, 『上海近代工業史』, 上海社會科學院出版社, 1998, pp.212~213.
25 羅澍偉, 『近代天津城市史』, 中國社會科學出版社, 1993, pp.505~510.

날 정국의 영향을 받아 우한의 공업은 발전을 멈추었다.

1933년 「공장법」의 규정에 부합되는 공장이 300~400개소로, 작은 공장을 다 합해도 500개소도 안 되었으며 자본금은 3,000여만 원이었다. 1936년 공장이 516개소로 증가했고 자본금이 5,148만 원에 달했으며 연간 생산액이 1.9억~2억 원에 달해 상하이와 톈진의 뒤를 이었다.[26] 칭다오에는 1926년 이전 근대 공장이 90여 개소가 있었는데 대부분 일본 기업이었으며 중국 기업은 일본 기업의 1/4밖에 안 되었다. 1932년, 외국 기업이 49개소였으며 이 중 40개소의 자본금 총액은 7,600만 원이었다. 중국 기업은 125개소였으며 이 중 118개소의 자본금 총액은 1,700만 원이었다.[27] 우시에는 1929년에 129개소의 기업이 있었으며 자본금은 1,404만 원에 달했다. 1930년 2월, 211개소로 증가했고 자본금은 1,177만 원에 달했다. 이 중 「공장법」의 규정에 부합되는 공장이 153개소로 자본금은 1,217만 원이었다. 1933년 이전 방적공장 7개소, 직조공장 20여개소, 비단 공장 49개소, 양말 공장 50여 개소, 제분공장 4개소, 식용유 공장 5~6개소, 정미소 10여 개소, 제분소 10여 개소, 제철소 60~70개소가 있었다.[28]

---

26   皮明庥, 『近代武漢城市史』, 中國社會科學出版社, 1993, pp.413~419.

27   龔駿, 『中國工業化程度之統計分析』, 商務印書館, 1934, p.162. 劉大鈞, 『中國工業調査報告』上, 第三編(工業分地略說), p.15.

28   『中國工業化程度之統計分析』, pp.107~111, 劉大鈞, 『中國工業調査報告』上, 第三編(工業分地略說), p.20.

표 3-1 1933년 전국 12개 도시 공업 비교표

지역	공장 수	백분비	자본금 (만 원)	백분비	근로자 수	백분비	국민순생산 (만 원)	백분비
전국	18,676	100	48,468	100	789,670	100	138,662	100
상하이	3,485	19	19,087	40	245,948	31	72,773	46
톈진	1,224	7	2,420	5	34,768	4	7,450	5
베이징	1,171	6	1,303	2.6	17,928	2	1,418	1
광저우	1,104	6	3,213	6.6	32,131	4	10,157	6
우한	787	4	2,086	4	48,291	6	7,330	5
난징	687	3.6	748	1.5	9,853	1	2,344	1.7
충칭	415	2	734	1.5	12,938	1.6	1,049	0.8
푸저우	366	2	261	0.5	3,853	0.5	777	0.4
우시	315	1.7	1,407	3	63,764	8	7,726	5
산터우	375	1	219	0.5	4,555	0.6	408	0.3
칭다오	140	0.7	1,765	4	9,457	1	2,710	2
시안	100	0.5	16	0.03	1,505	0.2	41	0.03

* 출처: 隗瀛濤主編,『近代重慶城市史』, 四川大學出版社, 1991, p.209. 광저우 공업자본 데이터에 오류가 있으므로 정정했음.

공업의 발전과 산업화 수준의 향상으로 이 시기의 도시화 수준도 크게 향상되었다. 도시화의 수준을 가늠하는 중요한 지표는 전체 인구 중 도시 거주 인구가 차지하는 비율인 도시화율이다. 그러나 정확한 인구통계가 없는 상황이므로 각 시기, 일정한 규모를 갖춘 도시 수의 변화를 통해 도시화에 대해 알아보려고 한다.

관련 통계자료에 의하면 1924년 인구가 100~200만 명인 도시는 상하이 · 광저우 · 베이징 등 3개, 50~100만 명인 도시는 항저우 · 톈진 · 푸저우 · 홍콩 · 쑤저우 · 충칭 등 6개, 10~50만 명인 도시는 41개, 5~10만 명인 도시는 83개였다.[29] 1937년 인구가 200만 명 이상인 도시는 상하이, 인구가 100~200만 명인 도시는 베이징 · 광저우 · 톈진 · 난징 등 4개, 50~100만 명인 도시는 한커우 · 홍콩 · 항저우 · 칭다오 · 선양 등 5개였다. 10~50만 명인 도시는 66개로 61% 증가했으며 5~10만 명인 도시는 112개였다.[30] 1924년에 비하면 인구가 100~200만 명 도시는 33% 증가했고 50~100만 명인 도시는 17% 감소했으며 10~50만 명인 도시는 61% 증가, 5~10만 명인 도시는 35% 증가했다.

위의 도시들에서 상하이 · 톈진 · 우한 · 충칭 · 칭다오 · 정저우(鄭州) · 스자좡 · 탕산 등 도시들은 이 시기의 무역항이거나 신흥 교통중심지, 혹은 신흥 광산업 도시로 인구가 급속히 증가했다. 상하이 인구는 1927년에 264.1만 명, 1930년에 314.5만 명, 1935년에 370.2만 명이었다.[31] 톈진 인구는 1928년에 112.2만 명, 1935년에 123.7만 명, 1936년에 125.4만 명으로[32] 1936년의 인구수는 1928년에 비해 3% 증가했다. 우한의 인구는 1928년에 85만 명, 1930년에 100만 명, 1935

29 阮湘 等,『第一回中國年鑑』, 商務印書館, 1926, pp.54~55.

30 顧朝林 等,『中國城市地理』, 商務印書館, 1998, p.76.

31 忻平,『從上海發現曆史－現代化進程中的上海人及其社會生活, 1927~1937』, 上海人民出版社, 1996, p.40.

32 羅澍偉,『近代天津城市史』, p.457.

년에 129만 명으로[33] 1935년의 인구수는 1928년에 비해 52% 증가했다. 충칭의 인구는 1927년에 20.8만 명, 1930년에 25.3만 명, 1935년에 47.1만 명으로 10년 사이 배가 넘게 증가했다.[34] 칭다오의 인구는 1927년에 9.2만 명, 1932년에 24.1만 명으로[35] 162%에 증가했다. 정저우의 인구는 1928년에 81,360명, 1930년에 95,482명, 1934년에 124,377명으로[36] 53%에 증가했다. 스자좡의 인구는 1926년에 약 4만 명, 1933년에 6.3만 명으로[37] 58% 증가했다. 탕산의 인구는 1926년에 4.8만 명이었으나 1931년에 15만 명에까지 달했다가 1937년에는 7.8만 명으로 줄었다.[38] 그래도 1937년의 인구수가 1926년에 비해 63% 증가했다. 비록 이 데이터들이 매우 정확한 것은 아니지만 이 시기 도시화가 급속한 발전은 사실이다.

도시화의 급속한 발전에 따라 중국은 1927년 이후에 '건제시(建制市, 법률에 의거하여 정식으로 설치한 행정 단위로서의 시)'가 나타났다. 이는 중국 근대 도시 발전의 역사에서 주목받을 만한 대사이다. 중국 현대의 도시 제도는 청나라 말기에 기원하여 중화민국 시기에 시작되었

33 皮明庥, 『近代武漢城市史』, p.660.

34 隗瀛濤, 『近代重慶城市史』, 四川大學出版社, 1991, p.398.

35 民國, 『膠澳志』, 成文出版社, 1968年 影印本, pp.231~276. 實業部國際貿易局, 『中國實業志』(山東省), pp.9~10.

36 劉宴普, 『當代鄭州城市建設』 附錄 「鄭州市城市建設大事記」, 中國建築工業出版社, 1988, p.336. 陳賡雅, 『西北視察記』, 申報館, 1937, p.472.

37 江沛 · 熊亞平, 「鐵路與石家莊城市的崛起 1905~1937年」, 『近代史研究』, 2005年 第3期.

38 王先明 · 熊亞平, 「鐵路與華北內陸新興市鎮的發展 1905~1937」, 『中國經濟史研究』, 2006年 第3期. 程昌志, 「唐山市鎮簡述」, 『市政評論』 第3卷 第14期, 1935年 7月. 北甯鐵路管理局, 『北寧鐵路沿線經濟調查報告書』, 1937年版, p.1247.

다. 1908년에 반포된 「성향 지방자치 장정(城鄉地方自治章程)」의 제2조에서는 "무릇 부(府)·주(州)·현(縣)이 다스리는 성 안과 성문 밖 부근을 도시(城)로 정하고, 그 외의 지역에서 인구가 5만 명 이상이면 진(鎭), 5만 명 이하이면 향(鄕)으로 정한다."[39]고 규정했다. 1921년 베이징 정부는 「시 자치제(市自治制)」를 반포하여 "시 자치단체는 고유의 도시(城)·진(鎭)·구(區)를 그 구역으로 한다. 하지만 인구가 1만 명이 안 되면 향 자치에 따라 처리한다."[40]고 규정했다. 그리고 도시를 특별시와 보통시로 나누었다. 이때의 '시(市)' 역시 자치 성질을 띠고 있다.

1928년 7월 3일, 난징 국민정부는 「특별시 조직법(特別市組織法)」과 「시 조직법(市組織法)」을 반포했다. 「특별시 조직법」은 중화민국의 수도와 인구 100만 명 이상의 도시 및 기타 특수상황 도시를 특별시라고 규정했다. 「시 조직법」은 "인구 20만 명에 달하는 도시는, 성정부의 신청과 국민정부의 승인을 받아 시를 설치한다."[41]고 규정했다. 이 두 문건의 반포는 '시'가 중국의 1급 행정제도로 공식화되었음을 알리는 징표이다.

1930년 국민정부가 반포한 수정 「시 조직법」의 제2조와 제3조는 "국민이 집거하는 지역에서 아래 조건을 하나라도 충족시키면 시를 설치하여 행정원에 예속시킨다. 첫째, 수도. 둘째, 인구가 100만 명 이상인 경우. 셋째, 정치경제적으로 특별한 사정이 있는 경우. 하지만 성

근대 중국의 도시화와 현대화 발전 과정

---

39 故宮博物院明清檔案部, 『淸末籌備立憲檔案史料』 下, p.728.
40 中華民國史事紀要編輯委員會 編, 『中華民國史事紀要』(1921年 7~9月 分册), p.29.
41 中華民國史事紀要編輯委員會 編, 『中華民國史事紀要』(1928年 7~10月 分册), pp.9~19.

정부의 소재지인 경우에는 성정부에 예속시킨다." "국민이 집거하는 지역에서 아래 조건을 하나라도 충족시키면 시를 설치하여 성정부에 예속시킨다. 첫째, 인구가 30만 명 이상인 경우. 둘째, 인구가 20만 명 이상이며 영업세·면허세·토지세가 그 지역 총수입의 2분의 1 이상을 차지하는 경우."[42]라고 각각 규정했다.

수정 「시 조직법」이 반포된 후 정부는 난징·상하이·톈진·칭다오·한커우·시안을 행정원 관할시로, 베이징·광저우 등 도시를 성정부 관할시로 지정했다.[43]

3) 20세기 전기 경제형태의 새로운 발전

산업화와 도시화의 급속한 발전에 따라 이 시기의 경제형태도 공업·수공업·상업·농업 등 분야에서 새롭게 발전했다.

이 시기 공업은 국영기업과 민영기업에서 모두 눈부신 성과를 거두었다. 국영기업의 경우, 1927년에 성립된 난징 국민정부는 일부 광공업 기업을 회수하여 국유화했다. 1928년 4월 진링(金陵) 발전소를 건설위원회의 산하에 소속시켰는데 1937년에 이르러 발전소는 난징에서 장닝(江寧)·쥐룽(句容)·류허(六合)까지 확장되었고 자본금은 50만 원에서 1,300만 원으로, 사용자는 3,000가구에서 44,000가구로 증가했다. 난징 정부는 또한 중공업을 발전시켰다. 1936년에 중앙강철공

---

42 中華民國史事紀要編輯委員會 編, 『中華民國史事紀要』(1930年 4~6月 分冊), pp.615~616.

43 徐矛, 『中華民國政治制度史』, 上海人民出版社, 1992, pp.415~417.

장 · 차링(茶陵) 철공소 · 장시(江西) 텅스텐합금철공장 · 펑현(彭縣) 동광 · 양신다예(陽新大冶) 동광 · 중앙기계제조공장 · 중앙전기기자재공장 · 중앙무선전기기계제조공장 · 중앙애자제조공장 · 가오컹(高坑) 탄광을 설립했고 1937년에는 샹탄(湘潭) 탄광 · 톈허(天河) 탄광 · 쓰촨(四川) 유전 · 링샹(靈鄕) 철광 · 쿤밍(昆明) 동제련소 · 충칭(重慶) 동제련소를 설립했다. 아울러 각 성에서도 국영기업을 설립했다. 광둥성(廣東省)은 1937년 이전에 시멘트 공장 · 제지공장 · 방직공장 · 비료공장 · 황산공장 · 음료공장 · 마지공장 · 발전소 등 기업을 설립했으며 투자금은 3,500만 원에 달했다.[44]

사영기업의 경우, 앞서 언급한 방직업과 제분업을 제외하고도 일부 사영기업은 큰 발전을 거두었다. 이 중 비교적 유명한 것은 룽쭝징(榮宗敬) · 룽더성(榮德生) 형제의 선신(申新)회사 · 푸신(福新)회사 · 마오신(茂新)회사와 류훙성(劉鴻生)의 회사, 그리고 궈러(郭樂) · 궈순(郭順) 형제의 융안(永安)그룹과 루쭤푸(盧作孚)의 민성(民生)회사이다. 룽씨 형제는 제분업으로 돈을 벌었으며 나중에 마오신제분소 · 푸신제분소 · 선신방직공장을 세웠다. 1931년, 선신 방직공장은 방추 50만 추, 방직기 3,000대를 소유했다. 1937년, 룽씨 형제 소유의 제분소는 12개소, 자본금은 901만 원에 달해 중국(만주 제외)의 16개 성 제분소 자본금총액의 30.5%를 차지했고 밀가루 일간 생산량은 92,660포대로 중국(만주 제외)의 16개 성 일간 생산량의 31.4%를 차지했다.[45]

류훙성이 설립한 기업에서 다중화(大中華)성냥회사의 규모가 가장

---

44 陳真, 『中國近代工業史資料』第3輯, 生活 · 讀書 · 新知三聯書店, 1961, pp.774~839, p.1171.

45 孫毓棠, 『中國近代工業史資料』第1輯, pp.372~389.

컸다. 1930년 룽창(榮昌) · 홍성(鴻生) · 중화(中華) 등 성냥공장을 합병하여 설립한 이 회사의 1937년 성냥 일간 생산량은 700상자에 달했다. 장쑤 · 저장 · 푸젠 · 안후이 · 장시 · 후베이 · 허난 · 광둥 · 광시 · 쓰촨 · 산둥 · 허베이 등지에서 판매되었으며 난창 · 한커우 · 주장 · 우후(蕪湖) · 난징 · 전장(鎭江) · 쑤저우 · 산터우 · 푸저우 · 샤먼 등 지역에 대리점을 세웠다.[46]

융안그룹에서는 융안방직회사의 규모가 가장 컸다. 융안제1방직공장은 1937년에 방추 44,160추, 방직기 1,200대를 소유했으며 근로자는 3,000명에 달했다. 제2방직공장과 제4방직공장은 방추 12만 추를 소유했으며 제3방직공장은 1928년에 방추 5만 추, 방직기 200대를 소유했다.[47]

루쬂푸가 1926년에 설립한 민성회사는 설립 당시 자본금 5만 원에, 90마력밖에 안 되는 '민성'호 선박 1척밖에 없었다. 1929년 기선 3척을 인수했고 1931년 7개 회사를 합병하여 기선 11척을, 1932년 5개 회사를 합병하여 기선 7척을, 1933년 3개 회사를 합병하여 기선 3척을 인수했고 기선 2척을 더 구매했으며 1935년에 제장(捷江)회사의 기선 5척을 인수했다. 1931~1935년 사이 15개 회사를 합병하고 기선 42척을 인수했고 항로가 아홉 갈래로 확장되었으며 선박의 총톤수는 24,000톤에 달했다. 1936년 민성회사는 상하이의 조선소 선박수주 1위를 차지했다.[48]

1927~1937년, 수공업 업종별 발전 상황은 제각각이었다. 1929년

---

46 위의 책, p.410.

47 위의 책, pp.425~426.

48 위의 책, pp.431~433.

이전에 발전하다가 1929년 이후에 쇠퇴했다. 하지만 1930년대에 이르러서도 수공업은 제조업 총생산액의 70% 이상을 차지했고 채광·야금업 총생산액의 25%에 조금 못 미쳤다.[49] 이 시기 수공업 발전에서 가장 눈에 띄는 모습은 수공업 반공업화의 급속한 확장이다.[50] 화베이 지역의 가오양(高陽)·바오디(寶坻)·딩현(定縣)·웨이현(濰縣)의 방직업을 보면, 1927~1937년은 발전역사에서 가장 중요한 시기이다. 이 중 가오양의 방직업은 칭위안(淸苑)·리현(蠡縣)·안신(安新)·런추(任邱)의 방직업을 포함한다.

1927~1937년은 제2차 흥성기와 쇠퇴기의 전환기였다. 1925~1929년은 제2차 흥성기로 가오양 방직업에서 면직물 판매가 회복되었고 인조면사가 성행했으며 가족작업장이 발전하고 인조견사 외상구입 제도가 도입되었으며 기계로 직물의 광택을 내는 공장이 발전했다. 1930년 이후의 쇠퇴기와 전환기로 가오양 방직업에 무명천의 판로가 막히고 원자재 수입과 천 생산량이 급감하는 상황이 발생했다. 방직기가 돌지 못하자 실업자가 많아졌으며 방직 종사자들은 산둥의 웨이현에 가서 공장을 세우거나 천을 사 왔다.[51] 바오디 방직업은 바오디와 샹허(香河)의 방직업을 포함한다.

1899~1909년 과도기의 시장 발전과 기술 진보, 정밀한 분업과 상인 고용주 제도의 흥기를 거쳤으며 1900~1923년 전성기를 거쳐 1924

49 許滌新·吳承明 主編,『中國資本主義發展史』第3卷, 人民出版社, 2003, p.187.
50 彭南生,「半工業化, 近代鄕村手工業發展進程的一種描述」,『史學月刊』, 2003年 第7期.
51 吳知,『鄕村織布工業的一個硏究』, 商務印書館, p.31.

년부터 쇠락을 맞았다.[52] 1927~1937년 바오디 방직업은 1923년의 전성기를 회복하지 못했다. 1926~1927년 융싱(永興)의 방직업이 부흥하여 1년에 천 10만 필을 생산했으며 닝샤·쑤위안·러허(熱河)·만주 등지에서 판매되었다. 1928년 융싱의 방직업은 판로가 막혀 2~3만 필을 생산했으며 그 후 생산량이 날로 감소하여 1934년에는 2~3천 필밖에 생산하지 못했다.[53]

딩현의 방직공장은 1926년 전부터 이미 정저우의 위펑(豫豐) 방적공장이나 스자좡의 다싱(大興) 방적공장에서 기계로 뽑은 실로 천을 짰다. 새로 개량한 방직기를 사용했으며 제품은 장자커우(張家口)·펑전(豐鎮)·구이화청(歸化城)·바오터우(包頭) 등지에서 판매되었다.[54] 1937년 딩현에서 방직업에 종사하는 가구 수는 전체 가구 수의 20.22%를 차지했다. 1927년 딩현은 차하얼(察哈爾)·산시(山西)·쑤위안·허베이 등지에 천 810,650필을 팔아 수입 891,716원을, 1930년에는 천 1,220,240필을 팔아 수입 1,464,288원을 올렸다.[55]

웨이현의 방직업은 웨이현을 중심으로 이웃한 창이(昌邑)·창러(昌樂) 등 여러 현의 방직업을 포함한다. 1926년, 1만여 가구가 방직업에 종사했으며 신식 방직기 4만여 대를 보유하여 하루에 천 4만여 필을 생산했다.[56] 1926년 이후 웨이현 방직업은 창이·서우광(壽光)·창러 3곳으로 확장되었다. 1934년 방직기가 6만여 대에, 연간 생산량은

52　方顯廷 著, 『方顯廷文集』 三, 商務印書館, 2013.

53　殷夢霞·李强, 『民國鐵路沿線經濟調査報告彙編』 第2冊, pp.591~592.

54　「定縣之棉花與土布」, 『中外經濟週刊』 第192期, 1926年 12月.

55　張世文, 『定縣農村工業調査』, p.82, p.115.

56　「山東濰縣之織布業」, 『工商半月刊』 第6卷 第1期, 1934年 1月. 「山東濰縣之經濟近況」, 『中外經濟週刊』 第187期, 1926年 11月.

390만 필에 달했으며 윈난·쓰촨·구이저우(貴州)·푸젠·허베이·허난·쑤위안 등지에서 판매되었다.[57]

1927~1937년, 특히 1931~1936년은 농업이 회복되어 일정하게 발전한 시기이다. 1931~1936년에서 쌀의 단위당 수확고는 1934년에만 감소되었을 뿐, 1931년의 무당 168kg에서 1936년의 무당 177.5kg으로 증가했다. 밀의 단위당 수확고는 1935년에만 감소되었을 뿐, 1931년의 무당 73kg에서 1936년의 무당 75.5kg으로 증가했다. 수수의 단위당 수확고는 1931년의 무당 82.5kg에서 무당 104.5kg으로 증가했다.[58] 이 시기 곡류 작물에서 벼의 생산량은 1934년을 제외하고 상승선을 그렸는바 1936년은 1931년에 비해 6.1% 증가했다. 목화 생산량은 1935년에 감소한 외에 안정적으로 상승했는바 1936년은 1931년에 비해 131% 증가했다.[59] 농산물 생산량의 증가로 농업 생산 총액도 매년 증가했다. 1936년의 농업 생산 총액은 199.22억 원에 달하여 1920년의 173.46억 원에 비해 15% 증가했다.[60]

이 10년간 농업의 새로운 발전은 주로 경영 지주, 부농 경제, 농업 회사 및 농장의 발전 등으로 나타났다.

첫째, 경영 지주는 많은 토지를 소유하고 많은 자본을 투입하며 농민을 고용하여 상품 생산에 종사한다. 이러한 요소는 생산력의 발전을 촉진하고 생산의 상품화와 사회화에 유리하여 진보적 추세를 대표한다. 이 10년간 경영 지주의 발전은 불안정하여 분가나 이주, 또는 외부

57　膠濟鐵路管理局車務處編, 『膠濟鐵路調査報告』分編三(濰縣), 1934, p.14.

58　嚴中平, 『中國近代經濟史統計資料選輯』, p.361.

59　周瀘甯, 『中國近代經濟史新論』, 南京大學出版社, 1991, p.251.

60　王玉茹, 「論兩次世界大戰之間中國經濟的發展」, 『中國經濟史研究』, 1987年 第2期.

의 원인 때문에 경영에 실패하거나 소작인으로 전락될 뿐만 아니라 소
농이 경영 지주로 상승하기도 했다. 연구에 의하면 산둥의 경영 지주
131가구에서 농민 출신이 59가구로 45%를 차지했고 상업을 경영하는
지주가 64가구로 49%를 차지했다. 허베이 경영 지주의 2/3는 농민 출
신이고 1/3은 장사꾼이나 고용노동자 출신이었다. 이러한 농장주가
가세를 3대까지 유지하는 비율은 1/6밖에 안 되었다.[61]

둘째, 부농 경제는 1937년 전에 이미 농업에서 중요한 경제 성분이
되었다. 주장(珠江) 삼각주에서는 '농경지의 소작인이 대부분 농업자
본가'였다. 둥팅호(洞庭湖)를 낀 안샹현(安鄕縣)에서는 수많은 인력을
고용하여 늪과 호수 지대에 제방을 쌓아 개간한 논 100~300무를 경영
하는 신부농이 널렸다. 지린, 헤이룽장 지역에도 자기 토지가 있는 중
등 수준의 가구라 해도 경제력으로 볼 때 집안 형편이 부유하여 중소
지주들도 미치지 못하는 신부농이 많았다.[62]

셋째, 농업회사는 근대 중국 농업에서의 신흥 조직 형식이다. 청
나라 말기에 흥기한 이 조직 형식은 1912년에 이미 171개에 달했다.
1912~1920년 농업회사가 크게 발전하여 자본금의 연간 증가율은
6.9%에 달했으며 1920년 이후에도 여전히 발전했다. 1931년 이후 농
산물 가격 하락과 농촌금융 고갈에 따라 농업회사들이 큰 충격을 받았
다. 통계에 의하면 농업회사는 1929년에 7개, 1930년에 6개, 1931년
에 4개, 1932년에 2개, 1933년에 4개, 1931년 1~6월에 3개가 설립되
었다.[63]

---

61   許滌新 · 吳承明 主編, 『中國資本主義發展史』 第3卷, pp.313~321.
62   위의 책, p.337.
63   위의 책, p.348.

공업과 수공업, 농업이 발전하면서 1927~1937년 상업도 크게 발전했다. 첫째, 국내 시장 확대이다. 1920~1936년 국내 시장 총상품액은 82.1%, 연간 증가율 3.8%로 물가 상승 요인을 제거하면 총 54%, 연간 증가율 2.7%였다.

둘째, 상품 구조의 변화이다. 수입품의 경우, 1920~1936년 중국(만주 제외)에서 수입한 면사와 면직물은 총수입액의 32.1%에서 1.7%로 급감했고 강철·기계·교통 기자재는 14.1%에서 25.2%로 증가했다. 수입품은 면제품·면사·석유·설탕·담배 순에서 강철·기계·교통기자재·화학제품·염료와 안료 순으로 바뀌었다. 국산품의 경우, 1936년 기준 농산품은 49.4%, 수공업품은 28.8%, 화학공업제 품은 18.6%, 광산품은 3.2%를 차지했다.

셋째, 상품 유통 방향의 변화이다. 1930년대 지방의 소시장에서는 국산품은 물론 수입품의 유통도 가능했다. 도시간의 국산품 무역을 보면 1936년 운송된 국산품 총액은 11,847억 원에 달했는데 그중 포목은 16.2%, 면사는 10.8%를 차지했고 동유·곡식·궐련·목화는 10%를 넘지 못했으며 밀가루·석탄·차·설탕은 5%를 넘지 못했다. 상품들은 상하이·한커우·톈진·칭다오·광저우 등 대형 개항지로 운송되었다. 넷째, 상업자본의 발전이다. 상업자본 총액은 1920년의 23억 원에서 1936년의 42억 원으로 증가하여 증가폭이 82.6%에 달했으며 가격 대비 성장률은 54.3%, 연간 성장률은 2.7%였다.[64]

1927~1937년 중국 경제는 공업·수공업·농업·상업 등 분야에서 모두 발전을 거두었다. 이는 이 시기의 경제형태의 새로운 발전을 보

---

64 위의 책, pp.226~248.

여준다. 비록 경제 발전이 지역적으로 엄청나게 불균형하지만 전체적으로 발전의 절정에 이르고 있었다.[65]

---

65 王玉茹,「論兩次世界大戰之間中國經濟的發展」,『中國經濟史研究』, 1987
    年 第2期. 宗玉海,「1927~1937年南京國民政府的經濟建設述評」,『民國檔
    案』, 1992年 第1期.

향촌교육 현대화의 역사적 과오

: 서당과 신식학당

20세기 전기, 신식학당은 국가의 '인재 수요'와 교육 현대화의 배경 아래 향촌사회에 도입되었지만 각종 부적응을 보여 향민의 외면과 저항을 받았고 서당은 하층사회에서 강한 적응성과 융통성으로 향민의 주목을 받았다. 서당과 신식학당을 바라보는 향민의 서로 다른 태도는 교육 현대화의 노력 과실에 대한 향민들의 반응으로 교육권의 박탈에 대한 '이성적' 항쟁이다.

1) 문제 제기

20세기 전기의 향촌사회 교육 모형에 대해 대부분 학자들은 서당과 신식학당 교육이 병존하는 이원 구조를 보았을 뿐만 아니라 신식학당이 비록 정부측을 대표하는 교육당국의 강력한 육성에도 불구하고 향민의 공감을 얻지 못하는 경향이 나타남을 발견했다. 그 원인은 3가지로 나눌 수 있다. 첫째, 전통 관념의 속박으로 향민들이 폐쇄된 상황에서 개화되지 못하여 신식학당의 장점을 충분히 인식하지 못했다. 전통적인 가치관은 이미 서당 교육을 향민 풍속 습관의 일부로 내재화시켰기 때문에 단기간에 변화시키는 것이 쉽지 않았다. 둘째, 지방정부는 신식학당을 운영하기 위해 교육세를 추가했으므로 부담이 가중된 농민들은 신식학당을 싫어했다. 셋째, 서당은 신식학당에 비해 적응성과 융통성이 뛰어났으므로 향민들은 여전히 서당을 동경했다.

서당 교육의 소비층인 향촌 민중의 시각에서 보면 20세기 전기의 신식학당의 '약세'와 향촌 서당이 하층사회에서 존재한 이유에 대해 다른 인식을 갖게 될 것이다. 신식학당이 진정한 복지를 가져다준다면 실리에 밝은 중국 농민들은 큰 대가를 치르면서 국가 명령에 맞서지 않았을 것이다. 구식 서당은 우여곡절을 거치면서도 향촌 민중의 강한 공감 아래 하층사회에 존재했다. 신식학당의 처지는 아주 난감했는바 각 현과 시의 서당 수와 학생은 학교와 학생 수에 비해 몇 배나 많았다.[1] 이러한 현상은 향민의 우매와 전통 관념으로만 완전히 설명할 수 없다.

신식학당의 '약세' 이유를 과중하고 잡다한 세금 및 서당의 향토적 적응성과 유연성으로 설명할 수 있지만, 교육세와 신식학당 증오를 동일시해서는 안 된다. 농민들이 추가된 교육세를 증오하더라도 반드시 신식학당을 배척하는 것은 아니다. 사실 양자는 서로 다른 개념이다. 그리고 왜 신식학당은 '유연성'과 '적응성'의 모습으로 향촌에 나타

---

1   黃志成, 「私塾在普及教育運動中之地位」, 『中華教育界』第22卷 第7期, 1935年 1月, p.94.

나 하층 생활에 녹아들 수 있었는가? 그 궁극적인 원인은 어디에 있는 가? 본 연구에서는 향민의 시각에서 서당과 신식학당이 향촌에서 제 각각의 지위를 갖게 된 원인을 분석하고 나아가 20세기 전기의 교육 현대화의 역사적 과실도 탐구하려고 한다.

2) 촌민 시각으로 본 서당과 학당

일반적으로 서당 교육은 흔히 공자가 사학을 성행시키면서 시작된 중국의 전통적 교육방식이라고 생각한다. 천여 년 동안 중국인들은 서 당에서 교육을 받았다. 19세기 말, 내우외환의 거센 압력으로 청나라 는 방법 없이 '신정'을 시행했고 식견이 있는 사람들은 '과거제 폐지와 학당 성행'을 변법의 최우선 임무로 생각했다. "사라진 것을 재현하 고, 폐지한 것을 채용하고, 우매한 것을 지혜롭게 하고, 약한 것을 강 하게 만드는 것은 모두 학교 교육을 기본으로 해야 한다."[2] "과거를 폐 지하지 않고 학교를 넓히지 않아 사대부의 심지가 굳지 못하니 백성의 지혜가 회복될 수 없으며 그 진화가 날로 새로워지기를 바라는 것도 어렵다."[3]

유교경전만을 읽으면서 과거시험 통과를 지상의 목표로 하는 서당 은 근대 교육개혁에서 시대에 크게 뒤떨어진 구시대 산물로 간주되어 사회 변혁과 발전을 가로막는 장애물로 여겨졌다. 사서오경에서 구국 의 방도를 찾지 못하고 아무리 경전을 암기해도 실용적인 지식을 얻을

2 『中國近代教育文選』, 人民教育出版社, 1983. p.130.
3 舒新城, 『中國近代教育史資料』上, 人民教育出版社, 1981, p.363.

수 없다. 그러므로 신문에 글을 실어 다음과 같이 한탄하고 있다. "서당에서 십수 년 동안 공부를 해도 아무것도 모른다. 훈장이 강서를 해도 케케묵은 내용일 뿐 그 오묘함을 이해하지 못했다. …… 이 고리를 끊어내야지 더 이상 그르쳐서는 안 된다."[4] 당시의 진보적 지식인들은 서당을 이렇게 묘사했다. "서당이라고 하면 내 머릿속에는 그 우스꽝스럽고 진부한 물건들이 떠오른다. 어두컴컴한 방에 다리가 빠진 책상 몇 개를 놓고, 늙은 훈장이 곰방대를 물고 앉아 있으면 몇몇 어린애들이 콧물을 훌쩍이며 공손하게 앉아 있다. 염라전마냥 분위기가 삼엄하며 훈장의 탁자에는 두툼한 목판이 학생을 벌하려고 떡하니 놓여 있다. 회칠이 다 벗겨진 벽에 먹이 잔뜩 뿌려져 있으며 …… 아무튼 서당은 인간지옥이요, 어린애들의 감옥이라 해도 지나치지 않다."[5]

과거제 폐지가 전통문화의 기정가치 목표를 깨는 연쇄의 최고 고리라면 청나라 말기와 중화민국에서의 서당 개량과 단속은 이런 연쇄의 뿌리를 제거하는 것이다. 청나라와 북양정부, 국민정부는 모두 신식 학교를 보급하고 서당 교육 방식을 개조했다. 이는 낙후한 것으로 간주되는 서당의 교육 방식을 제거하여 서당 교육 내용을 현대화하기 위한 것이다.

전통 서당은 과거 응시를 최종 목표로 하고 있지만 하층사회에서의 교육내용은 단순히 과거만을 대상으로 하면서 과거시험에 응시하는 인재를 제공하는 것이 아니다. 사실상, 서당은 높은 수준의 전관(專館)과 낮은 수준의 몽관(蒙館)으로 나뉘며 각각 벼슬길에 나서는 것과 글

4   「講訓蒙當改用善法」,『大公報』, 1911年 5月 5日.
5   黃志成,「私塾在普及教育運動中之地位」,『中華教育界』第22卷 第7期, 1935年 1月, p.93.

자를 익히는 두 가지 기능을 한다. 과거와 직접적 관련이 있는 것은 전관이며, 초등학교에 상당한 몽관에서 가르치는 내용은 거의 향촌에서 매우 실용적인 기본 문화지식으로 예를 들면 일상 잡자, 예의, 간단한 셈법과 장부 기재, 향촌 교화 기능 담당 등이다. 그 내용은 과거에 응시하는 팔고문과는 큰 관련이 없다. 하지만 현대화 교육개혁은 그 강도가 깊고 빠르며 각 수준의 서당이 담당하는 각각의 교육내용을 구분하지 않고 모두 단속하여 민국 시기에 흥기한 개량 서당이라 해도 결국 근대 학당을 지향했다.

현대화의 산물인 신식학당은 천부적인 '정당성'을 지니고 있다. 엘리트들은 구식서당을 '반교육'으로 인정하여 현대화의 발전을 얽매는 질곡으로 간주했지만 향촌 민중들은 서당이 논쟁의 여지가 없는 '합리성'을 지닌다고 여겼다. 따라서 서양의 산업사회에서 이식된 신식학당은 향촌사회에 들어오려고 시도한 수십 년 동안 향민의 인정을 거의 받지 못한 채 배척을 받았다. 이 현상은 세간의 주목을 끌었다. 향민들은 왜 현대교육과 '대립'되는 서당에 대해 강한 동질감을 느끼면서 '문명', '진보'를 대표하는 신식학당을 배척하는가? 이 같은 상황을 보수와 낙후, 우매로만 설명할 경우 편파적일 수 있다. 사실상 향민들에게는 생존 지혜와 이익 판단 능력이 있다. 따라서 향촌 서당과 신식학당을 비교 분석하면서 설명해야 한다.

첫째, 서당은 신식학당에 비해 학비가 저렴하고 학비를 받는 방식과 수업시간 모두 농경사회에 적응하는 반면, 신식학당은 정규화와 제도화된 학교 운영 모형이므로 향토사회와 잘 어울리지 않는다.

전통적인 서당 교육은 대부분 무료거나 아주 적은 비용을 받고 책이나 붓과 먹 비용도 많이 들지 않으며 크게 지출되는 돈은 주기적으로 과거시험을 보는 비용이다. 일반 향민들은 기본지식 습득 외에 과

거시험은 거의 보지 않았다. 학비도 학당처럼 한꺼번에 받는 것이 아니라 단오, 추석, 설 등 세 명절 때 분납하면 되었으므로 농민들의 현금 지출 관습에 더욱 부합되었다. 그리고 가난하면 적게 내고 부유하면 많이 내는 형식은 학부모의 부담을 줄였다. "서당에서 공부하려면 책 한 권에 붓과 벼루 그리고 종이 몇 장만을 사면되며 언제 다 쓰면 그때 다시 사면 된다.『삼자경』,『백가성』등 책은 형이 공부한 후에 동생들도 공부할 수 있고 아버지나 할아버지의 책으로 아들이나 손자가 공부할 수 있다.

그러나 학당은 교재가 해마다 바뀌고 교재도 한 권만이 아니라 국어, 산수, 지식 등 …… 재수 없게 유급한 애들도 새 책을 사야 한다. 교재 외에 붓, 연필, 석반과 공책을 사야 한다. 농촌 집이 돈 벌기가 그리도 어려운데 무슨 돈이 그리 많아 일일이 다 사겠는가? 학비를 내는 방식을 보면 서당은 계절에 따라 돈을 받는다. 1년 사계절에서 청명, 단오, 추석, 동지 때가 돈이 생길 때이다. 그리 많지 않은 돈을 분납하므로 내기 쉽다. 학교는 어떤가? 봄가을 개학할 때 내므로 1년에 두 번 낸다. 그런데 이때는 바로 보릿고개이다."[6] 「계묘 학제(癸卯學制)」에서는 "초등소학당과 우수등급 초급사범학당에서 학비를 받지 않는 외에 각 학당은 학생들에게서 학비를 받는다."[7]라고 규정했다. "부유한 지역인 강남에서 소학교 5년 공부를 마친 학생이 가정의 생계 때문에 중퇴하는 경우가 드물다. 다른 가난한 지역은 무엇을 더 바라겠는가?"[8]

6   위의 글, 같은 곳.

7   朱有瓛,『中國近代學制史料』第二輯上, 華東師範大學出版社, 1989, p.95.

8   「江蘇教育總會上學部請變通初等小學堂章程」,『雲南教育官報』第22期, 1909年 6月, p.175.

서당은 학비가 저렴할 뿐만 아니라 잡비도 학교에 비해 훨씬 적다. 학당은 학비 외에 운동복비, 운동비 등 많은 비용이 들며[9] 이런 비용은 가난한 집에서 부담하기 어렵다.

서당의 수업시간은 음력의 작업 및 휴식 시간과 일치하므로 학당과 비교하면 융통성과 적응성을 보인다. 서당은 매년 1월 20일에 개학하여 소서 전까지를 1학기로 하고 입추 후에 개학하여 12월 20일까지를 2학기로 하며 공휴와 여름방학이 70일이다. 학교를 다니는 시골 학생들은 대부분 12세 정도의 아이들로 농사일을 할 수 있는 나이이다. 학교는 한가한 1~4월과 7~9월에 방학하고 농사일에 바쁜 시간에는 오히려 수업한다.[10] 그리고 학당의 규칙이 엄격하여 학생들이 마음대로 말미를 청할 수 없었다. 각 학당은 관례적으로 휴가 외에 아무런 이유 없이 휴가를 내서는 안 되며 연말에 감독이나 학당장에게 학습책을 제출해야 했다. 매일 수업을 다 하지 않으면 규정대로 점수를 깎았으므로 해당 학생의 졸업 성적은 낮을 수밖에 없다.[11] 그리고 학당은 1~2주일만 수업에 가지 않아도 따라가기 어려우므로 향촌에는 적합하지 않다.[12]

하지만 서당은 달랐다. 서당의 공휴는 음력 기준으로 청명, 단오, 수확계절, 추석은 물론 서당생들의 빈부 상황에 따라 각자의 휴식일을 정했다. 단오 후에 농사일을 도와야 하는 서당생들에게 2~3주의 말미를 주었다. 서당의 개별 교수법은 불규칙적인 휴식일에 적합했

9 「論我國學校不發達之原因」,『申報』, 1909年 5日 24日.
10 「學部奏請增訂各學堂管理通則折」,『申報』, 1910年 2月 21日.
11 「禁止學生請假」,『申報』, 1909年 3月 28日.
12 廖泰初,「汶上縣的私塾組織」, 天津『益世報』, 1935年 8月 12日.

다.[13] 이러하니 향민들은 서당을 선호할 수밖에 없다. 일반 농가의 아이들은 6~7세부터 어른을 도와 일을 한다. 학교에 보내면 돈도 쓰고 일을 거들지 못한다. 그러므로 농민들은 손실을 줄이기 위해 아이들을 학교에 보내지 않았다.[14]

둘째, 향민들이 보기에 서당은 신식학당에 비해 교수 내용과 학생 양성에 있어 실수요에 더 부합한다. 신식학당의 교수 내용과 양성한 졸업생은 향촌사회의 수요와 동떨어졌으며 향민 생활과도 분리되어 있다.

향민들의 실생활에서 문자는 경조사·기술·상업·쟁송의 기능을 한다.[15] 향민들의 교육 관념은 비교적 현실적이어서 자식이 벼슬길에 나서는 것보다 글자를 읽혀 상술한 능력을 키우는 것을 주요 목적으로 한다. 시골 학생의 진로는 농사일을 하는 것과 상인의 도제가 되는 것이다. 대부분 서당은 몽관으로 교육 취지가 바로 이러한 향민들의 일상 수요를 만족시킬 수 있다. 농사일과의 관련을 보면, 서당의 교재인 『일용잡자(日用雜字)』는 거의 운어로 되어 있었으며 농촌의 생활품과 결합되어 알기 쉬우면서도 아주 실용적이었다. "천지간의 만물에서 농민이 으뜸이오, 가계부를 적으려면 『잡자』를 펼쳐야 한다네. …… 날이 풀리면 먼저 똥을 치우고 괭이와 가래를 내려야 한다네." 향민들은 이처럼 농촌생활과 결합한 교재를 선호했다.

산둥 원상현(汶上縣)의 서당을 보자. "공부는 벼슬길에 나서는 가

13　위의 글.

14　鄧准山,「農村教育的失敗原因與改進途徑」, 天津『益世報』, 1937年 2月 27日.

15　吉爾伯特·羅茲曼 主編, "比較現代化"課題組譯,『中國的現代化』, 江蘇人民出版社, 1995, p.189.

장 근본적인 수단으로 실용적인 것도 있기는 하다. 주산·서신·초대
장·부고·주련·액자 같은 것도 배운다."[16] 상인의 도제가 되는 경우
를 보면, 상인들은 도제들의 식자·작문·주산 능력을 중요시하는데
이는 서당에서 주요하게 양성하는 능력이었다. 서당을 졸업한 학생들
은 문장을 잘 쓰고 계산에 밝았다. 글씨가 반듯하고 서신과 같은 문장
을 쓸 수 있으며 주판을 튕기며 계산할 수 있었다. 이러한 기능은 향촌
사회의 수요에 부합되며 특히 장사를 배우기에 적합했다. 산시 시류촌
(西流村) 서당을 조사한 결과, 향민들이 자식을 학교에 보내는 원인 중
하나가 바로 도시에 가서 장사할 수 있도록 글과 장부 기재를 배우게
하는 것이었다.[17]

하지만 학교에서 배우는 지식은 진학 수요나 도시생활에 부합될지
몰라도 당시 농촌의 현실에서 벗어난 형식적이고 공허한 글이다. "향
촌 소학교 교재는 도시의 물건만을 설명하여 농촌의 수요에 부합되지
않는다."[18] "현재 농촌 소학교의 교과정은 실속이 없어 실제와 맞지 않
는다."[19] "소학교 교재는 민생에 적합하지 않아 졸업생들이 배운 지식
은 사회에서 별 쓸모가 없다."[20] "근대 신학 교육은 서양 국가에서 유
래한 것으로 운영 모형이나 교과 내용은 모두 도시사회의 산물이다.
정부 지정 교과서는 모두 상하이의 각 인쇄소에서 발행한 교재로 도

---

16 廖泰初,「汶上縣的私塾組織」, 天津『益世報』, 1935年 8月 12日.

17 劉容亭,「山西陽曲縣三個鄉村農田及教育概況調査之研究」,『新農村』第
    25期, 1935年 6月.

18 毛澤東,「湖南農民運動考察報告」,『毛澤東選集』第1卷, 人民出版社,
    1991, p.40.

19 江問漁,「鄉村教育」,『中華教育界』18卷 第4期, 1930年 4月.

20 朱有瓛編,『中國近代學制史料』第3輯 上, 華東師範大學出版社, 1989,
    p.34.

시 생활 풍경이 많고 남방 편향이 심해 북방의 향촌과는 전혀 무관하다."[21] 그리고 학당의 졸업생은 지식 소양, 문장력, 계산력 등 향민들이 중요시하는 기초능력이 오히려 부족했다. 1909년 베이징의 고등소학교 졸업시험에서 경학, 국문시험에서 훌륭한 답안지가 없었을 뿐만아니라 경학, 국문시험에 합격된 학당 학생들도 드물었다.[22] 그러므로 학자들은 "학당이 질책을 많이 받는 것은 책을 외워서 공부하는 것이 아니라 글을 쓸 때 오자가 너무 많으며 계산이 느리고도 정확하지 못한 것이다."[23]라고 했다.

학당 졸업생이 향토사회에서 능력을 발휘하기 어려운 것은 관념이 향촌의 전통 가치관과 동떨어져 향민의 존중과 인정을 받기 어려운 것과도 관련된다. "대부분 아이들은 학교에 다니면 농사일을 하지 않으려고 한다."[24] 그리고 "시골 아이들이 현성의 고등소학교에 입학하면 소박한 향촌생활을 더 이상 하지 않으려고 한다. 예전에 먹던 밥도 더이상 먹으려 하지 않고 예전에 입던 옷도 더 이상 입으려고 하지 않으며 차나 담배도 맛이 없다. 모든 것이 거슬리고 모든 것이 마음에 들지 않아한다. 하지만 시골 농가에 필요한 지식과 능력은 하나도 갖추지 못했으며 학교에서 제대로 배우지도 못한 영어, 물리, 화학 지식을 자랑한다. 농사일은 하지도 않고 체조를 하거나 공을 가지고 놀면서 게으름을 피운다."[25] 이러한 상황에서 향민들이 서당을 선택하지 않는

21 「鄕敎硏究會第一屆年會紀錄」, 『鄕村敎育』 第26~27期 合刊, 1935.

22 「孟丞堂對于小學之箴言」, 『大公報』, 1909年 3月 19日.

23 董遠騫 等 編, 『兪子夷敎育論著選』, 人民敎育出版社, 1991, p.54.

24 鄧准山, 『農村敎育的失敗原因與改進途徑』, 天津 『益世報』, 1937年 2月 27日.

25 梁漱溟, 『梁漱溟學術論文自選集』, 北京師範大學出版社, 1992, p.451.

것이 오히려 이상한 일이다. 고상한 학당이 사회의 비난을 받아 자기의 몸을 깨끗이 하고 아끼는 자들의 자제들은 서로 경계하여 들어가지 않았다.[26]

셋째, 향민의 시각에서 보면 서당 훈장은 그들 사회조직의 일부분으로 상호 사이에 천연적인 친근감을 유지하고 있다. 하지만 학당의 교사들은 외부세계의 구성원으로 그들과 전혀 어울리지 않는다.

서당 훈장은 학문 소양이 있는 농민으로 향민과 거의 같은 가치관과 신앙 체계를 가지고 있는 향토사회의 일원이다. 이는 향민과 서먹하고 소원한 '양학생', '양교사'가 아니다. 량수밍(梁漱溟)은 "중국에서 공부하는 것과 농사짓는 두 가지 일은, 사대부와 농민 두 부류는 그 사이에 기맥이 혼연하여 서로 통하면서도 갈라놓지 않는다."[27]라고 했다. 서당 훈장의 생활은 향촌에 완전히 녹아 있는 것이며 그들은 종종 현지 사회의 중심으로 일정한 책임을 지는데 특히 향촌의 문화 예속 생활에서 더욱 그러하다. "향촌에서 아이를 낳으면 훈장을 청하여 축하 대련을 짓고 사람이 죽으면 훈장을 청하여 애도 대련이나 제문, 추도사를 짓는다. …… 또 훈장을 청하여 장례 치를 때 풍수를 보고 길을 떠나거나 집을 지을 때 길일을 택하며 환자의 맥을 보고 처방을 내린다."[28] 산시 양취현(陽曲縣)의 서당 훈장은 "경전부터 사주팔자를 보고 길일을 택하는 등 미신에 대해 모두 알고 있다. 촌민들이 해결할 수 없는 일은 모두 훈장을 청하므로 훈장 보기를 성인 보듯이 한다."[29]

26 莊俞, 「論小學教育」, 『教育雜志』 第1卷 第2期, 1909年 2月, p.22.

27 梁漱溟, 『中國文化要義』, 學林出版社, 1987, p.156.

28 政協文史資料委員會, 『中華文史資料文庫』 第17卷, 中國文史出版社, 1996, pp.22~24.

29 劉容亭, 「山西陽曲縣三個鄉村農田及教育概況調查之研究」, 『新農村』 第

향촌 소학교 교사는 향촌생활과 극히 동떨어진 모습을 보여 향촌생활에 녹아들기 어려웠다. 향민들이 보기에 초기의 시골 교사는 대부분 장죽을 물고 다니고 팔자수염을 길렀으며 언행이 신중하여 점잖은 느낌을 주었다. 이런 모습이 농민들의 뇌리에 깊이 박혔으므로 젊은 교사들에 대해 별로 칭찬하지 않았는데 그 이유는 젊은 교사들이 길일을 택하거나 궁합을 볼 줄 모르고 풍수와 운세도 볼 줄 모른다는 것이다.[30] 서당 훈장은 향촌 예의문화 생활의 중심으로 그들은 향민이 중요하게 여기는 각종 문화 지식과 의식 기능을 갖추었다. 이에 대해 향촌 소학교 교사는 중요하지 않다고 여겨 주의를 기울이지 않거나 어리석은 백성이 믿는 미신이라고 여겨 반대했으므로 향민들은 이미 깊은 불만을 품었다.[31] 그리고 학교 교사가 새로운 농촌 건설과 생산 사업에 대해 거의 지도하지 못하므로 향민들은 학교 교사를 전혀 쓸모가 없다고 여겨 다시 서당 훈장을 숭배했다.[32] 또한 학교 교사는 농민을 대하는 태도가 매우 좋지 않아 농민이 싫어하는 사람이 되었다.[33] 그러므로 향촌 소학교 교사가 시골에서 환영받지 못하는 것은 당연지사가 되었다. 1934년 산시성 향촌 교육조사 결과, 절반이 넘는 현지인이 소학교 교사를 싫어했다.[34]

어떤 학자는 "향촌 사범 졸업생들은 시골에 가기를 꺼린다. 몸은 시

25期, 1935年 6月.

30　吳騰霄, 「鄕村小學不進步的原因在哪裏」, 天津 『益世報』, 1937年 2月 7日.

31　劉容亭, 「山西陽曲縣三個鄕村農田及敎育槪況調査之硏究」, 『新農村』 第 25期, 1935年 6月.

32　위의 글.

33　毛澤東, 「湖南農民運動考察報告」, 『毛澤東選集』 第1卷, p.40.

34　宋震寰, 「山西鄕村敎育槪況之調査」, 『新農村』, 第13~14期 合刊, 1934年 7月.

골에 있으면서도 마음은 도시에 있다.”[35]라고 한탄했다. 하지만 향촌 교사들이 ‘몸은 시골에 있으면서도 마음은 도시에 있는’ 사회현실은 결코 주관적 소망만이 아니다. 상이한 사회구조는 특정한 요소들로 구성되며 상이한 요소들은 그에 상응한 사회구조에서만 그 정상적인 기능을 발휘할 수 있다. 사범학교를 졸업한 향촌 소학교 교사는 산업화, 도시화 사회 환경에서 양성된, 현대사회의 산물이다. 그들이 시골에서 부닥치는 여러 부조화와 부적응은 서로 다른 사회구조와 그 부조화 요소 간에서 발생된 배척 현상의 결과이며 사회조직과 그 조직 배합이 틀어진 부작용이다. 사실상 그들 또한 재능을 가지고도 때를 만나지 못한 정신적 고통을 겪고 있었다. 그러므로 학자들은 “도시를 그리워하는 시골 교사는 대부분 좋은 대우를 위한 것이 아니다. …… 그들은 시골을 사랑하는 정신이 없다.”[36]라고 한탄했다.

3) 향촌 교육개혁의 역사적 과오

상기한 바와 같이 향촌 서당의 본질이 ‘향토적’이며 중국의 3천 년 역사 발전에서 저차원의 서당 교육은 이미 향토사회에 깊이 뿌리를 내리고 농업사회와 유기적으로 융합된 것을 보았다. 향촌 서당은 농경사회의 공생체이며 전통 사회구조에서 왕성한 생명력을 지닌 조직이다. 페이샤오퉁은『원상현 서당 조직(汶上縣的私塾組織)』서언에서 “교육제도의 발생, 발전 및 변화는 각 방면에서 사회 전체와 호응해야 한다.

---

35   江間漁, 「鄕村敎育」, 『中華敎育界』第18卷 第4期, 1930年 4月.
36   王樹槐, 『農村敎育的致命傷』, 天津『益世報』, 1936年 9月 28日.

전통적인 중국 사회에서 서당은 유구한 발전 역사가 있기 때문에 다른 사회제도와 잘 어울리며 이렇게 어울리는 안에서만 서당의 진정한 기능을 이해할 수 있다. 이 방면에서 서당을 파악하지 않고 다른 사회 조직에서 교육제도를 베껴 중국 전통 조직을 여전히 강한 농촌사회에 강제적으로 편입시키려 한다면 자연히 전혀 맞지 않는 상황이 발생할 수 있다. …… 이것은 분명 현대 교육계가 아직 충분히 인식하지 못하고 있는 중요한 문제이다."[37]라고 적었다. 서당 훈장에서 서당생에 이르기까지, 강의 방식에서 강의 내용까지, 수업시간에서 학비 수금까지 어느 모로 보나 서당은 향토사회의 경작 방식, 향촌 예의 문화, 향민의 가치관과 서로 불가분의 관계를 이루었다. 서당과 농촌사회와의 치밀한 조화는 국가의 정령으로 단시일 내에 이루어진 것이 아니라 향토사회의 자연적인 진화와 발전 과정에서 형성된 유기체이며 이 유기체는 어떤 첨단 기술수단으로도 인공 합성할 수 없다.

신식학당은 본질적으로 산업사회의 산물로서 산업화, 도시화 사회에 적응하는 인력을 양성하며 전공, 가치관, 생활습관에 관계없이 산업사회의 일환과 요소이다. 따라서 당시에 "농촌교육 치명상은 학교가 도시를 모방하는 것인데 이는 농민 수요에 맞지 않는다."[38]는 말이 있었다. 이러한 교육체제가 농경사회에 편입되었을 때 그 핵심은 여전히 산업화, 도시화 사회에 속하므로 농경사회와 전혀 어울리지 않는 것은 당연한 일이다. 량수밍은 "어떤 성공도 보지 못한 채 사회에 많은 병고를 끼치고 있다. …… 거의 다른 사회를 위해 교육을 하고 인력을 기른

---

37   費孝通,「寫在〈汶上縣的私塾組織〉前面」, 天津『益世報』, 1936年 8月 12日.
38   王樹槐,「農村敎育的致命傷」, 天津『益世報』, 1936年 9月 28日.

다고 말할 수 있다."[39]라고 한탄했다. 또 다른 학자는 "시골 소학교 내부의 방법에서 어느 점이 가난한 사람들에게 적합한가? 어느 것이 시골에 적합한가? 시골 소학교는 왜 농번기에 방학을 안 하고 부령에 따라 겨울방학과 여름방학을 하는가? 왜 교재 내용이 향촌 생활의 실제와 부합되지 않고 도시 학교와 같아야 하는가? 왜 수업 배치는 소수학생의 진학 준비에 도움이 되는 것으로 하며 대다수의 수요를 무시하는가? 학생들이 옷을 단정하고 깨끗하게 입으면 되지 왜 따로 돈을 내교복을 만드는가? 왜 학생들에게 힘든 일을 하는 습관을 들이지 않고 '온실 속의 화초'로 키우는가? 이 밖에 학생들이 학교에 들어갈 때 반드시 구두와 양말을 신어야 하고 사용하는 기구는 일률적이어야 하며 학생들이 반드시 학교에서 기숙해야 한다는 규정은 모두 향촌 생활에 적합하지 않아 가난한 사람을 학교 문밖으로 내쫓기에 충분하다."[40]라고 질의했다.

일정 조건이나 특정 기간, 현대화는 전 국민의 복지를 의미하지 않으며 근대 농민들에게 이 과정은 더 많은 이익의 박탈로 표현되어 소외와 빈곤, 생활 형편의 비참함을 의미한다. 량수밍이 말했듯이 근대 중국의 문제점은 '빈곤'이 아니라 '빈곤 때문에 더욱 빈곤해지는 것'이다.[41] 농촌 교육의 변혁도 이런 역경에서 벗어나지 못했는바 농민들이 가진 교육 자원은 '부족'이 아니라 '더욱 부족해지는 것'이었다. '이성적'이고 실익을 추구하는 농민들은 '현대교육의 함정'에 큰 고통을 받

39   梁漱溟, 『梁漱溟學術論文自選集』, p.451.
40   吳可, 「中國鄕村小學敎育的危機」, 『新農村』 第29期, 1935年 6月, p.14.
41   艾愷采訪, 梁漱溟口述, 一耽學堂整理, 『這個世界會好嗎－梁漱溟晩年口述』, 東方出版社, 2006, p.183.

은 적이 있다. 농민들은 "신식학당은 사람을 도시로 떠나게 하고, 밥을 먹어도 농사를 짓지 않게 하고, 옷을 입더라도 목화를 심지 않게 하고, 집을 지어도 나무를 심지 않게 하며, 사치를 흠모하고, 농사일을 깔보며, 즐기려고만 하고 일을 하지 않게 하며, 농민을 책벌레로 만들고, 부자를 가난하게, 가난한 자를 더욱 가난하게 만들며, 강한 자를 약하게, 약한 자를 더욱 약하게 만든다."[42]고 생각했다. 향민의 학당 배척과 서당의 존재가 현대 교육의 발전을 막는다기보다는 현대 교육기관인 신식학당이 하층사회의 교육위기를 불러일으켜 가난한 사람들의 교육권을 빼앗았다고 말하는 편이 적당하다. 교육권의 박탈에 직면한 가난한 사람들은 몸부림치며 저항했다. 그들은 결코 보수적이어서 '진보'를 배척한 것이 아니고 완고해서 '문명'을 반대한 것이 아니다. 이는 생존 위기 속에서 저항하고 현실 사회 환경을 직시하여 이익 극대화를 추구하는 '이성적' 선택으로 '현대화'가 자신들의 생존 시스템을 파괴하는 데 대한 반응이자 국가 현대화 노력의 과오에 대한 강력한 대응이다.

"농촌은 그 자신의 길을 갈 것이고 농촌도 진보를 추구할 것이다."[43] 이는 량수밍의 만년의 외침이다. 20세기 전기의 교육 현대화에 대한 농민들의 반응은 현대화의 길을 찾는 데 있어서 '문명, 진보'를 대표하는 진보적 인사들이 '낙후하고 완고한' 농민을 개조할 때 먼저 농민을 존중하고 농민의 '이성'을 존중하며 농민의 삶의 지혜를 통찰하며 농민의 입장에서 문제를 생각해야 한다는 것을 일깨워준다. 이를 바탕으

42　陶行知,『陶行知教育文選』, 敎育科學出版社, 1981, p.57.

43　艾愷采訪, 梁漱溟口述, 一耽學堂整理,『這個世界會好嗎－梁漱溟晚年口述』, p.266.

로 한 사회 진보만이 진정한 진보이며 그렇지 않으면 기대와 어긋나게
되어 농민들을 고통스럽게 만들 것이다.

한촌교육 현대화의 역사적 파오

제4장

향촌 사회구조와 사회계층의
역사적 변동

20세기 이래, 중국의 향촌 사회구조와 그 계층의 역사적 변동은 당시 사람들이 중국 사회의 성격을 생각하고 인식하는 데 있어 기본 문제가 되었을 뿐만 아니라 다양한 사회, 정치적 세력이 중국의 진로를 개조하고 계획하는 출발점이 되었다. 특히 향촌사회의 계급구조와 향촌의 주체적 사회세력에 대한 평가와 인식은 아직도 탐구해야 할 과제이다.

1

20세기 전기의 향촌 고공(雇工)

: 산시성 향촌을 중심으로

고용 관계의 발전 맥락에 근거하여 자본주의 생산 관계의 발생과 궤적을 탐구하는 이론적 의미는 서구 자본주의 역사에서 이미 입증되었다. 그러나 역사 인식의 합리성은 '합리적'인 역사의 발전 과정에 존재할 수밖에 없다. 근대 중국의 농촌 고용에 대한 연구도 자본주의 성향의 농업생산 관계의 산물로 다루면서 계급 대립과 계급 분화를 입증하는 논제로 삼았다. 최근의 연구는 이 사고방식에서 벗어나기 시작했다. "고용 관계는 상품경제와 사회분업의 발전과 거의 관계가 없다."거나 "다년간 상품화가 필연적으로 자본주의로 이어진다는 고전적 이론에 도전했다."는 주장이 제기되었다.[1] 일부 학자는 "세계사적으로 고

---

1   관련 연구는 다음과 같다. 黃宗智, 『華北的小農經濟與社會變遷』, 中華書局, 2000. 『長江三角洲小農家庭與鄕村發展』, 中華書局, 1992. 劉克祥, 「二十世紀二三十年代中國農業雇傭勞動數量硏究」, 『中國經濟史硏究』,

용 관계의 흥기가 자본주의의 맹아는 아니다. 자본주의의 맹아와 상품 경제의 흥기는 자본주의로 과도하는 것과 완전히 같은 것이 아니다. 노동력이 토지에 단단히 부착된 서구에서 자유 노동력의 출현은 자본주의 경제발전의 전제 중 하나임에 틀림없다. 그러나 농촌에서 노동 인구가 넘쳐나고 기층구조가 비교적 느슨한 중국에서는 상대적 인신의 자유를 가진 노동력이 부족하지 않다."[2]라고 주장했다. 이 밖에 향촌 고공을 '반봉건에 속하는 고용노동' 혹은 '초기 자본주의 흔적을 지닌다.'[3]고 하면서 근대적 성격을 지니고 있지 않다는 주장도 있다. 이는 고공과 상품경제 혹은 자본주의가 필연적으로 연관될 수밖에 없다는 교조적 설명의 반박에 도움이 되겠지만 고공 집단의 시대적 원인과 특징에 대한 이해에 도움이 안 될 뿐만 아니라 시대의 변화 과정과 향촌 고공 집단의 역사적 연관성도 설명할 수 없다. 반면 고공 집단의 사회관계에 대한 학계의 심도 있는 논의도 드물다. '진보와 낙후', '봉건과 자본'이라는 이원적 가치 평가를 넘어 20세기 전기 향촌 고공 집단의 사회관계와 그 사회계층을 제대로 이해하기 위해서는 더 큰 노력이 필요하다.

이 글에서는 20세기 전기 산시성 향촌을 연구범위로 삼았다. 이는 필자가 산시성의 지방 문헌 자료를 많이 수집한 것과 관련되며, 기존

1988年 第3期. 秦晖,「封建社會的 "關中模式" ─ 土改前關中農村經濟研究之一」,『中國經濟史研究』, 1993年 第1期. 鈔曉鴻,「本世紀前期陝西農業雇傭, 租佃關系比較研究」,『中國經濟史研究』, 1999年 第3期.

2   羅榮渠,『現代化新論 ─ 世界與中國的現代化進程』, 商務印書館, 2004, p.261.

3   章有義,「中國農業資本主義萌芽史料問題瑣議」,『明清及近代農業史論集』, 中國農業出版社, 1997, pp.281~282.

연구에서 산시성을 거의 언급하지 않아[4] 사회사적인 시각에서 산시성의 고공에 대한 연구가 부족하기 때문이다. 이 글은 비록 산시성의 향촌을 연구의 중심으로 삼았지만 완전히 산시성에만 한정된 것이 아니다. 산시성과 기타 성의 관련 자료나 데이터를 대비하면 산시성 향촌 고공의 특징을 더 잘 알 수 있을 뿐만 아니라 습속이나 문화 전승, 나아가 경제 수준으로 인해 형성된 지역적 차이의 동질성 구조에 대해서도 알 수 있다.

1) 향촌 고공 개황

기존 연구에서 고공을 확정하는 기준이 일치하지 않아 호주의 직업에 따라 호주가 소작인이면 고공으로 간주하거나, 토지가 전혀 없는 고농을 고공으로 간주하거나, 농사를 하지 않고 노동력을 파는 농가(토지가 없거나 토지를 세 준 농가 포함)를 고공으로 간주했다. 농기구의 유무로 고공을 확정하는 경우도 있었다. "소작농은 한 치의 경작지도 가지고 있지 않으며, 고농은 경작지는 물론 농기구도 없다."[5] 이 글에서 논하려는 고공은 토지, 농경에 쓰는 가축, 농기구를 소유하지 못하여 노동력을 팔아야 하는 고농과 소량의 경작지나 농기구를 소유했

---

4   黃宗智, 『華北的小農經濟與社會變遷』. 杜贊奇, 『文化, 權力與國家 − 1900~1942年的 華北』. 內山雅生, 李恩民 · 邢麗荃 譯, 『二十世紀華北農村社會經濟研究』, 中國社會科學出版社, 2001.

5   祁之晉, 「"土地村有"下之晉北農村」, 『國聞周報』 第13卷 第11期, 1934年 3月, p.24.

지만 노동력을 팔아야 하는 자경농을 포함한다.[6] 노동력을 판다는 것이 반드시 농사일을 하는 것이 아니기 때문에 이 글에서는 연구범위를 옛자료에서 말하는 '소작인과 농가의 날품팔이꾼'[7], 마오쩌둥이 말한 농업고공 즉 '경작지도 농기구도 자금도 없어 품팔이로 살아가야 하는 고농'[8]으로 한정하려고 한다. 농촌이나 소도시에서 가축 사육, 지주 집안 회계, 기름집이나 제지공장 일꾼 등 수공업과 서비스 업종에 종사하는 장단기 근로자는 연구대상으로 삼지 않았다.

연구에 의하면 고농 수는 청일전쟁 이후에 증가세를 보이다가 20세기 이후에 급증했다.[9] 20세기 전기 중국 사회의 급격한 변화 과정에서 '농촌 파산'의 추세와 수반되는 현상 중 하나가 바로 고용 관계의 보편화와 고공 집단의 활성화이다. 바로 "자경농이 갈수록 감소하고 지주가 점차 증가하며 고농이 급증한 것이다."[10] 고용 관계가 농촌에서 가장 기본적인 사회관계 중 하나가 되었다. 쉬디신(許滌新)은 1930년대의 고농을 3,000만 명으로 추산했다.[11] 화베이에서 논이 500무 이하인 농가들은 대부분 스스로 경작하고 논을 세 주지 않으며 규모가 크기 때문에 통상적으로 머슴과 품팔이꾼을 고용하므로 고공 경영 성분이 화베이에서 비교적 큰 비중을 차지했다. 아울러 농촌 각 계급에서의

---

6   任弼時, 「土地改革中的幾個問題」, 晉綏邊區財政經濟史編寫組, 『晉綏邊區財政經濟史資料選編』, 山西人民出版社, 1986, p.444.

7   祁寯藻, 『馬首農言注釋』, 中國農業出版社, 1999, p.79.

8   「中國社會各階級的分析」, 『毛澤東選集』 第1卷, 人民出版社, 1991, p.8.

9   許滌新・吳承明 主編, 『中國資本主義發展史』 第3卷, p.299.

10 汪適夫, 「各地農民狀況調查, 江蘇靖江」, 『東方雜志』 第24卷 第16期, 1927年 8月, p.119.

11 許滌新, 「農村破産中底農民生計問題」, 『東方雜志』 第32卷 第1期, 1935年 1月, p.45.

농업 근로자 성분도 중남부에 비해 많았다.[12] 1930년대 황허, 창장, 주장 유역의 고공은 각각 농촌 인구의 11.4%, 9.3%, 8.1%를 차지했다.[13] 허베이 칭위안의 고용 관계는 농촌의 가장 기본적인 착취 관계로 소작 관계보다 훨씬 보편적이었다. 각 조사 대상 마을을 보면 토지를 임대하지 않은 지주가 있어도 일손을 고용하지 않은 지주는 거의 없으며 부농 역시 고공을 착취했다. 일부 중농과 빈농도 농번기에 일손을 고용했다.[14] 1928년 산시성 11개 현의 고공 통계 상황은 다음과 같다.

표 4-1 1928년 산시성 각현의 자경농 · 반자경농 · 소작농 · 고농 비율(단위: %)

현	자경농	반자경농	소작농	고농
자오청현	49.25	31.1	9.81	9.8
원수이현	64.19	22.45	8.73	4.52
란현	43.36	27.89	14.87	13.78
싱현	49.48	24.1	13.8	12.58
펀양현	30.11	21.69	32.53	18.67
샤오이현	62.6	14.77	15.9	6.73
린현	38.84	20.33	20.5	10.78
스러우현	62.46	17.53	17.04	3.17
리스현	57.38	30.62	5	7
팡산현	80.01	5.98	6.99	7.01

20세기 전기의 향촌 고공(雇工)

---

12 陶直夫,「中國農村經濟現階段性質之研究」, 馮和法 編,『中國農村經濟論』, 黎明書局, 1934, p.200.

13 『中國大百科全書 · 經濟學』, 中國大百科全書出版社, 1992, p.1327.

14 史志宏,「20世紀三四十年代華北平原農村的租佃關系和雇傭關系－以河北省淸苑縣4村爲例」,『中國經濟史硏究』, 2003年 第1期, p.50.

중앙현	28.85	32.69	17.31	21.15
평균	51.5	21.15	15.22	10.48

출처 : 呂梁地區方志編纂委員會 編, 『呂梁地區志』, 山西人民出版社, 1989, p.109

〈표 4-1〉에서 볼 수 있듯이 1928년 산서성의 농가에서 고농이 차지하는 평균 비율은 10.48%이다. 통계에 따라 고농의 평균 비율도 약간의 차이가 있다. 1933년, 난징중산문화관(南京中山文化館)의 조사에 의하면 산시성 43개 현에서 고농은 농가 수의 10.29%를 차지했다.[15] 『중국실업지(中國實業志)』에 의하면 1935년 산시성의 1,829,836가구에서 고농이 170,803가구로 전체 가구 수의 9.33%를 차지했다.[16] 이러한 통계수치를 보면 산시성의 고공 수는 감소하는 추세를 보였다. 하지만 이는 조사 범위가 다르므로 직접적 비교 가능성을 지니지 않은, 이론적인 평균수치일 뿐이다. 고농이 농가에서 차지하는 비율은 여러 요소의 영향을 받으므로 지역적 차이가 매우 크다. 양가오현(陽高縣)에는 신해혁명 전에 자경농이 많았고 지주와 고농, 소작농이 아주 적었지만 1930년대 초기에 이르러 소작농과 고농이 전체 농가의 41.9%를 차지했으며 그중 고농은 전체 농가의 15%를 차지했다.[17] 산시성 북부의 톈전(天鎭), 다퉁(大同), 양가오를 보면 토지가 없는 소작농과 고농이 전체 농가의 31%를 차지했다.[18] 1930년대 후기 산시성 11개 현의 고공

---

15 陳正謨, 「各省農工雇傭習慣及需供狀況」, 嚴中平 等 編, 『中國近代經濟史統計資料選輯』, 科學出版社, 1955, p.263.

16 中共山西省委黨史研究室 · 山西省檔案館 編, 『太行革命根據地土地問題資料選編』, 山西省檔案館, 1983, p.7.

17 範郁文, 「現階段陽高農村經濟的鳥瞰」, 『新農村』 第20期, 1935年 1月, p.9.

18 範郁文, 「晉北邊境三縣農民生活概觀」, 『新農村』 第24期, 1935年 5月, p.8.

이 전체 농가의 20% 이상을 차지했는데 이 현들은 대부분 목화, 밀 생산지거나 개간지였다. 목화와 밀 생산지인 융지현(永濟縣)의 고농은 전체 농가의 34.24%를 차지했고 개간지가 많은 징러현(靜樂縣)의 고농은 전체 농가의 23.72%를 차지했다.[19]

여기서 큰 증가세를 보이는 것은 품팔이꾼이다. 농촌 고용 관계의 주요 성분이지만 자경농이나 소작농에 포함시켰으므로 통계에 잘 나타나지 않는다. 예를 들면 싱현의 헤이이커우촌(黑峪口村)의 부농들은 품팔이꾼을 자주 고용하지만 통계에 들어가지 않았다.[20] 바오더현의 소작농과 빈농도 노동력을 자주 팔았다.[21] 산시성 북부와 산시성 동남부의 향촌의 비교 조사 설명을 보자. "반자경농은 대부분의 경우 자기 소유의 토지로 자급자족할 수 없어 타인의 경작지에서 농사를 지어 살림에 보태므로 머슴이 자연히 적어진다."[22] 여기서 '장기 소작인'만 언급했을 뿐 '품팔이꾼'은 언급하지 않았다. 허난성의 조사 자료를 보면 품팔이를 하는 빈농은 완전한 고농보다 2배가량 더 많았으며 후이현(輝縣)의 완전한 고농은 빈농 겸 고농 수의 1/4 가량이었다.[23] 혼란한 사회와 가난한 삶은 빈농과 소작농 그리고 고농 간의 이동을 초래했다. 빈농은 때때로 소작농이나 고농으로 전락할 위험이 있었고 소작

19 中共山西省委黨史研究室·山西省檔案館 編, 『太行革命根據地土地問題資料選編』, p.7.

20 「黑峪口土地使用」(1942年 9月), 山西省檔案館, 檔案號, A141/1/99/2.

21 「抗戰以來階級關系的變化」, 『保德縣段家溝自然村調查報告』(1942年 7月), 山西省檔案館, 檔案號, A137/1/3/1.

22 劉容亭, 「山西高平, 陵川, 神池三縣十六個鄉村概況調查之比較」, 『新農村』第9期, 1934年 2月, p.9.

23 西超, 「河南農村中底雇傭勞動」, 『東方雜志』第31卷 第18期, 1934年 9月, p.68.

농 역시 고농으로 전락할 위험이 있었다.[24] 따라서 향촌의 고공 집단은 농촌에서 증가할 수밖에 없었다. 바오더현의 돤자거우촌(段家溝村)을 보면 1937년 고농이 전체 농가의 13.63%를 차지했으나 1942년에는 7.46%를 차지했다.[25] 하지만 이 촌의 품팔이꾼 수는 줄곧 증가세를 보였는바 1936년의 7가구에서 1938년의 9가구로, 1942년의 10가구로 증가했다.

품팔이꾼 대부분은 빈농이거나 자경농이다. 이들은 본인의 토지를 경작하지만 토지가 적으므로 잉여 노동력을 타인에게 팔아 품팔이를 하는 것이다.[26] 그리고 이 촌의 '소상인'은 대부분 외지로 나갔다가 돌아온 고공들이다. 이들은 토지를 선호하여 가능한 돌아와 농사를 지으려고 했다. 이는 농업 생산이 장사보다 더 믿을 만하기 때문이다.[27] 하지만 이러한 '고공'을 빈농이나 상인에 포함시켜 통계했다. 또한 머슴이나 품팔이꾼을 포함한 고공은 대부분 고용주의 친척으로 명의상으로 방문이나 도움을 주는 것으로 되어 있으나 사실상은 고용 관계였다.[28] 이러한 경우도 통계에 넣기 어려웠다.

산시성의 향촌사회에는 머슴과 품팔이꾼 외에도 기타 형식의 고공이 있었다. 예를 들면 계절농이 그러했다. 1개월 이상을 쓸 일손이 필요할 때 계절농을 고용했는데 고용 기한은 1~2개월에서 3개월이며 많

---

24 周谷城, 『中國近代經濟史論』, 複旦大學出版社, 1987, p.110.

25 「保德縣段家溝自然村調査報告」, 『階級關系變化表』 N01, 1942年 7月, 山西省檔案館, 檔案號, A137/1/3/1.

26 위의 자료.

27 『保德縣段家溝自然村調査報告』(1942年 7月), 山西省檔案館, 檔案號, A137/1/3/1.

28 「統一戰線政策材料彙集」, 『晉西北的階級』(1941年 12月), 山西省檔案館, 檔案號, A21/3/37.

아도 5~6개월을 넘지 않았다. 머슴과 비슷하지만 고용 기간이 더 짧았다. 밭갈이와 파종, 사이갈이와 수확 등 일손이 가장 필요한 시기에 임시로 고용하는 형식이었다.[29] 당시 15일 이상 고용되면 월공(月工), 15일이 안 되면 일공(日工)이라고 불렀다.[30] 어떻게 보면 장기간 고용하는 품팔이꾼이었다. 품팔이꾼 성격으로 하는 일도 같고 일당을 계산해 받지만 연일 작업해야 하므로 품팔이꾼보다 기한이 길어 현지인에만 적용되었다. 고용주가 원한다면 언제든지 고용할 수 있고 양측이 시간을 정해놓고 아무 때나 와서 일을 하며 그 임금은 품팔이꾼보다 비슷하거나 조금 높았다. 사회가 어수선하여 고공을 구하기 어려울 때 고용주는 이 특수한 형식으로 품팔이꾼을 고용했다.[31] 겨울 3개월간 일하는 고공인 '동공(冬工)'도 있었다. 대부분 가축 사육, 땔감 해오기, 사냥 등 일이었다. 대부분 부잣집에서 고용하며 임금은 평소의 절반이었다. 이 밖에 고용 기간이 머슴의 절반인 '반공(半工)', 두 사람의 일을 하는 '분공(份工)'도 있었다.[32]

상술한 유형의 고공은 1930년대를 전후하여 활동했으며 전반적으로 향촌 고공 집단이 증가되는 추세를 보여주었다. 호구 통계에서의 고공(고농) 비율은 농촌사회 생활의 실상을 반영하기에는 턱없이 부족하다. 머슴 가구가 없다 하여 머슴이 없다고 단정해서는 안 된다. 농가의 노동력이 많으나 토지가 부족한 경우 몇몇은 집에서 농사일을 하고 몇몇은 다른 집에 가서 소작을 해야 하는데 이러한 경우 그 가구의 몇

---

29 範郁文,「晉北邊境三縣農民生活概觀」,『新農村』第24期, 1935年5月, p.13.

30 呂梁地區方志編纂委員會,『呂梁地區志』, p.110.

31 『晉西北區檔案資料』(1942年), 山西省檔案館, 檔案號, A88/3/23/3.

32 위의 자료.

몇만 소작농이지 완전한 소작농 가구라고 볼 수 없다.[33] 이렇게 보면 향촌 고공의 수는 고공 가구 수 통계보다 훨씬 많을 것이다.

농업노동에서의 고공 비율은 비록 여러 요소의 영향과 제약을 받지만 농업경영 규모와 밀접한 관계를 갖는다. 1920년대 이후 산시성에서는 황무지를 많이 개간하면서 고용 노동력에 대한 수요가 증가했다. 하지만 농가의 경영 규모가 작고 경제력이 취약하여 고공의 수가 많지 않았는바 일반적으로 두세 명이었으며 이 밖에 품팔이꾼을 고용했다.[34] 쥐취안현(左權縣) 다옌촌(大岩村)의 고공을 보면 일 잘하는 사람들은 많게는 15무, 평균 10무를 경작하고 일을 잘 못하는 사람들은 많게는 6무, 평균 5무를 경작하며 가축이 있으면 17무, 가축이 없으면 9무를 경작했다.[35] 산시성 농촌의 1무 땅에 필요한 일손은 7~9명으로 7명이면 바삐 돌아쳐야 하고 8명이면 천천히 해도 되며 9명이면 놀면서 해도 된다고 했다. 1인당 1년에 8개월을 일한다고 치면 가축이 없는 상황에서 1인당 평균 30무를 경작할 수 있다.[36] 선츠현(神池縣)의 숙련농은 500무를, 융허현(永和縣)의 숙련농은 120무를 경작할 수 있었다.[37] 또한 농가의 고용 노동력 비중도 지역마다 제각각으로 농가의

33 劉容亭, 「山西高平, 陵川, 神池三縣十六個鄕村槪況調査之比較」, 『新農村』第9期, 1934年 2月, p.9.

34 中國人民大學農業經濟系主編, 『中國近代農業經濟史』, 中國人民大學出版社, 1980, p.9.

35 『左權縣工農靑婦救國聯合會大岩村雇工調査』(1943年 4月), 山西省檔案館, 檔案號, A7/1/12/9.

36 李長遠 主編, 『太嶽革命根據地農業史資料選編』, 山西科技出版社, 1991, p.442.

37 陳正謨, 「各省農工雇傭習慣之調査硏究」, 『中山文化敎育館季刊』創刊號, 1934年 8月, p.365.

경제 상황에 따라 정해지며 대다수 농가는 가족 구성원의 경작 능력과 생활 수요에 따라 경영 규모를 정한다. 따라서 농업에 소규모 경영이 광범위하게 존재하는 데다 사람이 많지만 토지가 적고 자금이 부족한 이유로 일반 농가가 고용하는 인부는 아주 제한적이다.

연구에 의하면 1930년대 북방에서 고공이 경작하는 토지는 20~30%를 차지했다.[38] 1929~1933년 진링대학(金陵大學) 농업경제학과의 조사에 의하면 산시성의 고공 노동력은 전체 농업 노동력의 15~20%이며 기타 성에 비해 중위권 수준인 것으로 드러났다.[39] 우샹현(武鄕縣)과 우타이현(五臺縣)의 통계에 의하면 농업 경영에서 고용 노동력이 차지하는 비율은 각각 27%와 26.5%를 차지하여 전국 평균인 25%보다 조금 높았다.[40]

농촌 고용 관계의 활성화는 고공 시장의 활성화로 나타난다. 북방에서 노동력 시장을 '인력시장' 혹은 '노동시장'이라고 불렀으며 교역 대상은 일반적으로 일공과 월공으로 품팔이를 선호하는 경향을 보였다. 1934년 산시성의 65개 현을 조사한 결과 고공 시장이 설치된 현은 35개[41]로 전체의 53.84%를 차지했고 나머지 46.15%를 차지하는 30개 현에는 시장이 없었다.[42] 대부분 품팔이꾼은 자기 밭을 경작하는 소농으로 집을 멀리 떠날 수 없었다. 시장 시간과 공간 범위의 제약으로 인력 시장은 계절성적인, 지방성적인 시장이다. 인력시장은 일반적으로

---

38 汪敬虞 主編, 『中國近代經濟史』(中), 人民出版社, 1997, p.1021.

39 戴樂仁 等, 李錫周 編譯, 『中國農村經濟實況』, 北平農民運動硏究會出版, 1928, p.123, p.170, p.120.

40 徐松榮 主編, 『近代山西農業經濟』, 中國農業出版社, 1990, p.272.

41 陳正謨, 앞의 글, p.333.

42 章有義, 『中國近代農業史資料』第3輯, 三聯書店, 1957, p.771.

비교적 큰 마을에서 정기적으로 열리므로 정해진 시간에, 정해진 곳에서 열리는 셈이다. 일부 인력시장은 일찍 나타났는데 건륭 연간에 "산시성 양가오현에서 농민들이 시장에서 일감을 찾는다."[43]는 기록이 있다. 위현(盂縣) 시옌진(西煙鎭) 인력시장은 명청 시기부터 1937년까지 이어졌다. 인력시장은 새벽부터 열려 점심에 닫는다. 매일 아침 5시경에 고용주는 품팔이꾼들이 집중된 곳에 오며 양측이 합의한다.[44] 『퇴상재일기(退想齋日記)』는 "벼를 베는 인부는 해가 뜨기도 전에 벼를 베야 하는 마을에 도착한다. 늦게 와 고용되지 못할까 두려워한다."[45]라고 적고 있다. 큰 마을의 시장은 하루 종일 열리며 연속 고용이 필요할 경우 점심이나 오후라도 품팔이꾼을 찾아 이튿날에 일하러 오도록 약속한다.

인력시장 하나는 주변 10여 개 촌의 인력 수요를 만족시킨다. 인력시장 규모는 마을의 크기나 계절, 수확 상황에 따라 정해지는데 때로는 수백 명의 품팔이꾼들이 고용되기를 기다리지만 때로는 20~30명밖에 없기도 한다. 시옌진 인력시장을 보면 잡초를 뽑거나 추수할 때 인력시장에 2,000여 명이 북적거리는데 이들은 시옌진이나 산하의 농촌에서 온 빈곤한 농민 외에 대부분 주변의 린현·서우양·양취·우타이·딩샹·양취안·핑딩·신현·궈현(崞縣)에서 온 사람들이다.[46]

---

43 李文治·魏金玉·經君健, 『明淸時代的農業資本主義萌芽問題』, 中國社會科學出版社, 1983, p.66,

44 中國人民政治協商會議山西省盂縣委員會文史資料研究委員會 編, 『盂縣文史資料』第1輯, p.89.

45 劉大鵬, 『退想齋日記』, 山西人民出版社, 1990, p.263. p.398.

46 中國人民政治協商會議山西省盂縣委員會文史資料研究委員會 編, 『盂縣文史資料』第1輯, p.89.

소규모 인력시장이라도 근처 마을의 품팔이꾼과 고용주들이 몰려든다. 류다펑(劉大鵬)은 "마을의 위랑차오(豫讓橋)에 인력시장이 있는데 모든 고공들은 그곳에 몰려든다. …… 벼와 수수가 익어 수확 계절이 다가오니 오늘 아침에도 수많은 사람들이 낫을 들고 고용되기를 기다렸다. 물어보니 타 현의 사람들이었다. …… 오늘 아침 200여 명이 모두 시전(西鎮)·화타(花塔)·잉디(硬底)의 농가에 고용되었다. …… 오늘 아침 인력시장에 인력이 없어 인력을 고용하려던 사람들은 허탕을 치고 말았으며 방법 없이 밭에서 일했다. …… 다른 곳에서 겨우 세 사람을 고용했다."[47]고 기록했다. 비록 류다펑의 일기는 산발적으로 기록하고 있지만 향촌 인력시장을 연구할 수 있는 좋은 자료이다.

인력시장의 노동력 가격은 일출 전에 높다가 일출 후에는 낮아지며 임금은 고용주와 고공이 합의해서 정한다. 천정모(陳正謨)의 조사에 의하면 산서성의 65개 현에는 정해진 가격이 없이 고용주가 농사 유형과 임금을 제시하여 인력을 고용하며 응하는 자가 없으면 임금을 높인다. 반면 고공이 가격을 외치면서 고용주를 찾는 경우도 있다. 노동력 가격은 공급과 수요의 영향을 받으며 곡식 가격이나 기후의 영향도 받는다. 샤오이현과 쥐원현의 일공 임금은 곡식 가격을 따랐다.[48] 일부 인력시장은 고공과 고용주가 상의하여 고용 가격을 정하는 것을 금지하여 인력시장에 매일 임금 가격표를 붙였는데 이는 인력시장 소재 촌의 촌장이나 사원의 승려들이 결정했다. 고공과 고용주가 가격이 합리적이지 못하다고 느끼면 촌장이나 승려를 찾아 상의하여 재결정한다. 이렇게 인력시장은 점차 일치한 노동력 시장 가격을 형성했다. 하지만

---

47   劉大鵬, 앞의 글, p.263. p.458. p.477.
48   陳正謨, 앞의 글, p.332.

일부 고용주들이 시장을 조종하여 고공들이 가격을 높이지 못하게 했다. 그러므로 "품팔이 하려면 값을 말하지 말게나. 무엇을 하라고 하면 무엇을 합세나. 먼저 정하면 나쁘지 않으련만 집집마다 임금은 다 같다네."[49]라는 민요도 있다.

산시성에서 인력시장을 자주 볼 수 있었지만 노동력이 반드시 시장에서 거래되어야 하는 것은 아니다. 시장에서 멀리 떨어져 있거나 인력시장이 없는 곳에서는 종종 무리를 지어 다니면서 고용을 구하거나 예약을 한다. 시현(隰縣)에는 품앗이 조직이 있었는데 열 명이 한 팀을 이루었고 우두머리 한 명이 있었다.[50] 그 우두머리가 일감을 얻어왔다. 펀시현에는 수십 명으로 이루어진 '소작인단'이 있으며 역시 우두머리가 일감을 얻어왔다. 이는 사실상 '준인력시장'이다. 품팔이꾼의 고용은 제한을 받지 않았다. 비록 일부 지방의 품팔이꾼 교역에 중개인이 있지만 일반화나 제도화되지 않고 단지 관습일 뿐이며 그 구속력은 고용주와 고공의 의견이 일치하지 않을 때에만 발생한다.

상술한 바는 품팔이꾼 교역 장소와 교역 방식이며 머슴은 품팔이꾼처럼 인력시장에서 고용하지 않는다. 머슴 고용은 고용주와 고공이 직접 의논하거나 중개인 소개를 통해 이루어진다. 여기에는 사적인 관계가 작용하며 중개인의 소개가 없이 머슴은 거의 일감을 찾지 못한다. 중개인의 소개를 거친 후 고용주의 집에서 고용 가격과 기타 조건을 구두로 합의하고 고공은 사람을 찾아서 담보를 받는다.

'준인력시장'의 보편적 존재 및 '머슴 시장의 부재'는 산시성 향촌

---

49 太行革命根據地史總編委會,『太行革命根據地史料叢書之五－土地問題』, 山西人民出版社, 1987, p.159.

50 陳正謨, 앞의 글, p.334.

사회 인력시장의 발전이 상대적으로 부족하며 공간적으로 일정한 제약을 받고 있음을 보여준다.

2) 향촌 고용 관계 분석

고공과 고용주 및 고용시장은 향촌 고용 관계의 필수조건이다. 고용 경향을 보면 머슴과 품팔이꾼은 양측 경제나 노동력 수요에 의한 것으로 '제도'나 '신분'의 제약을 별로 받지 않는다. 1936년의 조사에 의하면 머슴과 품팔이꾼을 원하는 고공은 각각 52.46%와 19.67%를 차지했으며 나머지 27.87%는 여건을 보고 결정하겠다고 했다.[51] 이는 어느 정도 고공의 경향을 보여주지만 머슴을 원하는 사람이 품팔이꾼을 원하는 사람보다 더 많다고는 할 수 없다. 필경 머슴이나 품팔이꾼은 모두 구체적 여건을 보고 결정한다. 당시의 표본조사에 의하면 머슴을 원하는 주원인은 가족이 없음(2개), 토지가 없음(11개), 생활이 안정적임(31개) 등 도합 44개였고 품팔이꾼을 원하는 주원인은 가족이 있음(2개), 토지가 있음(28개), 돈을 많이 받음(7개) 등 도합 37개였다.[52] 머슴이나 품팔이꾼을 결정하는 주원인은 토지의 유무와 안정된 생활이며 안정된 일자리를 얻는 '안정된 생활'은 가장 주된 원인이다.

고공의 생활 여건과 경제 가치도 제약 요소이다. "머슴은 돈을 한꺼번에 저축할 수 있고 자질구레하게 쓸 일이 별로 없다. 머슴의 수입

---

51 費朌石, 「雇農工資統計及其分析」, 『內政統計季刊』 第1期, 1936年, pp.111~112.

52 陳正謨, 앞의 글, p.362.

을 일수로 계산하면 품팔이꾼의 품삯보다 적지만 바쁘게 돌아치든 한가하든 모두 품삯을 받는다. 품팔이꾼은 농번기에만 돈을 많이 벌지만 농한기에는 고용되지 못하므로 품팔이꾼을 하려 하지 않는다."[53] 그리고 "외지에서 일해도 큰돈을 벌지는 모르는 일이다. 근처의 마을에서 품팔이 기회가 적으므로 머슴을 하는 것이다. 돈을 벌 수도 있고 집에 돌아가 가사를 하거나 자기 밭을 경작해도 된다. …… 천재나 인재로 농촌이 파산되어 품팔이를 하려는 사람이 많다 보니 임금의 변동이 심하다. …… 임금이 정해져 아주 안전하다."[54] 일부 사람들은 땅이 적고 노동력이 남아서 머슴을 선택했다. 품팔이를 선택하는 것은 자유롭기 때문이기도 하지만 고용주가 머슴을 불평등하게 대하며 장기 고용으로 농사를 지을 수 없기 때문에 머슴보다는 품팔이를 선호한다. 하루를 일하면 일한 만큼 받는 것이다.[55] 머슴은 대부분 빚이 많아 생계를 도모하기 어렵지만 품팔이꾼은 생계를 도모할 수 있다.[56]

머슴을 원하는 고용주의 입장에서 보면 품팔이꾼은 머슴보다 힘들지 않다. 머슴은 날이 밝기 전에 일어나지만 품팔이꾼은 일을 늦게 시작하여 일찍 끝내며 농사일만 하고 다른 집안일은 하지 않는다.[57] 그리고 품팔이꾼을 언제나 고용할 수 있다는 보장이 없으며 머슴은 책임지고 일하나 품팔이꾼은 무책임하다. 또한 집안의 모든 일을 머슴이 해야 하므로 머슴은 1년 내내 힘들다.[58] 그러므로 고용주는 머슴을

53 『楊家坡雇工調査會記錄』(1942年), 山西省檔案館, 檔案號, A88/3/32/1.
54 陳正謨, 앞의 글, pp.359~360.
55 『雇工零碎材料』(1942年), 山西省檔案館, 檔案號, A88/3/34/6.
56 陳正謨, 앞의 글, p.360
57 『楊家坡雇工調査會記錄』(1942年), 山西省檔案館, 檔案號, A88/3/23/1.
58 『楊家坡雇工問題』(1942年), 山西省檔案館, 檔案號, A88/3/32/2.

고용하면 걱정을 덜 수 있다. 류다펑은 이렇게 적었다. "왕 서방이 우리 집에서 머슴 노릇한 지 4년째가 되어 모든 농사일에 대해 잘 안다. 내가 요구한 대로 일을 하므로 나는 며칠 동안 밭에 나가지 않아도 된다."[59] 품팔이꾼은 농번기에만 고용하기에 임금과 식비를 아끼고 효율을 높인다는 장점이 있다. 그러므로 "품팔이꾼은 하루에 하루 반의 일을 한다."[60]는 말이 있다. 한 사람의 닷새 일을 품팔이꾼은 사흘에 끝내기 때문이다. 고용주의 재력 및 기타 원인으로 품팔이꾼을 고용하는 농가가 훨씬 많았다. 1930년대 산시성의 61개 현에 대한 페이징스(費肼石)의 조사 통계를 보면 머슴을 더 많이 고용한 현은 26개로 42.62%, 품팔이꾼을 더 많이 고용한 현은 35개로 57.38%를 차지했다.[61]

농업 생산의 계절성 때문에 노동력이 필요한 기간과 별로 필요하지 않은 기간이 생기는데 이는 노동력 수급 관계의 모순을 야기한다. 농번기에는 일손이 부족하여 임금이 높아도 고용하기가 쉽지 않았다. 류다펑은 이렇게 적었다. "일손이 몹시 부족하여 임금을 아무리 높여도 머슴 하나를 고용하기가 쉽지 않다. …… 일손을 구하지 못해 내가 김 맸다. 어제 저녁 일손을 구했으나 한 사람도 없었다. 일손이 왜 이다지도 부족하단 말인가? …… 봄가을 농번기에 일손이 심히 부족하다. 아편을 금지하면서 고공들이 외지로 도망친 자가 반이요, 잡혀 들어간 자가 반이라. 농가가 고스란히 그 피해를 받지만 위정자들은 이를 결코 걱정하지 않는다."[62] 1930년대 산시성 각 현의 농업노동력 수급 상

20세기 전기의 향촌 고공(雇工)

59 劉大鵬, 앞의 글, p.322.

60 『雇工零碎材料』(1942年), 山西省檔案館, 檔案號, A88/3/34/6.

61 費肼石, 「雇農工資統計及其分析」, 『內政統計季刊』 第1期, 1936年, pp.110~111.

62 劉大鵬, 앞의 글, p.308.

황 조사를 보면 노동력이 남는 현이 20개로 36%, 맞춤한 현이 11개로 20%, 부족한 현이 24개로 44%를 차지했다.[63] 노동력은 여전히 산시성 향촌 인력시장의 주도자이므로 고용 관계에서 고공의 선택이 보다 능동적이었다. "정당한 사유가 있으면 제멋대로 자르거나 그만둔다. 일반적으로 고공이 그만둘 때가 많고 고용주가 해고할 때가 적다. 식사가 좋지 않아도 그만두었다. 어떤 고공은 3개월 일하고 여름이 오면 큰돈을 벌기 위해 그만둔다. 고용주는 머슴이 그만두면 여전히 일손을 고용해야 하지만 임금을 많이 주고도 고용하기 어려워 해고를 하지 않는다."[64]

그렇다면 향촌사회에서 일어나고 있는 고용 관계, 즉 고용주와 고공 사이에는 상대적으로 안정적이고 계층이 분명한, 서로 다른 지위와 신분, 역할을 명시하는 사회적 관계가 형성되었는가? 이것은 우리가 향촌 사회구조를 정확히 이해하기 위한 기본 전제의 하나이다.

먼저 고용주를 보자. 일반적으로 부농과 고농은 고용 관계에서 대립되는 양극이다. "하지만 농촌에서 일손이 부족한 시기에는 대부분 자경농은 물론 일부 소작농이나 빈농도 고용주의 자격으로 나타난다. …… 고용주의 경우 지주를 제외하는 것은 사실상 불가능하다."[65] 따라서 일감을 찾는 거의 모든 사람들이 고용될 가능성이 있고 품삯을 낼 수 있는 고용주는 모두 사람을 고용할 수 있다. 부농과 지주는 당연한 고용주 계층이다. 중농이 일손을 고용하는 것은 단기간 내에 인력

---

63 費肼石, 앞의 글, pp.108~109.

64 『楊家坡村雇工問題』(1942年), 山西省檔案館, 檔案號, A88/3/32/2.

65 範郁文, 「晉北邊境三縣農民生活槪觀」, 『新農村』第24期, 1935年 5月, p.12.

이 부족하기 때문이다. "머슴을 두는 농가는 모두 노동력이 부족해서이다. 일부는 장사를 해서이지만 대부분 농가는 일부 노동력이 입대하거나 외지에서 일을 하므로 일손이 부족하다."[66] 빈농들이 일손을 고용하는 것은 노동력 부족과 본인이 부담하는 품삯 때문이며 주요하게 농사일이 바빠서 고용한다. 소작농은 노동력 부족이나 질병 등 변고 때문에, 혹은 그들이 경작하는 농업 규모가 가정 노동력의 한계를 초과하기 때문에 일손을 고용한다.[67] 하지만 소작농이 일손을 고용하는 경우는 아주 드물다.

부농과 지주가 머슴을 많이 고용한다. 관련 자료에 의하면 우샹현 다유진(大有鎭)에서 대지주 1가구가 머슴 9명을, 경영지주 1가구가 머슴 5명을, 부농 20가구가 머슴 24명을, 상인 17가구가 머슴 2명을 각각 두었으며 중농·빈농·고농·수공업자 78가구는 머슴을 1명도 두지 못했다.[68] 산시성의 서우양현·잉현·쭤윈현·핑딩현·우샹현에서는 부잣집에서만 머슴을 두고 부잣집이 아니면 머슴을 두지 않았다. 안이현·진청현·링스현에서는 중위권 이상 농가면 머슴을 두었다.[69]

머슴의 수는 토지의 면적에 의해 결정된다. 경제 형편의 제약으로 산시성의 각 농촌 지주는 1가구당 머슴을 2~3명, 부농은 1가구당 머슴을 1~2명을 두었고 일부 중농은 머슴 1명만 두거나 여러 명이서 머

66 『任家灣底人口, 勞動力, 雇傭勞動(四)』(1943年), 山西省檔案館, 檔案號, A141/1/118/1.

67 許滌新·吳承明 主編,『中國資本主義發展史』第1卷, 人民出版社, 1985.

68 『武鄕縣大有鎭土地調査材料總結』(1942年 9月), 山西省檔案館, 檔案號, A181/1/44/1.

69 陳正谟,「各省農工雇傭習慣之調査研究」, p.363.

습 1명을 두는 경우도 있었다. 항일전쟁 전의 싱현을 보면 부농 1가구당 머슴 0.5명도 두지 못했다. 선푸현과 싱현의 8개 촌의 고용 관계를 보면 각 계층에서의 고용주 26가구의 분포 상황은 부농이 1가구, 부유 중농이 12가구, 중농이 10가구, 빈농이 2가구, 소상인이 1가구였다.[70]

이로써 향촌의 고용주 구성이 더욱 광범위하며 다만 가난한 사람이 부자보다 많이 고용하지 못하고 고용 기간도 짧다는 것을 알 수 있다. 1941년 산시성 양자포(楊家坡)에 대한 조사에 의하면 품팔이꾼을 고용한 10가구에서 지주와 중빈농이 각각 5가구를 차지했다.[71] 당연히 고용 기간은 지주가 가장 많고 부농·중농·빈농 순으로 감소한다. 각 유형의 고용주가 품팔이꾼을 고용한 일자는 연평균 59~68일로 2개월가량이고[72] 품팔이꾼이 고용되는 일자는 연평균 40~50일이다.[73]

다음 고공을 보자. 토지를 잃은 농가는 농촌에서 고공으로 전락된다. 하지만 고용 노동력은 '농촌 무산자'에게만 해당되는 것이 아니며 빈농 역시 일부 노동력을 팔아야 했다. 각 계층별로 고공이 된 원인은 다음 표와 같다.

70 張聞天, 『神府縣, 興縣農村調査』, 人民出版社, 1986, p.46.

71 「晉西北的階級」(1943年), 『統一戰線政策材料彙集』, 山西省檔案館, 檔案號, A88/3/32/3.

72 史志宏, 「20世紀三四十年代華北平原農村的租佃關系和雇傭關系－以河北省淸苑縣4村爲例」, 『中國經濟史研究』, 2003年 第1期, p.55.

73 黃宗智, 『華北的小農經濟與社會變遷』, p.80.

표 4-2 각 계층별 고공이 된 원인 분석표

	고농	빈농	중농	빈민
머슴	재산 없음, 오래 일함	땅이 있지만 부족함	노동력으로 돈을 벌어 땅, 소를 사려 함	
품팔이꾼*	머슴 일을 찾지 못함. 게으름	머슴 일을 찾지 못함. 끼니가 걱정임. 자유로움	노동력으로 천, 모자를 사려 함	목공, 석공
월공	머슴을 그만둠	머슴 일을 찾지 못함. 끼니가 걱정임	노동력으로 천, 모자를 사려 함	
반공	머슴 일을 찾지 못함. 먹을 것이 없거나 부족함	머슴 일을 찾지 못함. 먹을 것이 없거나 부족함	자유로움	
동공	부지런함. 다른 방도가 없음	부지런함. 끼니가 걱정임	부지런함	
일당 받는 머슴	자유로움	자유로움		
분공	머슴 일을 찾지 못함. 먹을 것이 부족함	머슴 일을 찾지 못함. 먹을 것이 부족함		

* 출처 : 山西省檔案館, 『雇工零碎材料』, 檔案號: A88/3/34/6

* 이 밖에 품팔이꾼에는 불량배나 무뢰한이 많은데 이들은 돈은 벌고 싶지만 고생을 안 하려 함.

〈표 4-2〉에서 볼 수 있듯이 원인은 각각이지만 머슴과 품팔이꾼은 대부분 고농이고 중농이나 빈농, 빈민도 있다. 빈농은 중농보다 땅이 훨씬 적으므로 다른 일을 하지 않으면 생계를 유지하지 못한다. 따라서 품팔이를 많이 한다. 빈농은 한편으로 땅이 부족하다거나 땅이 없다고 하면서 다른 한편으로 농촌에서 품팔이를 하거나 솜을 타거나 모

전(毛氈)을 만들며 심지어 두 사람의 일을 하는 '분공'까지 한다.[74] 이들은 땅뙈기가 있어 집을 멀리 떠날 수도 없고 생계를 유지하기도 어려워 어쩔 수 없이 노동력을 팔아야 했다. 그러므로 사실상 빈농이 고공을 겸하는 경우가 고농보다 더 많았다. 빈농은 노동력 거래의 주요한 공급자이다.[75] 토지 부족으로 노동력이 남고 그 노동력으로 일을 해서 살아야 했다. 수많은 가정을 보면 아비가 집에서 농사일을 하면 아들이 머슴을 하거나 형이 농사일을 하면 아우가 머슴을 했다.[76]

고공 집단의 구성에서 머슴은 거의 고농이고 빈농은 대부분 품팔이를 했다. 품팔이꾼의 구성은 아주 복잡했는데 각 성분을 거의 포함했으며[77] 특히 소작농과 고농의 차이는 명확하지 않았다. 소작농은 토지가 전혀 없으며 그들의 소득은 일부는 땅을 빌려 농사를 짓는 보수이고 다른 일부는 다른 사람의 일을 거들거나 수공업에 종사하여 얻는 소득이다.[78] 소작농의 소득은 그들 일가족의 생활을 유지할 수 없으므로 농사일을 하는 외에 고공이나 수공업 혹은 장사꾼을 겸해야 생활을 유지할 수 있었다.[79] 1946년 중공중앙은「농촌 계급성분을 어떻게 나눌 것인가?」에서 고공을 '농촌의 무산계급'으로 규정했다. 고공은 토지가 없으므로 생계를 위해 품팔이를 하고 노동력을 팔아 힘들게 일한

---

74 『任家灣底人口, 勞動力, 雇傭勞動(四)』(1945年), 山西省檔案館, 檔案號, A141/1/118/1.

75 柴樹藩 · 于光遠 · 彭平, 『綏德, 米脂土地問題初步研究』, 人民出版社, 1979, p.111.

76 西超, 「河南農村中底雇傭勞動」, 『東方雜志』 第31卷 第18期, 1934年 9月, p.68.

77 範郁文, 「晉北邊境三縣農民生活槪觀」, 『新農村』 24期, 1935年 5月, p.14.

78 翟克, 『中國農村問題之硏究』, 國立中山大學出版, 1933, p.91.

79 長野朗, 『中國土地制度硏究』, 陸璞譯, 新生命書局, 1933, p.395.

다고 했다. 이 문건에서 열거한 고공에는 소작, 공동 경작, 완전 고용 등 형식이 있다.[80] 따라서 사실상 고농 역시 가정과 사유재산이 있으며 만약 아무것도 없다면 농촌에 남지 않고 도시로 떠났을 것이다.[81]

품팔이꾼에는 빈농이 가장 많고 그 다음 중농·빈민·고농 순이다. 중농과 빈농은 종종 고용주와 고공의 이중 역할을 하지만 고용되는 날이 다른 사람을 고용하는 날보다 많다. 고용 관계의 사회 구성은 향촌 사회의 각 계층에 두루 있으며 고용주와 고공의 역할이 완전히 고착화되어 있지 않음을 알 수 있다. 중농, 빈농, 일부 소작농 및 고농은 고공과 고용주의 역할을 동시에 수행하며 고공과 고용주의 자리가 바뀌어 순환적인 상호 고용을 형성했다.

가족 위주의 농업경영에서 완전 고용 위주의 경영은 아직 드물고 일반 고용자는 가족노동의 보충으로만 여겨졌다. 소농가의 노동력은 대농가에 비해 두 배나 더 많다.[82] 많은 빈농은 경작지 부족으로 노동력이 남아돌아 농번기에 임시로 고용된다. 노동력을 파는 것은 가족의 중요한 부업이며 이렇게 겸업 고용노동자가 발생했다. 이로써 농촌에 진정한 고공이 부족하게 되고 계절적인 겸업 고공이 대량으로 나타났다. 향촌사회 고용 관계의 보편화는 고공 신분의 비고착화나 고용 역할의 호환성을 통해 이루어진다.

---

80 晉綏邊區財政經濟史編寫組·山西省檔案館,『晉綏邊區財政經濟史資料選編』(農業編), 山西人民出版社, 1986, p.337. 弗裏曼 等, 陶鶴山 譯,『中國鄕村, 社會主義國家』, 社會科學文獻出版社, 2002, p.40.

81 李樹青,「中國農民的貧窮程度」,『東方雜志』第32卷 第19期, 1935年 10月, p.73.

82 德.希.帕金斯, 伍丹戈 譯,『中國農業的發展(1368~1968)』, 上海譯文出版社, 1984, p.140.

3) 임금과 식사 제공 : 고공의 수익 문제

고용주가 고공에게 임금을 지불하는 것은 고용 관계 구성 요건의 하나이다. 민국 시기 고공 임금 문제는 각양각색이어서 지불 형식과 지역 차이를 한마디로 말하기 어렵다. 하지만 크게 두 가지 추세가 있는데 이러한 추세의 형성과 발전은 고공의 사회적 지위 및 역할과 밀접한 연관이 있다.

첫째, 지역 차이의 접근성이다. 『중국실업지』(산시성, 1935년) 기록에 의하면 산시성 서북지역의 성인 남자 1년 임금은 자오청·원수이·효의는 50원, 싱현·펀양은 40원, 린현·스러우·중양은 30원, 란현은 24원, 팡산은 22원, 리스는 20원으로[83] 각 현마다 차이가 있다. 차이가 생긴 원인은 '농업노동의 방법, 토지 사용의 분산, 인력시장의 비발전' 등 요소 때문이다.[84] 고공 1년 임금의 상대적 평균치는 40원 안팎이며 당시 구매력으로 계산할 때에도 40원으로 계산했다. 당시 40원으로 각각 밀 500kg, 좁쌀 800kg, 수수 1,000kg, 옥수수 900kg, 감자 3,500kg, 계란 200kg을 살 수 있었다.[85] 1937년 위츠·양취·타이위안의 성년 남성 1년 임금은 각각 40원, 36원, 36원이었다. 기술 역시 임금에 영향을 미쳤다. 지현(吉縣)의 머슴 임금은 양측이 상의해서 정했는데 파종기 다루기, 작두질, 밀짚 쌓기, 목장일, 농사일이 모두 가능하면 최고로 40원쯤을 받았다. 항일전쟁 이전 가장 많아도 50원 이하

제4장 향촌 사회구조와 사회계층의 역사적 변동

---

83 『呂梁地區志』, p.111.

84 馬劄亞爾, 陳代青·彭桂秋 譯, 『中國農村經濟硏究』, 神洲國光社, 1934, p.403.

85 『呂梁地區志』, p.111.

였고 그 다음은 40원이었으며 20~30원도 있었다.[86] 양자포의 고공 자료에서 볼 수 있듯이 고공의 1년 임금은 항일전쟁 전 최고 50원, 최저 30원, 평균 35원을 받았다.[87]

허베이성 칭위안현에 대한 중국 학자와 남만주철도주식회사의 조사를 보면 1930년대 그 지역 고공의 1년 임금은 40원쯤이었다.[88] 국민정부통계국의 조사에 의하면 허베이성 92개 현의 고공 평균 임금은 43원이며 중국 22개 성의 679개 현의 고공 평균 임금은 41.7원이었다.[89] 이렇게 자료를 비교하면 이는 보편성을 지닌 것으로 산시성의 지역 임금 수준만이 아니다.[90] 지역 간의 구체 임금 액수가 어떻게 변하든 시장의 제약으로 평균치를 지니게 된다. 쿠르노(Cournot)는 "경제학자가 말하는 시장은 특정된 화물 거래 장소가 아니라 한 지역의 전부를 말하며 이 지역에서 구매자와 판매자의 상호 거래가 자유롭고, 동등한 상품의 가격이 신속히 동등한 추세에 있다."[91]라고 말했다. 고공 임금의 지역성 차이는 인력시장이 '신속히 동등한' 룰의 제약을 받지 않을 수 없어 변동에서 대체적으로 동등하거나 비슷한 추세가 나타난다. 하지만 이러한 '임금 가격', '신속히 동등한' 룰은 사실상 농가의 평균 생

86 劉存仁 · 呂奇,「舊社會吉縣的土地租佃和高利貸」, 中國人民政治協商會議山西省委員會文史資料研究委員會 編,『山西文史資料』第42輯, p.152.

87 「楊家坡雇工調査」(1942年),『統一戰線政策材料彙集』, 山西省檔案館, 檔案館, A88/3/32/4.

88 吳知估算30年代淸宛長工工資平均爲40元左右, 見吳知,『鄕村織布工業的一個硏究』, 商務印書館, 1936, p.142. 卞乾孫,『河北省淸宛縣事情』, 新民會中央指揮部, 1938, p.156.

89 侯建新,「20世紀三四十年代冀中人口流動與雇工」,『東北師大學報』, 2002年 第3期, p.59.

90 「各地農民狀況調査」,『東方雜志』第24卷 第16期, 1927年 8月.

91 馬歇爾, 陳璧良 譯,『經濟學原理』, 商務印書館, 1965, p.19.

활수준의 제약을 받은 결과이다. 이는 당시 화베이에서 1인당 평균 토지 소유가 4무 가량이며 1년 소득이 40원쯤밖에 안 되기 때문이다.[92]

둘째, 증가 추세에서의 저가성이다. "최근 고농 임금이 보기에는 갑절 오른 것 같지만 식량과 무명 및 일상 비용은 수년 사이 갑절도 더 올랐다. 밀은 …… 20년 동안은 두세 배뿐만 아니다. 따라서 근년에 임금이 오른 것은 형식적이며 실질임금은 오히려 감소했다."[93] 스즈훙 (史志宏)은 "전체 임금이 점차 높아지는 추세이다. 고공의 임금을 보면 머슴의 임금은 1930년에 60.79원, 1936년에 62.32원, 1946년에 71.78 원이다. 1946년과 1930년을 비교할 때 약 18.1% 높아졌다. 하지만 이 증가세는 통화팽창과 관련되므로 실제 임금이 높아진 것이 아니다."[94] 라는 연구결과를 얻었다. 마뤄멍(馬若孟)이 연구한 허베이성과 산둥 성 향촌의 경우도 이와 비슷하다. 1901년부터 1925년을 보자. "농업근 로자의 연평균 임금은 거의 상품 가격과 같은 폭으로 증가했다. …… 1920년대 말기, 임금의 급속한 증가세는 내전으로 인한 노동력의 부족 때문에 초래된 것이다. 가축 가격 증가세와 임금 증가세는 같다. …… 토지 가격은 농촌의 일반 물가와 비슷한 증가세를 보인다."[95]

진중(晉中)의 향신인 류다펑은 일기에서 1903~1941년 고공, 특히

---

92 李景漢,「華北農村人口之結構與問題」,『社會學界』第8卷, 1934年 6月, p.12.

93 尹天民,「安徽宿縣農業雇傭勞動者的生活」,『東方雜志』第32卷 第12期, 1935年 6月, pp.108~109.

94 史志宏,「20世紀三, 四十年代華北平原農村的租佃關系和雇傭關系－以河北省淸苑縣4村爲例」,『中國經濟史硏究』, 2003年 第1期, p.54.

95 馬若孟, 史建雲 譯,『中國農民經濟－河北和山東的農民發展, 1890~1949』, 江蘇人民出版社, 1999, pp.157~158.

품팔이꾼 임금 변동 상황을 상세히 적었다.[96] 여기서 보면 거의 40년 간 고공 임금은 전반적으로 증가세를 보였다. 고공 임금 증가에 영향을 미치는 요소는 곡식 등 생필품 가격의 폭등이다. 1930년 '산시폐' 가치의 급락으로 은화 1원당 산시폐 20원을 환전했다. 이는 산시성 백성의 구매력 저하를 의미한다.[97] 류다펑은 일기에서 1931년 임금 증가세가 가장 컸다고 했는데 이 해 곡식 가격이 역사상 최고치를 기록했다.[98] 고용주인 류다펑도 물가 급등으로 어려움을 느꼈다. 그는 1931년 9월 모든 물가가 최고치에 달해 고공 임금이 많이 올랐다고 하면서 "나는 많은 일손을 고용하지 못해 잠시 농사일을 했다. 비록 고공 한 사람의 일은 못해도 고공 반의 일은 했다. …… 땔나무는 계수나무와 같고 쌀은 주옥같아 쌀밥을 먹기가 어렵다."[99]라고 적었다. 고공 임금은 곡식 가격의 변동의 영향을 받는바 겉으로는 증가한 것 같아도 사실상 곡식 가격의 증가세보다는 낮았다. 산시성 북부 지역 역시 이러했다. "작년부터 금년까지 최저임금이 올라 일당을 20푼을 받을 수 있다. 하지만 최저 곡식 가격이 최저임금보다 더 급등했다."[100] 따라서

---

96 류다펑의 『퇴상재일기』에 의하면 품팔이꾼 임금은 1903년에 110문, 1916년에 180문, 1917년에 350문, 1918년에 200문, 1919년에 150문, 1926년에 600문, 1927년에 700문, 1929년에 450문, 1930년에 1,500문, 1932년에 850문, 1939년에 600문, 1941년에 1,200문이다.

97 悲笳, 「動亂前夕的山西政治和農村」, 『中國農村』 第2卷 第6期, 1936年, p.63. p.65.

98 류다펑의 『퇴상재일기』에 의하면 쌀값은 1916년에 2,000문, 1917년에 1,800문, 1918년에 2,500문, 1921년에 2,700문, 1923년에 1,700문, 1926년에 3,360문, 1930년에 1.9원, 1931년에 3원, 1932년에 1원, 1933년에 1.1원, 1934년에 3.5원, 1935년에 1.5원이다.

99 劉大鵬, 앞의 글, p.430, 431.

100 範郁文, 「晉北邊境三縣農民生活槪觀」, 『新農村』 第24期, 1935年 5月, p.14.

겉으로는 임금이 올랐지만 실질 임금은 줄어들어 고공의 생활 형편은 오히려 못해졌다.

"수입량을 계산하여 지출하라는 훈계가 있지만 고용농의 실제 소득에 한계가 있어 지출이 더 많다."[101] 그렇다면 당시의 기본 생활수준으로 계산하면 고공 소득의 부양 능력은 어떠한가? 임금으로 의복을 사고 나면 한 사람 반의 생계를 유지하기가 어려웠다.[102] 바오더 · 싱현 · 쉬현(朔縣) · 린현 · 허취(河曲) 5개 지역의 자료를 보면 항일전쟁 전에는 장기 고공 1년 임금으로 본인을 제외하고 두 사람 이상의 생계를 1년 유지할 수 있고, 월공의 임금으로 본인을 제외하고 두 사람의 생계를 1개월 유지할 수 있으며, 일공의 임금으로 본인을 제외하고 반 사람에서 한 사람 반의 생계를 하루 유지할 수 있었다.[103] 하지만 전반적으로 보면 산시성 서북 지역의 머슴은 일반적으로 해마다 8~10개월만 고용되므로 2~4개월 실업 기간에는 겨울에 숯을 나르거나 장사를 해야 했다. 따라서 1년 품삯으로는 본인을 내놓고 한 사람의 생계밖에 유지하지 못한다.[104] 고공 가족은 일반적으로 4~5인이며 2~3인이나 7인 이상일 때도 있다. 우샹현의 대부분 고공 가족은 5~6명이었다.[105] 이처럼 고공은 노동력과 일부 농기구를 제공하고도 최저임금을 받아 생계를 유지하기가 어려웠다.[106]

---

101 馮和法, 『中國農村經濟資料』, 黎明書局, 1935, p.507.

102 『晉西區黨委綜合類 興縣高家村調査材料(二)』(1942年), 山西省檔案館, 檔案號, A22/1/18.

103 『晉西區黨委統一戰線政策材料彙集(二)結語』(1941年), 山西省檔案館, 檔案號, A22/4/3/2.

104 위의 자료.

105 『武鄕雇工調査材料』(1943年), 山西省檔案館, 檔案號, A7/1/12/5.

106 範郁文, 「晉北邊境三縣農民生活槪觀」, 『新農村』第24期, 1935年, p.14.

임금의 증가와 감소는 무보수 노동의 증가와 감소를 뜻한다.[107] 하지만 비자본지배적인 농업사회를 놓고 보면 고공은 노동력 상품이 아니라 노동의 자연적 형태로 사용된다. 고용주는 노동력을 원가 요소로 고려하지 않고 농가의 '채산'에서 고려하며 노동력의 사용도 노동보수의 증감과 효익 비교 원칙의 제약 없이 근로자의 '고역감'이 감당할 수 있는 한도 내에서 대충 계산하여 0보다 크면 사용한다.[108] 고공 저임금 추세와 실제 부양 능력 저하로 향촌사회에서 임금으로 표현되는 노동 지불의 형태가 충분히 발전하기 어려워 식량 지불이 고공의 생존에 있어 임금 지불보다 못지 않았다.

일반적으로 머슴에게 숙식을 제공한다. 식사 제공은 품팔이꾼에 대한 노동 지불의 중요한 내용이다.[109] 1933~1934년 산시성 각 현의 고공 숙식 제공 상황은 다음과 같다.[110]

표 4-3 각 현의 고공 숙식 제공 상황

	현의 수	고용 유형	숙식 제공	식사 제공 숙박비 제공	숙박 제공 식사비 제공	미상
남공	60	머슴	55	3	\	2
		월공	52	5	\	3
		일공	33	18	\	9

107 馬克思, 『資本論』第三卷, 人民出版社, 1953, p.679.

108 夏明方, 「近代華北農村市場發育性質新探」, 『中國鄉村研究』第3輯, 社會科學文獻出版社, 2005, p.88.

109 류다펑의『퇴상재 일기』에서 품팔이꾼 식사에 대해 기록했음.

110 國民政府主計處統計局 編, 『中華民國統計提要』, 商務印書館, 1936, pp.496~503.

		머슴	24	3	\	10
여공	37	월공	27	5	\	5
		일공	21	14	\	2
		머슴	50	1	\	4
소년공	55	월공	44	5	\	6
		일공	29	15	\	11

* 출처 : 國民政府主計處統計局 編, 『中華民國統計提要』(1936), pp.496~503.

산시성 대부분 지역은 고공에게 식사를 제공했으며 특히 머슴에게 더욱 그러했다. 따라서 머슴과 고용주의 관계는 품팔이꾼에 비해 더욱 복잡했다. 식사의 질은 고용주의 생활 형편에 따라 다르며 고공에게 제공하는 생활 시설과 용품, 예를 들면 이불과 요 등도 제각각이다. 어떤 것은 관례를 따르고 어떤 것은 고용주에 따라 달라서 고정 기준이 없었다.

임금과 식량은 모두 노동 보수이다. 하지만 이 양자에 대한 고공의 지배권은 다르다. 양측이 합의하여 정한 가치량[111]인 화폐 임금은 고공의 자유 지배이다. 식사는 고용주가 제공하는 것으로 질은 고용주가 정하며 고공은 수동적으로 받아들일 수밖에 없다. 랴오시현(遼西縣)의 고공들은 잘 먹었으며 매 끼니를 고용주보다 먼저 먹었다. 이는 고용주가 일을 시키려면 배불리 먹여야 한다는 도리를 알기 때문이다.[112] 서우양현의 머슴들은 고용주가 제공하는 콩가루·옥수수가루·좁쌀

---

111 許滌新·吳承明 主編, 『中國資本主義發展史』第1卷, 人民出版社, 2003, p.75.
112 『遼西縣長城鎭土地問題調查總結』(1943年), 山西省檔案館, 檔案號, A166/1/59/1.

위주의 식사를 했다.[113] 싱현 가오자촌에서는 평소 식사는 고용주와 마찬가지로 아침은 좁쌀죽에 옥수수떡이나 미숫가루,[114] 점심은 좁쌀 죽에 옥수수떡, 저녁은 좁쌀죽에 미숫가루였으며 잘 먹을 때도 있었 다.[115] 1937년 이전, 샹위안현(襄垣縣)의 고용주와 고공은 각기 먹었다. 일부 고용주는 함께 먹기는 해도 따로 지은 밥을 먹었다. 일부 고공들 은 고용주가 있으면 아무것이나 먹다가 고용주가 없으면 좋은 것을 찾 아 먹었다. 고용주와 친척인 고공은 고용주와 같은 것을 먹었다.[116] 지 현에서는 너그러운 일부 소지주들이 머슴과 같은 것을 먹었다. 아침에 는 반 근가량 되는 찐빵을 먹었고 점심에는 밀가루 국수나 콩가루 국 수를 먹었다. 인색한 지주들은 머슴들에게 잡곡을 먹였다. 하지만 식 사의 질이 어떻든 모두 배불리 먹었다.[117] 김매기, 밭갈이, 가을 파종 때에 특별 음식을 먹기도 했다. 일부 품팔이꾼은 힘들 때에 눈치를 보 면서 무위도식하려고 했다. 농번기인 여름과 가을에는 매일 힘들게 일 하므로 원래의 식사로는 부족했다. 따라서 고공들은 겨를 섞지 않은 하루 세 끼를 요구했다. 특히 점심에는 옥수수나 수수와 같은 잡곡이

---

113 涼農, 「山西壽陽縣燕竹村的枯竭景象」, 『新中華』 第2卷第9期, 1934年, p.78.

114 수수나 콩을 볶아 가루를 낸 음식으로 물이나 죽에 타서 먹어도 되고 요리 와 함께 먹어도 되었다. 간편하고 먹으면 금방 배가 불러 농민들은 농번기 에 점심을 미숫가루로 때우곤 했다.

115 『晉西區黨委綜合類 興縣高家村調査材料(二)』(1942年), 山西省檔案館, 檔 案號, A22/1/18.

116 『晉冀豫區總工會農業工人調査材料』(1943年), 山西省檔案館, 檔案號, A7/1/11/1.

117 劉存仁·呂奇, 『舊社會吉縣的土地租佃和高利貸』, 中國人民政治協商會 議山西省委員會文史資料研究委員會 編, 『山西文史資料』 第42輯, p.153.

아닌 밀가루와 쌀로 만든 음식을 요구했다.[118] 끼니도 계절에 따라 달랐는데 농번기에는 하루에 세끼를, 농한기에는 두 끼를 먹었다.

품팔이꾼의 식사는 일반적으로 고용주와 고공이 합의하여 정했으며 상대적으로 좋았다. 류다펑은 타이위안 지역과 관련하여 "(1926년 10월) 하루 세 끼 사람당 식비는 700문(文)이다. …… (1927년 5월) 아침과 저녁 두 끼는 아직 결정하지 않았지만 점심에는 반드시 기름떡과 술, 고기가 있어야 한다."[119]고 적었다. 이러한 경우가 적지 않았다. 이때 월평균 임금 1,000문임을 감안하면 품팔이꾼의 식사는 머슴보다 좋았다.

고공의 품값에서 임금이 차지하는 비중이 아주 제한적이다. 황쭝즈(黃宗智)는 창강 삼각주의 향촌에서도 고공의 품값에서 식사 제공과 임금이 동등한 위치를 차지함을 증명했다.[120] 따라서 임금 자체에 대한 분석에만 제한되면 고공의 경제적 지위를 설명하기 어렵고 고용주와 고공 사이의 복잡하고도 다양한 사회관계 및 그 특성을 밝힐 수도 없다.

고공들은 늘 "돈을 벌든 못 벌든 배불리고 보자."[121]라고 말한다. 곡식 가격이 지속적으로 급등하는 상황에서 제공받는 식사는 임금보다 적지 않았으며 높은 경우도 있었다. 쌀과 밀가루가 비싸 하루 세 끼를 먹으면 1인당 50~60푼어치는 먹었는데 이때 일당이 60푼이었다.[122]

---

118 黃宗智, 『長江三角洲小農家庭與鄕村發展』, 中華書局, 1992, p.64.

119 劉大鵬, 앞의 글, p.21. p.353. p.341.

120 黃宗智, 『長江三角洲小農家庭與鄕村發展』, p.65.

121 柴樹藩·于光遠·彭平, 『綏德, 米脂土地問題初步硏究』, 人民出版社, 1979, p.120.

122 劉大鵬, 앞의 글, p.558.

중농의 품팔이는 잉여 노동력으로 액외의 소득을 올리기 위한 것이라면 빈민의 품팔이는 '배고픔' 때문이다.[123] 일부 빈농은 '배고픔' 때문에 자기 밭을 버리고 품팔이를 했다. 그들은 토지개혁에서 분배받은 토지를 행복의 원천이 아니라 거추장스러운 부담으로 여겼다.[124]

"중국 각지의 농가는 가구당 연평균 식품비가 전체 소득의 60%를 차지한다. 거기에 연료비 10%를 합하면 70%가량 된다. 그들이 1년 내내 고생하는 것은 먹는 문제를 해결하기 위해서이다."[125] 따라서 고공들은 '식사 제공'을 임금보다 더 중요하게 생각했다. 심지어 '힘을 쓰려면 밥을 많이 먹어야' 한다는 것이 고공들이 '힘을 쓰지 않는' 이유가 되었다.[126] 그러므로 고공들이 '노동력'을 유지할 수 있는 '식사' 요구가 종종 '임금' 요구보다 높았다.

같은 이유로 고공들은 임금 지급 형식에서 은화로 지불한다는 계약을 맺었지만 식량이나 기름, 소금, 천 등 실물을 받으려고 했으며 대부분 식량이나 상점에서 가져온 천 및 기타 일용품을 임금으로 지급받았다.[127] 고용주는 화폐 지불을 원했지만 고공들은 좁쌀 지급을 원했다. 시국이 불안정하여 통화 가치가 폭락했다. 1930년 산시폐가 부도났지만 고용주들은 여전히 산시폐를 지급했다. 고공들은 크게 밑져 1년 동안 헛수고를 한 셈이었다. 고공들은 임금을 받아 식량을 사야 했

---

123 張聞天, 『張聞天晉陝調查文集』, p.47.

124 위의 책, p.48. p.61.

125 李文海 · 夏明方 · 黃興濤主編, 『民國時期社會調查叢編』(鄕村社會卷), 福建敎育出版社, 2005, p.603.

126 위의 책, p.282.

127 範郁文, 「晉北邊境三縣農民生活槪觀」, 『新農村』 第24期, 1935年 5月, p.13.

는데 결근하지 않기 위해 도시나 장에 가서 사는 것이 아니라 고용주의 것을 샀다. 따라서 일정 소득이 있는 농촌의 고공들은 시장에 가서 생필품을 구매하는 소비자가 되지 못했다.[128] 고공과 그 가족이 필요한 생필품은 대부분 고용주에게서 나왔다. 고용주는 고공에게 일상 생활용품과 식량을 당시 시가로 계산하여 주고 임금에서 공제했다. 식량은 봄에 비싸고 가을에 쌌다. 고용주는 가을에 식량 지급하기를 꺼려 봄에만 지급하려 했다. 빈민들은 봄에 식량이 부족했으므로 손해를 볼 수밖에 없었다. 그러므로 "가을에 한 일을 봄에야 돈을 받네. 가을에 석 되를 살 수 있었으나 봄에는 반 되밖에 사지 못한다네."[129]라는 민요가 유행했다.

가격 시스템만 보면 일부 고용주는 고공에게 시가보다 더 높은 가격으로 팔지만 고공은 고용주에게서 살 수밖에 없었다. 겉으로 보기에는 풋풋한 시골 인심은 사실상 고공 가족의 '경제적으로 합리적인 속셈'이 주요 요소로 작용한 것이다. 장에 가서 구매하면 결근할 수밖에 없고 임금을 선불 받을 수도 없기 때문이다.[130] 그러므로 심각한 생존 압력을 받는 고공은 상품의 시가보다 노동 시간을 선택하는 편이 더 나았다. 고공의 두 발이 시장경제를 밟고 있을 때 가격 시스템은 그들의 노동 임금은 물론 그들의 구매력까지 결정했다.[131]

식사 제공은 노동에 대한 지불 형식으로 고용 쌍방의 시장 속성을 감소시키고 의존성을 강화하게 한다. "비록 그들이 판 것은 노동력이

128 閆萬英 · 尹英華, 『中國農業發展史』, 天津科技出版社, 1992, p.167.

129 太行革命根據地史總編委會, 『太行革命根據地史料叢書之五－土地問題』, 山西人民出版社, 1987, p.159.

130 『楊家坡雇工問題』(1942年), 山西省檔案館, 檔案號, A88/3/32/2.

131 詹姆斯 C. 斯科特, 『農民的道義經濟學, 東南亞的反叛與生存』, p.77.

지만 사실상 육체를 판 것과 다름없다. '남의 밥을 한 그릇 먹으면 그 사람의 심부름을 해야 하고 남의 밥 한 입을 먹으면 그 사람의 호통을 들어야 한다'고 했다. 그리고 머슴 노릇은 '첩살이'와 같다고 하지 않는가?"[132] 하지만 이러한 의존성은 생존 압력에 의한 경제적 의존이지 봉건 신분적인 의존이 아니다. 머슴은 법적으로 농노가 아니며 관습에 불과하다. 머슴을 놓고 보면 이는 속박보다는 일종의 보호이다. 그러나 이는 근대에서 점차 퇴색되었다.[133] 그리고 대부분 고용 관계에서 고용주는 고공을 친구처럼 대한다. 이는 고용주와 고공 모두 소작농이기 때문이다.[134] 이는 임금이나 식사 제공은 사실상 고용주와 고공의 계약 관계를 보여주는 것으로 상품사회에서의 고용 쌍방 '소유권' 교환이다. 즉 지출은 소유권의 양도이고 소득은 소유권의 취득이다.[135] 하지만 고용주와 고공 사이는 '엄격한 구분이 없으며 고용주는 고공을 평등하게 대해 노복과는 전혀 다른'[136] 평등한 관계이다. 이는 신분적, 제도적 속박이 민국 시기 향촌 고용 관계에서 상시적이지 않음을 설명한다. 따라서 장원톈은 1949년 5월 조사에서 고공들이 토지개혁을 통해 본인 토지를 소유했지만 일부는 농촌에 남아 고공이 되고 싶어 한다는 사실을 발견했다.[137]

132 『關于農村工人工作材料的總結和研究』(1940年), 山西省檔案館, 檔案號, A7/1/2/1.

133 楊念群 主編, 『空間 記憶 社會轉型』, 上海人民出版社, 2001, p.330.

134 馬劄亞爾, 『中國農業經濟研究』, 上海神洲國光社, 1934, p.320.

135 約翰·康芒斯, 于樹生 譯, 『制度經濟學』, 商務印書館, 1997, p.95.

136 「各地農民狀況調查, 安徽當塗」, 『東方雜志』 第24卷 第16期, 1927年 8月, p.144.

137 張聞天, 「關于農村工作的三個問題」, 『張聞天選集』, 紅旗出版社, 1999, pp.447~448.

바로 생존을 유지시키는 식사 제공은 고공이 낮은 임금 상태에서 보편적으로 존재하고 발전한 중요한 원인이다. 동시에 이는 실제로 고용주와 고공의 호환성 관계에서 '상생'적인 경제 요소이기도 하다.

4) 사회계층에서의 고공

일부 학자는 "고농은 향촌에서 사회적 지위가 가장 낮고 생활이 가장 비참한 집단이다. 경제적 수입으로 보면 항상 자기 앞가림도 못하여 결혼은 꿈도 꾸지 못한다. 수많은 고농들은 평생 홀아비로 고독하게 산다."[138]고 했다. 한평생 고생하면서 배불리 먹지 못하고 따뜻하게 입지 못하는 것이 고공 가족의 실생활이다. 향촌에 고공이 대량 나타난 것과 날로 악화되는 생활 형편을 예전에는 '양극화'로 설명하면서 토지의 고도로 된 집중과 양극화의 결과라고 했다. 이는 소상품생산자가 생기면서 분화가 발생하고 소상품생산자에서 부자와 빈자, 고용주와 고공이 발생했기 때문이다.[139] 하지만 근대에 이르러 군벌 할거는 토지의 겸병과 집중을 가속화했고 소작농은 고농으로 전락했다.[140] 그러나 이러한 가설은 생생한 역사적 사실에 직면했을 때 매우 난처한 상황에 처한다. 어떤 학자는 강희 연간부터 민국 시기까지의 지적(地籍) 자료를 분석한 후 관중(關中)에서의 200~300년간 토지 분배 상황

---

138 侯建新, 「20世紀三四十年代冀中人口流動與雇工」, 『東北師大學報』, 2002年 第3期, p.60.

139 厲以寧, 『資本主義的起源－比較經濟史研究』, 商務印書館, 2003, p.14.

140 羅榮渠, 『現代化新論－世界與中國的現代化進程』, p.331.

은 비록 때와 장소에 따라 각기 다르지만 토지 소유권 분산이라는 특징이 비교적 뚜렷하다고 했다.[141] 강남 지역에서도 강희 연간 초기에서 1949년에 이르기까지 270~280년간은 지주와 자경농 토지 소유 비율이 거의 65 : 35에 고정되었다. 사람들이 생각하는 지주토지소유제 지배하에 있는 토지 소유권의 끊임없는 집중의 필연성은 여기에서 증명되지 않은 것으로 보인다.[142]

귀더훙은 1925~1949년 토지 소유 상황을 상세히 분석한 후 어떤 방법으로 계산하든 구중국 수십 년 동안 토지 소유의 전반 추세는 분산이지 집중이 아니라는 결론을 얻었다.[143] 전국 토지 소유 추세에 비해 산시성의 토지는 기타 성처럼 집중되지 않았고 지주 세력도 작았다.[144] 1937년 전후 상황을 보면[145] 각 구와 현에서 산시성 서북 지역의 지주와 부농 토지 소유 비율이 60.8%를 차지해 가장 높았는데 이는 상술한 전국 평균 수준보다 약간 높을 뿐이다. 기타 지역의 지주와 부농의 토지 소유 평균 비율을 보면 가장 높은 핑딩현과 위현에서

---

141 秦晖·蘇文,『田園詩與狂想曲─關中模式與前近代社會的再認識』, 中央編譯出版社, 1996, p.80.

142 18세기부터 20세기 초까지 200여 년간 지주층과 농민층과의 토지권 분배 비율에 큰 변화가 발생하지 않았다.(章有義,『明清及近代農業史論集』, 中國農業出版社, 1997, p.90.)

143 郭德宏,『中國近現代農民土地問題研究』, 青島出版社, 1993, p.62.

144 楊木若,「山西農村社會之一斑」,『新農村』第2期, 1933年 7月, p.5.

145 지주, 부농이 토지를 차지한 비율은 핑딩과 위현의 일부 촌에서 31.5%, 링추(靈丘)와 광링(廣靈)의 101개 촌에서 27.85%, 베이싱(北興) 등 9개 현의 20개 촌에서 60.8%, 리청과 루청(潞城)의 123개 촌에서 20.24%, 치현(祁縣)과 타이구 등 5개 현의 일부 촌에서 15.5%, 완취안(萬泉)과 취워(曲沃) 등 4개 현의 20개 촌에서 24.36%를 차지했다(山西省史志研究院 編,『山西通史』第8卷, 山西人民出版社, 2001, pp.555~556).

는 31.5%를 차지했고 가장 낮은 타이구현(太谷縣)과 치현(祁縣)에서는 15.5%를 차지했다. 이는 전국의 토지 집중 수준보다 훨씬 낮다. 따라서 토지개혁 이전 토지가 상대적으로 집중된 싱현 등지의 토지 소유 관계에는 이미 변동이 발생했으며 변동의 필연적 추세는 바로 지주 토지의 감소와 중농, 빈농 토지의 증가였다.[146] 이로써 토지 소유권의 이양은 토지혁명을 거치지 않은 지역에서 자유 매매를 통해 이루어진 것이라고 단정할 수 있다.[147] 장원톈의 조사에서 나타난 '전반 사회경제의 변동은 토지 소유권의 세분화와 자경농 집단의 증대로 발전'하는 것이다.[148] 이는 '토지 집중'이 초래한 '양극화'와 차이가 매우 크다.

물질생활의 비교를 보면 '양극화'가 설명하는 기반은 사회계층 빈부간의 강한 대비와 그 확장 추세이다. 하지만 문서 자료를 보면 향촌의 각 계층 물질생활 차이의 '양극화'가 별로 뚜렷하지 않다.[149] 식량·기름·소금·돼지고기 등 생필품 소비총량을 보면 린현의 고공은 빈농과 비슷하고 중농과 약간 차이가 있으며 지주나 부농과 비교적 큰 차이를 보였지만 그 역시 정도의 차이였다. 주식 유형과 같은 소비의 질을 보면 향촌 사회계층 사이의 물질생활 차이는 아주 뚜렷하다. 1937년 산시성 서부의 바오더현이나 산시성 동부의 우샹현을 보면 그렇다.[150] 하지만 각 계층 사이의 차이는 주요하게 잡곡을 먹느냐,

---

146 馮崇義·古德曼 編, 『華北抗日根據地與社會生態』, 當代中國出版社, 1998, p.42. p.43.

147 위의 책, p.43.

148 張聞天, 『張聞天晉陝調査文集』, p.95.

149 『晉西區黨委統一戰線政策材料彙集(二)人民生活負擔』(1941年), 山西省檔案館, 檔案號, A22/4/2/1.

150 위의 자료.

밀가루나 쌀을 먹느냐 혹은 돼지고기와 소금을 먹을 수 있느냐의 차이
이다. 지주들도 명절에나 고기를 먹었다. 지주 가정 형편이 조금 나은
것은 평소 지주들이 마누라에게 잡곡을 먹이지만 본인은 밀가루를 먹
는 것과 명절에 밀가루 교자를 먹는 데에서 나타난다.[151] 산시성 향촌
의 대부분 가정의 물질生活은 지극히 소박하고 절약하여 생기가 없을
정도였다.[152] 중국공산당 진시구(晉西區) 위원회가 싱현 자오촌(趙村)
에서 조사한 결과 향촌의 각 계층 사이 일상생활에는 큰 차이가 없었
다. 군중들은 평소 요리를 먹지 않으며 먹더라도 큰 가마에 가득 해놓
고 먹었고 부자나 빈자 모두 마찬가지였다.[153] 의복 상황을 보면 농가
에서 천을 많이 소비하지 않았다. 각 계층의 천 소비 상황을 보면 고공
층과 중농층, 부농층의 연간 천소비량은 각각 일인당 2척과 7척이었
다.[154] 항일전쟁 이전 우샹현 둥거우촌의 각 계층 의복 소비를 보면 지
주 · 부농 · 중농 · 농 · 고농 간의 차이가 크지 않다.[155] 고공층과 중
농층의 의복 상황은 거의 비슷하고 지주와 부농은 조금 여유가 있지만
설날에 새 옷 두어 벌 입을 수 있을 뿐이다. 대부분 향민들은 1년에 옷
두 벌, 많아야 세 벌이면 되었다.[156]

---

151 위의 자료.

152 範郁文,「晉北邊境三縣農民生活槪觀」,『新農村』第24期, 1935年5月, p.21.

153 『中共晉西區黨委(1942年 1月), 興縣實驗支部趙村的了解』, 山西省檔案館,
     檔案號, A22/1/4/1.

154 『晉西區黨委統一戰線政策材料彙集(二)人民生活負擔』(1941年), 山西省檔
     案館, 檔案號, A22/4/2/1.

155 『武鄕縣東溝群衆生活槪況對敵鬪爭』(1941年), 山西省檔案館, 檔案號,
     A181/1/36/1.

156 涼農,「山西壽陽縣燕竹村的枯竭景象」,『新中華』第2卷 第.9期, 1934年 9
     月, p.78.

인간의 가장 기본적 생존을 유지하는 의복과 먹을거리 상황은 사회 구성원이 사회적 지위를 나누는 기본 전제이다. 의복과 먹을거리 소비의 양적, 질적 차이는 사회분화 여부와 분화 정도를 판정하는 주요 지표 중 하나이다. 그러나 차이를 분화와 동일시해서는 안 된다. 자료에서 볼 수 있듯이 향촌사회 각 계층 사이의 차이는 특별히 크지 않다. 지주나 부농과 빈고농 사이에 비록 큰 차이가 있지만 아직 '양극화'에 이르지 못했고 다만 '보편적 빈곤화'를 보여주는 향촌의 생활 모습이다. 1936년 『중국농촌(中國農村)』에서는 산시성 농촌 상황을 다음과 같이 묘사했다. "폐허와 황량한 언덕이 끝없이 나타난다. …… 조사에 의하면 타이구현 베이바오춘(北堡村)은 60년 전에 1,300가구, 36개의 크고 작은 가게가 있었는데 일부는 기와집이고 나머지 대부분은 층집이었다. 거리 양쪽으로 인가가 즐비했다. …… 하지만 지금은 폐허뿐이며 60여 가구밖에 남지 않았다." 또 다른 마을을 조사한 결과 가경 연간에는 5,000가구도 더 되던 마을이 지금은 300여 가구만 남았다.[157] 이는 류다펑이 일기에 적은 타이구현 리만좡(裏滿庄)의 쇠락한 모습과 거의 같다. "옛날 …… 이 마을은 인구 2,000가구에, 부자가 많았다. 층집이 즐비하고 휘황찬란했다. …… 지금 크게 몰락하여 100여 가구밖에 남지 않았으며 대부분 빈곤하다. 누각이나 정자를 뜯어 팔아먹으면서 생계를 유지하는 자가 8~9할로 부자는 보이지 않는다."[158] 이렇게 전반적으로 몰락한 '처량한 모습'은 부잣집에서 더욱 많이 발생했다. "요즘 들어 …… 도망치는 농민들이 끊임없이 늘어나 황폐해진 토

---

157 蔭萱, 「山西中路農村經濟底現階段」, 『中國農村』 第2卷 第11期, 1936年 11月, p.74.

158 劉大鵬, 앞의 글, p.491.

지가 해마다 많아진다. …… 전 성의 경제생활이 침체되고 이미 가난한 농민들이 더 어려움에 처하고 있다."[159] 옌시산(閻錫山)은 국민정부에 보내는 상신서(1935년)에 다음과 같이 적었다. "근년에 들어 산시성 농촌경제는 파산에 직면했다. …… 전체 마을 중 9할이 어렵고 전체 농민 중 9할이 가난하다."[160] 바로 이때 류다펑은 일기에서 향촌 몰락의 참상을 적고 있다. "'농가 파산'이란 네 글자는 요즘 새로 나타난 개념으로 농가가 몰락하여 재산이 남지 않는 다는 뜻이다. 이때에 백성의 궁핍은 극에 달하고 농업은 부진하여 살길이 막힌다. …… 파산하려고 해도 자산을 구매하는 사람이 없어 그 어려움은 극에 달한다."[161] '자산을 구매하는 사람이 없는' 현상은 더는 '양극화'가 보여주는 '재부 집중'이 아니라 전반적 몰락이다. 전반적으로 몰락하는 '보편적 빈곤화'[162]와 '양극화'는 분명히 다른 두 가지 흐름의 추세지만 모두 향촌의 취약계층인 고공의 생활 상황을 악화일로로 치닫게 한다.

20세기 전기 중국의 향촌사회 분화는 충분하지 않아 향촌 고공 집단의 '비순수화'를 초래했다. 고공들은 대부분 빈농이고 그들은 잉여 노동력으로 품팔이를 하므로 품팔이꾼 가구 수는 늘어날 수밖에 없다. 따라서 '겸직 고공' 수는 '순수 고공' 수보다 많다.[163] 앞에서 언급한 '향촌사회의 고용 관계의 보편화는 고공 신분의 비고착화나 고용 역할

---

159 馬松玲,「敬告十年建設計劃諸君」,『新農村』第6期, 1933年 11月, p.1.

160 山西省史志研究院 編,『山西通史』第7卷, p.238.

161 劉大鵬, 앞의 글, p.477.

162 20세기 전기 중국 향촌의 '보편적 빈곤화' 원인에 대해 필자는 다른 글에서 연구를 했다.

163 『保德縣段家溝自然村調査報告』(1942年), 山西省檔案館, 檔案號, A137/1/3. 西超,「河南農村中底雇傭勞動」,『東方雜志』第31卷 第18期, 1934年 9月, p.68.

의 호환성을 통해 이루어지고 있음'은 '보편적 빈곤화' 추세의 결과이다. 이는 자연스레 향촌 고공 집단의 사회계층 문제에도 관계된다.

첫째, 향촌사회의 분화가 불충분하여 향촌의 고공들이 독립적인 사회계층을 형성하지 못했다. 당시 일부 농촌사회 조사에서 보면 중국의 향촌은 급격한 계급 분화가 발생하지 않아 대지주는 적으나 중소지주가 아주 많았다.[164] 마찬가지로 고농은 대지주처럼 드물었으며 대부분은 소작농에서 분화되었다. 따라서 종종 '일공' 고농을 소작농에 포함시키기도 했다.[165] 또한 수많은 지역에서는 고농과 소작농, 자경농의 구분이 불분명하고 수시로 변동될 수 있었다. 고농이 소작농으로, 소작농이 반자경농으로, 반자경농이 자경농으로 될 수도 있으며 자경농도 아래 계층으로 전락할 수 있었다. "천년 동안 땅주인이 팔백 번 바뀌네."[166]라는 말이 있듯이 너무 급변했다. 따라서 고농이 소작농으로, 소작농이 고농으로 될 수 있으므로 고정불변이 아니고 그들 간의 경계도 매우 작다.[167] 특히 품팔이꾼 집단의 구성원은 매우 복잡하여 근로 대중 각 성분을 모두 포함했다.[168] 일부 향촌에는 다중 신분 농가가 나타났다. 중농이 고농과 부농 신분을 겸하는 형식으로 자기 집에서 한 사람을 내보내 1년 고공을 시키며 본인은 정작 반년 고공을 고용하여 자기 집 수입을 늘렸다.[169]

---

164 「農民問題與中國之將來」, 『東方雜志』第24卷 第16期, 1927年 8月, p.2.

165 黃孝先, 「海門農民狀況調査」, 『東方雜志』第24卷 第16期, 1927年 8月, p.24.

166 嚴促達, 「湖北西北的農村」, 『東方雜志』第24卷 第16期, 1927年 8月, p.45.

167 孤芬, 「浙江衢州的農民狀況」, 『東方雜志』第24卷 第16期, 1927年 8月, p.56.

168 範郁文, 「晉北邊境三縣農民生活槪觀」, 『新農村』第24期, 1935年5月, p.14.

169 『一九四一年平北縣合理負擔總結』(1942年), 山西省檔案館, 檔案號,

산시성과 이웃한 허베이성 징싱현(井陘縣)을 보자. "토지가 없는 농민들이 소수이다. 토지가 부족하여 한 가족이 농사를 짓지 못할 경우 다른 집에 가서 머슴 노릇을 하고 자기 토지는 세를 준다. 자기 토지가 부족하여 남의 토지를 빌리면 소작농이 된다. 머슴 노릇도, 소작농도 안 하며 농번기에 먼저 자기 일을 해버린 후 다른 집에 가서 품팔이를 하는 경우도 있다."[170] 머슴·소작농·품팔이꾼 역할과 신분의 전환은 촌민 신분의 자유로운 특징을 보여주며 또한 고공 역할과 기타 역할을 구분하기 어려운 특징을 보여주기도 한다. 이는 사실상 당시 '농촌사회 조사자'가 '고공' 신분 및 그 수를 제대로 조사하기 어려웠던 주원인이기도 하다.[171]

반소작농과 소작농은 사실상 지주 땅을 빌려 일하는 소작농이다. 이들은 수확의 25~50%를 본인이 가지고 나머지 50~75%를 지주에게 바쳐야 했다. 고농 상황을 가장 잘 설명해줄 수 있는 것은 품삯인데 지주 집에서 끼니를 해결하고 1년에 20~50원을 받는다.[172] 1930년대 핑베이현(平北縣) 중위안터우촌(迵源头村)의 고공 신분 전환에서 다음과 같은 상황을 발견했다. 빈농들이 토지를 세주고 본인은 고공이 되며

A/191/1/39/1.

170 趙德華,「井陘農民生活狀況」,『東方雜志』第24卷第16期, 1927年 8月, p.96.

171 남방에도 이와 비슷한 상황이 있다. 장쑤성 우진현을 보자. "70만 명 농민에 자경농, 자경농이 소작농을 겸한 반소작농, 소작농, 고농 등이 있는데 구분이 명확하지 않으므로 정확한 조사가 어렵다."(「各地農民狀況調查·江蘇武進」,『東方雜志』第24卷 第16期, 1927年 8月, p.105).

172 A.B. 巴庫林, 鄭厚安·劉功勳·劉佐漢 譯,『中國大革命武漢時期見聞錄(一九二五—一九二七年中國大革命剳記)』, 中國社會科學出版社, 1985, p.32.

중농이 고공과 부농을 겸하는 경우, 자기 집에서 한 사람을 내보내 1년 고공을 시키며 본인은 정작 반년 고공을 고용한다.[173] 마찬가지로 고공이 빈농이 된 것은 경제적 지위의 향상을 뜻한다고 말하기 어렵다.[174] 따라서 '고용 관계'만으로 향촌사회 관계를 설명하기에는 부족하다. 중농과 같은 자경농은 그저 노동력이 부족하기 때문에 노동력을 고용한다. 따라서 중농이 부농이 되는 것은 노동력이 부족한 상황에서 경영 방식이 변화된 것이며 경제적으로 발전이 없다.[175] 20세기 초, 향촌 고공은 급변에 처해 있었으며 독립적인 계층을 이루지 못한 사회 집단이었다.

둘째, 고공과 고용주 간의 사회관계 구조가 복잡하고 '지주와 부농-고농'의 '양극화' 계급관계 모형은 당시 향촌사회 관계의 실상을 반영하기에 충분하지 않다. 사실상, 고용 관계는 지주와 부농에게만 국한되지 않았고 고농은 종종 자경농과 소작농에게 고용되었다.[176] 향촌사회의 자유 노동력 판매자인 고농은 지주와 자경농에게 노동력을 팔았다. 대지주가 일손을 고용하여 농사를 짓는 일은 비일비재하다. 하지만 토지가 많은 자경농이 일손을 한두 사람이나 서너 사람을 고용

---

173 『一九四一年平北縣合理負擔總結』(1942年), 山西省檔案館藏, 檔案號, A191/1/39/1.

174 예를 들면 탕자지촌(唐家吉村)에서 4가구가 노동력을 고용했다. 일본군 소탕 이후 노동력을 고용하지 못한 2가구는 빈농으로 전락했다(『唐家吉階級關系及其變化』(1942年), 山西省檔案館藏, 檔案號, A141/1/118/2).

175 예를 들면 1936년 탕자지촌의 어느 2가구는 가끔 품팔이꾼을 고용했지만 아들들이 입대하자 일손이 부족하여 머슴을 고용했으며 이로써 부농이 되었다. 위의 문서.

176 剩澄, 「各地農民狀況調査, 安徽當塗」, 『東方雜志』第24卷 第16期, p.143. 黃孝先, 「海門農民狀況調査」, 『東方雜志』第24卷 第16期, 1927年 8月, p.25.

하며 대부분 소작농들로부터 고용하므로 향촌의 농가 비중을 정확하게 정하기는 쉬운 일이 아니다.[177] 자경농의 일손 고용은 농촌 고용 관계의 보편화이며 농촌사회의 보편적 빈곤화라는 논리에 맞게 진화된 역사적 과정이다. 자경농은 소유한 밭을 모두 경작할 수 없어 일손을 고용하지 않으면 안 되었고 대부분의 소작농은 자경농에게 고용되었다.[178] 따라서 "자경농과 고공은 밀접한 관계를 유지하고 있으며 …… 이러한 유형의 자경농에서 고농을 부리지 않는 자가 없다."[179]

산시성 중부의 일부 지역에서 일손을 고용하는 '지주'는 사실상 남성 노동력이 부족한 자경농이거나 크게 농사짓는 소작농이다. "'지주'는 거의 남자가 밖에서 장사하거나 여자와 어린애만 있는 소농가이며 소작을 하는 자는 오히려 그 지방의 대농가이다."[180] 이와 비슷한 상황은 장쑤 쑹장(松江)에서도 나타난다.[181] 그러므로 고공으로 인해 발생한 사회관계는 간단하게 '양극화'로 나타나는 계급적 대립이 아니다. "일반적으로 소작 관계-지주와 소작농의 대립 관계는 그 지방에서 매우 흐릿하다."[182] 이는 고용주가 고농을 평등하게 대하여 노복과 전혀

---

177 黃孝先,「海門農民狀況調査」,『東方雜志』第24卷 第16期, 1927年 8月, p.25.

178 龔駿,「各地農民狀況調査·江蘇武進」,『東方雜志』第24卷 第16期, 1927年 8月, p.106.

179 위의 글, 같은 곳.

180 張稼夫,「山西中部一般的農家生活」, 千家駒,『中國農村經濟論文集』第二編, 中華書局, 1936, p.380.

181 조사에서는 다음과 같이 말했다. "이러한 고농이 필요한 것은 자경농과 소작농의 땅이 너무 많아 한 가족이 경작하기 어렵거나 남자가 없기 때문이다."(丘宗義,「各地農民狀況調査·江蘇松江葉榭鄕」,『東方雜志』第24卷 第16期, p.127)

182 張稼夫,『山西中部一般的農家生活』, 載千家駒,『中國農村經濟論文集』p.2

다를 뿐만 아니라 자경농과 지주 사이에 엄격한 구분이 없기 때문이다.[183] 고용주와 고공 사이의 계급 구분이 불분명하여 당시 향촌 조사자가 헷갈릴 수는 있지만 계급 격차가 아직 뚜렷하게 나타나지 않은 것 역시 객관적 사실이다. 자경농이 지주나 고농이 될 수 있고 고농이 자경농이나 소작농이 될 수 있으며 소작농이 자경농이나 고농이 될 수 있다.[184] 따라서 고공으로 인해 발생한 사회관계는 다중적이고 복잡한 구조이지 간단한 양극 대립의 구조가 아니다. 그 당시의 사람들은 "농민은 두루뭉술한 개념으로 지주·자경농·소작농·고농 등으로 나눌 수 있다. 부유한 사람이나 대자본을 소유한 상인이 지주에 속하고, 고농은 자경농과 소작농의 범위에 든다."[185]고 했으며 지주·자경농·소작농 및 지주 겸 자경농, 소작농 겸 자경농과 직접 관계를 맺게 하여 향촌 관계 네트워크의 교착점으로 삼았다.[186]

그러므로 고공은 그들의 고용주 때문에 고생을 하지만 계급적인 불화는 없었다. 전통사회에서 고공 집안의 자식들이 지주에게서 글을 배운 덕에 거인이 된 경우도 있다.[187] 농촌의 고용 관계가 복잡하고 혼란하므로 정확하게 파악하기 어려워 방향을 잃기 쉽다.[188] 고용주와 고

編, 中華書局, 1936, p.380.

183 剝澄, 『各地農民狀況調査, 安徽當塗』, 『東方雜志』 第24卷 第16期, 1927年 8月, p.143.

184 巫寶山, 『各地農民狀況調査, 江蘇句容』, 『東方雜志』 第24卷 第16期, 1927年 8月, p.116.

185 田庚垣, 『各地農民狀況調査, 安徽合肥』, 『東方雜志』 第24卷 第16期, 1927年 8月, p.132~133.

186 위의 글, p.147.

187 毛澤東, 『尋烏調査』, 載 『毛澤東文集』, 紅旗出版社, 1999, p.227.

188 範郁文, 『晉北邊境三縣農民生活槪觀』, 『新農村』 第24期, 1935年 5月, p.12.

공 사이의 계급적 분화와 대립은 그리 명확하지 않다. 지방 향신인 류다펑은 10년 전에 고용했던 고공의 장례를 치러주기도 했다.[189] 일부 장기 고용된 머슴은 주인집에서 미약하나마 대우를 받아 식사가 주인집과 같았으며 머슴의 마음은 주인의 마음과 별반 다르지 않았다.[190] 향촌사회에서 발생한 고용 관계는 사실상 다중적인 신분, 지위, 역할이 교차하는 구조로 이익과 정감이 병존하는 특징을 보이고 있다. 고공과 친척 관계이면 서로 친척명을 부르고 친척 관계가 아니면 고용주는 고공의 이름을 부르고 고공은 고용주의 나이에 따라 아저씨나 형이라고 불렀다. 빈부 계급이 없으며 주인과 노복의 명분도 없이 진심으로 교분을 맺었다.[191] 고용주와 고공 사이에 이유가 있거나 양측의 감정이 맞지 않을 경우 언제든지 자르거나 그만둘 수 있다.[192] 여기서 '호혜 원칙과 생존권'은 '농민생활의 사회 모형'에 내포되어 있었으며 또한 이러한 사회 모형은 그 힘과 지속성을 농민의 도덕적 힘으로 돌렸다.[193]

20세기 전기의 중국 향촌사회는 강제적인 제도의 변천과 산업화, 도시화를 선도하는 사회의 변천에 의해 전례 없는 변화를 가져왔다. 향촌 고공 집단의 생활 상황의 열화는 단지 전체 향촌사회의 변화 과정 중의 한 면에 불과하다. 그러나 이 모습은 사실상 향촌사회의 많은

---

189 劉大鵬, 위의 글, p.501.

190 『楊家坡村雇主調査』 "楊德滋"(1942年), 山西省檔案館藏, 檔案號, A88/3/32/3.

191 張佩國, 「近代山東農村的土地經營方式, 慣行描述與制度分析」, 『東方論壇』, 2000年 第2期, p.85.

192 『晉西北的階級』(1943年), 『統一戰線政策材料彙集』, 山西省檔案館藏, 檔案號, A/88/3/32/3.

193 詹姆斯 C. 斯科特, 『農民的道義經濟學, 東南亞的反叛與生存』, p.215.

관계와 어우러져 있고 그 복잡다단한 사회 관련성으로 이 시대 변천의 기본 특징을 보여준다. 고공 집단에 대한 시대적 인식은 농업자본주의 발전 모형이나 '토지 집중'과 '양극화'에서 찾을 것이 아니라 당시 향촌사회의 '보편적 빈곤화'라는 사실에서 찾을 수밖에 없다. 하지만 '사회분화의 불충분' 즉 고용 관계의 보편화와 고공 신분 비고착화의 원인은 고공 집단이 상대적으로 독립된 계층을 구성하지 못하는 근본 원인이 되기도 한다.

제4장 향촌 사회구조와 사회계층의 역사적 변동

부농층의 사회 이동
: 1930~40년대 화베이 향촌을 중심으로

사회구조나 사회계층의 동적 연구에서 사회 이동[1] 이론과 방법은 중요하면서도 효과적인 분석 개념이다. 사회적 이동은 사회에서의 개

---

1   사회 이동은 사회학의 중요한 분야이다. 세대 간 이동에 대한 사회학의 연구는 한 사회의 현대성과 자유의 정도를 본다. 이른바 사회 이동은 『대영백과사전(*Encyclopedia Britannica Article*)』의 정의에 근거하여 "개인, 가족이나 집단이 사회계급(hierarchy)이나 계층(stratification) 시스템 내에서의 운동이다. 이 이동이 위치 특히 직업(occupation)의 변화에만 관련되고 사회계층(class)을 변화시키지 않는다면 '수평 이동(horizontal mobility)'이라고 하고, 이 이동이 사회계층을 변화시키면 '수직 이동(vertical mobility)'이라고 한다. '수직 이동'에는 '상승 이동(upward mobility)' '하강 이동(downward mobility)'이 있다." 사회 이동 이론을 구축한 피티림 소로킨(Pitirim Sorokin)은 1927년 저서 『사회 이동(*Social Mobility*)』을 출간했다. 이 책에 대한 평론과 비평은 루돌프 허벌(Rudolf Heberle)의 서평을 참고하기 바란다. Rudolf Heberle, "Social Mobility.by Pitirim Sorokin", *American Journal of Sociology*, 34(1928), pp.219~225.

인이나 집단의 사회적 지위의 변동, 즉 그들이 기존의 지위에서 새로운 지위로 전환하는 과정을 말하며 사회구조 변천 과정에서 절대적이면서도 상대적인 척도의 기본지표이다. 전자는 어떤 계급으로부터 유입되거나 다른 계급으로 흘러 들어가는 비율을 참조하는 반면, 후자는 한 계급의 구성원이 다른 계급으로 흐르는 상대적인 기회를 참조한다.[2] 이 글은 향촌 부농의 사회적 이동을 연구의 기점으로 삼으며 두 가지 측면에 기반하려고 한다.

첫째, 근대사회의 변천 과정에서 부농층의 지위와 그 이론적인 인지는 항상 하나의 초점 문제이다. 일찍 20세기 초기에 부농은 '농촌 자산계급'일 뿐만 아니라 봉건 '지주'라는 인식이 팽배했다.[3] 초기의 혁명이론에서 부농은 혁명의 대상으로 간주되었다. 예를 들면 "중국 혁명에서 소농계급을 연합하여 지주계급 및 부농과 투쟁해야 한다는 것은 의심할 여지가 없는 일이다. …… 부농은 반드시 최악의 착취자로 변할 것이며 소농은 굶주린 배를 움켜쥐고 손바닥만 한 땅뙈기에서 생활하기 때문이다. …… 중국의 부농, 대부분 소지주는 가혹하고도 잔혹한 방법으로 농민을 착취한다. …… 부농과 관련된 문제는 현재 주요 이론적 쟁점의 하나로 아주 중요한바 특히 주의를 돌려야 한다. …… 일부 사람들이 중국 혁명은 부농을 연합해야 한다고 한다. ……

2   Mike Savage, "Social mobility and class analysis: a new agenda for social history?", *Social History*, 19(1994), p.69.

3   余霖,「中國農業生産關系底檢討」,『中國農村』第1卷第5期, 1935年 2月, p.8. 洪鍾,「農村中反富農的鬪爭」,『紅旗』第62期, 1929年 12月, p.3. 중화인민공화국 수립 후 '부농 소멸'을 사회주의혁명의 중요 임무로 삼았으므로 "당과 국가는 절대 부농 경제의 무제한적인 발전을 허락하지 않는다."라고 했다(何載,「談消滅富農經濟」,『延安的光輝』, 陝西人民出版社, 1993, p.140).

부농의 지위는 지주층의 압박을 받으므로 부농은 필연적으로 지주층에 반항할 것이라고 한다. …… 중국의 부농은 특수한 성격을 지니는데 이러한 특수한 성격 때문에 부농은 무산계급의 적이 될 것이다."[4] 라고 했다. 따라서 이 문제에 얽힌 매듭을 푸는 것은 중요한 학문적 가치를 지닌다.

둘째, 근대 부농층 관련 연구 성과는 많지만 대부분 사회계층에 기반한 계급 속성, 역사적 지위와 역할 토론, 각 역사 시기 공산당 정책 변동 연구 등[5]으로 아직 사회적 이동에 입각한 연구 성과는 거의 없다. 사실상 민국 시기 랴오스이(廖士毅)가 이 문제를 언급하면서 사회적 이동의 또 다른 기술인 '농업 계단' 등반설을 제시했다. 랴오스이는

4 朱新繁,『中國農村經濟的關系及其特質』, 新生命書局, 1930, p.267, p.257, p.259, p.243, pp.256~257.

5 관련 연구는 다음과 같다. 區延佳,「略論第二次國內革命戰爭時期黨對富農的政策」,『近代史研究』, 1982年 第2期. 何秉孟,「論土地鬥爭中黨對富農的政策」,『近代史研究』, 1986年 第1期. 王建科,「黨在各時期富農政策的演變」,『江蘇社會科學』, 1992年 第2期. 徐秀麗,「50年代中國共産黨的富農政策」, 中國社會科學院近代史研究所編,『時代的轉折－"1949年的中國"國際學術討論會論文集』, 四川人民出版社, 2002. 王國洪,「試論第二次國內革命戰爭時期黨對富農的政策」,『齊魯學刊』, 1981年 第4期. 李少明,「略論土地革命時期的中農與富農問題」,『中國社會經濟史研究』, 1987年 第4期. 須立,「論我黨在土地鬥爭中對富農的策略」,『安徽史學』, 1988年 第4期. 魯榮順,「富農問題初探」,『蘇州大學學報』, 1989年 第4期. 葉德先,「試論土地革命戰爭時期黨對富農政策的轉變」,『內蒙古師範大學學報』, 1990年 第4期. 林素蘭,「試論我黨富農政策的演變」,『杭州大學學報』, 1994年 第4期. 秦宏毅,「四個階段的中國共産黨富農政策」,『求索』 2005年 第1期. 王好軍,『中國共産黨對富農階層的認識及政策演變』, 吉林大學碩士學位論文, 2005. 楊松,『土地革命時期中國共産黨關于富農的理論政策』, 西南交通大學碩士學位論文, 2004. 楊菲蓉,「毛澤東關于富農概念的使用及其界說(1925~1933)」,『毛澤東思想研究』, 1997年 第4期.

당시 미국 학자의 이론에 근거하여 농업 계단으로 전형적 농민을 설명했다. 먼저 농업 노동자가 그의 아버지나 타인의 농장에서 임금을 받고 일하다가 스스로 농장을 운영할 수 있는 자본을 축적하면 농업 계단의 두 번째 단계에 올라 소작농으로 변하며 계속 농사일을 하여 번 돈으로 농장을 사면 자경농으로 상승한다는 것이다. 랴오스이는 "농민은 계급사회에서 이동 성질을 지니며 그 변동의 속도는 사회경제 제도에 의해 결정되며 많은 농업사회학자와 농업경제학자들은 흔히 이 개념으로 농민의 사회적, 경제적 지위와 변동 상황을 묘사함으로써 농업 사회에서의 사회경제제도를 나타낸다."라고 했다. 또한 이를 위해 당시 중국 농촌 사회구조의 동적 특징에 대해 개괄했다. 즉 고농이 소작농으로 상승할 가능성은 7%, 반자경농으로 상승할 가능성은 1.6%, 자경농으로 상승할 가능성은 0.6%이다. 따라서 중국 농민이 농업 계단을 등반하는 것은 매우 어려운 일이다.[6] 하지만 이 연구는 계속되지 못했다. 계급 이론의 확대 및 현실 정치 선택의 연구 추세가 주도 지위를 차지한 것이 주원인이다. 따라서 사회적 이동의 분석 경로를 빌려 특정 역사 시기 부농층의 동적 특징과 일반 상황을 가일층 제시하여 부농층의 이론 인식과 역사적 위치를 정하는 데에 새로운 방법을 제공할 수 있다.

자료의 부족은 부농층의 사회적 이동을 연구하는 가장 큰 난제이다. 허베이성 츠현(磁縣) 기록보관소에 소장된 '사청(四淸, 1963~1966년의 정치·사상·조직·경제를 정화하는 운동)' 시기의 「가정 등록 상황표

---

6   廖士毅, 「中國之農業階梯」, 『農報』 第12卷 第3期, 1947年 6月 15日, pp.2~4.

(家庭登記情況表)」[7](이하「등록표」)와 기타 향촌사회 조사 자료를 참고하여 1930~40년대 중국 향촌 부농층의 사회적 이동에 대한 동적 분석을 하려고 한다. 「등록표」에 기록된 시간으로 추산하면 호주 세대는 1940~60년대, 부친 세대는 1930~50년대, 조부 세대는 1920~40년대이다. 이는 당연히 대체적인 시간 범위이다. 분석을 위해 츠현의 8개 인민공사, 50개 생산대대의 부농 120가구를 표본으로 추출하여 분석했다. 특별히 설명할 것은 여기서 말하는 '부농'은 토지개혁 시기 농가의 계급 구분에 의한 것으로 학술 연구에서의 '부농'과 완전히 일치한 것이 아니다. 그러나 토지개혁 시기 계급 구분의 중요한 근거는 가정의 경제 형편이므로 계급성분만으로도 토지개혁 이전 한 가족의 대체적인 경제 형편을 알 수 있다. 그러므로 계급 구분에 의한 '부농'은 상대적으로 농촌사회에서 일정 수량의 토지, 가옥, 가축 및 기타 생활 도구를 소유한 부유한 농가이다. 이러한 「등록표」에서 한 가족의 토지개혁 이전의 1940년대 초, 심지어 1930년대 이후의 각 시기 인구와 경제 상황 변동을 볼 수 있으며 한 가족의 1920~60년대 중기의 역사 면모의 변화도 볼 수 있다.[8] 120개 표본을 호주의 연령에 따라 나누면 20세 이하 10가구, 21~30세·31~40세·41~50세·51~60세·61~70세 각각 20가구, 71세 이상 10가구였다. 호주의 교육수준에 따라 문맹, 초등소학, 고등소학, 중학교, 고등학교로 나눌 수 있고 경작지 면적에

---

7   필자가 수집한 일부 1963~1966년『계급성분 등록표(階級成分登記表)』 등 자료는 1960년대 중기에 완성된 것으로 1가구를 단위로 가정 경제상황을 상세히 등록하고 '가정 간술'란에 조부와 부친 상황을 적었다. 비록 내용이 간단하지만 대체적으로 가정 발전 변화의 맥락을 보여준다.

8   王躍生,「冀南農民家庭子女數量變動考察, 1930~1990年代」, 黃宗智 主編『中國鄕村硏究』第3輯, 社會科學文獻出版社, 2005, p.102.

따라 30무 이하, 31~50무, 51~100무, 100무 이상 등으로 나눌 수 있다.

120가구 표본 분석을 통해 호주 세대만 알면 위로는 부친, 조부까지 아래로는 자식까지 4대에 이르는 사회적 이동의 규모와 상황을 알수 있으며 이로써 사회 이동의 일반 추세와 시대 특징을 유추해낼 수 있다.

표 4-4 허베이성 츠현 부농 120가구 표본 상황표

표본		표본 수(가구)	비율(%)
성별	남	107	89.2
	여	13	10.8
연령(세)	20세 이하	10	8.3
	21~30	20	16.7
	31~40	20	16.7
	41~50	20	16.7
	51~60	20	16.7
	61~70	20	16.7
	71세 이상	10	8.3
교육수준	문맹	32	26.7
	초등소학	50	41.7
	고등소학	26	21.7
	중학교	10	8.3
	고등학교	2	1.7

경작지 면적(무)	30무 이하	22	18.3
	31~50	35	29.2
	51~100	31	25.8
	100무 이상	32	26.7

* 출처 : 『階級成分登記表』, 階級檔案, 河北磁縣檔案館藏, 檔案號 : 95/12~13/7~8.

1) 부농층의 세대 내 이동 추세

세대 내 이동은 개인의 생애에서 사회적 지위의 변동을 통해 표현되는 사회적 이동 상황이다. 시간이 짧아 사회구조 변화 추이의 반영에는 한계가 있지만 세대 내 이동은 각각의 배경과 특징을 가진 개인의 기회 구조 분포와 사회적 선택 메커니즘의 작동을 비교적 상세하게 보여준다.

하나의 정해진 사회계층 구조에서 이동의 방향이 낮은 사회적 지위에서 높은 사회적 지위로 흐르면 상향 또는 상승 이동이고 그 반대이면 하향 또는 하강 이동이다.

(1) 상승 이동 상황

소농경제사회에서 부유와 발전을 추구하는 것은 농민 혹은 농촌사회 경제가 발전하는 원동력이다. 부지런하고 경영에 능한 농민은 부유해질 수 있다. 이는 전통 농업사회 및 자료에서 '농사에 의한 치부'라고 한다.

예를 들면 허베이성 난수이툰(暖水屯)의 구융(顧涌)과 그의 형은 48
년간 머슴 노릇을 하면서 피와 땀으로 황량한 토지를 개간했다. 그들
형제는 토지를 소유하여 마침내 부농이 되었다.[9] 츠현 120가구 표본을
보면 촌민들이 부농으로 상승하는 경우가 적지 않았다.

표 4-5 120가구 부농 상승 이동 상황표

상승 이동 요인	조부 대(표본 수 90가구)		부친 대(표본 수 120가구)	
	표본 수(가구)	비율(%)	표본 수(가구)	비율(%)
머슴	8	15.1	1	2.2
농사 겸 품팔이	33	62.3	17	37.8
농사 겸 장사	4	7.5	3	6.7
농사 겸 부업	6	11.3	19	42.2
부잣집 양자	2	3.8	1	2.2
사채놀이	–	–	4	8.9
합계	53	100	45	100
상승 이동 가구 수/표본 수	58.9%		37.5%	

* 출처 : 『階級成分登記表』, 階級檔案, 河北磁縣檔案館藏, 檔案號;
95/12~13/7~8.

통계에서 볼 수 있듯이 부친 대에 비해 조부 대의 세대 내 이동은
상대적으로 개방되었으며 후천적 요인이 일정한 역할을 한다. 주요하

---

9   丁玲, 『太陽照在桑幹河上』, 花山文藝出版社, 1995, p.6.

게는 머슴 같은 계층이 부지런한 노력과 꾸준한 축적을 통해 부유해짐으로써 높은 계층으로 이동할 수 있었다. 조부 대의 세대 내 이동은 표본 수의 58.9%를 차지했다. 이 세대는 근면한 노동의 축적으로 상승의 기초를 다졌다. 이들이 부농층에 진입한 이유나 경로에서 가장 많은 것은 농사를 지으면서 품팔이를 한 것이다. 이들은 소량의 토지를 경작하고 또한 농번기에 품팔이를 겸하며 아껴 먹고 아껴 쓴 돈으로 땅을 사서 생활이 점차 부유해졌다. 난카이허향(南開河鄕)에 사는 장바오(張保)의 할아버지는 젊었을 때 가난하여 품팔이로 생계를 유지했으나 점차 땅을 샀고 40세가 지나니 살림이 넉넉해졌다.[10] 그리고 머슴 노릇을 하면서 돈을 모아 살림이 넉넉해진 경우도 있다. 베이라이촌(北來村)에 사는 야오궈쥔(姚國均)의 할아버지는 가족을 거느리고 밥을 빌어먹으면서 돌아다니다가 이곳에 정착했다. 처음에는 머슴으로 생계를 유지했으나 점차 얼마간의 저축이 생겼다.[11] 이런 경우가 부농으로 상승한 가구 수의 77.4%를 차지한다. 또한 농사일을 하면서 부업을 한 경우도 11.3%를 차지한다. 일반 농가의 경우, 농사일을 하면서 천짜기, 씨아질, 두부집 차리기 등을 겸해 가정 형편을 개선했다. 농사일을 하면서 장사를 겸하는 농가는 7.5%밖에 안 되었다. 린단향(林坦鄕)에 사는 량솽예(梁雙葉)의 할아버지는 조금이라도 저축만 있으면 펑청(彭城)이나 리빙좡(李兵庄)에 가서 장사했는데 10여 년이 흐르니 살림이 넉넉해졌다. 이 밖에 부농의 양자나 수양아들로 들어간 경우도 있다. 베이라이촌에 사는 후창춘(胡長春)의 할아버지는 집에 땅이 2무밖

10　『階級成分登記表』, 階級檔案, 磁縣檔案館藏, 檔案號, 95/12~13/8 .

11　『階級成分登記表』, 階級檔案, 磁縣檔案館藏, 檔案號, 95/12~13/7.

에 없었으나 부잣집의 양자로 들어가면서 살림이 넉넉해졌다.[12] 산동에서 베이라이촌으로 피난 온 신추팡(辛秋芳)의 할아버지는 부잣집에서 머슴 노릇을 하다가 수양아들이 되면서 땅 13무를 얻었으며 이로써 살림이 넉넉해졌다.[13]

부친 대에서 농민들이 상승 이동한 요인으로는 부업, 특히 경제작물을 재배하면서 부를 얻은 것이며 이렇게 상승 이동한 경우는 42.2%를 차지한다. 그리고 농사일을 하면서 품팔이를 하여 상승 이동한 경우가 37.8%, 사채놀이를 하여 부를 얻은 경우는 8.9%를 차지했다. 윗세대의 저축을 사채놀이에 써서 부를 얻은 경우이다. 이 밖에 일부 농가는 농사일과 장사를 겸하여 부를 얻었다.

농가의 상승 이동에서 재산을 계승하는 등 선천적 요인을 제외하면 부를 얻은 요인으로는 주로 농사일과 품팔이, 농사일과 부업, 농사일과 장사를 겸하는 것이었다. 싱현과 린현의 5개 촌에서 부농으로 상승한 농가 9가구에서 근면하게 일한 농가가 3가구, 경제작물을 재배한 농가가 4가구, 부업을 한 농가가 2가구이다.[14] 여기서 부지런하고 알뜰하게 살림하는 것이 농민들이 상승 이동하는 주요한 경로임을 보여준다. 일부 운수가 좋은 자경농이나 소작농은 근면한 노동과 알뜰한 살림을 통해 점차 부유해졌다.[15] 따라서 중국 농촌에는 특별히 가난하거나 부유할 일이 없으니 자연히 격차가 큰 계급도 없으며 농민계급도

---

12 위의 문서.

13 위의 문서.

14 『興縣, 臨縣5村階級關系及土地占有的變化』(1945年 4月), 山西省檔案館藏晉冀魯豫邊區交通局檔案, 檔案號, A90/2/199/1.

15 章有義,「中國農業資本主義萌芽史料問題瑣議」,『明淸及近代農業史論集』, 中國農業出版社, 1997, p.273.

고착화되지 않았다. 먹고살 만하던 농가가 며칠 후에 망하거나, 빈털터리 빈농이 수년 뒤에 중농이나 부농이 되는 것은 중국 농촌에서 흔히 볼 수 있는 일이었다.[16]

(2) 하강 이동 상황

1920~30년대 향촌사회 위기의 심화와 함께 부농의 하강 이동이 가속화 추세를 보였다. 츠현의 부농 하강 이동 상황은 다음과 같다.

표 4-6 츠현 부농 120가구 표본 하강 이동 요인 분석표

하강 이동 요인	조부 대(표본 수 90가구)		부친 대(표본 수 120가구)	
	표본 수(가구)	비율(%)	표본 수(가구)	비율(%)
도박	–	–	2	11.1
아편	2	20	6	33.3
분가, 경영 부실	–	–	3	16.7
전란, 천재	8	80	7	38.9
합계	10	100	18	100
하강 이동 가구 수/표본 수	11.1%		15%	

* 출처 : 『階級成分登記表』, 階級檔案, 河北磁縣檔案館藏, 檔案號; 95/12~13/7~8.

이 중 조부 대의 하강 이동 비율은 11%이며 전란이나 도박 등 요인으로 일부 농가가 하강 이동하여 빈농층으로 전락했다. 부친 대의 하강 이동 비율은 15%이며 도박하거나 아편을 피우는 등 돈을 마구 헤프게 쓴 것이 하강 이동한 주원인이다. 그러나 이는 여전히 자유 이동, 혹은 개체적 이동이 위주이다. 이는 지역적 문제가 아니며 허난성이나 산시성 향촌 부농의 하강 이동 상황을 통해 볼 수 있다.

표 4-7 1920~30년대 허난성, 산시성 부농 하강 이동 상황표

지역	1928년 부농 수(가구)	1933년 부농 수(가구)	하강 이동 비율(%)
쉬창현(許昌縣) 5개 촌	22	19	13.6
후이현(輝縣) 4개 촌	39	31	20.5
진평현(鎭平縣) 6개 촌	19	16	15.8
웨이난현(渭南縣) 4개 촌	15	8	46.7
펑샹현(鳳翔縣) 5개 촌	15	5	66.7
쑤더현(綏德縣) 4개 촌	9	8	11.1

* 출처 : 行政院農村複興委員會, 『河南省農村調査』, 商務印書館, 1934, pp.18~20. 行政院農村複興委員會, 『陝西省農村調査』, 商務印書館, 1934, p.4, p.43, p.80.

각 지역의 부농 하강 이동 상황은 서로 다르지만 전반적으로 볼 때 하강 이동의 추세는 여전히 큰 비율을 차지한다. 위의 통계에서 볼 수 있듯이 비율이 가장 낮은 곳은 쑤더현의 4개 촌으로 약 10%의 부농이 하강 이동했다. 비율이 가장 높은 곳은 펑샹현의 5개 촌으로 거의 70%에 달하는 부농이 중농이나 빈농으로 전락했거나 아예 파산했다. 웨이난현 4개 촌의 1928년 부농 수는 15가구였는데 1933년에 이르러 분가

하면서 가구 수가 20가구로 늘었지만 8가구만 여전히 부농이고 나머지는 중농 6가구, 빈농 4가구, 파산 1가구로 전부 하강 이동했다. 웨이난현에서는 5년 사이 80% 이상의 부농이 하강 이동 추세를 보였다. 그리고 1가구는 호주가 여인인 데다가 자식들이 어리다 보니 토지를 세 줄 수밖에 없었다. 이는 부농에서 지주로 상승한 듯하지만 생산 방식이 고공 경영에서 세를 주어 경영하는 방식으로 변화했을 뿐 재부의 증가를 뜻하지는 않는다. 이러한 생산 방식의 변화 이면에는 가정 생산력의 절대적 감소와 농업생산에 대한 의사결정 능력의 상실이 내재하므로 상승이 아닌 하강 이동으로 간주해야 한다. 사실상 화베이 향촌에서 100무 이상의 토지를 소유한 농가가 '토지를 세 주는 것'은 집안이 망하는 징조이다. 산시성 진중을 보면 이곳의 농업은 조방적 농업으로 자본과 인건비가 적게 들지만 세금이 매우 많으므로 땅을 세 주는 것보다 본인이 농사짓는 것이 훨씬 나아 노동력이 부족한 농가가 아니면 다른 사람에게 세를 주려고 하지 않았다. 따라서 이곳의 '지주'는 남성이 외지에서 장사를 하거나 여인네와 어린애밖에 없는 소농가이고 소작인들이 오히려 대농가였다.[17]

2) 부농층의 세대 간 이동 상황

세대 간 이동은 부모 대와 자식 대의 사회 지위가 변화하는 상황을 주로 연구한다. 세대 내 이동과 마찬가지로 농민들은 근면한 노력

---

17   千家駒 編,『中國農村經濟論文集』,『民國叢書』第2編(35), 上海書店, 1989, p.380.

과 축적으로 부유해질 수 있다. 남만주철도주식회사는 허베이성 창리현(昌黎縣) 허우자잉촌(侯家營村) 조사에서 1900년, 200~300무 토지를 소유한 몇몇 대지주가 1942년에는 모두 가난뱅이로 전락했으며 대신 100~180무 토지를 소유한 새로운 세력이 나타난 것을 발견했다. 대부분은 만주에서 품팔이를 하거나 기타 지역에서 장사를 하여 얻은 돈으로 고향에 돌아와 토지를 샀던 것이다.[18] 이들은 품팔이나 장사를 해서 번 돈으로 땅을 사서 재산을 불렸다. 아래 표는 허우자잉촌의 부농층이 세대 간 이동을 통해 신분 상승한 구체적 상황이다.

표 4-8 허베이성 창리현 허우자잉촌 세대 간 상승 이동 상황표

이름	부친 대	세대 간 이동 요인	1941년 재산 상황
허우칭창 (侯慶昌)	땅 10무, 빈농	만주에서 번 돈으로 땅을 삼	180무에서 100무를 세 줌
허우바오롄 (侯寶廉)	빈농	만주에서 번 돈으로 땅을 삼	117무에서 6무를 세 줌
허우위안원 (侯元文)	빈곤	만주에서 번 돈으로 땅을 삼	30무에서 10무를 세 줌
허우취안우 (侯全五)	빈곤	관리를 따라다니며 모은 돈으로 땅을 삼	30무에서 10무를 세 줌
허우위안훙 (侯元宏)	빈곤	만주에서 번 돈으로 땅을 삼	30무에서 10무를 세 줌
허우위안라이 (侯元來)	빈곤	만주에서 번 돈으로 땅을 삼	부자로 토지를 세 줌

---

18 馬若孟, 『中國農民經濟, 河北和山東的農業發展(1800~1949)』, p.261.

허우원중 (侯允中)	적당한 재력	만주에서 번 돈으로 땅을 삼	자경함
류빈쿠이 (劉斌奎)	부자	장사하여 번 돈으로 땅을 삼	170무에서 30무를 세 줌

* 출처 : 馬若孟, 史建雲譯, 『中國農民經濟: 河北和山東的農業發展
(1800~1949)』, 江蘇人民出版社, 1999, p.262.

여기서 볼 수 있듯이 외지에 나가 일하는 것이 가난한 농민들이 부
유해지는 또 다른 길이다. 이러한 '일획천금' 방식은 짧은 시간 내에
돈을 벌 수 있어 세대 간의 상승 이동을 빠르게 이룩한다. 산둥의 아무
개는 1901년 랴오닝(遼寧)의 한 현에서 장사를 했다. 처음에는 13원으
로 작은 가게를 꾸렸으나 점차 규모가 커져 1915년에는 잡화와 잡곡
을 취급했으며 토지 1,800무를 구입했다. 1920년에는 기름집을 경영
했으며 토지는 3,500무로 증가했고 1922년에는 양곡 도매상과 전당포
를 경영했다. 1939년 21개 촌에 땅 13,663무를 구입하여 현에서 유지
행세를 했다.[19] 실생활에서 누구나 이와 같은 부자가 되는 것은 아니
다. 하지만 외지에 나가 일하는 것은 농민들이 상승 이동하는 지름길
임은 틀림없다. 농사일만으로 큰돈을 벌지 못하므로 야망이 있는 촌민
들은 외지에 나가 돈을 벌었다.[20] 남만주철도주식회사의 조사를 보면
허베이, 산둥의 9개 촌의 부자 20가구에서 5가구가 재산을 계승한 외
에 나머지는 모두 본인이나 앞 세대가 노력하여 부유해진 것이다. 이
중 몇몇 가구는 만주에서 장사를 하거나 일을 하여 부를 축적했고 더

---

19 章有義 編, 『中國近代農業史資料』第2輯, 三聯書店, 1957, pp.303~304.
20 周榮德, 『中國社會的階層與流動－一個社區中士紳身份的研究』, 學林出
版社, 2000, p.246.

욱 많은 사람은 근면하게 농사를 지어 부를 축적했다.[21]

표 4-9 허베이, 산동 5개 촌의 부농 12가구 세대 간 상승 이동 상황표(단위 : 무)

마을	1890~1900년		1910~20년		1930~40년		상승 이동 요인
	성씨	소유지	성씨	소유지	성씨	소유지	
다베이관			장(張)	86	장	145	농사일
			장	150	장	243	농사일
			장	150	장	218	농사일
사징촌			×		장	110	농사일
미창	둥(董)	46	둥	86	둥	130	농사일
	둥	20	둥	150	둥	157	농사일
	둥	93	둥	120	둥	109	농사일
첸량거좡			푸(傅)	90	푸	118	농사일
	왕	40	왕	40	왕	104	만주 취업
허우자잉			×		허우(侯)	150	만주 취업
			×		허우	114	만주 취업
			×		허우	160	공직

* 출처 : 黃宗智, 『華北的小農經濟與社會變遷』, pp.75~77.
* '부자'는 토지 100무 이상을 소유한 농가임. '×'는 그 세대에 부자가 없음을 말함.

일반적인 상황에서 토지 보유량은 한 가정의 경제상황을 가늠하는 기준이다. 농촌 가정의 흥성은 주로 토지 매입을 통해 이루어졌으

---

21   黃宗智, 『華北的小農經濟與社會變遷』, pp.74~78.

며 쇠락도 토지를 팔게 되는 돌발 사건에 의해 야기된다.[22] 따라서 농가가 소유한 토지의 변화 상황은 신분의 상승이나 하강을 가늠하는 기준으로 볼 수 있다. 앞서 언급한 부잣집 12가구에서 상승 이동은 1세대의 축적을 거쳐 대다수는 2세대에 이미 발전했으며 일부만 1세대의 규모를 유지했다. 3세대에 이르러서 토지를 계속 구입하여 규모를 확대함으로써 향촌의 부농이 되었다. 이때 이들이 지속적으로 상승 이동한 요인은 주로 근면한 노동과 끊임없는 축적이었다.

황쭝즈는 남만주철도주식회사의 조사에 근거하여 다음과 같은 부농 14가구의 세대 간 하강 이동 상황표를 작성했으며 분가가 주 원인이라고 설명했다.

표 4-10 허베이, 산둥 6개 촌의 부농 14가구 하강 이동 상황(단위: 무)

마을	1890~1900년		1910~1920년		1930~1940년		상승 이동 요인
	성씨	소유지	성씨	소유지	성씨	소유지	
다베이관			장(張)	86	장	145	농사일
			장	150	장	243	농사일
			장	150	장	218	농사일
사징촌			×		장	110	농사일
미창	둥(董)	46	둥	86	둥	130	농사일
	둥	20	둥	150	둥	157	농사일
	둥	93	둥	120	둥	109	농사일

---

22 楊懋春, 張雄 等 譯, 『一個中國村莊, 山東台頭』, 江蘇人民出版社, 2001, p.129.

천량거장			푸(傅)	90	푸	118	농사일
	왕	40	왕	40	왕	104	만주 취업
허우자잉		×		허우(侯)	150		만주 취업
		×		허우	114		만주 취업
		×		허우	160		공직

* 출처 : 黃宗智, 『華北的小農經濟與社會變遷』, pp.75~77.

　여기서 볼 수 있듯이 부농의 수는 2세대에 오면 절반 넘어 줄어들고 3세대에서 100무 이상의 땅을 소유한 부자는 1가구도 없이 거의 다 몰락했다. 황쭝즈의 분석에서 두 가지 관점이 검토의 여지가 있다. 첫째, 100무 이상의 땅을 소유한 농가를 부자로 설정했는데 이는 연구자의 설정일 뿐 실생활에서의 부유한 농가와 다르며 실제에도 부합되지 않는다. 둘째, 향촌 부농의 하강 이동 요인을 전부 분가로 설명한 것 역시 문제점이 있다. 황쭝즈는 부농은 주변의 생활고에 허덕이는 소농가에 상대한 개념이며 농업 생산의 제한적인 축적으로 분가 때문에 발생하는 자산 유실을 막기 어렵다고 간주했다.

　부농 분가는 다음과 같은 특징을 가진다. 첫째, 분가 전의 가정 형편이 부유하다. 부유한 농가와 일반 농가를 비교하면 분가 이전의 가정 형편이 더욱 부유하거나 분배할 수 있는 자본이 충족하여 자식 세대가 중위권 이상의 생활수준 유지에 문제가 없으며 분가 이후의 소가정은 여전히 일정한 생산 규모를 지닌다. 이러한 규모를 바탕으로 자식 세대의 경영 상황이 이 가정의 재분가 시의 경제력을 결정한다. 분가 이후 소가정은 생활 형편이 좋아질 수도, 몰락할 수도 있다. 개인의 능력이나 경영 여건 등 요소로 인해 분가 이후 지속적으로 발전할 수도 있다. 따라서 분가는 다음 세대에 생존 발전의 바탕을 제공한다. 분가 이후 몰락과 쇠망만 있다면 분가의 본래 뜻과 어긋나는 꼴이 된다. 둘째, 분가 이전 대가정의 재부와 분가 이후 여러 소가정의 재부의 합은 여전히 같다. 일인당 시각에서 보면 더욱 그러하다. 분가가 가져온 재부의 차이는 주요하게 자식 세대가 부모 세대에서 평균적으로 분배한 재산으로 자식 세대의 자식 수에 의해 소가정의 일인당 재산이 결정된다. 셋째, 가정 재산의 절대적 규모에서 보면 분가는 확실히 마을에서의 재산 등급이나 수준을 낮춘다. 예를 들면 토지, 가축 및 기타 생산수단이 감소된다. 하지만 가정 지출 역시 인구의 감소에 따라 감소된다. 분가 이후의 근면과 나태, 경영 방식 제각각 등 요인 때문에 비록 형제들이 가산을 평균 분배받지만 각자의 경제 상황에 변화가 발생할 수 있다. 경영에 능한 자는 원래의 재산보다 훨씬 많은 재부를 축적하여 생활수준을 향상시키지만 경영에 능하지 못한 자는 앉아서 까먹기만 하여 나중에는 몰락한다. 따라서 분가 이후 소가정의 생활 형편이 좋아지는 것과 나빠지는 것은 절대적이 아니다.

위의 표에서 볼 수 있듯이 부친 세대가 부농인 가정은 그 자식의 60%가 부농 지위를 유지하며 가산은 거의 부친 대의 것을 계승한다. 이 중 부친 대가 부농인 22가구의 토지 소유 상황을 보면 35~50무가 3가구, 51~100무가 11가구, 100무 이상이 8가구이며 1가구는 300무까지 소유했다. 부친이 생전일 때는 여러 자식들을 하나로 묶을 수 있다. 분가 이전 살림이 부유한 가정은 각 형제들이 분가에 대한 기대가 비교적 높으며 본인이 호주가 되고서도 생활수준이 내려가지 않는다. 그러므로 부친의 사망은 형제들이 분가하는 기회가 된다.[23] 분가 이후

---

23 王躍生,「20世紀三四十年代冀南農村分家行爲研究」,『近代史研究』, 2002 年 第4期, p.179.

재부 총량은 적어지며 이는 각 가정의 생산 방식의 변화와 가정 경제 상황의 변화를 초래한다. 어떤 가정은 경제 상황이 오히려 더욱 좋아진다. 사징촌의 리광즈(李廣志)네는 경작지 84무에, 5명의 일손이 있어 일인당 경작지가 17무였다. 리광즈는 농사일에 게으르고 장에 나가거나 절에 가서 불사를 구경하는 것을 좋아했다. 훗날 형제들이 재산을 분할하면서 땅을 27무 얻었으며 이때에야 리광즈는 열심히 일했다. 리광즈는 일손 20명만 고용하여 27무의 땅을 경작했는데 소출은 마을의 누구보다도 많았다고 회고했다.[24] 츠현 칭유좡촌의 주정성(朱正盛)네는 경작지 110무에, 말과 나귀가 각각 1필씩 있었고 주로 자경했으나 농번기에 품팔이꾼을 고용했다. 3형제가 분가하면서 주정성은 땅 34무에, 나귀 1필을 가졌다. 훗날 땅 23무를 매입했으며 일손을 고용하여 농사를 짓고 사채놀이를 하여 더욱 부유해졌다.[25] 츠현 린탄촌의 장완친(張萬琴)네는 땅 300무에, 노새 2필, 소와 나귀 각각 1필씩 있었다. 부친과 6형제를 합쳐 일손이 7명으로 거의 자경했으며 농번기에 품팔이꾼을 고용했다. 분가하면서 땅 50무를 얻은 장완친은 수년간의 노력을 거쳐 토지 30무와 큰 수레 1대를 매입했으며 머슴을 고용하여 생산을 확대했다.[26] 이처럼 분가 후 여건이 좋은 소가족이 합리적인 경영 방식을 선택하고 노고를 마다하지 않은 채 부지런히 일해 수년의 축적을 거치면 농장 면적을 분가할 때의 수배까지 확대할 수도 있었다.

24 黃宗智, 『華北的小農經濟與社會變遷』, p.174.

25 王躍生, 『社會變革與婚姻家庭變動, 20世紀30~90年代的冀南農村』, 生活 · 讀書 · 新知三聯書店, 2006, p.309.

26 『階級成分登記表』, 磁縣檔案館, 階級檔案, 檔案號, 95/15/7~8.

사실상 대부분 부농이 분가하면 기본적으로 중위권 이상의 생활수준이 보장된다. 어떻게 보면 분가는 소가족의 재산과 경영에 대한 자율권을 증가시키며 가족 구성원의 능력과 품행에 따라 일부 가구는 더 잘살게 된다. 따라서 부농의 하강 이동을 분가로 돌리는 것은 전면적이지 못하다.

양마오춘(楊懋春)은 산둥 타이터우촌(臺頭村)에 대한 연구를 통해 한 가족의 몇 세대 간 이동 상황을 개괄해냈다. "일반적으로 한 가족에서 부지런히 일하고 알뜰하게 살림하여 땅을 산다. 2세대 구성원들의 지속적인 노력으로 더욱 많은 땅을 얻어 부유하게 된다. 3세대 구성원은 향락만 즐기면서 탕진하여 땅을 사는 것이 아니라 오히려 팔아버린다. 4세대에 이르러 더욱 많은 땅을 팔아 나중에는 가난에 허덕이게 된다. 이 주기는 심지어 100년도 안 되어 한 번씩 순환한다."[27] 이동의 추세를 보면 양마오춘의 짐작은 거의 문제가 없다. 그러나 여기서 한 가족의 흥성에서 쇠망으로 나아가는 요인을 '향락을 즐기면서 탕진하는 것'으로만 보는 것은 너무 단순화시킨 느낌이 든다. 한 부유한 가족은 여러 요인으로 축적과 발전을 멈추게 된다. 외부 요인으로 정책, 전란, 천재 등이 있고 내부 요인으로 본인의 노력이나 경영 여건 등이 있다. 대부분의 경우 부농이 쇠락하는 것은 이 두 가지 요인이 함께 작용한 결과이다.

이상에서 언급한 것은 부농 가족의 세대 간 수직 이동 상황이다. 부농 가족의 세대 간 수평 이동(즉 동일 사회 직업 계층 내의 수평 이동과 동일 지역의 서로 다른 직업 집단이나 조직 간의 이동도 포함) 상황이 어떠한지

27 楊懋春, 『一個中國的村莊, 山東台頭』, p.129.

에 대해서는 허베이 츠현의 부농 120가구를 표본으로 삼는다. 가족의
호주를 중심으로 조부 대–부친 대, 부친 대–호주, 호주–자식 대의 지
위 변동을 살펴 4대 간의 유동 특성과 규모를 분석하려고 한다.

표 4-11 츠현 120가구 표본 가족의 세대 간 수평 이동 상황표

마을	1890~1900년		1910~1920년		1930~1940년		하강 이동 요인
	성씨	소유지	성씨	소유지		소유지	
허우샤짜이	왕(王)	500	왕	100			분가, 3형제
			류(劉)	140			분가, 두 아들
	왕	150	×				분가, 5형제
다베이관	궈(郭)	160	×				분가, 3형제
	궈	230	×				분가, 3형제
	장(張)	172	×				분가, 2형제
	장	180	×				분가, 2형제
사징촌	리(李)	200	리	100			분가, 5형제
	양(楊)	270	×				분가, 3형제
스베이차이	쉬(徐)	200	쉬	100			분가, 3형제
미창	둥(董)	150	×				분가, 2형제
	둥	165	×				분가, 3형제
우뎬	위(禹)	100	×				분가, 3형제
	자오(趙)	200	×				분가, 4형제

* 부농, 중농, 빈농은 계급 구분이 아니라 생활 형편 기준에 따라 부유, 중위
권, 빈곤 등 3등급으로 나눈 것임.

이 표에서 보면 부친 대의 신분에서 중농과 부농이 가장 많다. 부농
과 중농은 향촌사회의 역군으로 부지런히 일하고 알뜰하게 살림하면

큰 변고가 없는 한 촌민들이 흠모하는 '부자'로 신분 상승할 수 있다.[28]

고농이나 빈농의 자식들은 종종 본인의 노력으로 신분 상승하며 전반적으로 상승 이동하는 특징을 보인다. 중농의 자식들은 25%가 원래의 신분을 유지한 외에 58.3%는 부농이, 3명은 교원이나 의사 혹은 상인이 되었으며 1가구만 빈농으로 전락했다. 부농의 자식들이 하강 이동한 비중은 16.7%이고 59.6%는 원래의 신분을 유지했으며 11가구가 공직자나 교원, 의사나 상인 등 직업을 가졌다. 여기서 볼 수 있듯이 부농의 유입률은 42.9%, 유출률은 40.4%이다. 이 시기의 세대 간 이동은 80% 이상이 농민층 내부의 이동이고 직업의 변동은 10%가량이다.

부농이 장사를 하거나 교원, 의사 직에 종사할 때 대부분은 농업노동에서 벗어나지 못한 경우가 많으므로 완전한 의미의 수평 이동이 아니다. 부유한 농가일수록 토지를 떠나기 어렵다. 한 가족의 한 사람이나 몇몇 사람이 농업에서 벗어나 장사를 하거나 기타 비농업 직업에 종사하더라도 이 가족의 뿌리는 토지에 있는 것이다. 부농이 장사를 하거나 기타 직업에 종사한 후 대다수는 번 돈을 고향의 토지 구입에 투자한다. 이는 소작농을 착취하여 더 큰 이윤을 얻기 위해서라기보다는 자신을 위해 퇴로를 마련해놓는다는 것이 더욱 합당하다. 일단 장사가 망하거나 직장에서 해고되면 곧바로 고향으로 돌아와 땅에 의지하여 생활하며 나아가 재기를 노릴 수 있다. 실제로 적지 않은 부농은 외지에 나갔다가 다시 향촌으로 돌아왔다.

---

28 盧暉臨, 「革命前後中國鄕村社會分化模式及其變遷, 社區硏究的發現」, 中國社會科學院社會學硏究所, 『中國社會學』第3卷, 上海人民出版社, 2004, p.118.

3) 부농층 사회 이동의 특징과 유형

〈표 4-9〉에서 볼 수 있듯 수세대의 세대 내 이동의 시대성 차이는 아주 선명하다. 조부 대의 상승 이동률 52.2%에서 부친 대에 29.2%, 호주 대에는 26.7%로 하락했다. 총 이동률과 상승 이동률은 모두 하락세를 보였으며 상승 이동률과 하강 이동률의 비 역시 점차 하락했다. 이는 부농층의 전반적 쇠락을 보여준다. 이 밖에 120가구 표본 가구의 변동 상황표에서 부농층 이동의 유형과 특징을 분석할 수 있다.

표 4-12 츠현 120가구 표본 가족의 세대 내 이동 상황표

표본 가구 수		조부 대 90가구	부친 대 120가구	호주 120가구		자식 대 105가구
				토지개혁 전	토지개혁 후	
총 이동	가구 수	53	45	41	0	0
	비율(%)	58.9	37.5	34.2	0	0
비이동	가구 수	37	75	77	120	120
	비율(%)	41.1	62.5	64.2	100	100
상승 이동	가구 수	47	35	32	0	0
	비율(%)	52.2	29.2	26.7	0	0
하강 이동	가구 수	6	16	24	120	120
	비율(%)	6.7	13.3	20	100	100
상승 이동률 /하강 이동률		7.8:1	2.2:1	1.3:1	0	0

* 출처 : 『階級成分登記表』, 階級檔案, 河北磁縣檔案館藏, 檔案號; 95/12~13/7~8.

첫째, 세대 내 이동은 역사적 과정으로 이 과정은 일정하게나마 시대 발전의 역사적 특징을 보여준다. 화베이의 부농의 세대 내 이동은 다음과 같은 단계를 거친다. 첫 번째 단계는 1930년대 이전이다. 이시기 부농의 세대 내 이동은 다음과 같은 특징을 보인다. 하나는 높은 이동률이다. 전반적으로 보면 이동률은 비이동률보다 높다. 표본 가구 90가구에서 이동률은 58.9%이며 조부 세대의 이동이 많음을 설명한다. 다른 하나는 상승 이동률이 하강 이동률보다 높다. 부농의 상승 이동은 방향적인 추세뿐만 아니라 재부의 증가와 사회 신분의 상승으로 표현된다. 표본 가구의 통계에서 상승 이동률은 52.2%, 하강 이동률은 6.7%로 비율이 7.79:1에 달해 상승 이동이 하강 이동보다 뚜렷하게 높다. 이는 호주가 조부 대나 부친 대를 따라잡아 재부를 축적하기 시작하여 가업을 일으키는 단계임을 설명한다. 당연히 일부 농가의 표본 통계는 41.1%에 달해 그 재부가 더욱 앞 세대부터 얻어진 것임을 볼 수 있다. 마지막으로 선천적 요인과 후천적 요인의 공동 작용은 부농의 세대 내 이동을 결정한다.

한편으로 일부 부농 신분의 획득은 기존 경제적 지위와 관련되며 다른 한편으로 후천적 요인이 세대 내 이동에서 중요한 역할을 한다. 후천적 요인을 통해 즉 개인의 후천적 노력을 통해 더욱 높은 사회적 지위로 상승할 수 있다. 조부 대에 상승 이동한 90가구에서 37가구는 앞 세대의 재산을 계승했고 2가구는 양자나 의자로 재산을 계승했다. 나머지 51가구는 모두 개인의 노력을 통해 상승한 것으로 표본 가구 수의 56.7%를 차지한다. 후천적 요인의 역할이 점차 커졌는데 이는 사회 이동이 상대적으로 자유로움을 설명하며 개인이 노력을 통해 신분 상승할 수 있어 객관적으로 사회 생산의 발전에 도움이 된다. 조부 대의 상승 이동에 비하면 부친 대의 세대 내 이동은 규모가 작아졌으며 상승 이동이 감소하고 하강 이동이 증가했다.

두 번째 단계는 1930년대 중기부터 1940년대 중기의 토지개혁 전까지이다. 부농의 세대 내 이동 특징은 주요하게 이동의 감소와 비이동률의 증가로 표현되며 부농의 경제적 지위의 획득에서 선천적 요인이 후천적 요인보다 더 큰 역할을 하여 거의 2/3에 달하는 부농이 부친 대의 경제적 지위를 물려받았다.

세 번째 단계는 토지개혁 후부터 중화인민공화국 수립 초기까지이다. 부농층의 세대 내 이동은 전반적으로 하락, 정체되었다. 토지개혁 이후 호주 세대와 자식 대의 하강 이동률은 100%에 달했는바 이러한 전반적인 하강 이동은 강제적 이동이다. 토지개혁에서 부농의 토지 및 기타 생산 도구에 대한 약탈로 향촌사회에서 부농의 경제 수준이 전반적으로 하락했다. 아울러 계급신분의 고착화에 따라 부농의 정치적 지위가 여지없이 떨어져 경제적 지위는 빈농과도 비길 바가 못 되는 형편이었다.

츠현의 「계급성분 등록표」에서 가정 구성원은 주로 16세 이상의 성인부터 등록하고 15세 이하의 어린이들은 가정 인구 수로만 등록했지만 자식 세대의 이동 상황에 대한 파악에는 전혀 영향을 주지 않았다. 1950년대 후기 부농의 자식은 농민 외의 그 어떤 직업도 가질 수 없었다. 120가구의 표본 가족에서 자식 세대 대부분은 농업 생산에 종사했으며 비록 '부농'이라는 꼬리표를 달고 살았지만 생활 형편은 부유하지 못했다. 따라서 전반적으로 쇠락하여 세대 내 유동은 거의 정체되었다.

20세기 전반기 부농층의 사회분화와 유동 과정의 실제 상황에 일정한 차이성이 있다. 전반적으로 보면 부농 세대 내 이동의 규모가 점차 커졌고 이동 요인에서 정책과 제도의 요인이 점차 돋보였으며 이동 성

격도 자유 이동에서 구조적 이동으로 바뀌었다.[29]

둘째, 상승 이동은 다양성과 복잡성으로 나타난다. 부농의 상승 이동을 어떻게 이해할 것인가? 부농은 부유한 농민을 가리킨다. 이러한 광의적 개념에서 부농의 상승 이동을 이해하려면 두 가지 측면을 포함해야 한다. 하나는 부농은 생산 규모가 더욱 큰 경영형 농장주로 발전하는 것이다. 여기서 말하는 더욱 큰 생산 규모는 더욱 많은 생산수단으로 토지, 가축, 농기구 등을 포함한다. 이를 바탕으로 부농은 많은 노동력을 고용하여 더욱 크게 경영하는 것이다. 다른 하나로는, 부농의 상승 이동은 농민층에서 벗어나 정부의 공직자가 되는 것이다. 도농 관계가 끊임없이 확대됨과 아울러 도농 관계는 착취와 피착취의 관계로 자리 잡았다. 농민은 사회의 최하층이므로 향촌사회의 부유한 계층은 농촌에서 벗어나 상대적으로 안정적이거나 소득을 증가할 수 있는 계층으로 진입하려고 하는데 이 역시 상승이다. 경영형 농장주는 계급성분을 나누면 '경영지주'에 속한다. 부농과 마찬가지로 이 계층에 대한 공산당의 이해는 변화를 거듭했다. 1942년 '경영지주'를 자본주의로 간주해야 한다고 하며 부농과 같은 부류에 넣었다가 1950년에 반포한 「토지개혁법」에서는 '경영지주'를 지주에 넣었다. 계급성분은 주로 한 계층의 생산수단 소유 방식에 따라 착취계급과 피착취계급으로 나눈다. 하지만 생산수단 점유량을 보면 경영형 농장주와 부농은 모두 향촌사회에서 부유한 농민층에 속한다. 황쭝즈는 화베이의 소

부농층의 사회 이동

---

29 자유 이동은 주로 특별한 이유로 인한 개인의 사회적 지위의 변동을 말한다. 구조적 이동은 생산 기술과 사회 변혁, 혁명으로 인한 대규모 계급·계층 구조 또는 인구 지역 분포의 변화를 의미한다(王先明, 『中國近代紳士階層的社會流動』, 『歷史硏究』, 1993年 第2期, p.81).

농경제에 대한 연구에서 부유한 농가들은 사실상 지주가 아니라 '경영형 농장주'라 불리는 농가로 그들은 3~8명을 고용하여 땅 100~200무를 경작할 뿐이며 이를 1~2명을 고용하는 부농과 구분해야 한다고 했다.[30] 황쭝즈는 부농과 경영지주를 구분했으며 근본적인 차이는 전자는 농장형 생산, 후자는 가정형 생산이라고 했다. 근대 중국의 농촌에서 이른바 경영지주는 여전히 가정을 경영 단위로 했다. 황쭝즈는 양자를 고용한 노동력의 숫자로 구분했다. 이는 도리가 있기는 하지만 한 농가가 두 명을 고용하는 것과 세 명을 고용하는 '질적' 차이가 무엇이냐 하는 것이다. 필자는 양자 간의 같은 점은 모두 가정을 기본 경영 단위로 하고 모두 가정 구성원 경영의 한계를 넘어 노동력을 고용하여 경영하며 양자의 규모가 차이가 있어도 '질적' 차이를 넘기 어려워 '농촌 자산계급'과는 거리가 멀다고 생각한다. 따라서 양자 간 각각의 성격보다는 축적 과정에서 부유한 농민의 각 단계를 강조해야 한다. 그러므로 부농의 경영 규모가 커지는 것은 먼저 고용 노동력의 증가로 나타난다. 이는 농업에서의 고공뿐만 아니라 부농이 부업이나 상공업에 종사하려면 역시 고공이 필요하기 때문이다. 그러므로 부농과 경영지주의 차이는 양적인 차이일 뿐 질적인 차이가 아니다. 부농층의 상승 이동은 '계층' 한계를 넘어설 수는 없었지만 이러한 상승 공간은 모든 농가에게 상승하려는 희망을 부여해주었다.

일부 농촌 조사 자료에서 부농에서 지주에 이르는 변화 과정을 상승 이동으로 간주하는데 이는 정확하지 않다. 근본적인 문제인 '지주'란 무엇인가를 언급해야 한다. 여기서 '지주' 호칭에 대해 분석할 생각

---

30 黃宗智,「中國革命中的農村階級鬪爭－從土改到文革時期的表達性現實與客觀性現實」,『中國鄕村硏究』第2輯, 商務印書館, 2003, p.74.

은 없다. 그 경영 방식을 분석하면 토지를 완전히 세 주는 방식과 노동력을 고용하여 경영하는 두 가지 기본 방식이 있는데 계급 구분에서의 '지주'는 토지를 완전히 세 주는 지주와 경영지주를 가리킨다. 토지를 세 주는 방식으로 경영하는 지주가 부농이 상향 발전한 계층인지는 아직 더 연구해야 한다. 그러나 부농이 규모가 더욱 큰 경영형 농장주가 된 것이 규모의 확대라면 당연히 부농의 상승으로 간주해야 한다.

셋째, 자유 이동이 구조적 이동으로 변했다. 부농의 이동 규모에 대해 간단하게 기간을 나누면 항일전쟁 전후가 변곡점이며 대체적으로 자유 이동 혹은 개인적 이동과 구조적 이동을 주로 하는 두 단계로 나눌 수 있다. 항일전쟁 이전 화베이 부농의 이동은 개인적 이동이 위주였다. 전통적인 향촌사회는 빈부 차이를 인정하므로 농민의 이동에 대한 자체의 이해가 있었다. 이들은 부농 개인의 이동을 부지런하고 알뜰하거나 조상의 음덕을 입거나 운이 좋다고 생각하여 본인의 롤모델이나 자식을 교육하는 본보기로 삼았다. 산둥 타이터우촌의 농민들은 성공한 사람들을 겨울밀에 비유하면서 겨울밀은 엄동설한을 겪었기 때문에 다른 곡물에 비해 질이 뛰어나다고 했다. 따라서 노력과 절제 끝에 성공한 사람은 겨울밀에 비유되고 사람들의 흠모의 대상이 되었다.[31] 부농 역시 본보기가 된다. 농민들은 아이들을 교육할 때 "죽도록 일하지 않으면 온 가족이 굶을 것이다. …… 부유한 농가를 본받아야 한다. 부유한 농가는 부지런히 일하고 절약한 돈으로 땅과 가축을 산다. …… 사람들이 아이를 교육하는 근로와 절약은 재부의 축적과 긴밀하게 연관되며 운명을 믿지 말고 현재 상황에 만족하지 말며 경쟁하

부농층의 사회 이동

---

31 楊懋春, 『一個中國的村莊, 山東台頭』, pp.36~37.

여 마을의 부잣집과 같은 지위나 재부를 획득해야 한다."[32]고 했다. 허베이성 린청현의 농민들은 선대의 부를 물려받은 가족은 "그들의 조상이 부지런히 벌고 아껴 쓰면서 남긴 재부이다."라고 생각했다.[33] 혁명가들의 눈으로 본 '지주'는 타락의 대명사이지만 농민들은 토지나 재부가 많을수록 '고상한 도덕의 증명'[34]이라고 생각했으며 농민의 쇠락에 대해서는 경영이 서투르거나 탕진하여 망했다고 생각했다. 허베이 랑우좡촌(郞五庄村) 촌민 류펑란(劉鳳蘭)은 "그땐 정말 어려웠다. 거지가 밥 한 그릇 빌리려 해도 안 되었다. 지주를 투쟁하고 곡식을 나누었다. 우리 집에 가져오면 나는 다시 돌려주곤 했다. 실 한 오리 가지지 않았다. 아이들이 보는데 내가 구실 잡힐 짓을 하면 안 되었다. 우리 집이 가난한 것은 시아버님이 먹기 좋아하고 노름에 손을 댔기 때문이다. 다른 집이 잘사는 것은 본인이 노력해서이다."[35]라고 말했다. 부농은 경제적으로 안정되지 못했다. 농민들은 노력이나 좋은 기회를 통해 상승하거나 재난이나 개인 능력 등 요인으로 하락하기도 했다. 근대에 이르러 향촌사회의 보편적 빈곤화는 부유한 농민의 더욱 낮은 사회계층으로의 이동을 초래했으므로 상향 이동의 규모는 작아졌다.

항일전쟁 이후 공산당은 해방구에서 토지개혁을 단행했다. 혁명의 주도 아래 사회구조와 권력구조의 변혁을 목표로 한 사회 개조 운동이

32　馬若孟,『中國農民經濟, 河北和山東的農業發展(1800~1949)』, p.146.

33　遠,「河北省一個農村經濟的調査」,『中國經濟』第2卷 第7期, 1934年 8月, p.1.

34　韓丁, 韓倞 等 譯,『翻身－中國一個村莊的革命紀實』, 北京出版社, 1980, p.52.

35　雷滇 · 洪塵,『孫大午－爲農民而生, 一個農民企業家的努力與反思』, 中國社會科學出版社, 2004, pp.43~44.

라는 세찬 파도가 일면서 부농층에 구조적 이동이 발생했다. 토지개혁 과정에서 부농은 전부의 토지와 가옥 및 기타 생산수단을 빼앗겼다. 부친 대가 자식 대에 물려준 '부농' 신분 때문에 정치적 지위나 경제적 지위는 향촌사회에서 가장 낮았다. 선천적 요인이 자식 대의 사회적 지위에 결정적인 영향을 미쳤으며 후천적 요인은 이러한 상황을 변화시킬 수 없었다.

4) 부농의 역사적 운명 : 역사에 대한 경험적 사고

20세기 이후의 화베이 농촌은 빈번한 전란과 끊임없는 재해로 사회가 불안하고 경제 파탄이 심해 농민 생활이 보편적으로 빈곤화 추세를 보였다.[36] 부유한 농민들에게 있어서 기존의 생산 규모와 생활 상태를 유지하는 것이 비록 쉽지는 않지만 여전히 발전할 여지가 있었다. 일반적으로 부농 세대 간 이동은 상시적이지만 세대 간 이동의 전반적 추세는 하강 이동이었다.

부농이 상승 이동하여 공직자가 된 기록은 매우 적다. 전통사회에서 과거급제는 농민들이 신분 상승하는 중요한 경로였다. 1905년 과거제의 폐지는 향촌사회와 관료제 국가의 제도적 연결을 끊어놓았으며 신학 교육제도가 그 기능을 얼마간이라도 하고 있었다.

36 　王先明, 「20世紀前期的山西雇工」, 『歷史研究』, 2006年 第5期, p.115.

표 4-13 츠현 120가구 일부 농민 교육수준 상황표

자식 이름	부친 직업	조부 대 가정 형편	부친 교육수준 상황
판아이롄(樊愛蓮)	은행 직원, 은행장	머슴, 품팔이꾼 고용	학교 다님, 취직
신취안샹(辛全香)	수리(水利) 부서 직원	–	수재, 공직자
후취안싱(胡全興)	교사	땅 90무, 50칸 집	학교 다님, 교사
마지보(馬給伯)	교사	땅 61무, 모두 소작 줌	학교 다님, 교사
양융팡(楊永方)	교사	머슴 2명 고용	학교 다님, 교사
웨전위안(岳振遠)	교사	땅 100무, 50칸 집, 머슴 2명 고용	학교 다님, 교사
쉐밍쉬안(薛明軒)	교사	–	학교 다님, 교사
위안룽서우(袁榮壽)	의사	–	학교 다님, 의사
후광싱(胡廣興)	수의사	땅 100무, 50칸 집,	학교 다님, 취직
양잉(楊螢)	상인	–	학교 다님, 꽃집 개업
먀오성화(苗生花)	상인	아주 빈곤함	가게 개업

여기서 볼 수 있듯이 부농 11가구의 세대 간 이동에서 농민이 기타 직업으로 이동하는 것은 교육수준과 일정 관련이 있으며 교육수준은 가정의 경제 상황과 관련이 있다. 11가구에서 1가구의 경제 상황이 나쁘고 4가구가 기록이 없는 외에 나머지 6가구는 상당히 부유했다. 자식 세대의 교육수준이 높은 것은 직업의 이동에 중요한 영향을 미친다. 부유한 농민 가정 구성원의 교육수준은 다른 계층보다 높고 경영

능력도 갖추었으므로 교육은 이들에게 상승 경로를 제공해준 셈이다. 신스푸(辛石普)는 수재로 현청에서 관직에 있으면서 수리 공사를 관장했다. 판아이렌의 부친은 공부하다가 은행에 취직했으며 나중에 은행장을 맡았다.[37] 교육은 농민의 사회분화와 이동에 가장 기본적인 경로를 제공했으며 향촌사회의 개방적 이동 시스템의 구축을 촉진했다. 그러나 전반적으로 보면 공직자로 상승하는 제도적 이동 경로의 부족으로 부농이 상승 이동할 가능성은 아주 적었다. '혁명' 주도 아래의 사회 변동에서 20세기 부농층의 사회 이동을 선천적이나 후천적으로만 분석해서는 안 된다. 부농층의 세대 내와 세대 간의 이동 상황 분석을 통해 기존의 사회학 연구에서 내놓은 선천적 요인과 후천적 요인 외에 정치나 제도적 요인의 중요성을 알 수 있다. 계급이론을 지침으로 하는 공산당은 향촌사회 개조에서 각 계층의 이동 요인을 선천적과 후천적 두 요인에서 정책적 요인과 제도적 요인으로 전환했다.

(1) 토지개혁 이전 부농의 하강 이동

토지개혁 전 화베이의 일부 근거지에서 '감조감식' 운동을 단행했다. 누진세의 징수 때문에 일부 부자들은 토지 매도 방식으로 토지 면적을 줄이거나 고공을 줄여 세금 부담을 줄이려고 했으므로 경제수준이나 생활수준이 하락세를 보였다.

---

37 『階級成分登記表』, 階級檔案, 河北磁縣檔案館藏, 檔案號; 95/12~13/7~8.

표 4-14 1940년 진차지(晉察冀) 일부 지역 부농 하강 이동 상황표

연도	지역	기존 부농(가구)	하강 이동(가구)	비율(%)
1941	진찰기변구 12개 현, 32개 촌	355	152	42.8
	핑산현 4개 촌	71	16	22.5
1942	우샹, 랴오현의 4개 촌	102	21	20.6
	리청, 핑순의 5개 촌	76	19	25
1944	싱현, 린현의 5개 촌	56	15	26.8
1945	진쑤의 9개 현	101	48	47.5
1945	옌자촨의 7개 향	11	10	90.9
1946	허베이 바오딩 지역	173	40	23.1

* 출처 : 魏宏運, 『晉察冀抗日根據地財政經濟史稿』, 檔案出版社, 1990,
p.187. 『太行根據地土地問題材料初集』(1942年 9月 10日), 山西省檔案館藏
中共太行區黨委檔案, 檔案號: A 1/9/. 晉綏分局調研室, 『晉綏分局階級關
系及土地占有的變化』(1944年 10月) 劉欣·景占魁, 『晉綏邊區財政經濟史』,
山西經濟出版社, 1993, 107쪽에 수록. 晉綏分局調查研究室, 『農村土地及階
級變化材料』(1946年 6月), 山西省檔案館藏中共中央晉綏分局檔案, 檔案號:
A 21/3/14 /1. 『義合, 延家川西區土地問題調查材料』(1948年 2月 29日), 陝
西省檔案館藏陝甘寧邊區政府建設廳檔案, 檔案號: 6/3/30. 陳翰笙 等, 『解
放前後無錫, 保定農村經濟(1929~1957年)』, 中國農業合作史資料, 1988(增
刊 2) p.104.

농사를 주업으로 하는 부농을 보면 토지의 감소는 재산의 감소와
생활수준의 하락을 뜻한다. 〈표 4-14〉에서 볼 수 있듯이 적어도 20%
의 부농이 하락세를 보이며 심지어 옌자촨 7개 향에서는 90%의 부농
이 하락세를 보였다.

사청 문서의 기입 시간이 1960년대 초기였으므로 호주 세대가
1940~60년대에 생활했다고 추정할 수 있다. 이 시기는 향촌사회에 대

변혁이 발생한 시기로 토지개혁이 부농층 이동에 큰 영향을 주었다. 토지개혁 이전 부농층은 주로 개인적 이동을 했다. 비록 이 분석 대상의 표본은 모두 호주가 '부농'이지만 분석을 통해 하강 이동한 가구 수를 찾을 수 있다. 이는 문서 자료가 도표의 형식으로 기입한 '가족사 간술'이기 때문이다. 개별 가족의 경제상황 변동 원인에 대한 기록이 있고 일부 가정이 하락한 원인을 설명하지 않았지만 호주가 처한 1940~60년대 시간대에 대한 분석을 통해 '감조감식' 정책의 시행과 부담을 덜기 위한 분가 및 전란 등 요인은 이 시기 부농이 쇠락한 주원인임을 알 수 있다.

이는 1939~1945년 진쑤 지역 9개 현의 부농의 변동 상황에서도 검증되었다.[38] 1939년 9개 현의 부농은 도합 101가구로 전체 인구의 13.5%를 차지했고 전체 토지의 22.8%를 소유했다. 1945년에 이르러 부농은 48가구로 감소하여 전체 인구의 6%밖에 안 되었으며 전체 토지의 10%가량밖에 소유하지 못했다. 부농의 토지가 감소한 원인은 다음과 같다.

표 4-15 진쑤 지역 9개 현 20개 촌의 부농 감소 원인 분석표

시기	감소 토지(무)	토지 감소 원인(%)				
		과중한 부담	감조	부채 청산	증자	기타 원인
1939년	200	50	–	–	–	50
1940년	6				100	

38 晉綏分局調査研究室, 『農村土地及階級變化材料－根據老區九縣二十個村調査』(1946年 6月), 山西省檔案館藏中共中央晉綏分局檔案, 檔案號, A21/3/14/1.

1942년	12		100			
1943년	405	46.4	16.9	–	3.7	33
1944년	329	47.9	24.8	2.9	6.1	18.3
1945년	1,056.5	29.3	28.8	13.4	9.8	18.7

* 출처 : 晉綏分局調査研究室, 『農村土地及階級變化材料－根據老區九縣二十個村調査』(1946年 6月), 山西省檔案館中共中央晉綏分局檔案, 檔案號; A21/3/14/1.

이 표에서 볼 수 있듯이 부농은 6년 사이에 2,000무에 달하는 토지를 내놓았다. 주원인으로 첫째, 과중한 부담이 거의 절반을 차지한다. 둘째, '감조'와 '부채 청산' 및 '증자'가 거의 1/3을 차지한다. 셋째, 가정 원인이나 경영 등 기타 원인이 그 나머지를 차지한다. 가정 원인 등을 부농 자체의 요인으로 보면 부농의 토지 감소와 부농의 하강 이동 주원인은 외부 요인, 즉 '감조감식' 정책이 부농 경제에 대한 제한 때문이다.

1940년대 지중(冀中)의 부농이 감소한 원인을 보자. "감소한 원인은 다방면에 걸친 것이다. 첫째, 전쟁이 가장 중요한 원인이다. 둘째, 청산과 땅을 내놓은 것이다. 셋째, 머슴을 내보내고 경영 규모를 작게 하거나 분가했다. 넷째, 땅을 저당 잡혔다. 다섯째, 감조 정책 등 정책의 영향을 일부 받았다."[39] 1940년대 중기 이전과 마찬가지로 청산과 부담 증가 등 정책은 부농이 하강 이동한 주원인이다. 이 밖에 전쟁으로 인한 사회의 혼란과 보편적 빈곤은 부농의 경제 발전을 저해한 원인이기도 하다. '감조감식' 정책 때문에 지주와 부농의 부담이 높아졌는바

---

39 冀中行署, 『土地改革後冀中農村階級情況及各階層負擔情況的初步考察』(1947年 3月), 河北省檔案館藏冀中區行署檔案, 檔案號, 5/1/672/1.

팡산현 농민의 공출미 부담은 70%에서 30%로 감소했고 지주와 부농의 부담은 30%에서 70%로 증가했다.[40]

공산당의 '감조감식'과 부채 청산 및 증자 정책의 추진으로 부농의 토지는 더욱 감소되었다. 향촌사회에서 토지는 농민의 빈부를 가늠하는 척도이다. 토지의 감소는 부농층의 하강 이동 추세를 설명하는 한편 이러한 이동에서 강제적인 힘이 주도적 역할을 했음을 보여준다. 해방구의 부담 정책은 부농에게서 35% 이상의 누진세를 징수하여 부농은 땅을 부담으로 여겨 토지를 감소할 수밖에 없었다.

(2) 토지개혁 이후 부농의 하강 이동

1947년 토지를 평균 분배하는 '중국토지법대강'을 제정하여 "지주의 모든 토지 소유권을 폐지하고 …… 향촌에서 모든 지주의 토지 및 공유지를 향촌 농회에서 접수하며 향촌의 기타 모든 토지와 함께 향촌 전부 인구에 따라 남녀노소 구분이 없이 평균 분배한다. 토지가 많으면 빼내어 토지가 적은 사람에게 보충해주고 비옥한 토지와 척박한 토지를 골고루 나누며 모든 촌민이 토지를 똑같이 나누어 각자 소유로 한다."라고 규정했다. 이는 공산당의 토지정책이 유상 몰수에서 토지의 평균 분배로 넘어감을 뜻한다. 정권은 강제적으로 지주와 부농, 신부농의 토지 재산을 무상 몰수했다. 지중의 35개 현을 보면 토지개혁 이전 부농층은 전체 농가의 3.84%를 차지했으나 토지개혁 이후에는 1.97%를 차지했다. 이 중 기존 부농으로서 여전히 부농 성분을 유지하

---

40 呂梁地區地方志編纂委員會, 『呂梁地區志』, p.111.

고 있는 자가 9.69%이고, 부유 중농으로 전락한 자가 55.15%, 일반 중농으로 전락한 자가 25.45%, 빈고 중농으로 전락한 자가 7.88%, 빈농으로 전락한 자가 0.67%이며 고아나 과부가 1.16%에 달했다.[41] 10%의 부농만이 여전히 '부농'으로 불렸지만 토지와 기타 생산수단의 무상 몰수로 생활수준은 대폭 하락했다. 뿐만 아니라 90% 이상의 부농은 중농이나 빈농으로 전락했다.[42] 1946년 지중과 지진(冀晉)의 7개 현, 9개 촌의 토지개혁 이후의 통계에 의하면 기존 부농에서 부농 성분을 유지하고 있는 자가 9.7%, 중농으로 전락한 자가 80.6%, 빈농으로 전락한 자가 8.5%이며 고아와 과부는 1.2%였다.[43] 산시 우샹현은 1935년에 지주와 부농이 1,894가구였지만 이때에 와서 852가구로 감소하여 감소세가 55%에 달했다.[44] 토지개혁에 따라 향촌의 '부농 경제'는 거의 소멸되었다. 부농은 경제적 의미에서의 부유한 농민이 아닐 뿐만 아니라 사회의 한 계층도 아니었으며 다만 '부농분자'로만 잔존할 따름이었다.

사회 변혁 시기, 제도적 요인으로 전체 사회 구성원의 지위는 새로 재조정되었다. 1930년대 이후 화베이 향촌사회에서는 공산당 정책 시행에 따라 부농은 부담을 경감하기 위해 대부분 생산 규모를 줄이고

---

41 冀中行署,『土地改革後冀中農村階級情況及各階層負擔情況的初步考察』(1947年 3月), 河北省檔案館藏冀中區行署檔案, 檔案號, 5/1/672/1.

42 위의 자료.

43 晉察冀邊區財經辦事處,『冀中冀晉七縣九村國民經濟人民負擔能力調查材料』(1947年 8月), 陝西省檔案館藏陝甘寧邊區稅務總局檔案, 檔案號, 8/6/18.

44 山西省檔案館 編,『太行黨史資料彙編』第3卷, 山西人民出版社, 1994, p.125. 武鄕縣縣志編纂委員會辦公室 編,『武鄕縣志』, 山西人民出版社, 1986, p.295.

사채놀이를 그만두었으며 머슴을 내보내고 심지어 토지를 팔기까지 했다. 1940년대 후기 '평균화'를 목표로 한 토지개혁, 특히는 중화인민공화국 수립 이후의 농업 합작화 운동은 부농층의 토지 등 생산수단을 몰수하여 부농층을 전반적으로 몰락시켰다. 상승 이동 역시 마찬가지이다. 토지혁명과 토지개혁 이후에 나타난 신부농 집단 대부분은 가난한 농민들이 상승 이동한 결과이다. 수년의 시간을 거쳐 가난한 농민들이 부농으로 상승했는데 이는 가난한 농민이 토지혁명에 참가하여 얻은 이익이다. 다시 말하면 혁명의 성과는 이들이 상승 이동하는 플랫폼으로 이들은 다른 지역의 가난한 농민처럼 몇 세대의 축적을 거쳐 상승 이동하는 것이 아니라 세대 내에서 완성했다. 당연히 농민들의 부지런한 경작과 노력이 상승 이동한 근본 원인이다.

사회 이동은 이동 방향에 따라 상승 이동과 하강 이동으로 나눈다. 상승 이동에는 개인이 비교적 낮은 사회계층에서 조금 더 높은 계층으로 올라가는 이동과 사회 집단이 재조정을 거쳐 전체 집단이 비교적 높은 사회계층으로 올라가 기존의 집단이나 계층을 대체하는 두 가지 형식이 있다. 전자는 빈농이나 고농이 개인 상승 이동을 거쳐 부농층으로 상승하는 것이고 후자는 신부농 집단의 발생이다.

하강 이동에도 두 가지 형식이 있다. 하나는 개인이 높은 사회적 지위에서 기존의 낮은 사회적 지위로 하락하는 것이다. 하지만 그들이 속한 집단은 하락하거나 해체된 것이 아니다. 다른 하나는 한 사회 집단이 전반적으로 하락하거나 해체되는 것이다. 전자는 일부 부농이 천재나 인재, 혹은 경영 부실 등 요인 때문에 하강 이동하여 빈농이나 고농으로 전락하는 것이다. 후자는 토지개혁 이후 한 계층으로서의 부농의 전반적 지위가 하락한 것이 가장 대표적이다. 피티림 소로킨은 "첫 번째 상황은 개인이 배에서 떨어진 것과 같다. 두 번째 상황은 배와 배에 탄 모든 사람이 모두 물에 가라앉거나 사고로 배가 산산조각이 난 것과 같다."[45]고 비유했다.

향촌의 부농에 대해 확실한 정의를 내리기 참 어렵다. 단순히 토지의 많고 적음에 따라 계급을 나누는 것은 말할 것도 없고, 특히 지역 차이를 무시하고 동일한 기준을 채택하는 것은 더욱 불합리하다.[46] 마오쩌둥은 1949년 중국공산당 제7기 중앙위원회 제3차 전체회의에서 공산당 내에서도 "'중농'은 무엇인지, '부농'은 무엇인지에 대해 각각의 이해가 있다."[47]고 했다. 부농의 경제적 차이가 크고[48] 분층 근거도 일률적이지 않아 부농과 부유 중농, 지주를 현실에서 구분하기 어렵다. 천한성(陳翰笙)은 『현대중국의 토지 문제(現代中國的土地問題)』에서 "중국의 부농은 이미 일부 지주로 변했다. 그러나 분산된 토지, 과중한 조세, 곡가의 급락으로 그들은 자본주의화로 나아가지 못했다. 우시에는 부농 58가구가 있었는데 그들은 토지의 18.76%를 빈농에게 임대했다. 창장 유역에서는 다수의 부농들이 토지를 임대하여 지세를 받지만

45 格倫斯基 編, 王俊 等 譯, 『社會分層』, 華夏出版社, 2005, p.264.

46 章有義, 「二十世紀二三十年代中國地權分配的再估計」, 『明淸及近代農業史論集』, 中國農業出版社, 1997, p.79.

47 『毛澤東選集』第4卷, 人民出版社, 1991, p.1441.

48 톈원빈(田文彬)은 소유한 땅이 50무 이상이면 부농과 지주라고 했다(田文彬, 「崩潰中的河北小農」, 千家駒 編, 『中國農村經濟論文集』, p.253). 1930년, 바오딩의 10개 촌에 대한 중앙연구원(中央硏究院)과 베이핑사회조사소(北平社會調査所)의 공동조사에서 부농은 가구당 토지 56무, 지주는 가구당 토지 58.5무를 소유했으며 빈농과 고농은 7무가 안 된다고 했다. 왕이진(汪疑今)은 소유한 땅이 50무 이상이면 부농이라고 했다(『中國經濟』第4卷 第7期, 1936年 7月, p.1). 산시성 툰류현(屯留縣) 조사 자료에 의하면 380가구 부농이 소유한 토지가 38,000무로 가구당 100무를 소유했다(高苗, 『山西屯留縣農村經濟實況』, 千家駒 編, 『中國農村經濟論文集』, p.576).

북방에서는 부농이 빈농에게서 많은 밭을 임대한다."[49]고 했다. 정책 규정에서는 더욱 그러했다. 예를 들면 1933년의「토지개혁 중 일부 문제에 관한 결정」, 1948년 부농과 부유 중농에 대한 새로운 규정, 1950년의 '보충 결정' 등[50]이 그러하다. 그러나 부농은 사회 존재의 '실체'로 향촌에서 상대적으로 부유한 집단임이 틀림없으며 경제수준과 생산 수준이 향촌의 평균 이상에 처해 있다. 부농은 생활 형편이 중농에 비해 좋거나 노동력을 고용하여 경작하거나 많은 가축을 소유했다.[51] 부농의 발생과 존재는 향촌사회 나아가 전체 사회에서 보면 시종 원동력을 지닌 선도적인 사회 세력이었다.

1909년간 허베이 가오양의 향촌은 거간꾼의 힘을 입어 면방직 수공업이 번창했다. 이때 거간꾼은 대부분 향촌의 부농이나 지주들로 농가에 자금을 대주어 일을 시키거나 직접 통제했다.[52] 1930년대 경제가 상대적으로 발전한 장쑤 농촌에서는 부농과 소농이 상호 배척은커녕 상호 의존하는 처지였다. 소농은 자산이나 토지가 부족한 제약 때문에 부농에게 의존할 수밖에 없었고 부농은 노동력의 부족과 상품 시장의 필요로 소농을 농촌에 남겨야 했다. 부농과 소농은 농업, 공업, 상

49 馮和法 編,「中國農村經濟論」,『民國叢書』第2編(35), 上海書店, 1989, p.229.

50 章有義,「中國農業資本主義萌芽史料問題瑣議」,『明清及近代農業史論集』, pp.278~279.

51 行政院農村複興委員會 編,『江蘇省農村調査』, "凡例", 商務印書館, 1933, p.2. 行政院農村複興委員會 編,『陝西省農村調査』, "凡例", 商務印書館, 1934, p.1.

52 厲風,「五十年來商業資本在河北鄕村棉織手工業中之發展進程」,『中國農村』第1卷第3期, 1934年 12月, p.73.

업 및 고리대 등 관계로 상호 의존했다.[53] 당시 장쑤와 저장 일대 향촌의 각종 전문 합작 조직은 낡은 형식의 부농 경영을 벗어나 합작사와 같이 겉으로 보기에 소농을 핵심으로 했지만 경제적 역할에서 사실상 부농의 지배가 핵심이었다.[54] 이러한 대규모 경영과 소규모 경영 외에 합작경영을 만든 것은 부농의 경영이 도시와 공업의 발전에 필연적으로 의존하는 경영 형식이기 때문이다.[55] 이는 경제적 진보를 보여줄 뿐만 아니라 사회 진보의 추세를 내포하고 있다.

'혁명'을 겪은 근거지도 1940년대 이후에 '신부농' 계층이 발전했다. 새롭게 발전한 사회 엘리트 계층은 대부분 가난뱅이 출신이지만 노력을 통해 신부농이나 부유 중농으로 상승했다. 머슴 둘에 목동 한 명을 고용한 데다 농번기에 품팔이꾼까지 고용하면서 신세를 고친 농민 우완유(吳萬有)는 '우완유 드림' 즉 '부농 드림'을 선도했다.[56] 이러한 농업에 의존하여 자본을 축적하는 향촌 발전 방식은 '부농이 본인의 토지에서 경작하면서 머슴을 고용하는'[57] 경제 방식으로 '혁명'의 환경에서도 역사발전의 필연적 추세를 완강하게 보여주었다. 향촌사회의 촌민들에게는 부농이 가장 현실적인 이동(발전) 방향으로 부농은 중농 특히 부유 중농의 '깃대'였다. "중농은 부농에게 가축이 좋고 농

제4장 향촌 사회구조와 사회계층의 역사적 변동

---

53 汪疑今,「江蘇的富農和它的經營」,『中國經濟』第4卷第7期, 1936年 7月, p.10.

54 위의 글, p.9.

55 위의 글, p.11.

56 李放春,「北方土改中的 '翻身'與 '生產' - 中國革命現代性的一個話語 - 曆史矛盾溯考」, 黃宗智 主編,『中國鄉村研究』第3輯, 社會科學文獻出版社, 2005, p.249.

57 張聞天,「發展新式資本主義」, 張聞天選集傳記組 等 編,『張聞天晉陝調查文集』, p.324.

기구가 좋으며 경영이 좋은 '삼호(三好)'와 말을 잘하고 글을 잘 쓰며 계산을 잘하는 '삼회(三會)'가 있다고 했다."[58]

'부농' 혹은 부유 농민은 향촌 촌민들에게 있어 가장 현실적이고 직접적인 선택과 선망의 대상이다. 따라서 역사적으로 '농업으로 생계를 유지하고 부업으로 치부하는' 농민 발전의 동기는 오늘날 향촌의 대부분 농민의 발전 동기나 경로와 일치하다. 가난한 농촌에서 '부농 경제'를 시행하는 목적은 부유한 농촌을 만들기 위해서이다. 이러한 '부유'는 모두 다 함께 부유해지는 것으로 민생주의 실현이며 사회주의 실현이기도 하다.[59]

100년간의 역사 발전 과정에서 향촌 부농층의 운명은 파란만장했다. 이는 근대 중국 사회의 정치 발전의 방향과 궤적을 단적으로 보여준다. 비록 제도적 변천과 사회적 변혁의 배경 아래, 부농의 운명은 '수동적'이면서도 '굴종적'이지만 사회가 정상으로 돌아가면 자연스레 재기하는 부농층이 향촌사회 발전의 견인 세력이 되어 사회나 경제가 발전하는 일반적 규칙과 추세를 보여준다. 역사에 대한 심층적 탐구를 통해 더 많은 것을 깨닫는 이성적 인식에 도달해야 한다.

---

58 何載, 「談消滅富農經濟」, 『延安的光輝』, 陝西人民出版社, 1993, p.141.

59 林笙, 「論 "富農經濟"」, 上海 『中建』 第3卷 第14期, 1948年 12月, p.3.

3

지주 개념의 역사적 전환
: 물권 개념에서 계급 개념까지

　현대 중국의 역사는 사실상 '지주'와 그 계급을 둘러싼 하나의 혁명 운동이나 사회 재편의 과정으로 이 시기 역사의 주체 내용을 구성하고 있다. 비록 전부는 아닐지라도 말이다. 오늘날 '지주'라는 호칭이 사람들의 실생활에서 거의 사용하지 않는 말이 되었지만 토지개혁 역사 문헌에 있어서 여전히 논쟁의 중심 논제이며 사상 논쟁과 입장 충돌의 핵심 개념이다.[1] '지주'는 역사의 뒤안길로 사라졌지만 역사에만 속하

---

[1] 　2000년에 들어서서 학계는 지주에 대해 다각도로 연구했다. 陸衡, 「百年地主造型的演變及其意義」, 『學術論壇』, 2006年 第4期. 王任宏, 「地主, 一個百年難盡的話題」, 『書屋』, 2010年 第8期. 「오늘과 어제 – 중국사회계층사 문제론(今天與昨天 – 中國社會歷史問題散論)」에서 '지주'와 '농민'의 대립으로 진한 제도하의 기본 사회 분야를 설명할 수 없지만 사람들은 줄곧 이 관점을 중복한다고 했다. 저자는 이 문제에 대해서는 일찍 50년 전에 왕야난(王亞南)의 『중국 관료 정치 연구(中國官僚政治研究)』에서 분석을 했다고 말한다(『博覽群書』, 1998年 第1期). 류창(劉昶)과 양쿠이쑹(楊奎松)

는 것이 아니다.

역사를 살펴보면 계급으로서의 지주 개념, 혹은 지주-농민의 계급 범주로 중국 농촌사회는 물론 전반 중국 사회구조를 지칭하는 것은 현대 역사의 발전을 수반하여 이루어진 사실임을 쉽게 알 수 있다. 그전까지 일반적 상황에서나 일상생활에서 지주-농민 범주로 향촌사회 집단을 지칭하지 않았으며 민국 시기에도 역시 그러했다. "그러므로 우리나라에는 소농만 있을 뿐 대농이 없으므로 농업이 발달할 가망이 없다. …… 극구 제창하여 대농과 소농이 서로 협력, 발전해야 한다. 대농을 제창하지 않으면 경작기계와 관개공사를 갖추지 못하여 개량의 효과를 거둘 수 없다. 소농을 지원하지 않으면 소농이 대농에 흡수되어 부익부, 빈익빈으로 이어지고 국민의 생계는 걷잡을 수 없게 된다."[2] 전통 시대, 농촌 사회계층에서 생활수준이나 소유한 재부에 따라 대농·중농·소농으로 나눌 수 있다. 사실상 지주를 핵심 개념으로 하는 역사 구성은 매우 늦게 나타났다. 1930년대까지만 해도 공산당 내부의 많은 간부들이 농촌계급의 구분에 대해 잘 알지 못했다. 마오쩌둥은 "동지들이 나에게 부농이 무엇이냐 묻곤 합니다. 지주는 주로 소작세를 받고, 부농은 주로 노동력을 고용하면서 본인도 농사일을 합

지주 개념의 역사적 전환

은 모두 서로 다른 시각에서 지주의 생존 상황과 복잡성을 보여주었다(劉昶, 「在江南幹革命: 共産黨與江南農村, 1927~1945」, 『中國鄉村研究』第1輯, 商務印書館, 2003年. 楊奎松, 「新中國土改背景下的地主問題」, 『史林』 2008年 第6期). 그러나 물권 개념에서 계급적 언사로 전환하는 역사 상황과 현대 중국 역사의 발전 과정에 미친 영향에 대해서는 학계에서 깊이 있는 연구를 하지 않았다.

2　「趙總理頌詞」, 陶昌善 等 編, 『全國農會聯合會第一次紀事』中華民國二年五月, 沈雲龍 主編, 『近代中國史料叢刊第八十七輯』, 文海出版社有限公司, pp.49~50.

니다. 중농은 노동력을 팔지 않고 본인의 땅만 경작하고 빈농은 본인
땅만으로 생계를 유지하기 어려워 일정한 노동력을 팔며 고농은 땅이
없어 노동력을 완전히 팝니다. 당연히 이는 주요 지표일 따름입니다."[3]
라고 설명했다. 따라서 계급 개념인 지주와 그 범주로 이루어진 역사
를 체계적으로 정리하는 것은 중국 현대사를 이해하는 중요한 이론 문
제이자 시급히 정리해야 할 학술적 논제이기도 하다.

1) 전주(田主)와 업주

전통 중국에서 이른바 계급은 위진 시기의 문벌제나 명청 시기의
노복제이다. "입법의 공평함은 주인과 노복이라는 칭호를 없애는 것과
같이 세상의 재산이 없는 자들이 잘 할 수 있는 일을 하게 하는 자유
의 제도다."[4] 여기서 '계급'은 신분 등급 제도를 가리키는 것으로 현대
에서의 계급 개념이 아니다. 사실상, 마르크스주의 계급이론이 중국에
전파되어 수용되기 전까지 사회생활에서 지주계급이란 개념이 없었
으며 사람들은 신호(紳戶)와 민호(民戶)로 사회 존재의 실체를 구분했
다. 딩르창(丁日昌)은 "창장 이북의 조운 가격은 이전부터 신호와 민호
를 구별했고 성호(城戶)와 향호(鄕戶)도 구별했다."[5]고 했다. 함풍 연간
풍계분(馮桂芬)은 『균부설권신(均賦說勸紳)』에서 향촌의 주민들은 예전

---

3 毛澤東, 「關于農村調查」(1941年 9月 13日), 『毛澤東農村調查文集』, 人民
   出版社, 1982年, p.24.

4 「論中國階級制度」, 『東方雜志』 第1卷 第6號(1904年 6月) "社說", p.106.

5 李文治 編, 『中國近代農業史資料』, 第一輯(1840~1911), 生活讀書新知三
   聯書店, 1957年, p.344.

부터 신호와 민호의 구별과 대호(大戶)와 소호(小戶)의 구분이 있다고 했다.[6] 여기서 지주와 농민을 언급하지 않았다. 토지 소유자를 일반적으로 전주(田主)나 산주(産主)로 불렀다. 경자년(1900) 이후 장시성에서 배상금을 지불하기 위해 지세를 징수하자 힘이 부친 전주들은 저당을 잡혀 곡식을 얻었고 힘이 부친 소작인들은 도망쳐 다른 일에 종사했다.[7]

관아의 공식 문서에서 사람을 민호(民戶)·군호(軍戶)·조호(竈戶)·어호(魚戶)로 나누었고[8] 민간에서는 상호(上戶)나 하호(下戶), 부호(富戶)나 빈호(貧戶)로 나누었다. 공자진(龔自珍)은 도광 연간의 사회 상황을 "건륭 연간 이래, 관리와 백성의 처지가 몹시 어려워 도읍에서 지방에 이르기까지 대체로 부호가 빈호가 되고, 빈호가 굶주린 자가 되어 사민의 으뜸이 비천하게 된다. 각 성의 정세가 매우 위태하여 하루라도 지탱하기 어렵다."[9]라고 했다. 포세신(包世臣)은 가구 분류와 관련하여 "한 집에서 일인당 땅이 6무면 상호, 4무면 중호, 2무면 하호, 1무가 안 되면 빈호이다."[10]라고 했다. 여기서 땅을 얼마만큼 소유했느냐에 따라 상호·중호·하호로 나누었을 뿐 지주라는 말이 없었다. 광서 연간에 이르러서도 사람들은 여전히 이렇게 말했다. "쑨자좡(孫家庄)에 민호 40여 가구가 있으며 땅이 1,000무이다. 이 중 상호는 가구

6   馮桂芬,「均賦說勸紳」咸豐三年『顯志堂稿』卷九, 沈雲龍 主編,『近代中國 史料叢刊續編』第七十九輯, 文海出版社有限公司, 1995年, p.929.

7   胡思敬,『退廬疏稿』卷三頁三, 同上引書, p.323.

8   李文治 編,『中國近代農業史資料』第一輯(1840~1911), p.1.

9   龔自珍,「西域置行省議」,『龔自珍全集』, 上海人民出版社, 1975年, p.106.

10   包世臣 著,『齊民四術』, 潘竟翰 點校, 卷第四上『說保甲事宜』, 中華書局, 2010年, p.129.

당 땅이 60~70무이고 하호는 3~5무이다."[11] 광서 연간의 『신보(申報)』
는 장쑤성의 민심을 "극빈호는 땅을 빌려 경작하지만 세금을 낼 일이
없는 자이다. 소작인과 전주는 반씩 내는데 바로 토지의 소유자와 사
용자이다. 각 성마다 방법은 다르지만 은과 곡식을 많이 내는 자를 상
호라고 한다. 상호는 낼 능력이 있고 하호의 수는 한정되었지만 풍년
이 들어 여유가 있다."[12]라고 기록했다.

　일정한 법적 규범을 가진 계약서에서는 토지권속의 이전을 둘러싸
고 주인을 흔히 원업주(原業主)·실주(失主)·기주(棄主)·득주(得主)·
매주(買主)·업주로 불렀다.[13] 사람들은 아직 지주 혹은 지주를 핵심으
로 한 개념을 인지하지 못했다. 상당한 토지를 소유한 자라도 훗날 혁
명 시기에 묘사하던 횡포한 모습이 아니었다. 1900년 의화단사건 배
상금으로 백성들의 부담이 가중해졌다. "최근 들어 정부가 세금을 추
가하여 시안—통관 철도 부설에 부족한 자금을 대기로 합의했다는 소
식이 전해지자 웨이허(渭河) 이북 각 주현의 민심이 흉흉해졌다. 땅이
있는 것을 부담으로 여겨 앞다투어 헐값에 팔아넘기거나 심지어 그렇
게 넓은 밭을 돈 한푼 받지 않고 다른 사람에게 넘겨 경작하게 하니 산
시(陝西) 사람들의 고달픔을 알 수 있다."[14] 중화민국 『리현지(澧縣志)』
에 기록한 지주의 고달픈 상황과 몰락도 이를 증명한다. "근년에 들어

11　李文治 編, 『中國近代農業史資料』 第一輯(1840~1911), p.749.
12　위의 책, p.339.
13　땅을 파는 사람은 계약서에 매주(賣主), 실주(失主), 기주(棄主), 원주(原主)
　　또는 원업주(原業主)라고 쓰고 땅을 사는 사람은 매주(買主), 득주(得主),
　　업주(業主)라고 쓴다(위의 책. p.51).
14　「華字彙報」 第四七四號(光緒三十二年 九月 十一日), 『中國近代農業史資
　　料』 第一輯, p.319.

지주와 소작농은 모두 말 못 할 고충이 있다. 풍작이나 흉작과 관계없이 지주가 1/3을 가져가니 임금과 세금을 제외하면 남는 것이 없어 빚만 늘 뿐이어서 땅을 내놓는 경우가 많아진다. …… 지주는 경영자를 믿고 세를 준다. 모든 부호의 매년 최저예산은 그뿐인데 빚이 생기면 수입보다 지출이 많아진다. 이때 사채업자들이 연이어 들이닥쳐 사채를 쓸 것을 종용하니 망하지 않는 자가 적다. 리현의 이름 있는 지주들이 오늘날 모두 몰락했다."[15]

근대 혁명의 발생과 발전에 따라 지주라는 개념이 등장하고 점차 유행했다. 쑨원은 1906년 「중국동맹회 혁명방략(中國同盟會革命方略)」에서 토지 소유권 평균 분배에 대해 이렇게 말했다. "현재 지가는 여전히 원주의 소유이고 혁명 이후 사회개량으로 증가된 값은 국가에 귀속하여 국민의 소유로 한다."[16] 여기서도 '지주'란 호칭이 없이 '원주'라고 불렀다. 이후 쑨원은 수차례 민생주의를 강조하고 토지 소유권 평균 분배를 주장했다. 이해 12월, 쑨원은 「도쿄〈민보〉창간 1주년 경축대회 연설(東京〈民報〉創刊周年慶祝大會的演說)」에서 지가 문제를 논의하면서 '지주'란 어휘를 사용했다. 하지만 여기서 말하는 '지주'는 특정 계급을 가리키는 것이 아니었다. 쑨원은 부자의 밭을 빼앗는 것이 민생주의라는 말이 있는데 이는 이치를 모르는 말이라고 설명했다. 그리고 지가를 산정한 후 값이 오른 부분을 국가가 소유하며 '지주'의 소유가 아니라고 했다.[17] 여기서 '지주'는 '부자'와 거의 같은 뜻으로 사용

---

15 張之覺 修, 孟慶暄 撰, 民國『澧縣志』卷三, 實業志, 農業, 民國二十八年刊本, 中國方志叢書湖南省, 成文出版社有限公司印行, pp.75~76.

16 「中國同盟會革命方略」(1906年), 『孫中山全集』第一卷, 中華書局, 1981年, p.297.

17 「在東京〈民報〉周年慶祝大會的演說」(1906年 12月), 위의 책, p.329.

되었다.

1912년 이후부터 쑨원의 혁명 관련 발언에서 '지주' 개념이 빈번하게 나타났다. 쑨원은 민족민권혁명이 승리한 후 사회혁명으로 심각한 빈부격차를 완화해야 한다고 생각했다. 기본 방안은 '토지 소유권 평균 분배'이며 이렇게 되면 사회혁명의 7~8할이 완성된 것이라고 생각했다. 토지 소유권 평균 분배를 시행할 때 "반드시 각 지주와의 계약서를 바꾸어야 하는데, 이는 낡은 계약을 폐지하고 새 계약을 맺을 때 마땅히 해야 할 일이다. …… 예전에 인민들이 토지를 소유하면 면적에 따라 세금을 내며 상·중·하 3등급으로 나누었다. 이후 법을 바꾸어 값에 따라 세금을 거둔다. …… 값이 비싼 땅은 세금을 많이 내고 값이 싼 땅은 세금을 적게 낸다. 값이 비싼 땅은 번화가에 있으며 그 땅은 대부분 부자의 소유이므로 세금을 많이 거둔다 해도 학정이 아니다. 값이 싼 땅은 궁벽한 곳에 있으며 대부분 가난한 자의 소유이므로 가벼이 여겨도 안 된다."[18]라고 했다. 여기서 '지주'는 토지 소유자로 빈부의 차이가 있다. 쑨원의 민생주의 사상 체계에서 지주는 뚜렷한 계급에 대한 지칭이 아니라 상대적으로 넓은 의미에서 물권 소유권자의 뜻을 지닌다.

첫째, 지주는 업주와 같은 개념이다. 쑨원은 혁명 성공 이후 민생주의를 시행하고 토지를 회수하며 토지세를 받아야 한다고 생각하면서 "국가가 대업주가 된다면 얼마나 부유해지겠는가?"[19]고 했다. 토지를 장악하여 폭리를 취하는 행위에 대한 대책을 이렇게 말했다. "업주가

---

18 「在南京同盟會會員餞別會的演說」(1912年4月1日), 『孫中山全集』第二卷, p.320.

19 「在廣州行轅對議員記者的演說」(1912年6月9日), 위의 책, p.371.

비싼 토지를 싸게 등록하는 것을 막으려면 성에서 조건을 정해야 한다. 국가에서 철로나 도로를 부설하거나 공장을 지을 때 수시로 회수하여 국가 소유로 하면 비싼 토지를 싸게 등록하는 것은 별 문제가 안 된다."[20]

둘째, 지주와 자본가는 특수 계급이 아니라 모두 부자일 뿐이며 차이점은 이익을 얻는 방법이 다른 데에 있다. "지주는 대부분 조상이 물려준 가업을 계승하여 일하지도 않고 별 걱정 없이 큰 부를 얻는 자이다. 지주는 지가 폭등으로 자본가가 되며 자본가는 산업으로 부를 얻어 대지주가 된다. 도시의 땅은 모두 이들의 소유이다. …… 산업과 상업이 발전할수록 자본가와 지주는 더 큰 이익을 얻고 노동자는 더욱 빈곤해진다."[21]

셋째, 중국에는 양극화란 뜻에서의 대지주가 없고 부지런하고 알뜰하게 살림하는 소지주 즉 소농만 있을 뿐이다. "중국의 산업이 아직 발전하지 못해 지가가 아직 폭등하지 않았으므로 대지주가 적다. …… 지가 산정 방법을 점차 정하여 빈부 격차를 막아야 한다. …… 지가 산정 방법은 업주의 등록에 따라 결정하며 범위에 두 가지 조건이 따른다. 첫째, 등록한 지가에 따라 이후 매년 1~2%의 세금을 납부해야 한다. 둘째, 국가에서 토지 징수 시 이 지가로 매입한다. 사사로이 토지를 팔면 오른 값은 모두 국고에 환수하고 땅주인은 원래의 땅값만 가지며 새 주인은 새 지가에 따라 납세한다."[22]

중국의 토지 문제는 정전제 폐지 이후 지금에 이르기까지 큰 변화

---

20   위의 책, p.372.

21   「三民主義」(1919年), 『孫中山全集』第五卷, p.193.

22   위의 책, 같은 곳.

가 없었다. 소농업이 주체인 사회로 사람마다 소지주가 되려 하고 부지런한 농민은 소지주가 될 수 있는 희망이 있어 민생의 길이 막히지 않았다.[23] 마치 량치차오(梁啓超)가 "중국에는 귀족과 지주가 없었으며 시종 소농제도를 시행했다."[24]라고 말했듯이 말이다. 이는 유럽이나 미국과 완전히 다른 사회구조이다. 유럽과 미국의 계층 분화에서 소농이 소지주가, 막노동꾼이 자본가가 되는 것은 절대 불가능한 일이다.[25]

2) '대혁명' 시기의 지주

'대혁명'의 격랑에 따라 농민운동이 혁명의 핵심으로 부상했다. "농민 문제는 현재 중국 사회의 핵심이다. 모든 혁명이론의 투쟁은 대부분 농민문제를 투쟁의 기점으로 한다."[26] 따라서 국민당은 농민운동을 지원하는 한편 농민이 국민당에 참가하게 함으로써 국민혁명운동을 촉진했다.[27] 중국국민당 제1차 전국대표대회는 취지를 다음과 같이 밝혔다. "농민은 중국 인민의 대다수를 차지한다. 농민이 혁명에 참가하지 않으면 우리 혁명은 기초가 없다. 국민당의 이번 조직 개편에서 농민운동 참여를 첨가하려고 한다. 바로 농민을 기반으로 하고 농

---

23 위의 책, p.194.

24 梁啓超, 「在中國公學之演說」(一九二〇年 三月 十日), 李華興・吳嘉勳 編, 『梁啓選集』, 上海人民出版社, 1984年, p.740.

25 「三民主義」(1919年), 『孫中山全集』 第五卷, pp.194~195.

26 「農民問題與中國之將來」, 『東方雜志』 第24卷 第16號(1927年 8月), p.3.

27 中央宣傳委員會 編, 『中國國民黨第一二三四次全國代表大會彙刊』(民二十三年印), 沈雲龍 主編, 『近代中國史料叢刊第九十八輯』, 文海出版社有限公司, 1996年, pp.56~57.

민을 우리 당의 기반으로 삼겠다는 것이다."²⁸ 그리고 "국민혁명은 바로 농민혁명이다. 우리 당은 국민혁명의 기반을 튼튼히 하기 위해 농민을 먼저 해방시켜야 하고 정치적 운동이든 경제적 운동이든 모두 농민운동을 기반으로 삼아야 한다. 당의 정책은 우선 농민의 이익에 중점을 두고 정부의 행동 역시 농민의 이익에 따라 해방을 도모해야 한다. 농민이 해방되면 국민혁명이 대부분 완성되기 때문에 우리 당의 삼민주의 실현의 근거가 된다."²⁹라고 발표했다. 그렇다면 '농촌의 대변동'이 필요한 국민혁명운동에서 지주가 '대혁명'의 대상이 되었는가? 그렇지는 않았다. 1926년 중국국민당 제2차 선언에서 국민혁명의 대상은 군벌 · 관료 · 매판계급 · 토호라고 분명히 규정했다. 이들은 제국주의의 졸개로 농민과 노동자 계급의 발전을 억제했다. 따라서 혁명대상 1순위는 군벌이고 2순위는 관료 · 매판계급 · 토호였다.³⁰ 이는 「후난성 제1차 농민대표대회 결의안(湖南省第一次農民代表大會決議案)」(1926년 12월)에서 탐관오리와 토호열신을 혁명의 대상으로 삼은 것과 거의 일치하다.³¹ 중국국민당 중앙집행위원회 농민부에서 발간한 『중국농민(中國農民)』 제1기~제5기의 농민과 국민혁명 관련 서술에서 혁

지주 개념의 역사적 전환

---

28   中央宣傳委員會 編, 『中國國民黨第一二三四次全國代表大會彙刊』, 위의 책, pp.56~57.

29   「中國國民黨第二次全國代表大會農民運動決議案」(1926年 9月), "中國現代革命史資料叢刊"『第一次國內革命戰爭時期的農民運動資料』, 人民出版社, 1983年, p.32.

30   "中國現代革命史資料叢刊"『第一次國內革命戰爭時期的農民運動資料』, 人民出版社, 1983年, p.84.

31   「湖南省第一次農民代表大會決議案」(126年 12月), 『第一次國內革命戰爭時期的農民運動資料』, "中國現代革命史資料叢刊"『第一次國內革命戰爭時期的農民運動資料』, 人民出版社, 1983年, p.403.

명의 대상으로 '지주'층을 특정하지 않았으며 투쟁의 초점은 향신으로 향했다. 이렇게 향신과 농민은 철천지원수로 변했다.[32] 향신은 중국의 모든 악한 세력인 군벌·관료·탐관오리의 온상으로 중국 혁명이 성공하지 못한 것은 하층의 토호열신이 동요하지 않았기 때문이다.[33] 향신 중에 지주가 적지 않다. 하지만 양자를 동일시해서는 안 된다. 이는 향신의 성분이 지주의 범위나 속성을 많이 벗어나기 때문이다. 향신은 하나의 혼합체로 도시의 향신은 대부분 뜻을 이루지 못한 군인·정객·청나라 유신·매판계급이고 향촌의 향신은 악질지주·불량배·할 일없는 지식인이다.[34] 국민혁명에서 국민당이 명시한 혁명의 대상은 착취적 성격을 지닌 특수계급으로 토호열신, 지방 기관단체 책임자와 지방자위단 단장, 족장 및 탐관오리이다.[35]

예전과 달리 중국국민당의 제3차 선언에서 '봉건 지주 계급'을 국민혁명의 대상으로 삼았다. "봉건 지주 계급은 제국주의 군벌과 탐관오리 및 모든 반혁명파의 온상이다. …… 농민의 경우 수천 년 동안 봉건 지주 정권의 통치를 받았다. 봉건지주의 향촌 정권을 무너뜨리지 않으면 감조감식을 비롯한 모든 경제투쟁은 논할 수도 없다."[36] 이 관점은 공산당의 입장과 관련되며[37] 당시 마오쩌둥의 관점과 일치한다. 1926

32 甘乃光, 「紳士民團縣長何以反對農會」, 『中國農民』第10期(1926年), p.3.

33 克明, 「紳士問題的分析」, 『中國農民』第10期, p.9.

34 鄧良生, 「農民運動的障礙－紳士階級」, 『中國農民』第十期, p.15.

35 "中國現代革命史資料叢刊" 『第一次國內革命戰爭時期的農民運動資料』, 人民出版社, 1983年, p.10.

36 「中國國民黨 第二屆中央執行委員會第三次全體會議對農民宣言」(1927年 3月), 위의 책, p.46.

37 이 결의안은 린쭈한(林祖涵), 마오쩌둥, 천궁보(陳公博)와 왕씨 등 5인으로 구성된 위원회에서 기초한 것으로 천궁보 외의 4인은 공산당원이다(朱新

년 광저우 농민운동강습소에서 마오쩌둥은 "농민 문제는 국민혁명의 핵심 문제로 농민이 국민혁명에 참가하지 않거나 옹호하지 않으면 성공할 수 없다. 농민운동이 시급히 진행되지 않으면 농민문제는 해결되지 않는다. 현재의 혁명운동에서 농민 문제가 해결을 얻지 못하면 농민은 이 혁명을 옹호하지 않을 것이다."라고 했다. 따라서 농민혁명을 주체로 하는 대혁명의 대상은 향촌의 종법 봉건 계급 즉 지주 계급이다. 향촌의 종법 봉건 계급은 국내의 통치 계급이자 제국주의의 유일한 기반이다.[38] 주목할 것은 '봉건 지주 계급'은 일반 지주가 아니라 토호열신과 탐관오리를 가리킨다는 사실이다. "중국 혁명의 형세는 바로 이러하다. 제국주의와 군벌의 기반인 토호열신과 탐관오리가 농민을 진압하거나 혁명세력의 기반인 농민이 토호열신과 탐관오리를 때려 엎는다."[39] 이는 국민당이 혁명대상의 '1순위는 군벌, 2순위는 관료와 매판계급 및 토호'[40]라는 이해와 본질적으로 같다.

'향신계급 타도'와 '향촌 봉건제도 타도'[41]에 초점을 둔 국민혁명은 일반적으로 말하는 지주와 그 '계급'을 아직 대혁명의 적대세력으로 간주하지 않았다. 사실상 전반 국민혁명 시기 '지주' 개념은 아직 특정된 계급 범주로 형성되지 못했다. 비록 국민당과 공산당이 지주에 대한 이해와 구분이 달라도 말이다.

繁, 『中國農村經濟關系及其特質』, 上海新生命書局, 1930年, p.2).

38 「國民革命與農民運動-〈農民問題叢刊〉序」, 中共中央文獻研究室 編輯, 『毛澤東文集』第一卷, 人民出版社, 1993年, p.37.

39 위의 책, p.38.

40 中央宣傳委員會 編, 「中國國民黨第一二三四次全國代表大會彙刊」(民二十三年印), 沈雲龍 主編, 『近代中國史料叢刊第九十八輯』, p.84.

41 鄧良生, 「農民運動的障礙-紳士階級」, 『中國農民』第10期(1926年 12月), p.18.

첫째, 1927년 전후 국민당은 지주를 특정 계급이 아닌 '농민'을 구성하는 일부로 이해했다. 1927년 6월, 「중국국민당 중앙집행위원회 농민부 토지위원회 보고(中國國民黨中央執行委員會農民部土地委員會報告)」에서 발표한 「전국 토지 점유 개황(全國土地占有槪況)」에서는 매우 상세히 기술했다. "전국 농가가 5,600만 가구(지주 포함)이며 가구당 6인씩 계산하면 총 3억 3,600만 명이다. 이 중에 토지가 있는 농민(1무부터 대지주에 이르기까지)은 1억 2,000만~1억 5,000만 명이다. 전체 농민 3억 3,600만 명에서 토지가 있는 농민 1억 5,000만 명, 토지가 없는 고농 3,000만 명, 유민·군대·비적 2,000만 명을 빼면 1억 3,600만 명이 남는데 이들은 토지가 없어 다른 사람의 땅을 부치는 소작농이다."[42] 다시 말하면 지주 가족도 농가에 속한다. 지주가 토지를 아무리 많이 소유해도 그냥 땅을 소유한 농민에 귀속시켰다. 토지를 소유한 농민은 전체 농민의 45%를 차지했다.

둘째, 지주는 농민계급의 분층일 뿐, 독립된 계급 특히 적대계급이 아니다. "우리가 주의해야 할 것은 농민계급의 분화이다. 이러한 분화는 대체적으로 5가지로 나누는데 지주·자경농·반자경농·소작농·고농 혹은 쿠리이다."[43] 『농민운동의 방법(農民運動的方法)』에서 열거한 '각 지역의 농민 분석'에서 대농·중농·소농·고농 등 네 가지 유형으로 나누어 구분했으며[44] '지주'라는 지칭이 없었다. 이때 '농민'은 대

---

42 "中國現代革命史資料叢刊"『第一次國內革命戰爭時期的農民運動資料』, 人民出版社, 1983年, p.3.

43 吳鐵峰 編, 『非常時期之農民』, 上海中華書局, 1936年, p.4.

44 國藩, 「農民運動的方法」, "中國現代革命史資料叢刊"『第一次國內革命戰爭時期的農民運動資料』, 人民出版社, 1983年, p.600.

농·소농·자경농·소작농·고농을 포함한[45] 포괄적 개념이다.

사실상, 이때의 공산당은 지주와 농민을 대립되는 계급 세력으로 평가하지 않았다. "현재 농민협회 조직은 계급적 색채를 띠어서는 안 된다(예를 들면 고농조직이나 소작농조직 결성). 약간의 땅이 있는 자의 가입을 막아서는 안 된다(적당한 기준을 정하기 어려움). 경작하지 않으면서 많은 토지를 소유한 자와 고리대로 착취하는 자의 농민협회 가입을 불허한다."[46] 일반적 경우에 지주는 농민운동에서 단결의 대상이다. "우리의 정책은 전체 농민은 연합하라는 구호로 소작농과 자경농 및 중소지주를 단결하며 나쁜 짓을 별로 하지 않은 대지주는 내버려두고 반동적인 대지주, 예를 들면 토호열신만 공격한다. 단순하게 지주를 타도하자는 구호를 외치면 안 되며 토호열신을 타도하자는 구호는 사실상 대지주를 타도하는 것이다."[47]

3) 계급혁명 환경에서의 지주

국공합작을 전제로 국민혁명에서 지주는 하나의 계급으로 간주되지 않았으므로 당연히 혁명의 적이 될 수 없었다. "두 당 모두 지주계급을 민족의 적으로 삼는 정략에 농민계급의 '이익'을 넣지 못했다. 초기에 공산당원들에게 있어 지주계급의 과도한 소작세, 관습적인 권력

45 「農民問題與中國之將來」, 『東方雜志』第24卷 第16號(1927年 8月), p.3.

46 "中國現代革命史資料叢刊" 『第一次國內革命戰爭時期的農民運動資料』, 人民出版社, 1983年, p.37.

47 위의 책, p.33.

남용, 구속받지 않는 지방 권위는 지주와 소작농을 연합하여 군벌에 반대하는 것에 비하면 훨씬 덜 중요했다."[48] 국민당만 '계급'이나 '지주계급'을 확실히 이해하지 못한 것만 아니다.[49] 공산당도 "농촌의 계급관계가 극히 복잡하니 '농민계급'이란 말을 꺼낼 필요가 없다. 다만 '전체 농민이 일떠나 탐관오리와 토호열신을 반대하고 군벌정부의 가렴주구를 반대한다'는 구호만 외치면 된다."[50]라고 강조했다.

그러나 격렬한 국민혁명은 분화 요소를 내재했다. 1925년 이전의 혁명은 정치적인 것으로 간주되었고 '5·30운동' 이후의 혁명부터 사회적인 방향을 보여주기 시작했다.[51] 공산당이 주장하는 '계급혁명'과 국민당이 견지하는 '국민혁명'의 차이는 대혁명의 발전에 따라 더욱 선명해졌다. 또한 두 당의 공통성이 사라짐에 따라 결국 분열되었다. 바로 이 방향으로의 발전은 국공 분열을 초래하여 중국 혁명이 재차 두 정당의 투쟁에 빠져들게 했다.[52] 1920년대 국민혁명에서 시작된 사회혁명 혹은 '계급투쟁'은 국민당과 공산당의 노선 분열을 상징한다.[53]

신해혁명 시기의 이론가인 주즈신(朱執信)은 정치혁명과 사회혁명의 차이점을 이렇게 말했다. "모든 정치혁명의 주체는 평민이고 객체

48 費約翰 著, 李恭忠·李裏峰 譯, 『喚醒中國, 國民革命中的政治, 文化與階級』, 生活·讀書·新知三聯書店, 2004年, p.265.

49 阿裏夫 德裏克, 『革命與曆史, 中國馬克思主義曆史學的起源, 1919~1937』, 江蘇人民出版社, 2005年, p.50.

50 "中國現代革命史資料叢刊"『第一次國內革命戰爭時期的農民運動資料』, 人民出版社, 1983年, p.38.

51 阿裏夫 德裏克, 앞의 책, p.49.

52 費約翰 著, 李恭忠·李裏峰 譯, 앞의 책, p.119.

53 阿裏夫 德裏克, 앞의 책, p.24.

는 정부이다. 사회혁명의 주체는 빈민이고 객체는 호족이다."[54] 이는 정치혁명의 관민 대립과 사회혁명의 계급 대립이 서로 다름을 보여준다. 따라서 국민혁명 이후 공산당원들이 중국 혁명의 방향을 계급혁명 주도의 사회혁명으로 바꾸면서 토지를 점유한 지주는 필연적으로 '혁명의 객체'가 되었다.

바로 '계급투쟁'이라는 환경에서 지주는 이 시기 역사의 초점으로 등장했다. 계급투쟁의 도입은 중국 혁명을 새로운 방향으로 이끌었다.[55] 1927년 5월 「중국공산당 제5차 전국대표대회 '토지 문제 의결안' 관련 건(中國共産黨第五次全國代表大會關于'土地問題議決案')」에서 "중국 농촌의 경제생활은 대부분 봉건적 관계에 처해 있다. 대부분 땅(약 6할)은 소작세를 받는 대지주가 점유했다. 중국의 땅에서 3~4할만 농민의 소유이다. …… 정전제가 오래전에 없어졌지만 공유지 관리 제도는 아직 향촌에 남아 있으며 향촌 종법사회 정권의 기반이다. 이러한 토지의 소유권은 향신들에게 빼앗겨 경작자가 응당 가져야할 권리를 잃었으며 지주가 된 향신 등이 이 권리를 사용하여 종법사회의 통치를 행사한다."[56]고 지적했다. '계급혁명'의 방향에 따라 이 회의에서 "반드시 토지 소유권을 골고루 향유하는 원칙 아래 토지를 재분배해야만 토지 문제를 해결할 수 있다. 이를 실현하려면 반드시 토지를 국유화해야 한다. …… 토지 국유화는 공산당이 농민 문제에 대한 당 강령 기본

---

54 朱執信, 「論社會革命與政治革命並行」, 邵元衝 編, 『朱執信文存』, 沈雲龍 編 "近代中國史料叢刊" 第六十六輯, 文海出版社有限公司, 1980年, p.12.

55 費約翰 著, 李恭忠·李裏峰 譯, 앞의 책, pp.500~501.

56 "中國現代革命史資料叢刊" 『第一次國內革命戰爭時期的農民運動資料』, p.49.

원칙이다."[57]라고 했다. '중국 혁명 새 단계 주요 특징'은 바로 계급혁명이다. 이는 국면혁명의 속성인 새로운 역사 단계의 '향촌에서 농민이 향신 지주계급에 반항하는 투쟁'[58] 성격을 지닌 혁명이다.

"계급은 바른 노선으로 각종 정치 현상을 꿰어 하나로 만들어야 한다. 정치와 계급을 나누어 살피면 아무리 노력해도 정치 현상을 진정으로 이해하지 못한다."[59] 일반적인 '혁명' 환경이 아닌, '계급혁명'의 환경에서 계급투쟁은 역사의 주선율이 되어 중국의 방향을 선택하는 출발점으로 부상했다. 사실상 계급모순의 내재적 작용은 역사의 장치를 작동하는 사회발전의 원동력이다.[60] 따라서 농민혁명을 주체로 하는 중국 현대사의 과정에서 지주와 지주계급은 필연적으로 혁명의 적대세력으로 부각된다. "지주계급과 농민계급의 모순으로 중국 민족이 낙후하고 사회가 정체되었으며 농민은 매번 혁명운동에서 거대한 힘을 보여주었다."[61] 농민과 지주에 대해 새로 정의하고 대립되는 계급세력으로 구분한 것은 국민혁명 이후 지속적으로 '계급혁명' 혹은 '공산혁명'을 추진하는 시대적 주제로 자리 잡았다.

"농민계급은 토지 생산에 종사하는 노동자를 가리킨다. 불로소득하는 지주 및 농장 소유자는 포함되지 않는다. …… 특히 봉건제도와 대지주계급이 소멸되지 않은 국토에서 농민운동과 농민혁명은 토지운동과 토지혁명을 지칭하는 말이다."[62] 특히 '8·7회의' 이후 공산당은

제4장 향촌 사회구조와 사회계층의 역사적 변동

57   위의 책, p.54.

58   위의 책, p.57.

59   鄧初民, 『新政治學大綱』, 民國叢書第一編(21), 上海書店 1989年, p.25.

60   위의 책, p.28.

61   위의 책, p.47.

62   「農民問題與中國之將來」, 『東方雜誌』 第24卷 第16號(1927年 8月), p.1.

농민 선동과 무장으로 정권을 보위하는 것을 결합했으며 "지주의 땅을 경작하는 농민은 빚을 갚지 말고 소작세를 내지 말라."[63]고 선포했다. 지주와 지주계급은 중국 혁명의 적대세력으로 변하기 시작했다.

지주계급을 혁명의 첫 번째 적으로 삼아야 한다는 이론은 공산당의 혁명 과정에서 비교적 늦게 형성되었다. 리다자오(李大釗)는 『나의 마르크스주의관(我的馬克思主義觀)』에서 계급투쟁의 사상을 받아들였으며 예전의 역사는 모두 계급 경쟁의 역사이고 마르크스의 계급이론을 유물론적 역사관의 내용으로 간주해야 하지만 계급투쟁 학설에 의구심이 있다고 했다. "마르크스는 계급 활동을 경제 발전의 자연적 변화의 안에 귀속시켰다. 그러나 이러한 관점은 억지감이 들고 모순된다."[64] 리다자오의 이론 체계에서 아직 농민과 지주의 첨예한 대립의 계급의식이 형성되지 않아 모호하고도 두루뭉술한 계급 관념에 불과했다. "전에는 정신근로자를 귀하게 육체근로자를 천하게, 군자를 귀하게 야인을 천하게, 권문세가를 귀하게 평민을 천하게, 남성을 귀하게 여성을 천하게 여기는 수직적인 조직이었다. 현대의 근로자 계급을 연합하여 수평적인 조직으로 만들어 정신근로자 계급이 육체근로자 계급에 반항하고, 야인 계급이 군자 계급에 반항하며, 여성 계급이 남성 계급에 반항하게 한다."[65]

『두슈 문존(獨秀文存)』에서 「빈민의 곡성(貧民的哭聲)」, 「근로자의 각오(勞動者底覺悟)」 같은 문장만이 중국 사회의 빈부격차와 사회혁명의

지주 개념의 역사적 전환

---

63 「1929年 1月 紅軍第四軍司令部布告」, 『毛澤東文集』 第一卷, p.52.

64 李大釗, 「我的馬克思主義觀」, 『守常文集』, 民國叢書 第一編, 上海書店, 1990年, p.124.

65 李大釗, 「由縱的組織向橫的組織」, 위의 책, p.190.

관계 및 노동계급 문제를 언급했다. 하지만 여전히 전통문화 특징을 지닌 '정신근로자', '육체근로자' 등 사회 분층 개념으로 서술했고[66] 선명한 계급이론이 부족했으며 지주나 지주계급을 언급한 이론적 설명은 더욱 없었다.

중국공산당 역사에서 지주를 혁명의 대상으로 한 최초의 계급투쟁 이론은 마오쩌둥이 창시했다. 마오쩌둥은 「농촌에 관한 조사(關于農村調査)」에서 다음과 같이 말했다. "카우츠키의 『계급투쟁』, 천왕다오(陳望道)가 번역한 『공산당선언』 그리고 어느 영국인이 쓴 『사회주의사』를 읽은 후에야 인류는 유사 이래 계급투쟁과 함께했다는 것을 알게 되었다. 계급투쟁은 사회발전의 원동력이고 문제를 초보적으로 인식하는 방법론이다."[67] 그럼에도 중국 사회의 계급구조와 그 분층에 대한 명확한 인식은 형성되지 않았다. 마오쩌둥은 "마르크스주의 계급투쟁이론은 아직까지 중국 사회혁명에서 실천하지 못했다. 이들 책에는 중국의 후난·후베이가 없으며 중국의 장제스(蔣介石)와 천두슈(陳獨秀)도 없다. 나는 '계급투쟁'이란 네 글자만 취하여 실제 계급투쟁을 연구하기 시작했다."라고 말했다. 이때로부터 마오쩌둥은 중국 농촌에 내려가 사회계급 실제 상황을 조사하고 분석했다. "중앙에서 나더러 농민운동을 책임지라고 했다. 후난에 내려가 창사·샹탄·샹샹·헝산·리링 다섯 곳을 조사했다."[68] 대량의 조사연구를 바탕으로 특히 1930년대의 「쉰우 조사(尋烏調査)」·「싱궈 조사(興國調査)」를 통한 후에야 비

제4장 향촌 사회구조와 사회계층의 역사적 변동

---

66 『獨秀文存』 卷一, 外文出版社, 2013年, p.613. p.449.

67 「關于農村調査」(1941年 9月 13日), 『毛澤東農村調査文集』, 人民出版社, 1982年, p.22.

68 위의 책, 같은 곳.

로소 중국 사회, 특히 농촌사회 계급 분석 모형을 창조적으로 구축해 중국 혁명의 이론 체계를 형성했으며 "어떤 계급이 혁명 투쟁의 주력이고, 어떤 계급이 우리가 쟁취해야 할 동맹자이며, 어떤 계급이 타도되어야 하는가를 정했다."[69]

지주는 물권 범주에서 원래 농민에 귀속되던 사회 분층이었지만 농민의 적대계급으로 변했으며 심지어 소지주 즉 반부농 성격을 지닌 지주마저도 "농촌에서 가장 악랄한 적으로 빈농이 그들을 타도하지 않을 이유가 없게 되었다."[70] 계급혁명의 환경에서 '지주'라는 개념은 시대적 해석을 얻게 되어 거의 한 시대 명제의 핵심어가 되었다. 이때부터 농민 특히 빈농을 혁명의 선봉으로, 지주를 혁명의 대상으로 삼은 '계급혁명'의 역사적 발전이 시작되었다. "역사가 어디서 시작되느냐에 따라 사상 진전도 그곳에서 전개된다. 또한 사상 진전의 발전은 역사 진전의 추상적, 논리적으로 일관된 형식적 반영에 불과하다."[71]

4) 현대 역사의 구축

"아침에는 촌가의 사내지만 저녁에는 천자의 황궁에 오른다네. 장상의 씨가 본래 따로 있는 것이 아니니 대장부는 마땅히 자강해야 하네."[72] 량수밍은 중국 사회의 계급 분화와 대립이 강하지도 고착되지

69 「反對本本主義」(1930年 5月), 위의 책, pp.5~6.

70 「尋烏調査」(1930年 5月), 위의 책, p.131.

71 恩格斯,「卡爾·馬克思〈政治經濟學批判〉」,『馬克思恩格斯選集』第2卷, 人民出版社, 1973年, p.122.

72 汪東林,「國共在重慶政治協商 梁漱溟呼籲停止內戰」, 中國網(china.com.

도 않았으므로 "가족 관념만 있고 계급 관념이 없으므로 계급으로 아예 나뉠 수 없다."[73]고 했다. 이는 1938년 옌안 방문 시 량수밍이 마오쩌둥의 '계급혁명' 이론을 반박한 기본 논거이다. 수년 후 공산당 혁명이 승리를 한 상황에서 량수밍은 '계급혁명' 이론이 "성과가 크고 거짓이 아님이 분명하며 전국을 통일한 안정된 정권이 계급투쟁 속에서 수립되어 세계의 동방에 우뚝 섰다."[74]고 인정했다. 따라서 물권 속성의 지주 개념은 독특한 의미를 지닌 계급 개념으로 변하여 중국공산당 계급혁명운동의 역사를 전개하는 근본 전제가 되었다.

"이론으로 군중을 장악하면 물질적인 힘으로도 변한다."[75]는 도리를 잘 알고 있는 마오쩌둥은 '누가 적이며 누가 친구인가? 하는 명제로 혁명에 있어서 가장 중요한 문제를 간단하면서도 통속적으로 설명했다. 마오쩌둥은 중국 사회 현황에 대한 조사를 바탕으로 복잡다단한 계급과 계층 구조에서 혁명의 적을 지주 및 그 계급으로 확정했다. "중국 현 단계 혁명의 대상은 제국주의와 봉건주의이며 구체적으로 보면 제국주의 국가의 자산계급과 본국의 지주계급이다."[76] 마오쩌둥은 한 걸음 더 나아가 이렇게 말했다. "지주계급은 제국주의가 중국을 통치하는 주요한 사회기반으로 봉건제도로 농민을 착취하고 억압하는 계급이며 정치적·경제적·문화적으로 중국 사회의 전진을 가로막는

---

cn), 2007–11–13.

73　梁漱溟,「中國社會構造問題」,『鄕村建設』(1936年 9月 16日) 第6卷 第3期, p.15.

74　汪東林 編,『梁漱溟問答錄』, 湖北人民出版社, 2003年, p.158.

75　馬克思,「〈黑格爾法哲學批判〉導言」,『馬克思恩格斯選集』第一卷, 人民出版社, 1973年, p.9.

76　「中國革命和中國共産黨」(1939年 12月),『毛澤東選集』第二卷, p.633.

진보적 역할이 전혀 없는 계급이다. 그러므로 계급으로서 지주계급은 혁명의 대상이다."[77] 이에 따라 공산당이 주도하는 중국 혁명 즉 계급 혁명의 역사는 명확한 지향성을 얻었다.

공산당은 혁명의 역사적 전개 과정에서 지주와 지주계급에 대한 이론적 인식과 시행에서 '좌경'이나 '우경'과 같은 오류를 때때로 범했다. "무릇 토지투쟁이 철저한 지역이면 '좌경' 관점이 발생하여 많은 중농과 빈농에게 지주, 부농 등의 죄명을 마구 씌워 군중의 이익을 해치는 일이 생긴다."[78] 극단적인 예로 1929년 후베이 황안(黃安) 소비에트 정권을 보자. "5무 이상의 땅을 소유한 농가는 부농으로 간주하여 몰수하므로 땅을 버리는 농민이 많다. 황안현 북부의 향들은 예전의 토지 경계를 없애고 다시 나누어 균전 정책을 실시했다. 농민은 본래의 토지를 포기하도록 강요당하고, 공공경영 토지는 이해관계가 적어 힘쓰지 않는다. …… 대부분 밭들이 황폐해졌다."[79]

어떻게 지주를 확실히 규정하느냐는 혁명의 진행에 있어서 중요하고도 복잡한 난제가 되었다. 시행에 있어서 흔히 나타나는 혼란은 정책 파악의 한계 문제가 아니라 이론적 개념의 사전적 해석과 관련된다. "농촌에서 가구 수로 계산할 때 지주와 부농은 8%가량이고 중농·빈농·고농은 90%를 차지하지만 많은 동지들은 이에 대한 개념이 없

---

77 위의 책, p.638.
78 「在土地改革中注意糾正 "左" 傾錯誤」(一九四七年十一月二十九日), 『毛澤東文集』第四卷, p.322.
79 張思曾, 「一個匪區農況變遷之描述」, 『益世報』 "農村周刊" 民國二十三年十一月二十四日, 第三張, 第十一版.

다."[80] 그러나 어떤 통계에 기초하더라도 지주의 수[81]는 농업을 근간으로 하는 중국 사회에서 소수이거나 극소수이다. 마오쩌둥의 관점에 따르면 '중국 인구의 8할은 농민인데 이는 초등생들도 다 아는 상식'이다. 이는 '지주계급'을 타도하자는 혁명 목표를 결정하며 대다수의 농민 군중을 동원하여 혁명으로 나아가는 기반이다. 따라서 농민 문제는 중국 혁명의 기본 문제가 되었으며 농민은 중국 혁명의 주요한 세력이다. 이로써 지주 재산 몰수와 지주계급 소멸은 민중의 계급혁명을 불러일으키는 전제가 되었는데[82] 이는 혁명이 8할 이상 인민의 옹호와 지지를 받기 때문이다.[83]

혁명이론을 실제로 운용하여 지주를 소멸시키는 역사적 실천에도 수시로 적절한 전략을 구사할 수 있는 공간이 있다. 이는 지주와 지주계급의 기준이 분명하지 않기 때문에 마오쩌둥이 스스로 조사에 기초

---

80 「在楊家溝中共中央擴大會議上和講話」, (一九四七年 十二月 二十五日, 二十八日), 『毛澤東文集』第四卷, p.322.

81 각종 지주 관련 조사통계 데이터의 차이는 매우 크며 신뢰성 또한 떨어진다. "조사 시 부농은 땅을 속여 신고하거나 팔아버렸다고 하여 부농이 신고한 데이터가 비교적 정확하다."(『河南省農村調査』"凡例", 上海商務印書館, 1944年, p.25) "탄핑산(譚平山)이 한커우 토지위원회에서 공포한 자료에 따르면 5%의 농가가 42%의 토지를 소유하고 있으며 1~10무의 토지를 소유한 농가가 전체 농가의 40%를 차지한다고 하지만 이는 전체 토지의 6%밖에 안 된다. 하지만 궁쑨(公孫) 선생님은 이 통계는 완전히 조작된 것이라고 했다. 일본 동아동문회(東亞同文會)의 추산과 공산당사의 통계는 완전히 반대된다. 여기서는 10무 이하의 땅을 소유한 농가가 42%, 100무 이상의 땅을 소유한 농가는 6%라고 한다."(陶希聖, 『中國社會之史的分析』, 上海新生命書局, 1929年, pp.43~44).

82 「新民主主義論」, 『毛澤東選集』第二卷, p.692.

83 「關于農村調査」(一九四一年九月十三日), 中共中央文獻研究室, 『毛澤東農村調査文集』, 人民出版社, 1982年, p.26.

해 형성된 인식이다. "이는 역사 자료로 그중 일부 관점은 당시의 의견이었지만 후에 이미 바뀌었다."[84] 그 변화는 이론 인식의 요소도 있지만 분명 더 두드러진 것은 목적성 방안이다. "지주는 전반 계급으로 볼 때 소멸되는 것이 옳지만 개인으로 볼 때 상황에 따라 구분하여 대해야 한다."[85] 지주의 물권 속성을 계급 속성으로 승화시켜 한 시대의 혁명의 대상으로 삼았으며 그 자체에는 대다수 농민과 극소수 지주를 동원한 계급투쟁 방안의 방향성을 내포하고 있었다. "우리가 일을 조사하는 주된 방법은 여러 사회계급을 해부하는 것이다. 우리의 궁극적 목적은 여러 계급의 상호 관계를 명확히 하고 정확한 계급 평가를 받은 후에 어떤 계급이 혁명 투쟁의 주력이고 어떤 계급이 우리가 쟁취해야 할 동맹자이며 어떤 계급이 타도되어야 하는지를 확정한다. 우리의 목적은 모두 여기에 있다."[86]

지주토지소유제를 소멸하는 것은 혁명 과정에서 반드시 거쳐야 할 역사적 단계이다. "우리가 투쟁하는 목적은 민권주의에서 사회주의로 전환하는 것이다. …… 이러한 투쟁의 발전은 사회주의 혁명의 임무를 수행하기 위해서이다."[87] 폭풍우와 같은 혁명의 실천에서 지주와 그 토지 점유 방식에 대한 혁명은 가장 간단하면서도 가장 효과적인 방식으로 전개되었다. "토지를 몰수하는 선고는, 더 이상 어떠한 문자 형식의 선고도 필요 없다. …… '평균'에 몰수와 분배라는 두 가지 뜻이 들

---

84 「〈農村調査〉的序言和跋」(1937年 10月, 1941年 3月, 4月), 위의 책, p.15.

85 「在楊家溝中共中央擴大會議上和講話」(一九四七年 十二月 二十五日, 二十八日), 『毛澤東選集』第四卷, p.335.

86 「反對本本主義」(1930年5月), 中共中央文獻硏究室, 『毛澤東農村調査文集』, 人民出版社, 1982年, p.6.

87 위의 책, p.7.

어 있다."[88]

문제는 이 이론 해석과 역사 실천이 본질적으로 중국 공산혁명의 궁극적 목적인 사유제 소멸[89]에 부합될 뿐만 아니라 중국 역사에서 줄곧 나타나던 '균등' 관점과도 어떻게 보면 일치하다. 중국 역대 농정은 사회주의 정책을 시행하여 빈부 격차를 막고 겸병의 폐해를 제거하는 것으로 이는 중국 위정자의 유일한 요점이다. 이를 따지고 보면 정전법 제정을 위한 것이다.[90] 주즈신도 "토지 국유론에 관한 이 관념은 중국에도 예로부터 있었다. 당나라에 이르러 지세를 조(租)라 칭하니 곧 나라가 지주라는 뜻이다. 토지가 있는 자라고 하지만 영원한 경작권이 있는 자에 불과하다."[91]라고 했다. 어떤 의미에서 이 이론은 사회적인 공감과 폭넓은 이해를 얻을 수 있는 역사 문화의 기반을 가지고 있다.

하지만 혁명 상황에서 지주와 지주계급에 대한 해석의 유효성은 당연히 혁명 논리 체계 내에 한정되어 있다. 일반적인 사회 인식 혹은 학술 논리의 상황에서 그것은 기본적인 공감을 얻을 수 없다. '지주'와 '농민'의 대립으로 진한 이후의 사회 분야를 설명할 수 없다.[92] '계급혁명'을 이탈한 상황에서 지주도 토지 권속 의미에서의 사회적 존재로 토지를 소유한 농민에 불과하다. 우리가 주의해야 할 것은 바로 농민

---

88 「尋烏調査」(一九三○年 五月), 위의 책, p.173.

89 중국공산당 제5차 대표대회에서 토지를 균등하게 분배한다는 원칙 아래 토지를 철저히 재분배해야 문제를 해결할 수 있고 이를 실현하려면 토지 국유화가 필요하다고 했다("中國現代革命史資料叢刊"『第一次國內革命戰爭時期的農民運動資料』, 人民出版社, 1983年, p.54).

90 經濟學會 編譯, 『中國經濟全書』, 1910年 商務印書館發行, p.23.

91 「論社會革命與政治革命並行」, 『朱執信文存』, p.25.

92 李瑜, 『官民對立, 他看透了秦漢之制－讀王亞南的〈中國官僚政治研究.〉』『博覽群書』1998年 第1期, p.4.

계급의 분화이다. 이러한 분화는 크게 지주·자경농·반자경농·소작농·고농과 쿠리 등 다섯 가지로 나눌 수 있다.[93]

지주가 농민계급에 속한다는 것은 여전히 당시 사회의 상식이었다. 필자는 1931년 '톈진시 농업조사보고서(天津市農業調查報告)'의 지주 및 사회 분층 통계 상황에 따라 다음과 같이 표를 작성했다.[94]

촌락	농가 토지 소유 개황	사회 분층	소작제도 혹 소작농 이익 분배
둥위왕좡 (東于王庄)		대부분 자경농으로 지주와 소작농 구분이 없음	소작농 대부분은 주인의 묘소 관리를 맡는 대가로 소작세를 내지 않으며 세금은 지주가 부담함
쉬후취안촌 (徐胡圈村)	농가 14가구이며 최고 5무, 최저 1무를 소유했음	지주 1가구, 자경농 9가구, 소작농 4가구	지주 2할, 소작농 8할
바리타이촌 (八裏台村)과 우야오촌 (五窯村)	최고 50무, 최저 2무, 지주가 없음	농가 20가구, 자경농 5가구, 소작농 15가구	소작농에게 영소작권과 비영소작권이 있음. 영소작권은 소작농이 황무지인 지주의 땅을 개간하여 얻는 소작권으로 함부로 소작료를 올리거나 소작권을 옮기지 못함. 소작농은 다른 사람에게 세를 줄 수 있음. 지주는 지대를 받을 권리가, 소작농은 경영권이 있음
샤오류좡(小劉庄)	소작농 류구이린은 227무를 경작함	사람을 고용하며 머슴의 1년 임금은 50~60원, 품팔이꾼의 일당은 0.8~1원	

---

93 吳鐵峰 編, 『非常時期之農民』, 上海中華書局, 1936年, p.4.
94 『天津市農業調查報告』(1931年), 8~34쪽에 근거하여 표를 작성했음.

탕자커우(唐家口)			지주가 1/3, 소작농이 2/3를 나눔
창즈상궁위안허우 (牆子上公園後)		자경농 1가구 외에 모두 소작농임	지주와 공동 경작하는 소작농이 1가구가 있음. 세를 내지 않고 경작 비용과 수확을 반씩 나눔
진중허옌포타이좡 (金鍾河沿炮台庄)	가구당 3무 경작. 1년 소득 100원에서 원가가 30여 원, 가처분 소득이 70여 원임	호적이 있는 가구가 326가구, 호적이 없는 가구 700여 가구. 대부분 소작농이며 자경농은 1가구	소작농은 세를 1년 2회 냄. 1무에 6~13원이며 평균 7원. 채소 재배 시 1무에 20~50원이며 수확량이 많으면 1배까지 더 내야 함

이 조사 자료에서 보면 지주는 아직 하나의 계급으로 형성되지 못했으며 농민 특히 소작농에게 제도적으로 착취와 압박을 하지 않고 있다. 각종 이익 분배를 보면 지주는 소작농보다 더 적게 가졌다. 학술적 입장에서 지주계급 개념에 적재된 내용을 보면 당혹스럽다. 지주계급이 수백 무나 수천 무가 넘는 밭을 소유한 집을 말한다면 수백 년에 걸친 엄청난 인구 압력으로 주인집은 대부분 자연스레 사라져버리고 남아 있는 집은 수가 매우 적어 하나의 계급이 될 수 없다.[95] 20세기의 중국 농촌사회를 볼 때 엄격하게 말하면 중국에는 대지주가 얼마 안 되고 밭은 중소업주의 수중에 분산되어 있으며 자경농의 밭이 70% 이상이다. 중국 농촌은 갈수록 빈궁해졌는데 이는 보편적인 현상으로 소작농과 자경농 모두 그러했다.[96] 『비상시기의 농민(非常時期之農民)』에서 지주는 사실상 농민에 속하며 압박받는 계층이라고 했다. 열강의 경제침략은 자본의 축적과 전반 농민 계층의 분화를 야기하고 지주나

---

95 趙岡 · 陳鍾毅, 『中國土地制度史』, 新星出版社, 2006年, p.179.

96 위의 책, p.314.

농민은 모두 제국주의의 조종과 유린을 받아 함께 망해버릴 수밖에 없었다.[97]

통상적인 사회 조사 통계는 여전히 물권 소속 의의를 지주에게서 찾았다. 예를 들면『장시성 농업 형세(江西農業情形)』에서 "농민의 생활 수준은 낮지만 조세가 과중하여 그 고통을 견딜 수 없다. 지주는 논 1무의 수확량을 소작인과 균등하게 나눈다. 조세를 바치고 연공미를 돈으로 환산하여 내면 수확량의 1/4밖에 남지 않는다. 각 성에는 장시성 출신 장사꾼이 많은데 이는 생계에 쪼들려 어쩔 수 없이 하는 노릇이다. 요즘 노동력이 부족하여 밭이 황폐하며 지주가 소작농을 구하지 못하는 형편이다. 지금 조세개혁을 하지 않으면 농민은 살아갈 방도가 없다."[98]라고 적었다. 여기서 지주는 농민 집단에 포함되었다.

이러한 유형의 농촌사회 조사통계 자료에서 지주를 계급 특히 착취계급으로 간주하지 않았다.『후베이성 농업 형세(湖北農業情形)』에서 농민층을 다음과 같이 적었다. "세 유형으로 나누는데 소작농·자경농·분익농이다. 여기서 소작농이 가장 많고 자경농이 그 다음이며 분익농이 가장 적다. …… 경작 비용을 소작농이 부담하고 선금이나 세가 없으며 수확 시 지주와 소작농이 균등하게 수확물을 나눈다."[99]

국민정부 행정원의 조사 자료를 보면 농민이나 농가를 흔히 재력으로 나누었다. 이 분류에서 지주는 거의 토지 소유자에 속했다. 허난성 후이현에서는 "지주 소유 토지가 집중되었는데 30무 이상을 소유

지주 개념의 역사적 전환

---

97 吳鐵峰 編,『非常時期之農民』, 上海中華書局. 1936年, pp.2~3.

98 沈雲龍 主編,『近代中國史料叢刊第八十七輯』, 文海出版社有限公司, p.48.

99 위의 책, p.59.

한 가구가 9가구에서 13가구로 증가한 12.17%이다. …… 50무 이상을 소유한 부농 수는 12.41% 감소했으며 많이 증가한 것은 30~49.9무 구간이다. 50무 이하를 소유한 중농 수는 증가했으며 10~19.9무 구간이 3.54% 증가했다. 50무 이상을 소유한 가구는 원래 13가구였으나 현재 10가구로 4.19% 감소했다. 20무 이하를 소유한 빈농 수는 3.65% 증가했으며 20무 이상을 소유한 가구 수는 3.65% 감소했다."[100] 토지의 점유량에 비추어 볼 때, 지주는 30무 이상, 부농은 50무 이상, 중농도 50무 이상이라는 것은 계급적 속성상 도저히 설명할 수 없다. 여기서 말하는 지주는 다만 농민의 한 부류일 따름이다. 지주가 자경농이라면, 본인 능력 부족으로 소작농을 고용하는 자경농이라면 소작농과 지주의 사이는 80% 이상은 평등한 관계이다.[101]

펑쯔강(馮紫崗)이 편찬한 『난시 농촌 조사(蘭谿農村調査)』에서 지주 관련 경제 상황을 다음과 같이 기록했다.

첫째, 주택 상황을 보면 지주 겸 자경농은 평균 12칸, 지주는 평균 7칸, 자경농은 평균 6.5칸, 반자경농은 평균 5칸, 소작농은 평균 3칸, 소작농 겸 고농은 평균 2.5칸, 고농은 평균 1.5칸 수준이다.[102]

둘째, 토지 자산을 보면 지주 겸 자경농은 평균 5,211원, 지주는 평균 2,466원, 자경농은 평균 1,437원, 반자경농은 평균 589원, 소작농은 평균 23원, 소작농 겸 고농은 평균 18원, 고농은 평균 17원 수준이다.[103]

---

100 『河南省農村調査』, 上海商務印書館, 1944年, p.30.

101 吳炳若, 「淮河流域的農民狀況」, 『東方雜志』 第24卷 第16號, p.52.

102 馮紫崗 編, 『蘭谿農村調査』, 杭州國立浙江大學印行, 1935年, p.85.

103 위의 책, p.99.

셋째, 소득 상황을 보면 지주는 자체 경작을 하지 않으므로 직접 소득은 매우 적어 지주 30가구의 평균은 3.96원이었다. 그러나 소작세와 이자를 받는 소득이 190.09원에 달하며 축산업이나 기타 부업을 합치면 지주의 가구당 연소득은 263.97원이며 이 중 소작세가 72.01%를 차지한다.[104]

소득과 지출을 전반적으로 계산해보면 지주 겸 자경농이 62.19원의 흑자가 생기는 외에 각 계층은 모두 적자이다. 지주·자경농·반자경농·소작농·소작농 겸 고농·고농은 각각 67.58원, 12.61원, 95.7원, 59.62원, 18.21원, 11.17원의 적자가 발생했다.[105] 여기서 지주와 빈농사이에 양극화의 계급적 대립 관계를 볼 수 없으며 기타 농민 분류의 조목에서도 지주·자경농·반자경농·소작농·고농 등 각 계층을 포함했으며 지주계급을 따로 나누지 않고 있다.[106]

현대 중국의 역사 과정을 깊이 연구하면서 우리는 지주와 그 계급 속성의 이론 구조가 혁명 상황에서 특정한 시대적 의미를 얻었을 뿐이며 이를 실천하는 과정에서 새로운 시대의 역사 과정을 만들었다는 기본적인 사실을 분명히 밝혀야 한다. 그러나 태생적인 토지 물권 속성은 쉽게 지워지지 않고 특히 사회계급 개념은 오늘날에도 깊게 논의되고 있는데 이 개념은 실재론과 유명론 사이에서 배회하고 있다.[107] 이는 역사와 현실에서 계급적 속성과 때때로 충돌과 긴장을 초래한다. 계급 속성이 점차 퇴색해 소멸되고 물권 속성이 지주인 토지 소유자에

---

104 위의 책, p.116.

105 위의 책, p.123.

106 馮紫崗·劉端生 編, 『南陽農村社會調査報告』, 黎明書局出版社, p.38.

107 卡澤納弗(Cazeneuve. J.), 楊捷 譯, 『社會學十大概念』, 上海人民出版社, 2003年, pp.172~173.

게 돌아가게 되면 이 논제 연구의 공간은 학술 이론적 측면에서나 현실적인 가치로 충분할 것이다. 이는 역사에서 비롯되는 또 하나의 시대적 논제이다.

제5장

향촌 권력구조의 역사적 변천

사회구조가 형성한 권세의 힘은 사회구조의 개조와 재건을 통해 근절할 수밖에 없다. 이에 단순한 제도적 변혁과 격렬한 폭력의 역할은 제한적이다. 항일전쟁에서 승리한 공산당이 농촌에서 시행한 토지혁명과 '농촌 선거 정치' 및 각급 '모범 노동자'와 '군영(群英)'을 주체로 한 농촌의 새로운 권위가 점차 향촌 정치생활을 지배하면서 전통적 권위의 정치적 영향력이 크게 사라졌다. 이는 근본적으로 향촌 사회구조를 개조하고 향신 권력이 존재하는 사회적 환경을 제거하여 전통 향신이 결국 향촌사회의 권력구조에서 사라지게 만들었다. 중국 향촌사회, 특히 향촌의 전통적 권력구조 형성에 대한 향신의 권력 지위가 마침내 퇴출되는 것은 한 시대의 종말을 고하는 순간이다.

1

청말민초의 향신권력 변천

: 사신(士紳)에서 권신(權紳)으로

청말민초의 사회구조와 제도의 변천에 따라 향촌사회 권력구조 역시 빈번하게 변동하고 재편되었다. 전통 시대의 발전 방향과 달리 지방권력의 재편성은 황권과 향신권력의 균형과 제약에서 벗어나 '민권'이란 깃발을 들기 시작했다. 하지만 역사를 비교하면 1898년 '후난성 신정'과 1927년 후난 농민운동이라는 두 역사 사건에서 '향신권력'에 대한 집단 기억이 정반대의 가치로 나타나는 것을 발견할 수 있다. 이 속에는 향신층의 '변화' 요인도 있고 사회구조의 변동과 이익 주체 재편성의 복잡한 사연도 담겨 있다.[1] 그러나 전통 향신에 대한 '역사 기

1 　관련 연구는 다음과 같다. 王奇生,「民國時期鄕村權力結構的演變」, 周積明 · 宋德金主編,『中國社會史論』, 湖北敎育出版社, 2000, pp.549~590. 魏光奇,『官治與自治, 20世紀上半期的中國縣制』, 商務印書館, 2004. 徐茂明,『江南士紳與江南社會』, 商務印書館, 2004. 鄭起東,『轉型期的華北農村社會』, 上海書店出版社, 2004. 기존의 청말민초 향신층과 사회구조

억' 자체도 사회구조나 권력구조의 재편 과정에 잠재적이지만 과소평가할 수 없는 영향을 미치고 있다. 이러한 사회-권력 구조에 얽힌 역사 기억은 '향신을 타도하자!'는 이 시대 호소의 역사적 원인이 되기도 했으며 '대혁명 시대' 농촌 변동에 대한 특정한 상황을 연출하기도 했다.

1) '사민의 으뜸'에서 '악질적이지 않은 향신은 있을 수 없다'에 이르기까지

1920년대 말기, '대혁명'의 격랑이 향촌사회를 강타할 때 '향신을 타도하자!'는 정치 성향은 이미 사회에 의해 인정되기 시작하여 '집단 기억'의 특징을 보이면서 시대성을 지닌 호소로 부상했다. 국민당 중앙집행위원회 제3차 전체회의는 향촌 차원에서의 권력 재편을 공개적으로 선언했다. "혁명의 요구는 농촌의 큰 변동을 필요로 한다. 모든 농촌에서 토호열신과 악덕지주 및 모든 반혁명 활동이 농민의 위력 아래 완전히 소멸되도록 큰 변혁이 있어야 한다. 농촌 정권을 토호열신과 악덕지주 및 모든 반혁명파로부터 농민에게로 이양해야 한다." 그리고 자신의 정치적 수요와 농민의 이익을 상호 결합하여 "본 당은 민

에 관한 연구는 과거제 폐지의 제도적 영향이나 상승 이동 경로가 막히면서 형성된 '신향신' 구성 등에 치중했으며 이에 따라 중화민국 시기 향신들이 저열하게 변한 상황을 많이 분석했다. 하지만 이러한 분석은 향신층이 '사민(四民)'의 으뜸에서 '악질적이지 않은 향신은 있을 수 없다'에 이르는 역사적 발전 과정의 복잡한 모습을 제대로 보여주지 못했다. 특히 이 거대한 변화에서 각종 이익 요구와 각축이 난무하는 역사적 진실을 제대로 보여주지 못했다.

주세력인 농민을 대표하여 봉건세력의 대표인 토호열신, 악덕지주와 싸울 것이다."²라고 했으며『중국 농민』제10기에 '향신을 타도하자'는 논설을 실어³ 사회에 혁명의 요구를 알렸다.

비록 공산당과 국민당의 계급 속성과 정치 입장에 뚜렷한 구별이 있지만 '향신 타도' 입장은 일치했다. 중국 혁명과 개조에서 공산당뿐만 아니라 국민당과 국가주의파도 모두 토호열신 타도를 표방했다.⁴ 공산당의 초기 농촌사회계급 관계 인식에서 향신은 '계급'으로서 혁명의 대상에 놓였다. 1926년부터 공산당이 이끈 '향신 타도'를 목표로 한 향촌혁명운동이 후난 · 후베이에서 시작되었고 결국 폭력투쟁 단계에 들어섰다. 후베이성의 일부 현에서 토호열신의 공금 횡령 때문에 유혈사태가 발생했다. 후베이 농민들은 금연국을 파괴하고 상품지방통과세 폐지를 요구했으며 일부 지역에서는 악덕향신들에게 매수된 군대와 충돌했다. "농민협회는 직접 토호열신을 심판한다. 토호열신들은 향촌이나 현성에서 창사나 한커우로 도망쳤다. …… 피살되거나 체포된 토호열신들의 재산 및 도망친 지주의 재산은 일반적으로 농회에서 몰수하여 사용한다. …… 농민들은 착취자를 무자비하게 징벌하고 있고 많은 현에서 토호열신을 심판한다. 토호열신과 대지주에 대한 투쟁이 승리했으므로 상기 지역 대다수 현의 농촌정권은 농회의 손에 완전

351

청말민국의 향신권력 변천

---

2 「中國國民黨第二屆中央執行委員會第三次全體會議對農民宣言」(一九二七年 三月), 引自人民出版社 編,『第一次國內革命戰爭時期的農民運動資料』, 人民出版社, 1983, p.46.

3 中國國民黨中央執行委員農民部 編,『中國農民』第10期, 1926年 10月.

4 田中忠夫, 李育文 譯,『國民革命與農村問題』上卷, 商務印書館, 1927, p.70.

히 장악되었다."[5]

신해혁명 이후 '혁명'은 시대의 주제로, 시대의 새로운 전통으로 변했으므로 명실공히 '혁명' 시대였다. 당시 '혁명이 아직 성공하지 못했다'는 정치적 주장은 일정한 의미에서 '향신 타도'로 설명될 여지가 있다.[6] 향신은 '봉건 잔당'으로 불렸으니 말이다. "중국 혁명이 성공하지 못한 것은 하층의 토호열신이 동요하지 않았기 때문이다."[7]라고 하는 것은 청나라 말기 이후 "향촌의 향신들이 민주 '자치' 추진에서 선봉 역할을 했음에도 불구하고 '봉건'으로 간주되는 것은 국민당 정권이나 공산당의 정치적 입장에서 보면 봉건주의와 지방 자치의 요구가 동등하기 때문이다."[8] 향신층에 대한 국공 양당의 '집단 기억'은 향촌의 농민운동에 구체적인 혁명 대상을 설정해주었다. "현재 농촌에 반종법사회의 잔재가 남아 있다. 훈장들이 위엄을 부리는데 이러한 청나라 관료의 잔당과 후손들은 대부분 향촌의 실질적 정부로 사람들이 감히 쳐다보지도 못한다. …… 그러므로 우리는 반드시 악덕 향신에 대항하는 운동을 확대하여 모든 사람들이 악덕 향신이 농민의 철천지원수라는 사실을 깊이 깨닫게 해야 한다."[9] 그러므로 1920년대에 시작된 농촌

---

5 巴庫林, 『中國大革命武漢時期見聞錄(一九二五~一九二七年 中國大革命 劄記)』, p.11, p.142, p.167.

6 "봉건 잔당의 부활을 방지하려면 보갑을 지켜야 한다."(黃強編, 『中國保甲實驗新編』, 正中書局, 1935, p.278.) 푸젠성의 학전 사건에서 수재들은 반혁명적인 청나라의 잔당으로 현대의 버림을 받은 자들이라고 간주되었다 (『關于各族書田改作族內升學補助費』, 沙縣檔案館, 1938年 案卷, 卷 號 156, p.36).

7 克明, 「紳士問題的分析」, 『中國農民』第10期, p.10.

8 費約翰, 李恭忠 等 譯, 『喚醒中國, 國民革命中的政治, 文化與階級』, 三聯書店, 2004, p.249.

9 人民出版社 編, 『第一次國內革命戰爭時期的農民運動資料』, 人民出版社,

'대혁명'의 방향은 아주 구체적이고도 명확했다.

'향신 타도'를 목표로 한 농민운동은 여전히 '민권'이란 깃발을 추켜들었다. 4,000여 년간 향신층의 정치 기반이 된 지방정치를 부수어야만 쑨원의 민권주의가 향촌에서 실현될 수 있다.[10] 그러나 풍자적인 것은 근대 '민권' 정치 실천의 기점은 '향신권력 부흥'에서 시작되었다는 점이다. 1898년 후난성에서 신정을 시행할 무렵 량치차오는 "민권을 흥성시키려면 먼저 향신권력을 흥하게 하고 향신권력을 흥하게 하려면 학회를 기점으로 해야 하는데 이는 중국에서 흔히 있는 일이 아니니 실로 천고에 어려운 이치이다."[11]라고 했다. 학회는 당시 지방의 향신권력을 구성하는 중추로 담사동(譚嗣同)은 "오늘날 성에 총학회를 설립하고 …… 부·청·주·현에 분학회를 설립하며 …… 분학회는 총학회의 명을 따른다. …… 그 고장의 향신이 이끌고 분학회는 그 향신을 총학회에 추천한다. 총학회는 현명하고 지혜로우며 재능이 뛰어나고 변설에 능한 것으로 우열을 가려 등차를 둔다. …… 따라서 의원(議院)의 이름은 없지만 실질상 의원 노릇을 한다."[12]라고 했다. 적어도 후난성 지방 정치제도 변혁의 과정에서 '향신권력'은 '민권'의 구체 내용이 되었을 뿐만 아니라 '향신권력 부흥'은 거의 신정 개혁의 역사적 기점으로 자리 잡았다.

첫째, 향신을 집중시키는 의정 중추로 남학회(南學會)를 두었다.

청말민초의 향신권력 변천

1983, p.276.

10 甘乃光, 「紳士民團縣長何以反對農會」, 『中國農民』 第10期, 1926年 10月, pp.5~6.

11 梁啓超, 「論湖南應辦之事」, 李華興·吳嘉勳 編, 『梁啓超選集』, 上海人民出版社, 1984, p.75.

12 蔡尚思·方行 編, 『譚嗣同全集』(增訂本) 下冊, 中華書局, 1981, p.438.

1898년 2월 창사 남학회가 설립되었다. 담사동은 당시 "학회가 없으면 신학을 배우지 못하고 다스리지 못한다."[13]라고 했다. 남학회는 전 성 학회의 총회이며 각지의 학회는 모두 총회 산하의 분회로 지방의회 성 격을 지녔다. "남학회는 특히 전 성의 신정의 명맥이다. 비록 학회이지 만 실제 지방의회 기능을 겸하고 있다. 먼저 순무가 총회장으로 10명 을 선정하며 이 10인이 회원을 추천하여 등용하니 각 주현마다 회원 3~10명이다. …… 남학회는 실질상 중의원의 기능을 하고 과리당(課 吏堂)은 실질상 귀족원의 기능을 하며 신정국은 실질상 중앙정부의 기 능을 하고 있다. …… 모든 사무를 향신에게 분권하니 마치 자모가 어 린애를 따뜻하게 감싸주는 것과 같다." 후난성의 향신들은 이를 장기 제도로 구축하여 지방 정치제도를 완성하려 했으며[14] 나아가 변법의 이름을 걸지 않은, 사실상 변법을 시행했다.[15]

둘째, 향신권력의 행정 중추로 보위국을 두었다. 보위국은 향신과 백성에게 관권을 나누어주는 것을 장기 계획으로 삼았으며, 민권을 내 포한 특징을 지녔다.[16] 보위국이 지방 신정 개혁을 장악했으므로 담사 동은 "보위국이 모든 정사의 기점이요, 지방을 다스리는 대권을 장악 하고 있다."[17]고 말한 것이다. 비록 일부 기능에서 보위국과 구식 보갑 국은 비슷한 점이 많지만 권력 주체에 근본적 변화가 생겼다. 바로 보

---

13 譚嗣同, 『群萌學會敘』, 載『譚嗣同全集』(增訂本) 下冊, p.430.

14 梁啓超, 『戊戌政變記』卷8, 中國史學會 主編, 『戊戌變法』(一), 上海人民出 版社, 1957, pp.300~301.

15 譚嗣同, 「治事篇第三學會」, 「治事篇第四通情」, 蔡尚思・方行 編, 『譚嗣同 全集』下冊, pp.437~438.

16 吳天任, 「黃公度先生傳稿」, 沈雲龍 編, 『近代中國史料叢刊續編』第68輯, 文海出版社, 1979, p.166.

17 譚嗣同, 「記官紳集議保衛局事」, 『譚嗣同全集』下冊, p.427.

위국이 예전의 보갑국에 비해 관권과 향신권력이 다른 것이다.[18] 전통적 정치 개혁의 폐단인 효율 저하를 피하기 위해 후난의 향신들은 제도화로 신정의 초석을 구축하려고 시도했는바 보위국 운영에서 "모든 것을 향신과 백성에게 공개하고 훗날 관리에게 사문(死文)으로 여겨질까 봐 두려워하여 점차 향신권력에 참여했으며 보위국을 후난성의 영원히 튼튼한 기반으로 세웠다."[19] 사실상 향신권력을 기본 내용으로 하는 신정 조치는 정변 이후에도 일정하게 유지되었다. "이번 정변 이후 수많은 것이 폐지되었지만 보위국만 향신과 백성 때문에 유지되면서 폐지되지 않았는데 이는 민권에 이롭다."[20] 따라서 모두 신정을 해야 하며 모든 것을 폐지하고 개혁할 때 "지방의 향신과 백성은 이 좋은 법의 아름다운 뜻을 말한다. 민생을 지키고 백성을 위해 화근을 없애기 때문에 여전히 그 제도를 몰래 답습한다. …… 보위국만 남아 있다."[21]고 말했는데 여기서 '향신권력'의 영향을 보여준다.

'민권'은 추상적인 개념이 아니라 구체적인 역사적 함의이다. 근대 중국에서 '민권'을 창도할 때 향신권력으로 그 실재 내용을 구성했다. 마치 슝시링(熊希齡)이 "향신은 인민의 대표이다."[22]라고 말했듯이 말이다. 이는 사실상 시대 특징을 지닌 '집단 기억'을 보여줄 뿐이다. 심지어 향신인 왕선겸(王先謙)의 기억에서도 이러하다. 1898년 1월 남

청말민초의 향신권력 변천

---

18 梁啓超, 『戊戌政變記』卷8, "附錄二湖南廣東情形", 『戊戌變法』(一), p.302.

19 譚嗣同, 「記官紳集議保衛局事」, 『譚嗣同全集』下冊, p.426.

20 梁啓超, 『戊戌政變記』卷8, "附錄二湖南廣東情形", 『戊戌變法』(一), p.303.

21 吳天任, 「黃公度先生傳稿」, 沈雲龍 編, 『近代中國史料叢刊續編』第68輯, p.147.

22 熊希齡, 「第四次湖南善後續議案」, 周秋光 編, 『熊希齡集』上冊, 湖南出版社, 1996, p.349.

학회 설립 당시 왕선겸은 전적으로 찬성하면서 "천하의 학문은 절대로 한길로만 나갈 수 없다. …… 뜻이 맞는 사람들이 각자 학회를 설립하고 서로 절차탁마하여 경업낙군(敬業樂群)의 뜻을 잃지 않는다."고 했다. 왕선겸은 담사동과 당재상(唐才常)이 『상보(湘報)』를 창간하자 "『상보』의 간행으로 견문이 넓어지고 민지가 계발되며 그 의도가 대단히 좋다."[23]고 높이 평가했다. 정변 발생 이후, 후난성의 지방정국 변동과 교체도 여전히 '향신권력'의 범위를 벗어나지 않았으며 신구 향신의 권세 다툼으로 나타났을 뿐이다.[24]

근대 후난성의 상징성을 띠는 두 역사 사건에서 향신층과 관련된 집단 기억은 극히 달랐다. 두 시대의 서로 다른 '집단 기억'의 핵심어를 추출해 비교를 하면 다음과 같다.

표 5-1 무술변법 시기와 대혁명 시기의 향신 집단 기억 관련 비교

시대	무술변법 시기	대혁명 시기
평가	향신이 인민의 대표가 됨	향신이 공공의 적이 됨
지위	향신이 국가 존망의 중견이 됨	향신이 열강과 군벌의 기반이 됨

---

23 邱濤,「1895~1899年王先謙行年事迹考辯」,『近代史資料』總 第96號, 中國社會科學出版社, 1999, p.266.

24 숑시링은 "작년 연초 학당(시무학당)을 설립하여 량치차오를 교사로 초빙했다. …… 장우산(張雨珊)과 왕선겸은 구경거리를 좋아하여 증국전(曾国荃) 사당에서 전통극을 공연할 것을 의논하려고 향신들을 초청하니 그 예의가 매우 각듯했다. 량치차오가 지금 봄에 병을 앓으면서 상하이로 돌아와 여기저기 작별을 고할 겨를이 없었다. 량치차오가 후난성에 오래 머무르면 이런 변동은 없을 것이다."라고 설명했다(『爲時務學堂上陳寶箴書』(1898年 7月 15日), 周秋光 編,『熊希齡集』上冊, p.73).

역할	향신이 사회 진보의 원동력이 됨	향신의 혁명의 걸림돌이 됨
목표	향신권력 부흥으로 민권 부흥을 꾀함	향신권력 타도로 민권을 실현함

30년도 안 흘렀는데 무엇 때문에 향신 관련 '역사적 기억'에 이렇게도 큰 차이를 보이는가? 여기서 '역사적 기억' 주체의 이익 수요가 작용한 것을 쉽게 보아낼 수 있다. 즉 주도적 언론이나 사회 여론의 세력이 전통 향신에서 신지식인 집단으로 역사적 전변을 한 것이다. 그러나 이는 사회여론 특징을 지니고 있으며 일정 정도 기억의 '사회성'을 보여준다. 두 역사 사건은 각각 '향신권력 부흥'으로 시작하여 '향신 타도'로 끝나는 서로 다른 '민권' 요구를 보여준다. 두 역사 사건 사이에는 도대체 어떤 역사적 변화가 일어났는가? 향신은 어찌하여 '사민의 으뜸'에서 '악질적이지 않은 향신은 있을 수 없다'로 변했는가? 이 역사적 전개에 대한 기억은 분산되고도 불완전한 것인데 이는 바로 중요한 사건을 특징으로 하는 집단 기억의 '기억 상실' 부분이다. 역사 연구는 응당 사료를 하나의 사회적 기억으로 남겨야 한다. 사료를 마주할 때 연구자들은 이것은 누구의 기억인지, 그것들이 어떻게 만들어지고 이용되는지, 그것들이 어떻게 보존되고 잊혀지는지를 항상 경계해야 한다. 또한 여러 언저리의 소외된 사회역사적 기억도 폭넓게 연구해야 한다. 전범적인 역사와 언저리 역사의 통합만이 완벽한 사회적 기억을 불러일으킬 수 있는 진실한 역사이다. 따라서 두 역사 사건의 집단 기억 사이에 역사의 발전 과정을 보여줄 수 있는 기억을 찾는 것은 이 문제를 이해하는 요체이며 합리적인 역사인식을 구축하는 요건이다.

2) 향신권력 확대에서의 '민중 기억'

'사회 기억'은 한 사회에서 여러 매체를 빌려 보존 · 전래하는 모든 '기억'을 가리킨다.[25] 그러나 사회 기억은 사회 집단에서 각각의 지향성을 가지고 있으며 그 기억의 선택성 또한 매우 명백하다. 무술변법 시기, 후난성의 지방정치제도 변혁을 주도한 향신층은 사회 여론의 주도 세력이므로 민권에 대한 요구는 향신 이익의 지향성을 보여주고 있다. 이 사건에서 '집단 기억'은 향신 자체의 수요와 가치 평가를 집중적으로 보여준다. 그렇다면 '향신권력 부흥'을 앞세운 '민권 부흥'의 역사적 발전 과정에서 민중의 이익 표현과 호소는 어떠한가? 특히 향신과 민중의 관계나 향신과 민중 이익 조정의 역사 발전 과정에서 향신권력에 대한 민중의 '역사 기억'에 주목해야 한다. "서로 다른 계층의 집단들은 가족 · 지역 · 계급 · 민족 그리고 심지어 인류 전체가 각기 다른 방식으로 그들의 과거 생활에 관한 역사적 기록을 보유하고 있다. …… 그리고 이러한 기억의 성격과 내용도 때에 따라 다르거나, 어떤 기억을 의식적으로 억제하고 금지하거나, 어떤 기억을 의식적으로 제창하고 퍼뜨리며, 더 많은 것은 과거의 삶에 대한 무의식적인 기억이다. 어쨌든 이러한 것은 어떤 특정 사건에 대한 개인의 순수한 기억과 보존이 아니며 그것들은 우리에게 사회적 기억의 존재를 보여준다."[26] 상대적으로 어려운 것은 민중이 사회 여론을 주도적으로 통제할 힘과 능력도 없고 자신들의 이익 요구를 체계적인 문자로 표현할

---

25 王明珂, 「歷史事實, 歷史記憶與歷史心性」, 『歷史硏究』, 2001年 第5期, pp.139~141.

26 孫德忠, 「重視開展社會記憶問題硏究」, 『哲學動態』 2003年 第3期, p.17.

조건도 갖추지 못했으므로 그 '집단 기억'은 산재해 있는 여러 '민란' 사건을 통해 보여준다. 당연히 이러한 기억은 분산적이고 불규칙적이다.

무술정변 이후 얼마 지나지 않아 청나라는 '신정'을 시행했으며 지방자치의 시행에서 여전히 '향신권력 부흥'으로 '민권 부흥'을 꾀하는 정치제도 구축을 굳건히 지켰다. 향신권력의 확대는 시대의 합리성을 얻었을 뿐만 아니라 제도의 합법성도 지녔다. 1909년 각 성에서는 최초의 자의국(諮議局) 선거를 치렀다. 선거 결과 대부분 당선인은 40~45세의 향신들이었다.[27] 청나라 말기 후난성에서 당선된 자의국 의원은 82인이었는데 장평위안(張朋園)은 대부분 향신이라고 추측했다.[28] 후난성에서 향신권력이 확대된 모습을 천춘밍(岑春蓂)의 상소를 통해 볼 수 있다. "자치연구소를 설립한 이래 향신 217인을 선택했습니다. …… 모두 지방자치를 법정의 하나로 삼고 있으며 법정학당(法政學堂)과 향신학교(紳校)를 설립하기 위해 가옥을 임대하여 개업했습니다. 강사와 관리자는 바로 법정, 관료와 향신 두 학교의 교직원 중에서 신중하게 선발하여 임용했습니다. …… 이번 기획으로 시작할 때 향신 책임자를 선출하고 경비를 양쪽에 지출하므로 준비 중 난항을 겪었습니다."[29] 후난성은 함풍─동치 연간 이후 지방관이 각종 사무를 계획하고 시행할 때 향신의 힘을 빌렸던 역사가 있으므로 이번 제도적 변혁을 빌려 다시 바꾸려고 했다. 이에 따라 후난성의 지방 권력구조

27 費正淸 · 劉廣京 編, 『劍橋中國晚淸史』 下卷, 中國社會出版社, 1985, p.390.
28 張朋園, 『湖南現代化的早期進展』, 嶽麓書社, 2002, p.153.
29 岑春蓂, 「湖南巡撫岑春蓂奏湖南籌辦地方自治設立自治研究所情形折」, 故宮博物院明淸檔案部 編, 『淸末籌備立憲檔案史料』 下, pp.749~750.

의 역사적 형성 원인에 신정의 제도적 지지가 합해지면서 '후난성은 민중이 버릇없으며 향신권력이 매우 중한' 국면이 생겼다. 따라서 떼를 지어 관청을 에워싸는 소문이 때때로 들려 예법이라곤 눈을 씻고도 찾아볼 수 없었다.[30]

그러나 바로 '향신권력 부흥'이라는 제도의 변천에서 하층사회의 '민란'이 여기저기에서 일어났다. 사회생활이 심각한 무질서 속에 처해 있었으며 이 중 향신과 향민 충돌의 증가 추세는 전체 '신정' 시기의 시대 특징이 되었다. 『청말민란연표』에 의하면 향신과 향민의 충돌 사건 횟수가 1906년 이후 지속적으로 증가했으며 1910년에 최고점에 달했다. 이 추세는 '신정'의 발전 과정과 줄곧 함께했다. 청나라가 반포하는 『매년 준비 사무 목록(逐年籌備事宜淸單)』에서 알 수 있듯이 신정은 1905년에 전면 시행되어 1908년에 일정 규모를 갖추었다. 자의국에서 기획 준비하고 지방자치에서도 「성·진·향 지방자치 장정」을 반포하여 교육·재정·법률 개혁을 추진했다. 예를 들면 1908년에 재정 청산 장정을 반포하고 간이 식자 교과서와 국민 필독 교과서를 편찬했으며 법률을 수정했다. 1908년은 신정 시행 7년이 되는 해이자 지방자치 정치 개혁 시행 3년이 되는 해이다. 이때는 '민란'과 '향신-향민 충돌' 역시 다발하는 시기였다. 이는 양자 간의 역사적 관련성이나 제도적 관련을 보여준다.[31] 이 문제에 주목한 웨이광치(魏光奇)는 "새로운 관리와 향신이 관장하는 지방기구는 '신정'과 각종 자치

---

30 藤谷浩悅·饒懷民 編, 『長沙搶米風潮資料彙編』, 嶽麓書社, 2001, p.44, p.95.

31 王先明, 「士紳階層與晚淸民變－紳民衝突的時代成因與歷史走向」, 『近代史研究』, 2008年 第1期, p.23, p.30.

성 사무를 구실로 농민과 소상인들에게서 강제로 징세하며 비리를 저지른다. 이는 청나라 말기부터 1930년대 초기까지 보편적으로 존재한 현상이다. '향신권력'의 확대에 대한 초기의 사회 반항은 청말 민초에 하층 민중들이 일으킨 크고 작은 '민란'이다."[32]라고 했다.

그렇다면 '향신권력 부흥'을 주도로 하는 '민권'의 역사 발전 과정에서 하층 민중들은 어떠한 '집단 기억'을 지니고 있는가? 1904년 장쑤 우시에서 발생한 대규모 학당 훼손 사건을 시작으로 산둥 이저우(沂州)·장시 러핑(樂平)·쓰촨 쿠이저우(夔州)·광둥 등지에서 향민들이 '학당을 훼손하고 향신을 구타하는' 사건이 연이어 발생했다. 『동방잡지(東方雜誌)』는 "우시에서 학당 훼손 사건이 발생한 후부터 쓰촨과 장시에서 학당 훼손 사건이 일어났고 광둥에서도 일어났다. 그 원인을 따지면 모두 세금 때문이다."[33]라고 놀라워했다. 민중들은 "우시와 광안의 폭동을 보고 징세 반대를 관습으로 삼았으며 특히 이를 본받았다."[34] 향신은 이러한 '민란'의 직접적 공격 대상이 되었다. 각지의 향신들이 지방자치에서 중요한 사안인 '학당 부흥' 사무를 관장하면서 전통 시대에 '사민의 으뜸'이던 민중 이익과 직접적으로 충돌하게 되었다. 『동방잡지』는 각지의 '학당을 훼손하고 향신을 구타하는' 사건을 조사한 후 "오늘날에는 관리가 향신이 되니 자체의 힘으로 향신과 맞서기 쉬워졌다. 학당을 훼손하는 사건은 이로부터 발생한다. 그 까닭을 살펴보면 어리석은 백성이 학당을 훼손하는 것은 결코 학당을 곤란하게 할 의도가 아니라 평소 관가의 매질이 심했으므로 이를 빌미

---

32 魏光奇, 『官治與自治, 20世紀上半期的中國縣制』, pp.367~369.

33 「毀學果竟成爲風氣耶」, 『東方雜誌』 第1卷 第11期, 1904年 11月, p.78.

34 「破壞學堂匪徒之何多」, 『東方雜誌』 第1卷 第9期, 1904年 9月, p.66.

로 분풀이를 한 것임을 알 수 있다."[35]라고 했다. 여기서 관청과 향민의 대립이 향신과 향민의 충돌로 전환된 직접적 원인이 '관리가 향신이 된' 제도의 변천에 있음을 알 수 있다. 1909년 6월 18일자『민호보(民呼報)』는 신정 시행 이후 세금이 가중해졌는데 권학소나 경찰 예산의 부족으로 돼지고기가게 세금과 닭오리가게 세금, 벽돌세금과 기와세금, 담배세와 주류세 등을 중복하여 거두며 가게 면적이 작아 세금면제의 기준에 든 경우에도 다시 세금을 거둔다고 보도했다.[36] 한커우의『공론신보(公論新報)』는 평론을 발표하여 신정은 사람들을 속이기위한 새빨간 거짓말이며 대중의 재부를 빼앗기 위한 구실일 따름[37]이라며 신정을 직접적으로 비판했다. 그리고 향민과 학당 간의 이익 충돌 역시 학당 훼손 사건의 발생에 어느 정도 영향을 주었다. 사당 소유의 토지를 학당 비용으로 충당하자 일부 기득권은 이 재산에 더는 손을 댈 수 없게 되었다. 사익이 손해를 본 자들이 향민들 사이에서 이간질을 하고 갈등이 더욱 심해져 결국 유혈사태에까지 이른 것이다. 학당에서 공유지를 몰수한다는 소식을 들은 저장 츠시의 민중들은 천여명이 모여들어 학당 교원을 불태워 죽이려 했다. 심지어 저장 쑤이안의 향민들은 쌀값이 폭등하자 학당에 달려와 행패를 부렸다.[38] 지방자치나 지방 '신정' 사무의 시행은 지방의 세수에 의존할 수밖에 없다. "학당을 설립하면 막대한 비용이 필요하다. 처음에 공금으로 그 비용을 대다가 나중에 백성의 재산을 수탈하여 악질 관리들이 사익을 챙긴

---

35 「毀學果竟成爲風氣耶」,『東方雜志』第1卷 第11期, p.78.

36 馬鴻谟 編,『民呼, 民籲, 民立報選輯』(一), 河南人民出版社, 1982, p.188.

37 周錫瑞,『改良與革命-辛亥革命在兩湖』, pp.138~141.

38 楊齊福,「晚淸新政時期鄕民毀學述論」,『福建論壇』, 2002年 第5期, p.97.

다. 교육 보급은 학교 설립을 기반으로 하며 학교 설립은 자금 조달을 바탕으로 한다."[39] 1910년에 이르러 학당 훼손 사건은 최고조에 달해 청나라 말기 '민란'의 주요 내용으로 자리 잡았다.

또한 학당 부흥과는 무관하지만 신정과 밀접한 관련이 있는 인구조사와 문패를 다는 것 역시 민중의 격렬한 저항을 받았다. 『동방잡지』는 호구조사가 현대 국가 수립에 얼마나 중요한 의의가 있는지를 기고했다. "호구조사가 오늘날 반드시 행해야 할 정책이 된 것은 교육이나 아편 금지뿐만 아니라 헌법 제정, 의회 조직, 자치 제도 반포 시 전국의 인구를 계산하여 선거구를 확정하고 자치제도를 나누며 권리를 행사하는 자와 의무를 부담하는 자를 계산하여 이에 따라 징병하고 국세와 지방세를 공평하게 징수하기 위해서이다."[40] 그러나 향민들은 이 조사를 의심했으며 민란 역시 끊임없이 발생했다. 1910년 3월 광시 난단저우(南丹州)의 농민들은 호구조사를 반대하여 지현을 때려죽이고 관아를 불살랐다. 허난 미현의 지현인 쉬아무개는 부임해서부터 징세하면서 신정을 시행한다 하여 향신과 향민들의 불만을 샀다. 자치비용의 징수를 반대하는 농민 2,000여 명이 현성으로 몰려가 관아를 불살랐다. 이 밖에 이저우, 예현에서도 대규모 민란이 발생했는데 자치국이나 중학당을 불사르거나 관창의 곡식을 돌려달라고 요구하면서 자치국의 관리들을 죽였으며 자치비용이나 자치를 폐지할 것을 요구하기도 했다.[41]

---

39   劉大鵬, 『退想齋日記』, p.158.

40   「清査戶口問題」, 『東方雜志』 第4卷 第4期, 1907年 4月, p.149, p.151.

41   張振鶴 · 丁原英, 「清末民變表」, 『近代史資料』 第49號, 中國社會科學出版社, 1982, pp.91~108.

'민권' 이념으로 '신정'이나 지방자치를 시행할 때 '향신권력'은 가장 기본적인 시대적 내용으로 부상했다. 향신이 각 부·청·주·현의 의원을 독점했다. 그 당시 사람들은 "지방자치는 진심이 아니며 향신들이 오히려 신정의 명분을 이용하여 기폭제가 되었다."[42]라고 평가했다. 향신들이 주도한 '지방자치'의 역사가 전개되면서 하층 민중은 신사층과 전혀 다른 '집단 기억'을 형성했다. 따라서 우리는 각지에서 잇달아 발생한 '민란' 사건에서 민중의 '집단 기억'의 기본 특징과 가치 성향을 정리해야만 한다.

첫째, 민란 사건에서의 민중의 '집단 기억'이나 이익 요구는 향신과 향민의 충돌에서 신정 시행이 직접적인 요인이기는 하지만, 신정 자체에 있다기보다는 향신권력 확대가 민중의 이익을 지나치게 침해하여 기본생존권을 위협한 것임을 보여준다. 1909년 산시 베이산의 민중들은 신정이 무엇인지는 모르지만 양사육세의 직접적 피해를 입은 후 무리를 지어 관청에 반항했다.[43] 향민들이 예전에 신정을 하지 않을 때에 백성들이 그나마 먹고 살았는데 현재는 자치니, 순경이니, 학당이니 하면서 부산을 떠는 것이 꼭 백성에게서 고혈을 짜냄을 절실하게 느꼈다.[44] 1910년 창사의 곡식 탈취 사건에서 향신과 향민이 각각의 이익 요구가 있음을 알 수 있다. 후난 출신 구향신들은 신정으로 야기된 충돌을 충분히 이용하여 신향신의 수중에서 지방 신정의 각종 권리를 찬탈하려고 시도했으므로 후난 향신 간의 충돌은 지방 신정 자체에

---

42 「紳士爲平民之公敵」, 張栴·王忍之 編, 『辛亥革命前十年間時論選集』第3 卷, p.303.

43 馬鴻謨 編, 『民呼, 民籲, 民立報選輯』(一), p.188.

44 「河南葉縣因鄉民聚衆請兵」, 中國史學會 編, 『辛亥革命』第3冊, 上海人民 出版社, 1957, p.435.

집중되었다. 구향신 우두머리인 공헌교(孔憲敎)는 기회를 틈타 후난순무에게 모든 신정의 폐지를 요구했다. 공현교와 양공(楊鞏)의 이 행태는 신정을 반대하기 위함이었다.[45] 지방 관리와 향신들이 신정을 명목으로 향민을 착취했으며 수많은 정령과 물 쓰듯이 써버리는 공금이 어느 하나도 백성을 위한 것이 없기 때문에 민중의 원망을 자아냈다. 오히려 10년 이래 토지세가 예전에 비해 두세 배 증가하여 겨우 자급자족을 하던 농가는 추위에 떨고 풍년에도 굶주려야 했다. 따라서 당시 '폭민'이 학교를 증오하고 교육을 파괴한다는 질책은 고의적으로 유언비어를 퍼뜨린 것에 불과했다.[46]

1910년 산둥의 라이양 민란 역시 이러했다. "향신과 향민이 서로 미워한 것은 하루이틀 일이 아니다. 요즘 신정 시행으로 향신의 손을 빌리고 여론을 무시하므로 원한이 깊어져 트집 잡을 날만 기다렸다."[47] 따라서 민란은 신정이란 껍데기를 쓴 학정이었다. "요즘 신정이 흥하여 …… 많은 향신들이 관청을 들락거리며 사익을 도모했으므로 대중들은 이를 미워하여 관청까지 원망했다."[48] 우발적으로 보이는 향신과 향민의 충돌 사건은 민중의 '무지'한 '맹신' 때문인 것 같다. 이저우의 향민들이 현성에 들어가 기우제를 지낼 때 자치국에서 개원사(開元寺)의 불상을 파괴해버린 것을 발견했다. 이들은 가뭄이 자치국에서 불상을 파괴한 행태 때문이라고 생각하여 자치국에 몰려들어 소란을 피웠

청말민조의 향신권력 변천

---

45 「湖南省城亂事余記」, 『東方雜志』 第7卷 第5, 6期, 1910年.

46 藤谷浩悅·饒懷民 編, 『長沙搶米風潮資料彙編』, p.286.

47 「直隷總督陳夔龍奏査明山東萊, 海兩縣滋事情形據實複陳折」, 中國史學會濟南分會 編, 『山東近代史資料』 第二分冊, p.49.

48 「山東巡撫孫寶琦奏遵旨複査萊, 海滋事實在情形折」, 『山東近代史資料』 第二分冊, p.53.

다. 소문을 들은 향신들이 모두 피했으므로 분노한 향민들은 자치국과 중학당 등 100여 채를 불살랐다.[49] 그러나 직접적 원인은 향민들의 기본 생존 여건(향신들의 불상 파괴로 가뭄이 든 것)이 향신들의 침해를 받았기 때문이다.

따라서 무술변법 이후 특히 신정 이후의 향신권력 부흥이라는 역사적 전개를 앞두고 향신의 집단 기억이 민권 대변자의 모습으로 지방 사회 사무에 진출함으로써 근대적 향신권력이 전례 없이 확대되었다. 전통 시대의 향신은 각종 임시적인 지방 공공사무에서만 주도적 역할을 했으며 주와 현의 세수·소송·치안·농공상·교육 등 상시적인 정치·경제·문화 사무를 관장하지 않았다. 또한 상설 조직이나 기구를 설립하여 자신을 조직화하지 않았다. 그러나 특히 20세기 초기부터 변화가 발생했다. 청나라가 지방자치 시행을 결정한 후 향신들은 지방사회의 경제와 문화 분야뿐만 아니라 정치 분야에도 진출하여 '관치'를 제쳐놓고 공공연히 공권력을 형성했다. 지방 향신들은 조직화와 제도화의 형식으로 지방정치에 참여하여 지방의 교육·실업·재무 및 기타 공공사무를 주도했다.[50] 바로 이러한 제도의 변천 과정에서 "오늘날 지방자치는 자치가 아니라 관치이다. 그러나 관치라고만 할 것이 아니라 향신 통치라고 할 수 있다."[51]는 사회 상황을 만들어냈다. 그러나 민중의 '집단 기억'에서 또 다른 추세를 보였다. 향신층이 기회를 틈타 사익을 채우고 모든 사무를 좌지우지하며 부하를 등용하고 각종

---

49 「中國大事記」, 『東方雜志』 第7卷 第8期, 1910年 9月, pp.99~100.

50 魏光奇, 『官治與自治-20世紀上半期的中國縣制』, p.356, p.357.

51 茗荪, 「地方自治博議」, 『辛亥革命前十年間時論選集』 第3卷, p.413.

기관이 즐비했다.[52] 체제화된 각종 기관을 빌린 토호열신은 평상시에 공명을 빙자하거나 그 재력을 믿고 관부와 결탁하여 도적을 두둔하고 각 기관을 차지했으며 향정을 틀어쥐고 공금을 횡령하며 백성들을 착취했으니 모든 소행은 엄연히 재물을 긁어모으는 것이다.[53] 따라서 '향신권력 부흥'으로 '민권 부흥'을 꾀하는 역사 발전 과정은 더욱더 심각한 향신과 향민 충돌을 야기했다.

둘째, 민중의 '집단 기억'이 향신과 향민 갈등이나 충돌의 극단성과 폭력성을 보여주었으며 '악덕 향신'이란 명칭은 향신층에 대한 민중의 시대적 특징을 지닌 하나의 지칭이 되었다. 신정을 시행하면서 각종 명목으로 세금을 더 거두었다. 1900년 이전에는 매년 징수하는 토지세가 3,000만 냥이 못 되었으나 1909년에는 토지세 4,396만 냥을 징수했다. 일부 지방은 신정의 명의로 제멋대로 세금을 더 거두었던 것이다.[54] '신정'을 관장하는 지방 향신은 민중에게서 재물을 뜯어내는 책임자가 되어 민중과 직접적으로 충돌했다. 즈리 쉬안화에서 자치를 행할 때 "그 현의 향신과 관련이 있는 즈리의 경찰을 조사하니 대체적으로 폐단이 많았다. …… 사건 처리에서 인정을 보지 않으면 세력에 겁먹을 지경이다. 경찰 대부분이 현지의 향신인지라 토호열신들은 깔보는 마음이 있다."[55] 징세 과정에서 지방의 관리와 향신 혹은 자치기구가 사익을 꾀하고 부정한 일을 저지르거나 압박 착취하는 경우가 나타나면 백성의 원망이 더욱 심했다. 당시의 사람들은 분노하여 "그들은

---

52 「毁學果竟成爲風氣耶」,『東方雜志』第1卷 第11期, 1904年 11月, p.78.

53 「廣東省農民協會重要宣言」, 中國第二歷史檔案館 編,『中華民國史檔案資料彙編』第四輯(一), 江蘇古籍出版社, 1991, p.578.

54 蔡美彪,『中國通史』第十二册, 人民出版社, 2007, p.207.

55 韓延龍,『中國近代警察史』上, 社會科學文獻出版社, 2000, pp.177~178.

언제나 지방자치의 명의로 징세하고 그 세금을 착복한다."[56]라고 까발렸다. 따라서 향신과 향민의 충돌은 늘 극단적인 형식으로 폭발했다. 저장 서부의 향민들은 향신을 원망하여 향신이나 서리의 가옥을 부수어야 후련해했다.[57] 장시의 호구조사 과정에서 분쟁 때문에 향신이 중재하러 나서자 향민들은 이유 불문하고 그 향신을 구타했다.[58] 1910년 11월 저장성 쑤이창현 향민들이 '말썽을 일으켜' 권학소 책임 향신의 살을 씹어 먹겠다고 하면서 그 향신의 집으로 몰려가 제멋대로 약탈하고 파괴해버렸다.[59] 향신 구타 사건은 고조에 달했다. 향민들의 반항이 날로 심해져 향신을 구타하고 저택을 허물며 도처에서 강탈을 일삼으므로 피해를 입은 향신들은 도시로 도망갔으며 감히 집으로 돌아가지 못했다. 향민들은 향신을 살해하려고까지 했다.[60] 장쑤의 타이저우 민란이 가장 치열했는바 향민들이 현성의 향신 추(儲)아무개를 달아매고 구타했으며 인두로 지져 수차례 기절시켰다.[61] 1904년 광둥 양산(陽山) 민중이 '관리에 저항하고 향신을 죽이자'라는 구호를 내건 것부터 1909년 즈리 펑타이(豊臺) 향민들이 '학당을 훼손하고 향신을 죽이자'[62]라고 한 것까지 – 장시 위안저우(袁州)의 향민도 '현성에 들어가

제5장 향촌 권력구조의 역사적 변천

---

56 市古宙三, 『紳士的作用 : 一個假說』, 周錫瑞, 『改良與革命 – 辛亥革命在兩湖』, pp.133~134.
57 「浙西鄉民鬧荒彙志」, 『東方雜志』 第6卷 第8期, 1910年 9月, p.220, p.221.
58 「記江西調查戶口之風潮」, 『東方雜志』 第6卷 第8期, 1910年 9月, p.222.
59 「浙江遂昌縣鄉民滋事」, 『東方雜志』 第7卷 第11期, 1910年 11月, p.160.
60 「續記江西調查戶口之風潮」, 『東方雜誌』 第6年 第9期, 1909年 8月, p.275.
61 「中國大事記」, 『東方雜志』 第7卷 第4期, 1910年 4月, p.60.
62 「直隷豐台鄉民抗捐記事」, 『東方雜志』 第6卷 第11期, 1909年 10月, pp.349~350. 「江西袁州鄉民暴動余聞」, 『東方雜志』 第6卷 第11期, 1909年 10月, pp.365~367.

학당을 훼손하고 향신을 죽이자'라고 했음—그리고 1910년 광시 취안 저우의 민란에서는 '관리의 핍박으로 백성이 반란하고 향신의 핍박으로 백성이 죽는다'[63]는 구호를 외쳤다. 이는 각지의 향신과 향민 충돌이 점차 극단적이고도 폭력적인 충돌 추세로 나아가는 것을 보여준다.

　1909년부터 1911년 9월까지 2년도 안 되는 사이에 지방자치 때문에 일어난 소란 사태가 전국의 15개 성에 퍼졌는바 장쑤가 37건, 장시가 15건, 저장이 5건, 광둥과 광시가 각각 3건씩이다.[64] 조사원·사무원·자치회 이사 등 직을 맡은 수많은 향신들이 구타당했으며 자치국도 파괴되었다. 하층사회 모순의 격화에 유례없는 압박을 느낀 청나라 조정은 1910년 7월 조서를 발표하여 지방관을 질책했다. "불초한 주와현이 평소 소통을 하지 않고 행정과 자금 조달 등 사무를 살피지 않은 채 지방의 향신들에게 위임한다고 들었다. …… 잡념을 품고 사리사욕만 채운다. …… 원한을 품은 백성들이 유언비어를 날조하여 사태가 발생한다."[65] 청나라 말기의 사회 상황은 거의 신정과 민란으로 이루어졌다고 볼 수 있다. 한편으로 지방 향신들이 신정의 장점만 널리 알리면서 민중이 받아들이지 않더라도 반드시 시행했다. 또한 명의만 민권인 향신권력으로 지방사회 공공사무와 공공권력을 관장하여 향신권력의 확대를 가져왔다. 다른 한편으로 신정의 시행 및 향신권력의 부흥은 하층사회 특히 향촌에서 광범위한 호응을 얻은 것이 아니라 보편적 무관심, 나아가 불만과 반항을 불러일으켰으며 심지어 요언이 난무

63　「記廣西匪亂近狀」,『東方雜志』第7卷 第7, 10期, 1910年 7月.「淸末民變年表」(下),『近代史資料』, 1982年 第4期, p.103.

64　馮兆基,「晩淸軍事改革引起的社會反響」,『國外中國近代史研究』第22輯, p.192.

65　『淸實錄』第60冊, 中華書局, 1985, pp.661~662.

하고 백성의 원망이 들끓었다.[66] 하층 민중의 '집단 기억'에서 '악덕 향신' 개념이 '향신' 칭호를 대체했으며 모든 신정은 악덕 향신 네댓 명이 좌지우지했다.[67] 각지의 '민란' 원인에 대해 "격변의 원인을 충분히 알 수 있는데 결코 한쪽 탓만 아니고 악덕 향신 모두 그 죄로부터 자유로울 수 없다. …… 향민들이 평소 크게 원망하는 자들로는 관리와 악덕 향신이다."[68]라고 했다. '악덕 향신' 호칭은 사실상 크게 흥기하는 향신권력에 대한 민중의 '집단적 표현'이다.[69]

셋째, 민란에서 반복적으로 형성된 민중의 '집단 기억'은 점차 사회 여론의 주목을 받아 시대적 특징을 지닌 '사회적 기억'을 형성했다. 이 기억은 '민란'과 '향신-향민 충돌'의 역사적 발전 과정에서 형성되고 강화되었으며 무술변법 시기의 '향신권력 부흥'에서 대혁명 시기의 '향신권력 타도' 사이의 역사적 전환 과정을 만들어냈다. 전통 황권과 향신권력의 정치체제 구조에는 종래로 민권이 없었다. 민권이 창도하는 것은 전통사회가 근대사회로 나아가는 시대 가치를 지닌 표징이다. 무술변법 시기에 성행하던 향신권력 부흥에서 신정 시기의 향신권력 확대에 이르기까지 시종 '향신권력 부흥'이란 기치를 내걸었다. 무술변법 이후 향신을 주체로 한 지방정치제도 개혁의 역사 추세에 근본적인 변화가 발생하지 않았으며 오히려 훗날 청나라의 신정이나 지방자치 제도의 변화에서 향신권력은 대폭 확대되었다. "각 성에서 지방자치를 행할 때 총독과 순무는 주와 현에 위임하고 주와 현은 향신에게

---

66   中國史學會 編, 『辛亥革命』第3冊, 上海人民出版社, 1957, p.401.

67   「中國大事記」, 『東方雜志』第7卷 第8期, 1910年 8月, pp.99~100.

68   「記丹陽鄉民暴動事」, 『東方雜志』第6卷 第9期, 1909年 8月, pp.270~272.

69   『山東旅京同鄉萊陽事變實地調査報告書』, 中國史學會濟南分會 編, 『山東近代史資料』第二分冊, pp.5~27.

위임한다. 향신 중에서 공정하고 청렴결백한 자는 종종 위험하다고 간주되고, 졸렬하고 교활한 감생들이 표를 얻어 직원이나 의원 혹은 이사가 된다. 이러한 대다수 감생들은 자치 장정이나 자치 원리를 알지 못하며 일단 당선되면 향민을 착취하는 낡은 수법으로 자치를 행한다. 이들은 급하게 행하다가 졸지에 실패하거나, 겉으로 하는 척하면서 허세를 부리거나, 공권력을 빙자하여 사욕을 꾀하거나, 교묘히 명목을 내세워 사익을 도모한다. 심지어 어떤 자는 아전과 내통하고 지방관과 사귀면서 이익을 꾀하고 패를 지어 나쁜 짓만 한다."[70] 따라서 전통 시대의 '향신은 한 고을의 희망이요, 사대부는 사민의 으뜸이라'[71]던 가치 지향은 가뭇없이 사라지고 전통 사회구조와 서로 다른 이른바 자치와 동일시해서는 안 되는 '향신통치'[72] 사회가 나타났다. 이에 따라 '향신권력 부흥'에서 '향신권력 타도'에 이르는 특정 역사 단계에 들어섰다.

신정이 시행된 지 얼마 안 되어 '향신권력 부흥'이란 역사적 전망에 대해『대공보(大公報)』는「향신권력을 논함(論紳權)」이란 평론을 발표했다. "세계의 각 문명국에는 모두 이른바 향신권력이 없다. …… 향신권력의 발달은 지방사무의 정도와 향신의 자체 세력에 따라 다르다. 백여 고을의 일을 한 사람의 힘으로 다 할 수 없다. 법률·세금·소송 따위로 지칠 대로 지쳐서 신정을 도우려고 해도 번잡하여 돌볼 겨를이 없다. 관리들이 맡지 못하여 부득이하게 향신의 신세를 질 수밖에 없

---

70   故宮博物院明清檔案部 編,『清末籌備立憲檔案史料』下, p.757.
71   田文鏡·李衛,『欽頒州縣事宜·待紳士』, 羊城書局同治十二年重刊本, p.32.
72   趙如珩,『地方自治的理論與實際』, 華通書局, 1933, p.17.

다. 따라서 신정이 시행된 이후 향신권력이 조금씩 발달했다. …… 신정을 시행한 이후 교육이나 순경, 지방자치를 위한 이런 일을 속리의 능력 밖의 일이므로 향신의 신세를 질 수밖에 없다. 유능한 자가 직권을 잡으면서 향신권력이 점차 발달했다."

'향신권력 부흥'으로 '민권 부흥'을 도모하는 정치제도 구상은 이루어질 것인가? 향신권력 통치로 지방자치를 진정으로 시행할 수 있는가?『대공보』는 확답을 주지 못한 채 향신권력의 발달이 과연 축하할 일인지 여부는 향신권력의 작용으로 생기는 결과로서 정해야 한다고 했다. 적어도 당시 민란 양상을 띤 향신-향민 충돌이 갈수록 격렬한 상황에서 향신권력 부흥으로 선양한 민권 의도가 사회 여론의 의혹을 받았다.「향신권력을 논함」은 향신권력을 이렇게 전망했다.

첫째, 향신권력을 발달시킨 후 그 모든 역할은 지방 인민을 대표하는 것으로 민심이 위로 전달되지 못할 경우 향신이 알려주어야 한다. 민사가 번잡하여 처리를 요할 경우 향신이 사람을 추천해야 한다. 어진 관리가 공무가 다망하여 힘을 다할 수 없을 경우 향신은 함께 돌보아야 한다. 향신은 관리를 보좌해야 한다. 지방의 사무를 잘 아는 자보다 지방의 자가 나으므로 이것으로 자치의 기반을 두면 타일 헌정의 기반이 된다.

둘째, 향신권력을 발달시킨 후 그 모든 역할은 관리를 대표하는 것으로 관리가 이익을 가만히 독점하려면 향신의 힘을 빌려 앞잡이로 삼는다. 관리가 백성을 착취하면서 새어나갈까 봐 걱정할 경우 향신의 힘을 빌려 행한다. 관리가 향신을 얻으면 제멋대로 나쁜 짓을 할 수 있고 향신이 관리에게 붙으면 그 독이 더욱더 자라나면서 뜻한 대로만 되어 뜻을 이루지 못하는 자가 없다. 향신은 관리의 하인이나 다름없다.

실제로 신정 시행 6년 후『대공보』는 향신권력 부흥을 우려했다. "우려하는 것은 향신권력이 발달하지 못하는 것이 아니라 발달한 다음의 결과이다. 고개를 들어 앞을 바라보면 기쁘면서도 두렵다." 이는 하층사회 권력구조 현황이 역사의 추세를 알려주기 때문이다. "이러한 향신이 있은 후 학당이 관청의 서당으로 변하고 순경이 관청의 포리로 변하여 모든 신정이 향신의 이름으로 관리의 실속을 챙긴다. 금일 향신권력 현상은 대부분 이러하다. 그러면 우리나라에서 발달한 향신권력을 어찌 축하하겠는가? 헌정을 바라지 못하여 자치라도 바라려 했건만 자치도 바라지 못하여 이젠 향신권력을 바란다. 현재 약간의 위안이라도 안 하는 것보다는 나으니 모든 바람을 감춘 채 현명한 향신을 바라보니 과연 실망하는 사람을 더욱 절망케 하노라!"[73]

신세대 지식인 집단이 점차 엘리트로 성장하여 사회 여론을 주도할 때 하층 민중의 '향신-향민 충돌' 역사적 사변에서 축적된 '학당을 훼손하고 향신을 죽이는' 기억이 자연적으로 사회-권력구조를 재편하는 역사적 근거가 되어 '향신과 농민은 불구대천의 원수'로 변했다. 4,000년래, 향신층의 정치적 기반이 된 지방정치 구조를 부수어야만 철저한 개조를 단행할 수 있으며 최저한의 직접적인 민권 정책을 실현할 수 있다.[74] 그러므로 향신권력 부흥으로 민권 부흥을 도모한 역사적 발전 과정은 향신권력 타도로 민권을 실현하는 역사가 되었다.

73 「論紳權」,『大公報』, 1907年 6月 2日.
74 甘乃光,「紳士民團縣長何以反對農會」,『中國農民』, p.10期, pp.4~6.

3) 사회구조 재편에서의 권신(權紳)

비록 역사상 향신권력이 명나라보다 번창한 적이 없었지만 황권의 압제로 건륭 -가경 연간 이후 향신권력이 갈수록 쇠퇴해져 전제정치의 진화와 반비례했다. 따라서 '근자에 지방의 모든 신정을 거의 향신이 관장하는' 제도 변천이 향신권력 발전의 맹아가 되었다.[75] 신구 제도의 변동과 사회 권력구조의 재편에서 향신권력 부흥은 유례없는 역사적 기회를 얻었다. 신정의 시행은 '구정' 시대의 쇠퇴를 의미하며 전반 사회-문화의 시대적 변동을 표시한다. 그 시대적 특징에 대해 량치차오는 "오늘의 중국은 과도시기의 중국이다. ⋯⋯ 오늘 중국의 현황은 일엽편주가 해변가를 떠나 바다의 한가운데 다다른 것과 같아 양쪽 끝이 모두 해안에 닿지 않은 모양새이다."[76]라고 말했다. 이때 사회 이익관계와 사회 권력구조 등은 끊임없이 분화하고 재편하고 있었으며 '관청과 백성의 매개' 역할을 하던 향신층은 향신권력 부흥이라는 시대 덕분에 관청 '신정'의 신뢰를 받아 이 '과도기'에 번창했다.

과도기의 사회이익과 권력구조는 격렬한 변동과 재편에 처해 있었다. 지방 공권력과 공공사무의 중심에 자리 잡은 향신은 신분과 지위, 그리고 그 지방사회와의 이해관계에 있어서 전통 시대와 거리가 멀었다. 전통 시대의 향신은 지방 정사에 관여해서는 안 되며 관청을 틀어쥐면 그 죄를 받아야 했다.[77] 향신은 제도적 권력을 부여받지 않았지만 향촌사회의 사회적으로 약속된 자연적 권위를 행사하면서 관청과

75 「論紳權」, 『大公報』, 1907年 6月 2日.
76 梁啓超, 「過渡時代論」, 李華興 · 吳嘉勳 編, 『梁啓超選集』, 上海人民出版社, 1984, p.168.
77 王先明, 『近代紳士-個封建階層的曆史命運』, p.59.

백성 사이의 사회 분야에서 권리를 유연하고도 넓게 행사할 수 있는
공간을 갖게 되었다.

관청-향신-향민 삼자 이익 관계구조에서 향신은 '관청과 백성의
매개'이며 적어도 사회 공공이익에서는 향신과 향민 사이에 더욱 많
은 일치성이 있다. 동치 연간, 창장 중류 지역 향촌사회의 향신과 향
민은 세곡 징수 때문에 연합하여 관청에 대항했다. 일부 지역에서 향
촌 종족이 쩍하면 사람을 모아 관청에 대항하고 위세를 부리면서 약자
를 업신여기며 종묘를 사람을 모으거나 도주하는 비호물로 삼았으므
로 살인사건이나 강도사건 범인이 횡포한 촌락에 숨어들어 체포에 대
항했다.[78] 그러나 1901년 이후의 신정 구축에서 신구 체제의 변동은
향신층 내적 구조의 변화와 재편을 초래하고 기존의 권력 제약 관계
를 타파함으로써 결국 지역사회에서 향신-향민 관계의 급격한 반전
을 불러왔다. 또한 향신층 자체에도 대규모적인 격렬한 분화가 발생했
다. 향신층의 다방면 이동으로 그들의 '공명' 신분은 점차 상실되어 더
이상 특정 봉건 등급을 구성하지 않았고 그들이 세분화되고 있는 신흥
사회직업에 받아들여져 분화되었다.[79] 이렇게 안정된 사회계층의 내
적 응집력은 변동된 사회로 인해 없어졌다.

78　陶澍,「縷陳巡閱江西各境山水形勢及私梟會匪各情形附片」,『陶文毅公集』
　　卷25, 章開沅 等 主編,『中國近代史上的官紳商學』, p.388. 장중리의 연구
　　는 향신들이 고향의 복지 증진과 이익 보호를 본인의 책임으로 간주하여
　　정부 관리들 앞에서 그들은 지역 이익을 대표했다. 그들의 이익에 어긋나
　　면 향신은 관청의 행정을 비판하고 반대한다(張仲禮 著,『中國紳士－關于
　　其在19世紀中國社會中作用的研究』, 上海社會科學院出版社, 1991, p.50,
　　p.51, p.67).
79　王先明,「中國近代紳士階層的社會流動」,『歷史研究』, 1993年 第2期,
　　p.94.

'신정' 이후의 '연쇄적인 제도 개혁'을 겪으면서[80] 사회이익과 관계 구조는 재편되었다. 사회권력구조에서 지방공권력을 차지한 권력층은 더는 전통 시대 향신층의 '사(士)'를 기본 구성 요소로 한 특징을 지니지 못했다.

첫째, 향신의 '사' 특징은 이미 약화되었다. 웨이광치의 연구에 의하면 "지방자치의 시행에 따라 전통 향신이 주도하는 공공사무의 역할이 새로운 집단에 의해 대체되었다. 이 새로운 집단은 각종 '신정'과 자치기구의 책임자로 이루어졌는데 여기에는 현의회 의원과 의장, 교육·경찰·실업·재무 등 기구의 책임자, 상회·농회·교육회 회장, 지방자위단 우두머리, 각 구와 향의 책임자 및 중학교와 소학교 교장 등이 포함된다." 이러한 자들을 사회에서 '향신'이라고 불렀다. 하지만 "우리가 볼 때 전통 향신들은 사회적 지위를 지닌 집단으로 이는 지방 사회의 '상층'과 '명류'의 자본이 되며, 그들이 과거에 급제하고 벼슬길에 올라 관료로서의 명성을 얻는 바탕이 된다. 그러나 신향신은 하나의 권력집단으로 그들은 현행 공공조직이나 기구에서 직권을 틀어쥐고 있는바 우리는 신관리향신계층이라고 부른다." 이러한 '신관리향신'의 전통적 공명은 별로 우세적이지 않으며 신학 출신 및 지방 공권력과 공공사무를 관장하는 것이 권력 구성의 중요한 요소가 된다. 지방 향신권력 구조에서 신식학당 출신이 대다수를 차지했다. 즈리 완현(完縣)의 1908~1928년 역대 권학소장과 교육국장 14명에서 완전한 신

---

80 한 제도의 변동이 또 다른 제도의 변혁을 일으켜 결과적으로 제도 전체의 계열적인 변혁을 초래한다. 청말 신정부터 과거 폐지, 지방자치, 관제 개혁, 입헌 운동, 나아가 공화제 흥기와 군주제 소멸로 일종의 상호 연관적이고 연쇄적인 변혁을 이루었다.

식학당 졸업자가 11명, 완전한 과거 출신이 1명, 과거 겸 신식학당 출신이 2명이다. 즈리 가오이현(高邑縣)의 1906~1929년 역대 현학무기관 책임자 14명은 전부 신식학당이나 유학생 출신이다. 신관리향신 계층은 문화적 배경의 동질감이 부족한 권력집단에 불과하다.[81] 민중은 향신과 신관리향신에 대해 다른 태도를 취했다. "향촌의 자제가 수재가 되어 처음으로 집에 돌아오면 온 집안 식구만 즐거워하는 것이 아니라 온 마을과 이웃 마을 사람들까지 모두 수 리 밖에 나와 환영한다. 그러므로 모든 일에서 훈장이 시키는 대로 한다. …… 설사 훈장에게 불법 사항이 있더라도 감히 대항할 자가 없다. …… 일반 신향신은 구향신과 대등하다고 자처하지만 향민의 존경을 별로 받지 못한다. 일반 향민들은 그들의 공부 여부를 모르기 때문에 결코 믿고 복종하지 않는다. 하지만 백성들은 그 세를 두려워하여 …… 비록 마음속으로 별로 존경하지 않지만 두려워하지 않은 적도 없다."[82]

둘째, 지방사회의 공권력과 공공자원에 대한 통제와 점유는 지방 향신권력의 기본 요건을 구성한다. 청나라 말기 이후의 제도 변천에서 무릇 경찰·보위·학교·농공·도로·교량·토목공사·소방·보건·빈곤 구제·병원 및 모든 사무는 모두 지방자치를 위해 해야 할 일들이다.[83] 그러므로 당연히 지방 향신권력의 통제 범위에 들어가야 한다. 현과 끊임없이 바뀌는 기구들은 향신권력을 구축하는 주요한 제도적 보장이다. 1912년 이후 보편적으로 공관국(公款局)을 설립했다.

---

81 魏光奇, 『官治與自治-20世紀上半期的中國縣制』, pp.360~361.

82 民國『霸縣新志』禮俗志, 魏光奇 著, 『官治與自治-20世紀上半期的中國縣制』, p.362.

83 「論地方自治制宜先行之都市」, 『東方雜志』第3卷 第9期, 1906年9月, p.191.

주요 직책은 본 현의 지방 수입과 지출 및 특별 세금 관리이다. 대부분 관계자는 현지 향신이며 비공식적 관리로 정부에서 감독하고 민간에서 운영하는 성격을 띠었다. 국장 1인을 두며 현지 향신들이 선출한후 상부에 올리면 지사가 위임했다. 이 밖에 권업소 · 실업국 · 금연국도 대부분 지방 향신이 관장하고 국장은 현지사의 명에 따라 지방의행정을 처리했다.[84]

20세기의 첫 20여 년은 신구 체제가 바뀌는 과정이었다. 구동(區董, 구역 감독)은 대다수 향신이 담당했는바 이들은 현관청의 인정을 받았으며 '자치'라는 명목 아래 '선거'를 통해 의사회에 진출하여 '의정'과'참정'을 시작했다. 심지어 경찰 비용은 향신 출신인 구동이나 경찰 감독에 의해 조달했는데 향신들은 경제를 조종 수단으로 경찰을 통제하여 향촌사회를 간접적으로 통제하는 목적을 달성했다.[85] 향신권력 제도화의 과정에 따라 신정 시행부터 일부 지방의 각 사무를 담당하는향신들은 지방의 정치에 참여할 수 있는 권리를 얻었다.[86] 모든 지방의 공공단체 조직은 그 지역의 향신 기관에 불과했다. 그 당시의 사람들은 1940년대 허난 충현(崇縣)의 지방 상황을 이렇게 회고했다. "그현에서는 일찍 외지에서 고급관리를 역임한 자를 '수석 향신'이라고불렀고 현정부의 교육과장을 역임한 자를 '중급 향신'이라고 불렀으며구장 · 향장 · 진장 · 보안대장을 역임한 자를 '향진 향신'이라고 불렀

84 湖北省地方志編纂委員會 編, 『湖北省志』 政權卷, 湖北人民出版社, 1996, p.136. A.B. 巴庫林, 『中國大革命武漢時期見聞錄(一九二五~一九二七年 中國大革命劄記)』, p.32, p.77.
85 從翰香, 『近代冀魯豫鄉村』, 中國社會科學出版社, 1995, p.58.
86 魏光奇, 『官制與自治-20世紀上半期的中國縣制』, p.364.

다."[87]

향신들은 '체제적'인 공권력을 장악한 외에 학전, 선당전(善堂田, 지방 자선단체 경비 조달을 위해 확보된 경지), 사당전(祠堂田, 제사 비용을 충당하기 위한 경지), 의창전(義倉田)과 같은 공전과 공금 등 지방공공사무도 관장했다.[88] "중국에는 사당이나 묘우, 사원 재산을 관장하는 지주가 있다. …… 실제로 일부가 이러한 공공토지 관리권을 장악하고 있어 토호열신이 되기 쉬우며 중국에서 특수 수요를 지닌 지주층이다."[89] 종족의 족전과 향촌의 묘우전(廟宇田) 역시 공전이다. 불교나 도교 사원의 사원전은 본래 공전이 아니었으나 신정 이후부터 상당 부분을 학전에 편입시켰다. 따라서 국민혁명 시기의 후난·후베이·광둥의 농민협회운동 자료에서 일반적으로 사원전을 공전으로 규정했다.[90] 유용태의 연구에 의하면 1934~1935년 후난과 후베이 각 현의 공전 평균 면적은 각각 4.4만여 무와 3.2만여 무였다. 권신 지위에 대한 공공재산의 영향은 두말할 것도 없어 지방자위단을 조직하는 중요한 경제적 보장이며 또한 공공재산을 지배하는 소수 권력자가 향촌의 경제와 정치기구를 조종하기도 한다.[91] 심지어 이들은 사당의 제사의식을 주

---

87 『嵩縣文史資料』第一輯, pp.20~21. 魏光奇 著, 『官制與自治－20世紀上半期的中國縣制』, p.381.

88 光緒, 『湘潭縣志』卷2 『公田表』及 卷7 『禮典志』, 成文出版社, 1970, pp.233~267, pp.581~582, p.601. 光緒 『大治縣志續編』卷4 『建置志』及 卷5 『學校志』, 成文出版社, 1970, p.51, p.86.

89 田中忠夫, 『國民革命與農村問題』上卷, p.9.

90 「農民運動講習所學員聽課記錄」, 中央檔案館·廣東省檔案館 編, 『廣東革命歷史文件彙集 1923~1926』(內部資料), 1982, p.230. 鄧雅聲, 「黃梅農民生活狀況」, 『湖北農民運動』第1期, 1927, pp.28~29.

91 비록 자료에서 '공유지'와 '단체소유지'를 구분했지만 이들은 모두 '비국유', '비사유' 토지이므로 '공전(公田)'이라고 해도 무방하다(柳鏞泰, 「國民革命

관하면서 향신권력을 차지하여 신성한 상징적 자본으로 자신들의 권력과 권위를 정당화시켰다. 권력자들은 제사의식을 주관하는 과정에서 신과 소통하는 모습을 보여 권력자의 폭력적 본성을 미화한다.[92] 종족 사당과 지방의 신묘는 종족 권력이나 향촌 권력의 중심으로 권위의 상징이기도 하다. 동족 향촌에서 족장 권력이 바로 향촌 권력이고 종족 사당은 그 집행 기구이다. 족장 권력의 상징인 종족 사당은 족전의 분포와 거의 일치하다. 예를 들면 후난성 리링현을 보면 평균 881명당 하나의 종족 사당이 있었으나 광둥성 중산현 샤오란진(小欖鎭)에는 31명당 하나의 종족 사당이 있었다. 후난성의 족인에 대한 종족 사당의 구속력이 광둥성보다 약하다.[93] "후난성 각 현의 공공재산 명목은 매우 많다. 종족에는 사당 재산이 있고 종족의 각 지손에는 지손의 재산이 있으며 사원에는 사원 재산이 있다. 그리고 교량회(橋會)·도로회(路會)·의숙·애육원 등에는 모두 전지 부동산이 있었는데 세를 많이는 수천 석, 적게는 수십 석을 받았다."[94] 그러나 공전의 세는 겉으로 보기에는 공공기관의 수입이나 사실상 모두 토호의 수입이다.[95] 뿐만 아니라 공공재산의 사익화 추세는 권신화 과정과 함께 한다. 19세기 말부터 20세기 초까지는 상업화의 발전 과정과 신정 이후의 정치체제 변화의 과정에서 시장 논리로 '공(公)'적 윤리를 대체했으며 공

時期公産, 公堂問題-兩湖與廣東農民運動之比較」, 南京大學中華民國史研究中心 編, 『民國研究』總 第5輯, 1999, pp.6~7).

92 Emily M.Ahern, *Chinese ritual and politics*, Cambridge: Cambridge Univ. Press,1981, pp.77~92.

93 柳鏞泰, 앞의 글, p.7.

94 「湖南的農民」, 『向導』 第181期, p.1905.

95 中央檔案館 編, 『中國共産黨第二次至第六次全國代表大會文件彙編』, 人民出版社, 1981, p.235.

공재산과 제사의식은 급속히 쇠락했다.[96] 공전은 원칙적으로 매매가 금지되었지만 상업화의 영향으로 1920년대 말기에 1/3의 공전이 팔렸다.[97] 의창의 창곡을 팔아 고리대자금으로 만들었고 거기에 군벌이나 토호들이 공전과 공금, 창곡을 강매하거나 탈취했으므로 민국 초기의 공공재산은 크게 쇠락했다. 후난성 각 현의 자치조사사무처의 조사보고서에 의하면 유현(攸縣)에서는 사당 재산의 60%를 학교 자금으로 충당했을 뿐, 나머지는 관리자가 팔아먹어 예법이 쇠퇴해졌고 신닝현(新寧縣)에서는 문창제군·지신·제단·사당의 제사를 모두 폐지했다.[98] 따라서 공공재산 및 '공'적 윤리를 바탕으로 확립된 향촌 권력 관계에 구조적 변동이 발생했다. 한편 농민 출신인 신학지식인 청년들이 지역성 청년단체나 학생연합회 등을 결성하여 지방정치투쟁을 전개했다. 특히 이들은 공공자원 관리 기구를 차지하고 사익을 도모하는 향촌 권력자의 비도덕성을 폭로했으므로 향촌 권력자와 대립했다. 이 역시 향촌 권력 관계 변동을 가속화했다. 그러므로 유용태는 공공재산 및 사당의 쇠퇴는 농민 출신의 근대지식청년의 출현과 함께 1920년대 농민협회 발전의 구조적 요인과 주체적 요인이라고 간주했다.[99]

둘째, 향신권력은 이미 '체제' 내의 권력으로 들어갔다. 전통 향신들의 지방사무 참여는 관청의 요청에 의한 것이지 공식적인 제도나 그들이 소재한 지방 부락공동체의 고유한 정치 시스템을 통해 실현한 것이 아니다.[100] 전통 향신의 특징은 향토성과 지방성에 있다. 그러나 각

96 柳鏞泰, 앞의 글, 같은 곳.

97 章有義 編, 『中國近代農業史資料』 2輯, p.70.

98 『湖南各縣調査筆記』 下, 1931, p.126, p.135.

99 柳鏞泰, 앞의 글, p.8.

100 馮兆基, 「晩淸軍事改革引起的社會反響」, 『國外中國近代史研究』 第22輯,

급 의사기구의 설립으로 향신들의 활동 공간이 크게 넓어져 향촌 공동체는 성(省)의 범위로 나아갔으며 비공식적인 권세가 공식적인 입법기구로 나아갔다.[101] 향신의 권력 공간도 크게 넓어졌는바 1908년의 「성 · 진 · 향 지방자치 장정」의 규정에 의하면 의원의 직책에는 학무 · 보건 · 도로 · 공사 · 농공 · 상무 · 자선 · 빈곤구제 및 각종 사무의 자금 조달과 향신들이 관장하던 기존의 사무 취급 등이 포함된다.[102] 향신권력의 확대는 기존 권력에 대한 인정과 보충이며 근대의 신형 공권력에 대한 통제와 조종이기도 하다. 일단 이러한 서양식 기구를 통제하면 향촌권력을 완전히 독점할 수 있다.[103] 현대적 특징을 지닌 '신정'의 제도적 구축은 민주정치 시스템의 발전으로 향신이 공식적인 정치 방식으로 권력을 행사하고 영향력을 미치는 새로운 기회였다.[104] 그리고 각종 신식 단체와 기관 등 권력기구 역시 향신권력 체제화의 중요한 내용 중 하나이다. 상회 · 농회 · 학교 이사회와 각종 준정부 기구의 설립 취지는 상공업 발전의 촉진에 있었다. 향신들은 이러한 조직, 특히 상회를 통제했다. 근대 향신권력은 신정의 제도화 구축을 빌려 '체제' 내에 안착하여 새로운 사회 권력 재편의 중요한 내용으로 자리 잡았다.

상술한 내용에 근거하여 청말민초의 향신권력 변화의 기본 추세를

---

p.180.

101 王先明, 『近代紳士─個封建階層的歷史命運』, p.303.

102 「憲政編查館奏核議城鎭地方自治章程並另擬選擧章程折」, 故宮博物院明清檔案部 編, 『淸末籌備立憲檔案史料』下, pp.728~729.

103 艾愷, 宗旻 · 冀建中 譯, 『最後的儒家, 梁漱溟與中國現代化的兩難』, 江蘇人民出版社, 2011, p.229.

104 馮兆基, 앞의 글, p.182.

보면 지방 권력구조에서 '향신(Scholar-gentry)에서 권신(Power-gentry)으로'의 역사적 변화가 발생했음을 알 수 있다. 신정과 그 이후의 제도 변화는 향신권력의 확대에 합법적인 근거를 제공하여 지방 공권력을 은밀히 휘두르던 향신들이 공공연히 '권신'으로 변하게 했다.

그러나 이 역사적 변동, 특히 향촌사회 권력의 변이에 대한 사회 문화의 동질감이 뒤떨어지는 것은 여러 가지 칭호의 혼용에서 알 수 있다. 유행하던 '악덕 향신' 외에 당시에 '부패한 향신, 탐욕스러운 향신, 거짓 향신, 저질 향신, 간사한 향신'[105]으로도 불렸으며 '불량 향신, 무뢰배'[106]로 지칭되기도 했다. 쑨원은 민국 시기에 "현 의원 행세를 하는 자는 악덕 향신이나 건달, 깡패가 틀림없고 지방 사무를 행하는 자도 그러하니 현 자치의 성과를 이로써 알 수 있다."[107]라고 했다. 이는 어느 정도 '향신'이 '권신'으로 변화하는 사실을 보여준다. 당시 신문에서 "후난성에도 권신이 조세 바치기를 거부한다."는 등[108] '권신'이나 '악덕 향신'[109]을 사용하곤 했지만 아직 사회적 합의를 이루지는 못했다. 오히려 '향신'은 특정 사회-문화 기호의 '역사적 기억'으로 여전히 널리 인정받았으며 변동된 사회구조 속에 내재되어 있었다.

잘 알다시피 향신의 지위는 공명, 학문과 품행, 학문적 위상, 관직을 통해 얻은 것으로 이러한 신분을 지닌 자는 자연적으로 향신 집단

청말민초의 향신권력 변천

105 「考査山西政績紀要」, 周秋光 編, 『熊希齡集』下冊, p.1658.

106 于忠迪, 「生活問題與士紳階級」, 『中國靑年』第80期, 1925年 5月, 人民出版社, 1966年 影印, pp.443~444.

107 陳旭麓·郝盛朝 主編, 『孫中山集外集』, 上海人民出版社, 1990, p.37.

108 徐羽冰, 「中國田賦之一考察」, 『東方雜志』第31卷 第10期, 1934年 5月, p.64. 「考査山西政績紀要」, 周秋光 編, 『熊希齡集』下冊, p.1658.

109 積憤子, 「論勢紳之可畏」, 『大公報』, 1909年 12月 20日.

의 구성원이 된다. 이 중 '학문과 품행, 공명'과 관련되는 '사(士)'의 요소는 가장 선명하면서도 기본적인 특징이다. 공명, 학문과 품행, 학문적 위상은 모두 그 신분 소유자의 교육을 받은 정도를 보여주며 관직은 일반적으로 교육을 받고 시험으로 증명된 사람에게 수여하는 것이다. 과거제가 바로 이러한 제도를 지탱해주었다.[110] 이는 '사신(士紳)'이 향신층에서 가장 안정적인 핵심임을 결정한다. 세금 납부와 군공 등 경로로 얻은 신분 역시 사신층에 속한다. 하지만 민국 초년의 지방 '향신'은 '사(士)'의 자격이나 신분 위주가 아니어서 그 범위가 넓고도 복잡했는바 지방관리 · 학자 · 명사 · 사회단체 책임자 · 지방무장 세력의 우두머리 · 대상인 · 대지주 · 부농을 포함한 번잡한 집단이었다.[111] 웨이광치가 연구한 즈리를 보면 지방 '신정'과 자치기구의 책임자에는 현 의회 의원과 의장, 교육 · 경찰 · 실업 · 재무 등 기구의 책임자, 상회 · 농회 · 교육회 회장, 지방자위단 우두머리, 각 구와 향의 책임자 및 중학교와 소학교 교장 등이 포함되었다. 이들은 전통 '사신'의 특징은 없지만 이들이 전통 '사신'의 역할을 담당하므로 여전히 지방사회에서 '사신'으로 불렸다.[112]

따라서 향신은 '역사적 기억'만의 사회 기호나 '역사 자료' 정보가 아니라 사실상 사회 재편의 문화적 요소이다. 예전의 '사'는 통치계급으로 각 계급의 으뜸이었으나 서양의 영향을 받은 중국에서 그들은 점

---

110 張仲禮, 李榮昌 譯, 『中國紳士-關于其在19世紀中國社會中作用的研究』, 上海社會科學院出版社, 1991, p.1.

111 王先明, 「士紳構成要素的變異與鄉村權力-以20世紀三四十年代的晉西北, 晉中爲例」, 『近代史研究』, 2005年 第2期, p.252.

112 魏光奇, 『官制與自治-20世紀上半期的中國縣制』, p.360.

점 지위를 잃었다.[113] 변동하는 사회구조와 지방 권신 계층에 대해 여전히 향신으로 동질감을 얻는 것은 이들과는 전혀 다른 내용일 뿐이다. 민국의 "사신층에는 두 부류가 있다. 한 부류는 군벌 · 관료 · 정객에서 낙오된 자들로 이들은 시세에 쫓겨 잠시 물러났으나 기회만 생기면 그 원래의 지위를 회복할 수 있다. 이들은 대외로는 제국주의와 야합하여 인민을 압박, 착취하고 대내로는 자본가 · 대지주 · 건달 깡패의 모습으로 모든 것을 독점하고 민의를 빙자하여 그 세력을 기른다. 또 다른 부류는 이른바 지방의 재야 명사들이다. 이들은 백성에게 영합하여 단체에서 지위를 얻으며 서로를 치켜세우고 제멋대로 허풍을 떨면서 자신의 지위를 스스로 높인다. …… 사신 계급은 직업이 없지만 미관말직도 얻지 못했을 때는 여전히 유명 인사의 지위로 물러나 재기를 노린다. 실업할까봐 전전긍긍하는 우리 백성과는 다른 것은 이들은 관료나 정객 등에서 물러났거나 아직 관료나 정객으로서의 기회를 얻지 못했기 때문이다."[114] 지방 공권력과 공공자원을 점유하지 않는다면 단순한 공명 신분이 지방 사회에 미치는 영향은 이미 미미해졌다. 정직한 전통 향신은 자신이 이 시대의 낙오자가 되어 정치에서 전대미문의 압박 받음을 깨달았을 때 진정으로 지역민의 이익을 중시한다면 농민에게 죄를 짓지 않으려고 은퇴하기를 원한다.[115] '역사적 기억'의 향신과 사회 재편에서의 향신은 아주 큰 역사적 대비를 보인다.

향신은 널리 인정받는 사회문화 기호이며 상대적으로 안정된 '역사

청말민조의 향신권력 변천

---

113 王造時, 「中西接觸後社會上的變化」, 『東方雜志』 第31卷 第2期, 1934年 1月, p.31.
114 于忠迪, 「生活問題與士紳階級」, 『中國靑年』 第80期, 1925年 5月, pp.443~444.
115 吳晗 · 費孝通 等, 『皇權與紳權』, 上海書店, 1949, p.128.

적 기억'으로 남았다. 비록 청말민초의 하층사회 권력구조에 시대 변화가 발생하여 권력 주체가 이미 전통적인 '사신'에서 '권신'으로 전환되었지만 '역사적 기억'인 향신 칭호는 재편되는 사회 권력 체계에 새겨져 변이된 '권신'을 '향신'으로 인정했다.

4) 이익 요구에서 향신의 궐위

1909년 『대공보』에 「신학생(紳學生)」이란 문장이 실렸다. "어떤 향신의 집에는 부동산이 없고 생업에 종사하지 않으며 스스로 권술이 남보다 뛰어나 맨손으로 집을 일으키는데 관아를 왕래하고 서리를 사귀며 향민의 고혈을 짜내 자기 주머니를 채웠다. …… 일본으로 유학을 갔다가 돌아온 이웃집 자식이 졸업증 한 장만 지닌 채 시험을 보았고, 진사 칭호를 받아 학계의 요직을 차지하고 벼슬의 지름길에 들어섰다. 이를 보고 마을을 함부로 유린하던 수단을 바꾸어 유학생에 빌붙어 이익을 꾀했다." 하지만 여색에 빠져 주지육림에서 헤매다가 학비가 모자라 귀국했다. "그 마을 어른들이 십여 리까지 나와 마중하면서 '신학생 만세!'를 외쳤다." 이 '신학생'은 "관리와 사귀고 학회와 연합하여 정부자금으로 학교를 운영하고 도당을 만들어 사리를 꾀하면서 아무 짓이나 다하므로 학계에 도적이 한 놈 많아졌을 뿐이다. …… 오늘 입헌제를 준비하여 각 성에 자의국을 설립했는데 이 비열한 향신이 의원이 되었다 하니 오호통재라!"[116] 이것은 매우 전형적인 사안이지만 여

---

116 「紳學生」, 『大公報』, 1909年 1月 6日.

기서 기술한 신구 제도의 변천에서 전통 '사신'이 '신학생'(신학 자격)으로 지방 정무에 나서 '권신'으로의 역사 과정을 거친 것은 보편성을 띠고 있다. 이 과정과 향신층의 분화 과정은 당연히 함께 전개되었다.

1923년 예더후이(葉德輝)의 「시위안 학행기(郎園學行記)」는 지방의 향신 분화와 향신권력 변동 상황을 기술했다. 이 '솔직하고도 상세한' 일기는 무술변법 이후 후난성의 지방 향신권력이 강해짐을 보여주었다. "개혁 및 군기처 자문 사무에 관해 순무가 사도기신(司道耆紳) 회의를 열자 모두 주저했지만 유독 우리 스승(예더후이)만이 당당하게 말씀했다. 역대 순무는 모두 겸허하게 경청하고 즉시 명령을 내려 시행했다. 후난의 향신권력이 지나치다는 소문이 돌고 왕씨, 장씨, 예씨, 쿵씨 네 향신이 성(省)의 권력을 독점했다는 비방이 있어 외래 관리가 흔히 남의 말을 잘못 듣고 미리 대책을 강구하기 때문에 후난성을 일으켜 세우지 못한다. 오랫동안 함께 일하고 성심으로 만나며 또 후난 향신의 유위함을 싫어하지 않으면 외부의 모멸과 비난을 막을 수 있다. 문양(文襄, 장지동의 시호)은 학교를 운영하여 사람들의 손가락질을 받고 언관의 탄핵을 당했다. 그 상주문에서 우리 스승이 여차여차하고 후난 향신이 여차여차하다고 했는데 우리 스승의 성망이 조정과 재야에 가득함을 알 수 있다."[117] 후난에서 향신의 세가 현의 관리보다 더 커진 모습을 보였다.[118] 하지만 신구 학제의 교체와 신지식 집단의 출현으로 지방 향신권력에도 신구 교체가 발생했다. 개혁 이래 후난의

청말민초의 향신권력 변천

---

117 崔建英整理, 「郎園學行記」, 『近代史資料』總57號, 中國社會科學出版社, 1985, p.107.

118 『紳衿論』, 徐載平·徐瑞芳 編, 『淸末申報四十年史料』, 新華出版社, 1988, p.242.

나이 많은 향신들이 대부분 사망했다.[119] 장펑위안(張朋園)의 연구에 의하면 민국 초기 후난의 신지식 엘리트가 전통 향신을 대체하여 지방 사회의 주도 세력으로 성장했다. "신교육을 받은 자가 자의국의 20% 밖에 안 되지만 국회에서는 64%에 이르니 그 급속한 발전을 알 수 있다. …… 전통 향신층은 점차 쇠퇴해지고 있다."[120] 또한 권신들은 신정을 빌미로 공공연히 백성과 이익을 다투었다. "서로 앞다투어 광산을 개발하니 가난한 자가 벼락부자가 되어 이를 자랑한다. 이익만 있으면 모두 달려들어 산이나 토지 분쟁이 끊이지 않는다. 아무것도 소유하지 못한 향민들은 성에서 요직을 차지한 향신들과 함께 사업하려고 했다. …… 그러므로 후난 향신들은 대부분 광산을 개발하여 목돈을 벌거나 광산을 개발하다가 망했다."[121] 권신과 향신의 흥망성쇠는 청말민초 지방사회 권력구조 변화의 기본 형세로 이러한 형세는 전통 향신의 쇠퇴와 주도권의 상실을 의미한다.

신해혁명 이후 향신층은 큰 충격을 받았으며 향신의 관청과 지방사무에서의 역할은 이미 약화되기 시작했다. 루쉰(魯迅)은 『아Q정전』에서 이렇게 말했다. "당시의 영향으로 말하면 가장 큰 영향을 입은 사람은 오히려 거인 나으리였다. 끝내 장물이 반환되지 않았으므로 그의 온 집안은 모두 울부짖었다. 그 다음은 자오(趙)씨 집이었다. 수재가 성내로 고소하러 갔다가 혁명당에게 머리채를 잘렸을 뿐만 아니라 20냥의 포상금을 뜯겼기 때문에 온 집안이 또 울부짖었다. 이날부터

---

119 崔建英整理, 앞의 글, p.141.
120 張朋園,『湖南現代化的早期進展(1860~916)』, p.168.
121 崔建英整理, 앞의 글, p.143.

그들은 점점 청나라 유신(遺臣)다운 냄새를 풍겼다."[122] 이는 향신의 지위 하락을 단적으로 보여준다. 향신 제도 회복이 제기되어도 당시 사회 여론으로 볼 때 이미 전통 향신은 시대착오적인 전조(前朝)의 유물쯤으로 여겨졌다. 『신보』는 극히 빈정거리는 투의 문장을 실었다. "지방 향신들을 정중히 초빙하여 정무를 협력하여 처리하니 그 책임이 얼마나 크고 일이 얼마나 많은지 모른다. 엄하게 자격을 정하지 않으면 어중이떠중이들이 그 사이를 비집고 들어오니 정원에 따라 뽑아야 한다. 첫째, 청나라의 관리나 퇴직한 고관. 둘째, 청나라의 향음빈(鄕飮賓). 셋째, 청나라 선통 연간 지방관의 추천으로 예부에 보내져 시험에 합격하여 등용된 사람. 넷째, 입만 열면 요임금과 순임금의 공덕을 읊고 공맹지도를 논하는 도학군자. 다섯째, 식객이 기거하는 방이 있는 늙은 서생. 여섯째, 백세가 다 된 허리가 구부정한 백발노인."[123] 신해혁명 이후 전통 향신이 안신입명할 공명과 학력 및 신분 등급은 제도의 준거와 '합법성'을 상실했다. 사회문화적 권위와 사회공동체 리더의 지위가 신제도의 질의를 받았는데 특히 신학 청년층의 도전을 받았다.

향촌사회의 일상생활에서도 이러한 도전이나 충돌의 시대성과 심각성은 주목할 만하다. 1925년 광둥 농민운동에서 신지식청년들은 향신을 "멸망한 청나라의 유신, 즉 퇴직관료로 그 사상행위는 민주정체에 크게 어긋나니 어떻게 함께 논할 수 있겠는가? …… 농회 회원과 비교하면 하나는 혁명가, 다른 하나는 반혁명자라로 실로 천양지차이

---

122 『魯迅全集』第1卷, 人民文學出版社, 1973, p.415.
123 「戱擬聘用鄕紳資格」, 『申報』, 1915年 3月 25日.

다."[124]라고 규정했다. 1938년 푸젠성 사현의 학전 분배 사건에서 전통 수재들이 반드시 각급 신식 학교의 졸업생과 균등하게 나누려고 하여 신학 청년들의 반발을 불러일으켰다. 신학 청년들은 전통 사신들을 "저것들 같은 반혁명적인 청나라 잔당은 현대의 미움을 받지만 도리어 누리면서 감히 서로 비교하며 슬그머니 학전까지 분배받으니 정말 파렴치하다."[125]라고 꾸짖었다. 전통 사신들은 새로운 시대의 시각으로 보면 이미 '법리적' 우위를 지니지 못했으며 '봉건 잔당'이나 '멸망한 청나라의 유신'이란 시대적 낙인이 찍혀 결코 자유롭지 못했다. 따라서 신지식청년이 민국 사회 여론의 주도 세력이 될 때 전통 사신의 이익 요구는 기본적으로 '소리를 내지 못하는' 상황이 되었고 '악덕 향신'에 상응하여 '바른 향신'의 '역사 기억'도 거의 '기억상실'에 처했다. 향신은 전반적인 사회계층으로 신정 이후의 연쇄적인 제도의 변천에도 불구하고 '바른 향신'의 다른 모습으로 존재하는 것은 그 영향을 받은 것이다.

슝시링의 기록에 의하면 1910년 창사의 곡식 탈취 사건의 원인은 향신권력을 점차 소인배가 장악했기 때문이지만 창사에는 여전히 공명정대하고 뭇사람의 신임을 받으며 관리를 보좌하여 훌륭한 계책을 내놓는 '바른 향신'이 있었다.[126] 하지만 '바른 향신'의 세와 영향력은

124 司馬文韜, 「國民黨與廣東農民運動大事記(1924~1927)」(續一), 中國社會科學院近代史研究所近代史資料編輯部 編, 『近代史資料』總 第96號, 中國社會科學出版社, 1999, p.234.

125 『關于各族書田改作族內升學補助費』(1938年 案卷), 沙縣檔案館, 檔案號, 156/36.

126 熊希齡, 「指責前撫岑治理不力致新任湘撫楊文鼎函」, 周秋光 編, 『熊希齡集』上冊, p.352.

대폭 감소되었다. "원래 향신의 지위를 계승해야 할 사람들이 모두 떠나가서 결국 머리 숫자만 채울 수밖에 없으므로 향신 인선 질이 당연히 떨어질 수밖에 없어 이전의 신성한 명성이 날로 흔들리고 있다."[127] 전체 사회 상황 역시 점점 나빠지는 퇴세를 보였다. "민국의 인재는 정객과 의원에 의해 잘못된다. 정객은 권술을 이용하여 분쟁을 만들고 의원은 당파를 이용하여 세력을 응집하는바 모두 사익을 도모한다. …… 세속에 물들지 않는 이들은 누추한 집으로 자취를 감추어 나오려고 하지 않는다."[128] 후베이성 향촌사회에는 '이른바 사신 대부분은 예의로 처리하고 어려운 일을 자임하며 향약을 세우고 경훈을 읽고 농업과 양잠업을 흥하게 하고 방어를 꾀하며 지방을 이롭게 하는' 바른 향신'도 있었다. 하지만 권신에 비하면 이러한 전통 사신들은 향촌에 있는 자들로 밖에 나가 일을 묻지 못하여 이른바 솔직하고 꾸밈이 없으며 호방한 기개로 일변한다.[129] 시대가 변하여 이 세력은 의지할 곳을 잃었고 사신 계급은 무능하게 되었으며 공정인사들은 세속을 떠나 향촌으로 향했다.[130]

　"대저 관리의 치세는 인재를 얻는 데 있어 다소 관리의 치세에 미치지 못한 것을 보충하려면 '바른 향신'을 등용할 수밖에 없다. …… 노련하고 신중한 '바른 향신'을 발탁하지 않으면 민심이 이반되어 합심할 수 없게 되고 새로 들어온 자들은 당황하여 변화의 방법을 장악하지 못하므로 고향의 장래를 걱정하게 된다. …… 향신이 백성을 돌보

127　史靖,「紳權的繼替」, 吳晗 · 費孝通 等 著,『皇權與紳權』, 上海書店出版社, 1991, p.171.
128　熊賓,『鄂北治略』下卷, 襄陽道署印, 1924年 5月, 湖北通志館藏, p.29.
129　湖北省民政廳 編,『湖北縣政槪況 · 導言』, 1934, pp.10~11.
130　『湖北縣政槪況』"枝江縣", p.1039.

지 않고 백성이 향신을 원망하며 향신과 백성은 서먹서먹하다."[131]고 한 형세는 '바른 향신'의 존재와 그 행위가 사회 초점이 될 수 없으며 그들의 존재와 역할은 사회 권력 재편에서 권신에 의해 거의 가려졌음을 보여준다. 물론 사회구조 변동에서 신학 지식인 집단이 사신을 대체하여 여론을 주도하는 역사의 흐름과도 무관하지 않다. 신형 정치의식을 지닌 개항장 집단의 흥기는 중국 사회구조에서의 향신의 중요성을 약화시켰다.[132] 향촌권력 관계에 구조적 변동이 발생하는 것과 아울러 민국 이래 학교의 보급으로 농민 출신 지식청년을 위주로 한 지역적 청년단체나 학생연합회가 결성되어 지방 정치투쟁에 참가했다. 이러한 지식청년의 출현은 1920년대 농민협회가 발전된 주원인이다.[133] 이에 따라 신지식청년의 부상은 사회 재편에서 자신의 이익 요구를 더 많이 표현하고 민중 동원에 힘입어 권신의 '사회적 기억'을 증폭시킨 반면 전통 사신, 특히 '바른 향신'의 실상은 기억에서 사라졌다. 물론 이는 문제의 한 단면일 뿐이다.

"집단 기억은 항상 오늘날의 현실과 연결된다. 기억은 항상 구체적이고 주관적이고 감정적이며, 항상 특정한 집단과 연결된다."[134] 그러므로 1920년대 국민당이 민족-국가권력의 재건에 힘쓰면서 향촌사회에 침투할 때 향촌 권력층인 권신들의 완강한 저항에 부딪쳤다.

후난의 향촌 정권은 거의 지방자위단에 의해 장악되었다. 지방자위단은 각자 제멋대로 일하고 총으로 자위하며 소식이 통하지 않아 인접

---

131 頤瑣, 「黃繡球」, 阿英 編, 『晩淸文學叢鈔』 小說卷上册, 中華書局, 1982, p.168, p.353.
132 費孝通, 『中國紳士』, 中國社會科學出版社, 2006, p.132.
133 柳鏞泰, 앞의 글, p.8.
134 沈堅, 「法國史學的新發展」, 『史學理論研究』, 2000年 第3期, p.81.

한 향촌 간에 서로 감시해주고 비상시에는 상호 협조하여 대처하는 도리를 다하지 못할 때도 있다. 지방 향신들이 장악한 각 구의 지방자위단은 형식적으로 현청의 위임을 받지만 사실상 현청의 권력이 비어 있어 진정으로 향간에 깊이 들어가 작용하기는 어렵다. "지방자위단은 제멋대로 일한다. …… 뿐만 아니라 각 지방자위단은 민형사 소송까지 처리하여 총국의 명령을 시행하지 못하는 경우가 많아 기구가 방대하여 지휘하기가 힘든 폐단이 속출했다. 민간에서는 8개 구의 민간자위단 단장을 8제후라고 불렀으니 그 기세를 짐작하여 알 수 있다."[135] 광둥 난하이현(南海縣) 포산(佛山)의 악덕 향신과 퇴직 관료, 청나라 유신은 오래전부터 공공재단의 재산을 착복했다. 국민당에서 사람을 파견하여 감찰했으나 악덕 향신들은 대항하면서 조사에 협력하지 않았다. 호사국(護沙局)을 장악한 중산현의 악덕 향신들은 농민을 압박하고 국민당 통치를 파괴했다.[136] 이는 국민당 권력의 하층사회 침투에 큰 걸림돌이 되었다. 지방 향신 무장조직은 수많은 현과 향의 국민당 기관 요원을 구타하고 살해했다.[137] 이러한 기존 향촌권력은 국민당에서 재건하려는 하층 권력과 이익 충돌을 일으킨 것이다.

대다수 현에 설치한 지방자위단은 모두 소수가 추천하여 선발함으로써 정부와 직접 관계가 없어 행정명령 하달에 어려움을 겪었다.[138]

135 曾繼梧, 『湖南各縣調査筆記』, 1931, p.23.
136 司馬文韜, 「國民黨與廣東農民運動大事記(1924年~1927年)」(續二), 見 『近代史資料』 第97號, 中國社會科學出版社, 1999, p.230.
137 「佛山市第三區部被無賴搗毀」, 『廣州民國日報』, 1925年 9月 12日. 「査辦豐順縣黨部被搗毀案」, 12月 16日. 「陽江縣長毆辱縣黨部籌備員」, 1926年 1月 5日.
138 『湖南年鑒』 第六編 "政治", 1936, p.113.

향에 지방자위단이 즐비하고 향장이 주임을 겸하여 그 위세가 현청보다 더 큰[139] 권력구조는 국민정부가 국가의 권위를 재건할 때 반드시 직면해야 할 어려운 문제였다. 현청은 향신층이 없으면 '집게발이 없는 방게'와 마찬가지로 역경에 처할 것이다.[140] 국민당이 국가정권의 성립에 힘쓰고 향촌사회에 깊이 들어가려고 할 때 권신의 권력통제를 부수는 것은 당연한 수순이 된다. '현재 해결해야 할 현정(縣政) 문제'는 바로 명사와 장로의 명목을 취소하고 향신 회의를 폐지하여 토호열신이 향정을 독점하지 못하도록 막는 것이다.[141] "국민당은 국민혁명에 힘쓰는데 토호열신은 온갖 방법으로 파괴하고 모함하므로 토호열신은 국민당의 죄인이다."[142] 이는 '본 당이 민주세력인 농민을 대표하여 봉건세력을 대표한 토호열신 및 악덕지주와 투쟁'[143]하는 것이 시대적 선택임을 결정했다.

당시의 공산당원들은 농민을 동원할 때 '향신권력 타도'를 외쳤는데 이 정치 주장은 국민당의 입장과 거의 일치하다. 1927년 4월, 공산당은 후난성의 63개 현에서 농회를 조직했는데 회원은 500만 명, 동원한 농민은 1,000만 명에 달했다.[144] '토호열신' 타도 운동을 통해 향촌

139 曾繼梧, 『湖南各縣調査筆記』, p.36.

140 克明, 「紳士問題的分析」, 『中國農民』第10期, pp.11~12.

141 「縣政問題議決案」, 『漢口民國日報』, 1927年 3月 23日, 人民出版社 編, 『第一次國內革命戰爭時期的農民運動資料』, p.486.

142 田中忠夫, 『國民革命與農村問題』, p.60.

143 「國民黨中央執行委員會第三次全體會議對全國人民宣言」, A.B. 巴庫林 著, 『中國大革命武漢時期見聞錄(一九二五—一九二七年中國大革命劄記)』, p.230.

144 「湖南農民運動的真實情形」, 『向導周報』第199期, 1927年 6月, p.2190.

권력 관계를 철저히 변화시켰다.[145] 국민당과 다른 것은 공산당원들은 향신을 하나의 계급 개념으로 본 것이 아니라 더욱 넓은 범위를 확정하여 부잣집 도련님이나 공부하여 청나라의 공명을 얻은 거인과 수재, 현재 학위를 취득하여 학계에 발을 들여 향신 지위를 얻은 자들을 향신층으로 간주했다.[146] 이에 '향신층'이 지칭하는 범주는 이미 전체 부자나 지식인으로 넓어졌다. "그들은 대개 자산계급(반드시 재산이 있는 것은 아니지만 얼렁뚱땅 자격으로 평생 먹고 입을 걱정이 없음)이다. …… 그들은 또한 지식인으로 지위를 세습받기 때문에 항상 낡은 사상이나 제도의 옹호자로 자처한다. …… 그들은 고문이나 의원 등 '고급 심부름꾼'을 맡아 돈을 번다. 세무국장이나 현지사를 추천하고 보조금을 수령하는 신문을 발간하며 소송을 도맡고 정부 재산을 착복하며 거짓으로 자선사업과 교육을 행하면서 세금을 뜯어낸다. …… 이 모두가 이들이 돈을 버는 방법이다."[147] 이는 "땅이 있는 자는 호족이 아닐 수 없고, 악질적이지 않은 향신은 있을 수 없다."[148]는 구호의 또 다른 설명이다.

따라서 청나라 말엽의 '향신-향민 충돌'에서 민국 시기의 신지식청

청말민초의 향신권력 변천

---

145 曾貴成,「試論大革命時期黨領導湖北農民運動的經驗與敎訓」,『黨史研究』, 1986年 第4期. 梁尙賢,「國民黨與廣東農民運動之崛起」,『近代史研究』1993年 第5期.

146 步鸞,「應該打倒紳士階級」,『中國靑年』第5卷 第124期, 1926年 6月, p.667.

147 舜生,「中國的紳士」,『中國靑年』第1卷 第17期, 1924年 2月, pp.5~6.

148 리웨이한(李維漢)의『추억과 연구(回憶與硏究)』에 의하면 마오쩌둥이 어느 보고에서 '땅이 있는 자는 호족이 아닐 수 없고, 악질적이지 않은 향신은 있을 수 없다'라고 말했는데 한때는 널리 퍼져서 도처에 표어로 쓰여 영향이 지대했다(中共黨史資料出版社, 1986, p.103).

년과 전통 향신의 갈등에 이르기까지, 국민당 정권과 권신의 향촌사회 대립에서부터 공산당이 농민운동을 조직하여 향신권력과 투쟁하는 데에 이르기까지, 역사의 방향성은 이미 아주 명확했다. '향신층을 타도하자!'는 신시대 사회−권력구조 재편의 호소력 있는 구호로 자리를 잡았다. 이로써 '향신권력 부흥'의 역사 과정은 결국 '향신 타도'라는 역사 선택으로 끝났다.

'역사적 기억'은 과거나 지나간 역사에 대한 단순한 기술이나 회고가 아니며 특히 '집단 기억'으로 사회의 인정을 받는다. 최초로 '집단 기억' 개념을 내놓은 알박스(Halbwachs)는 역사적 기억의 즉시성을 특히 강조했다. 알박스는 인간 대뇌 속의 '과거'는 객관적 실재가 아니라 사회적 구성이라고 주장했다. 회고는 회고하는 대상이 과거가 된 후에야 가능하다. 인간의 과거 구성과 서술은 자신의 그 당시 이데올로기, 이익 및 기대에 의해 결정된다. 기억은 사회에서 각 집단이 노리는 대상으로 그들 권력 관계의 지표이다. 주류문화는 종종 기억을 통제하고 이문화를 억압하므로 이문화 대항의 중요한 수단은 주류문화 기억의 타 기억이거나 푸코가 말한 '반기억'(Counter-memory)[149]을 보존하는 것이다.

청말민초의 향신층과 관련한 각각의 '역사적 기억'에서 보면 사회생활 자체에 외재한 것이 아니라 사회생활 과정과 사회구조의 관련성과 불가분의 관계를 맺거나 그 자체 역시 내화되어 사회 재편의 요인의 하나가 되었다. 청나라 말엽 이래 향신층과 관련된 각각의 '집단 기억'은 각 이익 주체의 '선택적 기억'이나 '기억 상실'이 아니며 이러한

---

149 Halbwachs M., "Individual Consciousness and Collective Mind", *American Journal of Sociology*, Volume 44, Issue 6(May.1939), pp.812~822.

'역사적 기억' 역시 사회 권력과 이익 관계를 재편하는 '사회적 동질
감'의 요소가 된다.

2

항일전쟁 시기 향촌 권력구조의 역사적 변천
: 진시베이(晉西北) 근거지를 중심으로

    항일전쟁에서 공산당은 각 농촌에 항일 근거지를 설립했다. 이 근거지들은 항일전쟁의 후방기지일 뿐만 아니라 공산당이 향촌 관리 모형을 적극적으로 모색하는 '민주 실험장'이기도 하다. '국가정권 건설'의 시각에서 보면 이는 국가권력의 하급으로의 확장이며 향촌사회를 정권 시스템에 편입시키려는 시도이다.

    하지만 그 어떤 정치제도의 조정과 개혁도 단번에 이루어진 것은 아니다. 새로운 정치체제가 수립, 조정되는 과정에서 체제 밖의 사람들이 어떻게 새로운 체제에 진입하게 되었는가? 바꾸어 말하면 근거지 내의 농민계급이 어떻게 향촌 정치무대에 등장하게 되었는가? 여기서는 진시베이 근거지를 중심으로 기술하려고 한다.

1) 혁명 동원과 향촌 정권 재편

항일전쟁 초기, 진시베이에는 두 정권이 병존했다. 첫째, 진시베이 각 현이 일본군 공격을 받자 현장들이 모두 도망갔다. 옌시산의 허락을 받은 공산당은 공산당원을 희맹회 특파원 신분으로 파견하여 현장 직을 맡게 했고 군중을 동원하여 현 정권을 재선출했다. 둘째, 옌시산의 부대가 통제하는 지역 정권은 대부분 구관료에게 장악되었다. 희맹회 명의로 재편한 정권이라도 곳곳에서 속박과 심한 저항을 받았다. 그리고 이 시기는 정세의 영향으로 현·구에 중점을 두고 있으며 향촌은 여전히 옌시산 통치 시기의 편촌제(編村制)였다. 주촌(主村)에는 촌장과 부촌장을, 부촌(附村)에는 여장(閭長)과 인장(鄰長)을 두었다. 촌장은 의무직으로 나이가 많고 명망이 높은 향신들이 맡았다.[1] 여장과 인장은 민선이 아니라 전임 여장이나 인장이 1~2인을 추천하면 주촌의 촌장이 선택하여 위임한다.[2] 여장의 업무는 주요하게 상급 정부를 대신하여 세수와 분담금 처리이고 인장은 여장의 조수에 불과했다.[3]

1940년 2월 초부터 그해 9월까지는 신정권 건립 시기이다. 이 시기 정책이 불명확하여 '좌'적 현상을 보였으며 행정공서(行政公署)·현·구·촌을 설치하고 간부를 배치했다.[4] 이 기간 촌 정권은 비록 선거를 치렀지만 "이번 촌 선거가 촌 정권 기구를 개조하지 못했고 또한 선거

1　『晉西區黨委政權建設材料彙集－村選』, 檔案編號A 22-1-4-1(본장의 문서는 모두 山西省檔案館 소장 문서임).

2　『西坪政權民運組織及區村領導問題』, 檔案編號A141-1-91-1.

3　『趙家川口調查材料(二)村政權問題』, 檔案編號A 141-1-129-1.

4　晉綏邊區財政經濟史編寫組 編, 『晉綏邊區財政經濟史資料選編』(總論編), 山西人民出版社, 1986年, p.265.

가 민주적이지도 엄숙하지도 않아 촌 정권 구축에 큰 역할을 하지 못했다."[5] 일부 촌장만 바뀌었을 뿐 여장과 인장은 대부분 원래 사람들이었다. 일부 부촌에서는 여장과 인장 사이에 대표를 하나를 더 두니 사실상 부여장이었다.[6] 하지만 "이번 선거에서 촌 정권의 일부 지주와 향신들이 제거되고 일부 군중 지도자가 촌 정권에 참가했다."[7] 1940년 9월, 제2차 행정회의 이후 진시베이 근거지 정권 건설이 정규적이 되었다.

군중단체 건설은 근거지 건설의 중요한 내용이며 진시베이 근거지 창설 시기 정치업무의 주요 내용이기도 하다. 진시베이 근거지의 군중단체는 희맹회와 전동총회(戰動總會)의 지도하에 건립되었다. 이 두 조직은 명의상 통일전선 원칙에 의해 건립되었지만 실제 지도권은 공산당이 장악했다. 희맹회는 1936년에 건립되었으며 개조를 거쳐 공산당과 옌시산 통일전선 조직으로 거듭났다. 항일전쟁 발발 이후 희맹회는 합법적 수단으로 수많은 인원을 유격구의 현장 등 직에 임명하여 근거지의 발전에 기반을 닦았으며 향촌으로 깊게 들어가 자신의 조직을 건립했다.

또한 희맹회는 전동총회와 협력하여 농촌의 농민항일구국회 · 부녀항일구국회 · 청년항일구국회 · 자위대 등 조직을 발전시키고 간부를 양성했다. 진시베이 희맹회와 전동총회는 1938년 하반기부터 향촌에서 각 조직을 발전시켰다. 당시 각 단체가 건립되는 과정은 아주 간단했는바 상급에서 농촌에 사람을 파견하여 회의를 하고 촌락의 관련자

---

5 『晉綏邊區財政經濟史資料選編』(總論編), p.323.
6 『花園溝村政權及其上下領導關系』, 檔案編號A 141-1-123-1.
7 『晉綏邊區財政經濟史資料選編』(總論編), p.323.

를 등록하면 조직이 건립된 셈이었다. 진시사변(晉西事變) 이후 비록 정돈을 거쳤지만 대다수는 회원 재등록을 하고 간부 선거를 했을 따름이다. 또한 이 기간 내에 각 조직 자체의 활동은 매우 드물었으며 주된 업무는 정부 부처의 업무를 보조하는 것이었다.

근거지 기층정권 조직과 군중단체의 건립과 발전은 업무를 지도할 대량의 간부를 필요로 하므로 간부 양성 역시 기층건설의 중요한 내용으로 부상했다.

향촌사회의 각종 자원을 최대한 동원할 수 있도록 공산당은 현지의 군중을 양성하고 그들의 적극성을 동원하여 각자의 능력과 향촌사회에서의 영향력을 충분히 발휘할 수 있도록 했다. 이는 공산당의 정치적 비용을 절감할 뿐만 아니라 향촌 민중이 공산당 영도를 쉽게 받아들일 수 있었다. 현지 간부들은 '공직자'이면서 '현지인'이었으므로 군중들은 이들을 일반 공직자보다 더 친근하게 느꼈다.[8] 간부는 군중으로부터 향촌의 사무와 군중의 생각을 알 수 있으며, 군중도 이를 통해 정부 부처의 정책과 정보를 알고 싶어 한다. 런부더(任步德) 런자완촌(任家灣村) 촌장은 정의를 주장하고 일을 성실하게 처리하여 대중의 존경을 받았다. 군중들은 그에게서 식량 징발, 병력 증강, 촌의 분담금, 적군 상황과 같은 정부의 소식을 알아내려고 했다. 그가 공직자이므로 견문이 넓고 머리가 좋다고 생각한 군중들은 자신의 일을 함께 의논했으며 동향이므로 말하기가 편하다고 생각했다.[9]

근거지에서 공산당은 주요하게 당조직과 각 군중단체를 통해 현지 간부를 양성했다. 희맹회 시기 공산당은 통일전선 명의로 희맹회 회원

---

8   『任家灣的七個黨員』, 檔案編號A 141-1-119-2.

9   『任家灣的七個黨員』, 檔案編號A 141-1-119-2

중의 열성분자를 양성하여 공산당에 입당시켰으며 공산당 지부와 희맹회 지부를 공동 설립했다. 희맹회 지부라고 공개했으나 비밀리에 공산당 업무를 보면서 항일민주세력을 발전시켰다.[10] 또한 희맹회는 간부 양성반을 꾸려 향촌 희맹 비서를 대량 양성했다. 싱현에서 희맹분회는 도합 3차례의 간부 양성반을 꾸렸다. 제2기와 제3기 학생들이 대부분 각 구나 촌에서 희맹 비서를 맡았고 일부는 현 기관에서 희맹분회와 각 군중조직의 책임자를 맡았다.[11] 각 단체의 설립 과정에서 각급 정부와 단체 역시 향촌에서 훌륭한 인재를 뽑아 양성했다. 양성을 받은 대부분 간부들은 중농이나 빈농 출신으로 생활형편이 부유하지 못했지만 능력이 뛰어나고 발이 넓어 사회적 영향력이 비교적 컸다. 양성을 통해 문제를 처리하는 방법을 배워 자신의 업무 능력을 향상했는데 일반 촌민들이 보기에는 그들은 세상물정을 아는 사람들이었다. 특히 정권조직과 군중단체에서 근무하는 사람들은 '공직자'로 간주되어 촌에서 일정한 권위를 지녔다. 하지만 이들 역시 독단적이고 타인의 의견을 들으려고 하지 않으며 탐오하고 사익을 추구하며 군중 이익에 관심이 없는 등 수많은 결점이 있었다.

초창기에는 공산당 조직력이 제한적이었으므로 향촌 기층 간부 선임에 있어서 과거 전통적인 보직 방식의 영향을 받았다. 전통적으로 중국의 국가 공식 권력기관은 현(縣)까지만 관장하고 현 이하는 종족과 향신이 통치했다. 민국 건립 이후 상부구조는 봉건 전제에서 민주

---

10 中共保德縣組織史資料征編辦公室 編, 『中共保德縣組織史資料(上報本)』, 1986, p.4.
11 山西省史志研究院 編, 『山西犧牲救國同盟會曆史資料選編』, 山西人民出版社, 1996, p.419.

공화제로 바뀌었지만 향촌의 정치 형태 변화는 미미하여 각 지역은 여전히 국가정권의 추진 아래 향촌 통치 모형인 보갑제와 여린제를 강화했다. 진시베이에서는 옌시산의 농촌 관리 개혁 시기에 편촌제를 시행했다. 촌장과 여장, 인장은 모두 상급기관에서 지정했으므로 장기간 이러한 정치 환경에 습관된 향민들은 민주선거의 관념이 없어 무관심하게 대했다. 항일전쟁 발발 이후 향촌사회에 각 단체들이 설립되었다. 하지만 전통적인 관습과 상급부처 업무에서의 형식주의적인 행태로 말미암아 기층 사회단체 설립도 정규적이지 못하여 촌민 등록을 하고 책임자를 지명하면 단체가 성립된 셈이었다.

과거 경험의 영향으로 일반 민중은 촌 정권과 군중단체 책임자를 심부름꾼으로 간주하여[12] 누구도 나서지 않았다. 또한 상급부서의 관계자들도 제대로 된 선전과 지도로 주민들의 인식 수준과 참여 의욕을 높이지 않았으며 일부 방법은 향민들의 경험적 인식을 강화시켰다. 중좡촌(中庄村) 농민항일구국회장의 선임이 이 점을 보여준다. 1938년 7월 희맹회 도움 아래 성립된 이 조직은 성립시 비록 군중대회를 거쳤지만 실제로는 내정된 류캉처(劉康車)가 회장직을 맡았다. 당시 군중들은 농회 회장이 입대해야 한다고 생각했고 1940년 류캉처는 과연 입대했다. 신임 회장 인선시 촌장이 류샤오위(劉效玉)에게 미리 언질을 준 후 이튿날 간부회의를 소집하여 결정했다.[13] 이렇게 류샤오위는 회장직을 맡았다.

대량의 문서 자료를 보면 전반적으로 대다수 군중단체 책임자는 경제 상황이나 생활 형편이 그나마 괜찮은 편이었다. 업무에서 비록 대

---

12 『唐家吉村政權調査』, 檔案編號A 141-1-125-1.
13 『中莊群衆團體材料』, 檔案編號A 141-1-110-1.

다수 간부들이 직책을 이행하고 당과 정부의 각종 업무를 협조, 지지했지만 일부 사람들은 빈곤가정에 무관심하거나 관련 업무를 그럭저럭 때웠으며 심지어 일부 군중단체 간부들은 본 조직이 무엇을 하는지조차 몰랐다. 이러한 자들이 소수이지만 당의 향촌 정책 시행에 악영향을 미쳤으며 군중들에게 나쁜 인상을 남겼다.

요컨대 제반 요인들의 존재로 인해 향촌 기층의 정권조직과 군중단체의 건립, 개조에 있어 단점들이 존재했다.

2) 농촌 선거 : 향촌 정권제도의 개조

앞서 말했듯 항일정권 성립 초기 여러 결점이 있어 공산당의 농촌 사업에 영향을 주었다. 따라서 공산당은 농촌 선거를 통해 기층 정권을 완전히 개조하고 민주선거를 통해 민중을 동원하며 민주정치를 실행하려고 했다. 또한 농촌 선거를 통해 고립되고 산만한 민중 조직을 작은 단체에 기반을 둔 유기적 사회공동체로 만들어 '좋은 사람'이 향촌을 이끌게 하고 '나쁜 사람'이 권력을 차지하는 것을 방지하고자 했다. 하지만 '좋은 사람'이나 '나쁜 사람'의 선별에서 간부와 민중의 시각은 조금 다르다. 공산당은 만족스러운 선거 결과를 얻기 위해 각종 방법으로 선거에 간섭했으며 계급투쟁으로 군중을 동원했다. 하지만 향촌 내부에서는 향촌의 일상생활에 포함된 계급 통치 관계가 훨씬 모호했으며[14] 계급투쟁은 하층 민중들의 인정을 받지 못했다. 이렇게 정

---

14 徐勇, 『非均衡的中國政治:城市與鄉村比較』, 中國廣播電視出版社, 1992, p.70.

부를 대표하는 간부와 후보, 민중 삼자 간에 복잡한 관계가 발생했다. 간부와 민중의 선택이 일치하면 선거는 비교적 쉽다. 편차가 생기면 갈등이 발생하여 당의 이미지에 어느 정도 영향을 주며 정권 시스템의 운영 및 민중의 정치 정체성과 정치 참여에 영향을 주어 근거지 사업 발전에 악영향을 미쳤는데 이는 농촌 선거에서 이미 나타나고 있었다.[15]

'농촌 선거' 정권 운영에는 많은 결점이 있다. 민주의 충분한 구현과 선거의 원활한 진행을 위해 진시베이 행정공서 제2차 행정회의에서 「농촌 선거 조례」와 「촌 정권 조직 조례」를 통과했다. 하지만 규정 제도가 기대한 목적 달성 여부는 제도 자체보다는 제도를 시행하는 사람에 달려있다. 선거 결과가 보여주다시피 구와 촌 정권에서 수많은 구정권 관계자와 공산당이 발탁한 사람들의 임용이 보류되었고 현(縣) 정권 간부는 대부분 실천 경험이 없는 혁명청년들이다. 이는 정권의 행정 효율성과 실효성에 영향을 미쳤으며 업무 방법이나 업무 내용에서 선명하게 나타났다.

행정공서가 반포한 「촌 정권 조직 조례」에 의하면 "행정촌 최고권력기관은 촌의 국민대회이며 촌대표대회는 국민대회 폐막시 촌 정권 최고권력기관이다. 각 자연촌 공민은 대표를 선거하여 촌국민대회의 전부 직권을 행사한다."고 했다. 촌공소(村公所)는 촌 정권 집행기관으로 촌장 1인을 선출한다. "촌장은 각 위원회 업무를 책임지고 전 촌의 정무를 관장하며 행정상 주임대표를 영도한다. 전 촌의 행정수장으로 상급정부와 국민대회 및 촌대표회에 책임진다."[16] 하지만 사실상 "각 자

15　韓振國, 「抗戰初期 "村選"政權結構探析」, 『學海』, 2005年 第1期.
16　『政權組織機構』, 檔案編號A 22-1-5-1.

연촌 촌민 대표는 선출되지만 촌민대표회의는 아직 표준화된 형식이 없어 현재 대표만 있을 뿐 대표회의는 없는 국면이다. 따라서 각 자연촌 대표들이 촌공소의 영도를 받고 촌공소에 책임질 뿐 촌공소가 대표대회 영도를 받거나 촌공소가 대표회의에 책임지는 모습은 보이지 않는다."[17] 행정촌에 대한 구청 혹은 자연촌에 대한 행정촌의 영도는 간부확대회의를 통해 시행되므로 진정으로 모든 중요 문제를 결정하는 권력기관은 촌민 대표대회가 아니라 촌 간부 확대회의이다.[18]

상급기관은 일정 시기에 일정 업무를 배치했으며 일반적으로 '중점업무'나 '전격 업무'라고 불렀다.[19] 업무를 시행한 후 먼저 구청이나 작업단에서 파견한 동지들이 행정촌에서 간부확대회의를 소집했다. 조례에 따라 회의 참석자는 촌장, 각 위원회 회장, 각 자연촌 주임대표이다.[20] 그러나 실제로 회의 참석자 신분은 각양각색으로 촌 공소 간부, 각 위원회 주임위원, 무장위원회 각 부장, 항일연합회 비서, 각 구국회 비서 및 부장, 각 자연촌의 주임대표, 합작사 주임, 회계, 전직 간부, 촌의 열성분자 및 열성 당원들이다.[21] 간부 확대회의를 소집한 후 대표와 주임대표는 각 자연촌으로 돌아가며 상급기관에서 파견한 작업단 인원이 많을 경우 이 작업단의 사람들은 각 촌의 대표들을 따라 각 자연촌으로 내려가 업무를 도왔다. 인원이 적을 경우 상급기관에서 파견한 동지들이나 작업단 동지들이 전달할 대강을 작성하여 촌장, 무장위원회 주임, 항일연합회 비서와 같은 각 행정촌 간부들에게 전해주면

---

17 『花園溝村政權及其上下領導關系』, 檔案編號A 141-1-123-1.

18 『花園溝村政權及其上下領導關系』, 檔案編號A 141-1-123-1.

19 『任家灣的村政權(附各階級的政治態度)』, 檔案編號 A 141-1-114-2.

20 山西省行政公署, 『健全村政權』(1939年), 檔案編號 C1-39.

21 『花園溝村政權及其上下領導關系』, 檔案編號A 141-1-123-1.

촌 간부들이 대강을 가지고 각 촌으로 돌아가 업무를 보았다.[22]

자연촌에서 공민대회는 전 촌의 최고 권력기관으로 촌의 대소사가 있을 경우 수시로 공민대회를 소집했다. 하지만 조사자들은 중좡촌에서 조사해보니 회의가 너무 빈번하여 많은 시간을 허비했다. 대낮에 반나절 회의를 열지 않으면 저녁 내내 회의를 하기도 하여 온 가족이 모두 참석할 수는 없었다. 가정을 경제단위로 하는 농촌에서 가장이 온 가족을 대표할 수 있기 때문에 가장만 참석하면 되었다. 따라서 공민대회는 어느새 가장들의 회의가 되어버려 부녀자들은 부녀자만 특별 소집하는 회의가 아니면 거의 참석하지 않고 늙은이들도 회의에 참석하지 않아도 되었다.[23]

행정촌의 '간부 확대회의'와 자연촌의 간부회의 및 군중대회를 모든 일을 완성하는 세 개의 부분으로 삼았으므로 어떤 업무를 맡더라도 항상 회의를 열어 업무를 완성하는 '삼부곡'으로 삼았다.[24] 회의에서 각급 간부들은 군중의 지식 수준과 이해력을 고려하지 않은 채 입만 열면 새로운 명사들을 쏟아냈다. 그 결과 상급기관에서 파견한 동지들은 '전도사', 촌 간부들은 '교회당'에서 '설교'를 듣는 사람, 촌 주임대표는 '교회당'의 '심부름꾼'이 되었고 업무 계획은 '성경'인 셈이었다.[25] 행정촌 간부들은 상급기관의 임무와 대강을 가지고 자연촌으로 향했는데 그들이 설명하는 내용은 여전히 상급기관에서 가져온, 촌 간부회의에서 말하던 내용이었다. 간부들은 비록 성실한 '전도사'였지만 듣

22　『任家灣的村政權(附各階級的政治態度)』, 檔案編號A 141-1-114-2.

23　『中莊自然村政權材料』, 檔案編號A 141-1-107-1.

24　『柳葉村村政權與群衆團體』, 檔案編號A 22-1-20-2.

25　『任家灣的村政權(附各階級的政治態度)』, 檔案編號A 141-1-114-2.

는 사람들은 '설교'하는 사람의 수준이 너무 낮다고 생각했다. 사람들은 교회당에 설교를 듣거나 예배하러 가지만 이러한 회의에 참석한 군중들은 무엇 때문에 회의를 여는지, 도대체 무엇을 말하는 건지 몰랐다.[26]

빈곤하고도 낙후한 진시베이의 인민들은 형편없는 생활수준을 개선할 힘이 없는 데다가 전쟁 보급을 하기에 너무 벅찼다. 항일전쟁을 견지하고 인민의 이익을 수호하기 위해 근거지 정부는 각종 관련 조치를 채택했다. 예를 들면 생산을 발전시키기 위해 식량을 대여하고 대출을 해주었으며 군중의 부담을 경감하기 위해 감조감식과 군대의 정예화 및 행정 기구의 간소화를 단행했고 춘경, 두레, 방직 등을 실시했다. 이러한 조치를 통해 인민들의 생산생활에서의 어려움을 해결해줌으로써 '경제 발전, 공급 보장'을 근거지 정책의 기점과 귀착점으로 삼았다.

그러나 모든 사물과 마찬가지로 공산당과 정부는 이러한 정책을 시행하는 과정에서 풍부한 경험을 쌓았지만 많은 우여곡절을 겪었고 약간의 실수도 있었다. 이러한 상황은 기층 정권 운영 초기에 특히 뚜렷했다. 시핑촌의 조사자들은 조사에서 다음과 같은 현상을 발견했다. "수많은 업무, 예를 들면 구제 · 대리경작 · 춘경 · 두레 · 방직 · 합작사 · 신문학 · 감조감식 · 군중 동원 · 각종 단체 조직 등은 상급기관에서 중요하다고 생각하고 군중들이 반기며 간부들이 기뻐하면서 한다. 하지만 시핑촌의 군중과 간부들은 오히려 정반대로, 별로 중시하지 않고 심지어 불필요하다고 생각한다."[27] 이러한 현상은 개별 촌락에만

---

26 『任家灣的村政權(附各階級的政治態度)』, 檔案編號A 141-1-114-2.
27 『西坪政權民運組織及區村領導問題』, 檔案編號A141-1-91-1.

있는 것이 아니라 필자가 수집한 몇몇 촌락의 조사기록에 모두 나타나고 있다.

가오자촌의 '감조감식'에서 실제로는 '감조' 업무만 단행했다. 이 과정에서 민중들은 상급기관에서 바라던 열정을 보이지 못했다. 이는 작업단과 기층 간부의 태도, 일하는 방식과 연관이 있다. 원래 촌 간부들은 상황에 대해 가장 잘 알지만 작업단이 모든 것을 도맡아하는 바람에 촌 간부는 '잔심부름'을 하는 '따까리' 신세가 되었다.[28] 이들은 본인의 업무에 무관심했고 모든 작업단이나 간부들은 농민 부담 경감을 '감조' 업무의 취지로 생각한 적이 없었으며 간부들은 군중을 동원하여 공출미 문제를 순조롭게 해결하면 된다고 했다.[29] 따라서 '감조' 업무는 공출미를 징수하는 수단으로 변했다.

공출미 징수는 매우 복잡한 업무로 각 농가의 곡식 산량과 계급성분에 따라 징수액을 결정해야 한다. 예전에도 계급성분을 수차례 나누었으므로 아무런 이의가 없었지만 각 농가의 산량과 소득을 어떻게 계산하는가는 매우 어려운 문제였다. 간부들은 '감조감식' 업무를 통해 각 농가의 소득을 계산했으며 이로써 공출미 징수 준비를 했다. 초기, 농가들이 산량을 자체 신고했다. 농민들은 본인이 바치는 조세가 많다는 점을 강조하면서 산량을 매우 낮게 신고했다. 따라서 지주와 소작농은 산량을 적게 신고하려고 입을 맞추었다. 소작농이 보기에는 공출미를 바치는 것에 비해 '감조'는 아무것도 아니었다.[30] 조세를 바치지 않는 자경농은 공출미를 적게 내기 위해 산량을 아주 낮게 신

28 『興縣高家村調査材料－關于政權問題』, 檔案編號A 22-1-15-1.
29 『任家灣的村政權(附各階級的政治態度)』, 檔案編號A 141-1-114-2.
30 『興縣高家村調査材料－關于政權問題』, 檔案編號A 22-1-15-1.

고했다. 향촌의 '숙인사회(熟人社會, 서로 잘 아는 사람 사회)'에서 그 누구도 나서서 까발리려고 하지 않았다. 다른 사람이 적게 신고하면 본인도 적게 신고할 수 있으니 누이 좋고 매부 좋은 일이었다. 이렇게 농가의 자체 신고에 의한 공출미 징수로는 상급기관에서 준 임무를 완성할 수 없었다. 별다른 방도가 없는 작업단은 표준 산량 확정 방법을 채택했으며 그 결과 '감조' 업무가 매우 큰 영향을 받았다. 가오자촌 소작농들은 바치는 조세가 작업단이 계산한 세보다 적었으므로 무관심했다. 일부 소작농이 바치는 조세는 수확량에 따라 변하는 조세였으므로 공작단이 '감조'한다고 하면서 계산한 조세가 소작농이 바쳐야할 실제 조세보다 더 많았고 어떤 소작농은 이미 조세를 다 바치고 난 후였다. 그러므로 소작농들은 '호랑이 입으로 들어간 고기를 다시 꺼낼 수 없는 노릇'이라면서 별 쓸모없는 일을 한다고 입을 모았다.[31]

3) 노동영웅과 노동모범 : 향촌 신식 권위의 재편

항일 근거지의 정권은 '항일전쟁과 민주제도를 결합한' 정권이다. 항일 근거지 정부의 기능은 두 가지이다. 하나는 항일전쟁 동원과 수행이고 다른 하나는 근거지에서의 민주정치 시행이다. 항일전쟁 지휘를 위한 진시베이 근거지의 노력은 세상이 다 알고 있다. 하지만 민주정치 시행에 있어 초기 2년은 제도의 구축과 완비 단계에 처해 있었

---

31 『興縣高家村調査材料 – 關于政權問題』, 檔案編號A 22-1-15-1.

다. 1941년 3월 신관료주의 반대 관련 검사를 단행했지만 전반 풍기에 큰 개선이 없었으며 특히 향촌 기층 정권에서는 더욱 심했다. 각 근거지에서의 이러한 문제점 만연을 알아챈 공산당은 1942년 정풍운동(整風運動)을 단행했다.

1942년 5월 30일, 중국공산당 진시베이 위원회는 「진시베이 삼풍 정돈에 관한 지시(關于晉西北整頓三風的指示)」를 반포했다. 1942년 6월 ~1944년, 진시베이 근거지 당·정·군·민 각 부서에서 정풍운동이 시작되었다. 정풍운동을 통해 간부들의 이론 수준과 사상 각오를 향상시켰으며 각 부서의 업무 개선에 중요한 역할을 했다.

정풍운동과 함께 근거지에서는 각종 간부 양성반과 직무 교육방식을 통해 간부의 수준을 향상시켰다. 이 중 장기적인 교육방식은 직무 교육이었다. 행정공서에 학습위원회를, 각 전구(專區, 성과 현의 중간에 위치한 행정 구역 단위)와 현에 학습분회를 설립하여 현과 구의 간부들에게 『신민주주의론(新民主主義論)』 등을 학습시키고 정기적으로 좌담회를 개최했으며 그 성과를 각 구와 촌의 간부들에게 발송하여 참고하도록 했다. 각 현과 구에서는 촌 간부에 대한 합숙 훈련, 연수, 동계 양성을 통해 농촌 선거, 공출미, 법령을 학습시켰으며 총괄하고 시험을 보기도 했다.

또한 근거지의 경제적 어려움을 해결하기 위해 장기간 정권에 참여하지 못한 광범위한 농민을 정권 시스템에 받아들였으며 근거지의 각급 정부는 춘경·김매기·추수·겨울 학습·품앗이·방직·감조감식·부채 청산·부정부패 척결 등 다양한 형식의 운동을 전개했다. 각급 정부는 정풍운동에서 훌륭한 인재와 모범 인물을 발탁하여 핵심 간부로 양성했다. 그리고 핵심 간부들로 중도 인물을 향상시키고 낙오자를 쟁취하며 투쟁에서 두각을 보인 열성분자를 발탁해 기존 간부들 중에서 자질이 부족하거나 부패한 자를 교체했다.[32] 마크 셀던(Mark Selden)은 "장기적 발전이 농민의 자발적 적극성과 지역공동체의 공동행동에 달려 있다면 실질적인 격려와 자극을 주어야 한다. 이 문제를 해결할 수 있는 방법 중 하나는 노동영웅을 이용하여 선도자와 모범을 충당하는 것이다."[33]라고 했다. 근거지에서 전개한 각종 운동 중 향촌 권력구조의 교체에 영향이 크고 성과가 뚜렷한 것은 품앗이 두레와 방직 두레 그리고 합작사 운동을 상호 결합한 노동모범영웅운동이다.

품앗이 두레와 방직 두레는 1942년 이후 변구에서 농촌 경제발전의 어려움을 해결하기 위해 창도한 군중 경제조직이다. 일제의 침략과 약탈로 근거지 내의 농업 생산수단 특히 농삿소 부족과 노동력 보편적 감소로 경작을 하기 어려운 형국이었다. 이때 상공업은 전쟁의 영향을 받아 쇠락했고 근거지에는 먹고 입을 것이 부족했다. 어려움 해결을 위해 정부 부처는 먹고 입는 문제 해결에 진력했다. 근거지의 인민들이 스스로 생산하고 품앗이 두레를 하며 함께 천을 짜 인민과 군대에 먹고 입을 거리를 공급했다. 이 정책은 중국공산당 신민주주의경제이론과도 일치했다. 마오쩌둥이 보기에는 중국 농촌은 수천 년래 모두 개체 경제로 집집이 하나의 생산단위이고 이러한 분산된 개체 생산이 바로 봉건통치의 하부구조이며 농민들은 스스로 영원한 곤궁에 빠지게 된다. 이러한 상황을 극복할 유일한 방법은 집단화이며 집단화의 유일한 길은 레닌이 제창한 합작사였다. 따라서 호조합작 결성 시 "무슨 이름인지, 단위당 인수가 몇 명인지, 호조가 인력 · 축력 · 도구

32 『毛澤東選集』三卷, 人民出版社, 1991, p.898.
33 馬克 · 賽爾登 著, 魏曉明 · 馮崇義 譯,『革命中的中國－延安道路』, 社會科學文獻出版社, 2002, pp.248~249.

에 관계없으며, 농번기에 집단 식사나 숙박을 하든, 임시적이든 영구적이든 관계없이 군중이 자발적으로 참여하는 집단호조조직이면 좋은 것이다. …… 화베이나 화중의 각 항일 근거지에서 모두 군중의 자원을 바탕으로 이러한 집단호조생산합작사를 광범하게 조직해야 한다."[34]라고 했다. 1944년 진쑤이 변구에 품앗이 호조에 참가한 인구수는 13만 명, 각종 합작사는 777개, 사원은 4,626명이었다. 1945년 농업 품앗이 호조를 새로 확대한 외에 종합적 대형 합작사만 285개에 달했다.[35] 싱현은 진쑤이 변구의 인민정부 소재지로 품앗이 호조에서 변구의 선두에 섰다. 싱현의 1945년 통계에 의하면 당시 싱현의 노동력 1.3만 명에서 호조에 참가한 인구는 1만 명에 달했다.[36]

생산노동에서 수많은 우수 품앗이조 · 합작사 · 모범촌 · 모범인물이 나타났다. 이러한 열성분자들은 대부분 항일전쟁 이전, 향촌사회의 최하층 생활을 영위하던 빈고농층이었다. 신정권이 수립된 후 많은 정책들이 그들의 경제적 상황을 변화시키고 사회적 지위를 향상시켰으며 생산 노동에 종사하도록 적극성을 불러일으켰다. 이들은 군중조직이나 기층 정권 건설에 참가했다. 근거지의 각종 사업과 운동이 광범위하게 전개됨에 따라 그들은 향촌에서 두각을 나타냈다. 어떤 이는 농촌 선거를 거쳐 직접 정권 조직에 들어갔고, 어떤 이는 중국공산당에 입당하여 기층 공산당 조직의 성원이나 간부가 되었으며, 어떤 이는 군중을 이끌어 생산과 건설을 발전시켜 군중조직인 농민항일구국회 · 부녀항일구국회 · 무장위원회 · 유격대의 책임자가 되었다. 이들

34 『毛澤東選集』第三卷, pp.931~932.
35 張國祥, 『山西抗日戰爭史』(下), 山西人民出版社, 1992, pp.480~481.
36 山西省史志研究院 編, 『山西農業合作化』, 山西人民出版社, 2001, p.663.

은 일반 촌민 중 한 명이기 때문에 민중과의 관계가 밀접하고 민중을 쉽게 결성하고 이끌 수 있으며 생산과 생활에서 향촌에 적합한 생산조직의 형태를 많이 제시하여 일반 민중 속에서의 지위가 높아졌다.

민중이 품앗이 호조를 결성하는 적극성을 높이기 위해 변구정부 역시 적극적으로 격려, 제창했다. 성과가 있는 촌락이나 책임자에게 물질적, 정신적으로 장려했다. 이는 1943년 3월과 1944년 8월 변구의 노동모범 영웅 선거 조건에서 보아낼 수 있다. 1943년 노동영웅 칭호를 받는 '주요 조건으로 동등한 노동 조건에서 농업생산량을 50% 증가하면 합격'이었다. 하지만 '노동호조에 참가하여 증가한 생산자'는 '주요 조건'의 부속 조건이었다. 부녀 노동모범 조건 역시 천을 짠 성과가 우수한 것을 주요 조건으로 삼았다. '본인의 생산 열정과 모범 역할로 타인이 적극적으로 노동을 하도록 영향을 주고 추진한 사람'과 '적극적으로 노동호조에 참가한 조직자' 역시 선정의 부속 조건이었다.[37] 하지만 1944년 노동영웅 기본조건은 '본인이 노력하여 생산하는 외에 반드시 군중을 연락하고 군중의 생산을 돕는 모범'과 '군중을 결성하여 군중의 생산을 촉진하는 모범'으로 바뀌었다. 기타 각종 영웅과 모범의 선정 역시 군중호조합작의 결성과 추진을 우선 조건으로 내걸었다.[38]

각종 영웅, 모범 등 영예는 열성분자들이 향촌 정치생활을 하는 중요한 정치 자본이다. 사회생활 네트워크의 확대에 의해 상급자와의 접촉이 빈번해지고 관계가 점점 밀접해지면서 그들이 가진 정치자본이

---

37 「民國三十二年勞動英雄條件」, 『抗戰日報』, 1943年 3月 20日.

38 「晉綏邊區一九四四年勞動英雄, 戰鬥英雄, 民兵英雄及模範工作者條件」, 『抗戰日報』, 1944年 8月 26日.

팽창하여 새로운 자세로 정치무대에 등장하며 마을의 행정 간부나 군중조직의 책임자로서 향촌 정치생활의 주역으로 부상했다. 일부 현이나 변구의 노동모범의 권력이 촌 간부보다 더 커서 촌 정권과 군중단체를 이끌기도 했다. 변구 제4차 노동모범영웅대회에 참석한 싱현 출신 노동영웅은 도합 29명이었는데 모두 각 촌의 각종 품앗이조와 합작사의 관계자나 책임자였다. 이렇게 향촌사회에는 기층조직의 책임자, 품앗이 호조의 관계자, 노동영웅이 핵심인물이 된 향촌사회의 '신식 정권'이 나타났다.

항일전쟁 중 산간닝·진수이·진차지·진지루위(晉冀魯豫) 등 근거지 각급 정부는 향촌 간부를 대량 양성했다. 진쑤이 변구에서 열린 4차례 노동모범영웅대회를 보면 제1차에서 80명, 제2차에서 103명, 제3차에서 130명, 제4차에서 791명이 변구의 노동모범영웅으로 선정되었다.[39] 싱현 출신 29명이 제4차 노동모범영웅대회에 참석했다. 1944년 양자포촌 출신이 촌 노동모범에 30명, 현 노동모범에 7명, 변구 노동모범에 5명이 선정되었다.

1944년 적후항일 근거지는 국부에서 반격에 들어서면서 경제적 여건과 사회적 환경이 크게 개선되었다. 수년의 '감조' 생산운동을 통해 인민의 생활수준이 향상되고 정치 참여 의식이 제고되었다. 또한 군중운동에서 두각을 보인 영웅모범과 열성분자들을 받아들여 정권에 참여시키고 촌 정권기구를 완비하며 정권을 점검하여 민의를 관철하고 각 분야를 개진하여 촌 정권과 군중을 더욱 밀접히 연결시키기 위해 진쑤이행정공서는 1945년 봄에 보편적인 농촌 선거운동을 단행했다.

39 王先明, 『變動時代的鄕紳 — 鄕紳與鄕村社會結構變遷(1901~1945)』, 人民
    出版社, 2009, p.431.

1945년 농촌 선거 공민소조의 구분 방식은 1941년의 농촌 선거와 달랐다. 1941년 농촌 선거는 자연촌의 10가구를 한 조로 했으며 군중들이 자유롭게 조합할 수 있었다. 1945년 농촌 선거 공민소조는 주요하게 품앗이조나 방직조를 단위로 하고 더는 공민소조를 내오지 않았다. 이렇게 품앗이조나 방직조는 경제호조조일 뿐만 아니라 기층 정치소조로 변했다. 이러한 조직을 바탕으로 구성된 공민소조가 선출한 기층정권 책임자는 기층조직의 책임자, 품앗이 호조의 관계자, 노동영웅 등 핵심인물로 '신식 정권'의 위력을 보일 때가 되었다.

그리고 상급 당조직이나 정부에서 보면 영웅모범과 열성분자들은 군중들에 의해 선출된 농촌의 각종 업무 조직자나 추진자로 그들은 군중과 매우 밀접하고 의존적인 관계에 있는 선거의 대상이었다.[40] 이러한 '좋은 사람'들을 선거 방법에 따라 후보자로 뽑고 군중들이 민주적이고도 자원적인 선거로 이들을 선출하여 촌 정권에 참여시킴으로써 촌 정권의 기능을 강화했다.[41] 이렇게 당과 정부 역시 각종 방식으로 노동영웅이 선출되는 것을 격려하고 지원했다. 선거결과가 보여주다시피 공산당의 이 정책은 효과적이고 성공적이었다.

싱현의 6개 선거 시범촌에서 선거에 참가한 8명의 촌장과 부촌장 후보 중 4명은 영웅모범이고 2명은 농회 비서이며 1명은 농회 간사였다. 새로 선출된 191명 주임대표에서 105명은 영웅모범, 농회나 무장위원회 간부 그리고 품앗이조장이었다.[42] 웨이자탄(魏家灘)의 민중들

40　山西省史志研究院 編, 『晉綏革命根據地政權建設』, 山西古籍出版社, 1998, p.313.

41　山西省史志研究院 編, 『晉綏革命根據地政權建設』, p.330.

42　沈越, 「興縣六個行政村試選的總結及今後如何普遍開展普選運動」, 『抗戰日報』, 1945年 5月 17日.

은 노동영웅인 캉청중(康成仲)이 이끈 두 품앗이조가 성과가 좋다고
생각했다. 간척지 400무를 개간하여 군중들이 토지가 부족한 어려움
을 해결했으며 대중들을 이끌고 적극적으로 목화를 심었다. 여성인 캉
구이잉(康桂英) 등 4인은 힘을 다해 촌의 여성 방직업을 발전시켰고 군
대를 옹호했다. 농촌 선거에서 촌 노동영웅인 캉퉁주(康同朱)가 촌장
에, 변구 노동영웅 캉청중이 부촌장에, 여성들인 강쿠이잉 · 자오어얼
(趙娥兒) · 자화찬(賈花蟬) · 류마오찬(劉毛蟬)이 촌대표에 선출되었다.[43]
전 현에서 새로 선출한 촌장과 부촌장 중 노동모범이 18명, 주임대표
중 영웅모범이 148명이었다.

낙선한 자 대다수는 거의 업무를 보지 않고 민중들을 위하지 않는
이기적이고 간사하면서도 교활한 자들이었다. 헤이위커우에서 낙선
한 11명 주임대표를 보면 업무를 보지 않는 자 4인, 장부가 분명하지
않은 이기적인 자 2인, 공정하지 못한 자 3인, 풍기가 문란한 자 2인이
었다. 이들은 장기간 정권 부서에서 공직자로 임직했는데 특히 구정권
시대의 사익을 도모하고 독단적으로 일을 처리하는 관습이 몸에 뱄던
것이다. 츠야오거우(磁窯溝)에서 마오티(毛提)가 선거에 참가했는데 한
과부가 "마오티는 늘 밧줄을 갖고 다니면서 거들먹거리다가 백성들을
패지 않으면 묶었다. 어디를 보아 백성을 위해 일하겠는가?"[44]라고 질
타했다. 결국 마오티는 낙선하였다.

1945년 농촌 선거를 통해 향촌정치 권력구조에 큰 변화가 발생했
다. 각급 노동모범과 군중조직의 책임자를 핵심으로 한 향촌 신식 정
권이 점차 향촌 정치생활을 통제했고 전통 권위의 정치 영향력은 가일

43 「興縣魏家灘村選結束, 男女英雄模範當選」, 『抗戰日報』, 1945年 5月 9日.
44 晉綏邊區行政公署, 『村選運動總結』(1946年 3月), 檔案編號A89-1-20-4.

층 쇠퇴해졌다.

위의 내용에서 보다시피 항일 근거지의 기층 권력 교체는 하루아침에 이루어진 것이 아니라 오랜 과정을 거쳤다. 항일전쟁 초기, 공산당은 통일전선을 명분으로 농민항일구국회 · 부녀항일구국회 · 무장위원회 등 군중단체를 결성하여 향촌의 하층민을 받아들여 항일에 참가하게 함으로써 그들의 위상을 격상시켰다. 그러나 군중단체는 정권이 아니므로 정권이 구비한 권위와 합법성을 지니지 못했다. 이러한 단체가 방대한 조직 네트워크를 구성하여 향촌사회의 각 분야까지 확대되더라도 말이다. 근거지 초기, 군중단체에 대한 민중들의 이해는 막연한 것이며 어찌 보면 무지에 가까웠다. 이는 군중단체의 발전과 책임자의 사회적 지위의 격상을 제한했다. 향촌의 권력구조에 큰 변화가 없었다.

항일전쟁 형세의 발전에 따라 공산당은 정권을 장악하고 개조했다. 민주정치를 시행하고 행정효율을 향상하며 항일전쟁에 필요한 각종 물자를 얻기 위해 군중을 동원하여 전민 항일전쟁을 단행했다. 근거지에서 농촌 선거를 시행하여 근본적으로 기층 정권을 개조하려고 했다. 하지만 사실상, 농촌 선거 이후 향촌의 기층 권력은 여전히 구정권 출신들이 장악했으며 농촌 선거로 선출된 공직자들은 오히려 종속적 지위에 놓였다. 업무의 어려움을 해결하기 위해 장기간 정권 밖에서 떠돌던 광범위한 농민을 정권 시스템에 끌어넣었다. 근거지에서 각양각색의 운동으로 경제를 발전시키고 민중의 정치 참여 의식과 열정을 불러일으켰으며 하층사회의 열성분자를 발탁하여 향촌 업무를 이끌게 했다. 이 중 영향력이 가장 크고 성과가 뚜렷한 것은 노동모범영웅 선거운동이다. 노동모범영웅 선거운동을 통해 향촌사회는 군중단체 책임자, 품앗이호조 관계자, 노동모범영웅을 핵심으로 한 신식 권위를 만들어냈다. 이들은 점차 향촌 정치무대의 주역으로 부상했으며 향촌과 상부기관을 연결시키는 고리가 되어 사회공동체 단결을 촉진하고 향촌사회를 개조했다.[45] 반면 전통 권위는 새로운 형세에서 경제적 지위가 지속적으로 하락하여 정치, 사회 영향력이 가일층 감소되다가 끝내 향촌에서 명령을 받는 상황에 놓였다.

전반적으로 보면 근거지 기층 조직의 교체는 향촌사회 기층 권력의 주역을 완전히 바꾸어놓았다. 항일전쟁 이전, 향촌에서 공직자를 맡는 기준은 "첫째, 돈과 세가 있어야만 통한다. 둘째, 유식해야 하며 문장을 쓰지 못하거나 계산을 못하면 안 된다. 셋째, 시간이 있어야 하고 언변이 좋아야 한다."[46]이다. 1945년에 이르러 공직자를 맡는 기준은 '감조 생산을 이끌고 가난한 자를 도와 신세를 고치게 하는 것이 주요한 조건'[47]이었다. 군중은 교육정도와 말재간을 별로 중요하게 생각하지 않았으며 "말만 번지르르하고 개뿔도 할 줄 모르면 소용이 없다."[48]고 생각했다. 이는 일반 촌민 사상 인식의 큰 변화를 보여준다. 이 변화는 기층 정치권력 주역의 변화를 가속화했으며 향촌 전반 사회구조의 재편을 선도했다. 반면 사회구조의 재편은 민중의 관념 형태의 전환을 강화하여 전통적 관념이 점차 소실되고 새로운 관념 형태를 받아들이게 되었다. 이로써 향촌사회의 모든 역량이 동원되기 시작했다.

---

45 晉綏邊區行政公署, 『村選運動總結』(1946年 3月), 檔案編號 A89-1-20-4.

46 馬克 · 賽爾登, 『革命中的中國:延安道路』, p.260.

47 『桑蛾村政權調査材料』, A141-1-110-3.

48 晉綏邊區行政公署, 『村選運動總結』(1946年 3月), 檔案編號 A89-1-20-4.

제6장

1930년대 향촌 위기 및
그 구급책

간과할 수 없는 역사적 사실은 1920~
1930년대의 향촌 위기는 단지 향촌
사회 자체 문제이거나 이 역사적 시
기의 돌발 현상이 아닌 근대 이후 중
국 사회가 외력의 충격을 받아 전통
사회에서 현대사회로 전환하는 과정
에 사회경제와 정치 변혁에 따른 부
정적 효과가 누적된 결과라는 것이
다.

1
도농 괴리화 과정에서의 향촌 위기

  근대 중국의 향촌 위기에 관한 연구는 1920~1930년대의 중국 향촌에 관한 연구와 조사에서 이미 많이 다루어졌지만 그 본질에 대한 제시와 심층 원인에 대한 논의는 목적을 달성하지 못한 채 대부분 요소를 열거하는 것에 한정되었으므로[1] 그들 각자가 묘사한 농촌사회를 중첩시키기가 매우 어렵고, 충분한 대조가 없으므로 동적인 연관과 법칙을 발견하기 어렵다.[2] 근년에 들어 많은 학자들이 1930년대의 "농업 위

----

1   예를 들면 천쭈이윈(陳醉雲)은 항구개방, 농산물 수입, 농산품 상품화, 가렴주구, 토지집중, 소작료의 불공평, 고리대금업의 창궐, 탐관오리와 악질 향신의 착취, 정치 부패와 기근의 만연 등 열 가지 원인으로 나누었다(陳醉雲, 「複興農村對策」, 「農民問題與中國之將來」, 『東方雜志』第30卷 第13期, 1933年 7月, p.113).
2   李培林 · 孫立平 · 王銘銘 等 著, 『中國農村社會調查』, 『20世紀的 中國學術與社會』(社會學卷), 山東人民出版社, 2001, p.159, p.137.

기"[3]에 대한 저술에서 농업 대위기의 심층 원인을 근대 이후 농업생산력의 총체적인 수준 저하[4]나 1929년에 발생한 자본주의 세계 경제위기의 영향[5] 등으로 귀결시켰다. 그러나 전체적으로 보면 1930년대에 논한 요소의 범위를 벗어나지 못했으며 다만 치중점이나 문제를 바라보는 시각이 다를 뿐이다.

과거의 논의는 대부분 특정 사례와 현상 및 그 특징을 정리하고 인위적으로 향촌 위기 원인과 특징을 설명했으며 특정 사례와 현상 및 특징 사이의 논리적 관계와 인과관계는 더 이상 살피지 않았다. 심지어 전체 근대 사회 위기의 모습과 특징으로 특정 향촌 위기를 설명함으로써 원인과 결과가 도치되어 현상과 본질이 혼란한 상황까지 나타났다. 변동이 심하고 발전이 극히 불균형적인 근대 중국에서 특정 논의의 영역이나 범위 안에서 논제를 정하지 않으면 사실상 각종 사례와 요소를 골라 자체 설명을 하는 것은 역사적 사실이나 학술적 취지와 거리가 멀다. 따라서 논제를 '통제 가능한' 범주로 한정하고 그 원인과 결과가 형성되는 필연적인 연계로부터 합리적인 설명 체계를 갖추는 것은 근대 중국의 향촌 위기에 대한 인식과 이해를 가능하게 하는 연구 경로일지도 모른다.

---

3   向玉成, 「三十年代農業大危機原因探析—兼論近代 中國農業生産力水平的下降」, 『中國農史』, 1999年 第4期. 張錫科, 「20世紀 30年代 中國農業危機根源初探」, 『濟寧師範專科學校學報』, 2003年 第2期.

4   向玉成, 위의 글.

5   許滌新·吳承明 主編, 『中國資本主義發展史』第3卷, p.335.

1) 향촌 위기의 제반 요인 분석

1920~1930년대의 중국 향촌사회는 혼란하고 비참하여 차마 눈을 뜨고 볼 수 없는 형편이었다. 향신들이 농촌의 정권을 독점하여 좌지우지하고 농민들은 경제 형편이 좋아질 기미가 현실적으로 불가능하여 빈곤과 무지에서 헤맸다.[6] 농민의 생활은 기본 보장마저 부족했는바 "민국이 생겨서부터 내란과 전쟁 그리고 신정을 시행한 까닭으로 농민의 세수 부담은 예전부터 훨씬 가중되었다. …… 따라서 농민들은 '그래도 전제 시대가 좋다. 민국은 우리에게 너무 큰 고통을 안겨준다'라고 비아냥거렸다."[7] 비록 이는 불만 정서를 지닌 극단적인 논의이지만 사회 현황에 대한 농민들의 분노를 보여준다. 그 당시의 사람들은 "민국 성립 이후 중국의 정치·경제·사회·교육 모든 분야가 개판이다. 우국지사들은 비분강개하여 '중국에 위기가 닥쳤다!'고 통탄한다. …… 중국의 위기는 민족의 정신이 부진하거나 국민의 예의 부족으로 파렴치하여 미덕을 갖추지 못한 것이 아니라 농촌경제의 기반이 흔들려 파탄에 임박했기 때문이다. 역사상의 정치혁명은 모두 그 사회적 배경이 있는데 대다수는 농촌 경제의 파탄을 배경으로 하고 있다."[8]라고 말했다.

표면적 현상만 보면 향촌 위기는 전통 시대의 농민 봉기와 반란의 기본 조건 혹은 역사적 전제로, 연구자들도 이에 대해 논의한 바 있다.

도농 괴리화 과정에서의 향촌 위기

---

6 「國民黨第二次全國代表大會政綱宣言, 制止土豪劣紳壟斷村政! 扶助農民的自治團體!」, 田中忠夫, 『國民革命與農村問題』, p.27.

7 文公直, 『中國農民問題的研究』, 上海三民書店, 1929, pp.22~23.

8 董汝舟, 『中國農村經濟的破産』, 『東方雜志』第29卷 第7期, 1932年 12月, p.14.

태평천국 농민봉기는 근본적으로 여전히 전통 향촌의 주기적인 위기의 대폭발로 토지 합병과 가렴주구에 의한 많은 인민의 극심한 빈곤에 기인했다. 중국의 전통 토지제도는 "극복하기 어려운 모순성을 내재하고 있다. …… 중국 고대사회의 발전이 정체된 총 근원으로 중국은 오랫동안 혼란을 다스리는 순환의 주기적 위기에서 헤맨다."[9] 하지만 1930년대 향촌 위기는 더욱 복잡한 모습과 시대적 특징을 보이고 있다. 농업국인 중국이 상공업 시대에 들어서면서 농민의 고통은 예전보다 더욱 극심해졌다.[10] 당시의 사람들은 이를 농촌의 붕괴, 농업 공황, 농촌 쇠퇴, 농업 파탄 등으로 불렀는데 다만 한 측면만 개괄했을 따름이다. 실제로 이 시기의 향촌 위기는 전면적인 위기로 '농촌의 대붕괴'였다.[11] 이는 경제 기반이 급격히 파괴되고 인민의 생활이 날로 어려워져 그 참혹한 실상은 망국보다도 더 심했다. 이러한 상황으로 각지 농촌은 이미 전부 위험한 지경에 빠져들었으며 농촌 문제의 심각성은 이미 경계선을 넘었으므로 해결이 절박하며 한시도 지체할 수 없었다.[12] 이는 정치의 혼란, 경제의 파탄, 사회의 무질서, 문화의 규범 상실로 야기된 전반적 위기이다.

향촌 위기의 징후에서 보면 당시 사람들의 관찰하는 시각은 제각각이며, 논하는 바에도 차이가 있다. 당시의 대표적인 견해를 보자. 우줴눙(吳覺農)은 농민 생활고의 표면적인 사례로 토지 분배 부족, 농민 식

---

9   張富記·陸遠權,『近代中國鄕村危機簡論』,『史學月刊』, 1999年 第1期, p.107.

10 「農民問題與中國之將來」,『東方雜志』第24卷 第16期, 1927年 8月, p.3.

11 古楳,「鄕村建設與鄕村敎育之改造」,『東方雜志』第30卷 第22期, 1933年 11月, p.6.

12 陳醉雲,「複興農村對策」,『東方雜志』第30卷 第13期, 1933年 7月, p.112.

량 공황, 농민 생활 빈곤, 농민 소득의 감소, 기근의 빈발, 도시 상공업의 영향, 지방 자본가의 압박 등 일곱 가지를 들었다.[13] 첸이스(錢亦石)는 중국 농촌이 갈수록 파탄의 경지에 이른다면서 파탄의 표현으로 경작지 면적이 점점 줄어드는 것, 자경농이 줄고 소작농이 늘어나는 것, 농산물 가격 하락, 농촌 금융 고갈, 농민의 고향 이탈 등을 들었다. 파탄의 이러한 다섯 가지 모습은 장기적인 역사성 때문에 발생한 것으로 단기간 내에 해결이 불가능하며 위대한 '전변'이 발생하지 않는 한 이 다섯 가지 모습은 한동안 지속될 것이라고 예단했다.[14] 둥루저우(董汝舟)는 현재 중국의 위기는 농촌 경제 기반의 동요이며, 농촌 경제 파탄의 주요한 표현으로 기근이나 산업화 또는 도시화로 인한 농촌 인구의 점차적인 감소, 황무지의 증가, 농업 수확량의 감소, 토지의 불균등, 토지세의 증가, 조세 및 세금의 가중, 고리대의 압박, 농민의 생활고라고 했다. 그리고 "현재 중국 농민 1년의 1인당 평균 소득이 200원을 넘지 못하여 일반적으로 100여 원이며 적으면 수십 원밖에 안 되는 경우도 있다."[15]고 했다. 향촌 위기의 표상에 대한 인식의 차이를 통해 그 상통점을 발견하는 것이 어렵지 않다. "그들은 모두 중국의 농촌 경제가 붕괴의 대위기에 이르렀다고 생각한다. …… 중국 농촌의 파탄과 농민의 빈궁은 누구도 부인할 수 없는 사실이다."[16] 그 가장 두드러진

---

13 吳覺農, 「中國的農民問題」(1926年), 陳翰笙 · 薛暮橋 · 馮和法 編, 『解放前的中國農村』第2輯, 展望出版社, 1985, pp.26~28.

14 錢亦石 等, 『中國農村問題』, 中華書局, 1935, pp.3~6, p.17.

15 董汝舟, 「中國農村經濟的破産」, 『東方雜志』第29卷 第7期, 1932年 12月, p.20.

16 千家駒, 「救濟農村偏枯與都市膨脹問題」, 見陳翰笙, 薛暮橋, 馮和法 編, 『解放前的中國農村』第2輯, pp.400~402.

특징은 농민의 도망, 농업의 쇠락이나 농경지의 황폐, 농촌의 파탄이 며 이로써 '농촌이 쇠퇴하여 국가의 근본이 동요하는'[17] 위험한 정세가 발생했다.

그렇다면 1930년대의 중국 향촌 위기를 초래한 원인은 무엇인가? 그 당시에 여러 가지 관점이 있었다. 다년간 중국 농장 경제를 조사한 벅(J.L. Buck) 진링대학(金陵大學) 교수는 주로 농장 면적의 영세, 생산력의 취약, 인구의 증가, 노동력의 과잉, 농민의 저축 부족, 수리 시설의 방치, 교통의 불편, 산림의 부족, 신용 기구의 부족 등을 원인으로 꼽았다. 따라서 인구 제한, 공평한 지세, 운수기관 개선, 신용제도 보급, 농업기술 증진, 수리 시설 보수 등을 주장했다. 농촌 전문가인 왕즈선(王志莘)은 사회가 불건전한 영향인 만큼 농촌 구제 시 농촌사회 전반의 문제에 유의하여 농촌 자치에 입각해야 한다고 주장했다. 경제학자 마인추(馬寅初)는 국민의 과중한 가족 사상과 과다한 인구가 주원인이므로 국민사상 개조와 인구 문제 해결을 주장했다. 민중교육 전문가 가오양(高陽)은 치안의 파괴, 교통의 불편, 수리 시설의 방치, 아편 재배, 조직력의 결핍, 지식과 기능 및 도덕의 부족을 원인으로 꼽으면서 먼저 치안 유지, 교통 정리, 수리시설 보수, 아편 금지를 주장했다. 그리고 조직 협력 제창, 농민은행 설립, 향촌 민중 교육 추진, 연구와 기술 보급 결합 및 지식인들이 농촌에 내려가 농민을 이끌 것 등을 주장했다. 여성계의 리더인 위칭탕(俞慶棠)은 과중한 세금, 부족한

---

17 曾濟寬, 「怎樣解決中國農村問題」, 『中國建設』 第8卷 第5期, 1933年 11月, p.10. 이와 비슷한 관점으로 '쇠퇴한 농업, 파탄한 농촌, 도탄에 빠진 농민'이 있다(徐欽 著, 「勘査萬家埠實驗區之經過」, 『農村』 第1卷 第2期, 1932年 12月, p.77).

경작지, 과밀한 인구, 지나치게 높은 이자율, 부족한 농업자본, 불량한 농기구, 불공평한 매매, 증가하지 않는 부업, 흉년, 빈번한 재해, 토호열신의 착취, 미신의 풍미, 불편한 교통, 부족한 교육 기회 등 15가지를 주요 원인으로 들었다. 행정에서 일체 가렴잡세를 폐지하고 교통을 발전시키며 수리시설을 건설할 것과 교육에서 정부가 향촌 교육을 중시하고 농업을 발전시키며 노동교육을 시행하여 농민들이 교육을 받고 학생들이 노동에 참가하게 할 것을 주장했다. 또한 일반 지식인들이 농촌에 내려가 일하고 농민들의 질고를 관심하며, 과학적인 방법을 소개하여 생산을 증가하고 농민 생활을 개선하며 농민 조직력을 증진할 것도 주장했다.[18] 하도 많아 일일이 다 열거할 수 없는 정도이다. 필자는 당시 사람들이 내놓은 원인설을 다음과 같이 정리했다.

첫째, 농업기술 원인설이다. 주로 다음과 같은 여러 가지 측면에서 나타난다. 주커전(竺可楨)은 농경기술의 정체와 빈번한 기근이라고 했으며 쉐눙산(薛農山)은 『중국농민운동사(中國農民運動史)』에서 농민폭동에 따른 것이라고 했다. 이 모든 것은 농업의 만성적 공황의 표현이다.[19] "우리나라 농촌 파탄의 주요원인을 찾으면 수리시설을 방치하여 경작지를 제대로 경작하지 못한 것이 중요한 원인의 하나이다."[20] 위기 폭발 초기, 많은 사람들은 농업의 쇠락을 농촌경제 파탄의 직접적 요인으로 간주했다.[21] 국제연맹의 전문가인 라제만(Rajehman)도 "전국

---

18 李景漢, 『中國農村問題』, 商務印書館, 1937, pp.121~123.

19 錢俊瑞, 「中國農業恐慌與土地問題」, 陳翰笙 · 薛暮橋 · 馮和法 編, 『解放前的中國農村』 第2輯, p.177.

20 董修甲, 「今後如何建設中國之國民經濟」, 中國國民黨中央執行委員會宣傳部 編印, 『國民經濟建設運動之理論與實際』, 1936, p.88.

21 董修甲, 위의 글, 같은 곳.

인구와 토지의 분배에서 아직 토지가 사람보다 많아 사람을 부리지 않으면 토지를 얻지 못한다. …… 경영과 관리의 문제보다는 분배 문제가 더욱 시급하다."[22]고 했다. 이 중 '토지 보수 체감 법칙'도 상당히 유행하던 관점의 하나로 바로 "일정 기술 조건하에서 비교적 많은 자본과 노동력을 투자해도 동일한 비율에 따라 수확이 증가되지 않는다."[23]이다. 난징에 정권을 수립한 국민당 역시 '기술 원인론'으로 정부의 입장을 표명하면서 경제가 낙후한 것은 "중국의 생산기술이 유치하기 때문이며 해금 정책을 폐지한 이후 외세의 충격으로 경제발전이 큰 저애를 받았다."고 발표했다. 이에 기반하여 국민정부는 위기 대처 기본 방안, 즉 국민경제건설에서의 인력, 지리적 우세, 만물 기용, 원활한 물류 등 4대 강령을 규정했다. 그리고 "이 네 가지를 완성할 수 있다면 중국은 분명 부강한 나라가 될 수 있을 것이다."[24]고 공표했다.

둘째, 토지제도 원인설이다. 주로 농촌은 내재적 고질과 외세의 압박으로 날로 파탄에 이른다고 간주한 것이다. 그러나 중국의 현존 토지 관계는 오히려 이러한 위기의 가장 주요한 주관적 조건인 동시에 이러한 위기는 또한 중국 토지 문제를 더욱 심각하게 만들었다.[25] 토지의 불균등과 조세제도는 단독적으로 작용하는 것이 아니라 소농 경영, 생산기술, 자연재해, 가렴주구, 전란과 도적, 토호열신(土豪劣紳) 등과

22 『拉西曼報告書』, p.42, p.31. 陳翰笙·薛暮橋·馮和法 編, 『解放前的中國農村』第2輯, p.186.

23 薛暮橋, 「貧困現象的基本原因」, 위의 책, p.267.

24 林森, 『國民經濟建設的重要』, 『國民經濟建設運動之理論與實際』, 1936, p.31, p.28.

25 錢俊瑞, 앞의 글, p.198.

이러저러한 관계를 맺고 있다.[26] 따라서 농업생산력의 취약과 다수 농민들이 생산 부족으로 자주 기아 상태에 빠지는 상황은 근래 중국 농업의 만성 공황의 기본 특징이다.[27] 그 주원인은 토지 소유제 및 조세 제도에 있지만 "조세 착취는 장시성 농촌이 파탄 난 가장 큰 고질은 아니다."[28]

셋째, 제국주의 침략 원인설이다. 주요한 관점으로 "중국은 농업을 근간으로 삼으므로 농민은 전체 인구의 8할 이상을 차지하고 전국 수입도 농산품이 큰 부분을 차지한다. 아편전쟁 이래 제국주의의 침략으로 농촌이 파탄 나 형세가 갈수록 나빠진다."[29], "제국주의가 중국을 침략하여 농촌에 악영향을 미쳤다. 이는 농촌 붕괴 원인에서 외국 요인에 속한다." 등이 있다. 사람들은 대외무역의 비교에서도 증거를 찾으려고 했다. 민국 14~21년, 8년 사이 대외무역의 비교에서 알 수 있다시피 민국 16년을 제외하고 수입규모는 해마다 증가했으며 작년에 이르러 수출규모는 2년 전의 절반이나 수입규모는 5조 5,600만 냥에 달해 기록을 경신했다. "1년 이래 수입품에서 식료품이 3할을 차지한다. 수출품에서 원자재가 크게 감소하여 작년의 규모는 민국 14년의 절반도 안 된다. 농업국가로 이러한 현상을 보이니 농촌이 어찌 파국에 이르지 않을 수 있겠는가?"[30] 그러므로 "제국주의자들이 이미 연해의 여러 상업 도시들을 통제하고 대리인을 통해 농촌을 지배하고 착취함으

26   沈昌晔,「農村建設之我見」,『國聞周報』第13卷 第10期, 1936年 3月, p.24.
27   錢俊瑞, 앞의 글, p.194.
28   余铎,「怎樣去改進江西農村」,『農村』第1卷 第1期, 1933年 12月, p.53.
29   方顯廷,「農村建設與抗戰」,『農村建設』創刊號, 1938年 9月, p.1.
30   王枕心,「目前中國農村的危機及救濟的意見」,『農村』第1卷 第1期, 1933年 11月, p.4.

로써 마침내 오늘날의 도시 팽창과 농촌 고갈이라는 기형적인 현상을 빚어냈다."[31] 이 중 '기계생산이 농촌에 들어와 수공업이 쇠락한 것'과 '관세권의 상실로 외국 잉여농산품이 대량 중국으로 수입되어 중국 농산물의 판매 부진'을 초래한 것을 주원인으로 보았다.[32] 하지만 사실상 중국 농촌 경제를 붕괴시킨 첫 번째 원인은 제국주의의 경제적 침략이다.[33]

넷째, 내정 부패 원인설이다. 일부 사람들은 향촌 위기를 '실업과 도망은 농민이 생활수단을 잃어버린 표징이며 농촌이 혼란에 빠진 전제'라고 개괄했다. 하지만 가렴주구에 허덕이던 농민들은 땅도 가옥도 사려는 사람이 없자 땅을 버리고 경작하지 않은 것이 직접적 원인이다. 가렴주구의 또 다른 결과는 농촌의 실업을 가중시킨 것이다.[34] 제국주의 침략 '외인론'에 반대하여 '농촌 쇠퇴'의 주원인이 '먼저 부패하여 외세의 침략을 받았다'[35]는 관점도 있다. "현재 시골에 가보면 정말 원성이 자자하다. 그들이 욕하고 미워하는 것은 제국주의나 토호열신이 아니라 정부와 정부가 발탁한 관리 그리고 군대이다."[36] 신해혁명 이후 "중국의 정치는 아직 궤도에 오르지 못하고 도적들이 도처에 가득하며 세금이 과중하여 농민들은 죽을 지경이어서 농촌을 떠나려는 생각이

31 李鑄九,「複興農村與改良農業瑣話」,『中國建設』第8卷 第5期, 1933年 11月, p.95.
32 李幼農,「複興江西農村之我見」,『中國建設』第8卷 第5期, 1933年 11月, p.25~26.
33 丁達,『中國農村經濟的崩潰』, 上海聯合書店, 1930, p.27.
34 顧猛,「崩潰過程中之河北農村」,『中國經濟』第1卷 第4期, 1933年 4月, p.66.
35 陳國鈞,「複興農村之我見」,『中國建設』第8卷 第5期, 1933年 11月, p.1~2.
36 鍾秀瓊,「改進農村之先決問題」,『農村』第1卷 第2期, 1932年 12月, p.56.

매우 간절하다. 농촌의 파탄이 오늘날 중요하면서도 비참한 현상이 되었다."[37]

위의 정리는 비록 전면적은 아니지만 기본적으로 당시의 주요 논지를 밝힐 수 있다. 그리고 훗날의 학술적 맥락에 따라 오늘날 사람들이 향촌 위기를 이해하고 해석하는 기본적 입장이 여전히 상술 관점의 범위(더욱 보편적인 주장은 이상의 요인을 종합한 '종합 원인설'[38]임)를 벗어나지 않았음을 쉽게 발견할 수 있다. 특히 역사의 발전 과정에 영향을 준 당시 공산당 학자의 관점은 다음과 같다. "어떤 사회계층의 주관적인 이해관계에 눈이 멀어 색안경을 끼고 사물을 관찰하는 한, 중국 농촌경제, 나아가 전체 국민경제가 파탄 나고 쇠락하는 원인이 제국주의 침략과 봉건적 착취에 있다는 것을 결코 보지 못할 것이다. 이 기본 개념이 있다면 제국주의 침략과 국내의 봉건 잔당 제거를 중국의 모든 사회 문제를 해결하는 결정타로 삼아야 한다는 결론을 어렵지 않게 내릴 수 있다."[39]

그러나 상술한 '농촌 붕괴'나 '향촌 위기'의 각종 모습과 원인은 사실상 근대 중국 사회 전반에 대한 묘사나 제시로 거시적 차원에서 구

---

37 劉運籌, 「農業部農學會農學院與農村複興」, 『中國建設』第8卷 第5期, 1933年 11月, p.57.

38 리진정(李金錚)은 농민 생활이 궁핍한 7가지 요소를 경작지 부족, 생산력 저하, 가정수공업의 어려움, 상품 교환에서의 약세, 향촌 금융 고갈과 고리대, 조세 착취, 인재와 천재로 보았으며 이 중 경작지 부족과 농업생산력 수준의 저하 및 천재와 인재는 농민 궁핍을 초래한 가장 중요한 원인이라고 했다(李金錚, 「近代華北農民生活的貧困及其相關因素」, 『近代中國鄉村社會經濟探微』, 人民出版社, 2004, pp.216~230).

39 孫冶方, 「鄉村工作人員應走的道路」, 『關于中國社會及其革命性質的若幹理論問題』, 中國社會科學出版社, 1985, p.142.

축된 근대 중국 사회의 성격, 국제적 지위와 시대적 특징에 대한 인식 구조로 '향촌 위기'의 자체에서 전개한 논증은 아니다. 그러므로 거시적인 차원의 원인이나 이론 해설은 그럴듯해 보이지만, 원칙적으로 틀리지는 않지만, 학술적으로는 그 역사적 실상과 진정한 원인을 가린 채 이 문제에 대해 가져야 할 심층적 연구를 일반적인 표상 진술로 만들었다.

2) 도농 발전의 괴리화 과정

사리에 맞는 듯했던 이 같은 논조가 문제의 본질을 건드리지 못했거나 문제 자체에 대한 논증을 직접 펴지 못했다. 향촌 위기는 특정 시간이나 조건하에서 폭발하는 의외성, 집중성, 파괴성, 긴박성을 가진 위기이다. 일반적인 역사 과정과 비교해보면, 그것은 전체 역사 과정의 특수한 문제로 적시성 문제에 속할 뿐 상시적 특성을 지니지 않는다. 그런 의미에서, 전통 시대에는 주기적으로 농민의 파탄을 초래하여 농민봉기와 폭동을 일으킬 위기는 사실상 향촌 위기가 아닌 사회 위기 또는 정치 위기이다. 따라서 특수성과 그 특수 원인을 밝혀낼 수 없다면 논의의 본질을 건드릴 수 없다.

첫째, 농업기술이나 토지제도, 내정 부패나 '제국주의 침략과 봉건 착취의 결합' 등 관점은 모두 전체 근대 중국 사회 위기나 근대 중국이 낙후한 원인에 대한 설명이다. 이는 향촌 위기가 1930년대에 발생했지만 이러한 요소들이 적어도 아편전쟁 시기에 이미 형성되었거나 존재했기 때문이다. 농업기술이나 토지제도를 논하면 더욱 거슬러 올라간다. "중국 농촌은 토지 사유제가 성행한 이후 장기간 붕괴된 상태에서 존재해왔다. …… 토지 겸병이 극히 성행하여 빈부격차가 갈수록 심했다." 토지제도 및 이에 관련된 각종 규제는 중국 역사에서 시종 존재한 고질이다. "이는 역사적으로 물론, 지금은 각 성에서도 이러하다."[40] 따라서 위와 같은 논지의 원인이나 그에 의해 밝혀진 모습은 근대 중국 사회의 위기나 근대 중국 사회의 성격, 지위에 대한 일종의 설명 방법이 될지는 몰라도 1930년대의 향촌 위기에 대한 효과적인 설명은 되지 못한다.

둘째, 아편전쟁 이후 근대 중국에는 위기가 곳곳에 도사리고 있었다. 이 중 변강 위기, 교안(敎案) 위기, 전쟁 위기가 지속적으로 발생했으며 이는 근대 중국의 정치 위기, 사회 위기와 밀접하게 관련되어 근대 중국을 내우외환에 몰아넣었다. 제국주의 침략은 하나의 기본 요인으로 아편전쟁 이후 시종 존재하던 문제였고 제국주의 침략 세력이나 영향력은 개항장이나 대도시에 더 컸는데 어찌하여 1930년대 향촌 위기의 직접적 원인이 되었는가? 더욱이 향촌 위기의 촉발은 그 특유의 내재된 규칙과 태세를 가지고 있어 외인적인 제국주의 침략과 필연적으로 연관되어 있지는 않다. 이는 서구 자본주의 발전 과정에서 향촌 위기나 농업 공황은 결코 피할 수 없었기 때문이다. 18세기 서구 농촌이 파탄 나는 과정은 산업혁명 과정에서 반드시 나타난 현상이었다.[41] 영국 · 미국 · 독일 · 프랑스 · 일본 등 국가에서도 상공업이 흥성한 결과 인민들이 도시에 집중되면서 농촌은 황무지로 변해 식량이 큰 문젯거리가 되었다. 따라서 제1차 세계대전이 종식되자 서양의 정치가들

도농 괴리화 과정에서의 향촌 위기

---

40   周谷城, 『中國社會之變化』, 上海書店, 1989年 影印本, p.188, p.194.
41   「中國農村經濟論文集發刊辭」, 千家駒 編, 『中國農村經濟論文集』, 『民國叢書』第二編(35) 經濟類, 上海書店, 1989, p.2.

은 귀농 운동을 제창하고 이를 '시대정신'[42]으로 삼아 향촌을 구제하는 조치를 채택하기 시작했다. 산업화와 현대화 그리고 도시화가 급속히 발전하는 과정에서 향촌 위기는 유럽과 미국에서도 발생했다. 미국을 보면 1920년~1930년 10월, 농산품 가격이 40% 이상 급락하여 유례가 없는 농업 위기가 발생했다.[43] 1920년대 미국중앙조사국의 보고서에 의하면 "대학에 진학하는 농촌 청년이 도시보다 1배 더 많다 …… 미국농업부의 조사에 의하면 최근 10년간 농촌을 떠난 사람이 150만 명에 달한다. 이 숫자는 농촌의 농민이 직접 도시로 떠난 것으로 소도시의 인구는 통계에 넣지 않았다."[44]라고 했다. 1930년대 미국의 농업 위기가 지속되어 농산물 가격이 하락했는바 '1930년 이후 더욱 심해지고 …… 그 형세가 시간이 흐름에 따라 더 나빠져' 미국의 대다수 농민은 수입으로 토지세를 지불하기도 어려웠다.[45] 유럽 각국 '농업 통계'(만국농사협회) 자료 중의 '농민의 순이익 혹 손해' 통계표에 의하면 적어도 덴마크 · 스위스 · 오스트리아 · 체코슬로바키아 · 폴란드 · 라트비아 · 에스토니아 · 핀란드 · 노르웨이 · 스웨덴 등 10개국에서 모두 '농업이 여전히 지속적으로 불경기인 상태'나 '농민들이 이미 파산'[46]한 상황이 나타났다. 그러므로 '제국주의 침략' 요소로 향촌 위기의 원인을 제대로 설명할 수 없다.

---

42 王駿聲 編,『中國新農村之建設』, 商務印書館, 1937, pp.7~8.

43 薛暮橋,「貧困現象的基本原因」, 陳翰笙 · 薛暮橋 · 馮和法 編,『解放前的中國農村』第2輯, p.267.

44 「美國最近鄕村教育問題之推斷」, 陳俠 · 傅啓群 編,『傅葆琛教育論著選』, pp.242~244.

45 日本農林省米谷局 編, 曹沈思 等 譯,『世界各國之糧食政策』, 商務印書館, 1937, p.41.

46 위의 책, p.35, p.39.

셋째, 향촌 위기는 단지 농업 생산성이 떨어지거나 수확량이 감소하는 문제에 그치지 않았다. 당시 중국의 향촌을 보면 "흉년이 들어도 문제요, 풍년이 들어도 문제요, 이래도 저래도 모두 안 되는 막다른 골목에 갇혀 있었다."[47] 1932년 대다수 지역에 풍년이 들었다. 농민들이 기뻐서 손뼉을 치며 경축해야 마땅했다. 그러나 실제로는 식량 가격이 급락하여 농민의 곤궁이 경감되기는커녕 오히려 더욱 가중되었다. 그해 창장 유역(예를 들면 장쑤성)의 많은 현에 풍년이 들어 평소보다 5~20% 더 많이 수확했다. "봄과 여름 사이, 멥쌀 1석에 13~14원이었으나 햅쌀이 나오자 10원 아래로 떨어져 지금은 8~9원이다."[48] 이처럼 "'곡식 가격 하락에 농민이 손해를 입는 것'이 바로 농업 위기에서 농민생활에 대한 간단한 묘사다. …… 현재 중국의 농산물 가격 급락은 바로 이런 허황된 현상이 낳은 결과다. 한편 이런 농산품 가격 폭락 현상은 중국 농업 위기의 기본 지표가 되었다."[49]

기존의 해석은 향촌 위기의 원인을 제대로 설명하지도, 향촌 위기의 역사 정체성을 제시하지도 못했다. 1930년대에 발생한 향촌 위기는 분명히 전통 시대에 오랫동안 존재한 농민과 토지의 긴장관계, 봉건 대지주 토지 소유제 그리고 전제제도하에서 정부와 관료들의 비효율과 부패로 인해 생겨난 사회 위기가 아니다. 여기서 농민의 생존 위기를 향촌 위기라고 정의를 내려서는 안 된다. 향촌 위기의 역사적 본질과 심층적 원인은 전통사회에 비할 때 이미 자체의 특징을 지녔다.

---

47 有心, 「谷賤傷農乎?」, 『東方雜志』 第29卷 第6期, 1932年 11月, p.1.

48 姜君辰, 「一九三二年中國農業恐慌底新姿態－豐收成災」, 陳翰笙・薛暮橋・馮和法 編, 『解放前的中國農村』 第2輯, p.380, p.390.

49 錢俊瑞, 「目前農業恐慌中的中國農民生活」, 위의 책, p.201.

근대의 향촌 위기는 궁극적으로 보면 산업화와 도시화의 발전 과정에 따라 향촌사회가 급격하게 쇠퇴하는 위기였다. 인류 사회의 발전과 관련하여 보면 먼저 향촌이 있은 후에 도시가 나타났고 도시는 향촌에서 변천하여 온 것이다. 하지만 "도시의 형성은 비록 향촌 형성 이후라고 하지만 상공업의 발전과 교통 편리 때문에, 또한 모든 정치기구가 도시에 있으므로 모든 문화 사업에도 장족의 진전이 있었다. 인구가 집중된 곳일수록 산업화와 도시화의 진전 속도가 빨라져 문화 수준이 높아지고 물질적으로 풍족하다. 향촌의 경우 농업 개혁이 늦고 사회가 보수적이어서 물질적으로 부족할 뿐만 아니라 정신적 생활이 더 문제이다."[50] 산업화와 도시화의 추세하에 산업계의 근본적인 변동은 하나하나가 도시를 발전시키는 것임이 틀림없다. 따라서 향촌 위기는 도시발전이나 도시 번영에 대응한 특정 지역성을 가진 위기이다. "농촌은 1년 내내 부지런히 생산하여 도시인들의 생활품을 공급하다가 그 자체의 파멸로 멈추게 된다. …… 그 결과 도시는 날로 번영하고 농촌은 날로 쇠락한다. …… 도시에서 농촌까지의 농 · 공 · 상업 상호간의 유대가 끊겼다. …… 대도시는 병적으로 번영하고 농촌은 연이어 파산한다."[51] 그러므로 농촌 위기의 시대성은 '근대문명의 산물'임을 보여주었다. 즉 농촌 문제는 시대와 장소에 따라 변천하지만 그 본질을 고찰하면 근대문명의 산물임을 인정하지 않을 수 없다. 이는 농촌 문제의 발생은 국민경제나 국제경제의 일정한 발전을 전제로 해야 하기 때문이다.[52]

50　「鄕建運動總檢討」, 陳俠 · 傅啓群 編, 『傅葆琛敎育論著選』, p.84.

51　周谷城, 『中國社會之變化』, p.7, pp.45~47.

52　曾濟寬, 「怎樣解決中國農村問題」, 『中國建設』 第8卷 第5期, 1933年 11月,

향촌 위기는 경제적 파산일 뿐만 아니라 향촌사회-문화의 전반적 쇠퇴이다. 다수의 농민이 비록 자발적으로 마을을 떠나지만 절대로 경제적 어려움과 고생에서 벗어나지 못한다.[53] '실업'과 '토지 상실'은 중국 농촌에 존재하는 '두 가지 근본적인 문제'[54]임이 틀림없다. "중국 농촌이 날이 갈수록 붕괴되는데 사회 상황을 조금이나마 아는 사람이라면 누구나 걱정하지 않을 수 없다. …… 중국 농촌의 주요한 병폐는 궁핍이다. …… 궁핍 때문에 무지하고 약해지며 무지하고 약하기 때문에 더욱 궁핍하게 되어 결국 중국 농촌은 파탄의 상태에 이르렀다."[55] 그러나 '궁핍'으로 나타난 '농촌 경제 파탄'은 비록 매우 심각하지만 문제의 한 측면만 보여주거나 기껏해야 기본 측면을 보여줄 뿐, 근대 향촌 위기의 본질적 내용은 보여주지 못한다. 부인할 수 없는 것은 "지금 중국에 발생한 농촌 문제는 …… 두 가지의 중요한 의미를 지닌다. 하나는 현대 농촌 문제의 조류를 느껴 어쩔 수 없이 세계 환경에 적응하고 현대문명의 길을 따라가면서 각종 현장 건설을 위한 준비를 해야 한다. 다른 하나는 농업 전통의 경영 형태를 유지하고 중소 농업을 보호하며 농촌 공동사회의 정신을 살려 구미 자본주의의 전철을 밟지 않도록 해야 한다."[56] 이로써 "농촌 문제는 중국의 당면 가장 심각한 문제로 되어 오늘날의 정치·경제·교육 각 분야의 총 목표와 총 대상으로 점

농도 괴리화 과정에서의 향촌 위기

---

p.9.

53 李鴻怡, 「改良農具與複興農村」, 『農村』 第2卷 第3期, 1934年 12月 15日, p.51.

54 任哲明, 「中國農村經濟的根本問題」, 錢亦石 等 編, 『中國農村問題』, p.22, p.32.

55 「本社成立宣言」, 『農村』 第1卷 第1期, 1933年 11月 15日, p.91.

56 曾濟寬, 「怎樣解決中國農村問題」, 『中國建設』 第8卷 第5期, 1933年 11月, pp.12~13.

차 바뀌고 있다."[57] 이는 근대 이후의 제도 변천 과정에서 비록 정치 시설은 나날이 번창하나 농촌 제도가 확립되지 않아 자치의 기초가 없고 더 이상 이로운 정책으로 진행할 것도 없기 때문이다.[58] 농촌 정치제도의 낙후와 부재로 향촌사회에서 생활이 무질서하고 사회가 혼란한 상황이 자주 발생한다. 예를 들면 1930년대 허베이성 싱타이(邢台) 향촌은 농촌의 경제가 파탄 나고 모든 업종이 쇠퇴하며 도적들이 창궐하여 농촌에서는 밤낮으로 불안해하고 도적은 소털처럼 많았다. 향촌에서 창궐하는 도적들은 돈 많은 향민과 교육기관을 약탈하고 부유한 지주와 상인을 납치하면서 상공업을 유린했다.[59] 중국 농민 8~9할은 일자무식인 문맹이었다. 이러한 일자무식 문맹은 대부분 향촌에 있었다.[60]

근대 이후 "각 지방의 농촌학교가 제대로 운영되지 않았다. …… 중국의 농촌교육은 무뢰배나 토호열신, 도적이나 악당을 양성했다." 한편으로 "농촌에 소학교 하나만 있어도 대단했다. 많은 어린이들이 서당의 동홍선생에게 보내졌다. …… 변변치 못한 여건에서 대충 배운 셈이다. 모든 과목은 대부분 도시의 것을 베꼈으므로 농촌에 필요한 생활 과목은 매우 부족했다." 따라서 농촌의 경제가 모래탑처럼 무너지자 이를 기반으로 구축된 사회·정치·교육이 모두 붕괴했다.[61] 따라서 근대 향촌 위기는 경제적 문제일 뿐만 아니라 중국의 구사회구

---

57 張豈文,「中國農村經濟的沒落與挽救方法」,『農村』第卷 第3期, 1934年 1月, p.59.

58 刑振基,『山西村政綱要·總論』, 山西村政處旬刊社, 1929, p.8.

59 提撕,「河北省農村治安之現狀及其改進」,『衆志月刊』第2卷 第2期, 1934年 11月, p.91, p.94.

60 「爲什麼要辦鄉村平民教育?」, 陳俠·傅啓群 編,『傅葆琛教育論著選』, p.2, p.25

61 金輪海 編著,『農村複興與鄉敎運動』, 商務印書館, 1934, p.35, 34.

조가 파괴된 후 '문화 불균형–극히 심각한 문화 불균형'의 문제이다.[62] "확실히 중국 농촌의 쇠락은 전반적 쇠락이고 파탄은 전반적 파탄이다. …… 물질의 쇠퇴이자 정신의 쇠퇴이기도 하고 경제적 파탄이자 문화적 파탄이기도 하다. 경제 문제도, 교육 문제도 모두 시급히 해결해야 하며 모든 분야 모두 그러하다."[63]

또한 향촌 위기도 분명히 전통 시대 도농 일체화 발전 모형을 타파한 후의 필연적인 결과로서 그것은 도시의 발전과 번영의 또 다른 역효과이다. "중국은 지금 도시와 도시 문화가 한창 발전하고 있다. 그러나 농촌은 여전히 적막하고 황량하다. 그러므로 현재 일반인들은 중국 사회가 기형적으로 발전한다고 말한다."[64] 역사의 발전 과정에서 "농업은 사회경제의 발전에 따라 자발적 또는 수동적으로 발전하기 때문에 법칙이 있다. 생산력의 발전에 따라 농업은 점차 공업을 그 안에서 분리해 내어 도시의 번영과 농촌의 대립을 초래한다. 사회의 역사적 원동력은 농촌에서 도시로 이동하여 축적되고 초기 공업은 원래 농업에 종속되었으나 시간이 흘러 농업이 오히려 공업에 종속된다. 이 종속 관계하에서 농업은 끊임없는 착취에 의해 몰락한다."[65] 따라서 중국 도시가 한창 발전할 때, 농촌은 황량하고 적막하기만 한 것이 아니라 더욱 크게 붕괴하기 시작했다. 국제 자본주의의 침략으로 중국 내의 산업계에 변화가 발생했는바 한편으로 국제 자본주의 세력이 전국에 자리 잡고 있으며 다른 한편으로 신식 상공업이 점차 발전했다. 이리하

62 中國文化書院學術委員會 編,「中國政治無辦法－國家權力建立不起」,『梁漱溟全集』第2卷, 山東人民出版社, 2005, p.213.

63 李景漢,『中國農村問題』, 商務印書館, 1937, p.125.

64 周谷城,『中國社會之變化』, p.85.

65 藍夢九,「農村複興之路」,『中國建設』第8卷 第5期, 1933年 11月, p.44.

여 농촌도 황량하고 적막한 상태에서 붕괴가 가속화되었다. 이렇게 도시는 발전하고 농촌은 뒤처지는 기형적인 현상이 초래되었다.[66] 그러나 전통 시대의 중국 사회-문화에서 도시와 농촌은 일체화로 "모든 문화는 대부분 향촌에서 왔고 또 향촌을 위하여 설치되었는데 법제와 예속, 상공업도 왜 그렇지 않겠는가?"[67] 도시와 향촌의 건축물 및 일상생활 기타 측면의 차이는 극히 미미했는비[68] 인쇄업까지 도시와 농촌이 일체화되었다.[69] 미국의 한학자인 페어뱅크(John King Fairbank)는 중국이 근대에 이르러서도 "상류사회 인사들은 여전히 자연 상태에 가까운 농촌 기반을 유지하려고 애쓴다. 향촌에서 작은 전통은 결코 가치관과 도시 상류사회의 대전통을 뚜렷하게 분리시키지 않았다."[70]고 했다. 도농 일체화로 인재들이 평민층을 벗어나지 못했는바 바로 '향신이 벼슬에 나서면 관리요, 관리가 은퇴하면 향신이라'[71]로 전통적인 중국 도시와 농촌의 사회-문화 일체화의 특징을 형상적으로 개괄한 말이다.

그러나 현대화를 지향하는 제도의 변천 과정에서 도시 교육이 점차 발전하여 농촌 교육은 더 이상 따라잡을 수 없게 되었다. 도시를 중심으로 하는 '신학'의 형성에 따라 중국의 전반 교육 국면에 뚜렷한 변화가 발생했다. 경사대학당 · 고등학당 · 전문학당 · 실업학당 · 사범학당 전부가 경성이나 성도 혹은 기타 중요한 도시에 집중되었고 중학당은

---

66 傅葆琛,「鄕建運動總檢討」, 陳俠 · 傅啓群 編, 『傅葆琛敎育論著選』, p.86.

67 梁漱溟,「鄕村建設理論」, 『梁漱溟全集』 第2卷, p.150.

68 吉爾伯特 · 羅茲曼, 『中國的現代化』, p.660.

69 張鳴, 『鄕土心路八十年』, 上海三聯書店, 1997, p.220.

70 費正淸 編, 楊品泉 等 譯, 『劍橋中華民國史』 上卷, 中國社會科學出版社, 1993, p.33.

71 『江蘇學務總會文牘』, p.84, 王先明『近代紳士-個封建階層的歷史命運』, p.157.

기본적으로 부·청·주의 소재지에 설립되었으며 소학당마저도 주와 현의 소재지에 설립되었다. 향촌 학교는 전국 학교의 10%밖에 차지하지 못했다.[72] 향촌사회를 위하여 세운 농업학교 역시 80% 이상은 도시에 설립되었다.[73] 1931년 기준 전국의 103개소 전문학교 이상 학교는 상하이 22개소, 베이핑(北平) 15개소, 광둥 85개소로 세 도시에 설립된 고등학교가 전체의 44%를 차지했다. 전국의 75개소 대학교와 대학 역시 대부분 대도시에 설립되었다. 이 중 베이핑 12개소, 상하이 16개소, 광저우 6개소, 톈진 5개소로 절반을 차지했다.[74] 학생 통계를 보면 베이핑·난징·상하이·광저우·항저우·우창 등 6개 도시의 대학생은 2만 7,506명으로 전체 학생수의 4/5 이상을 차지했다. 대학이 집중된 소수 대도시의 현상은 가히 놀랄 만하다.[75]

청말민초 중국에는 향촌 10만개와 촌락 100만 개가 있었다.[76] 이에 따라 계산하면 1922년 전국의 중소학교가 17만 8,847개소로 평균 6개 촌에 하나의 학교가 있는 셈이고 1931년 전국의 중소학교는 26만 2,889개소로 평균 4개 촌에 하나의 학교가 있는 셈이다.[77] 허베이성을

72　陶行知, 『師範敎育之新趨勢』, 『陶行知全集』(一), 湖南敎育出版社, 1986, p.167.

73　吉爾伯特·羅玆曼, 『中國的現代化』, p.551~563.

74　多賀秋五郞, 『近代中國敎育史料』, 文海出版社, 1976, pp.770~777.

75　國際聯盟敎育考察團, 「國際聯盟敎育考察團報告書」(1931年), 沈雲龍 主編, 『近代中國史料叢刊三編』 第108冊, 文海出版社, 1966, pp.160~161.

76　농업경제학자인 버터필드(Butterfield) 박사가 1921년 중국에서 조사하여 얻은 데이터로 당시 중국에 적어도 향촌 10만 개, 촌락 100만 개가 있었다고 한다.

77　「제2차 중국 교육연감 통계(第二次中國敎育年鑑統計)」에 의하면 1922년 중국에 국민학교와 소학교 17만 7,751개소, 중등학교 1,096개소가 있었으며 1931년에는 초등학교와 국학교 25만 9,863개소, 중등학교 3,026개소가

보면 1928년, 1/4의 향촌에 소학교가 설립되지 않았으며 이 비율은 일부 현의 농촌에서는 70% 이상에 달했다. 이로써 향촌 인력의 유동을 초래했다. "농촌에서는 비교적 재능이 있는 자는 끊임없이 도시로 들어가고 타현의 자는 성 소재지로, 타성의 자는 수도와 대도시로 들어간다."[78] 또한 이러한 유동은 갈수록 일방적인 이동으로 변했다.[79] 이로써 점차 신식 교육의 중심, 자산의 집결지, 상공업 중심지, 정치 중심지가 되어버린 근대 도시는 향촌에 비해 절대적 우위를 가지게 되어 중국 전통 시대의 도시와 농촌의 사회 문화 일체화 모형은 와해되었다. 그러므로 일반 교육자들은 도시 교육만 알 뿐 향촌 교육은 몰랐다.[80] 근대 이래의 도농 괴리화 발전의 역사가 축적되어 향촌 위기의 심층 요인이 되었다. 근대 중국 향촌을 볼 때 이것이 초래한 직접적 결과는 아주 명백하다.

첫째, "산업 발전으로 농촌의 붕괴가 가속화되었다. 농촌의 현금은 토호나 지주가 직접 도시의 공장이나 은행으로 보내고, 관료나 군벌이 수탈하여 역시 도시의 공장이나 은행에 보내어 농촌은 텅 비었다. 이것이 농촌이 붕괴한 원인의 하나이다. 또한 도시에 공장이 증설되자 농민들이 점차 농촌에서 도시로 향했다. 시간이 흘러 농촌 인구가 감소했는데 이것은 농촌이 붕괴한 또 다른 원인이다. …… 농촌의 많은 인구가 비록 도시의 공장으로 몰려왔지만 농촌의 몰락은 생산 인구의 감소가 아니라 생산에 참여하지 않는 인구의 증가이다. 이는 이상한

있었다.
78　潘光旦,「說鄕土敎育」, 潘乃谷·潘乃和 編,『潘光旦文集』, 光明日報出版社, 1999, pp.371~378.
79　孔飛力,『中華帝國晚期的叛亂及其敵人』, p.238.
80　「中國鄕村小學課程槪論」, 見陳俠·傅啓群 編,『傅葆琛敎育論著選』, p.46.

현상이다. …… 중국의 공장이 발전하여 농촌의 잉여 인구를 처리할 뿐 아니라 농사를 짓고 있는 사람들을 잉여 인구로 만들었다." 근대 이후 중국에서 가장 해결하기 어려웠던 것은 농촌 잉여 인구 처리였다.[81]

향촌 부호와 그들의 자금이 일방적으로 도시에 흘러들었다. 농촌 쇠락의 결과에서 가장 뚜렷한 것은 내지의 현금 유출이다. 농민들은 전답이 황폐해지거나 농산물 가격의 하락으로 소득이 감소했지만 세금을 다 납부하지 못해 시장을 필요로 했다. 향촌의 부자들은 비적의 재난으로 도시로 이주하거나 농사의 실패로 다시는 농사에 투자하지 않아 향촌의 예금은 도시로 점차 몰렸다. 그 결과 농촌에서 소도시로, 소도시에서 도시로, 도시에서 대도시로 현금이 몰렸다. 도시의 지속적인 금융 집중에서 간접적으로 향촌 금융 고갈 상태를 볼 수 있다. 이로써 농촌 경제의 고갈은 한계에 이르렀다.[82] 또한 "이 추세를 보아낸 군벌들도 농촌에서 도시로 향했다. …… 근 10년 동안 농촌은 하루하루 궁핍해지고 도시는 하루하루 부유해졌다. …… 현재 군벌들은 도시를 탈취하겠다고 서로 호언장담한다. …… 군벌들은 현재 붕괴되고 있는 농촌에서 토지세와 잉여 인구를 공급받고, 도시에서 세수와 차관을 받는다. 군벌들은 도시가 발전하고 농촌이 붕괴하는 과정에서 발생하고 성장하며 흥기한다."[83]

둘째, 향촌사회를 지탱하는 문화의 내재된 힘과 규범이 흔들렸다. 당시 사람들이 말했듯이 "중국 종래의 봉건사회가 좋은가 나쁜가는 다른 문제지만 사회에 존재하는 잠재세력이 사회질서를 유지하고, 쉽게

81   周谷城, 『中國社會之變化』, pp.87~88.
82   余铎, 「怎樣去改進江西農村」, 『農村』 第1卷 第1期, 1933年 11月, p.53.
83   周谷城, 『中國社會之變化』, pp.89~90.

흔들리지 않도록 한다. 이것이 바로 노인을 존경하고 현명한 사람을 따르는 풍조이다. 향촌에서 가장 연장자가 향신이 되어 그 마을의 시비곡절을 판단하고 모든 것을 지휘하면 모두가 그의 명령에 복종한다. 가장 연장자라는 조건 외에 공명이 있어도 향신이 되어 그 지역의 우두머리가 될 수 있다." 근대 이후의 제도 변천 과정에서 "이 제도를 폐지하려면 반드시 좋은 새로운 제도로 대체해야 한다. 하지만 이러한 새로운 제도가 거의 없다. …… 낡은 제도가 흔들리기 시작하지만 새로운 제도가 나타나지 않아 사회에 불안이 발생한다. 현재의 사실이 우리에게 신향신이 구향신을 대체한 결과라고 말해주고 있다. 신향신은 상당한 공명이 있는 어진 이도, 경험이 많은 연장자도 아니기 때문에 모두의 신임을 얻지 못해 사회가 그 중심을 잃어 이익이 나타나기 전에 먼저 해를 입게 된다."[84]

셋째, 사회 불평등이 도농 사이에서 더욱 심각하게 나타났으며 발전 추세를 보였다. 푸바오천(傅葆琛)은 감명 깊게 말했다. "어느 날 우연히 한 외국인 친구와 잡담을 나누었는데 그 친구가 '중국 사회의 불안은 세 가지 불평등한 현상에 기인한 것으로 첫째, 돈 많은 자가 각 방면에서 실속을 차리고 돈 없는 자는 각 방면에서 애를 먹는다. 둘째, 도시인들이 각 방면에서 이득을 보고 농촌인들이 각 방면에서 불이익을 받는다. 셋째, 남자들이 각 방면에서 발전하고 부녀자들이 각 방면에서 뒤처지고 있다.'라고 말했다."[85] 도시와 향촌의 판연한 차이를 보

84 鄭彦棻 主編, 『鄕村服務實驗區報告書』(1), 國立中山大學出版部, 1936年 10月, p.10.
85 傅葆琛, 「我國鄕村婦女生活的實況與我們的責任」, 陳俠·傅啓群 編, 『傅葆琛教育論著選』, p.197.

이는 '세 가지 불평등' 때문에 근대 이후에 점차 발생한 사회문제는 그 시대적 특징이 아주 뚜렷하다. "도농의 기형적인 발전은 문화 수준의 불균형과 함께 국가와 사회의 진보에 영향을 준다. 균등한 기회, 평등한 향유의 원칙 및 민주정치의 입장에서 보면 결코 있을 수 없는 현상이다. 농촌 생활의 개선과 향촌사회의 개조는 모든 이들에 의해 이러한 기형 현상을 조정할 수 있는 유일한 길이라고 공인된다."[86]

근대 역사의 발전 과정을 보면 향촌 위기는 사실상 향촌 자체의 위기가 아니라 근대 이후 도농 괴리화의 발전 태세에 따른 농촌사회·경제·문화의 전면적인 쇠퇴 위기이다. 도시 발전의 뒷면은 농촌의 붕괴이다. 농촌 붕괴가 가속화 되는 각종 사실은 바로 도시 발전이라는 사실이다. 요컨대 "중국의 근 수십 년 도시 발전의 사실은 바로 농촌 파괴이다. 농촌 붕괴의 가속화가 바로 도시의 발전을 촉진했다. …… 지나간 수십 년의 사실이 바로 이러하다."[87] 따라서 근대 산업화와 도시화, 현대화의 과정에서 '도농 괴리화'가 갈등으로 번졌다는 점을 떠나서 근대 향촌 위기라는 역사적 모습을 언급할 수 없다.

3) 향촌 위기의 시대적 특징

1930년대에 발생한 향촌 위기는 독특한 시대적 특징을 지니고 있으며 그 '발전 위기' 특징 또한 매우 뚜렷하다. 이는 산업화와 도시화, 현

86   傅葆琛, 『鄕建運動總檢討』, 陳俠·傅啓群 編, 『傅葆琛敎育論著選』, p.402.

87   周谷城, 『中國社會之變化』, p.181.

대화에 따른 전통적인 도농 일체화 발전 모형이 해체되면서 농촌사회가 비주류화, 빈곤화, 무질서로 치닫는 역사 과정이다. 도시의 기형적인 발전을 보면 북방의 톈진, 중부의 상하이, 남방의 광저우, 중부의 한커우 등은 농촌의 장정을 도시에 집중시켜 농촌 인력 부족을 초래했다.[88] '발전 위기'는 '도농 괴리화' 발전 위기로 나타났다. 즉 농촌이 파괴되고 도시가 발전하며 양자가 반대 방향으로 나가는 중국 사회 변화의 방식이며[89] '현대화 발전' 과정에서 향촌사회 쇠퇴로 나타났다. '산업혁명에 기인하여 상공업이 발달하고 도시가 발전하는'[90] 필연 추세는 현대화 발전 과정의 부수물이다. "화베이가 번영하지만 모두 베이핑과 톈진에 집중되어 있고 근년 이래 정치중심지 이동에 따라 각 지역 주민들이 모두 남쪽으로 이주한다. …… 고로 물가 하락이 보편적 현상이 된다."[91] 이러한 '발전 위기'는 복잡다단하고 갈등과 충돌로 가득 차 있어 여기서 일일이 열거하기 어려우며 단지 관견(管見)만을 피력해도 대략적인 특징을 볼 수 있다.

첫째, 근대 이래의 산업화와 도시화, 현대화를 지향하는 역사 발전은 기본적으로 향촌의 희생을 전제로 했다. 근대사에서 신공업과 신도시의 발흥은 모두 농촌 노동력 희생을 대가로 이루어졌다.[92] 어떻게 보면 향촌 위기의 원인과 결과는 기본적으로 가시적인 발전의 진도와 속도에 의해 결정된다. 이러한 발전은 그 자신이 지닌 여러 가지 특성

---

88 金輪海 編著, 『農村複興與鄉教運動』, p.48.

89 周谷城, 『中國社會之變化』, p.314.

90 위의 책, p.163.

91 實業部中國經濟年鑑編纂委員會 編, 『中國經濟年鑑續編』 "第十六章, 物價及生活費", 商務印書館, 1935, p.4.

92 錢俊瑞, 「〈中國農村〉」發刊詞, 『解放前的中國農村』 第2輯, p.8.

의 규제를 받으며 농민 대중이 받는 착취를 더욱 강화하고 도농 간의 갈등을 심화한다.[93] '대도시의 병적인 번영' 일면에는 '농촌의 지속적 파산'이 자리하고 있으며 그 결과 도시는 날로 번영하고 농촌은 날로 쇠락했다.[94] 이로써 도시의 번영은 농촌 파탄이 보여주는 새로운 '모습'이다.[95] 예를 들면 광시와 저장은 근년에 이르러 "도로항공 건설이 비약적으로 발전했는데 농민 생활에 무슨 도움이 될지 의문이다. 광시의 모 청장은 도로 부설을 빌미로 백성의 밭을 강제로 사들여 일찍부터 '백성을 해한다'는 말을 들었다."[96] 1934년 저장성 주지(諸暨)의 장둥반(江東坂)에 비행장을 닦을 때 그 마을의 비옥한 경작지를 모두 부지로 확정하여 농사를 금지하고 국유화했다. 이로써 3천여 가구가 파탄 나 울부짖는 소리가 하늘을 찔렀다. 따라서 "농업국가로서 이런 현상이 있으니 농촌이 어찌 파국으로 치닫지 않을 수 있겠는가?"[97]라는 심각한 우려를 할 수밖에 없다.

'도시를 번영시킨' 사실은 "동시에 농촌의 자본과 농민을 도시로 끌어들여 농촌을 직접적으로 파괴한다. 은행 자본도 근년에 들어 점차 규모를 갖추었고 줄곧 농촌에서 유통하던 현금이 은행에 저금되었다가 다시 은행에서 상공계로 넘어간다. 상공계는 이로써 활기를 띠나

93 錢俊瑞, 「目前農業恐慌中的中國農民生活」, 『解放前的中國農村』 第2輯, p.199.
94 藍夢九, 「農村複興之路」, 『中國建設』 第8卷 第5期, 1933年 11月, p.47, p.45.
95 周谷城, 「中國社會之變化」, p.181.
96 『華年周刊』 第3卷 48期(錢俊瑞, 「目前農業恐慌中的中國農民生活」, 『解放前的中國農村』 第2輯, p.205 재인용).
97 王枕心, 「目前中國農村的危機及救濟的意見」, 『農村』 第1卷 第1期, 1933年 11月, p.4.

농촌은 고갈되는 모습을 보인다. 요컨대 중국이 최근 수십 년 동안 도시가 발전했다는 사실은 바로 농촌을 파괴한 대가이다. 농촌의 붕괴가 가속화되면서 도시의 발전을 촉진했다."[98] 향촌 위기의 주요 징후인 향촌 금융의 고갈은 사실 금융 자체의 위기가 아니라 바로 현대 금융업의 발전에 수반하여 나타나는 현상이다. 이를테면 신설된 은행은 1928년에 12개, 1929년에 6개, 1930년에 11개, 1931년에 11개이다. 그 발전 상황 즉 도시 금융의 팽창은 은행 업무의 발달과 이윤 증가뿐만 아니라 상하이의 땅값의 급등에서 볼 수 있다. 1926~1930년, 5년 사이 상하이의 부동산 가치가 증가하여 2억 냥에 달했는데 1930년 1년에 증가한 것이 그 반수를 차지했다. 특히 만주사변 이후 중국 농촌의 붕괴가 가속화되었다. "향촌에 돈깨나 있는 사람들은 모두 대도시로 들어간다. …… 도시 금융 과잉과 농촌 금융 고갈이라는 기형적인 발전을 보인다. …… 이는 도시의 팽창으로 농촌이 파탄됨을 입증한다."[99] 지난 수십 년의 사례를 보면 바로 이러했다.[100] 이는 근대 이후 역사적 발전의 기본 추세이다.

둘째, 향촌에 집중된 지역적 위기인 '발전 위기'는 사회구조나 사회계층의 변동에서 나타나 도시와 향촌 사이의 인구의 변동을 방해했다. "농민들은 분분히 마을을 떠나 도시로 향하고 부자들은 여전히 쾌적한 생활을 누리며 가난한 자들은 공장 노동자가 되고 농촌 조직의 파괴로 인해 국가의 기반이 점차 흔들린다. 오늘날 농촌의 파탄은 갈수

98 周谷城, 『中國社會之變化』, p.181.

99 千家駒, 『救濟農村偏枯與都市膨脹問題』, 『解放前的中國農村』 第2輯, p.407, p.409.

100 周谷城, 『中國社會之變化』, p.181.

록 극심하다."[101] 한편으로 오히려 상공업의 발달은 도시의 발전이었다.[102] 이와 상응하여 사회계층 구조의 변화 역시 뚜렷했다. "낡은 지주가 붕괴하는 한편 새로운 지주가 나타난다. 새로운 지주들은 충분한 정치 배경을 가진 군인과 관리들이 아니면 도시 자본과 밀접한 관계를 맺고 있는 상인이다."[103] 따라서 농민이 받는 착취는 지주와 직결되지만 전반적으로 도시와 농촌의 지역 차이로 나타난다. 즉 도시 또는 도시 배경을 가진 상업자본이나 사채자본의 강한 압박으로 나타난다. "농촌 부업의 쇠퇴는 소농을 사지로 밀어 넣는다. …… 농촌의 상업자본과 사채자본의 침투에 따라 모든 농산물이 상품화 되면서 농민들은 점차 궁핍해진다."[104] 이로써 당시 사람들은 '현 단계 농민의 적은 공업가와 상인'이라고 했다. 시대적 추세에서 보면 대다수 국가의 공업경제는 모두 농업경제를 압박하는 형국이었다.[105] 근대 중국의 소농은 가격 하락의 고통을 받으며 자주 능력이 없어 상업자본가의 약탈을 받을 수밖에 없었다. 곡식이 있는 사람들이 곡식을 반값에 팔아야 했으므로 더욱 손해를 보고 파산의 길로 들어섰다.[106]

셋째, 산업화와 도시화의 발전으로 형성된 도농의 가격차 역시 향촌 위기를 부추기는 직접적 요인이다. 공산품 가격의 상승은 일반적

도농 괴리화 과정에서의 향촌 위기

---

101 董汝舟, 「中國農民離村問題之檢討」, 『新中華』 第1卷 第9期, 1933年 5月, p.7.

102 張豈文, 「中國農村經濟的沒落與挽救方法」, 『農村』 第1卷 第3期, 1934年 1月, p.163.

103 錢俊瑞, 「中國現階段底土地問題」, 『解放前的中國農村』 第2輯, p.196.

104 馮和法, 「中國的農業經營」, 『解放前的中國農村』 第2輯, p.563.

105 「中國鄕村問題之分析與解決方案」, 茹春浦 編著, 『中國鄕村問題之分析與解決方案』 上編, 震東書局, 1934, p.128.

106 馮和法, 앞의 글, p.574.

으로 농산품 가격 상승보다 빠르다. 따라서 양자 간의 '가격차'가 나타난다. 근대 이후 현대화 발전 과정의 추진에 따라 향촌은 전체적으로 물가가 높은 상태를 유지하여 도시 경제의 '희생양'이 되었다. 급등한 물가에 대한 농민들의 유일한 대처법은 구매력을 감소하는 것밖에 없었으며 원래의 소비수준을 고집하는 농민들은 반드시 파산했다. 1939~1940년, 충칭의 농산품 가격이 1배 오르면 공산품 가격은 2~3배 올랐다. 청두 역시 이러했다. 상인들은 충분한 자금과 다양한 상업술, 그리고 시장 정보가 빠른 조건을 이용하여 농산물을 대량 매점매석하여 가격이 오르기를 기다렸다.[107] 이는 근대 중국 역사의 결과라기보다 보편적인 세계적 의미를 지닌다고 보는 것이 옳다. 당시 서양은 농업 위기에 빠졌다. "1932~1933년, 불경기가 4년째에 접어들었으나 농업은 여전히 어려워 나아질 기미조차 보이지 않는다. 세계상의 농민 문제는 근본적으로 가격 문제에 집중되었다. 주요 농산품 가격이 1932년 1년 동안에도 지속적으로 하락한다."[108] 다음 표를 보자.

표 6-1 캐나다와 미국 농산품 가격 하락 상황

	물가 비교	1926년	1931년	1932년		물가 비교	1926년	1931년	1932년
캐나다	농산품	100	56.3	48.3	미국	농산품	100	64.8	48.2
	일용품	100	80.0	78.8		공산품	100	73.0	68.4
	일반 물가	100	72.1	75.7		일반 물가	100	71.1	64.9

107 張錫昌, 「物價高漲下農村經濟是否繁榮」, 『解放前的中國農村』第2輯, p.536.
108 日本農林省米谷局 編, 『世界各國之糧食政策』, p.31.

* 출처 : 日本農林省米谷局 編, 「世界各國之糧食政策」, p.33에 근거하여 표를 만들었음.

농산물 가격 문제의 핵심은 사실상 공산품 가격 변동과 농산물 가격 변동 사이에 불균형이 존재하는 것이다. 농민들이 전대미문의 비참한 경지에 빠진 이유도 여기에 있다. 공업도 농업의 경우와 마찬가지로 공장의 생산품이 식료품과 각종 원료와 함께 동시에 가격을 인하할 수 있으며 이럴 경우 농민의 구매력과 경제적 지위는 어쩌면 지금의 수준으로 떨어지지 않을 수 있다.[109] 근대 중국이 '반식민지'라는 특수한 역사 단계에 있었으므로 이 세계적인 위기는 서양에서는 '농업 위기'(경제적 측면)로만 표현된 반면, 중국에서는 보다 광범위하고 심각한 '향촌 위기'(전면적 위기)로 나타났다. 그리고 경제위기에 직면한 서방 국가들은 제품을 덤핑 형식으로 중국에 팔아넘겨 위기를 벗어났다. "최근 30년 동안 쌀, 밀, 밀가루가 대량으로 중국에 실려 왔다.[110]

반면 중국은 수동적으로 국제 시장의 충격을 받아 외국 농산품의 덤핑 충격에 시달렸으며 중국 농산품 가격의 하락은 1931년 이후부터 거의 중단된 적이 없었다.[111]

4) 향촌 위기의 심층적 원인

또한 '보편적 빈곤화' 역시 1930년대 중국 향촌 위기의 시대적 특징

---

109 위의 글, p.32.

110 陳翰笙, 「三十年來的中國」, 『解放前的中國農村』 第2輯, p.129

111 錢俊瑞, 「中國現階段底土地問題」, 『解放前的中國農村』 第2輯, p.201.

의 하나이다. '도농 괴리화'가 초래한 향촌 위기는 전통사회에서의 토지나 재부 집중으로 유발된 '양극 분화' 특징과 전혀 다르며 전반적으로 독특한 보편적 빈곤화' 변화 태세를 보였다. 베이징농상부의 조사에 의하면 1914~1918년 사이 감소한 농가가 1,564만 가구에 달해 1년에 평균 400만 가구가 감소, 경작지 면적은 2억 6,387여만 무 감소, 황무지는 4억 9,073여만 무 증가했다.[112] '계급 분화' 즉 토지나 재부의 집중으로 나타나는 변화 추세로는 '농가 감소', '경작지 감소', '황무지 증가' 등 사실들을 효과적으로 설명하지 못한다. 경작지가 턱없이 부족한 국가에서 땅을 버리려는 자가 많고 토지에 투자하려는 자가 적으며, 토지 공급의 증가와 수요의 감소라는 슬픈 상황이 발생한 것은 당시 농업 위기의 심각성을 보여준다.[113] 「허베이성 린청현 농촌 개황(河北臨城縣農村槪況)」에서 1934년 상황을 "린청현의 경작지 분배는 결코 극도로 큰 차이가 없으므로 지주가 없다. …… 다만 대농과 소농의 차이만 있을 뿐이다."라고 기록했다. 향촌 위기는 토지가 집중되는 양극화에서 기원한 것이 아니다. 이때 심지어 "요즘 밭이 싸서 공짜로 주는 것과 다름없어도 관심을 갖는 사람이 없다."[114]고 한다. 쉬스롄(許仕廉)의 연구 역시 이를 설명한다.

1926년 중국에서 1가구(5인)의 1년 평균 최저 생활비는 125~150원이다. 이를 기준으로 하면 중국의 빈곤자는 30.7%를 차지한다. 요크(York)의 통계에서 "중국의 빈곤자를 50%로 추산하는데 솔직히 중국 절

---

112 人民出版社 編, 『第一次國內革命戰爭時期的農民運動資料』, p.11.

113 王方中, 「本世紀 30年代(抗戰前)農村地價下跌問題初探」, 『近代史硏究』, 1993年 第 3期, p.214.

114 千家駒 編, 『中國農村經濟論文集』 第二編(35) 經濟類, 上海書店, 1990, pp.496~497.

반 인구의 1년 소득이 최저 생활 이하이다."[115]고 했다. 주치화(朱其華)의 1930년대 인구 경제 상황 관련 통계를 보면 당시 빈곤선 이하의 인구가 도시 인구를 포함해 93.7%에 달했다. "전국의 모든 성(省)이 대붕괴라는 운명 속에서 허우적거린다. 괜찮은 성이 하나도 없다. 심지어 각 성에서 이러한 경중의 분계가 사라졌다."[116] 이는 일반적인 의미의 '양극화'가 아니라 1930년대 전후 중국 농촌의 극심한 '보편적 빈곤화'를 보여주는 모습이다.

1935년, 옌시산은 국민정부에 제출하는 상신서에 "근년에 들어 산시성 농촌경제는 파산에 직면했다. …… 전체 마을 중 9할이 어렵고 전체 농민 중 9할이 가난하다."[117]라고 했다. 향신인 류다펑의 일기는 1930년대의 산시성 진중현 향촌이 쇠퇴하는 모습을 적었다. "옛날 이 마을은 인구 2,000가구에, 부자가 많았다. 층집이 즐비하고 휘황찬란했다. …… 지금 크게 몰락하여 100여 가구밖에 남지 않았으며 대부분 빈곤하다. 누각이나 정자를 뜯어 팔아먹으면서 생계를 유지하는 자가 8~9할로 부자는 보이지 않는다."[118] "집집마다 한탄하지 않는 집이 업고 빈곤하지 않는 집이 없다."[119] "'농가 파산'이란 네 글자는 요즘 새로 나타난 개념으로 농가가 몰락하여 재산이 남지 않는 다는 뜻이다. 이때에 백성의 궁핍은 극에 달하고 농업은 부진하여 살길이 막힌다. …… 파산하려고 해도 자산을 구매하는 사람이 없어 그 어려움은 극에

도농 괴리화 과정에서의 향촌 위기

---

115 許仕廉, 『國內幾個社會問題討論』, 北京書局, 1929, p.64, p.69.
116 朱其華, 『中國農村經濟的透視』, 中國研究書店, 1936, pp.3~4, p.54.
117 山西省史志硏究院 編, 『山西通史』 第7卷, p.238.
118 劉大鵬, 『退想齋日記』, 山西人民出版社, 1990, p.491.
119 위의 책, p.286.

달한다."[120] '자산을 구매하는 사람이 없는' 현상은 더는 '양극화'가 보여주는 '재부 집중'이 아니라 전반적 몰락이다. 전반적으로 몰락하는 '보편적 빈곤화'와 '양극화'는 분명히 다른 두 가지 흐름의 추세이다.[121] 그렇다고 해서 1930년대의 중국 향촌에 인간의 갈등과 계급 분화에 기반한 전통 시대의 '생존 위기'가 없었다는 것은 아니다. 사실상 당시 사람들 역시 여러 시각으로 보면서 "역사상 정치혁명은 사회 배경을 담고 있으며 대다수가 농촌경제 파탄을 배경으로 하고 있다."[122]고 했다. 전통 시대 농민의 생존 위기의 빈발은 중국 역사의 주기적 불안정과 연관되어 중국 전통사회를 구성하는 구조적 문제이다. 어떤 의미에서 '예로부터 있었지만 오늘날에 더욱 치열한'[123] 문제는 근대의 산물이 아니며 근대적 의의를 지닌 시대 특징도 아니다. 1930년대의 향촌 위기는 완전히 다른, 생존 위기와 발전 위기가 병존하는 전반적 위기이다. 특정 조건에서 '발전 위기'가 향촌 민중의 생존 위기를 가중시켰으며 이로 인해 향촌사회는 지속적이고도 더욱 치열한 민란을 초래했다. 이런 시대적 위기를 맞아 다양한 해법 모색 방안은 전통적인 사고를 넘어 시대적 방향 전환으로 이어지고 있었다.[124]

이러한 생존 위기와 발전 위가가 교차하고 동일한 구조를 갖게 되면서 1930년대 중국 향촌 위기의 발생과 영향은 오래 지속되면서도 심

---

120 위의 책, p.477.

121 王先明, 「二十世紀前期的山西鄕村雇工」, 『歷史硏究』, 2006年 第5期, p.115.

122 朱偰, 「田賦附加稅之繁重與農村經濟之沒落」, 『東方雜志』 第30卷 第2期, 1933年 11月, pp.7~8.

123 周谷城, 『中國社會之變化』, p.224.

124 王先明, 「20世紀前期鄕村社會衝突的演變及其對策」, 『華中師大學報』, 2012年 第4期, pp.11~12.

각했다. 후세의 사람들은 그 당시의 아픔을 이렇게 회고했다. "중국 농촌경제 붕괴는 이미 눈에 띈다. 자경농이 점점 줄고 소작농이 날로 늘며, 농민들이 더욱 극성스레 마을을 떠난다. 경작지는 수재나 한재, 전란이나 아편재배로 황폐해지고 황무지는 해마다 늘어난다. …… 농산품 가격이 급락하고 시장이 위축되면서 농촌경제의 붕괴를 재촉한다. …… 농촌경제의 붕괴는 날로 심각한 추세이다. 이는 전국의 정치·경제·사회 등 제반 문제에 관계되는 것으로 농민들의 고통만이 아니다."[125] 따라서 그 연유를 밝히는 것은 학계나 사회 각계의 당연한 책임이 되었다. 당시 세계 경제위기의 배경을 보면 중국의 향촌 위기는 고립적인 현상이 아니므로 이를 세계 경제위기 추세나 제국주의 침략의 상황으로 해석하는 것이 필요하다. 그러나 중국의 향촌 위기가 세계 경제위기의 '중국적 표현'만이 아니라고 보는 반면, 이런 세계적 경제위기가 더 오래 지속되고 더 광범위하게 향촌에서 집중적으로 나타나고 있는 것은(도시 위기라는 것은 없음) 여러 시각과 측면에서 그 요소를 들어 입증할 수 있지만 그 설명 경로는 향촌 위기의 내재적 특성과 시대적 특징을 간과했다.

그러므로 여러 가지 복잡한 모습과 요인에 대한 분별을 통해 향촌 위기가 1930년대에 발생한 것은 근대 이래의 도농의 괴리화라는 역사 과정이 있었기에 가능한 일이다. 이는 농촌 위기는 산업화와 도시화의 역사 흐름과 관련성이 있기 때문이다.

중국 전통사회는 사회 위기와 사회불안, 그리고 그에 따른 정치 위기를 많이 겪었지만 향촌사회에 지역 특성이 집중된 적은 없었다. 현

---

125 黃複光,『我國農村經濟崩潰之分析』(國立武漢大學第三屆畢業論文), 1933, pp.121~122.

대 도시와 농촌의 조화로운 교환의 관점에서 보면 중국은 안정된 모형이다. 도농 사이가 큰 차이에 의해 단절된 문제는 뚜렷하게 나타나지 않았다. 따라서 중국의 도시는 빈자와 부자들을 끌어들이는 '자석'으로 변하지 않았고 도시는 단지 몇 가지 면에서 농촌과 다를 따름이다.[126] 그러나 1912년 이후부터 1920년대 초까지 중국의 민족자산계급은 최선을 다해 차세대 공업 생산에 종사하고 임금 고용제를 시행하는 기업가를 배출했다.[127]

도시화의 추진에 따라 연해 도시의 현대기업이 증가했는데 이는 기업이 보편적으로 발전하는 방향으로 가장 뚜렷한 특징이기도 했다. 1912~1920년 중국의 현대공업 증가율은 13.8%에 달했다.[128] 농공업 총생산액에서 근대 공업이 차지하는 비율도 1920년의 4.9%에서 1936년의 10.8%로 대폭 증가했다.[129] 바로 중국 민족상공업의 '황금시대'가 도래할 때 경제 번영에 따라 도시화가 가속화되었으며 도시 인구의 연간 성장률은 인구의 총 성장률을 크게 웃돌았다.[130] 이는 시대 발전을 보여주는 것으로 19세기 동안 중국의 도시 인구수가 완만한 속도로 증가하면서 중국 전체 인구와 비슷한 성장률을 보인 반면 1900~1938년 사이 도시 인구는 급속히 증가하여 2배의 성장률을 보였다. 특히 중국의 6대 도시인 상하이·베이징·톈진·광저우·난징·한커우는 1930

---

126 吉爾伯特·羅玆曼 主編, 『中國的現代化』, pp.208~209.

127 費正淸 編, 『劍橋中華民國史(1912~1949年)』上卷, p.735.

128 위의 책, p.737.

129 王先明 主編, 『中國近代史(1840~1949)』, 中國人民大學出版社, 2011, p.529.

130 費正淸 編, 앞의 책, p.736, p.740.

년대 해마다 2~7%의 인구 증가세를 보였다.[131] 1930년대 후기, 인구가 100~200만 도시는 33%, 인구가 10~50만 도시는 61%, 인구 5~10만 도시는 35% 증가했다.[132] 1900년 이후 도시 공장과 유럽에서 가리키는 무산계급의 발흥으로 이런 운동이 생겨났다고 말할 수 있다. 즉 농촌의 빈곤가구가 핵심지로 이동한 것이다.[133] 30년 동안 지속된 이러한 역방향 이동 과정은 사실상 향촌 위기 폭발 에너지를 축적하는 과정이기도 했다.

그러나 이 같은 현대적 발전은 오히려 전통 시대에 도농 일체화 과정으로 이어져 산업화·도시화·현대화 추세 속에서 중국의 '도농 괴리화' 추세가 나타났다. 이러한 상황은 도시의 향신·상인과 지배적 지위를 차지한 사회의 명사 사이의 균열이 깊어지게 했다. 그리고 도농 사이의 골이 깊어지게 하여 농촌이 도시의 각종 사업에 자금을 제공하도록 핍박했다. 지난(濟南)을 보면 보건·교통·법률과 질서 및 소방 경찰 유지에 필요한 비용은 모두 성의 세금에서 지출하는데 이는 도시 세수액과 딱 맞먹었다. 1928년 말, 현대 경제 부문은 새로운 번영기를 겪었다.[134] 1930년대에 이르러 근대 중국의 산업화와 도시화, 현대화의 발전에 따라 '도농 괴리화' 추세의 역효과가 누적된 영향이 나타나기 시작했다.

'도농 괴리화'로 인한 갈등은 대도시와 향촌 간에서만 나타난 것이 아니며 현성의 소도시와 농촌 간의 갈등 역시 첨예했다. 예를 들면

---

131 위의 책, p.36.
132 王先明 主編,『中國近代史(1840~1949)』, p.532.
133 彭慕蘭,『大分流, 歐洲, 中國及現代世界經濟的發展』, p.234.
134 費正清 編, 앞의 책, p.744, p.809.

1930년대 산시성 원수이현의 '도시 향신'과 '향촌 향신'의 충돌과 변동 상황이 그러하다.[135] 쩡야오룽(曾耀榮)의 연구 역시 1928년 푸젠성 서부에서 발생한 '융딩 폭동'은 사실상 근대 도농 관계 발전 변화가 초래한 도농 대립의 집중적 표현이며 폭동은 근대화 도시에 대한 향촌과 농민의 격렬한 반항임[136]을 보여주었다. 따라서 이러한 도농 갈등과 충돌은 곳곳에서 발생하고 갈수록 첨예해졌다.

농촌과 농업, 농민 지위의 급속한 하락이 시대적 요인이다. "중국은 고대부터 사(士)와 농업을 중시하고 상공업을 천시했다. 그러므로 농민의 지위는 높았으며 농민도 생활에 대해 매우 만족해했다. 그러나 근래에 이르러 상공업이 갈수록 발전하여 상공업의 지위가 점차 격상되었다. 예전의 수공업자가 지금은 기술자나 제작자로, 예전의 거간꾼이 지금은 상업자본가가 되었다. 하지만 농민들은 어떤가? 그들의 생활은 하루하루 못해지고 지위는 하루하루 낮아져 다른 계층의 압박을 받고 비웃음을 사고 있다."[137] 농촌의 사회불안과 농업 곤경을 유발한 직접적 원인인 지방 할당도 현대화 과정과 함께 심화되었다. "요즘 수년래 신정이 하도 많아 필요한 비용도 많다. …… 지방 할당을 성에 보고할 필요가 없으며 법령의 제한을 받지도 않는다. …… 그리고 아무런 제한도 없다. …… 지방의 나쁜 관리들은 마음대로 할당하고 사익을 도모한다. …… 각종 '신정' 비용은 대부분 인민에게서 뜯어낸

---

135 王先明, 『變動時代的鄕紳－鄕紳與鄕村社會結構變遷(1901~1945)』, p.363.

136 曾耀榮, 「抗爭與妥協, 近代城鄕關系的發展與鄕村革命－以一九二八年的 永定暴動爲例」, 『中共黨史研究』, 2011年 第11期, pp.85~86.

137 楊開道, 「我國農村生活衰落的原因和解救的方法」, 『東方雜志』 第24卷 第16期, 1927年 8月, pp.5~6.

다."[138] '신정'을 명목으로 한 각종 세금은 모두 농민들의 부담으로 변해 근본적으로 농민들의 생존 상황을 위협했다.

또한 청나라 말엽부터 민국 시기에 이르기까지 근대 민족-국가 권위가 줄곧 재구축 과정에 처해 있었으며 향촌사회에 대한 국가 권위의 조정과 통제는 기본적으로 부재 상태였다. 이는 향촌사회 질서의 재건을 위한 비용을 증가시키고 향촌 위기의 해소 과정을 지연시켰다. 난징 국민정부는 형식적으로 국가의 통일을 완성했지만 30여 년래 군비와 채무비용이 총지출의 7할 이상을 차지했으며 각 성의 군비는 통계에 넣지 않은 상황이었다.[139] 이는 국가 권위가 사회 인정을 받지 못했음을 말해준다. 따라서 "현재 중국 사회가 직면한 전반적 생존 문제는 30년 전(1901년)에 비해 더욱 급박하고 심각하다."[140]고 하는 것이다. 심지어 농민의 생존에 지대한 영향을 미치는 부가세 문제에서도 국민정부는 여전히 힘이 모자라 뜻대로 되지 않았다. "민국 원년, 부가세가 3%를 초과할 수 없는 제한을 두었고 민국 17년 10월, 국민정부는 토지세 부과금 징수를 제한하는 8개 조항의 법을 반포한 적이 있다. ······ 그러나 유감스럽게도 이 명령은 휴지조각에 지나지 않았다. 오히려 더욱 심해져 거의 해마다 세금 명목을 한두 개 더 늘렸다."[141] 현대적인 정부 기구의 설립과 운영은 사실상 농촌에서 자원을 끌어모으는 강도

---

138 程樹棠, 「日趨嚴重的農村攤款問題」, 『東方雜志』 第32卷 第24期, 1935年 12月, p.54.

139 千家駒, 「最近三十年的中國財政」, 『東方雜志』 第31卷 第1期, 1934年 1月, p.123.

140 許滌新, 「農村破産中底農民生計問題」, 『東方雜志』 第32卷 第1期, 1935年 1月, p.56.

141 徐羽水, 「中國田賦之一考察」, 『東方雜志』 第31卷 第10期, 1934年 5月, p.57.

를 높였다고 할 수 있다. 특히 난징 정부가 국민총생산의 65%를 창출하는 농업 부문에 대한 재정권을 포기했으므로 불공정한 토지세제에 대한 철저한 개혁을 위한 그 어떤 노력도 하지 않았다.[142] 이는 농민 부담의 가중과 농촌사회의 무질서와 관련된다. 그 결과 도농 양극화를 격화시킴으로써 농촌의 피폐와 도시의 비약적 발전이라는 모순적인 모습을 보였다.[143] 바로 이러한 역사적 누적과 갈등에 세계적 경제 위기의 발생 및 각종 요인이 합해지면서 '농촌경제의 붕괴가 마치 홍수에 제방이 터지듯 수습할 수 없는 지경에 이르는'[144] 향촌 위기를 불러일으켰다. 이렇게 되면서 농촌조직이 파괴되고 국가의 근본이 흔들렸다.[145] 근대 중국 향촌 위기의 형성과 그 진전은 다양한 요소가 집약된 역사적 결과이다. 그러나 이는 여러 가지 요소나 원인이 집결된 우연의 일치가 아니라 근대 도농의 괴리화의 필연적인 추세이다. "역사의 변동은 매우 놀랄 만한 것이다. …… 역사만이 우리에게 진리를 알려주고 역사만이 우리의 자신감을 키워주며 역사만이 우리 앞에 놓여 있는 무한한 광명의 길을 가리켜준다."[146]

---

142 費維愷, 「中華民國的經濟趨勢」, 轉自羅榮渠 『現代化新論—世界與中國的現代化進程』, p.327.

143 千家駒, 「救濟農村偏枯與都市膨脹問題」, 『解放前的中國農村』 第2輯, p.408.

144 徐正學, 「農村問題—中國農村崩潰原因的研究·序」, 中國農村複興硏究會, 1934, p.2.

145 董汝舟, 「中國農民離村問題之檢討」, 『新中華』 第1卷 第9期, 1933年 5月, p.7.

146 錢亦石, 「現代中國經濟的檢討」, 陳翰笙·薛暮橋·馮和法 編, 『解放前的中國農村』 第1輯, 中國展望出版社, 1985, p.533.

2

향촌 위기의 변화 발전과 대책

1920~1930년대의 향촌 위기는 급속하게 전면적인 사회 위기로 변화 발전했다. 1920년대 이후 중국의 농촌 문제는 전 사회가 주목하는 관심사로 부상했다. "농촌 문제는 이제 전국의 가장 심각한 문제로 자리 잡았다. 이는 사회의 동란과 안정을 결정하고 있으며 중화민족의 진로와 4억 민중의 생존은 농촌의 붕괴로 큰 위협을 느끼고 있다."[1] 사실상 전통 시대의 도농 사회−문화 일체화 발전 모형의 파괴와 도농 사회 발전의 괴리화는 근대 이후 중국의 산업화와 도시화 발전의 결과 중 하나이다. 일찍 청나라 말엽 신정을 가동하면서부터 그 추세가 나타났던 것이다. 이에 대해 마이클 개스터(Michael Gasster)는 다른 시각에서 이 문제를 논의했다. "1900년 이전의 농민들은 자주 반란을 일으키

---

[1]   千家駒 編,『中國農村經濟論文集發刊詞(代序)』, 民國叢書 第二編35 "經濟類", 上海書店, 1990年 影印版, p.1.

고 학살당했지만 이러한 반항은 중국 사회를 근본적으로 변화시키는 거대한 운동을 구성한 적이 없었다. 1900년 이후, 이러한 대규모 운동이 확장되어 1920년대를 걸쳐 농민 속으로 뻗어나가기 시작했다. 이들의 생존 투쟁은 중국의 현대화 투쟁의 한 축이 되었고 이로써 중국의 현대화 투쟁은 농촌에 뿌리를 내리기 시작했다."[2] 1920년대 초기 복잡하고도 첨예한 사회 갈등은 이미 도농 이익 분화로 형성된 구조적 충동을 내포하고 있어 중국의 향촌 위기가 사회가 주목하는 관심사가 되려면 아직 시일이 걸려야 했지만 발생 준비는 마친 상태였다. 1901년 이후 현대성을 앞세운 제도 변혁이 밀려들면서 전통적인 중국 사회-문화 구조의 해체 과정이 가속화되고 새로운 구조 체계와 민족-국가 권위가 함께 구축되지 못해 사회질서가 무너지고 기층사회 혼란이 속출했다. 빈번해지면서도 격렬해지는 사회 갈등과 충돌 속에서 1930년대의 지속적인 향촌 위기가 초래되었다.

향촌 위기에 관한 연구를 보면 1920~30년대의 중국 향촌 연구와 조사 성과가 비교적 많으나 원인에 대한 논의는 대부분 예를 드는 것에 한정되었다.[3] 따라서 그들 각자가 묘사한 농촌사회를 중첩시키기가 매우 어려우며[4] 충분한 대비가 없어 동적 연관과 법칙을 발견하기

2　Michael Gasster, *China's Struggle to Modernize*, New York: Alfred A. Knopf, Inc.,1983, p.4.

3　예를 들면 천쭈이원은 항구개방, 농산물 수입, 농산품 상품화, 가렴주구, 토지집중, 소작료의 불공평, 고리대금업의 창궐, 탐관오리와 악질 향신의 착취, 정치 부패와 기근의 만연 등 열 가지 원인으로 나누었다(陳醉雲,「複興農村對策」,「農民問題與中國之將來」,『東方雜志』第30卷 第13期, 1933年 7月, p.113).

4　李培林·孫立平·王銘銘 等 著,「中國農村社會調査」,『20世紀的中國學術與社會』(社會學卷), p.159.

어려웠다.[5] 근년에 이르러 많은 학자들이 1930년대 '농업 위기'를 언급하면서[6] 1930년대 전기의 중국 농업 대위기를 초래한 심층 원인은 근대 이후 농업생산력 수준의 전반적 하락 등이라고 했다.[7]

리진정은 농민 생활의 궁핍과 그 원인에 입각하여 농민 생활이 궁핍한 일곱 가지 요소를 경작지 부족, 생산력 저하, 가정수공업의 어려움, 상품 교환에서의 약세, 향촌 금융 고갈과 고리대, 조세 착취, 인재와 천재로 보았으며 이 중 경작지 부족과 농업생산력 수준의 저하 및 천재와 인재는 농민 궁핍을 초래한 가장 중요한 원인이라고 했다.[8] 그러나 '이러한 요소에서 어느 것이 주도적 요인인가? 이러한 요소가 형성된 원인은 무엇 때문인가?' 등 문제가 제기된다. 또한 이러한 요소들이 우연히 20세기 전기에 모여든 것인지, 아니면 역사 발전의 필연적인 원인인지 등은 더 깊이 토론할 필요가 있다. 따라서 더 이상의 문제 제기는 이러한 요인들의 열거가 향촌 위기의 형성을 설명하기에는 확실히 부족할 뿐만 아니라 어쩌면 다른 관점에서도 이러한 요소들이 향촌 위기의 심층적인 원인이 되지 못할 수도 있다는 것을 제시한다. 황쫑즈는 「화베이 소농경제와 사회 변천(華北小農經濟與社會變遷)」에서 근대 소농경제의 변화 특징을 논의하면서 "세계경제는 소농경제를 붕괴시킨 것이 아니라 소농경제가 원래 변화하던 길을 따라 더 나아가

5   위의 책, p.137.

6   向玉成, 「三十年代農業大危機原因探析－兼論近代中國農業生産力水平的下降」, 『中國農史』, 1999年 第4期. 張錫科, 「20世紀 30年代中國農業危機根源初探」, 『濟寧師範專科學校學報』, 2003年 第2期.

7   向玉成, 위의 글.

8   李金錚, 「近代華北農民生活的貧困及其相關因素」, 『近代中國鄉村社會經濟探微』, 人民出版社, 2004, pp.216~230.

도록 부추겼다. 20세기의 변화 형식과 원칙은 과거와 거의 같다. 경제 작물의 재배로 일부 소농의 수익이 증가했지만 일부 소농의 원가가 상승하여 분화를 가져왔다."[9]라고 했다. 그러나 황쭝즈는 다른 글에서는 "서구의 소농경제가 자본주의의 발전과 개조를 겪을 때 중국의 소농경제는 나날이 퇴행되고 있다."고 하면서 이러한 차이는 '19~20세기 대규모 농민운동을 초래한 향촌 위기의 근원'[10]이라고 했다. 이 논의는 모순되는바 '소농경제의 붕괴'가 없으면 '향촌 위기'가 성립되지 못하기 때문이다. 또한 '소농의 나날이 퇴행'이 '향촌 위기'의 근원인지, 아니면 '향촌 위기'의 자체인지를 더 논의해야 한다. 황쭝즈의 논의 핵심은 '퇴행' 자체에 있으므로 향촌 위기를 깊이 있게 다루지 않은 것은 이해가 된다. 그러나 이는 이 문제가 더 논의할 가치가 있음을 보여주기도 한다.

이 시기 농촌 위기의 시대 특징과 그 근원을 역사적으로 인식하고 과학적으로 밝히며 다양한 대응 정책과 조치를 정리하는 것은 당면한 현대화 건설과 '신농촌 건설'의 이론 발전에 중요한 이론 가치와 현실 의의를 지닌다.

1) 연장과 변이 : 향촌사회 충돌의 역사적 변화

20세기 이후 향촌사회의 질서가 혼란스러워지면서 곳곳에서 변란이 발생했다. 사회 최하층에서 세차게 꿈틀대던 민란은 1901년부터

---

9   黃宗智, 『華北小農經濟與社會變遷』, p.141.
10   위의 책, p.301.

여기저기에서 끊임없이 이어졌다. 민란은 청나라 조정의 이른바 신정과 함께 청나라 상층 권력과 하층 민중이 사회에 공동으로 영향을 미치는 형국을 이루었다.[11] 기존 연구[12]에 따라 추산하면 광서 28년, 즉 1902년 정월부터 선통 3년, 즉 1911년 8월 신해혁명 전야까지 중국에서는 1,028건의 민란이 발생했다. 마쯔이(馬自毅)는 민란이 1,300여 건에 달한다고 했다.[13] 청나라 말기 민란의 발생률은 청나라 중기에 비해 수십, 수백, 수천 배가 많은바 청일전쟁 전후에 비해서도 대폭 상승했다.[14] 연대를 보면 민란은 1906년(133건), 1907년(139건), 1909년(116건), 1910년(217건), 1911년(108건)에 집중되어 있다. 하층사회에 누적된 충돌과 분노는 1906~1907년, 1909~1911년 두 기간에 집중되어 있다. 전통 시대의 관리들의 핍박으로 백성들이 반란을 일으키는 '관민' 충돌 형태와 달리 20세기의 민란 격랑은 애초부터 구조 면에서 사회충돌의 특유한 복잡성과 복합성을 보여주었다. 특히 민란에서 '향신-향민 충돌'이 갈수록 빈번해지고 격렬한 양상을 보이고 있다.[15]

청나라 말엽 기층사회의 변란이 빈번해지면서 그 기본 태세는 한편으로는 국가와 사회의 대립을 나타내고 다른 한편으로는 향촌의 권

향촌 위기의 변화 발전과 대책

---

11 王先明, 「士紳與晚清'民變'－紳民衝突的歷史趨向與時代成因」, 『近代史研究』, 2008年 第1期, pp.21~33.

12 張振鶴·丁原英 編, 「清末民變年表」, 『近代史資料』, 1982年 第3, 4期. 中國第一歷史檔案館·北京師範大學歷史系 編, 『辛亥革命前十年民變檔案史料』, 中華書局, 1985. 杜濤, 「清末十年民變研究述評」, 『福建論壇』, 2004年 第6期.

13 馬自毅, 「前所末有的民變高峰: 辛亥前十年民變狀況分析」, 『上海交通大學學報』 2003年 第5期, p.66.

14 馬自毅, 위의 글, 같은 곳.

15 王先明, 위의 글, pp.21~33.

세와 향민 집단의 대립을 나타냈다. 신해혁명 이후 민국이 수립되지만 이 기본적인 사회 모순을 근본적으로 해결하지는 못했다. 뿐만 아니라 향촌의 지방 권세층은 오히려 혁명의 변화에 힘입어 끊임없이 자신의 권력을 강화하고 확대했다. 그러므로 '민국 이래 도적떼가 벌떼처럼 일어나고', '15년 사이 도적떼의 화를 입지 않은 곳이 거의 없는' 지경으로 향촌사회는 혼란의 온상이 되어 도적떼의 화를 입었다. 장제허우(張介侯)는 화이베이(淮北)의 농민 생활 상황(민국 16년)을 기술할 때 도적떼, 전쟁 피해, 악질 향신, 하급 벼슬아치가 가장 큰 화근이라고 했다.[16] 1912년 2월 1일자 『민립보(民立報)』의 「쑤저우 통신(蘇州通信)」에 따르면 쑤저우가 해방된 후 향신지주조직인 쑤저우 '전업회(田業會)'는 군정부의 군자금 마련을 돕기 위해 '조량병수국(租糧並收局)'을 설립했으며 그 군사 세력을 믿고 농민들에게서 강제로 세금을 받아냈다.[17] 1918년 1월 『신청년(新青年)』에 실린 「전쩌의 농민(震澤的農民)」 역시 혁명이 지방권세의 변동을 초래한 상황을 적었다. 민국이 수립되면서 농민을 구금하고 고문을 가하던 순검사를 폐쇄했지만 여러 전주(田主)들은 농민을 위협할 만한 수단이 없음을 두려워하여 단체를 결성했는데 그것이 바로 전업회였다.[18]

　전통 향신이나 지방 권세 조직은 혁명을 틈타 신해혁명에서 큰 발전을 이룩했다. 비록 이러한 조직의 명칭은 각양각색이지만 그 취지는 힘을 결집하여 농민들의 세금 반대에 공동으로 대처하는 것이었다.[19]

16　馮和法 編, 『中國農村經濟資料』, pp.491~493.
17　邱建立 · 李學昌, 「20世紀一二十年代江南田業會初探」, 『史學月刊』, 2010年 第5期, p.23.
18　張祖蔭, 「震澤之農民」, 『新青年』 第4卷 第3期, 1918年 1月 15日, p.226.
19　邱建立 · 李學昌, 위의 글, 같은 곳.

『신보(申報)』에 의하면 신해혁명 이후 10년간, 쑤저우의 전업회는 활동을 중단한 적이 없으며 오히려 규모가 커지고 회원이 매우 많았다.[20] 이로써 신해혁명 이후 향촌사회의 갈등과 충돌은 더욱 심화되는 기본 추세를 볼 수 있다. 민국 신정권은 향촌 고유 세력의 인정을 받지 못했다. 예를 들면 1914년 장쑤성 우현의 향신들은 집단의 명의로 현부에 저항했다. "우현이 해방된 후 전업회가 설립되었으며 차관이나 조세, 증세와 관련하여 전업회가 현정부와 교섭했다."[21] 1922년 5월 타이창현 현지사가 향신을 요청하여 차관에 대해 의논하려 했지만 현지의 향신들은 누구도 참석하지 않아[22] 차관 계획이 의논도 못한 채 물거품이 되었다.

전업회의 발전은 사실상 향촌 민란이 지속적으로 격렬해지는 기본 추세를 보여준다. 향신들의 '공동체' 조직의 강화에 대처하여 향촌 민중의 저항 역시 끊임없이 강화되고 '조직화'되었다. 1917년 장쑤 진산(金山)의 농민들은 '제심사(齊心社)'를 결성하여 "가입자는 첫째, 동지 후에 세를 낸다. 둘째, 흉년이나 풍년에 관계없이 세를 1석당 은화 1원을 낸다. 셋째, 사적으로 세를 내면 안 된다. 발각되면 세를 내지 않은 경우에는 은화든 쌀이든 몰수하고 세를 낸 경우에는 그 열 배로 처벌하며 벌금은 제심사의 책임자가 받아두었다가 흉작이 든 자들을 돕는 데에 사용한다. 그렇지 않으면 그 집을 헐어버린다."[23]라고 규정했다.

창장 이남 향촌에서 세금 반대로 일어난 민란이 더욱 거세졌다. 쑹

20 邱建立 · 李學昌, 위의 글, p.24.
21 「地方通信 · 蘇州 · 籌設四鄕田業分會」, 『申報』, 1921年 11月 22日.
22 邱建立 · 李學昌, 앞의 글, p.26.
23 「地方通信 · 金山 · 荒案減折租賦之近訊」, 『申報』, 1917年 12月 7日.

장(松江)의 각 마을은 모임을 가져 세금 거부를 약속했고, 쿤산 정이진(昆山正義鎭)에서는 조세 재촉으로 군사와 백성이 들고 일어났다. 칭푸시향(靑浦西鄕)에서는 무리를 지어 소란을 피웠고 난후이 저우푸(南彙周浦)에서는 향신들의 가옥을 허물고 분분히 소란을 피워 어찌 할 수 없었다.[24] 심지어 우장 핑왕진(吳江平望鎭)에서 향민 수백 인이 농기구를 들고 조잔(租棧, 대지주가 소작농에게서 땅세를 받기 위하여 설치했던 기구)으로 몰려가 지주를 만신창이 되도록 구타했으며 목숨이 간들간들 해지자 강에 처넣어 죽였다.[25] 이 밖에 세탕(斜塘)·웨이팅(唯亭)·와이콰탕(外跨塘) 등지의 소작농도 각 단체를 결성하여 세금 반환을 발기했으며 부자들의 집을 허물어 폐허로 만들었다.[26] 이렇게 향촌의 민란은 전체 창장 이남으로 퍼졌다.[27]

관련 자료를 보면 장쑤 양중현(楊中縣)은 1914년부터 1932년까지 2천 명 이상이 참가하여 현부나 각 기관의 책임자 저택을 불사르고 부순 '민란'이 적어도 여덟 차례나 발생했다.[28] 1926~1927년 사이에만 장인(江陰)·우시·충밍(崇明) 등 지역에서 조세 삭감 운동이, 쑹장·칭푸 사톈(沙田) 농민들의 밭 빼앗기 운동이, 쉬저우(徐州)·루가오(如皐)·장베이(江北) 일대에서 세금 반대 운동이 일어났다. 그리고 이싱(宜興)의 농민들이 경찰국을 파괴하고 현지사를 축출했고, 자딩(嘉定) 민중들은 토호열신을 살해했다. 각지에서 악질 향신들의 착취를 반대

---

24 「論鄕民抗租風潮」, 『申報』, 1912年 1月 3日.

25 「蘇鄕又有抗租風潮」, 『申報』, 1912年 2月 11日.

26 「佃戶爲難催甲」, 『申報』, 1911年 12月 24日.

27 邱建立·李學昌, 앞의 글, 같은 곳.

28 徐羽水, 「中國田賦之一考察」, 『東方雜志』 第31卷 第10號, 1934年 5月, p.64.

하는 투쟁이 들불처럼 일어났는데 매번 투쟁에는 천 명, 만 명에 달하는 민중이 참여했다.[29] 1932년을 전후하여 장쑤·저장·후베이에서 곡식을 탈취하고 부잣집을 습격하며 세금을 반대하는 격랑이 수백 차례 발생했다. 백발이 성성한 노농 천여 명이 흉년을 못 견디어 폭동에 참가하니 농촌의 소동이 어느 정도인지 가히 짐작이 된다.[30] 이로써 20세기 전반기 중국 향촌사회의 갈등과 충돌은 시종 격렬하고 긴장된 태세에 있음을 알 수 있다.

일부 학자들은 20세기 전기 허난성의 농민 실제 부담이 원래보다 4~5배 가중되었다고 했다. 20세기의 초의 신정 과정에서 지방의 향신들이 '현지에서 자금을 조달'한 탓에 농민들의 부담이 청나라 말엽의 수 배에 달했다.[31] 향신과 당지의 통치계급은 중앙 권력의 말단인 현의 지방 관료기구를 장악하여 농민에 대한 통치력을 강화했다.[32] 민국이 수립된 후 향촌사회 갈등과 충돌이 해소되거나 완화되기는커녕 갈수록 심해지고 더욱 보편화 되었다. 1920년대를 전후하여 향촌의 '민란'과 '향신-향민 충돌' 사회 위기는 지속적으로 발전하여 결국 토호열신 타도를 목표로 하는 '농민운동'을 유발했다.

민국 시기 특히 1920~1930년대의 향촌사회 민란에 대한 통계자료는 아직 전면적이지 못하다. 그러나 『동방잡지(東方雜誌)』에 실린 소작농 소동 관련 통계 수치를 보면 향촌사회 충돌 사건은 여전히 보편적

29 江蘇省檔案館 編,『江蘇農民運動檔案史料選編』, 檔案出版社, 1983, p.61.

30 許滌新,「農村破産中底農民生計問題」,『東方雜志』第32卷 第1號, 1935年 1月, p.54.

31 王天獎,「近代河南農村的高利貸」,『近代史研究』, 1995年, p.2期, pp.36~37.

32 三谷孝,『秘密結社與中國革命』, p.62.

으로 증가하는 추세를 보인다.

표 6-2 민국 시기 소작농 소동 통계

연도	소작농 소동 수	소작농 소동 참가 인원 수량
11(1922)	11	18,112
12(1923)	11	19,870
13(1924)	9	18,564
14(1925)	17	29,378
15(1926)	19	30,926
16(1927)	18	29,686
17(1928)	25	38,800
18(1929)	46	108,462
19(1930)	20	24,530
20(1931)	21	45,975
합계	197	374,663
연 평균	19.7	37,466.3

* 출처 : 蔡樹邦, 「近十年來中國佃農風潮的硏究」, 『東方雜志』, 第30卷 第10
號, 1933年 5月, p.31.

이 중 소작농 소동 수와 소동에 참가한 인원 수량은 1929년에 최고
봉을 이룬다.

특히, 1927년 이후 농민 운동이 국민당정부의 강력한 정치적 압박
을 받기 시작했지만 향민의 세금 반대 운동은 여전히 꺾이지 않아 "농
촌의 세금 반대와 채무 상환 거부 소동 소문이 때때로 들려왔다."[33] 그

33 李玶, 「中國農村政治結構的硏究」, 『中國農村』第1卷 第10期, 1935年 7月,

리고 연속 3년 통계의 평균치인 19.7차례를 넘어섰으며 1929년에는 최고봉에 달하는 46차례였다. 그리고 소동의 방식도 소극적인 데에서 적극적으로 변해 마지막 5년에는 자살 사건이 첫 5년보다 줄었고 마지막 5년의 세금 반대 사건이 첫 5년보다 2~3배 더 증가했으며 폭동 방식도 더 다양해졌다.[34]

표 6-3 소작농 폭동 방식

방식 연도	자살	도망	고소	세금 반대	조세 반대	약탈	청원	시위	폭동 및 기타
11(1922)			3	2			3	3	1
12(1923)				1			6	1	6
13(1924)	2		1	1	1		3		2
14(1925)			1	1	3		6	2	5
15(1926)	2		2		1		6	1	10
16(1927)			2		2	1	3	2	11
17(1928)			3	1	1		12	1	11
18(1929)	1	2	3	2	7	2	13	1	22
19(1930)	1		3	1	3	2	4		4
20(1931)	1		5		1	1	13	1	9
합계	7	2	23	9	19	6	69	12	83
평균	3%	0.9%	10%	3.9%	8.3%	2.6%	30%	5.2%	36%

p.40.

34 蔡樹邦,「近十年來中國佃農風潮的研究」,『東方雜誌』第30卷 第10期, 1933年 5月, p.31.

중국의 농민들은 통일 가능한 동질성을 가진 집단이 아니다. 촌락에는 계급 분화 과정이 있지만 농업의 쇠락과 생산성의 저하로 이어진다.[35] 그러나 농민은 사회 변동에 대해 엄청난 에너지를 갖는다. 경신년(1901년) 이후 가렴주구에 해마다 기근이 들어 농민은 끼니를 잇지 못하는 지경에 이르렀다. 그리하여 누군가가 분기하여 크게 외치면 농민들이 벌떼처럼 들고 일어나는 형국으로, 다시 말해 농민의 생계 문제는 해결할 방도가 없었다.[36]

1920년대에 이르러 농민 반항 조직이나 '준조직'으로 홍창회(紅槍會)·녹창회(綠槍會)·황사회(黃沙會)·대도회(大刀會)·연장회(連莊會) 등이 있었다. 이들은 반공개적이나 비밀리에 활동했으며 회원은 수만에서 10만에 달했다. 이 밖에 비조직적인 농민 폭동은 수시로 발생했다. 예를 들면 쓰촨성 안웨현(安岳縣)에서 농민과 군대가 충돌하여 농민 2천여 명이 살해되었다. 허난성의 뤄양현에서 세금을 반대하여 현청을 포위했고 장쑤성에서는 문패세와 저택세를 반대하는 농민 수천 명이 향신의 저택을 파괴했다.[37] 이는 중국 향촌의 사회적 갈등과 이익 충돌이 누적된 지 오래고 사회적 위기가 그만큼 심각하다는 증거이다.

20세기 전반기의 향촌사회의 갈등과 충돌이 지속되는 직접적 원인은 지방 권력의 이익 확장이 촌민들의 기본 생존권에 영향을 미쳤기 때문이다. 지주와 농민 사이의 계급 갈등과 충돌도 종종 있었지만 주요 모순을 형성하지 못한 것은 향촌사회 자체에서 대규모 계급 분화가 일어나지 않았기 때문이다. 청나라 말기의 신정부터 생긴 '향신-향민

---

35 王仲鳴, 『中國農民問題與農民運動』, 平凡書局, 1929, p.114.

36 위의 책, p.266.

37 위의 책, p.302.

충돌'은 여전히 민국 이후의 향촌사회 민란의 주요 모형으로 자리 잡았다. 예를 들면 1920년대 말기, 북방의 러팅현(樂亭縣)·위톈현(玉田縣)·양류칭(楊柳靑)·광쭝현(廣宗縣)·야리지(牙裏集) 등지의 향민 봉기는 모두 탐관과 악질 향신에 대한 저항이다.[38] 특히 1927년 위톈현에서 '농민회' 조직과 의참회(議參會)·교육국 등 기관의 향신 충돌이 발생하여 무장 사태에까지 치달았다.[39] 후베이성에서는 민국 초년에 조직적인 농민운동이 이미 수차례 발생했으며 주목을 받은 사건은 69개 현에서 부잣집을 습격한 사건이다.[40] 민란은 전체 후베이성으로 확대되었다. 황메이현에서는 악질 향신 스난핑(石南屛)을 반대하는 농민 5천여 명이 시위를 하다가 스난핑의 저택을 파괴하여 승리를 거두었다. 이러한 운동은 모두 북양군벌 시기에 발생된 것으로 비록 조직적이지는 않지만 혁명 정신을 가히 본받을만하다.[41]

허난성 푸양현(濮陽縣) 향촌 권력구조 역시 이러했다. "1920년 이전 촌 정권은 여전히 수재·거인·가족장과 일부 지주의 수중에 장악되었다. 상인은 모두 빈민으로 숫자도 적었고 사회적 지위도 낮았다."[42] 지방 군벌이 '향신의 도움을 받는' 정치 방향으로 나아갈 때 이들은 지방자치기구의 각종 직위를 담당하고 지방무장을 장악했다.[43] 그러므로 농민을 압박하는 것은 지방자위단과 향신이다. "그들은 향신을 호랑이처럼 여겼다. 사람을 잡아먹을 가능성이 있기 때문이다. 향신들은

---

38 田中忠夫, 汪馥泉 譯,『中國農業經濟資料』, 大東書局, 1934, pp.313~322.

39 위의 책, p.315.

40 『(民國十六年以前的)國內農人運動狀況』, 中國國民黨浙江省黨部, p.52.

41 위의 책, p.52.

42 章有義,『中國近代農業史資料』第3輯, p.381.

43 王天獎, 앞의 글, p.43.

마음대로 향민을 때리고 재산 역시 마음대로 분배했다. 향신 집의 과부가 재혼하면 그들에게 예물을 보내야 하고 향신들이 본인의 부동산을 처분해도 대신 세금을 내야 한다."[44]

우다쿤(吳大琨)은 쑤저우에서 발생한 민란 원인을 상세히 분석했다. 10월 20일 밤 10시경, 누문 밖의 농민 400~500명이 먼저 징을 울리며 각 향장과 진장 및 세수 담당자 집으로 몰려가 집을 불태웠다. 그이후 5~6개 향과 진에서 이와 유사한 사건이 연이어 발생했다. 지역이 넓고 참가한 농민이 많아 당시 경찰과 보안대가 총을 쏘면서 진압을 했지만 농민들의 소동은 도처에서 계속되어 한동안 상황이 매우 급박했다.[45] 나중에 성(省)에서 군사를 동원하여 진압했다. 세수 담당자 40~50명의 저택 145채가 파괴되어 경제적 손실이 10여만 원에 달했다. 이번 '민란'의 도화선은 향장과 진장, 세수 담당자들이 서로 야합하여 세금을 많이 거두어들였기 때문이다. 향민들이 이에 이의를 제기하다가 분노했던 것이다. 하지만 민란이 일어난 원인은 이렇게 간단하지 않다. 당지 주재소 순시관인 류얼슈(劉爾修)는 경찰국에 보내는 문서에서 세수 담당자가 평소에 농민과 척을 지지 않으면 이렇게 되지 않았을 것이라고 했다. 평소에 쌓인 향민의 원한을 네 가지로 볼 수 있다. 첫째, 토지 소유자가 세를 받을 때 대부분 세수 담당자를 내세워 독촉한다. 둘째, 토지 소유자가 소작농의 세를 받을 때 세수 담당자가 기준을 정한다. 토지 소유자가 자신의 땅이 어디에 있는지 모르는 경

---

44 吳炳若,『淮河流域的農民狀況』,『東方雜志』第24卷 第16期, 1927年 8月, p.44.

45 吳大琨,『最近蘇州的農民鬧荒風潮』,『東方雜志』第32卷 第2期, 1935年 1月, p.83.

우도 있기 때문이다. 셋째, 세수 담당자의 집이 예전에도 여러 번 향민에 의해 파괴된 적이 있는데 나중에 토지 소유자가 1무당 20푼씩 수당을 지급하여 다시 지었다. 넷째, 이번에 민중들이 불사른 원인은 조사원의 측량에 문제가 있고 세수 담당자가 이를 비호했기 때문이다. 그러므로 분노한 민중들이 불을 질러 화풀이를 한 것이다. 이는 우발적 사건이 아니다. 이 세수 담당자의 집은 청나라 시기와 민국 7년에도 두 번이나 불타 이번까지 세 번이나 되므로 이를 통해 평소 세수 담당자가 악행을 저질렀음을 알 수 있다. 이는 향민과 지방권세의 심각한 대립 상황을 보여준다. 세수 담당자는 임금이 없지만 대부분 부유하니 평소 그 수탈이 심했음을 알 수 있다. 이렇듯 평소에 원한이 깊게 쌓였으므로 동조하는 사람이 많아 극히 짧은 시간 내에 쑤저우의 대부분 향촌에 퍼졌다. 보복을 하려는 원시적인 욕망 외에, 토지를 측량하고 세를 내는 자체에 대해서 아무런 요구도 내놓지 않았다.[46] 사태가 진압되었으나 이번 쑤저우 폭동을 초래한 원인은 해결하지 못했다.[47] 그러므로 이와 비슷한 민란은 여전히 지속적으로 발생했다.『석보(錫報)』에 의하면 민국 20년 우시의 신문에 실린 곡식 탈취 사건은 한 달에만 25차례 발생했다. 그 통계는 다음과 같다.[48]

표 6-4 곡식 탈취 사건 통계표

구역	제1구	제6구	제7구	제8구	제9구	제10구	제17구
시간	6.7	6.4	5.11~6.10	6.1~6.7	5.19	6.2~6.7	6.2~6.4

---

46 위의 글, p.84.
47 위의 글, 같은 곳.
48 馮和法 編,『中國農村經濟資料』, p.423.

477

향촌 위기의 변화 발전과 대책

차례 수	1	1	11	2	1	7	2
평균	–	–	사흘 1번	–	–	하루 1번	–

그러나 신문에서 보도한 사건은 실제 곡식 탈취 사건의 2~3할밖에
안 된다.[49] 향민들은 "기아를 이기지 못해 부잣집을 습격했고 최근에는
곡식을 탈취했는데 하루에 여러 번 발생한다."[50] 이들은 본디 착한 농
민들이었지만 생존을 위해서는 별 다른 방도가 없었다. 민란의 빈번한
발생은 농촌경제 파탄을 가장 적나라하게 보여준다.[51] 연구에 의하면
근대 중국의 자발적인 농민 소동은 대부분 정부의 세금을 반대하는 사
건이지 지주의 세금을 반대하는 행위가 아니다.[52] 기층 권력과 촌민의
대치, 충돌, 그리고 향신의 권력의 무도한 확장과 향민의 기본적인 생
존 조건의 악화는 향촌사회의 충돌과 대규모 민란의 주원인이다.

2) 심층적 원인 : 도농 일체화 과정의 단절

그렇다면 20세기 이후 향촌사회 생활의 무질서와 사회 충돌이 지속
되는 심층적 원인은 무엇인가? 과거에는 사회구조의 급격한 변동이나
급격한 계급 분화로 귀결하곤 했지만 이는 너무 포괄적이고 표상적이

---

49   위의 책, 같은 곳.
50   위의 책, p.429.
51   위의 책, p.425.
52   張瑞德, 「中國近代農村經濟的發展與危機」注(93), 『近代中國農村經濟史
論文集』, 中央研究院近代史研究所, 1989, p.739. 杜贊奇, 『文化, 權力與國
家－1900~1924年的華北農村』, p.244.

어서 복잡하고 다양한 역사 진실을 밝혀내지 못했다. 문제는 근대 향촌사회의 변동이 도시사회의 변동과 병행되지 않는다는 데 있다. 청말 민초에도 농촌사회의 혼란과 사회 충돌에도 불구하고 기본적인 사회 구조 모형은 '구조적' 변동을 보이지 않았고 심지어 토지가 상대적으로 집중된 장쑤성에서도 향촌 사회구조의 변동은 뚜렷하지 않았다.

자료에 따르면 민국 이래 장쑤성의 농업 계층은 변화가 많지 않고 그 폭이 매우 작아 농민 계층의 신분 상승은 실패했다.[53] 장유이(章有義)의 연구를 보면 쑤저우는 강희 5년~15년부터 1949년까지의 270~280년 기간에 지주, 부농과 농민이 점유한 토지의 비는 안정된 65 : 35이었다. 사람들이 생각하는 지주 소유제 지배하에 있는 토지 소유권의 끊임없는 집중은 여기에서 입증되지 않은 것으로 보인다.[54] 오랜 기간, 최소한 송나라 이래 토지 소유권 이전은 주로 매매 방식을 통했으며 정치 세력에 의한 강점은 예외적인 현상일 뿐이었다. 중국 농촌에서 자주 발생하는 토지 소유권의 유동은 분산과 집중을 거듭했다.[55] 전체적으로 토지 소유권을 형성하는 계급 분배의 어떤 상시적 형태, 즉 지주와 농민이 차지하는 비율은 대체로 안정적이다. 1930년대 전기, 1931~1936년 전체 농가에서의 소작농의 비율은 평균 30.33%에 불과했는데 소작농의 비율은 800여 년이 넘어서도 거의 변하지 않아 상수에 가까웠다. 사람들이 상상하는 토지 소유권이 끊임없

---

53 劉河北, 「江蘇省傳統式金融的調劑方式(1912~1937)」, 『近代中國農村經濟
    史論文集』, 中央研究院近代史研究所, 1989, p.688.
54 「康熙初年江蘇長洲三冊魚鱗簿所見」, 章有義 編, 『明淸及近代農業史論
    集』, 中國農業出版社, 1997, p.75.
55 「二十世紀二三十年代中國地權分配再估計」, 章有義 編, 『明淸及近代農業
    史論集』, p.88.

는 집중된다는 장기 추세는 실제로 존재하지 않거나 있을 수 없는 것으로 보인다.[56]

　전체적으로 향촌사회 계급이나 계층의 경계가 교차하고 모호한 상태를 나타내므로 자경농 겸 소작농인 반소작농, 소작농 및 고농의 경계가 명확하지 않은 이상 그 조사가 정확하지 못하다.[57] 그리고 지주와 자경농도 교차, 중첩된다. "이른바 지주는 자경농을 겸하는 자이며, 밭을 대부분 빌려 경작하고 나머지 일부가 자기 땅이므로 순수 지주가 적다. 자경농 · 고농 · 소작농도 마찬가지다. 그러므로 자경농에 지주나 고농이, 고농에 자경농이나 소작농이, 소작농에 자경농이나 고농이 포함될 수 있다."[58] 1920~1930년대에 이르러서도 중국의 향촌사회는 여전히 자경농을 주체로 하는 전통적 사회구조 모형이었다. 당시『동방잡지』의 조사에 의하면 향촌 사회계층 구조 상황은 다음 표와 같다.

표 6-5 향촌 사회계층 상황표

	지주	자경농	반소작농	소작농	고농
장쑤 우진(武進)	1.4	7.0	35.21	45.07	11.27
장쑤 쥐룽(句容)	2	73		6	19
장쑤 징장(靖江)	3	50		35	12
장쑤 사톈(沙田)	1	4		95	

56　위의 글, p.89
57　「各地農民狀況調査」 "征文節錄" "江蘇武進",『東方雜志』第24卷 第16期, 1927年 8月, p.105.
58　위의 글, p.116.

장쑤 타이창(太倉)	10	40	25	15	10
상하이 근처	1	2	5	35	
장쑤 쑹장(松江)		30		60	10
저장 인현(鄞縣)	5	3		36	46
안후이 당투(當塗)		35		50	15
허난 광산(光山)	20	4	4	70	2
후베이 당양(當陽)	1	20		25	5

* 출처 : 「各地農民狀況調査」, 『東方雜志』 第24卷 第16號, 1926年 9月.

조사 자료가 언급한 지역은 제한적이지만 상당히 광범위하고 대표성이 있어 대체로 향촌 사회구조의 기본 상황을 보여준다.

첫째, 농촌사회의 계급 분화가 매우 제한적이어서 계급의 경계가 아직 뚜렷하지 않다. 향촌의 각 계급과 계층 사이에는 교차성이 있고 계급과 계층 사이의 경계가 고정되지 않아 빈번하게 바뀐다. 예를 들면 장쑤 타이창의 지주 대부분은 놀고 먹지만은 않았다. 밭이 비교적 많은 소농들은 본인이 농사를 지었으며 지주와 소작농 사이에는 계급 균열이 없었다.[59] 장쑤 인현의 대부분 지주는 자경농을 겸했고 자경농은 소작농을 겸했으며 지주가 소작농을 겸하기도 했다.[60] 장쑤와 저장의 향촌 사회구조를 보면 자경농이 주체이며 순수 지주는 별로 많지 않았다. 지주가 자경농을 겸하기도 하고 소작농이 자경농을 겸하기도

---

59 「各地農民狀況調査」, 『東方雜志』 第24卷 第16期, 1927年 8月, p.123.
60 위의 글, p.133.

하며 자경농은 지주나 소작농을 겸하기도 하여 이들의 경계가 명확하지 않았다. 고농이 소작농이 되기도, 소작농이 고농이 되기도 했으므로 영구불변하는 것이 아니고 그들 간의 경계 역시 미미했다.[61] 안후이 당투 향촌을 보면 자경농과 지주는 엄격한 구분이 없었다.[62] 산시의 진중에서는 더욱 복잡한 상황이 펼쳐졌다. 지주와 소작농의 관계가 매우 모호했다. 이곳의 농업은 조방적 농업으로 자본과 인건비가 적게 들지만 세금이 매우 커서 땅을 세를 주는 것보다 자기가 농사짓는 것이 훨씬 나아 노동력이 부족한 농가가 아니면 다른 사람에게 세를 주려고 하지 않았다. 그러므로 이곳의 '지주'는 남성이 외지에서 장사를 하거나 여인네와 어린이 밖에 없는 소농가이고 소작인들은 오히려 대농가이다.

따라서 향촌사회의 모순이나 충돌을 보면 지주와 농민의 관계에서 특별히 표현된 것은 아니다. 대립 양상이 뚜렷한 것은 촌민과 촌장, 소농과 사채업자이다.[63] 물론 이는 향촌사회에 등급 신분 차이의 관계가 없다는 것을 의미하지 않는다. 예를 들면 허난 광산 농촌에서의 지주와 소작농 관계는 "본래 계약 관계였지만 관습적으로 양자 간에 주인과 노복과도 같은 의무와 권리가 발생하여 엄연히 상하 종속 관계로 변했다. 현재 지주는 소작농에 대해 마음대로 지시하는 특권을 완전히 누리며 추호의 위반과 저항도 용납되지 않는다."[64] 하지만 전통 시대의 위계 신분에서 비롯된 이 같은 경계는 근대 사회계급 분화의 특징

---

61 「浙江衢州的農民狀況」,『東方雜志』第24卷 第16期, 1927年 8月, p.56.

62 「各地農民狀況調査」,『東方雜志』第24卷 第16期, 1927年 8月, p.145.

63 稼夫,「山西中部一般的農家生活 — 替破産中的農家清算的一筆賬」,『益世報』, 1935年 7月 13日.『農村周刊』第71期, 1936年 7月.

64 「各地農民狀況調査」,『東方雜志』第24卷 第16期, 1927年 8月, p.137.

을 갖고 있지는 않다.

둘째, 향촌사회의 구조 관계는 고착화되지 않아 끊임없는 변동 속에서 대규모 사회계급 분화의 태세를 형성하지 못했다. 많은 향촌에서 소지주가 자경농을 겸하고 대지주가 인부를 고용하여 농사를 짓는 것은 아주 일반적인 상황이다.[65] 향촌 사회구조 및 그 계층 관계는 안정된 구조를 형성하지 못해 상대적으로 활성화된 동적 구조이다. 지주·자경농·반자경농·소작농·고농의 비율은 수시로 변해 고농이 소작농으로, 소작농이 반자경농으로, 반자경농이 자경농으로 변할 수 있고 아울러 자경농 역시 전락될 수 있었다. 그러므로 속담에 "천년 동안 땅 주인이 팔백 번 바뀌네."[66]라는 말이 있다. 예를 들면 구이저우 다딩(大定)에서 1년이라는 짧은 시간에도 수재나 한재 때문에 지주가 자경농으로, 자경농이 소작농으로 전락되거나 소작농이나 자경농이 지주로 될 수도 있고 지주가 직접 소작농으로 될 수도 있었다. 향촌사회에서 자경농이 수시로 바뀌는 것은 전혀 없는 현상이 아니다.[67]

그러므로 중국의 농민의 계급 분화는 아직까지 모호하고 순수하지 않지만 분화 과정의 관점에서 보면(농촌의 자산계급인 부농과 농촌 무산계급인 고농을 분화시킴) 일반 농민에는 과도 계층이 있으며 가난한 농민에 속하는 중농과 빈농을 계급적으로 분석하면 '최소농(最小農)'과 '소농'으로 나눌 수 있다. '최소농'은 고농(노동자)에 근접하여 '반

---

65 「海門農民狀況」, 『東方雜志』 第24卷 第16期, 1927年 8月, p.25.

66 嚴促達, 「湖北西北的農村」, 『東方雜志』 第24卷 第16期, 1927年 8月, pp.44~45.

67 楊萬選, 「貴州省大定縣的農民」, 『東方雜志』 第24卷 第16期, 1927年 8月, p.16.

무산계급'이라고 할 수 있다.[68] 국민정부는 1920년대에 허베이 · 지린 · 산둥 · 허난 · 산시(山西) · 산시(陝西) · 장쑤 · 안후이 등 성(省)의 1917~1920년 상황을 조사했다. 농민 계층의 동적 변화를 보면 10~30무를 소유한 소농이 증가하고 30~50무를 소유한 중농 역시 증가세를 보였으며 50~100무나 100무 이상을 소유한 지주는 허베이와 허난에서만 증가세를 보였을 뿐 대체로 감소세였다.[69] 이는 일본의 통계 조사와 거의 비슷하다. 10~30무를 소유한 농민이 70% 이상으로 중국 농업의 70%는 소농 경영이다.[70] 1912~1932년, 20년 사이 인구가 12.2% 증가하여 증가세가 그 전 시기보다 완만했다. 하지만 대체로 비슷한 시기인 1914~1933년, 19년 사이 경작지 면적은 12.52% 증가하여 인구 증가와 거의 비슷한 증가세를 유지했다.[71] 자료에 대해 엄격한 기준을 적용한다면 지금까지 믿을 만한 증거가 없으며 토지가 소수자의 손에 점점 집중되고 있다는 논점을 뒷받침할 수 있다.[72] 이러한 수치들은 향촌사회의 구조가 급격히 분화되지 않았음을 나타내며 소경영의 증가와 대경영의 몰락은 평균적인 토지 소유권에 매우 부합되었다.[73] 극도로 분산된 소농 경영은 중국의 경제와 사회의 발전에 악영향을 미친다.

근대 이후, 특히 20세기 전기의 중국 사회는 사실상 도농의 분리 발

---

68   章有義 編,『中國近代農業史資料』第2輯 下, 三聯書店, 1958, p.433.

69   薩孟武,『中國社會問題之社會學的研究』, 華通書局, 1929, p.163.

70   위의 책, p.159.

71   「近代中國人口和耕地的再估計」, 章有義 編,『明清及近代農業史論集』, p.23.

72   張瑞德,「中國近代農村經濟的發展與危機」,『近代中國農村經濟史論文集』, 中央研究院近代史研究所, 1989, p.734.

73   위의 글, p.164.

전 양상을 보이고 있었는바 바로 도시의 사회구조가 급격한 사회분화 변동을 일으켜 새로운 구조 요소가 사회생활을 재구축하고 있었다는 점이다. 그렇지만 중국의 향촌사회에는 아직 대규모적인 구조 변동과 분화가 발생하지 않았다. 사람들의 사회적 지위나 생활수준의 변동도 기본적으로 동질성 구조에서의 변화에 한정되는 반면 사회구조의 질적 변동은 농민 가정의 경제 지위의 변화와 파동을 가져온다. 지주들은 삼대를 이어가지 못하고 소농은 부자가 될 가능성이 있다. 머슴에게 있어서 '땅 30무와 소 1마리를 갖추고, 여편네와 자식들과 뜨끈뜨끈한 구들에서 지내는 것'은 더 이상 꿈만이 아니었다. '일반 논보다 소출이 배나 더 나는'[74] 호소지대에 제방을 쌓아 개간한 논이 많은 지역에서 20무도 안 되는 토지를 소유한 자가 전체 토지의 30% 이상을 차지했다. 토지가 비교적 집중된 쑤저우에서 소지주가 무시할 수 없는 비중을 차지하니 기타 지역은 생각만 해도 알 수 있다.[75] "청나라 시기 쑤저우에서 예사로 삼는 소작농에 대한 지주의 각종 압박과 착취는 남송 시기부터 있었다. 문제는 지주 세력이 강했던 쑤저우에서 남송부터 청나라 전기까지 토지가 더 집중됐느냐는 점이다.

지금까지 우리는 토지가 집중되었다는 충분한 사료를 가지고 있지 않다."[76] 자오강(趙岡)은 명청 시기 후이저우(徽州) 토지 자료를 지니계수로 계산해보니 민국 초년의 지니계수는 0.3~0.4로 건륭 연간의 대부분 지역이 0.5를 보이는 데에 비해 많이 낮아졌다.[77] 이는 청말민초

---

74 章有義 編,『明淸及近代農業史論集』, 中國農業出版社, 1997, p.73.
75 위의 책, 같은 곳.
76 위의 책, p.74.
77 趙岡,『中國傳統農村的地權分配』, 新星出版社, 2006, pp.65~70.

의 향촌사회가 급격한 양극화와 이질적인 구조 변동 태세를 크게 형성하지 않았음을 입증한다.

분명히, 근대 중국의 사회구조의 격심한 변동은 도시와 농촌의 지역 구조 측면으로 더 집중되어 있으며 향촌 계급 구조 방면으로만 표현되는 것은 아니다. 근대 중국 사회구조의 격심한 변동은 경제 구조의 변동과 함께 일어났다. 중국 근대 경제가 1860년대에 발생하여 1920년까지 발전했을 때, 경제사학자들은 외국 자본과 관료 자본, 민족 자본을 포함한 전체 근대 경제 총생산액은 전체 국민 경제에서 8% 미만에 불과하다고 추산했다.[78] 다시 말하면 국민 경제의 90% 이상이 여전히 구식 농업과 수공업이고 전국의 절대다수 인구는 여전히 소농 경제에 의존하며 가정이나 가족을 주요 생산단위로 하고 있었다. 사회 구조상 자본가와 노동자는 근대화의 주체 역량인데 이 세력은 중국에서는 적은 숫자일 뿐만 아니라 전통적인 사상 관념에 의해 구속을 받았다.

지역 구조로 볼 때 새로운 경제관계 내지 사회구조의 변동은 기본적으로 개항도시와 지역 중심도시 등에서 발생하여 근대 이후, 중국의 사회-문화 이원적 구도를 형성했는바 즉 산업화와 도시화의 큰 추세 아래에서 도농 이원화 분리 과정으로 변했다. 새로운 생산 방식과 그에 따른 새로운 생활방식의 거대한 구조적 변동은 거의 도시사회에서 집중적으로 일어났다. 이 중 기계화 교통은 새로운 요소였다. 그 결과 1840년대 초기부터 1890년대 초기에 이르는 근 반세기에 홍콩이나 산터우와 같은 새로운 항구도시가 발전했고 기타 항구도시들도 비약적

---

78 許滌新, 吳承明 主編, 『中國資本主義發展史』第2卷, 人民出版社, 1990, p.1051.

으로 발전했는데 가장 주목을 끈 것은 상하이와 톈진이었다.[79] 새로운 도시 체계의 대규모 재건은 근대 사회구조의 역사 변동의 전개를 나타낸다.

근대 중국의 도시 발전에서 손꼽히는 상하이의 발전은 상하이가 개항 항구라는 중요한 위치와 갈라놓을 수 없다. 대외무역의 발전과 조계지의 확장, 현대 공업의 발전에 따라 상하이의 상업이 흥성하고 도시의 규모가 비약적으로 확장되었다. 근대 초기, 1852년의 상하이 인구는 50여만 명으로 60만 명을 넘지 못했다.[80] 중국 기업과 외국 기업이 상하이에 설립되면서 빈궁과 자연재해, 전란으로 생계를 잃은 사람들이 대거 몰렸다. 1894년 상하이 공장의 노동자 수는 30,622명으로 집계되어 전국 1위였다. 1930년대에 이르러 상하이 인구는 340~350만 명에 달했다.[81] 근대 '신식 공업의 효시'는 상하이에서 시작되었으며 결국 상하이의 구조성 변동을 유발했다. 기존 인력으로 움직이는 간단한 기계공업은 새로운 조류에 의해 파괴되어 끝내 존재하지 않았다.[82]

선통 3년(1911), 청나라가 멸망할 때 상하이에는 대규모 공장 90개소가 있었다. 민국 이후 상하이 공업은 비약적으로 발전했는바 민국 원년부터 민국 20년 사이 공장 2,177개소를 신설했다.[83] 이로써 '작은

79   施堅雅 主編, 『中華帝國晚期的城市』, p.262.
80   上海通社 編, 「上海硏究資料」, 沈雲龍 主編, 『近代中國史料叢刊三編』 第四十二輯, 文海出版社, 1988年 影印本, p.577.
81   위의 책, p.753.
82   위의 책, p.698
83   위의 책, pp.699~700.

어촌'[84]이던 상하이에는 끝내 구조적인 역사 변동이 발생했는바 광서 초년에 이미 기선이 가득하고 바다에서 창장에 이르는 교통이 매우 발달한, 번화한 도시로 변했다.[85] 근대화 표징인 신작로·자동차·기선이 모습을 보이고 『자림서보(字林西報)』·『신보』·『중서견문록(中西見聞錄)』·『만국공보(萬國公報)』 등 신문이 창간되어 '작은 어촌'을 근본적으로 변화시켰다. '상하이의 상황을 보면 확실히 근대화 기상'이 보였다.[86]

텐진은 근대에 들어섰지만 도시경제는 여전히 작업장 수공업과 가정 수공업을 위주로 돌아갔다. 1867년 숭후(崇厚)가 설립한 텐진기계국은 텐진 근대 공업의 시작이다. 청나라 말기 신정 시행 이후 텐진은 비약적으로 발전했는바 신정 개혁에서 즈리공예총국(直隷工藝總局)·고등공업학당(高等工業學堂)·권공진열소(勸工陳列所)·실습공장(實習工場)·권업회장(勸業會場)·은원국(銀元局) 등 정부기업이 설립되었다. 또한 텐진의 향신과 상인들은 수건공장, 치약공장 등 민영기업을 설립했다. 1911년에 이르러 텐진에는 공장 134개소가 있었다. 신해혁명 이후 텐진에는 단화성냥회사(1913년), 주다소금회사(1915년), 형위안방직공장(1916년), 화신방직공장(1920년), 융리소다공장(1922년)과 같은 규모를 갖춘 대형 공장이 설립되었다. 1934년 텐진시의 중국인 공장에 대한 사회국의 제1차 조사에 의하면 공장 1,233개소에, 자본금이 3,005.5만 원에 달했다.[87] 텐진시는 전통 수공업과 상업이 대외무역,

---

84 葛元熙,「上海繁昌記」, 載沈雲龍 主編,『近代中國史料叢刊三編』第四十二輯, p.23.

85 위의 글, 같은 곳.

86 上海通社 編, 위의 책, p.548.

87 羅澍偉主編,『近代天津城市史』, 中國社會科學出版社, 1993, p.505.

근대 공업과 연결되면서 근대화의 출발은 늦었지만 근대 화베이에서 도시화가 가장 빠른 도시로 성장했다. 1930년대 조사 자료에 의하면 톈진시의 근대 공업 생산액이 7,450만 원에 달해 상하이, 광저우 다음으로 제3위를 차지했다.[88] 이러한 도시화 진행의 구조적 변동 특징 중 하나가 바로 향촌 인구의 도시화로서 톈진 전체 인구는 1840년대의 198,000명에서 1935년의 1,237,000명(시가지 인구)으로 급증했다.[89]

칭다오는 광서 중기까지만 해도 수백 가구밖에 없는 어촌이었다. 1879년, 덩저우(登州) 총병 주둔지가 된 후 점차 소도시로 변했다. 개항 이후 칭다오에 방직·궐련·기계제조·정유 등 중국기업과 외국기업이 설립되었다. 1915~1927년 외국 자본은 칭다오에 공장 37개소를 세웠으며 자본금은 7,590.1만 원에 달했다.[90] 민족기업은 1919~1927년 9년 사이 42개소의 공장을 세웠다.[91] 1902년 칭다오 시가지 인구는 14,905명에 불과했으나 1933년에는 436,772명으로 급증했다.[92] 이상과 같은 각 대도시 인구의 증가 상황을 보면 인구 도시화의 급격한 정도를 볼 수 있다. 1930년대 전국 도시의 공업 개황은 〈표 3-1〉을 참고하기 바란다.

공업의 발전과 산업화 수준의 향상으로 이 시기의 도시화 수준도 크게 향상되었다. 도시화의 수준을 가늠하는 중요한 지표는 전체 인구 중 도시 거주 인구가 차지하는 비율인 도시화율이다. 그러나 정확한

88 張利民 等 著,『近代環渤海地區經濟與社會研究』, 天津社會科學院出版社, 2003, p.268.

89 위의 책, p.452.

90 王守中·郭大松 著,『近代山東城市變遷史』, p.476.

91 위의 책, p.478.

92 위의 책, p.660.

인구통계가 없는 상황이므로 각 시기, 일정한 규모를 갖춘 도시 수의 변화를 통해 도시화에 대해 알아보려고 한다. 관련 통계자료에 의하면 1924년 인구가 100~200만 명인 도시는 상하이·광저우·베이징 등 3개, 50~100만 명인 도시는 항저우·톈진·푸저우·홍콩·쑤저우·충칭 등 6개, 10~50만 명인 도시는 41개, 5~10만 명인 도시는 83개였다.[93] 1937년 인구가 200만 명 이상인 도시는 상하이, 인구가 100~200만 명인 도시는 베이징·광저우·톈진·난징 등 4개, 50~100만 명인 도시는 한커우·홍콩·항저우·칭다오·선양 등 5개였다. 10~50만 명인 도시는 66개로 61% 증가했으며 5~10만 명인 도시는 112개였다.[94] 1924년에 비해 인구가 100~200만 명인 도시는 33% 증가했고 50~100만 명인 도시는 17% 감소했으며 10~50만 명인 도시는 61% 증가, 5~10만 명인 도시는 35% 증가했다.

이 도시들 가운데 상하이·톈진·우한·충칭·칭다오·정저우·스자좡·탕산 등 도시들은 이 시기의 무역항이거나 신흥 교통중심지, 혹은 신흥 광산업 도시로 인구가 급속히 증가했다. 상하이 인구는 1927년에 2,641,000명, 1930년에 3,145,000명, 1935년에 3,702,000명이었다.[95] 톈진 인구는 1928년에 1,122,000명, 1935년에 1,237,000명, 1936년에 1,254,000명으로[96] 1936년의 인구수는 1928년에 비해 3% 증가했다. 우한의 인구는 1928년에 85만 명, 1930년에 100만 명, 1935

93 阮湘 等, 『第一回中國年鑒』, 商務印書館, 1926, pp.54~55.
94 顧朝林 等, 『中國城市地理』, 商務印書館, 1998, p.76.
95 忻平, 『從上海發現歷史 - 現代化進程中的上海人及其社會生活 1927~1937』, 上海人民出版社, 1996, p.40.
96 羅澍偉, 『近代天津城市史』, p.457.

년에 129만 명으로[97] 1935년의 인구수는 1928년에 비해 52% 증가했
다. 충칭의 인구는 1927년에 208,000만 명, 1930년에 253,000명, 1935
년에 471,000명으로 10년 사이 1배가 넘게 증가했다.[98] 칭다오의 인구
는 1927년에 92,000만 명, 1932년에 241,000만 명으로[99] 162%에 증가
했다. 정저우의 인구는 1928년에 81,360명, 1930년에 95,482명, 1934
년에 124,377명으로[100] 53%에 증가했다. 스자좡의 인구는 1926년에
약 4만 명, 1933년에 63,000명으로[101] 58% 증가했다. 탕산의 인구는
1926년에 48,000명이었으나 1931년에 15만 명에까지 달했다가 1937
년에는 78,000명으로 줄었다.[102] 그래도 1937년의 인구수가 1926년에
비해 63% 증가했다. 비록 이 데이터들이 매우 정확한 것은 아니지만
이 시기 도시화의 급속한 발전은 사실이다.

근대 도시화의 진행은 중국 사회구조의 심각한 변화를 이끌었다.
20세기 초엽에 접어들면서 중국 전통사회의 근대사회로의 변신은 '연
쇄적 제도 변천'에 들어가면서 자급자족하는 자연경제는 물론 전통사
회의 기존 사농공상 등 각 사회계층이 상품경제의 충격을 받고 분화되

97 皮明庥, 『近代武漢城市史』, p.660.

98 隗瀛濤, 『近代重慶城市史』, 四川大學出版社, 1991, p.398.

99 民國『膠澳志』, 成文出版社, 1968年 影印本, pp.231~276. 實業部國際貿
    易局, 『中國實業志』(山東省), pp.9~10.

100 劉宴普, 『當代鄭州城市建設』附錄「鄭州市城市建設大事記」, 中國建築工
    業出版社, 1988, p.336. 陳賡雅, 『西北視察記』, 申報館, 1937, p.472.

101 江沛・熊亞平, 「鐵路與石家莊城市的崛起 1905~1937年」, 『近代史研究』,
    2005年 第3期.

102 王先明・熊亞平, 「鐵路與華北內陸新興市鎮的發展 1905~1937」, 『中國
    經濟史研究』, 2006年 第3期. 程昌志, 「唐山市鎮簡述」, 『市政評論』第3卷
    第14期, 1935年 7月. 北甯鐵路管理局, 『北寧鐵路沿線經濟調查報告書』,
    1937年版, p.1247.

기 시작했다. 20세기 이후 특히 과거제도가 폐지된 이후 전통적인 향신층이 급격히 분화하면서 개명한 향신들이 '자유직업'을 찾기 시작했고 회사 · 기업 · 무역 · 신문사 · 학회 자치 기구는 물론 신군까지 그들의 재능을 보여주는 곳이 되었다.[103] 이렇게 사회의 재편에서 상업계 · 교육계 · 학술문화계 · 군부와 같은 새로운 사회집단이 나타났다. 또한 사회계층 및 사회관계의 구조적인 급격한 변동은 기본적으로 도시화, 산업화 및 그 현대화의 진행에 수반해 발생하는 역사적 현상이다. 청말민초에 이르러 도시에는 많은 현대 전문직이 이미 갖추어져 있으며 근대 사회구조는 격렬한 분화와 유동을 통해 새로운 재구축을 이루어냈다. 그 예로 장쑤성의 1919년 조사 결과를 보면 상공계 인구 및 기타 도시 근로자는 장쑤성 전체 인구의 20%, 공직자와 직원 및 자유직업자는 새로 나타난 직업 집단으로 0.252%를, 학생과 견습공은 3%를 차지했다. 그리고 공업 · 상업 · 교육업 · 어업 · 잡업 등은 전체 직업 인구의 35.2%를 차지했다. 전통적인 사농공상 사회계층과 구조는 더 이상 존재하지 않았는바 이는 도시사회의 산업구조가 청말민초에 이미 역사적 변혁을 이루었음을 의미한다.[104]

중국 근대 도시화의 가속화로 전통사회는 '사농공상'을 주체로 하는 사회계층이 신흥 사회계층으로 대체되면서 도시사회의 구조는 중산층 · 산업노동자 · 도시빈민 등 3대 사회계층으로 나뉘어졌으며 각 계층 내에서도 분업노동이 세분화되면서 기존 계층과 구조가 바뀌고

---

103 王先明, 「近代中國紳士階層的分化」, 『社會科學戰線』, 1987年 第3期, p.168. 王先明, 「中國近代紳士階層的社會流動」, 『歷史研究』, 1993年 第2期, p.92, p.94.

104 李明偉, 『淸末民初中國城市社會階層硏究(1897~1927)』, 社會科學文獻出版社, 2005, p.96.

있다. 중산층은 근대 도시사회에서 다층적이고도 유동성이 큰 집단으로 상공업자·중고급 전문직 종사자·자유직업자를 포함한다. 근대 외자기업의 매판과 통역관·신식 상인·신식 지식인·구식 상인들이 상공업자로 변했다. 따라서 중산층·산업노동자·도시빈민은 청말민초의 도시사회 변동에서 발생한 사회계층으로 각각의 역할로 원래의 사회 구성을 변화시키고 근대 사회관계 시스템을 재편했다. 도시화와 현대화가 공생하는 도시 구역에서는 자본 기반의 사회 생산과 생활 방식이 이미 형성되어 시대 특징을 가진 직업 분화와 계급 분화가 이미 나타나고 있으며 사회는 격렬한 분화 속에서 새롭게 재편되고 있었다.

20세기 이후, 중국의 사회구조와 사회분화의 이원적 특징과 추세는 근대 도시와 농촌이 분리되는 기본 구도와 사회 모순, 충돌의 시대 특징을 더욱 깊이 있게 설명한다. "근년에 들어 중국의 경제적으로 가장 큰 위기는 도시 팽창과 농촌 고갈이다. 도시의 남아도는 현금은 공채와 토지 투기에 집중되고 내륙 농촌에서는 최저 생산자본도 얻을 수 없어 그야말로 무일푼이다."[105] 그러므로 이는 향촌사회의 모순과 충돌을 심층적으로 분석하는 중요한 역사적 전제가 되어야 한다.

3) 시대적 특징 : '이중 위기'의 형성

지속되는 향촌사회의 모순과 충돌은 결코 고립된 현상이 아니며 그것은 사회생활의 무질서한 문제의 보편성과 심각성을 나타내고 있다.

---

105 彭學沛,「農村複興運動之鳥瞰」,『東方雜志』第32卷 第1期, 1935年 1月, p.4.

사실상 그것은 1920~1930년대 중국 향촌사회에 위기가 도래할 징조이자 향촌 위기의 폭발에 대한 역사적 추동력이다. 향촌 위기는 전통 사회에서 농민의 생존 위기를 말하며 농업 생산 발전의 정체와 농민 생활의 영속적인 빈곤과 생존의 경계에 허덕이는 것으로 표현된다. 겉으로만 보면 향촌사회의 위기는 본래 전통 시대의 농민봉기와 반란의 기본 조건이나 역사적 전제이다.

태평천국운동은 전통적인 향촌위기가 첨예화된 결과라고 할 수 있다. 기존 연구들이 태평천국운동의 발발 원인에 대해 서양 자본주의 국가의 침략과 착취를 지나치게 강조한 것은 역사 사실에 부합되지 않는다. "모든 것을 외래 침략의 결과로만 돌릴 수는 없다. 사실상 우리나라의 대외 무역액, 외채 이자와 외자기업의 수입은 인구별 평균이나 국민총생산의 비율에 관계없이 매우 낮다. 또 제국주의가 중국에 대한 지배도 내부를 통해서만 작용한다."[106] 이 봉기는 오랜 기간 누적된 전통적인 농촌 위기의 대폭발로 중국 전통사회의 주기적인 혼란 퇴치 순환 법칙의 재연이다. 그것은 중국 사회에서 오랫동안 존재해온 인간 간의 긴장관계, 봉건 대지주 토지 소유제, 그리고 전제제도하의 정부와 관료들의 부패에 뿌리를 두고 있다. 그러나 1920~1930년대의 향촌 위기는 훨씬 더 복잡한 역사 원인과 시대 함의를 내포하고 있다.

농업국인 중국이 상공업 시대에 들어서면서 농민의 고통은 예전보다 더욱 극심해졌다.[107] 당시의 사람들은 이를 농촌의 붕괴, 농업 공황, 농촌의 쇠퇴, 농업 파탄 등으로 불렀는데 다만 한 측면을 개괄했을

---

106 「要重視中國近代經濟落後的內因－關于中國近代經濟史的中心線索的討論」, 章有義 編, 『明淸及近代農業史論集』, p.3.
107 「農民問題與中國之將來」, 『東方雜志』 第24卷 第16期, 1927年 8月, p.3.

따름이다. 실제로 이 시기의 향촌 위기는 전면적인 위기로 '농촌의 대
붕괴'였다.[108] 이는 경제 기반이 급격히 파괴되고 인민의 생활이 날로
어려워져 그 참혹한 실상은 망국보다도 더 심했다. 이러한 상황으로
각지 농촌은 이미 전부 위험한 지경에 빠져들었으며 농촌 문제의 심각
성은 이미 경계선을 넘었으므로 해결이 절박하며 한시도 지체할 수 없
었다.[109] 당시 중국의 향촌은 '흉년이 들어도 문제요, 풍년이 들어도 문
제요, 이래도 저래도 모두 안 되는 막다른 골목에 빠져 있었다.'[110] 이
는 정치의 혼란, 경제의 파탄, 사회의 무질서, 문화의 규범 상실로 야
기된 전반적 위기이다.

"민국 성립 이후 중국의 정치, 경제, 사회, 교육 각 분야가 개판이
다. 우국지사들은 비분강개하여 '중국에 외기가 닥쳤다!'라고 통탄한
다. …… 중국의 위기는 민족의 정신이 부진하거나 국민의 예의 부족
으로 파렴치하여 미덕을 갖추지 못한 것이 아니라 농촌경제의 기반이
흔들려 파탄에 임박했기 때문이다. 역사상의 정치혁명은 모두 그 사
회 배경이 있는데 대다수는 농촌 경제의 파탄을 배경으로 하고 있다.
…… 현재 중국의 위기는 농촌경제 기반이 흔들렸기 때문임을 알아야
한다."[111]

첫째, 위기의 징후를 보면 향촌 위기는 우선 농촌 경제의 파탄으로
나타난다. 농촌의 경제 파탄은 '첫째, 기근이나 산업화 또는 도시화로

---

108 古楳, 「鄕村建設與鄕村敎育之改造」, 『東方雜志』第30卷 第22期, 1933年
     11月, p.6.
109 陳醉雲, 「複興農村對策」, 『東方雜志』第30卷 第13期, 1933年 7月, p.112.
110 有心, 「谷賤傷農乎?」, 『東方雜志』第29卷 第6期, 1932年 11月, p.1.
111 董汝舟, 『中國農村經濟的破産』, 『東方雜志』第29卷 第7期, 1932年 12月,
     p.14.

인한 농촌 인구의 점차적인 감소. 둘째, 황무지의 증가. 셋째, 농업 수확량의 감소. 넷째, 토지의 불균등. 다섯째, 토지세의 증가. 여섯째, 조세 및 세금의 가중. 일곱째, 고리대의 압박. 여덟째, 농민의 생활고'로 나타난다. 농촌경제의 몰락으로 농업은 물론 농촌 부업과 수공업 역시 파탄의 곤경에 빠졌다. 모두 신흥 공업으로 향했으므로 농촌의 대가족은 해체되고 인구가 도시에 집중되었다. 1863~1928년, 65년 사이 외국 수입품의 증가세가 26배에 이르렀다. 수입물가지수는 1913년 기준으로 1863년에 8.13, 1928년에는 209.8에 달했다. 수많은 여공들이 도시로 몰려들어 방직공이나 가정부가 되었으며 심지어 창기로 전락하기도 했는데 이는 창장 이남의 각 소도시 특히 상하이 근처가 가장 심했다.[112] 농촌경제의 파탄은 당연히 농가의 파산으로 이어졌다. "현재 중국 농민 1년의 1인당 평균 소득이 200원을 넘지 못하여 일반적으로 100여 원이며 적으면 수십 원밖에 안 되는 경우도 있다."[113] 베이핑 근처와 안후이 농촌을 조사한 결과 농민 연소득은 평균 130원이며 80% 농민의 소득은 150원 이하였다. 수많은 가정이 압박으로 가족이 사방으로 흩어지면서 풍비박산이 났다. 즈리성의 농민 소득은 생활도 꾸리기 어려운 120~130원밖에 안 되었다.[114] 1933년 후난성의 조사 자료를 보면 먹고 입는 것이 문제가 되지 않는 가정이 6.8%, 간신히 먹고 입는 문제를 해결하는 가정이 28.0%, 먹고 입는 문제를 해결하지 못하

---

112 朱僬, 「田賦附加稅之繁重與農村經濟之沒落」, 『東方雜志』 第30卷 第22期, 1933年 11月, pp.7~8.

113 董汝舟, 「中國農村經濟的破産」, 『東方雜志』 第29卷 第7期, 1932年 12月, p.20.

114 李樹青, 「中國農民的貧窮程度」, 『東方雜志』 第32卷 第19期, 1935年 1月, p.78.

는 가정이 53.7%, 유민이 2.4%를 차지했다.[115] 당시 중국 농민의 식료품 지출이 62% 이상에 달했다. 참고로 그 당시 미국 농민의 식료품 지출은 40%였다. 당시 중국 농민의 궁핍은 말로 표현할 수 없다.

둘째, 농업 인구의 도망, 즉 지속적인 농촌 이탈로 나타난다. 『동방잡지』의 개별사례 조사에서 "안시(安西) 얼궁춘(二工村)은 민국 16년에 농가 50여 가구였지만 민국 22년에는 4/5가 줄어들어 11가구밖에 남지 않았으며 민국 23년에는 5가구만 남았다. 전 현을 볼 때 동치 연간의 전란 이전에 농가가 2,400여 가구였으나 민국 10년에는 900여 가구로, 민국 22년에는 700여 가구로, 민국 23년에는 600여 가구로 줄었다. 안시의 수많은 촌은 인적이 드물고 밭에 잡초가 무성하다."[116] 1920년대 말, 일본학자들이 중국 각지의 농민이 농촌을 이탈한 상황을 정리했다. 이 불완전한 자료에서도 아주 놀라운 이탈률을 보여준다. 이 중 산둥 잔화(沾化)가 8.7%, 즈리의 쭌화(遵化), 탕현(唐縣), 한단(邯鄲), 옌산(鹽山)이 각각 2.65%, 4.55%, 1.82%, 8.72%로 나타났으며 전체 농촌 이탈률은 4.52%였다.[117] 「농촌상황 보고서(農情報告)」에 의하면 1930년대 허베이성, 산둥성, 허난성 농민의 농촌 이탈자는 각각 52.9만 명, 88.3만 명, 77.8만 명에 달했다.[118]

셋째, 농촌 금융의 고갈로 나타난다. "농촌 붕괴와 도시로의 자금

---

115 孟維憲, 「洞庭湖濱之農民生活」, 『東方雜志』 第33卷 第8期, 1936年 4月, pp.116~117.

116 耕夫, 「安西的人禍和天災」, 『東方雜志』 第33卷 第10期, 1936年 5月, p.109.

117 王印煥, 『冀魯豫農民離村問題硏究』, 中國社會出版社, 2004, p.5.

118 「各省農民李村調査(附圖二)」, 『農情報告』 第4卷 第7期, 1936年 7月, p.173.

집중으로 도시 상공자본이 팽창함과 아울러 농촌 자본이 부족해져 전국 인구의 3/4에 달하는 농민이 파산한다. 구매력 저하로 상공업이 추락하고 금융공황이 갈수록 심각해지고 있다."[119] 난징 정부는 5년 동안에 공채 10억 600만 원을 발행하여 여러 은행의 군비 대금을 상환하려고 했다. 참고로 당시 중국의 유동자본이 6억 원에 불과했다. 하지만 공채를 대량 발행한 결과 모든 유동자본이 도시로 흘러들어 순식간에 농촌 금융이 고갈되는 현상이 발생했다. 그러나 도시에는 현금이 넘쳐나서 화폐가치가 하락했고 이는 또다시 농촌경제의 붕괴를 촉진했다.[120]

넷째, 신교육으로 표현되는 도농 괴리화 추세이다. 전통 시대와 그 제도하에서의 교육은 도농 일체화 발전 모형이었다. 중국의 "모든 문화는 대부분 향촌에서 유래했고 또 향촌을 위하여 설치되었는데 법제와 예속, 상공업도 왜 그렇지 않겠는가?"[121] 도시와 향촌의 건축물 및 일상생활 기타 측면의 차이는 극히 미미했는바[122] 인쇄업까지도 도시와 농촌이 일체화되었다.[123] 페어뱅크는 중국은 근대에 이르러서도 "상류사회 인사들은 여전히 자연 상태에 가까운 농촌 기반을 유지하려고 애쓴다. 향촌에서 작은 전통은 결코 가치관과 도시 상류사회의 대전통을 뚜렷하게 분리시키지 않았다."[124]고 했다. 도농 일체화로 인

---

119 林和成,「我國農業金融制度應該怎樣」,『東方雜志』第33卷 第7期, 1936年 4月, p.57.

120 朱偰,「田賦附加稅之繁重與農村經濟之沒落」,『東方雜志』第30卷 第22號, 1933年 11月, pp.7~8.

121 梁漱溟,「鄕村建設理論」,『梁漱溟全集』第2卷, p.150.

122 吉爾伯特 · 羅玆曼,『中國的現代化』, p.660.

123 張鳴,『鄕土心路八十年』, 上海三聯書店, 1997, p.220.

124 費正淸 編, 楊品泉 等 譯,『劍橋中華民國史』上卷, 中國社會科學出版社,

력들이 평민층을 벗어나지 못했다. 신학 제도가 채택되어 흥하게 된 후, 정부는 학당을 도시에 설립하면서 시골을 등한시했다. 그 결과 도시 교육이 점차 발전하여 농촌 교육은 발밑에도 미치지 못하게 되었고 도시를 중심으로 '신학'이 형성되었다. 중국의 전반 교육 국면에 뚜렷한 변화가 발생했는바 경사대학당·고등학당·전문학당·실업학당·사범학당 전부가 경성이나 성도 혹은 기타 중요한 도시에 집중되었고 중학당은 기본적으로 부·청·주의 소재지에 설립되었으며 소학당마저도 주와 현의 소재지에 설립되었다. 향촌 학교는 전국 학교의 10% 밖에 차지하지 못했다.[125] 향촌사회를 위하여 세운 농업학교 역시 80% 이상은 도시에 설립되었다.[126] 1931년 기준 전국의 103개소 전문학교 이상 학교는 상하이 22개소, 베이핑 15개소, 광둥 85개소로 세 도시에 설립된 고등학교가 전체의 44%를 차지했다. 전국의 75개소 대학교와 대학 역시 대부분 대도시에 설립되었다. 이 중 베이핑 12개소, 상하이 16개소, 광저우 6개소, 톈진 5개소로 절반을 차지했다.[127] 학생 통계를 보면 베이핑·난징·상하이·광저우·항저우·우창 등 6개 도시의 대학생은 2만 7,506명으로 전체 학생수의 4/5 이상을 차지했다. 대학이 집중된 소수 대도시의 현상은 가히 놀랄 만하다.[128] 청말민초 중국에는 향촌 10만 개와 촌락 100만 개가 있었다.[129]

1993, p.33.

125 陶行知, 『師範敎育之新趨勢』, 『陶行知全集』(一), 湖南敎育出版社, 1986, p.167.

126 吉爾伯特·羅茲曼, 『中國的現代化』, p.551~563.

127 多賀秋五郎, 『近代中國敎育史料』, 文海出版社, 1976, pp.770~777.

128 國際聯盟敎育考察團, 「國際聯盟敎育考察團報告書」, 1931, 沈雲龍 主編, 『近代中國史料叢刊』3編 第11輯, 文海出版社, 1988年 影印本.

129 농업경제학자 버터필드(Butterfield) 박사가 1921년 중국에서 조사하여 얻은

이에 따라 계산하면 1922년 전국의 중소학교가 17만 8,847개소로 평균 6개 촌에 하나의 학교가 있는 셈이고 1931년 전국의 중소학교는 26만 2,889개소로 평균 4개 촌에 하나의 학교가 있는 셈이다.[130] 허베이성을 보면 1928년, 1/4의 향촌에 소학교가 설립되지 않았으며 이 비율은 일부 현의 농촌에서는 70% 이상에 달했다. 이로써 향촌 인력의 유동을 초래했다. "농촌에서는 비교적 재능이 있는 자는 끊임없이 도시로 들어가고 타현 사람은 성 소재지로, 타성 사람은 수도와 대도시로 들어간다."[131] 또한 이러한 유동은 갈수록 일방적인 이동으로 변했다.[132] 이로써 점차 신식 교육의 중심, 자산의 집결지, 상공업 중심지, 정치 중심지가 되어버린 근대 도시는 향촌에 비해 절대적 우위를 가지게 되었다.

가장 시대 특색을 살린 제도 변천의 하나로 고대의 교육방법 역시 학교 제도로 대체되었다. 하지만 이로써 새로운 사회문제가 유발되었다. "학교 제도는 자본주의의 요구에 부응하여 생겨난 것이다. …… 따라서 한 국가가 자본주의를 자국에 이식하여 성장하게 하려면 반드시 학교를 설립하여 기술자와 관리자를 대량 양성해야 한다."[133] 이러한 '산업문명의 산물'인 신교육은 교육을 받은 노동자, 회사 직원, 공직자

데이터로 당시 중국에 적어도 향촌 10만 개, 촌락 100만 개가 있었다고 한다.

130 「제2차 중국 교육연감 통계(第二次中國敎育年鑑統計)」에 의하면 1922년 중국에 국민학교와 소학교 17만 7,751개소, 중등학교 1, 096개소가 있었으며 1931년에는 초등학교와 국학교 25만 9, 863개소, 중등학교 3, 026개소가 있었다.

131 潘光旦,「說鄕土敎育」, 潘乃谷·潘乃和 編,『潘光旦文集』, 光明日報出版社, 1999, pp.371~378.

132 孔飛力,『中華帝國晚期的叛亂及其敵人』, p.238.

133 薩孟武,『中國社會問題之社會學的硏究』, 上海華通書局, 1929, p.130.

양성을 목표로 하는 것이므로 향촌사회에 있어서는 '허망하고 비현실적'이다. 신교육은 향촌 엘리트의 유출 추세를 가속화시켜 향촌의 인재를 망치거나 쫓아버린 셈이 되었다.[134] 불행하게도 중국 사회는 여전히 전자본주의 사회이고 중국의 생산조직은 수공업과 자연농업이므로 학교는 해마다 졸업생을 무더기로 배출하지만 이 졸업생들은 취직할 곳이 없었다. 이렇게 신교육은 '중국을 내란에 몰아넣은'[135] 원인으로 변했다.

'사회·경제·정치·교육·모든 분야에 생기가 없어 이미 절반은 죽어 있는 모습'[136]으로 전체 향촌은 전면적 위기에 빠졌다. "요컨대, 오늘날 전국 농촌은 전체가 파산하고 경제 기반이 모두 붕괴되었다."[137] 하지만 이러한 전면적 위기는 양극화 특징을 나타내는 대신 '보편적 빈곤화'의 기본추세를 보였다. 『익세보(益世報)』는 허난성 다밍현(大名縣) 어느 향촌의 지주 생활 실상을 기록했다.(표 6-6)[138]

134 費孝通, 「損蝕衝洗下的鄕土」, 『鄕土重建』, p.72, 『民國叢書』第3編 14, 上海書店, 1991年影印本. 潘光旦, 「忘本的教育」, 潘乃谷·潘乃和 編, 『潘光旦選集』第3集, pp.430~433. 梁漱溟, 「我心中的苦悶」, 鮑霽 主編, 『梁漱溟學術精華錄』, 北京師範學院出版社, 1988, pp.450~453.

135 薩孟武, 위의 책, p.131.

136 楊開道, 「我國農村生活衰落的原因和解救的方法」, 『東方雜誌』第24卷 第16期, 1927年 8月, p.5.

137 朱鏡宙, 「甘肅最近三年貿易槪況」, 『申報』, 1935年 5月 15日, 朱其華, 『中國農村經濟的透視』, 上海中國研究書店, 1936, p.64.

138 次凡, 「一個地主的家庭經濟」, 『益世報』, 1934年 6月 2日, 『農村周刊』第13期.

표 6-6 향촌 지주의 생활 실상

연도	소득	지출	비교	
			손	익
1928	655.40	1,275.04	619.64	
1929	699.90	929.92	230.02	
1930	1,281.54	1,275.93		5.61
1931	1,383.76	1,488.20	104.46	
1932	1,874.90	1,955.58	80.68	
1933	1,739.20	1,589.85		150.02
6년 합계	7,634.70	8,513.85	874.17	
매년 평균	1,272.45	1,418.97	146.52	

* 원래 표에서 1929년과 1930년의 '손익'을 바꾸어 적은 것을 이 표에서 정정했음.

이 10인 가구의 지주는 171~160무의 땅을 소유했으며 거의 부채경영 상태에 있다. 베이징 농상부의 조사에 의하면 1914~1918년 사이 감소한 농가가 1,564만 가구에 달해 1년에 평균 400만 가구가 감소, 경작지 면적은 2억 6,387만여 무 감소, 황무지는 4억 9,073만여 무 증가했다.[139]

'계급 분화' 즉 토지나 재부의 집중으로 나타나는 변화 추세로는 '농가 감소', '경작지 감소', '황무지 증가' 등 사실들을 효과적으로 설명

---

139 人民出版社 編, 『第一次國內革命戰爭時期的農民運動資料』, p.11.

하지 못한다. 경작지가 턱없이 부족한 국가에서 땅을 버리려는 자가 많고 토지에 투자하려는 자가 적으며, 토지 공급의 증가와 수요의 감소라는 슬픈 상황이 발생한 것은 당시 농업 위기의 심각성을 보여 준다.[140] 이러한 자료는 1930년을 전후한 중국 향촌이 심각한 '보편적 빈곤화'에 빠졌으며 더는 일반적 의미의 '양극화'가 아님을 말해준다. "전국의 모든 성(省)이 대붕괴라는 운명 속에서 허우적거린다. 괜찮은 성이 하나도 없다. 심지어 각 성에서 이러한 경중의 분계가 사라졌다."[141] 주치화의 1930년대 인구 경제 상황 관련 통계는 다른 시각으로 보충 설명될 수 있다(표 6-7).[142]

표 6-7 빈곤인구 분류표

유형	인구 수(명)	비율(%)
특수선	5,000,000	1.3
수평선	20,000,000	5.0
빈곤선	75,000,000	18.7
기아선	250,000,000	62.5
사망선	50,000,000	12.5
총 수	400,000,000	100

설명: 인구 4억 명으로 추산하면 경제상황을 다섯 유형으로 나눌 수 있음

---

140 王方中,「本世紀30年代(抗戰前)農村地價下跌問題初探」,『近代史研究』, 1993年 第3期, p.214.
141 朱其華,『中國農村經濟的透視』, 中國研究書店, 1936, pp.3~4, p.54.
142 위의 책, pp.3~4

당시 빈곤선 이하의 인구는 도시 인구를 포함해 93.7%나 되었다. 이는 아주 심각한 '보편적 빈곤화'의 모습이 아닐 수 없다.

향신 류다펑은 1920~1930년대 산시 진중 향촌의 '보편적 빈곤화'의 실상을 일기에 상세히 적었다. 류다펑은 진사(晉祠) 상회 책임자이자 지방명사였다. 하지만 "식솔이 매우 많아, 물가가 급등하면 늘 궁색하다. 종종 돈을 빌려 보릿고개를 넘었다."[143] 진중 일대의 많은 부유한 집들조차 이러한 비참한 운명을 벗어나기 어려웠다. 일기에서 리만좡에 대해 이렇게 적었다. "이 마을은 옛날 번화한 곳으로 부잣집이 즐비했다. …… 광서 연간부터 부자들이 점차 몰락하여 지금은 궁핍해졌으며 아무도 저택을 구매하려고 하지 않아 집을 허문 기와나 벽돌, 목재나 돌을 다른 촌으로 가져다 판다. 이렇게 1년 또 1년이 흘러 이미 7~8할을 허물었다. 촌락이 파괴되고 생활이 고달파서 차마 눈을 뜨고 볼 수가 없다."[144] "옛날 이 마을은 인구 2,000가구에, 부자가 많았다. 층집이 즐비하고 휘황찬란했다. …… 지금 크게 몰락하여 100여 가구밖에 남지 않았으며 대부분 빈곤하다. 누각이나 정자를 뜯어 팔아먹으면서 생계를 유지하는 자가 8~9할로 부자는 보이지 않는다."[145] "집집마다 한탄하지 않는 집이 없고 빈곤하지 않는 집이 없다."[146]

이렇게 전반적으로 몰락한 '처량한 모습'은 부잣집에서 더욱 많이 발생했다. "요즘 들어 …… 도망치는 농민들이 끊임없이 늘어나 황폐해진 토지가 해마다 많아진다. …… 전 성의 경제생활이 침체되고 이

제6장 1930년대 향촌 위기 및 그 구급책

---

143 劉大鵬, 앞의 글, pp.227~228.
144 위의 글, p.242.
145 위의 글, p.491.
146 위의 글, p.286.

미 가난한 농민들이 더 어려움에 처하고 있다."[147] 옌시산은 국민정부에 보내는 상신서(1935년)에 다음과 같이 적었다. "근년에 들어 산시성 농촌경제는 파산에 직면했다. …… 전체 마을 중 9할이 어렵고 전체 농민 중 9할이 가난하다."[148] 류다펑은 일기에서 향촌 몰락의 참상을 적고 있다. "'농가 파산'이란 네 글자는 요즘 새로 나타난 개념으로 농가가 몰락하여 재산이 남지 않는 다는 뜻이다. 이때에 백성의 궁핍은 극에 달하고 농업은 부진하여 살길이 막힌다. …… 파산하려고 해도 자산을 구매하는 사람이 없어 그 어려움은 극에 달한다."[149] '자산을 구매하는 사람이 없는' 현상은 더는 '양극화'가 보여주는 '재부 집중'이 아니라 전반적 몰락이다. 부유한 창장 이남에서도 지주의 몰락세가 매우 뚜렷했다. 예를 들면 우시에서 지주가 소유한 토지는 전성기인 가경 연간에 비해 3/10밖에 안 되며 전당포와 비단업은 거의 고사 직전이었다. 민국 16년 이후 더욱 급속히 쇠락하여 대지주라 해봤자 땅 900무를 소유하고 있을 따름이어서 청나라 전기 대지주들이 양답 3,000~4,000무씩 소유하던 데에 비하면 천양지차이다.[150] 전체적으로 몰락하는 '보편적 빈곤화'와 '양극화'는 분명히 다른 발전 추세를 보인다.[151]

여기서 20세기의 향촌 위기는 전통적인 향촌 위기와 다른바 그 원인은 한편으로 전통 사회모순의 진화와 축적에 기반하며 다른 한편으

향촌 위기의 변화 발전과 대책

---

147 馬松玲, 「敬告十年建設計劃諸君」, 『新農村』第6期, 1933年 11月, p.1.

148 山西省史志研究院 編, 『山西通史』第7卷, p.238.

149 劉大鵬, 앞의 글, p.477.

150 馮和法 編, 『中國農村經濟資料』, p.417.

151 王先明, 「二十世紀前期的山西鄉村雇工」, 『曆史研究』, 2006年 第5期, p.115.

로 산업화와 도시화 및 현대화의 진행에서 새로운 모순의 발생과 축적에 기반하여 생존 위기와 발전 위기의 이중 특징을 보여준다는 것을 알 수 있다. "우리나라 농민들의 생활고는 오늘에야 발생한 현상이 아니다. 최근 몇 년 동안 자본가와 상공업의 착취를 받고 내부 정치 혼란과 탐관오리의 압박에 시달려 몹시 위험한 지경에 이르렀다."[152] 농촌의 무질서한 혼란과 치안의 부재로 농민들은 생존을 위해 도적이 되거나 도시로 몰려들어 기형적인 '이농(離農, landflucht)' 현상을 초래하고 병적으로 발전한 대도시를 탄생시켰다.[153] "중국의 근대 100년사는 바로 농촌 파괴의 역사이다. 전반기에서는 근대 도시 문명의 길을 따라 서양을 배워 중국 농촌을 파괴했고 후반기에서는 서양의 반근대 도시 문명을 배워 중국 향촌을 파괴했다."[154] 20세기 이래의 향촌 위기는 도농 괴리화의 발전 추세와 함께 따라다니며 상호 의존했다.

4) 역사적 곤경 : 각각의 해결책

근대 이후의 향촌사회 충돌과 위기에 대처하기 위해 청나라도 일부 대응책을 내놓았다. 하지만 "청나라의 농촌 구제 조치를 보면 황무지 개간이나 재난 구호 외에도 이름뿐인 농업학교와 모범 시험공장을 운영한 것뿐이다. 농업 생산에 대한 이들 기관의 영향은 미미하며 인력

---

152 吳覺農,「中國的農民問題」,『東方雜志』第19卷16期, 1922年 8月 25日.
153 朱偰,「田賦附加稅之繁重與農村經濟之沒落」,『東方雜志』第30卷 第22期, 1933年 11月, pp.7~8.
154 古楳,「鄕村建設與鄕村教育之改造」,『東方雜志』第30卷 第22期, 1933年 10月, p.6.

부족과 자금난으로 인해 큰 발전이 없다. 농촌의 쇠락과 그로 인한 우매와 보수 때문에 신기술과 새 방법은 농촌에 전파될 수 없어 결과적으로 향촌의 발전에 도움이 되지 못한다. 또한 농민에 대한 정부의 착취는 더욱 심해졌다."[155]

상술했듯이 중국의 현대화 발전은 서구 문명의 시범과 영향 속에서, 그리고 청나라가 자신의 통치 위기를 타개하기 위해 가동한 것이므로 순조로운 현대화 진행의 각종 전제 조건이 결여될 수밖에 없었다. 향촌사회가 위기에 처했을 때 농민 스스로의 생존이 문제가 되어 자금, 시장 등의 측면에서 현대화 건설을 보장할 수 없었다. 이러한 곤경에서 농촌 발전 세력의 양성을 바탕으로 현대화를 건설하지 않는다면 '장래를 생각하지 않는' 위험에 빠지게 된다.

농민봉기를 진압한 청나라는 비록 양무를 골자로 하는 현대화 사업을 가동했지만 농촌 위기의 해결에서는 어찌할 방도가 없었다. 특히 신정 시기 대규모 현대화 사업과 제도를 추진할 때 향촌사회의 무질서한 상황은 신정을 유지하는 자금줄이 되었다. 이로써 농민들은 과중한 부담을 이기지 못했으며 발전 위기가 갈수록 심각해져 향촌 민중의 생존 위기로 바뀌었다. 이는 향촌사회의 지속적이고도 극심한 '민란'을 초래했다. 바로 이러한 농민 반란으로 청나라는 '바람 앞의 등불' 신세가 되어 멸망을 기다리고 있었다. 전국에서 여러 형태의 농민 반항이 없었더라면 자산계급의 힘만으로는 청나라 통치를 이처럼 신속하게 무너뜨릴 수 없다.

우창봉기 이후 쓰촨성은 '가로회(哥老會) 천지'여서 입헌당인들은

---

155 張福記,「鄕村危機與近代百年中國政治格局的嬗變」,『山東師大學報』, 1996年 第3期, p.19.

부득불 독립을 선포했으며 회당(會黨)이 일부 성의 지방정권을 잡았다. 레닌은 "군중의 혁명 정서가 팽배하지 않았다면 중국 민주파는 중국의 낡은 제도를 뒤엎을 수 없었을 것이고 공화 제도도 쟁취할 수 없었을 것이다."[156]라고 했다. 청나라 말엽의 수많은 정치사건은 일정 정도 향촌 위기와 관련된다. 태평천국운동과 같은 전통적인 향촌 위기에 직면하여 청나라는 효과적인 대책으로 대응해 성공을 거두었다. 하지만 신정 이후의 생존 위기 및 발전 위기의 이중 위기와 같은 근대적인 향촌 위기에 직면하여 청나라는 효과적인 대책을 내놓지 못해 결국 민란의 격랑 속에서 서서히 멸망했다.

신해혁명과 민국 수립이라는 역사 변동은 향촌사회의 모순과 충돌의 누적에 대해 방출의 기회를 제공했지만 문제 자체를 건드리지는 못했다. 심지어 청나라가 무너지자 민주정치는 실현되지 못하고 중국의 정치는 더욱 혼란스러워졌다. 사회 전반에 큰 혼란이 발생하여 수습할 길이 없었다.[157] 향촌사회의 모순과 충돌이 지속적으로 발전하여 1926년에 농민운동을 촉발시켰으며 결국 1930년대 향촌 위기의 대폭발로 이어졌다.

계속되는 향촌사회의 불안과 위기에 맞서 어떻게 위기를 타개하고 농촌사회의 생활 질서를 재편하며 끊이지 않는 향촌사회의 충돌을 해소할 수 있는가에 대한 당시 국민정부와 사회단체 및 공산당이 행한 대책과 조치는 각각 다르지만 크게 다음과 같이 분류할 수 있다.

첫째, 정부가 주도하는 사회기술 차원의 대책이다. 청나라 말기 이

---

156 列寧, 「中國的民族主義和民粹主義」, 『列寧選集』第2卷, 人民出版社, 2012, p.293.

157 王造時, 「中西接觸後社會上的變化」, 『東方雜志』第31卷 第2期, p.40.

후, 향촌 위기에 대한 보완책 강구는 쑨원 사상의 중요한 내용 중 하나로 부상했다. 쑨원은 주로 토지 소유권의 평균 분배와 농업 기술의 개량에 착수할 것을 제안했다. 1920년대, 난징으로 천도한 국민정부는 쑨원의 토지 소유권의 평균 분배와 농업 기술의 개량을 시행했다. 토지 소유권의 평균 분배는 저항이 극심하여 국민정부는 즉시 실행을 중지했다. 그리고 농업 기술의 개량에 큰 힘을 쏟았다. 1933~1937년, 국민정부는 중앙농업실험소(中央農業實驗所), 전국 벼와 밀 개량소(全國稻麥改良所), 중앙 면화 생산 개진소(中央棉産改進所)를 설립했다. 이러한 기구의 주요 업무는 미국 목화 수입, 밀과 벼의 품종 개량, 살충제와 화학비료 실험 등이었다. 하지만 항일전쟁이 발발하면서 중앙농업실험소만 남았다.

생존 위기와 발전 위기가 뒤엉킨 향촌사회의 위기에서 사회기술 차원의 대책은 향촌의 지속적인 향신–향민 충돌에 대한 실효성이 극히 제한적이었으며 지방 권력이 거두는 가혹한 세금에 대해서도 실질적으로 통제하지 못했다. 각종 잡세는 명목이 많고 지역마다 달라 중앙과 각 지방정부가 수차례 금지했다. 번잡함을 줄여 부담을 감소하고 폐해를 방지하려 했지만 모든 적폐를 청산하기 어려웠다. 지방 권력은 종종 교묘히 명목을 세워서 금지를 피하고 상부의 승인도 받지 않은 채 제멋대로 증세하고 사익을 도모한 결과, 세수가 많지 않으면서도 인민을 심하게 괴롭혔는바 농촌의 파탄과 상공업의 쇠락은 모두 이 때문이었다.[158]

둘째, 사회 세력이 주도한 향촌 사회–문화 재편 대책이다. 량수밍

---

158 陳明遠, 「廢除苛捐雜稅問題」, 『東方雜志』 第31卷 第14期, 1934年 1月, p.211.

은 중국 사회는 윤리와 직업에 중심을 둔 특수한 사회이며 근대 이후 중국과 서양의 문화 충돌로 인한 문화 불균형을 중국 쇠락의 가장 주요한 원인으로 간주했다. 서양 문화의 충격으로 중국 윤리 중심이 소실되면서 양호한 전통이 파괴되어 중국인들은 자신을 중시하고 윤리적 관계를 가벼이 여기며, 권리를 중시하고 의무를 가벼이 여기게 되었으며 개인과 사회를 중심으로 하는 상황이 모두 실패하여 죽도 밥도 아니게 된 상태에 빠졌다. 그렇다면 어떻게 중국의 쇠락 문제를 해결할 수 있는가? 량수밍은 '향촌 건설'에 희망을 걸면서 '향촌 건설'만이 농촌을 구하고 중국을 부흥시킨다고 여겼다. 1924년, 량수밍은 스스로의 깨달음을 통해 중국의 사회정치 문제를 진정으로 해결할 수 있는 방법을 찾았다고 공언하고 향촌 건설을 시도했다. 량수밍은 광둥성에서 '향치(鄕治)'를 발기하고 허난성에서 '촌치(村治)'를 시행했다. 1931년, 한푸쥐(韓複榘) 산둥성 주석의 지원을 받아 쩌우핑(鄒平)에서 7년간 '향촌 건설운동'을 전개했다.

이와 조금 다른 것은 허베이성 딩현(定縣)에서 시행한 옌양추(晏陽初)의 향촌 건설운동이다. 1923년 가을, 옌양추는 베이징에서 중화평민교육촉진회총회(中華平民教育促進會總會)를 설립하고 총간사 직을 맡았다. 사회조사를 통해 옌양추는 중국 농촌의 문제가 복잡하게 뒤엉켜 있지만 가장 근본적인 것은 '우매·빈곤·쇠약·이기적' 등 네 가지가 기본 문제임을 발견했다. 중국 사회를 전면적으로 개조하고 건설하려면 반드시 이 네 가지 문제를 극복해야 했다. 따라서 옌양추는 문예·생계·보건·공민 '4대 교육'과 학교·사회·가정 '3대 교육방식'을 제기하여 중국인들의 상술한 네 가지 고질을 고치려고 했다. 옌양추가 딩현에서 전개한 '평민 교육' 운동은 해내외에 깊은 영향을 주었다. 1943년, 코페르니쿠스 탄생 400년에 즈음하여 미국의 100여개소

대학교와 연구기구는 옌양추를 '현대세계에 가장 혁명적 기여를 한 10대 위인'의 한 명으로 선정했다. 여기서 옌양추는 대과학자인 아인슈타인과 어깨를 나란히 했다.

하지만 사회세력이 주도하는 향촌 건설운동은 시험적 성격을 지녀 시험구역이 제한적이고, 또한 지속적으로 발전하지 못하여 향촌 위기를 대처하는 전반적 대안이 되지 못했다. 결국 량수밍은 본인 역시 "향촌 건설이라고 불리지만 정권에 빌붙고, 향촌 운동이라고 불리지만 향촌은 움직이지 못한다."[159]라고 인정했다. 이에 대해 주치화는 "중국의 농촌경제 문제는 근본적인 사회제도의 문제로 결코 지엽적인 개량으로 해결할 수 있는 문제가 아니다."라고 평가했다. 따라서 딩현의 평민 교육 운동, 쩌우핑의 향촌 건설 운동, 장쑤성의 민중 교육 운동 및 옌시산의 '토지의 촌 공유화' 등은 '지주의 자구책'으로 간주할 수 있으며 근본적으로 이러한 자구책은 대세에 별 도움이 되지 않았다.[160]

셋째, 근거지에서 시행한 공산당의 토지혁명 정책이다. 공산당은 일련의 좌절을 겪으면서 혁명의 중심을 도시에서 농촌으로 옮기고, 혁명을 진행하면서 중국 농촌의 실제에 적합한 토지혁명 노선을 찾아내어 향촌 위기를 해결할 기틀을 마련했다. 항일전쟁에서 반봉건적인 민주혁명과 일본제국주의 침략에 저항하는 민족혁명을 긴밀히 결합시켜 '5.4 지시'를 반포했고 지주의 토지를 몰수하여 농민에게 돌려주는 모든 정책을 적시에 '감조감식'으로 바꾸었다. 이로써 당시 상황에서 최대한 향촌 위기를 완화하고 광범위한 인민들의 적극성을 동원했다. "농민이 소유한 토지가 충분치 않다는 것은 사실이지만 자신의 토지가

159　梁漱溟,『鄕村建設理論·附錄』, 鄒平鄕村書店, 1937, p.1.

160　朱其華,『中國農村經濟的透視』, 中國研究書店, 1936, p.664.

있고 농민들이 더 이상 토지임대료를 낼 필요가 없게 되자 그들의 빈 곤은 즉시 완화되었다. …… 토지 문제를 단단히 잡고 있는 정부는 제 국주의와 자국의 혼란을 걱정할 필요가 없으며 그것은 50만개 마을의 신뢰와 만족을 얻을 것이다."[161] 또한 공산당은 향촌 기층 정권을 철저히 개조하고 재편함으로써 지방 권력과 향민(향신-향민)의 모순과 충돌의 직접적 원인을 거의 제거했다. 이로써 농민들의 강력한 지지를 받은 공산당은 민족 독립과 사회 진보를 이루어낼 수 있는 현실적인 힘을 갖게 되었고 좌절 속에서 발전하고 성장해 종국적으로 중국 혁명을 승리로 이끌었다.

그러나 향촌의 생존 위기가 완화된다고 해서 발전 위기가 해결되는 것은 아니다. 더 깊은 위기가 혁명의 과정에서 잠시 가려졌을 뿐이다.

20세기 전기의 향촌사회는 무질서하고 충돌이 지속되었는바 그 발생 원인은 전통 시대의 '토지의 집중으로 인한 양극화, 정치의 부패로 인한 민중의 원망이 들끓는' 순환법칙을 넘어 생존 위기와 발전 위기라는 이중 특징을 형성했다. 전통적 사회모순이 빚어낸 생존 위기와는 별도로 산업화, 현대화, 도시화의 발전으로 인한 농촌 박탈이 낳은 새로운 모순이 바로 발전 위기이다. 현대화 과정에서 상공업 중심지이자 정치 중심지가 되어버린 근대 도시는 향촌에 비해 절대적 우위를 가지게 되어 향촌 인력의 유동을 초래했다. "농촌에서 비교적 재능이 있는 자는 끊임없이 도시로 들어가고 타현의 자는 성 소재지로, 타성의 자는 수도와 대도시로 들어간다."[162] 또한 이러한 유동은 갈수록 일방적

---

161 陳翰生, 「中國的土地改革」, 『陳翰笙文集』, 商務印書館, 1999, p.332.
162 潘光旦, 「說鄕土敎育」, 潘乃谷・潘乃和 編, 『潘光旦文集』, 光明日報出版社, 1999, pp.371~378.

이동으로 변했다.[163]

이러한 '산업문명의 산물'인 신교육은 향촌사회에 있어서 '허망하고 비현실적'이다. 신교육은 향촌 엘리트의 유출 추세를 가속화시켜 향촌의 인재를 망치거나 좇아버린 셈이 되었다.[164] 문제는 이런 역사적 과정이 사실 오래되었고 그 역사적 축적은 1930년대에 이르러서야 여러 요인의 작용에 의해 돌발적으로 일어났다는 점이다. 이는 근본적으로 농촌과 농업, 농민의 지위가 급하락하도록 결정하는 시대적 요인이다. "중국은 고대부터 사(士)와 농업을 중시하고 상공업을 천시했다. 그러므로 농민의 지위는 높았으며 농민도 생활에 대해 매우 만족해했다. 그렇지만 근래에 이르러 상공업이 갈수록 발전하여 상공업의 지위가 점차 격상되었다. 예전의 수공업자가 지금은 기술자나 제작자로, 예전의 거간꾼이 지금은 상업자본가가 되었다. 하지만 농민들은 어떤가? 그들의 생활은 하루하루 못해지고 지위는 하루하루 낮아져 다른 계층의 압박을 받고 비웃음을 사고 있다."[165]

농촌의 사회불안과 농업 곤경을 유발한 직접적 원인인 지방 할당도 현대화 과정과 함께 심화되었다. "요즘 수년래 신정이 하도 많아 필요한 비용도 많다. …… 지방 할당을 성에 보고할 필요가 없으며 법령의 제한을 받지도 않는다. …… 그리고 아무런 제한도 없다. …… 지방

향촌 위기의 변화 발전과 대책

---

163 孔飛力, 『中華帝國晩期的叛亂及其敵人』, p.238.

164 費孝通, 「損蝕衝洗下的鄕土」, 『鄕土重建』, p.72, 『民國叢書』第3編 14, 上海書店, 1991年 影印本. 潘光旦, 「忘本的敎育」, 潘乃谷·潘乃和 編, 『潘光旦選集』第3集, pp.430~433. 梁漱溟, 「我心中的苦悶」, 鮑霽 主編, 『梁漱溟學術精華錄』, 北京師範學院出版社, 1988, pp.450~453.

165 楊開道, 「我國農村生活衰落的原因和解救的方法」, 『東方雜志』第24卷 第16期, 1927年 8月, pp.5~6.

의 나쁜 관리들은 마음대로 할당하고 사익을 도모한다. …… 각종 '신정' 비용은 대부분 인민에게서 뜯어낸다."[166] 특히 가렴잡세는 대부분 지방 기관에서 징수하는 지방세이며 토호열신들이 향민에게서 뜯어내는 것도 있었다.[167] 신정을 명목으로 한 각종 세금은 모두 농민들의 부담으로 변해 근본적으로 농민들의 생존 상황을 위협했다. 도농 괴리화의 각종 부작용이 향촌사회에 미치는 영향이 지대했는데 도시와 농촌의 땅값 차이만 보아도 그러했다. 국민당의 집정이 10년이 흘렀고「토지법」반포도 5년이 되어갈 때 "토지투기가 도처에서 행해져 불로소득으로 토지 가치의 증가를 얻는다. 세금을 한 푼도 내지 않는 3,000원짜리 헌집의 월세가 월 40~50원으로 2푼 이상의 이자를 받는 셈이다. …… 난징의 업주들은 지난 5년, 1무의 땅만 소유해도 불로소득으로 평균 2,100원을 벌 수 있다. 10무의 땅을 소유하면 21,000원을 벌수 있다." 도시와 농촌의 땅값 차이는 매우 심했다. "난징 신제커우(新街口) 땅값은 하루가 빠르게 뛰었다. 민국 16년에 비해 민국 21년에는이미 2,307% 상승했으니 23배 오른 셈이다."[168] 민국 5년에 비해 민국19년의 상하이 땅값은 2배 올랐다.[169] 그러나 향촌의 땅값은 지속적으로 하락했다. 민국 22년, 난징 탕산(湯山)의 땅값이 급락했는데 그 원인은 전답의 수익이 너무 낮은 것과 도시의 이윤이 비교적 높은 것에 있

---

166 程樹棠,「日趨嚴重的農村攤款問題」,『東方雜志』第32卷 第24期, 1935年
      12月, p.54.
167 中國國民黨浙江省黨部 編,『(民國十六年以前的)國內農人運動狀況』, p.9.
168 朱偰,「土地村公有乎實行增值稅乎?」,『東方雜志』第32卷 第21期, 1935年
      12月, p.22, p.23, p.26.
169 王樹槐,「江蘇省的田價」,『近代中國農村經濟史論文集』, 中央研究院近代
      史研究所, 1989, p.200.

었다. 이는 전답 가격 폭락이 농촌 경제의 쇠퇴뿐 아니라 그 지역의 산업화와 도시화의 정도가 높다는 것을 보여준다.[170] 따라서 농촌 상황이 예전에 비해 큰 변화가 있었다. "지금은 어떤가? 도시 근처를 제외하면 대부분 빈농이다. 그들은 변변치 못한 나물 반찬이라도 먹으면서 생계를 유지하려는 생각밖에 없다. 그들이 더욱 큰 꿈을 꾸지 않는 것이 아니라 그들은 아예 가능성이 없다."[171] 바로 이러한 발전 위기와 생존 위기의 상호 전환과 영향은 심층적으로 향촌 위기를 더욱 가중시키고 지속적으로 확대시키는 결과를 낳았다. 그러나 이런 측면은 관심을 끌지 못했다.

또한 청나라 말엽부터 민국 시기까지 전통적인 황족-국가가 붕괴된 후 근대적인 민족-국가 권위가 시종 재편 과정에 있었으므로 향촌 사회에 대한 국가 권위의 조정과 통제는 기본적으로 부재 상태였다. 이는 향촌사회 질서의 재건을 위한 비용을 가중시키고 마을의 위기를 해소하는 과정을 지연시켰다. 난징 국민정부는 형식적으로 국가의 통일을 완성했지만 30여 년래 군비와 채무비용이 총지출의 7할 이상을 차지했으며 각 성의 군비는 통계에 넣지 않은 상황이었다.[172] 이는 국가 권위가 사회적 인정을 받지 못했음을 말해준다. 따라서 "현재 중국 사회가 직면한 전반적 생존 문제는 30년 전(1901년)에 비해 더욱 급박하고 심각하다."[173]고 하는 것이다.

---

170 위의 글, p.202.

171 黃主一, 「川北農民現況之一斑」, 『東方雜志』 第24卷 第16期, 1927年 8月, p.36.

172 千家駒, 「最近三十年的中國財政」, 『東方雜志』 第31卷 第1期, 1934年 1月, p.123.

173 許滌新, 「農村破産中底農民生計問題」, 『東方雜志』 第32卷 第1期, 1935年

심지어 농민의 생존에 지대한 영향을 미치는 부가세 문제에서도 국민정부는 여전히 힘이 모자라 뜻대로 되지 않았다. "민국 원년, 부가세가 3%를 초과할 수 없는 제한을 두었고 민국 17년 10월, 국민정부는 토지세 부과금 징수를 제한하는 8개 조항의 법을 반포한 적이 있다. …… 그러나 유감스럽게도 이 명령은 휴지조각에 지나지 않았다. 오히려 더욱 심해져 거의 해마다 세금 명목을 한 두 개 더 늘렸다."[174] 현대적인 정부 기구의 설립과 운영은 사실상 농촌에서 자원을 끌어모으는 강도를 높였다고 할 수 있다. 해마다 농촌에서 징수하는 세금 비중은 도시에서 징수하는 세금보다 훨씬 많다. 그렇지만 이 세금은 거의 대부분 도시에 사용된다. 여기서 향신-은행가-상인 집단이 세수 부담을 빈곤한 농민들에게 전가시킨 방법을 보아낼 수 있다.[175]

도농 괴리화 과정의 뚜렷한 결과는 '세금징수로 활로를 찾는' 정부이다. 자체의 재정 파산 위기를 향촌 위기에 전가했는바 "단지 한 가지 세금이나 병역만으로도 농촌 파탄을 가속화할 수 있다. 중국에서 그 어느 성(省)에서도 병역을 면제해 주지 않는다. 지난 10년 동안 중국 전역의 절반이 넘는 현에 병역 할당이 있었는데 특히 황하 유역이 더욱 보편적이었다. …… 증세의 영향은 소용돌이처럼 확산되었다. 그것은 지세를 증가시켰다. 지난 10년 중국에서 흉년과 전란이 없는 성의 소작농들이 내는 지세가 50~100% 증가했다."[176] 따라서 부담을 못 이

1月, p.56.

174 徐羽水,「中國田賦之一考察」,『東方雜志』第31卷 第10期, 1934年 5月, p.57.

175 陳翰笙,「揭開幕布的中國政治鬧劇(1932年 1月 13日~7月 9日)」,『陳翰笙文集』, p.144.

176 陳翰笙,「國民黨統治下的中國農民(1928年)」, 위의 책, p.182.

긴 농민들은 땅을 버리고 도망쳤다. "넓은 경작지가 최근에 황무지로 변했고 철도와 인접한 쑤이위안성 성도 우촨현의 제7구에서는 1932년에 29,000무의 땅이 황폐해졌다. 산시성 성도 남부의 전체 경작지 중 현재 10~18%가 경작되지 않는다. 중국 농업은 확실히 불황이다."[177]

그렇지만 사회세력의 향촌 구제 조치는 대부분 근본적 문제를 해결하지 않고 지엽적인 문제만을 해결하는 방법을 채택하여 농민을 구제하기는커녕 오히려 농민의 고통을 가중시키기만 했다.[178] 따라서 비록 '신농촌 건설 운동의 흥기'로 한때 각지에 흥기하던 농촌운동 조직과 기관이 37개(1932년)[179]에 달했으나 시험 성격을 지닌 것으로 결국 별 소용이 없는 노릇이 되었다.

향촌 위기의 변화 발전과 대책

5) 역사적 성찰

요컨대 당시 각종 대책은 효과가 제한적이고 일시적 어려움의 해소에 주력해 근본적인 계획을 세우지 못했다. 역사는 물론 되풀이되어서는 안 되지만 그것이 응집한 역사적 경험과 교훈은 미래를 분명하게 보여준다.

첫째, 농민들을 자주 발전의 궤도에 올려놓지 않고 소극적 의존에 머물게 했다. 각 정치 당파와 집단은 대부분 현대화 발전과의 대립이

---

177 위의 글, p.184.

178 許滌新, 「農村破産中底農民生計問題」, 『東方雜志』 第32卷 第1期, 1935年 1月, p.56.

179 邵元衝, 「三十年來中國社會建設之演進」, 『東方雜志』 第31卷 第1期, 1934年 1月, p.32.

나 낙후한 입장에서 농민을 자리매김하여 '빈곤 · 쇠약 · 우매 · 병적'
으로 보거나 '개조'나 '해방'의 대상으로 보면서 사회 발전의 주체로
삼은 적이 없었다. 하향식 강제 추진 모형을 구축하는 한편, 농민들의
강한 의존적 특성을 형성시켜 자주적 발전 노력을 포기하도록 했다.

둘째, 농민은 엄청난 창의력과 함께 현존하는 상태를 개조하고 자
신의 삶을 발전시킬 수 있는 능력과 욕구를 가지고 있다. 국가와 정당,
사회단체를 막론하고 농민의 적극적인 역할을 충분히 발휘하지 못하
고 농민과 지방 권력의 모순, 충돌을 적절히 조정하여 규범화된 사회
질서로 이끌지 못하면 사회적 위기가 불가피하다. 더욱 중요한 것은
국가나 권력 주체들이 개인적인 이익에 대한 끝없는 호소에 직접 직면
하면 도처에서 '구제'해야 하는 수고로움을 견디지 못하여 다시 곤경
에 빠질 것이다. 사회의 발전에 있어서, 특히 지역이 넓고 마을이 분산
된 향촌사회에서는 사회 세력에 더 많이 의존해야 한다. 국가는 사회
와 개인, 사회와 사회 이익의 충돌에서 중재와 최종 결단의 역할만 해
야 하며 사회 자체에 능동적으로 직접 개입해서는 안 된다. 그렇지 않
으면 사회 이익과 그 충돌이 완충될 공간과 기회를 잃게 된다.

셋째, 전통적 사회 메커니즘 부재 이후, 새로운 사회 메커니즘을 구
축하지 못했다. 중국의 농민은 엄밀한 조직이 없을 뿐더러 나날이 붕
괴되는 추세에 있다.[180] '사회조직'이 부족한 향촌이나 농민은 발전하
는 '합력'을 형성하지도 못한 채, 발전의 방향성을 잃고 있다. 수많은
농민들은 무수한 이익 요구를 할 것이나 국가는 모든 농민을 직접 대
면할 능력이 없다. 건전한 향촌사회가 없다면 국가의 통치 비용은 배

---

180 鄒秉文, 「解決中國農村問題之途徑」, 『東方雜志』第32卷 第1期, 1935年 1
月, p.16.

가 되거나 무한할 것이다.

공산당이 시행한 토지 정책은 농민의 생존 위기 구제에 어느 정도 도움이 되었다. 당시 중국에서 생존 위기에 처한 농민들에게 가장 필요한 것은 자기만의 토지를 얻는 것이므로 이로써 농민들의 생산적극성을 동원했다. 하지만 토지의 재분배가 농촌 문제의 전부인 생존 위기와 발전 위기를 특징으로 하는 근대 향촌 위기를 해결할 수는 없었다. 토지 소유자도 파탄에 직면하여 생존의 위협을 느꼈다. 전반 민국 시기 "'농가 파산'이란 네 글자는 요즘 새로 나타난 개념이다. 농가의 쇠퇴로 어쩔 수 없이 그 가산을 지킬 수밖에 없다."[181] 그러나 긴 안목으로 보면 '농가 파산'이든 '농촌 위기'든, 향촌사회 계급분화의 산물이 아니라 사회의 '보편적 빈곤화'의 추세에 따른 산물이다. "중국 농촌에서는 특별히 가난하거나 부유할 일도 없고 자연히 격차가 큰 계급도 없으며 농민계급도 고착화되지 않았다. 먹고살 만하던 농가가 며칠 후에 망하거나, 빈털터리 빈농이 수년 뒤에 중농이나 부농이 되는 것은 중국 농촌에서 흔히 볼 수 있는 일이었다."[182] 예를 들면 산시성 타이구현 베이바오촌은 60년 전에 1,300가구, 36개의 크고 작은 가게가 있었는데 일부는 기와집이고 나머지 대부분은 층집이었다. 그러나 지금(1935년)은 폐허뿐이며 60여 가구밖에 남지 않았다.[183] 60년 사이 향촌의 성쇠가 이처럼 천양지차이다. 이는 향신 류다펑이 본 것과 같다. "지금 리만좡이 크게 쇠락하여 200여 가구밖에 남지 않았으며 대부분

181 劉大鵬, 앞의 글, p.477.
182 顧詩靈 編, 『中國的貧窮與農民問題』, 群衆圖書公司上海－南京分店, p.108.
183 蔭萱, 「山西中路農村底現階段」, 『中國農村』第2卷 第11期, 1936年, p.74.

빈곤하다. 누각이나 정자를 뜯어 팔아먹으면서 생계를 유지하는 자가 8~9할로 부자는 보이지 않는다. 어제 길을 나서 보니 모두 처량한 모습뿐이다."[184] 딩원짜오(丁文藻)는 쑤위안의 농촌 상황을 이렇게 묘사했다. "도처에서 처자식을 팔고 황폐하지 않은 곳이 없다. 농민의 눈물이 채 마르기도 전에 경제적으로 파산했다. …… 예전에 번화하던 큰 마을로 500가구도 더 살았지만 지금은 40~50가구 밖에 남지 않은 작은 마을로 변했다. 예전에 50가구도 안 되던 작은 마을은 가옥이 무너져 폐허가 되어 있어 역사 유적지로 남아 있다. …… 예전에 비단을 두르던 부자는 지금은 겨우 빈민 꼴을 하고 예전에 혼자 힘으로 먹고 살던 자경농은 지금은 송곳 꽂을 땅조차 없어 오늘 먹으면 내일 끼니를 걱정해야 하는 기민으로 변했다."[185] 이러한 생존 위기와 발전 위기가 뒤엉킨 향촌 위기를 '토지 평균 분배' 정책에만 의존해서는 안 된다. 현재 중국의 현대화 과정에서 다시 나타난 '삼농문제(三農問題, 농업 · 농촌 · 농민문제를 가리킴)' 역시 이 문제의 시대 특징을 말해준다.

20세기 전기 향촌사회 이익의 분화, 모순과 충돌의 역사적 과정은 우리들에게 깊은 역사 성찰을 요구한다. 역사는 중국 문제의 핵심은 농민문제라고 경고하고 있다. "중국 역사에서의 모든 사회 혼란과 왕조 교체는 모두 농민의 생활이 불안정해져 일어난 것이다. 중국 혁명의 직접적인 참가자는 언제나 농민이다."[186] 농민 문제의 핵심은 토지 문제이고 토지 문제의 복잡성과 그에 따른 이익 분화 문제는 간단한

---

184 顧詩靈 編, 『中國的貧窮與農民問題』, p.492.
185 邰爽秋等合選, 敎育參考資料選輯第三種 『鄕村敎育之理論與實際』, 敎育編譯館, 1935, p.4.
186 『農民問題與中國之將來』, 『東方雜志』第24卷 第16期, 1927年 8月, p.1.

'토지 평균 분배' 문제가 아니다. "농민 문제는 바로 중국의 수수께끼로 이 수수께끼의 답을 찾으면 중국의 장래도 거의 결정될 수 있다."[187] 이 말을 반드시 기억하기 바란다.

---

187 위의 글, 같은 곳.

3

20세기 초기 농업입국론의 형성

20세기 초기의 복잡하고 첨예한 사회 갈등은 이미 도농 이익 분화로 형성된 구조 충돌을 내포하고 있었다. 중국의 향촌사회 문제도 사회적 관심의 초점이 되기까지는 아직 시간이 걸릴 것으로 보인다. 흔히 사상적 사회는 항상 생활적 사회에 뒤처지기 마련이다. 사회문제나 사회 갈등이 충분히 표출되기 전까지는 사회사상의 관심사가 여기에 집중되지 않는다. 그러나 우리는 여전히 한정된 장에서나마 시대적 특징을 지닌 중국의 향촌 건설 이론 인식의 발단과 태동을 살펴볼 수 있다.

세기 초의 중국은 여전히 '수천 년 미증유의 대변국'의 변동 속에 처해 있었는바 서양의 개항 통상 정책의 강력한 충격과 중국의 식견 있는 사람들의 '상업으로 상업을 상대하는' 사상의 추동으로 중국의 전통적인 '중농억상(重農抑商)' 정책은 결국 '중상(重商)' 정책에 의해 대체되었다. 근대 중국 사조의 격동 속에서 중상주의와 중국 전통의 중농사상은 충돌했으며 이로써 수십 년간 지속되는 '상공업입국'과 '농업입국'의 논쟁으로 번졌다. 비록 논쟁 쌍방은 전면적이고 체계적인 이론 저서가 없지만 우리는 『신보』·『대공보』·『동방잡지』 등 간행물을 통해 그 요점을 훑어볼 수 있다. 오랜 기간 지속된 사상 논쟁에서 농업 문제를 중심으로 한 향촌 발전 이론의 탐구는 매우 중요한 논제로 자리 잡았고 이는 전반 20세기 중국 향촌사회 이론 문제 연구의 기원으로 부상했다.

1) 농정 정비와 농학 흥기

청나라 말기 중상주의 사조의 흥기로 중국의 전통적인 중농주의 국책이 충격을 받았다. 또한 상부(商部)의 설립과 상회의 흥성으로 사회 발전의 중심축과 국책이 '상공업'으로 쏠렸다. 따라서 농업 발전을 중시하고 농업을 근본으로 강조하는 것은 20세기 초기 중국 향촌 문제에 관심을 기울였던 식견 있는 사람들의 논리적 사고로 자리 잡았다. 물론 사상이나 이론의 가치는 시류 부합 여부를 유일한 평가 기준으로 삼지 않는다. 잠재하는 장기적인 학문지향성과 이론의 유도성이야말로 시사하는 바가 큰 사회적 자산이다. 이에 대해서는 역사적 안목과 탁견이 필요하다.

1901년, 장지동 등은 조정에 상소문을 올렸다. "중국은 농업을 나라의 근본으로 삼아야 합니다. 중국은 땅이 넓고 기후가 따뜻하여 농사를 짓는 것이 유럽보다 훨씬 적합합니다. 그러므로 중국인들은 천하의 큰 이로움은 반드시 농업을 근본으로 한다고 말합니다. 백성과 나라가 풍족해지는 길은 토산품을 많이 생산하는 것입니다. 농사를 근본으로 하지 않으면 공장에는 원자재가 없고 상업은 운송할 물건이 없게 됩니다."[1] 1902년, 호북순무 등은 "농업과 양잠업은 정치를 바르게 하는 수단이고 입고 먹는 것은 백성을 키우는 도구이다."[2] "농업과 양잠업은 정치를 바르게 하는 근본이고 입고 먹는 것은 백성을 키우는 도구이다."[3]라고 강조했다. 1904년, 『신보』에 게재된 「양잠 흥리설(廣蠶桑以興利說)」에서 저자는 "중국은 토지가 비옥하고 기후가 따뜻하여 자고로 농업을 나라의 근본으로 삼았다. 백성과 민간의 모든 일용품은 어느 하나가 농업에 의지하지 않는 것이 없다."[4]라고 하면서 '누에를 많이 쳐 흥리할 것'을 주장했다. 1906년, 「미국의 중농주의」 역자는 "중국은 농업국인데 사대부의 의론이 상공업에만 치중하여 그 근본을 잃었다. 말하자면 한 나라의 사람은 자국의 지리를 알아야 한다. 중국은 대륙국가로 농업을 근본으로 삼아야 한다. 미국과 비교해야지 영국이나 일본 따위의 섬나라와 비교해서는 안 된다. 어찌 다른 나라가 부럽다하여 껍데기만 베껴오겠는가?"[5]고 했다. 1907년, 즈리성 농회장은 어느 연설에서 중국에서 농업의 중요한 위상을 재차 강조했다. "우리나라가 경자년에 거액의 손실을 본 후 세인들은 실업을 중시했다. 그러나 보완책이 조금 늦어 도로와 광산의 권리를 잃어 다시 회수할 수 없고 상공업은 급작스럽게 흥성할 수 있는 것이 아니며 농업만이 우리

1 「江楚兩制軍條陳農政折」,『農學報』第162期,『中國早期農學期刊彙編』第7册, 全國圖書文獻縮微複制中心, 2009, p.673.

2 「湖北巡撫端中丞飭地方整頓農務劄」,『農學報』第188期,『中國早期農學期刊彙編』第10册, 全國圖書文獻縮微複制中心, 2009, p.11.

3 「安陸府鍾祥縣知縣徐嘉禾稟」,『農學報』第188期, 위의 책, p.15.

4 「廣蠶桑以興利說」,『申報』, 1904年 8月 17日.

5 「美國之重農主義」,『萬國公報』, 1906年 第208期, p.61.

고유의 것으로 내정이 완벽하다. 경제학 이론에 따르면 토지가 넓으면 품삯이 줄어든다."[6] 중화민국이 수립되자마자 천진타오(陳錦濤) 재정부장은 상신서에서 농림업이 국가의 강성에서 차지하는 중요한 지위를 천명했다. "저는 나라를 다스리는 도는 백성을 근본으로 삼고 백성을 기르는 것을 법으로 삼으며 식량을 하늘로 삼아야 한다고 생각합니다. 동서고금을 막론하고 모든 것을 두루 살펴보니 국세의 강약과 상업의 성쇠는 농업의 흥폐를 기준으로 삼습니다. 이것은 옛날부터 유교에서 먹을 것이 넉넉해야 한다는 것이며 열강들은 나라를 부유하게 하기 전에 먼저 농림업을 중시했습니다."[7]

중국의 농업 개량과 발전에 주목한 식견 있는 사람들은 농업의 중요성을 단지 업연에 국한시키지 않고 어떻게 농업의 기초 지위를 발휘할 것인가를 이론적으로 탐구했다. 농업을 발전시키고 농촌을 진흥하려면 모든 힘을 다하여 빈곤을 구제하고 농정을 정비해야 한다. 일찍 1901년, 뤄전위(羅振玉)는 농업 주관 관리 설치, 농사 점검, 황무지 개간 장려, 임업·목축업·수산업·제조업 흥기, 박람회 개최 등 '농정 요령의 9대 항목'을 제기했다.[8] 그해 장지동 등은 "오늘날 부유해지려면 먼저 농정을 정비해야 한다."[9]라고 강조했다. 1912년 「농업촉진회 발기문(農業促進會緣起)」에서 "광둥성에서 사서를 조사하여 천하를 관찰하니, 농정을 정비하지 않고 상공업이 발전하거나 국가와 민족이 강

6 「直隷農會會長增方伯演說稿」, 『大公報』, 1907年 5月 15日.

7 「財政部長陳錦濤呈請籌設興農殖邊銀行文」, 『申報』, 1912年 3月 13日.

8 羅振玉, 「農政條陳」, 『農學報』 第162期, 『中國早期農學期刊彙編』 第7冊, pp.125~128.

9 「江楚兩制軍條陳農政折」, 『農學報』 第162期, 위의 책, p.673.

성한 반열에 들어서는 경우가 없었다."[10]고 했다. 농정을 정비하려면 대량의 농업 인재를 양성해야 한다. 따라서 농학 흥기 역시 필수적이다. 장지동 등이 상소문에서 말했듯이 농정을 정비하려면 먼저 농학을 흥기시켜야 한다.[11] 「흥농학의(興農學議)」에서도 "고로 오늘날 중국은 서양의 방법을 행하기 위해 서학을 근본으로 하는데 농학 흥기는 특히 중국의 근본 중의 근본이다."라고 하면서 학당 설립을 농학 흥기의 요점 중 하나로 삼았다.[12] "난피(南皮) 출신인 장지동 총독이 후베이에 학당을 개설했다고 들었다. …… 정부가 장총독의 마음을 받아들여 각 성에 모방할 것을 명령했다. 중국은 비록 가난하고 약하지만 부강으로 나아가는 길은 여기에 있다." 또한 뤄전위 역시 "백 가지 사업은 모두 학문에 기초하고 있는데 중국 농학은 잃은 지 오래 되었으므로 학당을 많이 세워서 그것을 길러야 한다."[13]고 했다.

또한 농회 설립 역시 식견 있는 사람들이 문제를 생각하는 하나의 착안점이다. 예를 들면 1903년 거인 허우뎬잉(侯殿英)은 상부(商部)의 상소문에 의거하여 "나라는 백성을 근본으로 삼고 백성은 식량을 하늘로 삼는다. 농회 설립은 가장 중요한 일이다."라고 제기했다. 그리고 「산동 농회 시범 장정(山東農會試辦章程)」 32조를 기초했는데 그 목적은 여전히 농업을 부국강병의 근본으로 삼으려고 한 것이다. "농회의 취지는 민지를 계발하고 백성의 힘을 모으며 백성과 소통하여 농사를

10 「農業促進會緣起」, 『實業雜志』 第2期, 1912年 7月, p.5.
11 「江楚兩制軍條陳農政折」, 『農學報』 第162期, 『中國早期農學期刊彙編』 第7冊, p.673.
12 「興農學議」, 『申報』, 1901年 2月 10日.
13 羅振玉, 앞의 글, p.126.

진흥시켜 부국강병의 근본을 마련하는 것이다."[14]

농업 문제를 둘러싼 이론적 사고 외에, 당시 사람들은 기타 향촌 문제에 대해서도 어느 정도 이론적 사고를 가졌다. 예를 들면 전문적으로 향관(鄕官) 설치 문제를 토론한 글이 있다. "그렇다면 어찌하겠는가? 그것은 오직 옛날의 향관 제도를 그대로 유지하는 것일 뿐이다. 그 방법으로 한 읍의 땅을 성(城)과 향 둘로 나눈다. 향의 무리는 농사를 짓는다. 오늘 농업 관리 설치를 논의했다. 도랑을 준설하고 밭을 파헤쳐 조사하며 나무를 심고 가축을 기르며 누에를 치고 뽕나무를 심는 것을 널리 보급하며 채소와 과일을 중시해야 한다. 각각 그 토질에 부합되고 인정에 필요한 것을 권하고 감독해야 한다."[15]

구체적인 농사 개량을 넘어 진정으로 시대적 높이에서 이론적 문제를 제기할 수 있는 논설은 흔치 않아 '농전시대(農戰時代)'설이 나오는 것은 예사롭지 않은 의미와 가치를 지닌다. 「중국의 급선무는 농전설(中國當務農戰說)」의 저자는 "중국은 유신변법 이후 변법으로 강성을 꾀하고 진력하여 중국의 장래를 위한 전기를 마련하려고 애썼지만 각 사람들이 주장하는 정책이 일치하지 않다. 학당을 널리 설립해야 한다는 말도 있고 도로를 부설하고 광산을 경영해야 한다는 말도 있으며 군정을 추구해야 한다는 말도, 상공업을 중시해야 한다는 말도 있다. 네 가지 중에서 상공업을 우선시해야지만 급선무는 중농(重農)이다. …… 지금의 계획은 농업부를 설립하여 전문 농사를 관리하는 것뿐이다. 유럽은 상공업으로 중국을 이겼다. 중국이 농업으로 유럽을 이기

---

14 「曲阜縣擧人侯殿英上撫帥請廣興農務禀」,『農學報』第263期,『中國早期農學期刊彙編』第14冊, pp.4~5.

15 「設鄕官議」,『申報』, 1902年 1月 10日.

려는 것은 지극히 중요한 계획이자 바른 도리이다."[16]고 했다. 양무운동 이후, 이미 사회적 공감대가 형성된 '상전시대(商戰時代)'을 보면 이는 발전 방향을 거스른 논의로 비록 당시 여론의 공감을 얻지는 못했지만 '농업' 문제를 '시대관'의 높이로 끌어올린 것은 탁월한 식견을 보여준다.

1920년대 중국 농촌 발전의 이론적 사고를 종합해 보면 구체적인 농업 문제를 둘러싸고 논의했으며 시대적인 높이와 발전에 입각한 식견이 있는 논의는 적었다. 이 국면은 이후 농촌 문제가 부각되면서 달라졌다.

2) '농업 · 상공업 중시' 설

20세기 초, 농촌사회의 발전이론 문제에 관한 토론은 청나라 말기 '중상주의' 사조와 전통 '중농' 사조가 서로 얽혀 있는 배경에서 이루어졌다. 1901년 초 「자강설(自强說)」[17]이 발표되어서부터 1911년 청나라 멸망까지 10년 사이 신문·간행물에 실린 글이 점차 많아졌는데 그

---

16 「中國當務農戰說」, 『大公報』, 1905年 3月 28日.

17 「자강설」은 1901년 1월 1일자 『신보』에 실렸다. 저자는 "자강하려면 반드시 먼저 부를 구해야 하고 부를 구하는 방법은 재정 관리를 으뜸으로 삼아야 하며 재정 관리 방법의 첫째는 재원을 마련해야 하며 재원이 충족해야 오래간다. 그렇지 않으면 외세 때문에 말라버려 일어서기도 전에 실패한다. 재원은 어디에 있는가? 이는 물산을 근본으로 해야 한다. 중국은 물산이 풍부하지만 제조할 줄 몰라서 외세에게 넘겨준다. …… 각 성에서 널리 광산을 채굴하고 학당을 설립하며 특히 중국이 실학을 공부하는 것이 오늘날 자강할 수 있는 근본이다."라고 했다.

관점은 대체로 '상공업 근본설', '농업 · 상공업 중시설', '농업 근본설' 등으로 나뉜다.

청나라 말기 중상주의 사조의 관성적 발전으로 상공업 근본설은 이 시기 중요한 위치를 차지했다. 1901년 1월 9일에 실린 「광산채굴설 (開礦說)」은 첫머리에서 "오늘날 부강을 꾀하려면 광산 채굴을 우선으로 해야 하지 않겠는가?"[18]고 요지를 밝히며 광산 채굴을 중요한 자리에 놓았다. 1901년 12월 29일에 실린 「중국의 공예 진흥 시기를 논함 (論中國工藝有振興之機)」에서 '사농공상'을 상호 이용해야 하며 '편애하여 다른 것은 폐기하면 안 된다'고 했지만 사실상 여전히 상공업의 지위를 강조했다. "오늘날 조금이라도 시대의 흐름을 파악한 자는 우리와 외국인이 이익을 다투는 첫 번째가 상업에 있다는 것을 모르지 않는다. 외국과 경쟁할 때 상업의 힘을 빌려야 한다."[19]

1904년에 실린 「상업 흥성을 강국의 근본으로 삼는 설(興商爲強國之本說)」을 보자. "지금 중국이 도모하는 것은 부강뿐이다. 상업은 고금동서를 막론하고 강대국이 되는 관건이다. 상고의 강대함은 목축업에 있고 중세의 강대함은 농업에 있으며 근세의 강대함은 상업에 있다. 상업의 흥망성쇠는 국가의 안위와 관련되므로 강대해지는 방법은 상업 발전에 있다. 상업이 발전하면 백성이 부유해지고, 백성이 부유하면 나라가 강해지는바 부(富)는 강국의 기반이 된다. 우리 상인은 그 책무를 져야 한다. 상업의 크고 작음은 모두 국가와 밀접한 연관이 있어 외국으로부터 한 푼이라도 더 벌면 국가의 세가 한 푼이라도 늘고 상업계가 조금의 위치라도 차지하면 국가가 조금의 영광이라도 더 얻

---

18 「開礦說」, 『申報』, 1901年 1月 9日.

19 「論中國工藝有振興之機」, 『申報』, 1901年 12月 29日.

을 수 있다."[20] 이 두 문장과 비교하면 1904년 『동방잡지』에 실린 「중국 공업의 전망을 논함(論中國工業之前途)」과 1906년 『신보』에 실린 「중국이 공업국이 되어야 한다(中國宜求爲工業國)」는 '상공업을 국가의 근본으로 삼으려는' 더욱 농후한 색채를 띠었다. 이 중 앞글에서 "현재는 실업 경쟁이 가장 심한 시기로 대륙에 위치한 모든 나라가 공업을 극력 발전시키지 않으면 나라를 번영시킬 수 없다."[21]라고 했고 뒷글에서 "나는 중국이 장차 반드시 공업국으로 나아가야 한다고 생각한다. 마치 오늘날 미국이 공업국이듯이 말이다. 반드시 이렇게 되어야 하고 당연히 그리 되어야 한다. 그러면 실업 진흥 방침으로 공업국으로 나아가야 한다는 것이 명백하다."[22]라고 했다.

이 시기 농업과 상공업을 함께 발전시켜야 한다는 관점이 제법 유행했다. 1902년 잠춘훤(岑春煊) 등은 "천하인의 욕망을 기르고 천하인의 요구를 만족시키는 것은 농업과 상공업이다. 사민이 상부상조해야 하는 것은 서양 때문이 아니라 옛날부터 그러해야 했다."[23] "농업과 상공업은 부강의 근본이므로 수시로 진흥시켜야 한다."[24]라고 했다. 1903년 『신보』에 실린 「농사 진흥을 청하는 상무부 상소(商務部奏請振興農務折)」에서는 "상업의 기초는 반드시 토산물 발전을 제일로 해야 한다고 생각합니다. 따라서 농업과 상공업은 각자의 쓸모가 있고 본말

20 「興商爲強國之本說」, 『東方雜志』 第1卷 第3號, 1904年 5月, p.41.
21 「論中國工業之前途」, 『東方雜志』 第1卷 第期, 1904年 12月, p.165.
22 「論中國宜求爲工業國」, 『申報』, 1906年 8月 3日.
23 「山西巡撫岑奏請振興農工商務折」, 『農學報』, 『中國早期農學期刊彙編』 第 9冊, p.491.
24 「胡撫俞奏陳設立農務工藝學堂片」, 『農學報』, 위의 책, p.431.

이 서로 구비되어 그 발전이 막힘이 없습니다."[25]라고 적고 있다. 1907
년의 「중국의 농업박람회 개최를 논함(論中國宜擧行農業賽會)」에서 '오
늘은 농업과 상공업으로 경쟁하는 시대'[26]라는 구호를 내놓았다. 1908
년 『농공상보(農工商報)』는 「사농공상 편중을 논함(論士農工商不宜偏
重)」,[27] 「부자가 농업과 상공업을 중시해야 함을 논함(論富家不可不注重
農工商)」, 「빈민이 농업과 상공업을 중시해야 함을 논함(論貧家尤不可不
注重農工商)」[28] 등의 문장을 실어 이러한 관점을 피력했다.

1912년 중화민국의 수립은 중국에서의 수천 년 봉건 통치를 뒤엎어
자본주의 상공업 발전의 걸림돌을 제거했다. 따라서 민국 초년 상공업
을 국가의 근본으로 삼아야 한다는 목소리가 높아졌다. 이후 「권공설
(勸工說)」, 「기근의 근본 구제법(饑饉之根本救濟法)」과 같은 글은 상공업
을 국가의 근본으로 삼아야 한다는 관점을 피력했다. 「권공설」에서 "공
업은 농업과 상업의 사이에 있으며 공업이 없으면 농업은 농업생산에
사용할 도구가 없게 되고, 상업은 상품의 소중함을 볼 수 없다. 농업
과 상업은 모두 공업에 의존한다."[29]라고 했다. 「기근의 근본 구제법」에
서는 "한마디로 말해 우리나라에서 기근을 없애려면 상공업을 진흥시
키지 않으면 안 되며 임시로라도 국민들이 상공업에 종사하게 해야 한
다. 나는 10~20년 이후 중국에서 이처럼 큰 기근이 없어질 것이라고

25 「商務部奏請振興農務折」, 『申報』, 1903年 12月 5日.
26 「論中國宜擧行農業賽會」, 『大公報』, 1907年 7月 24日.
27 『農工商報』第47期, 1908年 9月 25日, 上海圖書館 編, 『中國近代期刊篇目
彙錄』第二卷(中), 上海人民出版社, 1979, p.2242.
28 『農工商報』第48期, 1908年 10月 5日, 위의 책, p.2243.
29 「勸工說」, 『大公報』, 1916年 7月 2日.

믿는다."[30]라고 했다.

이 시기 여전히 농업과 상공업을 함께 발전시켜야 한다는 관점이 있었다. 이 중 농업부, 임업부, 공업부, 상무부 등 4개 부서로 분리해야 한다는 이론을 주목해야 한다. 이 글의 저자는 "중국이 농업을 국가의 근본으로 삼는 것은 유럽 각국이 상업을 국가의 근본으로 삼는 것과 같다. 중국은 수천 년의 구제도를 고수하고 농사에 치중하고 있어 척박한 토지 해결책, 수재와 한재의 해결책, 인공기계의 역할에서 어느 정도 성과를 거두었지만 이 밖의 삼림자원, 공사시설, 통상의 이익을 중시하지 않아 있어도 되고 없어도 되는 것으로 간주한다. 중국이 가난하고 약한 원인은 모두 이 때문이다."[31]고 했다.

근대 중국의 중상주의 사조 및 상강론(商綱論)과 상본론(商本論)의 흥기는 산업화나 현대화의 과정에서 형성된 시기적절한 논의들이다. 1860년대 양무운동 시기에 점차 형성된 상본론은 1920년대까지 반세기 가까이, 수십 년 동안 사회적 실천이 되었는데도 불구하고 부국강병을 지향하는 그 목표는 아직도 요원했다. 시대적 논의는 물론 시대적 실천의 엄격한 검증을 받아야 한다. 따라서 현실의 질의는 당연히 사상이나 이론의 질의와 비판을 야기한다. '국가의 근본'에 대한 논의는 이러한 사회적 인식 발전의 역사적 필연성을 나타내고 있다. 민국 수립 이후, 국내 정세의 변화는 '상공업 근본설'에 더 큰 공간을 제공하지 않았으며 특히 1916년 위안스카이 사후, 중국 내에서 군벌들의 혼전으로 정세가 요동쳐 백성들이 안심할 수 없었다. 현실의 곤경으로

---

30 楊端六, 「饑饉之根本救濟法」, 『東方雜志』 第17卷 19期, 1920年 10月, p.13.

31 「農林工商宜分四部之戲言」, 『大公報』, 1916年 8月 30日.

'국가의 근본'에 대한 논의는 '농업 근본설'에 유리한 방향으로 전개되기 시작했다.

1903년, 즈리총독인 위안스카이는 "그래서 상업은 부강해지는 중요한 정사이다. 상업의 급속한 발전은 전적으로 농업의 물산과 공업의 제조에 의존한다. 농업과 공업은 상업의 근본이 된다."[32]라고 하면서 농업의 중요성을 강조했다. 그해 상부(商部)는 상소문에서 이렇게 썼다. "상부는 토산물 발전을 요지로 삼지만 상업의 근본은 공업에 있고 공업의 근본은 농업에 있으므로 농업을 먼저 진흥시키지 않으면 기초가 서지 않는다."[33]

1905년 『농학보(農學報)』에 실린 「양신현 농학회 창설에 관한 농공국 보고서(陽信縣創設農學會上農工商局稟)」에서는 "생산을 발전시키려면 반드시 먼저 지침을 세워야 한다. 농업에 주력하려면 농업을 중시해야 한다. 유럽 각국은 상공업을 중시하는데 실은 공업은 제조이고 상업은 운수로 모두 농업을 그 시작으로 한다."[34]라고 강조했다.

1910년에 실린 「농업계와 상업계 관계의 원리를 논함(論農商兩界關系之原理)」에서는 "20세기 이래 상업이 국가의 근본으로 고착되었으나 농업은 상업의 근본이다. …… 상업을 발전시키려면 먼저 농업을 발전시켜야 한다."[35]라고 강조했다. 1912년 천진타오는 「천진타오 재정부

32 「直督饬屬考察土産詳報辦理剳」, 『農學報』第246期, 『中國早期農學期刊彙編』第13冊, p.251.
33 「曲阜縣舉人侯殿英上撫帥請廣興農務稟」, 위의 책, p.3.
34 「陽信縣創設農學會上農工商局稟」, 『農學報』第294期, 『中國早期農學期刊彙編』第15冊, p.491.
35 「論農商兩界關系之原理」, 『華商聯合會報』第6期, 1910年 5月, 自朱英, 『近代中國商人與社會』, 湖北教育出版社, 2002, p.267.

장의 농업 발전을 위한 식변은행 설립 요청문(財政部長陳錦濤呈請籌設興農殖邊銀行文)」에서 "유교에서는 먹을 것이 넉넉해야 한다고 했고 열강은 부국강병을 위해 먼저 농림업을 중시했다."[36]라고 했다. 1916년 『대공보』에 실린 「권농설(勸農說)」[37]과 1920년에 실린 「농업대학 설립 건의(設立農業大學之建議)」[38]는 농업을 근본으로 삼아야 한다는 주장을 거듭 천명했다. 뤼루이팅(呂瑞庭)의 「농업입국 의견서(農業立國意見書)」는 「권농설」이나 「농업대학 설립 건의」에 비해 더욱 체계적이고 완전하다.

농업과 상공업의 관계에 관한 20세기 초반 20년의 이론적인 논의를 총괄하면 청나라의 멸망을 변곡점으로 두 단계로 나눌 수 있다. 비록 매 단계에 모두 '농업 근본설', '상공업 근본설', '농업·상공업 중시설'이 있지만 치중점이 제각각이다. 처음에는 상공업 근본설'이 뚜렷한 우위를 점하다가 나중에는 '농업 근본설'이 우위를 점했다. 특히 1920년 「농업입국 의견서」의 발표는 '농업 근본설'이 향후의 역사적 선택에서 독특한 시대 의미와 가치를 지니기 시작함을 보여준다.

3) '농업 근본설'의 제기

뤼루이팅의 「농업입국 의견서」는 첫머리에 "실업을 진흥시키려면 먼저 '주의'를 세워야 한다. '주의'를 세우려면 국정이 어떠한지를 분

---

36 「財政部長陳錦濤呈請籌設興農殖邊銀行文」, 『申報』, 1912年 3月 13日.

37 「勸農說」, 『大公報』, 1916年 3月 23日.

38 「設立農業大學之建議」, 『大公報』, 1920年 12月 12日.

석해야 한다."라고 요지를 밝혔다. 그리고 중국의 각종 형세에 입각하여 중국은 면적이 넓고 토지가 비옥하며 기후가 따뜻하여 세계 농업대국이라고 말했다. 농산물은 당시 중국 수출품에서 극히 중요한 위치를 차지하고 있었다. 제1차 세계대전 이전, 농산물은 총수출액의 80%를 차지했으며 제1차 세계대전 기간 비록 감소했지만 여전히 70%를 차지했다. 위에 서술한 국가의 정세에 기반하여 저자는 "농업과 양잠업을 중시하고 농정을 장려한다면 외채를 청산하고 수출을 할 수 없더라도 균형이 잡힐 것이다. 국가 경제가 좀 여유가 있으면 민생이 소생하고 다시 광산을 채굴하고 상공업을 개량하면 국세가 반드시 날로 부유해지고 강해지는데 어찌 넓은 토지가 충분히 이용되지 않는 것과 사람이 많은 것이 걱정이 되겠는가?"[39]고 했다. 저자는 농업을 근본으로 삼아야 하는 10대 이유를 역사 · 지리 · 정치 · 경제 · 재정 · 통계 · 군사 · 풍속 · 보건 · 인구에서 찾았다. 이 10대 이유는 다시 역사 · 지리 · 정치 · 경제 · 습속 · 보건 등 여섯 가지로 정리할 수 있다.

뤼루이팅이 정리한 농업을 근본으로 삼아야 하는 정치적 이유에는 사실상 10대 이유 중의 첫째 이유와 일곱째 이유가 포함된다. 구체적으로 보면 세 가지를 포함한다. 첫째, 유가의 '백성을 근본으로, 식량을 하늘로' 삼는 정치사상이다. 공자와 맹자에서 시작하여 관자 · 순자 · 상앙 · 이리 · 여불위 · 사마천 · 조착 · 동중서에 이르기까지 정치적으로 모두 농업을 근본으로 삼을 것을 주장했다. 둘째, 현실 정치학설과 실천이다. 여기에는 세 측면이 포함된다. 하나는 미국 농학자 푸아르, 정치학자 라벨로, 그리스 역사학자 쿠르티우스, 일본 농학자 니토베

---

39   呂瑞庭, 『農業立國意見書』, 北京日報館, 1920, p.1.

이나조 등의 학설을 들어 농업은 정치적으로 과격한 사상을 억제한다고 여겼다. 둘은 그리스의 소크라테스, 프랑스의 사리, 영국의 몸젠 등의 주장을 들어 농업은 애국심을 고취한다고 여겼다. 셋은 일본, 영국, 프랑스의 관련 학설을 들어 농업은 지방자치를 조장한다고 여겼다. 셋째, 농업과 군사의 밀접한 관계이다. 그 이유는 또 세 가지가 있다. 하나는 전시 식량 부족은 가장 무서운 일이라는 것, 둘은 농업은 전쟁의 영향을 적게 받는다는 것, 셋은 농업은 강병의 근원이 된다는 것이다.

농업을 근본으로 삼아야 하는 경제 이유는 사실상 뤼루이팅이 나열한 이유의 경제·재정·통계·인구 등 네 측면을 포함하는바 이 책의 핵심 부분이다. '경제 이유'에서는 먼저 한 나라의 경제정책에 있어 토지를 발달시키는 것을 요소로 삼았다. 이어서 로마·스페인·포르투갈·영국·독일 등 국가가 상공업을 근본으로 삼다가 쇠퇴해졌으나 미국·덴마크는 농업을 근본으로 삼아 날로 부강해지고 있다는 사실을 근거로 들어 "상공업을 근본으로 삼는 나라는 부강하기는 쉽지만 유지하기 어렵고, 농업을 근본으로 삼는 나라는 발전은 늦지만 기반이 튼튼하다."는 논점을 입증했다. '재정 이유'에서는 국가 재정은 세금으로 충당하며 중국의 세금은 대부분 농산물에서 거둔다고 하면서 "지금의 농정은 성숙되지 못하고 농업도 발전하지 못했다. …… 농업을 중시하고 세원을 발굴하는 것 외에 정말 다른 방도가 없다. 발굴을 잘하면 세원을 증가할 수 있다."[40]고 했다. '통계 이유'에서는 중국이 상공업을 나라의 근본으로 하느냐, 아니면 농업을 나라의 근본으로 하느냐를 선택할 때 '고상한 이상만이 아니라 일반적인 실제 수요'에 근거

---

40 위의 글, pp.6~7.

해야 한다고 했다. 따라서 저자는 유럽의 곡물 생산 및 소비 통계, 중국의 농산물 수출액, 세계의 필수품인 중국의 콩·면화·씨종자·찻잎·생사와 같은 5대 상품, 세계에서 중국의 농산물 지위와 관련된 통계수치를 이용하여 농업을 국가의 근본으로 삼아야 한다는 관점을 수많은 사실을 바탕으로 논증하면서 이는 중국의 실제에 부합된다고 했다. '인구 이유'에서는 농업이 인구를 증가시키고 인구 배치에 관여한다는 관점을 논술했다.

농업을 국가의 근본으로 삼아야 한다는 관점의 습속 측면에 대한 뤼루이팅의 논술은 매우 상세하다. 저자는 관중의 '예의와 올바름, 깨끗함과 부끄러워함은 나라의 네 가지 기틀이고 네 가지 기틀이 펼쳐지지 않으면 나라는 곧 멸망한다', '창고가 가득차야 예절을 알 것이고 의식이 풍족해야 명예를 알 것이다'는 말을 인용하여 동서고금의 실례와 결합하면서 농업은 효도와 도덕을 기를 수 있다고 했다. "동서고금을 막론하고 그 어떤 국가도 같은 국가가 없고, 그 어떤 국가도 변하지 않은 국가가 없다."[41] 구체적으로 보면 풍속에 대한 농업의 영향은 효도 장려, 근검 장려, 저축 장려, 보수적 성격 양성, 온화한 성격 양성, 성실한 성격 양성, 미술적 사상 양성, 고상한 인격 양성 등 여덟 가지이다. 또한 저자는 '보건 이유'에서 농업과 보건 사이의 관계를 분석했는데 꽤 참신한 발상이었다.

농업을 국가의 근본으로 삼아야 한다는 각종 이유를 설명한 후 뤼루이팅은 일본 오사카의 『아사히신문』에 실린 독일의 구제책으로 본인의 글을 총괄했다. "독일이 실패한 뒤에도 농업을 구국의 정책으로 삼

---

41 위의 글, p.25.

으려는데 어찌 대농업국인 중국이 가난하고 약하며, 농업을 중시하지 아니하여 나라의 근본으로 삼지 않는가? 오늘 국가를 논하는 것이 여기에 무슨 의미가 있는가?"[42]

비록 뤼루이팅의 「농업입국 의견서」는 30쪽밖에 되지 않아 '거작'으로 불리기는 어렵고 논증도 약간 엉성하지만 동서고금을 살피면서 이론과 '국정'을 결합하고 논증을 바탕으로 하여 당시로서는 보기 드문 가작이다. 근대 중국의 구국 이론의 검토와 발전 방향의 선택에 있어 「농업입국 의견서」는 의의를 지니며 어떤 의미에서는 그 후의 농촌 건설 사상의 역사적 기점을 형성하므로 중시되어야 마땅하다.

20세기 초기의 '국가의 근본 논쟁'에서 대체로 '농업 근본설', '상공업 근본설', '농업·상공업 중시설'이 있었다. 1920~1930년대에 이르러 이 논쟁은 여전히 지속되었으며 서로 대립되는 견해를 형성했다. 우징차오(吳景超)·천쉬징(陳序經) 등 '도시공업론'자는 도시의 발전을 통한 농촌 구제를 극력 주장했다. 량수밍 등 '향촌건설파'는 농촌 발전을 통해 도시를 구제하고 농업과 농촌으로 중국 사회 개조의 토대를 마련하자고 주장했다. 창옌성(常燕生)·둥스진(董時進)·쉬스롄·덩페이황(鄧飛黃) 등 '조화론자'들은 농업과 상공업을 함께 발전시킬 것을 주장했다. 1940년대 초기, '국가의 근본 논쟁'이란 '케케묵은 논제'가 다시 제기되었으며 농업입국파, 공업입국파, 농업·공업 입국파 등 유파를 형성했다. 중국이 번영할 수 있는 여건과 항일전쟁을 견지할 수 있는 기반은 농업인가, 아니면 공업인가, 그리고 중국의 장래성 등 매우 구체적인 문제를 둘러싸고 치열한 논쟁을 벌였다.

42　위의 글, pp.33~34.

이 같은 사실은 20세기 초부터 1940년대까지 '국가의 근본 논쟁'이 내용과 관점에서 뚜렷한 계승성을 가지고 있었음을 잘 보여준다. 시기별로 논쟁의 주안점은 다르지만 농업, 공업, 상업의 삼자 관계를 어떻게 정리하느냐를 핵심 내용으로 '농업 근본설', '(상)공업 근본설', '농업 · (상)공업 중시설' 세 가지 주요 관점을 이루었다. '국가의 근본 논쟁'이 20세기 전반에 걸쳐 중국 향촌 건설 사상의 형성과 발전 과정에서 지극히 중요한 위치를 차지했으므로 20세기 초 '농업 근본설'의 잉태는 그 이후의 향촌 건설 사상의 발전과 방향에 깊은 영향을 미쳤다.

1. 문서 자료

『保德縣段家溝自然村調查報告』(1942年7月), 山西省檔案館藏, 檔案號：
    A137/1/3/1.

『關于各族書田改作族內升學補助費』(1938年案卷), 沙縣檔案館藏, 檔案號：
    156/36.

『關于農村工人工作材料的總結和硏究』(1940年), 山西省檔案館藏, 檔案號：
    A7/1/2/1.

『河南陝縣商會卷』, 中國第二曆史檔案館藏, 檔案號：422(4)/8759.

『黑峪口土地使用』(1942年9月), 山西省檔案館藏, 檔案號：A141/1/99/2.

『階級成分登記表』, 磁縣檔案館藏, 檔案號：95/12-13/8.

『晉西區黨委政權建設材料彙集－村選』, 檔案號：A22/1/4/1.

『晉西區黨委綜合類興縣高家村調查材料(二)』(1942年), 山西省檔案館藏, 檔案
    號：A22/1/18.

『晉西北的階級』(1941年12月), 山西省檔案館藏, 檔案號：A21/3/37.

『晉西北區檔案資料』(1942年), 山西省檔案館藏, 檔案號：A88/3/23/3.

『晉西北名人傳略』, 山西省檔案館藏, 檔案號：A22/1/4/1.

『離石縣五區田家會分配土地確定地權工作報告』, 柳林縣檔案館藏, 檔案號：
    1/15/12.

『隴海鐵路貨運調查報告』(據內容判斷爲1930年代), 中國第二曆史檔案館藏, 檔
    案號：28/13866.

『農商部調査票』(1919年), 中國第二曆史檔案館藏, 檔案號：1038/1546.

『平漢沿線煤礦調査報告』, 中國第二曆史檔案館藏, 檔案號：28/10649.

『平綏鐵路沿線煤礦調查報告』(1936年), 中國第二曆史檔案館藏, 檔案號: 28/10653.

『任家灣底人口・勞動力・雇傭勞動(四)』(1943年), 山西省檔案館藏, 檔案號: A141/1/118/1.

『任家灣的七個黨員』, 山西省檔案館藏, 檔案號: A141/1/119/2.

『任家灣的村政權 (附各階級的政治態度)』, 山西省檔案館藏, 檔案號: A141/1/114/2.

『山東臨淄縣辛店鎮炭業同業公會卷』(1937), 中國第二曆史檔案館藏, 檔案號: 422(4)/7994.

『私立鄉村建設學校』・『私立中國鄉村建設育才院公緘』1945年 8月8日, 中硏院 近代史硏究所檔案館藏行政院水利委檔案, 檔案號, 25/00/17/002/0.

『私立鄉村建設學院簡明材料』, 重慶市檔案館藏中華平民教育促進會檔案, 檔案 號: 0089/0001/00053.

『唐家吉村政權調查』, 山西省檔案館藏, 檔案編號: A141/1/125/1.

『興縣高家村調查材料-關于政權問題』, 山西省檔案館藏, 檔案號: A22/1/15/1.

『一九四一年平北縣合理負擔總結』(1942年), 山西省檔案館藏, 檔案號: A191/1/39.

『楊家坡雇工調查會記錄』(1942年), 山西省檔案館藏, 檔案號: A88/3/23/1.

『政權組織機構』, 山西省檔案館藏, 檔案號: A22/1/5/1.

『中國鄉村建設學院組織大綱』, 重慶市檔案館藏中華平民教育促進會檔案, 檔案 號: 0089/0001/00007.

『中共離石縣委一區關于成分問題・整黨工作材料總結』, 柳林縣檔案館藏, 檔案 號: 1/9/12.

『中華平民教育促進會工作簡述』, 重慶市檔案館藏中華平民教育促進會檔案, 檔 案號: 0089/0001/00065.

河北省檔案館, 『河北土地改革檔案史料選編』, 河北人民出版社, 1990.

晉察冀邊區財經辦事處, 『冀中冀晉七縣九村國民經濟人民負擔 能力調查材 料』(1947年 8月), 陝西省檔案館藏陝甘甯邊區稅務總局檔案, 檔案號: 8/6/18.

晉綏邊區行政公署, 『村選運動總結』(1946年 3月), 山西省檔案館藏, 檔案號:

A89/1/20/4.

晉綏分局調査研究室,『農村土地及階級變化材料－根據老區九縣二十個村調査』
　　(1946年6月), 山西省檔案館藏, 檔案號：A21/3/14/1.

冀中行署,『土地改革後冀中農村階級情況及各階層負擔情況的初步考察』(1947
　　年3月) 河北省檔案館藏冀中區行署檔案, 檔案號：5/1/672/1.

2. 조사보고서

『村政輯要』, 山西省公署村政處校印, 1924.

『國內農人運動狀況』, 中國國民黨浙江省黨部, 1929.

北甯鐵路管理局,『北甯鐵路沿線經濟調査報告』, 1937.

陳伯莊,『平漢沿線農村經濟調査』, 交通大學研究所, 1936.

馮和法 編,『中國農村經濟資料』, 黎明書局, 1933.

馮紫崗 · 劉端生 編,『南陽農村社會調査報告』, 黎明書局, 1934.

故宮博物院明清檔案部 編,『清末籌備立憲檔案史料』, 中華書局, 1979.

國際聯盟教育考察團,『國際聯盟教育考察團報告書』(1931年), 沈雲龍 主編,『近
　　代中國史料叢刊三編』第108册, 文海出版社, 1966.

國民政府內政部 編,『縣政建設實驗區資料彙要』, 1936.

國民政府主計處統計局 編,『中華民國統計提要』, 商務印書館, 1936.

河北省地方志編纂委員會 編,『河北省志』, 中國檔案出版社, 1995.

湖北省政府民政廳,『湖北縣政概況』, 1934.

湖南省政府秘書處統計室,『湖南年鑒1935』, 洞庭印書館, 1936.

華東軍政委員會土地改革委員會 編,『江蘇省農村調査』, 1952.

黃道霞 主編,『建國以來農業合作化史料彙編』, 中共黨史出版社, 1992.

江甯自治實驗縣政府 編,『江甯縣政概況』, 1935.

江蘇省檔案館 編,『江蘇農民運動檔案史料選編』, 檔案出版社, 1983.

姜亞莎等 主編,『中國早期農學期刊彙編』(7), 全國圖書館文獻縮微複制中心,
　　2009.

膠濟鐵路管理局車務處, 『膠濟鐵路經濟調查報告』, 1934.

教育司刊行, 『山西教育會議報告書』, 1912.

晉綏邊區財政經濟史編寫組·山西省檔案館 編, 『晉綏邊區財政經濟史資料選編
　　總論編』, 山西人民出版社, 1986.

李景漢 編, 『定縣社會槪況調查』, 中華平民教育促進會, 1933.

李文海等 主編, 『民國時期社會調查叢編 鄕村社會卷』, 福建教育出版社, 2005.

林文敷, 『地方自治法令彙編』, 順天印書局, 1934.

呂瑞庭, 『農業立國意見書』, 北京日報館, 1920.

馬芳若 編, 『中國文化建設討論集』 上編, 民國叢書第一編 43, 上海書店, 1989.

滿鐵調查刊行會, 『中國農村慣行調查』, 岩波書店, 1981.

平綏鐵路車務處, 『平綏鐵路沿線特産調查』, 1934.

曲直生, 『河北棉花之出産及販運』, 社會調查所, 1931.

饒懷民·藤谷浩悅編, 『長沙搶米風潮資料彙編』, 嶽麓書社, 2001.

人民出版社 編, 『第一次國內革命戰爭時期的農民運動資料』, 人民出版社, 1981.

阮湘 等, 『第一回中國年鑑』, 商務印書館, 1926.

山東鄒平實驗縣縣政府 編, 『鄒平鄕村自衛實驗報告』, 1936.

上海通社 編, 『上海研究資料正編』, 沈雲龍 主編, 『近代中國史料叢刊三編』 第
　　412冊, 文海出版社, 1988.

史敬棠 等 編, 『中國農業合作化運動史料』, 三聯書店, 1957.

實業部中國經濟年鑑編纂委員會 編纂, 『中國經濟年鑑續編』, 商務印書館, 1935.

舒新城 編, 『中國近代教育史資料』, 人民教育出版社, 1981.

孫毓棠 編, 『中國近代工業史資料』 第1輯, 科學出版社, 1957.

邰爽秋 等 合選, 『鄕村教育之理論與實際』, 教育編譯館, 1935.

譚熙鴻 主編, 『十年來之中國經濟 (1936－1945)』, 沈雲龍 主編, 『近代中國史料
　　叢刊續編』 第83－85冊, 文海出版社, 1974.

天津市檔案館·天津社會科學院曆史研究所·天津市工商業聯合會 編, 『天津商
　　會檔案彙編(1903~1911)』(上), 天津人民出版社, 1989.

田中忠夫, 汪馥泉 譯, 『中國農業經濟資料』, 大東書局, 1934.

魏宏運 主編, 『抗日戰爭時期晉察冀邊區財政經濟史資料選編農業』, 南開大學出
　　版社, 1984.

吳城湖, 『地方自治村制法規』, 中央村制硏究社, 1929.

鄕村工作討論會 編, 『鄕村建設實驗』, 民國叢書第四編, 上海書店, 1989.

蕭錚 主編, 『民國 20 年代中國大陸土地問題資料』, 成文出版社有限公司, 1977.

刑振基, 『山西村政綱要』, 山西村政處旬刊社, 1929.

行政院農村複興委員會 編, 『河南省農村調査』, 商務印書館, 1934.

許道夫 編, 『中國近代農業生産及貿易統計資料』, 上海人民出版社, 1983.

嚴中平 等 編, 『中國近代經濟史統計資料選輯』, 科學出版社, 1955.

曾繼梧 等, 『湖南各縣縸調査筆記』, 長沙和鍵印刷公司鉛印本, 1931.

張枏 · 王忍之 編, 『辛亥革命前十年間時論選集』, 三聯書店, 1977.

張聞天, 『張聞天晉陝調査文集』, 中共黨史出版社, 1994.

張振鶴 · 丁原英編, 「淸末民變年表」, 『近代史資料』1982年 第3 · 4期.

章有義 編, 『中國近代農業史資料』, 三聯書店, 1957.

趙甯渌 主編, 『中華民國商業檔案資料彙編第一卷』第1卷 上册, 中國商業出版
社, 1991.

中國第二曆史檔案館 編, 『中華民國史檔案資料彙編』, 江蘇古籍出版社, 1991.

中國第一曆史檔案館 · 北京師範大學曆史系 編選, 『辛亥革命前十年間民變檔案
史料』, 中華書局, 1985.

中國社會科學院經濟研究所中國現代經濟史組 編, 『第一 · 二次國內革命戰爭時
期土地鬥爭史料選編』, 人民出版社, 1981.

中共冀魯豫邊區黨史工作組辦公室 編, 『中共冀魯豫邊區黨史資料選編第3輯文
獻部分』(上), 山東大學出版社, 1988.

中央檔案館 編, 『中國共產黨第二次至第六次全國代表大會文件彙編』, 人民出版
社, 1981.

朱有瓛 主編, 『中國近代學制史料』, 華東師範大學出版社, 1989.

3. 신문 · 간행물

『北方文化』, 『邊區政報』, 『邊政導報』, 『村治月刊』, 『大公報』, 『地方政治周刊』, 『地

方自治』,『東方雜志』,『獨立評論』,『工商半月刊』,『河北民政刊要』,『合作評論』,『湖南財政月刊』,『冀東長城日報』,『江甯縣政公報』,『江西省政府公報』,『教育與民衆』,『教育雜志』,『解放日報』,『晉察冀日報』,『晉綏日報』,『抗戰日報』,『勞工月刊』,『民間半月刊』,『內政統計季刊』,『內政消息』,『農村建設』,『農村經濟』,『農民』,『農學報』,『農學雜志』,『平綏日刊』,『人民日報』,『山西建設』,『社會科學雜志』,『申報』,『鐵路月刊』,『統計月報』,『西北論衡』,『鄉村教育』,『鄉建院刊』,『向導』,『新華日報』,『新民叢報』,『新農村』,『新政周刊』,『新中華』,『行政評論』,『益世報』,『政治月刊』,『中國經濟』,『中國農村』,『中國農民』,『中國青年』,『中華教育界』,『中華農學會報』,『中山文化教育館季刊』

4. 기타 역사자료

蔡尙思·方行 編,『譚嗣同全集』增訂本, 中華書局, 1981.

陳翰笙,『陳翰笙文集』, 商務印書館, 1999.

陳俠·傅啓群 編,『傅葆琛教育論著選』, 人民教育出版社, 1994.

賀長齡輯,『皇朝經世文編』, 沈雲龍 主編,『近代中國史料叢刊』第731册, 文海出版社, 1966.

胡思敬 編,『退廬疏稿』,『叢書集成續編』第47册, 上海書店出版社, 1994.

李華興·吳嘉勳 編,『梁啓超選集』, 上海人民出版社, 1984.

李文海 等,『近代中國災荒紀年續編(1919~1949)』, 湖南教育出版社, 1993.

梁漱溟,『梁漱溟學術論文自選集』, 北京師範大學出版社, 1992.

淩耀倫·熊甫 編,『盧作孚文集』, 北京大學出版社, 1999.

劉少奇,『劉少奇選集』上卷, 人民出版社, 1981.

魯迅,『魯迅全集』, 人民文學出版社, 1973.

毛澤東,『毛澤東農村調査文集』, 人民出版社, 1982.

毛澤東,『毛澤東選集』, 人民出版社, 1991.

潘乃谷·潘乃和 編,『潘光旦文集』, 光明日報出版社, 1999.

千家駒 編,『中國農村經濟論文集』, 中華書局, 1936.

師夔編, 『國民革命要覽』(1927年), 沈雲龍 主編, 『近代中國史料叢刊三編』 第246
    册, 文海出版社, 1989.

宋恩榮 主編, 『晏陽初全集』, 湖南教育出版社, 1989.

孫中山, 『建國方略』, 遼寧人民出版社, 1994.

孫中山, 『孫中山全集』 卷1, 中華書局, 1981.

陶行知, 『陶行知教育文選』, 教育科學出版社, 1981.

徐珂, 『清稗類鈔』, 中華書局, 1984.

徐秀麗編, 『中國近代鄉村自治法規彙編』, 中華書局, 2004.

薛暮橋・馮和法 編, 『〈中國農村〉論文選』(下), 人民出版社, 1983.

楊世驥, 『辛亥革命前後湖南史事』, 湖南人民出版社, 1982.

中國文化書院學術委員會 編, 『梁漱溟全集』, 山東人民出版社, 1989.

鍾離蒙・楊鳳麟 主編, 『村治派批判』, 瀋陽人民出版社, 1982.

周秋光 編, 『熊希齡集』, 湖南出版社, 1996.

5. 저서

A. 巴庫林, 鄭厚安・劉功勳・劉佐漢 譯, 『中國大革命武漢時期見聞錄(一九二五
    ─一九二七年中國大革命劄記)』, 中國社會科學出版社, 1985.

埃弗裏特 M. 羅吉斯・拉伯爾 J. 伯德格, 王曉毅・王地寧 譯, 『鄉村社會變遷』,
    浙江人民出版社, 1988.

艾愷, 王宗昱・冀建中 譯, 『最後的儒家, 梁漱溟與中國現代化的兩難』, 江蘇人
    民出版社, 2011.

柴樹藩 等, 『綏德・米脂土地問題初步研究』, 人民出版社, 1979.

陳翰笙 等 編, 『解放前的中國農村』, 中國展望出版社, 1987.

從翰香 主編, 『近代冀魯豫鄉村』, 中國社會科學出版社, 1995.

戴樂仁, 『中國農村經濟實況』, 李錫周編譯, 農民運動研究會, 1928.

德懷特 希爾德 帕金斯, 宋海文 等 譯, 『中國農業的發展(1368~1968)』, 上海譯
    文出版社, 1984.

丁達, 『中國農村經濟的崩潰』, 聯合書店, 1930.

董修甲 編著, 『中國地方自治問題』, 商務印書館, 1937.

杜贊奇, 王福明 譯, 『文化·權力與國家, 1900~1942年的華北農村』, 江蘇人民
　　　出版社, 1996.

方向新, 『農村變遷論, 當代中國農村變革與發展研究』, 湖南人民出版社, 1998.

費孝通, 『中國紳士』, 中國社會科學出版社, 2006.

費約翰, 李恭忠 等 譯, 『喚醒中國, 國民革命中的政治·文化與階級』, 三聯書店,
　　　2004.

費正清 編, 楊品泉 等 譯, 『劍橋中華民國史』, 中國社會科學出版社, 1993.

馮和法 編, 『中國農村經濟論』, 黎明書局, 1934.

馮自由, 『革命逸史』, 中華書局, 1981.

弗裏曼 等, 陶鶴山 譯, 『中國鄉村, 社會主義國家』, 社會科學文獻出版社, 2001.

龔駿編, 『中國新工業發展史大綱』, 商務印書館, 1933.

郭德宏, 『中國近現代農民土地問題研究』, 青島出版社, 1993.

韓丁, 韓倞 等 譯, 『翻身, 中國一個村庄的革命紀實』, 北京出版社, 1980.

汗血月刊社, 『新縣政研究』, 1935.

郝延平, 陳潮·陳任 譯, 『中國近代商業革命』, 上海人民出版社, 1991.

郝兆翬, 『中國縣制史』, 宏業書局, 1970.

胡次威, 『民國縣制史』, 大東書局, 1948.

黃道炫, 『張力與邊界, 中央蘇區的革命(1933~1934)』, 社會科學文獻出版社,
　　　2011

黃強, 『中國保甲實驗新編』, 正中書局, 1935.

黃宗智, 『華北的小農經濟與社會變遷』, 中華書局, 1986.

黃宗智, 『長江三角洲小農家庭與鄉村發展』, 中華書局, 1992.

J. 米格代爾, 李玉琪·袁寧 譯, 『農民·政治與革命, 第三世界政治與社會變革
　　　的壓力』, 中央編譯出版社, 1996.

江世傑, 『裏甲制度考略』, 商務出版社, 1944.

傑克 貝爾登, 邱應覺等譯, 『中國震撼世界』, 北京出版社, 1980.

金輪海, 『農村複興與鄉敎運動』, 商務印書館, 1934.

孔飛力, 謝亮生 等 譯, 『中華帝國晚期的叛亂及其敵人』, 中國社會科學出版社,

2002.

孔雪雄,『中國今日之農村運動』, 中山文化敎育館, 1934.

李伯重,『江南的早期工業化(1550~1850)』, 社會科學文獻出版社, 2000.

李濟東,『晏陽初與定縣平民敎育』, 河北敎育出版社, 1990.

李景漢,『中國農村問題』, 商務印書館, 1937.

李明偉,『淸末民初中國城市社會階層硏究(1897~1927)』, 社會科學文獻出版社, 2005.

李培林 等,『20世紀的中國, 學術與社會 · 社會學卷』, 山東人民出版社, 2001.

梁漱溟,『鄕村建設理論』, 上海人民出版社, 2006.

劉大鈞,『上海工業化硏究』, 商務印書館, 1940.

龍發甲,『鄕村敎育槪論』, 商務印書館, 1937.

陸仰淵 · 方慶秋 主編,『民國社會經濟史』, 中國經濟出版社, 1991.

羅榮渠,『現代化新論, 世界與中國的現代化進程』增訂本, 商務印書館, 2004.

羅澍偉 主編,『近代天津城市史』, 中國社會科學出版社, 1993.

馬克 · 賽爾登, 魏曉明 · 馮崇義 譯,『革命中的中國, 延安道路』, 社會科學文獻出版社, 2002.

馬克斯 · 韋伯, 洪天富 譯,『儒敎與道敎』, 江蘇人民出版社, 2003.

馬戎等 主編,『中國鄕鎭組織變遷硏究』, 華夏出版社, 2002.

馬若孟, 史建雲 譯,『中國農民經濟, 河北和山東的農民發展, 1890~1949』, 江蘇人民出版社, 1999.

馬劄亞爾, 陳代靑 · 彭桂秋 譯,『中國農村經濟硏究』, 神州國光社, 1934.

千家駒 · 李紫翔,『中國鄕村建設批判』, 新知書局, 1936.

錢亦石 等,『中國農村問題』, 中華書局, 1935.

日本農林省米谷局 編, 曹沈思 等 譯,『世界各國之糧食政策』, 商務印書館, 1937.

茹春浦 編著,『中國鄕村問題之分析與解決方案』, 震東書局, 1934.

薩孟武,『中國社會問題之社會學的硏究』, 華通書局, 1929.

三谷孝, 李恩民 等 譯,『秘密結社與中國革命』, 中國社會科學出版社, 2002.

山西省史志硏究院 編,『晉綏革命根據地政權建設』, 山西古籍出版社, 1998.

山西省史志硏究院 編,『山西農業合作化』, 山西人民出版社, 2001.

施堅雅 主編, 葉光庭等譯, 『中華帝國晩期的城市』, 中華書局, 2000.

史文忠, 『中國縣政改造』, 縣市行政講習所, 1937.

蘇雲峰, 『中國現代化的區域硏究, 湖北省, 1860－1916』, 中硏院近代史硏究所, 1981.

唐納德 G. 季林, 牛長歲 等 譯, 『閻錫山硏究, 一個美國人筆下的閻錫山』, 黑龍江敎育出版社, 1990.

田中忠夫, 李育文 譯, 『國民革命與農村問題』(下), 北平村治月刊社, 1932.

王奇生, 『革命與反革命, 社會文化視野下的民國政治』, 社會科學文獻出版社, 2010.

王先明, 『近代紳士, 一個封建階層的歷史命運』, 天津人民出 版社, 1997.

王先明, 『變動時代的鄕紳－鄕紳與鄕村社會結構變遷(1901－1945)』, 人民出版社, 2009.

王玉茹 等, 『制度變遷與中國近代工業化, 以政府的行爲分析爲中心』, 陝西人民出版社, 2000.

王仲鳴 譯, 『中國農民問題與農民運動』, 平凡書局, 1929.

魏光奇, 『官治與自治, 20 世紀上半期的中國縣制』, 商務印書館, 2004.

文公直, 『中國農民問題的硏究』, 三民書店, 1929.

聞鈞天, 『中國保甲制度』, 商務印書館, 1935.

吳承明, 『中國資本主義與國內市場』, 中國社會科學出版社, 1985.

吳重慶·賀雪峰 主編, 『直選與自治－當代中國農村政治生活』, 羊城晩報出版社, 2003.

吳晗等, 『皇權與紳權』, 觀察社, 1948.

吳相湘, 『晏陽初傳, 爲全球鄕村改造奮鬥六十年』, 嶽麓書社, 2001.

西奧多 舒爾茨, 郭熙保·周開年 譯, 『經濟增長與農業』, 北京經濟學院出版社, 1991.

鄕村工作討論會 編, 『鄕村建設實驗』第3集, 中華書局, 1936.

徐暢, 『二十世紀二三十年代華中地區農村金融硏究』, 齊魯書社, 2005.

徐矛, 『中華民國政治制度史』, 上海人民出版社, 1992. 徐新吾·黃漢民 主編, 『上海近代工業史』, 上海社會科學院出版社, 1998.

許滌新·吳承明 主編, 『中國資本主義發展史』, 人民出版社, 2003.

許仕廉, 『國內幾個社會問題討論』, 樸社, 1929.

晏陽初, 『農村運動的使命』, 中華平民教育促進會, 1935.

楊懋春, 張雄 等 譯, 『一個中國村庄, 山東台頭』, 江蘇人民出版社, 2001.

易勞逸, 王建朗 等 譯, 『毀滅的種子, 戰爭與革命中的國民黨中國, 1937~1949』, 江蘇人民出版社, 2014.

伊莎貝爾.柯魯克·大衛.柯魯克, 安强·高建譯, 『十裏店, 中國一個村莊的群衆運動』, 北京出版社, 1982.

于建嶸, 『嶽村政治, 轉型期中國鄉村政治結構的變遷』, 商務印書館, 2001.

張朋園, 『湖南現代化的早期進展(1860~1916)』, 嶽麓書社, 2002.

張霄鳴, 『太平天國革命史』, 沈雲龍 主編, 『近代中國史料叢刊續編』 第282冊, 文海出版社, 1983.

張信, 嶽謙厚·張玮 譯, 『二十世紀初期中國社會之演變, 國家與河南地方精英, 1900~1937』, 中華書局, 2004.

張正河, 『農業國的城市化, 中國鄉村城市化研究』, 北京出版社, 2001.

張仲禮, 李榮昌 譯, 『中國紳士, 關于其在19世紀中國社會中作用的研究』, 上海社會科學院出版社, 1991.

章開沅 等 主編, 『中國近代史上的官紳商學』, 湖北人民出版社, 2000.

章有義 編著, 『明清及近代農業史論集』, 中國農業出版社, 1997.

趙岡, 『中國傳統農村的地權分配』, 新星出版社, 2006.

趙如珩, 『地方自治的理論與實際』, 華通書局, 1933.

鄭大華, 『梁漱溟傳』, 人民出版社, 2001.

鄭厚博, 『中國合作運動之研究』, 農村經濟月刊社, 1936.

鄭起東, 『轉型期的華北農村社會』, 上海書店出版社, 2004.

中共河南省委黨史工作委員會, 『河南解放區的土地改革』, 河南人民出版社, 1991.

周榮德, 『中國社會的階層與流動, 一個社區中士紳身份的研究』, 學林出版社, 2000.

周錫瑞, 楊慎之 譯, 『改良與革命, 辛亥革命在兩湖』, 中華書局, 1982.

朱其華, 『中國農村經濟的透視』, 中國研究書店, 1936.

朱新繁, 『中國農村經濟的關系及其特質』, 新生命書局, 1930.

朱英 主編, 『辛亥革命與近代中國社會變遷』, 華中師範大學出版社, 2001.

朱子爽, 『中國國民黨工業政策』, 國民圖書出版社, 1943.

莊孔韶, 『銀翅, 中國的地方社會與文化變遷』, 三聯書店, 2000.

C. K. Yang, *Religion in Chinese Society, a study of contemporary social functions of religion and some of their historical factorsBerkeley and Los Angeles*, University of California Press, 1967.

Gregory A. Ruf, *Cadres and Kin, making a socialist village in West China, 1921~1991*, Stanford, Stanford University Press, 1998.

가난간 향촌건 : 20세기 중국의 향촌사회

지은이 및 옮긴이 소개

지은이

왕셴밍(王先明)　　　역사학박사, 난카이대학(南開大學) 교수

옮긴이

정순희(鄭順姬)　　　문학박사, 랴오청대학(聊城大學) 한국어학과 부교수

양홍정(楊紅靜)　　　문학석사, 랴오청대학(聊城大學) 한국어학과 조교수

김일산(金日山)　　　문학박사, 랴오청대학(聊城大學) 한국어학과 부교수

기나긴 향촌길 : 20세기 중국의 향촌사회

초판 인쇄 · 2020년 12월 10일
초판 발행 · 2020년 12월 20일

지은이 · 왕셴밍
옮긴이 · 정순희, 양홍정, 김일산
펴낸이 · 한봉숙
펴낸곳 · 푸른사상사

주간 · 맹문재 | 편집 · 지순이 | 교정 · 김수란
등록 · 1999년 7월 8일 제2−2876호
주소 · 경기도 파주시 회동길 337−16 푸른사상사
대표전화 · 031) 955−9111(2) | 팩시밀리 · 031) 955−9114
이메일 · prun21c@hanmail.net / prunsasang@naver.com
홈페이지 · http://www.prun21c.com

ⓒ 정순희, 2020

ISBN 979−11−308−1738−5 93340
값 48,000원

이 도서는 社会科学文献出版社(Social Sciences Academic Press(CHINA))에서 간행된
『鄕路漫漫: 20世紀之中國鄕村(1901~1949)』의 한국어판입니다. [https://www.ssap.com.cn]

기나긴 향촌길

20세기 중국의 향촌사회

왕셴밍(王先明) 지음
정순희 양홍정 김일산 옮김